S0-AIR-964

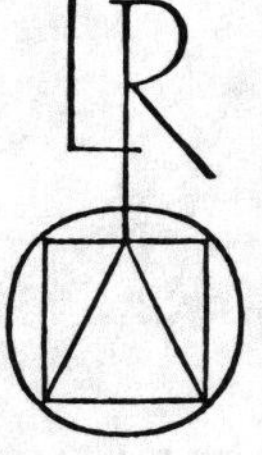

BEIHEFTE ZUM TÜBINGER ATLAS
DES VORDEREN ORIENTS

herausgegeben im Auftrag des Sonderforschungsbereichs 19
von Heinz Gaube und Wolfgang Röllig

---

Reihe B
(Geisteswissenschaften)
Nr. 7

# Répertoire Géographique des Textes Cunéiformes

In Zusammenarbeit mit
Jean-Robert Kupper · Wilhelmus François Leemans † · Jean Nougayrol †

herausgegeben von
Wolfgang Röllig

Band 12/1

# I nomi geografici dei testi di Ebla

di
Marco Bonechi

WIESBADEN 1993
DR. LUDWIG REICHERT VERLAG

Répertoire Géographique
des
Textes Cunéiformes
XII/1

# I nomi geografici dei testi di Ebla

di

Marco Bonechi



WIESBADEN 1993
DR. LUDWIG REICHERT VERLAG

Diese Arbeit ist im SFB 19, Tübingen, entstanden und wurde auf seine Veranlassung unter Verwendung der ihm von der Deutschen Forschungsgemeinschaft zur Verfügung gestellten Mittel gedruckt.

Gedruckt auf säurefreiem Papier
(alterungsbeständig – pH 7, neutral)

Die Deutsche Bibliothek – CIP-Einheitsaufnahme

**Répertoire géographique des textes cunéiformes /** in Zusammenarbeit mit Jean-Robert Kupper . . . hrsg. von Wolfgang Röllig. – Wiesbaden: Reichert.
(Beihefte zum Tübinger Atlas des Vorderen Orients: Reihe B, Geisteswissenschaften ; Nr. 7)
Teilw. im Sonderforschungsbereich 19, Tübingen, entstanden – Literaturangaben
NE: Röllig, Wolfgang [Hrsg.]; Sonderforschungsbereich Orientalistik mit Besonderer Berücksichtigung des Vorderen Orients ⟨Tübingen⟩
Tübinger Atlas des Vorderen Orients / Beihefte / B

Bd. 12. I nomi geografici dei testi di Ebla / di Marco Bonechi.
1. – (1993)
ISBN 3-88226-587-6
NE: Bonechi, Marco



Gesamtherstellung: Hubert & Co., Göttingen

*ai miei genitori,*
*con affetto e gratitudine*

# INDICE

# PREMESSA

La raccolta dei materiali presentati in questo studio è iniziata nella metà degli anni '80 da parte mia e di Amalia Catagnoti, stimolati nella ricerca sui testi eblaiti dall'attività di Pelio Fronzaroli e dei suoi collaboratori nell'ambito dei seminari dedicati alla documentazione epigrafica di Ebla dal Dipartimento di Linguistica dell'Università di Firenze. Nel 1988 veniva redatto un primo manoscritto, che, aggiornato con le nuove pubblicazioni, ha costituito il punto di partenza per questo repertorio. Durante gli anni più recenti, mi è stato possibile rileggere l'intera documentazione amministrativa eblaita pubblicata; inoltre, ho potuto preparare una mia personale elaborazione su PC di questa documentazione. In questa fase, lavorando con MS Word 5.0 e BoGaRT ENKI 1.1, ho selezionato il materiale definitivo, ed ho effettuato gli appropriati controlli sui contesti, giungendo così ad un risultato che non deriva da un riordinamento meccanico degli indici, bensì dalla consultazione delle fonti edite.

In vario modo, diverse persone hanno incoraggiato e reso possibile questo studio, e a loro vanno i miei più sentiti ringraziamenti: al Prof. Wolfgang Röllig, che ha voluto ospitare la mia ricerca nella collana da lui diretta; alla Prof. Brigitte Groneberg, per il supporto nella fase iniziale del progetto; al Prof. Pelio Fronzaroli e al Dott. Giovanni Conti, che hanno messo a mia disposizione la loro conoscenza della documentazione eblaita; alla Dott. Maria Vittoria Tonietti, che ha riletto il manoscritto dandomi alcuni utili suggerimenti; a Maurizio M. Gavioli, per l'insostituibile supporto tecnico; a Massimo Chimenti, che ha preparato la carta geografica. In particolar modo, sono grato a mia moglie Amalia, che mi ha costantemente aiutato nella raccolta dei materiali e che con pazienza ha seguito da vicino tutta la ricerca successiva. Naturalmente, ogni genere di errore ricade comunque sotto la mia responsabilità.

Arezzo, Aprile 1993 Marco Bonechi

## ABBREVIAZIONI BIBLIOGRAFICHE

Le abbreviazioni sono quelle consuete; inoltre, si vedano:

*ARET*: *Archivi Reali di Ebla. Testi*, Roma, 1981-

*ARES*: *Archivi Reali di Ebla. Studi*, Roma, 1988-

1 (1988), A. Archi (ed.), *Eblaite Personal Names and Semitic Name-Giving*, Papers of a Symposium held in Rome (July 15-17, 1985), Roma, 1988

*BaE*: L. Cagni ed., *Il bilinguismo a Ebla*, Atti del convegno internazionale (Napoli, 19-22 aprile 1982), Napoli 1984

*Ebl.* I: C. H. Gordon - G. A. Rendsburg - N. H. Winter edd., *Eblaitica: Essays on the Ebla Archives and Eblaite Language*, Vol. I, Winona Lake 1987

*Ebl.* II: C. H. Gordon G. A. Rensburg edd., *Eblaitica: Essays on the Ebla Archives and Eblaite Language*, Vol. II, Winona Lake 1990

*Ebla 1975-1985*: L. Cagni (ed.), *Ebla 1975-1985. Dieci anni di studi linguistici e filologici*, Atti del convegno internazionale (Napoli, 9-11 ottobre 1985), Napoli 1987

*Ét. Garelli*: D. Charpin - F. Joannès edd., *Marchands, diplomates et empereurs, Études sur la civilisation mésopotamienne offertes à Paul Garelli*, Paris 1991

*Fs Alp*: H. Otten - E. Akurgal - H. Ertem - A. Süel edd., *Hittite and Other Anatolian and Near Eastern Studies in Honour of Sedat Alp*, Ankara 1992

*Lacheman Volume*: M. A. Morrison - D. I. Owen (edd.), *Studies on the Civilization and Culture of Nuzi and the Hurrians*, Winona Lake 1981

*LdE*: L. Cagni (ed.), *La lingua di Ebla*. Atti del convegno internazionale (Napoli 21-23 aprile 1980), Napoli 1981

*MARI*: *Mari. Annales de recherches interdisciplinaires*, Paris 1982-

*MEE*: *Materiali Epigrafici di Ebla*, Napoli, 1979-

*Mél. Finet*: M. Lebeau - Ph. Talon edd., *Reflets des deux fleuves.* Volume de mélanges offerts à André Finet, Leuven 1989

*Mél. Fleury*: J.-M. Durand ed., *Florilegium marianum*, Recueil d'études en l'honneur de Michel Fleury, *Mèmoires de NABU* 1 (1992)

*Mél. Kupper*: Ö. Tunca ed., *De la Babylonie à la Syrie, en passant par Mari*, Mélanges offerts à monsieur J.-R. Kupper à l'occasion de son 70e anniversaire, Liège 1990

*MisEb*: P. Fronzaroli (ed.) *Miscellanea Eblaitica*, Firenze 1988-

*NABU*: *Nouvelles Assyriologiques brèves et Utilitaires*, Paris 1987-

*PSD*: *The Sumerian Dictionary of the University Museum of the University of Pennsylvania*, Philadelphia 1984-

*QuSem*: *Quaderni di Semitistica*, Firenze 1971-

*SEb*: *Studi Eblaiti*, Roma, 1979-

*SLE*: P. Fronzaroli ed., *Studies on the Language of Ebla*, *QuSem* 13, Firenze 1984

*St. Leslau*: *Semitic Studies in honor of Wolf Leslau*, Wiesbaden 1991

*St. Özgüç*: K. Emre - B. Hrouda - M. Mellink - N. Özgüç edd., *Anatolia and the Ancient Near East*, Studies in Honor of Tashin Özgüç, Ankara 1989

*WGE*: H. Waetzoldt - H. Hauptmann (edd.), *Wirtschaft und Gesellschaft von Ebla*, Akten der Internationalen Tagung Heidelberg 4.-7. November 1986, Heidelberg 1988 (= *HSAO* 2)

# BIBLIOGRAFIA

Alberti, *NABU* 1990/28: A. Alberti, *AN.BU* = a-nu-bu$_x$, *NABU* 1990/28

Alberti, *Or* 59: A. Alberti, recensione a G. Pettinato, *Ebla. Nuovi orizzonti della storia* (Milano 1986), *Or* 59 (1990), pp. 74-81

Alberti, *VO* 8/2: A. Alberti, Nihil sub sole novum. *Osservazioni a margine di MEE 10*, *VO* 8/2 (1992), pp. 179-188

Amadasi Guzzo, *WGE*: M. G. Amadasi Guzzo, *Remboursement et passage de proprieté d'objets en métal précieux*, *WGE*, pp. 121-124

Arcari, *Ebla 1975-*: E. Arcari, *I* lú-kar *nella documentazione di Ebla*, *Ebla 1975-*, pp. 123-129

Arcari, *WGE*: E. Arcari, *The Administrative Organization of the City of Ebla*, *WGE* (1988), pp. 125-129

Archi, *AAAS* 29/30: A. Archi, *Les dieux d'Ebla au III*[e] *millénaire avant J. C. et les dieux d'Ugarit*, *AAAS* 29/30 (1978-1979) pp. 167-171

Archi, *AAAS* 40: A. Archi, *Agricultural Production in the Ebla Region*, *AAAS* 40 (1990), pp. 50-55

Archi, *AfO* B 19: A. Archi, *Wovon lebte man in Ebla?*, *AfO* B 19 (1982), pp. 173-188

Archi, *AoF* 15: A. Archi, *Prices, Worker's Wages and Maintenance at Ebla*, *AoF* 15 (1988), pp. 24-29

Archi, *AoF* 19: A. Archi, *The City of Ebla and the Organization of its Rural Territory*, *AoF* 19 (1992), pp. 24-28

Archi, *ARES* I: A. Archi - M. G. Biga - L. Milano, *Studies in Eblaite Prosopography*, *ARES* I (1988), pp. 205-306

Archi, *ARET* I, VII: v. *ARET* I, VII

Archi, *Biblica* 60: A. Archi, *The Epigraphic Evidence from Ebla and the Old Testament*, *Biblica* 60 (1979), pp. 556-566

Archi, *Ebl.* I: A. Archi, *Ebla and Eblaite*, *Eblaitica* I, pp. 7-17

Archi, *Ebl.* I: A. Archi, *Reflections on the System of Weights from Ebla*, *Eblaitica* I, pp. 47-83

Archi, *Ebl.* I: A. Archi, *Gifts for a Princess*, *Eblaitica* I, pp. 115-124
Archi, *Ebl.* I: A. Archi, *More on Ebla and Kish*, *Ebl.* I (1987), pp. 125-140
Archi, *Ehrman Volume*: A. Archi, *Cult of the Ancestors and Tutelary God at Ebla*, in Y. L. Arbeitman ed., *FUCUS. A Semitic/Afrasian gathering in remembrance of Albert Ehrman*, *Current Issues in Linguistic Theory* 58 (1988), pp. 103-112
Archi, *Ét. Garelli*: A. Archi, *Culture de l'olivier et production de l'huile à Ebla*, *Ét. Garelli* (1991), pp. 211-222
Archi, *Fs Alp*: A. Archi, *Substrate: Some remarks on the formation of the west Hurrian pantheon*, *Fs Alp* (1992), pp. 7-14
Archi, *MARI* 4: A. Archi, *Les rapports politiques et économiques entre Ebla et Mari*, *MARI* 4 (1985), pp. 63-83
Archi, *MARI* 5: A. Archi, *Les titres de* en *et* lugal *à Ebla et des cadeaux pour le roi de Kish*, *MARI* 5 (1987), pp. 37-52
Archi, *MARI* 6: A. Archi, *Imâr au III*$^{\text{ème}}$ *millénaire d'aprèe les archives d'Ebla*, *MARI* 6 (1990), pp. 21-38
Archi, *MARI* 7: A. Archi, *Divinités sémitiques et divinités de substrat. Le cas d'Iš-ḫara et d'Ištar à Ebla*, *MARI* 7 (1993), pp. 71-78
Archi, *Mél. Finet*: A. Archi, *La ville d'Abarsal*, *Mél. Finet* (1989), pp. 15-19
Archi, *Mél. Kupper*: A. Archi, *Tuttul-sur-Baliḫ à l'âge d'Ebla*, *Mél. Kupper* (1990), pp. 197-207
Archi, *NABU* 1988/44: A. Archi, *Minima eblaitica* I, *NABU* 1988/44
Archi, *NABU* 1988/77: A. Archi, *Minima eblaitica 6: igi-dub* = ba-nu-ù *«lame, feuille pour le visage, visage»*, *NABU* 1988/77
Archi, *Or* 54: A. Archi, *Mardu in the Ebla Texts*, *Or* 54 (1985), pp. 7-13
Archi, *Or* 57: A. Archi, *Position of the Tablets of Ebla*, *Or* 57 (1988) pp. 67-69
Archi, *PdP* 46: A. Archi, *Ebla. La formazione di uno stato del III millennio a.C.*, *PdP* 46 (1991), pp. 196-219
Archi, *RA* 81: A. Archi, *Ugarit dans les textes d'Ebla?*, *RA* 81 (1987), pp. 185-186
Archi, *RA* 81: A. Archi, gín DILMUN *«sicle pesé, standard»*, *RA* 81 (1987), pp. 186-187
Archi, *RA* 84: A. Archi, *Données épigraphiques éblaïtes et production artistique*, *RA* 84 (1990), pp. 101-105
Archi, *SEb* 1: A. Archi, *Diffusione del culto di* $^{\text{D}}$*NI*-da-kul, *SEb* 1 (1979), pp. 105-113
Archi, *SEb* 2: A. Archi, *Notes on Eblaite Geography*, *SEb* 2 (1980), pp. 1-16
Archi, *SEb* 2: A. Archi, *Ancora su Ebla e la Bibbia*, *SEb* 2 (1980), pp. 17-40
Archi, *SEb* 4: A. Archi, *Notes on Eblaite Geography II*, *SEb* 4 (1981), pp. 1-17
Archi, *SEb* 5: A. Archi, *About the Organization of the Eblaite State*, *SEb* 5 (1982), pp. 201-220
Archi, *SEb* 7: A. Archi, *A Recent Book on Ebla*, *SEb* 7 (1984), pp. 23-43

Archi, *SLE*: A. Archi, *The Personal Names in the Individual Cities*, *SLE* (1984), pp. 225-251

Archi, *St. Özgüç*: A. Archi, *Ga-ne-iš/šu*$^{ki}$ *in the Ebla Texts*, *St. Özgüç* (1989), pp. 11-14

Archi, *UF* 20: A. Archi, *Ḫarran in the Third Millennium B. C.*, *UF* 20 (1988), pp. 1-8

Archi, *VO* 6: A. Archi, *Varianti grafiche negli antroponimi di Ebla*, *VO* 6 (1986), pp. 243-248

Archi, *VO* 8/2: A. Archi, *Integrazioni alla prosopografia dei "danzatori", ne-di, di Ebla*, *VO* 8/2 (1992), pp. 189-198

Archi, *WGE*: A. Archi, *Zur Organisation der Arbeit in Ebla*, *WGE* (1988), pp. 131-138

Archi, *ZA* 76: A. Archi, *Die ersten zehn Könige von Ebla*, *ZA* 76 (1986), pp. 213-217

Archi - Pecorella - Salvini: *Gaziantep*: A. Archi, P. E. Pecorella, M. Salvini: *Gaziantep e la sua regione*, Roma 1971

*ARET* I: A. Archi, *Testi amministrativi: assegnazioni di tessuti (Archivio L.2769)*, 1985

*ARET* II: D. O. Edzard, *Verwaltungstexte verschiedenen Inhalts (aus den Archiv L.2769)*, 1981

*ARET* III: A. Archi - M. G. Biga, *Testi amministrativi di vario contenuto (Archivio L.2769: TM.75.G 3000-4101)*, 1982

*ARET* IV: M. G. Biga - L. Milano, *Testi amministrativi: assegnazioni di tessuti (Archivio L.2769)*, 1984

*ARET* VII: A. Archi, *Testi amministrativi: registrazioni di metalli e tessuti (Archivio L.2769)*, 1988

*ARET* VIII: E. Sollberger, *Texts Chiefly Concerning Textiles (L.2752)*, 1986

*ARET* IX: L. Milano, *Testi amministrativi: assegnazioni di prodotti alimentari (Archivio L.2712 - Parte I)*, 1990

*ARET* XI: P. Fronzaroli, *Testi rituali (Archivio L.2769)*, in stampa[1]

Astour, *JAOS* 108: M. C. Astour, *Toponimy of Ebla and Ethnohistory of the Northern Syria: A Preliminary Survey*, *JAOS* 108 (1988), pp. 545-555

Astour, *Semites and Hurrians*: M. C. Astour, *Semites and Hurrians in Northern Transtigris*, in D. I. Owen - M. A. Morrison edd., *Studies on the Civilization and Culture of Nuzi and the Hurrians*, Vol. 2, Winona Lake 1987, pp. 3-68

Astour, *WGE*: M. C. Astour, *The Geographical and Political Structure of the Ebla Empire*, *WGE* (1988), pp. 139-158

Biga, *ARES* I: A. Archi - M. G. Biga - L. Milano, *Studies in Eblaite Prosopography*, *ARES* 1 (1988), pp. 205-306

[1] In questo volume sono confluiti anche alcuni frammenti già editi in *ARET* III: i NG provenienti da questi sono citati seguendo l'edizione definitiva in *ARET* XI.

Biga, *ARET* III, IV: v. *ARET* III, IV

Biga, *PdP* 46: M. G. Biga, *Donne alla corte di Ebla*, *PdP* 46 (1991), pp. 285-303

Biga, *XXXIII RAI*: M. G. Biga, *Femmes de la famille royale d'Ebla*, in: J.-M. Durand ed., *XXXIII RAI*, Paris 1987, pp. 41-47

Biga, *SEb* 4: M. G. Biga, *Tre testi amministrativi da Ebla*, *SEb* 4 (1981), pp. 25-33

Biga, *VO* 8/2: M. G. Biga, *Osservazioni sui criteri di redazione dei testi di Ebla: TM.75.G.1730 e i testi del rituale per il re e la regina*, *VO* 8/2 (1992), pp. 3-11

Biga, *WGE*: M. G. Biga, *Frauen in der Wirtschaft von Ebla*, *WGE* (1988), pp. 159-171

Biga - Pomponio, *JCS* 42: M. G. Biga - F. Pomponio, *Elements for a Chronological Division of the Administrative Documentation of Ebla*, *JCS* 42 (1990), pp. 179-201

Biga - Pomponio, *MARI* 7: M. G. Biga - F. Pomponio, *Critères de rédaction comptable et chronologie relative des textes d'Ébla*, *MARI* 7 (1993), in stampa (manoscritto cortesemente messo a disposizione dagli autori)

Bonechi, *AuOr* 8: M. Bonechi, *I "regni" dei testi degli archivi di Ebla*, *AuOr* 8 (1990), pp. 157-174

Bonechi, *MARI* 6: M. Bonechi, *A propos des noms propres d'Ebla*, *MARI* 6 (1990), pp. 221-244

Bonechi, *MisEb* 1: M. Bonechi, *Sulle attestazioni arcaiche del prefisso di coniugazione* ti, *MisEb* 1 (1988), pp. 121-172

Bonechi, *MisEb* 1: PIRIG/PEŠ$_2$/GIR$_3$.ZA *e la scomposizione dei segni composti ad Ebla*, *MisEb* 1 (1988), pp. 173-182

Bonechi, *MisEb* 2: M. Bonechi, *Un atto di culto a Ebla*, *MisEb* 2 (1989), pp. 131-147

Bonechi, *MisEb* 4: M. Bonechi, *Osservazioni in margine a* RGTC *12*, *MisEb* 4 (1993)

Bonechi, *NABU* 1990/28: M. Bonechi, *Sulle alternanze grafiche a Ebla: la toponomastica*, *NABU* 1990/28

Bonechi, *NABU* 1992/12: M. Bonechi, *On* ARET *III 446 and* ARET *III 456*, *NABU* 1992/12

Bonechi, *NABU* 1993: M. Bonechi, DU$_6^{ki}$ *at Ebla*, *NABU* 1993

Bonechi, *SEL* 7: M. Bonechi, *Aleppo in età arcaica. A proposito di un'opera recente*, *SEL* 7 (1990), pp. 15-37

Bonechi, *SEL* 8: M. Bonechi, *Onomastica dei testi di Ebla: nomi propri come fossili-guida?*, *SEL* 8 (1991), pp. 59-79

Bonechi, *WO* 22: M. Bonechi, ga-šur$_x^{ki}$ *dans les tablettes d'Ebla*, *WO* 22 (1991), pp. 5-9

Bonechi, in stampa: M. Bonechi, *ARET* I 2 + *ARET* IV 23

Bonechi - Catagnoti, *NABU* 1990/29: M. Bonechi - A. Catagnoti, Ḫa-zu/su-wa-an$^{ki}$ *nei testi di Ebla*, *NABU* 1990/29

Cagni, *BaE*: L. Cagni, *Il lessico dei testi amministrativi e dei testi bilingui di Ebla. Un saggio-campione*, *BaE*, pp. 371-391

Catagnoti, *Mél. Fleury*: A. Catagnoti, *Le royaume de Tubâ et ses cultes*, *Mémoires de NABU* 1 (1992), pp. 23-28

Catagnoti, *MisEb* 1: A. Catagnoti, *I nomi di parentela nell'onomastica di Ebla*, *MisEb* 1 (1988), pp. 183-277

Catagnoti, *MisEb* 2: A. Catagnoti, *I* NE.DI *nei testi amministrativi degli archivi di Ebla*, *MisEb* 2 (1989), pp. 149-201

Catagnoti, *MisEb* 4: A. Catagnoti, *Le liste dei* ḪÚB(.KI) *e l'onomastica di Nagar nei testi di Ebla*, *MisEb* 4 (1993), in preparazione

Catagnoti - Bonechi, *NABU* 1992/65: A. Catagnoti - M. Bonechi, *Le volcan Kawkab, Nagar et problèmes connexes*, *NABU* 1992/65

Charpin, *MARI* 5: D. Charpin, *Tablettes présargoniques de Mari*, *MARI* 5 (1987), pp. 65-127

Civil, *Or* 52: M. Civil, *The Sign LAK 384*, *Or* 52 (1983), pp. 233-240

Conti, *MisEb* 1: G. Conti, *Osservazioni sulla sezione* KA *della lista lessicale bilingue eblaita*, *MisEb* 2 (1988), pp. 35-77

Conti, *MisEb* 3: G. Conti, *Il sillabario della quarta fonte della lista lessicale bilingue eblaita* (= *MisEb* 3), *QuSem* 17, Firenze 1990

Conti *et alii*, *MQuSem* 1: G. Conti with the collaboration of Amalia Catagnoti and Marco Bonechi, *Index of Eblaic Texts (Published or Cited)*, *Quaderni di Semitistica. Materiali* 1, Firenze 1992

D'Agostino, *OA* 29: F. D'Agostino, *Proposta di interpretazione del testo* ARET *2, 29 (Ipotesi per uno studio della legislazione commerciale di Ebla)*, *OA* 29 (1990, ma pubblicato 1993), pp. 39-55

D'Agostino, *SS* NS 7: F. D'Agostino, *Il sistema verbale sumerico nei testi lessicali di Ebla*, *Studi Semitici* NS 7, 1990

Dahood, *BaE*: M. Dahood, *Hebrew Hapax Legomena in Eblaite*, *BaE*, pp. 439-470

Dahood - Pettinato, *Or* 46: M. Dahood - G. Pettinato, *Ugaritic* ršp gn *and Eblaite* rasap gunu(m)$^{ki}$, *Or* 46 (1977), pp. 230-233

Davidović, *ASJ* 11: V. Davidović, *Trade Routes between Northern Syria and central Anatolia in the Middle of the III Millennium B.C.*, *ASJ* 11 (1989), pp. 1-26

Davidović, *WGE*: V. Davidović, Guruš *in the Administrative Texts from Ebla*, *WGE* (1988), pp. 199-204

Diakonoff, *Ebl.* II: I. M. Diakonoff, *The Importance of Ebla for History and Linguistics*, *Ebl.* II, pp. 3-29

Durand, *ARM* XXVI/1: J.-M. Durand, *Archives épistolaires de Mari I/1* (= *ARM* XXVI/1), Paris 1988

Durand, *MARI* 5: J.-M. Durand, *Documents pour l'histoire du Royaume Haute-Mésopotamie, I*, *MARI* 5 (1987), pp. 155-198

Durand, *MARI* 6: J.-M. Durand, *La cité-Etat d'Imar à l'époque des rois de Mari*, *MARI* 6 (1990), pp. 39-92

Durand, *MARI* 7: J.-M. Durand, *Le mythologème du combat entre le dieu de l'orage et la mer en Mésopotamie*, *MARI* 7 (1993), pp. 41-61

Edzard, *ARES* I: D. O. Edzard, *Semitische und nichtsemitische Personennamen in Texten aus Ebla*, *ARES* I (1988), pp. 25-34

Edzard, *ARET* II: v. *ARET* II

Edzard, *QuSem* 18: D. O. Edzard, *Der Vertrag von Ebla mit A-bar-QA*, *QuSem* 18 (1992), pp. 187-217

Edzard, *SEb* 4: D. O. Edzard, *Der Texte TM.75.G.1444 aus Ebla*, *SEb* 7 (1981), pp. 35-59

Fales, *Ebla 1975-*: F. M. Fales, *A Possible "Rule" in Ebla Onomastics*, *Ebla 1975-* (1987), pp. 419-428

Fales, *MARI* 3: F. M. Fales, *An Archaic Text from Mari*, *MARI* 3 (1984), pp. 269-270

Fales, *SEb* 7: F. M. Fales, (L)Arugatu[ki] *in a Ugaritic Text?*, *SEb* 7 (1984) pp. 83-85

Farber, *ZA* 81: W. Farber, *Altassyrisch* addaḫšū *und* ḫazuannū*, oder von Safran, Fenchel, Zwiebeln und Salat*, *ZA* 81 (1991), pp. 234-242

Foster, *ARRIM* 8: B. R. Foster, *Naram-Sin in Martu and Magan*, *ARRIM* 8 (1990) pp. 25-44

Foster, *BiOr* 40: B. R. Foster, *Ebla and the Origins of Akkadian Accountability*, *BiOr* 40 (1983), pp. 298-305

Fronzaroli, *ARET* XI: v. *ARET* XI

Fronzaroli, *JSS* 22: P. Fronzaroli, *West Semitic Toponymy in Northern Syria in the Third Millennium B.C.*, *JSS* 22 (1977), pp. 145-166

Fronzaroli, *MARI* 5: P. Fronzaroli, *Le pronom déterminatif-relatif à Ebla*, *MARI* 5 (1987), pp. 267-274

Fronzaroli, *MAARAV* 5-6: P. Fronzaroli, *Forms of the Dual in the Texts of Ebla*, *MAARAV* 5-6 (1990), pp. 111-125

Fronzaroli, *MisEb* 1: P. Fronzaroli, *Il culto dei re defunti in* ARET *3.178*, *MisEb* 1 (1988), pp. 1-33

Fronzaroli, *MisEb* 2: P. Fronzaroli, *Il culto degli Angubbu a Ebla*, *MisEb* 2 (1989), pp. 1-26

Fronzaroli, *OrSu* 33-35: P. Fronzaroli, *Semitic Place Names of Syria in the Ebla Texts*, *OrSu* 33-35 (1984-86), pp. 139-148

Fronzaroli, *QuSem* 18: P. Fronzaroli, *The Ritual Texts of Ebla*, *QuSem* 18 (1992), pp. 163-185

Fronzaroli, *XXXIII RAI*: P. Fronzaroli, *La formation des noms personnels féminins à Ebla*, in: J.-M. Durand ed., *XXXIII RAI*, Paris 1987, pp. 63-73

Fronzaroli, *SEb* 1: P. Fronzaroli, *Problemi di fonetica eblaita, 1, SEb* 1 (1979), pp. 65-89

Fronzaroli, *SEb* 3: P. Fronzaroli, *Un verdetto reale dagli Archivi di Ebla (TM.75.G.1452), SEb* 3 (1980), pp. 33-52

Fronzaroli, *SEb* 5: P. Fronzaroli, *Per una valutazione della morfologia eblaita, SEb* 5 (1982), pp. 93-120

Fronzaroli, *SEb* 7: P. Fronzaroli, *Disposizioni reali per Ti̠taw-Li'm (TM.75.G.2396, TM.75.G.1986+), SEb* 7 (1984), pp. 1-22

Fronzaroli, *St. Leslau*: P. Fronzaroli, *Niveaux de langue dans les graphies éblaites*, in: A. S. Kaye ed., *St. Leslau* (1991), pp. 462-476

Fronzaroli, *UF* 11: P. Fronzaroli, *The Concord in Gender in Eblaite Theophoric Personal Names, UF* 11 (1979), pp. 275-281

Garelli, *Remarques*: P. Garelli, *Remarques sur les noms géographiques des archives d'Ebla*, (manoscritto)

Gelb, *Ebla 1975-*; I. J. Gelb, *The Language of Ebla in the Light of the Sources From Ebla, Mari, and Babylonia, Ebla 1975-* (1987), pp. 49-74

Gelb, *LdE*: I. J. Gelb, *Ebla and the Kish Civilization, LdE*, pp. 9-73

Gelb, *Mari in Retrospect*: I. J. Gelb, *Mari and the Kish Civilization*, in G. D. Young ed. *Mari in Retrospect. Fifty Years of Mari and Mari Studies*, Winona Lake 1992, pp. 122-202

Gelb, *Origins of the Cities*: I. J. Gelb, *Ebla and Lagash: Environmental Contrast*, in H. Weiss ed. *The Origins of the Cities in Dry-Farming Syria and Mesopotamia in the Third Millennium B.C.*, Guilford 1986, pp. 157-167

Gelb, *SMS* 1/1: I. J. Gelb, *Thoughts About Ibla. A Preliminary Evaluation, March 1977, SMS* 1/1 (1977), pp. 3-30

Geller, *Ebl.* I: M. J. Geller, *The lugal of Mari at Ebla and the Sumerian King List, Eblaitica* I (1987), pp. 141-145

Geller, *RA* 77: M. J. Geller, *A-bar-sal$_4$ at Ebla, RA* 77 (1983), pp. 89-90

Gordon, *Ebl.* II: C. H. Gordon, *Eblaite and Northwest Semitic, Ebl.* II, pp. 127-139

Grégoire, *LdE*: J.-P. Grégoire, *Remarques sur quelques noms de donction et sur l'organisation administrative dans les archives d'Ebla, LdE*, pp. 379-399

Hecker, *LdE*: K. Hecker, *Eigennamen und die Sprache von Ebla, LdE*, pp. 165-175

Kessler, *RA* 74: K. Kessler, *Das Schicksal von Irridu unter Adad-narāri I, RA* 74 (1980), pp. 61-66

Kienast, *LdE*: B. Kienast, *Die Sprache von Ebla und das Altsemitische, LdE*, pp. 83-98

Kienast, *WGE*: B. Kienast, *Der Vertrag Ebla-Assur in rechtshistorischer Sicht, WGE*, pp. 231-243

Kienast - Waetzoldt, *Ebl.* II: B. Kienast - H. Waetzoldt, *Zwölf Jahre Ebla: Versuch einer Bestandsaufnahme*, *Ebl.* II, pp. 31-77

Klengel, *Syria*: H. Klengel, *Syria 3000 to 300 B.C.*, Berlin 1992

Krebernik, *BFE*: M. Krebernik, *Die Beschwörungen aus Fara und Ebla*, *TSO* 2, Hildesheim 1984

Krebernik, *Personennamen*: M. Krebernik, *Die Personennamen der Ebla-Texte*, *BBVO* 7, Berlin 1988

Krebernik, *ZA* 72: M. Krebernik, *Zu Syllabar und Orthographie der lexicalischen Texte aus Ebla. Teil 1*, *ZA* 72 (1982), pp. 178-236

Krecher, *ARES* I: J. Krecher, *Observations on the Ebla Toponyms*, *ARES* I (1988), pp. 173-190

Krecher, *BaE*: J. Krecher, *Sumerische und nichtsumerische Schcht in der Schriftkultur von Ebla*, *BaE* (1984), pp. 139-166

Krecher, *Ebla 1975-*: J. Krecher, *Über Inkonsistenz in den Texten aus Ebla*, *Ebla 1975-*, pp. 177-197

Krecher, *LdE*: J. Krecher, *Sumerogramme und syllabische Orthographie in den Texten aus Ebla*, *LdE*, pp. 135-154

Krecher, *MARI* 5: J. Krecher, *IGI+LAK-527 SIG$_5$, gleichbedeutend GIŠ.ÉREN; LAK-647*, *MARI* 5 (1987), pp. 623-625

Krecher, *WO* 18: J. Krecher, */ur/ "Mann", /eme/ "Frau" und die sumerische Herkunft des Wortes urdu(-d) "Sklave"*, *WO* 18 (1987), pp. 7-19

Kupper J.-R., *Akkadica* 79-80: *Karkémish aux III$^{ème}$ et II$^{ème}$ millénaire avant notre ère*, *Akkadica* 79-80 (1992), pp. 16-23

Lambert, *Ebla 1975-*: W. G. Lambert, *The Treaty of Ebla*, *Ebla 1975-* (1987), pp. 353-364

Lambert, *MARI* 4: W. G. Lambert, *The Pantheon of Mari*, *MARI* 4 (1985) pp. 525-539

Lambert, *MARI* 6: W. G. Lambert, *Ḫalam, Il-Ḫalam and Aleppo*, *MARI* 6 (1990), pp. 641-643

Liverani, *Antico Oriente*: M. Liverani, *Antico Oriente. Storia, società, economia*, Roma-Bari 1988

Liverani, *Studies*: M. Liverani, *Studies on the Annals of Ashurnasirpal II. 2: Topographical Analysis*, *Quaderni di Geografia Storica* 4, Roma 1992

Mander, *OA* 19: P. Mander, *Coeva documentazione mesopotamica per il* sa-za$^{ki}$ *"governatorato" di Ebla*, *OA* 19 (1980), pp. 263-264

Mander, *OA* 27: P. Mander, *Ebla's Palatine Gynaeceum as Documented in the Administrative Archives*, *OA* 27 (1988), pp. 1-73

Mander, *MEE* X: v. *MEE* X

Matthiae, *Ebla* 1$^1$: P. Matthiae, *Ebla. Un impero ritrovato*, Torino 1977

Matthiae, *Ebla* 1$^2$: P. Matthiae, *Ebla. Un impero ritrovato. Dai primi scavi alle ultime scoperte*, Torino 1989

Matthiae, *Ebla* 2: P. Matthiae, *I tesori di Ebla*, Bari 1984

Matthiae, *SEb* 1: P. Matthiae, DU-UB[ki] *di Mardikh IIB1* = TU-BA[ki] *di Alalakh VII*, *SEb* 1 (1979), pp. 115-118

Matthiae, *SEb* 2: P. Matthiae, *Appunti di iconografia eblaita, II*, *SEb* 2 (1980), pp. 41-47

*MEE* II: G. Pettinato, *Testi amministrativi della biblioteca L.2769*, *Materiali Epigrafici di Ebla* 2, Napoli 1980

*MEE* X: P. Mander, *Administrative Texts of the Archive L.2769 (Materiali Epigrafici di Ebla 10)*, Roma 1990

Michalowski, *JAOS* 105: P. Michalowski, *Third Millennium Contacts: Observations on the Relationships Between Mari and Ebla*, *JAOS* 105 (1985), pp. 293-302

Michalowski, *Mari in Retrospect*: P. Michalowski, *Mari: The View from Ebla*, in G. D. Young ed. *Mari in Retrospect. Fifty Years of Mari and Mari Studies*, Winona Lake 1992, pp. 243-248

Michalowski, *ZA* 76: P. Michalowski, *The Earliest Hurrian Toponymy: A New Sargonic Inscription*, *ZA* 76 (1986), pp. 4-11

Milano, *ARET* IV, IX: v. *ARET* IV, IX

Milano, *ASJ* 9: L. Milano, *Barley for Rations and Barley for Sowing (*ARET *II 51 and Related Matters)*, *ASJ* 9 (1987), pp. 177-201

Milano, *MARI* 5: L. Milano, *Food rations at Ebla: A Preliminary Account on the Ration Lists Coming from the Ebla Palace Archive L.2712*, *MARI* 5 (1987), pp. 519-550

Milano, *Or* 56: L. Milano, *OAkk. BAN*-ḫa-tum = tirḫatum, *"bridal price"*, *Or* 56 (1987), pp. 85-86

Milano, *Scienze dell'Antichità* 3-4: L. Milano, *Luoghi di culto in Ebla: economia e sistema delle offerte*, *Scienze dell'Antichità* 3-4 (1989-1990), pp. 155-173

Milano, *SLE*: L. Milano, *Distribuzione di bestiame minuto ad Ebla: criteri contabili e implicazioni economiche*, *SLE*, pp. 205-223

Milano, *ZA* 80: L. Milano, é-duru$_5$[ki] = *"One Score" (of People) in the Ebla Accounting*, *ZA* 80 (1990), pp. 9-14

Pettinato, *BA* 39: G. Pettinato, *The Royal Archives of Tell Mardikh-Ebla*, *BA* 39 (1976), pp. 44-52

Pettinato, *Ebla* 1: G. Pettinato, *Ebla. Un impero inciso nell'argilla*, Milano 1979

Pettinato, *Ebla* 2: G. Pettinato, *Ebla. Nuovi orizzonti della storia*, Milano 1986

Pettinato, *Ebla 1975-*: G. Pettinato, *Dieci anni di studi epigrafici su Ebla*, *Ebla 1975-* (1987), pp. 1-35

Pettinato, *Lacheman Volume*: G. Pettinato, *Gasur nella documentazione epigrafica di Ebla*, *Lacheman Volume* (1981), pp. 297-304

Pettinato, *MEE* II: v. *MEE* II

Pettinato, *OA* 15: G. Pettinato, *Carchemiš - Kār-Kamiš. Le prime attestazioni del III millennio*, *OA* 15 (1976), pp. 11-15

Pettinato, *OA* 19: G. Pettinato, *Bollettino militare della campagna di Ebla contro la città di Mari*, *OA* 19 (1980), pp. 231-245

Pettinato, *OLA* 5: G. Pettinato, *Il commercio internazionale di Ebla: economia statale e privata*, *OLA* 5 (1979), pp. 171-233

Pettinato, *Or* 47: G. Pettinato, *L'Atlante Geografico del Vicino Oriente Antico attestato ad Ebla e ad Abu Ṣalābīkh*, *Or* 47 (1978), pp. 50-73 e Tav. VII-XII

Pettinato, *Or* 53: G. Pettinato, *Il termine* AB *in eblaita: congiunzione* AP *oppure locuzione avverbiale* JEŠ*?*, *Or* 53 (1984), pp. 318-332

Pettinato, *Or* 54: G. Pettinato - H. Waetzoldt, *Dagān in Ebla und Mesopotamien nach den Texten aus dem 3. Jahrtausend*, *Or* 54 (1985), pp. 234-256

Pettinato, *RBI* 25: G. Pettinato, *Gli archivi reali di Tell Mardikh-Ebla. Riflessioni e prospettive*, *RBI* 25 (1977), pp. 225-243

Pettinato *RSO* 50: G. Pettinato, *Aspetti amministrativi e topografici di Ebla nel III millennio Av. Cr.*, *RSO* 50 (1976), pp. 1-30

Pettinato, *SF* 16: G. Pettinato, *Le città fenicie e Byblos in particolare nella documentazione epigrafica di Ebla*, *SF* 16 (1983), pp. 107-118

Pettinato, *WGE*: G. Pettinato, *Nascita, matrimonio, malattia e morte ad Ebla*, *WGE* (1988), pp. 299-316

Platt, *VO* 7: J. H. Platt, *Notes on Ebla Graphemics*, *VO* 7 (1988), pp. 245-248

Pomponio, *AuOr* 2: F. Pomponio, *I* lugal *dell'amministrazione di Ebla*, *AuOr* 2 (1984), pp. 127-135

Pomponio, *BaE*: F. Pomponio, *Peculiarità della grafia dei termini semitici nei testi amministrativi eblaiti*, *BaE*, pp. 309-317

Pomponio, *Mesopotamia* (Torino) 25: F. Pomponio, *Exit Kiš dagli orizzonti di Ebla*, *Mesopotamia* (Torino) 25 (1990), pp. 175-184

Pomponio, *UF* 15: F. Pomponio, *I nomi divini nei testi di Ebla*, *UF* 15 (1983), pp. 141-156

Pomponio, *UF* 17: F. Pomponio, *La terminologia amministrativa di Ebla. I:* šu-mu-tag$_{x}$, *UF* 17 (1985), pp. 237-252

Pomponio, *UF* 21: F. Pomponio, *Epidemie e* revenants *a Ebla?*, *UF* 21 (1989), pp. 297-305

Pomponio, *WGE*: F. Pomponio, *Gli* ugula *nell'amministrazione di Ebla*, *WGE* (1988), pp. 317-323

Saporetti, *LdE*: C. Saporetti, *Una considerazione sul testo N. 6527 del Catalogo di Ebla*, *LdE*, pp. 287-289

Scandone Matthiae, *SEb* 4: G. Scandone Matthiae, *I vasi egiziani in pietra dal Palazzo Reale G*, *SEb* 4 (1981), pp. 99-127

Sollberger, *ARET* VIII: v. *ARET* VIII

Sollberger, *RA* 79: E. Sollberger, *A propos d'Abarsal*, *RA* 79 (1985), p. 87

Sollberger, *SEb* 3: E. Sollberger, *The So-Called Treaty Between Ebla and "Ashur"*, *SEb* 3 (1980), pp. 129-155

Steiner, *WGE*: G. Steiner, *Die Bezeichnungen für den Begriff "Land" in den Texten aus Ebla*, *WGE* (1988), pp. 333-343

Steinkeller, *NABU* 1993/10: P. Steinkeller, *More on Ḫa-LAM = Ḫa-lab*$_x$, *NABU* 1993/10

Steinkeller, *OA* 23: P. Steinkeller, *The Eblaite Preposition* qidimay *"Before"*, *OA* 23 (1984), pp. 33-37

Steinkeller, *RA* 78: P. Steinkeller, *Old Akkadian Miscellanea*, *RA* 78 (1984), pp. 83-88

Steinkeller, *VO* 6: P. Steinkeller, *Seal of Išma-ilum, Son of the Governor of Matar*, *VO* 6 (1986), pp. 27-40

Tonietti, *MisEb* 1: M. V. Tonietti, *La figura del* nar *nei testi di Ebla. Ipotesi per una cronologia delle liste di nomi presenti nei testi economici*, *MisEb* 1 (1988), pp. 79-119

Tonietti, *MisEb* 2: M. V. Tonietti, *Le liste delle* dam en*: cronologia interna. Criteri ed elementi per una datazione relativa dei testi economici di Ebla*, *MisEb* 2 (1989), pp. 79-115

Tonietti, *Quaderni del Dipartimento di Linguistica* 3: M. V. Tonietti, *La cosiddetta l-*Reduktion *nel sillabario di Ebla*, *Quaderni del Dipartimento di Linguistica* 3, Firenze 1992, pp. 113-124

Vattioni, *LdE*: F. Vattioni, *Apporti del semitico di nord-ovest per la comprensione della lessicografia eblaita*, *LdE*, pp. 277-285

Villard, *UF* 18: P. Villard, *Un roi de Mari à Ugarit*, *UF* 18 (1987), pp. 387-412

von Soden, *Ebla 1975-*: W. von Soden, Itab/pal *und* Damu*: Götter in den Kulten und in den Theophoren Namen nach den Ebla-Texten*, *Ebla 1975-* (1987), pp. 75-90

Waetzoldt, *BaE*: H. Waetzoldt, *"Diplomaten", Boten, Kaufleute und Verwandtes in Ebla*, *BaE*, pp. 405-437

Waetzoldt, *BiOr* 43: H. Waetzoldt, recensione a M. G. Biga - L. Milano, *ARET* IV, *BiOr* 43 (1986), pp. 428-436

Waetzoldt, *JAOS* 106: H. Waetzoldt, *Ohne Parallelstellen geht es nicht - oder Lesung eblaitischer Wörter und Namen - eine Glückdache?*, *JAOS* 106 (1986), pp. 553-555

Waetzoldt, *NABU* 1988/11: H. Waetzoldt, *Die 5 Schreibungen des Names der Stadt IBUBU in den Ebla-Texten*, *NABU* 1988/11

Waetzoldt, *OA* 29: H. Waetzoldt, *Zur Bewaffnung des Heeres von Ebla*, *OA* 29 (1990, ma pubblicato 1993), pp. 1-39

Zaccagnini, *SLE*: C. Zaccagnini, *The Terminology of Weight Measures for Wool at Ebla*, *SLE*, pp. 189-204

# INTRODUZIONE

1. *I materiali.* La presente raccolta concerne i toponimi menzionati nei documenti amministrativi e di cancelleria[2] degli archivi tardo-presargonici di Tell Mardikh - Ebla, rinvenuti dalla Missione Archeologica Italiana in Siria diretta da P. Matthiae in vari ambienti del Palazzo G a partire dal 1974.[3]
Essa si compone essenzialmente di due parti:
- un repertorio dei nomi geografici (NG) menzionati in questi testi;
- un indice relativo alle varie grafie, con rimando al toponimo cui vengono riferite.

Di fatto, poiché i testi di scuola non sono stati presi in considerazione, questi nomi geografici si trovano principalmente in testi amministrativi, ed in numero molto minore in testi di cancelleria quali trattati, disposizioni reali e lettere.
Si noterà che tutti i toponimi di questa documentazione si riferiscono a città o villaggi; sono assenti nomi relativi a corsi d'acqua[4] o a regioni. Comunque, accanto a

[2] Si continua qui la terminologia usata da P. Fronzaroli, *Lingua e testo negli archivi di Ebla*, *PdP* 46 (1991), pp. 220-236, per classificare i documenti epigrafici eblaiti; cf. anche le tipologie considerate ai punti 1-6 di I. J. Gelb, *The Language of Ebla in the Light of the Sources from Ebla, Mari, and Babylonia*, *Ebla 1975-*, pp. 50-51.

[3] Per le modalità del ritrovamento e la descrizione degli archivi v. P. Matthiae, *The Archives of the Royal Palace G of Ebla. Distribution and Arrangement of the Tablets According to the Archaeological Evidence*, in K. R. Veenhof ed., *Cuneiform Archives and Libraries*, XXX *RAI*, Leiden 1986, pp. 53-71, e A. Archi, *The Archives of Ebla*, *ibid.*, pp. 73-86. Per una sintesi delle opinioni di Matthiae su questioni cronologiche, geografiche ed economiche relative alla Ebla del Bronzo Antico v. *On the Economic Foundations of the Early Syrian Culture of Ebla*, *WGE*, pp. 75-80.

[4] Per il caso del fiume Baliḫ divinizzato v. da ultimo A. Archi, *Fs Alp*, pp. 8-9. Per una menzione dell'Eufrate in un testo letterario di origine siriana v. D. O. Edzard, *Hymnen, Beschwörungen und Verwandtes (aus dem Archiv L.2769)*, Roma 1984 (= *ARET* V), n° 3 v. I:2-3: a / *bù-la-na-tim* (e cf. P. Fronzaroli, *Tre scongiuri eblaiti (*ARET *5, 1-3)*, *VO* 7 [1988], p. 20). L'elemento onomastico eblaita *-da-ba-an* (v. M. Krebernik, *Personennamen*, p. 156), è stato solitamente interpretato sulla base del nome del fiume Daban, attestato nelle fonti mesopotamiche del III millennio (v. I. J. Gelb, *MAD* 3, p. 108). Non è certo che questa spiegazione sia corretta; è in ogni caso inverosimile che si

nomi che identificano insediamenti, sono stati inseriti anche alcuni termini topografici generali, quali bàd$^{ki}$, du$_6$$^{ki}$, gigir$^{ki}$, kalam$^{ki}$, kur$^{ki}$, uru$^{ki}$ e uru-bar.

La documentazione attualmente disponibile proviene da due gruppi di testi: quelli editi e quelli citati.

Al primo gruppo appartengono:
a) i testi editi nella serie *Archivi Reali di Ebla. Testi*, Roma 1981- (= *ARET*);
b) i testi editi in sedi diverse da A. Archi, P. Fronzaroli, D. O. Edzard, E. Sollberger, e L. Milano e M. G. Biga;
c) i testi editi nella serie *Materiali Epigrafici di Ebla*, Napoli 1979- (= *MEE*), e altri testi editi in sedi diverse da G. Pettinato.[5]
Al secondo gruppo appartengono i molti testi citati da A. Archi, M. G. Biga, L. Milano, P. Fronzaroli, D. O. Edzard, G. Pettinato,[6] H. Waetzoldt, F. Pomponio, J.-P. Grégoire, P. Mander, F. D'Agostino, E. Arcari e V. Davidović.

I testi editi in serie diverse da *ARET* o *MEE*, e quelli semplicemente citati, sono indicati con il numero di inventario della Missione. Il luogo di edizione degli editi fuori collezione risulta dall'"Indice dei testi editi in sedi diverse da *ARET* e *MEE*" (pp. XXXVII-XXXIX). Il riferimento dei testi citati è dato nella voce relativa.[7]

2. *Il repertorio.* I toponimi sono dati in trascrizione; seguono le traslitterazioni e le loro attestazioni, ed eventualmente un breve commento.
2.1. Circa le attestazioni, si noterà che si è sempre seguito il criterio di citare il recto (r.) e il verso (v.) della tavoletta, anche per i testi editi con numerazione continua delle colonne.[8]

---

tratti del fiume che si getta nel Tigri: si può trattare al massimo di un fiume siriano dallo stesso nome.

[5] Non è incluso TM.75.G.2231, la lista di nomi geografici pubblicata da G. Pettinato in *MEE* III (*Testi lessicali monolingui della biblioteca L.2769, Materiali Epigrafici di Ebla* 3, Napoli 1981), pp. 219-225, n° 56, in quanto si tratta certamente di un testo lessicale mesopotamico ricopiato ad Ebla (cf. l'analisi di P. Steinkeller, *Seal of Išma-ilum, Son of the Governor of Matar*, *VO* 6 [1986], pp. 31-40); invece, è stato incluso il frammento di testo amministrativo TM.75.G.5789, = *MEE* III 58 (per i testi *MEE* III 55-58 v. ora A. Archi, *QuSem* 18 [1992], p. 4 e n. 6). È stato poi considerato anche il testo TM.75.G.1477 (= *MEE* III 66), sulla base dell'edizione di P. Fronzaroli, *MisEb* 2 (1989), pp. 18-19.

[6] Sono compresi per completezza i molti NG, da verificare, citati in *MEE* I = *Catalogo dei testi cuneiformi di Tell Mardikh - Ebla , Materiali Epigrafici di Ebla* 1, Napoli 1979.

[7] In generale, si può ora consultare G. Conti, *Index of Eblaic Texts (Published or Cited)*, with the collaboration of A. Catagnoti e M. Bonechi, *Quaderni di Semitistica. Materiali* 1, Firenze 1992.

[8] Il grande frammento *ARET* VIII 538 è in realtà il verso della tavoletta (come si deduce dallo studio del testo, e come è stato confermato dal riesame di A. Archi), ed è citato come tale (dunque con la sequenza delle colonne invertita rispetto all'edizione). I frammenti pubblicati in *ARET* III di

In accordo con le modalità usuali nella serie *RGTC*, il contesto completo nel quale il toponimo è menzionato non è riportato; è stata però meccanicamente notata la presenza di nomi di persona (NP) o di divinità (ND) riferibili al toponimo in esame, e la presenza di alcuni nomi di funzione e di professione (en, lugal, *maliktum*, ugula, nar, ecc.).
Le attestazioni sono divise in due gruppi, tipograficamente distinti. Il primo comprende quelle dei testi editi, il secondo quelle dei testi citati (questi ultimi preceduti dalla dicitura: cit.). Nel primo gruppo, si hanno dapprima i testi pubblicati nella serie ufficiale della Missione Archeologica Italiana in Siria, *ARET*, poi le tavolette pubblicate nella serie *MEE*, infine quelle edite in altre sedi. L'ordinamento delle citazioni segue il nome dell'autore delle stesse, e successivamente il luogo della citazione.
In alcuni casi mi è stato possibile usufruire di collazioni sulle tavolette effettuate da P. Fronzaroli e A. Archi, ai quali esprimo la mia gratitudine. In generale, le collazioni sono segnalate tramite un asterisco (*); quelle di cui non è notata la paternità sono state eseguite dall'autore di questo Repertorio sulle fotografie delle pubblicazioni.

3. *Le traslitterazioni e le trascrizioni.*

3.1. Le traslitterazioni sono state uniformate in un sistema coerente. Per i segni Consonante - Vocale (*Cv*) o Vocale - Consonante (*vC*) si è osservata la regola della preferenza della consonante sonora (si ha dunque sempre *da* e *ad*, e mai *tá*, *ṭa*, *at* o *aṭ*); tale regola è stata in genere osservata anche per i segni *CvC*. Qualche eccezione è stata comunque ammessa, allo scopo di conservare continuità con la letteratura precedente: per esempio, per il NG Kakmiʾum si dà la grafia tradizionale *kak-mi-um*$^{ki}$, e non *gag-mi-um*$^{ki}$; inoltre, i sillabogrammi *ki*, *te*, *ti*, *tum* sono stati conservati.[9]

---

cui rimane una sola faccia sono citati meccanicamente come recto. Da tener presente anche il join fra *ARET* I 2 e *ARET* IV 23, per il quale si veda Bonechi, in stampa.

[9] Da notare l'ipotesi di lettura $id_x$ ($it_x$) di NI in posizione finale in certi NG che solitamente vengono traslitterati con *-ì*. I NG in questione sono → AnaraNEd, → Gal(a)laNEd, → Ḫalabit, → LadaNEd, → Malid, → Mugrid, → NEzigid e → Zaramid. J. Krecher, in *ARES* I, p. 174-175, circa Ḫalabit, Mugrid e Zaramid, ha proposto che "-|iʾ| at the end of a word, written ...*i*-ʾ$i_x$(Ì) by means of graphical opening of a phonemically closed syllable, may have resulted from the shifting of a dental stop to |ʾ| in this position (-|iD| > -|iʾ|); the toponyms concerned look like feminine Nisba-adjectives", abbandonando (v. *ibid.*, nota 2) la precedente opinione (*id.*, in *LdE*, p. 149): "...*i-Ì* ... a mere graphical replacement of -|īt|". L'argomento fonetico dovrà essere verificato. Per il momento, mi limito a segnalare che: a) un valore **id* manca nel sillabario di Ebla (v. M. Krebernik, *AfO* 32 [1985], p. 56); b) un valore $id_x$ di NI è stato ipoteticamente proposto di recente da Krebernik in un testo letterario scritto a Ebla (v. *QuSem* 18 [1992], p. 123); c) come A. Catagnoti mi fa notare, si ha l'alternanza (sicura dal punto di vista prosopografico) delle grafie NI-*bù-ul*-NI (v. *ead.*, *MisEb* 2 [1989], pp. 170-171) e *i-ti-bù-ul*-NI (v. A. Archi, *VO* 8/2 [1992], p. 197), per il nome di uno stesso

3.2. La collana esige che i toponimi siano presentati anche in trascrizione. Tuttavia, circa la documentazione eblaita, questa esigenza pone numerosi problemi, relativi alla scelta delle lettere da usare, e, conseguentemente, alla sequenza dei lemmi.[10]
In primo luogo, infatti, per la maggior parte dei NG non è ancora possibile fornire una trascrizione motivata: fonetica ed etimologia sono per lo più non conosciute.
Secondariamente, considerando la documentazione disponibile nel suo complesso, si constata sia una grande quantità di varianti grafiche, sia, per converso, un gran numero di grafie simili, ma, sulla base dei contesti, da tenere distinte: in molti casi è stata difficile sia la determinazione delle varianti grafiche, sia la scelta fra il separare o il tenere uniti toponimi scritti in modo simile, e non c'è dubbio che certe decisioni prese saranno presto da rivedere; ritengo comunque che l'organizzazione dei materiali con molti rimandi incrociati possa già fornire una base valida per ulteriori ricerche e più precise conclusioni.[11]
Infine, sono evidenti due altre necessità: la prima è quella di una facile reperibilità di materiali che sinora sono stati presentati in indici formati sulla base di traslitterazioni e non di trascrizioni; la seconda è quella di una consultazione che, in generale, sia agevole anche per i non specialisti delle cose di Ebla.
Viene proposta allora una duplice soluzione: da un lato si ha un indice inverso delle grafie (p. 383), il cui ordine alfabetico è quello consueto, con rimando al lemma cui sono state riferite; dall'altro, nel repertorio vero e proprio si ha una trascrizione meccanica, ottenuta applicando le regole del sillabario eblaita, che sono state ricavate dallo studio della rimanente documentazione,[12] anche ai toponimi.[13]

---

NE-di: questa alternanza incoraggia (almeno nel caso del NE-di) una lettura $id_x$, in quanto non sembrano proponibili per questo NP le stesse motivazioni fonetiche suggerite da Krecher per la desinenza /-īt/ di quei NG (il caso di Ḫalabit = /ḫalab-īt/ rende certa la natura della desinenza per tutto l'insieme dei toponimi sopra citati).

[10] Si vedano le osservazioni sull'ordinamento ottimale dei toponimi in J. Krecher, *Observations on the Ebla Toponyms*, *ARES* I, pp. 173-174.

[11] Anche per quel che riguarda il fenomeno dell'omonimia toponomastica, che probabilmente era piuttosto diffusa: si tratterebbe di un atteso antecedente della "toponymie en miroir" evidenziata di recente negli studi su Mari amorrea (a partire da D. Charpin, *RA* 84 [1990], p. 90), forse anche in relazione ad analoghe motivazioni.

[12] In generale, si vedano i lavori (citati nella bibliografia) di P. Fronzaroli, D. O. Edzard e I. J. Gelb dedicati a Ebla. Specificamente, per i NP v. M. Krebernik, *Die Personennamen der Ebla-Texte. Eine Zwischenbilanz*, *BBVO* 7, 1988; per la lista bilingue, oltre M. Krebernik, *Zu Syllabar und Orthographie der lexikalischen Texte aus Ebla. Teil I*, *ZA* 72 (1982), pp. 178-236, v. ora G. Conti, *Il sillabario della quarta fonte della lista lessicale bilingue eblaita*, *MisEb* 3 (1990), pp. 3-60. Una descrizione sintetica del sillabario eblaita si ha in M. Krebernik, *Zur Entwicklung der Keilschrift im III. Jahrtausend anhand der Texte aus Ebla*, *AfO* 32 (1985), pp. 53-59.

[13] L'analisi etimologica di alcuni nomi geografici eblaiti da parte di P. Fronzaroli in *Semitic Place Names of Syria in the Ebla Texts*, *OrSu* 33-35 (1984-1986), pp. 139-148, ha dimostrato d'altra parte che si possono ritenere valide anche per i toponimi le regole evidenziate per i nomi di persona, per le glosse della lista lessicale bilingue e per i vocaboli menzionati nei testi amministrativi e di cancelleria eblaiti (v. la nota precedente). Oltre a quello ora citato, altri studi hanno trattato anche problemi etimologici: nonostante vari limiti, la descrizione dei principali fenomeni concernenti

Sono consapevole del fatto che questa scelta sia delle lettere che della sequenza delle trascrizioni non sarà giudicata da tutti accettabile; d'altra parte, però, mi sono persuaso che nessuna scelta avrebbe potuto accontentare tutti. In particolare, la decisione più spinosa, quella di introdurre nelle trascrizioni il segno "ḏ" per rendere i sillabogrammi della serie ŠA, è stata presa dopo molte riflessioni, ed è motivata dalla volontà di andare verso una maggiore adeguatezza del nostro modo di rendere le convenzioni scribali eblaite, anche in vista di una futura analisi linguistica. Purtroppo, con l'eccezione di /w/, è invece risultato ancora prematuro cercare di distinguere le varie consonanti deboli: non potendosi raggruppare con certezza i toponimi sotto le faringali, le laringali e la /y/, i NG inizianti con segni di tipo *v* e *vC* sono stati collocati, nella sequenza alfabetica, sotto A, I e U.

3.2.1. Accanto alle vocali /a, i, u/, i fonemi consonantici certamente attestati a Ebla sono:
/ʾ, ʿ, b, d, ḏ, g, ġ, h, ḥ, ḫ, k, l, m, n, p, q, r, s, ṣ, š, t, ṭ, ṯ, w, y, z/.
Le corrispondenze fra fonemi e serie grafiche sono le seguenti:
- /ʾ/, /ʿ/, /h/, /ḥ/, /y/ e /w/ sono espressi con i segni di tipo v, Cv e vC; comunque, /w/ è espresso di norma con PI;
- /ġ/ e /ḫ/ sono espressi con i segni della serie ḪA;
- /b/ e /p/, sono espressi con i segni della serie BA;
- /d/, /t/ e /ṭ/ sono espressi con i segni della serie DA;
- /ḏ/ e /ṯ/ sono espressi con i segni della serie ŠA;
- /g/, /k/ e /q/ sono espressi con i segni della serie GA;
- /l/ è espresso con i segni delle serie LA e A;
- /m/ è espresso con i segni della serie MA;
- /n/ è espresso con i segni della serie NA;
- /r/ è espresso con i segni delle serie RA e LA;
- /s/, /ṣ/ e /z/ sono espressi con i segni della serie ZA;
- /š/ è espresso con i segni della serie SA.

3.2.2. È ben noto che nella maggioranza dei casi il sistema grafico è ambiguo rispetto alla distinzione fra sorda, sonora e enfatica; inoltre, come si è detto, allo stato attuale, per la maggior parte dei toponimi non è conosciuta l'etimologia.

---

i toponimi eblaiti effettuata da J. Krecher, *ARES* I, pp. 173-190, risulta tuttora utile, così come K. Hecker, *Eigennamen und die Sprache von Ebla*, *LdE*, pp. 165-175. Da usare con cautela, sia per identificazioni che spesso si possono ridurre a mere assonanze, sia per un frequente non convincente controllo fonetico, è invece M. C. Astour, *Toponimy of Ebla and Ethnohistory of the Northern Syria: A Preliminary Survey*, *JAOS* 108 (1988), pp. 545-555. Per una descrizione del sillabario usato nella toponomastica si veda il mio studio *Il sillabario della toponomastica dei testi di Ebla*, in *MisEb* 4 (1993).

Di conseguenza, per non pregiudicare ricerche future, si è preferito trascrivere i toponimi facendo riferimento alla consonante sonora della serie fonematica cui ogni sillabogramma si riferisce, e indicizzarli di conseguenza.[14]

Trascrizioni e sequenza dei lemmi sono quindi organizzate come segue:

• in trascrizione, danno luogo ad una lettera "a" i segni contenenti *a*; nel repertorio, sono indicizzati sotto la lettera A i toponimi che iniziano con i segni *a*, *á*, *ʾà*, *ʾa*$_x$(NI), *ab*, *áb*, *ad*, *ag*, *aḫ*, *al*$_6$, *am*$_6$, AN, *ar*, *àr*, *aš*, *áš* (e anche ambar[ki]);

• in trascrizione, danno luogo ad una lettera "b" i segni contenenti *b*; nel repertorio, sono indicizzati sotto la lettera B i toponimi che iniziano con i segni *ba*, *ba*$_4$, BAD, *bal*, *bar*, *bí*, PÉŠ, *bir*$_5$, *bù*, *bur* (e anche bàd[ki]);

• in trascrizione, danno luogo ad una lettera "d" (a volte "t" e "ṭ") i segni contenenti *d* e *t*; nel repertorio, sono indicizzati sotto la lettera D i toponimi che iniziano con i segni *da*, *da*$_5$, *dab*, *dab*$_6$, *dal*, *dam*, *dar*, *du*, *dur*, *ti*, *tin*, *tir*$_5$ (e anche DU$_6$[ki]);

• in trascrizione, danno luogo ad una lettera "ḏ" i segni contenenti *š*; nel repertorio, sono indicizzati sotto la lettera Ḏ i toponimi che iniziano con i segni *ša*, *šar*, *šè*, *ši*, *šu* (interferenze sono possibili con segni della serie SA);

• in trascrizione, danno luogo ad una lettera "e" i segni contenenti *e*; nel repertorio, sono indicizzati sotto la lettera E i toponimi edin[(ki)] e *e-bí-ig*[ki] (dubbio), e quelli che iniziano il sillabogramma EN;

• in trascrizione, danno luogo ad una lettera "g" (a volte "k" e "q") i segni contenenti *g* e *k*; nel repertorio, sono indicizzati sotto la lettera G i toponimi che iniziano con i segni *ga*, KA, *gal*, *gàr*, GI$_4$, GÍR, GÍR*gunû*, GIŠ, *gu*, *gú*, *gur*, *kab*, *kak*, *kéš*, *ki*, *kir*, KU, kiš (e anche GIGIR[ki], kalam[ki] e kur[ki]);

• in trascrizione, danno luogo ad una lettera "ḫ" i segni che contengono *ḫ*; nel repertorio, sono indicizzati sotto la lettera Ḫ i toponimi che iniziano con i segni *ḫa*, *ḫáb*, *ḫal*, ḪAR, *ḫi*, *ḫu*;

---

[14] I fonemi citati sono quelli di una lingua semitica arcaica, quale l'eblaita è. Il fatto di usare questa serie di segni non implica però che si suggerisca che la toponomastica eblaita si può spiegare facendo riferimento soltanto all'antico dialetto siriano ("eblaita") nel quale sono scritti i testi, e/o ad uno o più altri dialetti semitici. La questione dell'affiliazione linguistica dei toponimi è altra cosa. La trascrizione prescelta cerca di descrivere le grafie nel modo più semplice: essa esprime il fatto che i NG, fossero o no semitici, sono stati scritti dagli scribi eblaiti in un certo particolare modo, del quale per ora noi capiamo le motivazioni solo tramite la comprensione della lingua o dialetto semitico convenzionalemnte definito "eblaita". Le trascrizioni danno quindi conto del modo in cui i toponimi sono stati scritti (di questo e soltanto di questo).

Comunque, senza negare il fatto che per ora certi NG si lasciano meglio spiegare tramite il sostrato non semitico (cf. gli elementi raccolti in D. O. Edzard, *Semitische und nichtsemitische Personennamen in Texten aus Ebla*, *ARES* I, pp. 25-34; v. comunque anche i punti di vista di I. J. Gelb, *Ebla 1975-*, pp. 54-57, e I. M. Diakonoff, *Ebl.* II, p. 17), ritengo che prima o poi buona parte dei toponimi di Ebla in prima istanza non semitici potranno esser interpretati alla luce di uno o più dialetti semitici arcaici.

• in trascrizione, danno luogo ad una lettera "i" i segni contenenti *i*; nel repertorio, sono indicizzati sotto la lettera I i toponimi che iniziano con i segni *i*, *ì*, *ib*, *íb*, *ig*, IGI, *il*, *íl*, *in*, *ir*, *ìr*, *iš*, $iš_{11}$ (notare che il toponimo Ebla è indicizzato qui);
• in trascrizione, danno luogo ad una lettera "l" i segni contenenti *l*; nel repertorio, sono indicizzati sotto la lettera L i toponimi che iniziano con i segni *a*, *la*, *lá*, *lam*, *li*, *lu*, $lu_5$, *lum*.
• in trascrizione, danno luogo ad una lettera "m" i segni contenenti *m*; nel repertorio, sono indicizzati sotto la lettera M i toponimi che iniziano con i segni *ma*, *má*, *mar*, *maš*, *me*, *mi*, *mu*, *mug*, $MUNU_4$;
• in trascrizione, danno luogo ad una lettera "n" i segni contenenti *n*; nel repertorio, sono indicizzati sotto la lettera N i toponimi che iniziano con i segni *na*, *nab*, NE, NI, *nu*;
• in trascrizione, danno luogo ad una lettera "r" i segni contenenti *r* e *l*; nel repertorio, sono indicizzati sotto la lettera R i toponimi che iniziano con i segni *la*, *lá*, *ra* e *rí* (per possibili toponimi inizianti in $ru_{12}$- v. quelli inizianti in EN-);
• in trascrizione, nessun sillabogramma dà luogo alla lettera "s"; nel repertorio, sono indicizzati sotto la lettera S solo tre NG particolari: $SAG^{ki}$, "Saza" e $SIG_4$.KI;
• in trascrizione, danno luogo ad una lettera "š" i segni contenenti *s*; nel repertorio, sono indicizzati sotto la lettera Š i toponimi che iniziano con i segni *sa*, *sá*, *sal*, *si*, *ša*, *šè*, *ši*, *su*, $šur_x$ (interferenze sono possibili con segni della serie ZA);
• in trascrizione, danno luogo ad una lettera "u" i segni contenenti *u*; nel repertorio, sono indicizzati sotto la lettera U i toponimi che iniziano con i segni *ù*, $u_4$, $u_9$, *ul*, *um*, *ur*, *úr*, *uš* (e anche $uru^{ki}$ e uru-bar);
• in trascrizione, danno luogo ad una lettera "w" i segni *wa* e *wi*; nel repertorio, sono indicizzati sotto la lettera W i toponimi che iniziano con questi segni;
• in trascrizione, danno luogo ad una lettera "z" i segni contenenti *z* e *s*; nel repertorio, sono indicizzati sotto la lettera Z i toponimi che iniziano i segni *sag*, *za*, $zam_x$, *zàr*, *zi*, *zu*, *zú*.

3.3. Da notare comunque i seguenti fatti:

3.3.1. In generale, tutte le grafie di cui si è potuto dimostrare un'alternanza in relazione ad un toponimo (sia che esso faccia riferimento ad un unico sito, sia che si riferisca a più siti diversi dallo stesso nome) sono raccolte sotto un unico lemma:[15] la sua trascrizione è determinata dalla maggior frequenza di una delle grafie, qualunque sia la motivazione delle alternanze (rimandi interni sono comunque presenti).
3.3.2. Quando vi siano indicazioni particolari nella grafia, o quando si hanno fondate motivazioni etimologiche, o infine quando vi è ormai una consolidata tradizione

[15] Un'analisi prosopografica completa andava al di là degli obbiettivi di questo repertorio, che per forza di cose rappresenta una *Zwischenbilanz*; tuttavia, come detto sopra, i contesti nei quali sono menzionati i NG sono sempre stati considerati.

nella trascrizione del toponimo, si deroga dalla regola di trascrivere i NG notando le consonanti sonore, ma l'ordine alfabetico è rispettato: per es. *gu-du*$^{ki}$ si trascrive Qudu (poiché *gu* indica di norma /qu/), ma è indicizzato alla lettera G; *gàr-mu*$^{ki}$ è trascritto Karmu a causa della sua etimologia, ma è indicizzato alla lettera G; *kak-mi-um*$^{ki}$ dà luogo al tradizionale Kakmiʾum, ma è indicizzato alla lettera G.

3.3.3.1. Le cosiddette "grafie spezzate" sono segnalate nella trascrizione dall'uso convenzionale di una ʾ (non etimologica): v. per es. *kak-mi-um*$^{ki}$ che dà Kakmiʾum.[16]

3.3.3.2. Le trascrizioni non prevedono di norma la notazione delle vocali lunghe: sequenze di tipo *(C)*$v_1$-$v_1$ sono stati trascritte di regola *(C)*$v_1$ʾ$v_1$ (*a-ʾà-lu*$^{ki}$ dà luogo a Aʾalu); comunque, in pochi casi, alternanze grafiche particolari hanno suggerito l'uso di un segno di lunga.

3.3.4. Sequenze di tipo $Cv_1$-$v_1C$ sono trascritte di regola $Cv_1C$.

3.3.5. Poiché di frequente la consonante doppia non viene notata in grafia, essa è riportata in trascrizione solo quando esplicitamente scritta, o quando vi sono motivazioni esterne al *corpus* eblaita.

3.3.6. Di norma nelle trascrizioni non si è tenuto conto della nota tendenza del sillabario eblaita ad usare segni di tipo *Ca* per rendere la sola consonante, a meno che non vi siano delle fondate alternanze grafiche a suggerirla.

3.3.7. Nei casi nei quali si ha una sequenza -$Cv_1$-$Cv_1$(-), vi è la possibilità che le particolari abitudini scribali di Ebla consentano /-$C_1vC_1$(-)/ oltre che /-$Cv_1Cv_1$(-)/; di norma, comunque, la trascrizione segue questa seconda possibilità.

3.3.8. I sillabogrammi che presentano una *e* in posizione non iniziale hanno dato luogo a trascrizioni con "e" (per es. *a-te-na-ad*$^{ki}$ dà luogo a Adenad), di cui l'ordine alfabetico tiene conto.

3.3.9. Le liquide /l/ e /r/ pongono problemi. /l/ ed /r/ preconsonantiche possono essere omesse nella grafia, così come altri fonemi; d'altra parte, accanto alla serie LA, è usata per /l/ anche la serie A, I, $U_9$, appropriata per scrivere /y/: certi NG inizianti con *a*-, *i*- e $u_9$- potrebbero dunque esser ricollocati se si dimostrasse in qualche modo una /l/ iniziale. /l/ può poi non essere scritta in posizione finale (per es. *-ma* può stare per /-mal/).[17] D'altra parte, anche se i segni della serie RA possono stare solo per /r/,[18] i segni della serie LA possono stare, oltre che per /l/, anche per /r/; di questo si dovrà dunque tener conto nella valutazione dei toponimi.

3.3.10. La sequenza delle trascrizioni è determinata tenendo conto di tutte le lettere che compongono un nome, e dunque anche delle lettere fra parentesi.

---

[16] Il vantaggio che offre questo appesantimento della trascrizione consite nel fatto che, per es., la trascrizione Ibʾal dà conto della grafia *ib-al*$_6^{ki}$, mentre un'eventuale trascrizione *Ibal non darebbe conto della significativa distinzione di questa grafia rispetto ad una possibile grafia **i-ba-al*$_6^{ki}$.

[17] Cf. Conti, *MisEb* 3, pp. 20-22 e 34.

[18] Il caso di → Ibra è problematico, e forse dubbio.

4. *I commenti.* In corpo minore, i commenti sono ridotti all'essenziale. Di solito ci si è limitati ad un rapido accenno alla bibliografia relativa alla geografia storica dell'epoca degli archivi di Tell Mardikh, e alle più significative ipotesi etimologiche e grammaticali;[19] l'ampiezza del dibattito in corso mi pare comunque ben rappresentata.

4.1. Sulla geografia storica indagini di diverso valore sono state condotte principalmente da A. Archi, P. Matthiae, G. Pettinato e M. Astour.[20]
In modo evidente, i commenti di ordine geografico alle voci del repertorio sono motivati da un'interpretazione della situazione culturale, politica e linguistica del Vicino Oriente all'epoca dei signori (en) di Ebla, che è in accordo con quelle sviluppate, soprattutto nei loro lavori più recenti, da P. Matthiae, P. Fronzaroli, A. Archi e S. Mazzoni. In generale, in questa interpretazione si ipotizza che:
- il bacino del medio e basso Oronte (Ghab e piana di Antiochia) da una parte, e il tavolato fra l'Oronte, Hama, Aleppo e il Giabbul dall'altra, costituiscono l'area nella quale ritrovare i moltissimi piccoli centri i cui nomi costituiscono il grosso della documentazione toponomastica eblaita; su questi piccoli centri il Palazzo di Ebla esercitava un controllo prevalentemente politico-economico. A questa area si fa rife-

---

[19] Una bibliografia relativa a problemi geografici si ha nel capitolo L della *Bibliografia eblaita* curata da M. Baldacci e F. Pomponio in *Ebla 1975-*, pp. 448-449, e da F. Baffi Guardata, M. Baldacci e F. Pomponio in *SEL* 6 (1989), p. 153. Note complementari ai commenti ad alcuni toponimi sono contenute nel mio *Osservazioni in margine a* RGTC *12, MisEb* 4 (1993).

[20] Contributi importanti e organici sulla localizzazione dei toponimi e la geografia storica dell'età di Ebla si possono trovare in tutti i lavori dedicati a Ebla da parte di A. Archi (con particolare riferimento agli articoli su *SEb*, a *SLE*, pp. 225-251 e a *ARET* I, pp. 219-225, e ai molti studi su alcuni dei più importanti toponimi attestati); inoltre, in P. Matthiae, *Ebla. Un impero ritrovato*, Torino, 1977, pp. 176-193, 2ª ed. 1989, pp. 221-298; in G. Pettinato, *Ebla. Nuovi orizzonti della storia*, Milano 1986, pp. 197-309 (per questo libro v. le recensioni di W. Heimpel, *JAOS* 109 [1989], pp. 120-123, e di A. Alberti in *Or* 59 [1990], pp. 74-81); infine, in M. Astour, *WGE*, pp. 139-158, e *JAOS* 108, pp. 545-555. Tuttora valide sono poi molte delle affermazioni del breve capitolo dedicato all'orizzonte geografico di Ebla nel fondamentale studio di P. Michalowski in *JAOS* 105 (1985), pp. 297-298. Dello scrivente si vedano i lavori in *SEL* 7, pp. 15-37, *SEL* 8, pp. 59-79, *AuOr* 8, pp. 157-174, *WO* 22, pp. 5-9, *NABU* 1990/26, *NABU* 1990/28, *NABU* 1990/29, *NABU* 1992/65 (gli ultimi due in collaborazione con A. Catagnoti). Il manoscritto dello studio, pionieristico e tuttora accettabile nelle sue linee essenziali, di P. Garelli, *Remarques sur les noms géographiques des Archives de Ebla*, 1980, mi è stato cortesemente messo a disposizione dal suo autore (una versione in russo, pubblicata in P. Matthiae - I. M. Diakonoff edd., *Drevnyaya Ebla*, Moskva 1985, pp. 280-296, non mi è stata accessibile). Per il lavoro di V. Davidović in *ASJ* 11 (1989), pp. 1-26, v. le osservazioni di L. Milano in *Scienze dell'Antichità* 3-4 (1989-1990), p. 168, n. 62. Sebbene poco approfondito, da ricordare è anche il rapido e corretto schizzo della situazione geo-politica di Ebla da parte di H. Klengel in *Syria 3000 to 300 B.C*, Berlin, 1992, pp. 21-31; importante per l'inquadramento generale più che per i dettagli è il ben strutturato capitolo dedicato a Ebla da M. Liverani, *Antico Oriente*, pp. 201-237. Una sintesi dei principali problemi di ordine geografico posti dalla documentazione eblaita si ha in B. Kienast - H. Waetzoldt, *Ebl.* II, pp. 54-55.

rimento definendola come la "regione di Ebla": tale regione mostra una specifica cultura materiale ed un sistema antroponomastico proprio;
- le regioni del Libano settentrionale e della Siria interna meridionale, della costa siriana e cilicia, di Gaziantep e Urfa, del Baliḫ e del medio Eufrate superiore sino a valle di Imar, costituiscono l'area dei regni siriani (in gran parte omogenei a quello eblaita in quanto a struttura politica) con i quali Ebla ebbe costanti contatti economici, politici e culturali, probabilmente in molti casi in una posizione di leadership che sembra uguagliata, a nord-est di Ebla, solo da "Abarsal"; in corrispondenza di queste aree si hanno culture materiali e sistemi onomastici simili, ma differenti, sia fra loro che da quelli eblaiti;
- le regioni del medio Eufrate inferiore, del Triangolo del Ḫabur e della Babilonia, sono rappresentate quasi esclusivamente dalle tre grandi potenze di Mari, Nagar e Kiš, in relazione a culture e sistemi onomastici differenti da quelli della regione di Ebla.

5. I toponimi attestati (escludendo quelli acefali) sono in tutto poco più di 1420.[21] Tralasciando "Saza", quelli più frequentemente menzionati sono, nell'ordine, Mari e Imar, e poi Armi e Kakmiʾum. Solo dei primi due NG si conosce l'esatta localizzazione; se si accettano però le localizzazioni areali proposte per Armi e Kakmiʾum si nota che i quattro NG, nell'ordine, rinviano alle regioni poste a sud-est, a est, a nord e a nord-ovest di Ebla.
Mi sembra però che da questo non se ne debba ricavare solamente che, dal punto di vista commerciale, politico e culturale, Ebla fosse rivolta principalmente verso queste direzioni. È vero che molti indizi documentano la grande importanza della Mesopotamia nella cultura eblaita; tuttavia, il dato quantitativo sopra citato testimonia piuttosto la grande importanza di Ebla e dell'alta Siria interna proprio per le città delle regioni del piemonte anatolico centro-meridionale e del medio Eufrate, e, tramite queste, dell'Anatolia centrale, della Gezira e della Mesopotamia centro-meridionale.
Quando saranno ritrovati gli archivi delle città coeve a Mardikh IIB1 della Siria meridionale, della Cilicia, della Palestina e della Giordania,[22] vi si troverà verosimil-

---

[21] Il numero delle grafie è invece di poco superiore alle 2050. Da notare che le tavolette pubblicate non sono ancora neanche la metà di quelle ritrovate; anche se il numero dei toponimi non dovrebbe essere destinato a crescere di molto (diversamente dal numero delle attestazioni), la pubblicazione del restante materiale consentirà certo di ridurre un poco il numero dei toponimi attualmente conosciuti, poiché è verosimile che alcune grafie risulteranno essere varianti di altre.

[22] Vi sono elementi che autorizzano a ipotizzare l'esistenza di archivi cuneiformi in occidente per un raggio molto ampio attorno a Ebla (e dunque anche in quelle regioni che finora non hanno rivelato tavolette di epoca protosiriana, quali, almeno, la Cilicia e la Siria meridionale): essi sono sia l'amplissimo archivio eblaita, sia una ricchezza epigrafica di Mari che dobbiamo certamente immaginare come molto superiore a quella oggi documentata, sia infine la presenza di una tavoletta di provenienza sconosciuta (cf. M. Lambert, *AO 7754*, *RA* 67 [1973], p. 96; F. Pomponio, *AO 7754 ed il*

mente una frequentissima menzione, oltre che dell'Egitto, anche di Ebla e delle altre città dell'alta Siria interna documentate ora negli archivi di Tell Mardikh.[23]

*sistema ponderale di Ebla*, *OA* 19 [1980], pp. 171-186), ma molto simile a quelle eblaite e mariote, e quasi sicuramente di origine siriana (medio Eufrate?).

[23] Ulteriori ritrovamenti epigrafici nell'ovest potrebbero chiarire anche per quale motivo non sono attestati a Ebla i toponimi Yarmuti e Ulisum, noti dalle fonti paleoaccadiche relative alle imprese militari di Sargon e Narām-Sīn di Akkad verso il Mediterraneo.

# INDICE DEI TESTI EDITI
# IN SEDI DIVERSE DA ARET E MEE

| | |
|---|---|
| TM.74.G.120: | A. Archi, *ARES* 1 (1988), p. 213 |
| TM.74.G.126: | G. Pettinato, *Ebla* 1, p. 57 |
| TM.74.G.298: | G. Pettinato, *WGE* (1988), p. 307 |
| TM.75.G.309: | A. Archi, *SEb* 1 (1979) pp. 111-112 |
| TM.75.G.327: | P. Fronzaroli, *QuSem* 18 (1992) p. 177 |
| TM.75.G.336: | G. Pettinato, *RSO* 50 (1976), pp. 3-8 |
| TM.75.G.427: | G. Pettinato, *AfO* 25 (1974/77) p. 2-22 |
| TM.75.G.1233: | A. Archi, *SEb* 4 (1980) pp. 145-154 |
| TM.75.G.1272: | A. Archi, *SEb* 2 (1980) p. 30 |
| TM.75.G.1281: | A. Archi, *SEb* 7 (1984) p. 47 |
| TM.75.G.1299: | A. Archi, *SEb* 4 (1980) pp. 137-138 |
| TM.75.G.1353: | L. Milano, *SEb* 3 (1980) pp. 12-15 |
| TM.75.G.1402: | L. Milano, *SEb* 3 (1980) pp. 2-4 |
| TM.75.G.1430: | P. Fronzaroli, *SEb* 3 (1980) pp. 65-66 |
| TM.75.G.1432: | A. Archi, *AoF* 13 (1986) p. 193 |
| TM.75.G.1444: | D. O. Edzard, *SEb* 4 (1981) pp. 36-46 |
| TM.75.G.1447: | A. Archi, *Ebl.* 1 (1987) p. 71, n. 29 |
| TM.75.G.1451: | A. Archi, *SEb* 4 (1981) pp. 6-8 |
| TM.75.G.1452: | P. Fronzaroli, *SEb* 3 (1980) pp. 34-36 |
| TM.75.G.1470: | A. Archi, *SEb* 4 (1981) p. 9 |
| TM.75.G.1477: | P. Fronzaroli, *MisEb* 2 (1989) pp. 18-19 (già *MEE* III 66) |
| TM.75.G.1536: | A. Archi, *AoF* 13 (1986) pp. 195-197 |
| TM.75.G.1547: | A. Archi, *SEb* 7 (1984) p. 49 |
| TM.75.G.1558: | A. Archi, *SEb* 7 (1984) pp. 63-64 |
| TM.75.G.1559: | A. Archi, *SEb* 4 (1980) pp. 155-161 |
| TM.75.G.1564: | A. Archi, *SEb* 4 (1980) pp. 142-144 |
| TM.75.G.1574: | A. Archi, *SEb* 7 (1984) pp. 68-69 |
| TM.75.G.1625: | A. Archi, *SEb* 4 (1981) p. 10 |

| | |
|---|---|
| TM.75.G.1655: | G. Pettinato, *Ebla* 2 (1986) pp. 400-401 |
| TM.75.G.1669: | A. Archi, *SEb* 2 (1980) pp. 11-14 |
| TM.75.G.1693: | A. Archi, *SEb* 3 (1980) p. 63 |
| TM.75.G.1700: | A. Archi, *AfO B* 19 (1982) p. 182 |
| TM.75.G.1724: | A. Archi, *SEb* 2 (1980) pp. 9-10 |
| TM.75.G.1749: | A. Archi, *SEb* 1 (1979) pp. 91-93 |
| TM.75.G.1764: | G. Pettinato, *OA* 18 (1979) pp. 130-144 |
| TM.75.G.1766: | P. Fronzaroli, *SEb* 1 (1979) pp. 4-5 |
| TM.75.G.1767: | A. Archi, *SEb* 2 (1980) pp. 7-8 |
| TM.75.G.1845: | A. Archi, *SEb* 7 (1984) pp. 71-72 |
| TM.75.G.1846: | G. Pettinato, *Ebla* 2 (1986) pp. 412-413 |
| TM.75.G.1858: | A. Archi, *SEb* 7 (1984) p. 46 |
| TM.75.G.1866: | A. Archi, *SEb* 4 (1980) pp. 139-140 |
| TM.75.G.1953: | A. Archi, *SEb* 4 (1981) pp. 132-133 |
| TM.75.G.1964: | A. Archi, *SEb* 4 (1981) pp. 8-9 |
| TM.75.G.1975: | A. Archi, *SEb* 4 (1981) pp. 2-3 |
| TM.75.G.1986+: | P. Fronzaroli, *SEb* 7 (1984) pp. 14-18 |
| TM.75.G.2022: | A. Archi, *Ebl.* 1 (1987) pp. 117-120 |
| TM.75.G.2048: | A. Archi, *AfO B* 19 (1982) p. 188 |
| TM.75.G.2057: | A. Archi, *AfO B* 19 (1982) pp. 186-187 |
| TM.75.G.2075: | G. Pettinato, *OA* 18 (1979) pp. 147-159 |
| TM.75.G.2112: | A. Archi, *SEb* 7 (1984) p. 70-71 |
| TM.75.G.2131: | A. Archi, *AfO B* 19 (1982) pp. 187-188 |
| TM.75.G.2133: | A. Archi, *AfO B* 19 (1982) p. 186 |
| TM.75.G.2136: | A. Archi, *Studies Özgüç* (1989) pp. 11-12 |
| TM.75.G.2143: | L. Milano, *ASJ* 9 (1987) p. 184 |
| TM.75.G.2222: | A. Archi, *SEb* 7 (1984) p. 70 |
| TM.75.G.2224: | A. Archi, *AfO B* 19 (1982) pp. 185-186 |
| TM.75.G.2225: | A. Archi, *SEb* 4 (1980) pp. 140-141 |
| TM.75.G.2238: | G. Pettinato, *OA* 18 (1979) pp. 161-175 |
| TM.75.G.2309: | A. Archi, *SEb* 7 (1984) pp. 52-54 |
| TM.75.G.2320: | P. Fronzaroli, *MisEb* 2 (1989) pp. 5-7 |
| TM.75.G.2342: | G. Pettinato, *RBI* 25 (1977), pp. 239-240 |
| TM.75.G.2349: | A. Archi, *SEb* 7 (1984) pp. 58-61 |
| TM.75.G.2367: | G. Pettinato, *OA* 19 (1980), pp. 238-242 |
| TM.75.G.2377: | A. Archi, *SEb* 1 (1979) pp. 107-108 |
| TM.75.G.2379: | A. Archi, *SEb* 1 (1979) pp. 107-108 |
| TM.75.G.2396: | P. Fronzaroli, *SEb* 7 (1984) pp. 2-4 |
| TM.75.G.2420: | E. Sollberger, *SEb* 3 (1980) pp. 134-147 |
| TM.75.G.2561: | G. Pettinato, *Ebla 1975-*, pp. 29-35 |
| TM.75.G.2592: | A. Archi, *SEb* 4 (1981) pp. 135-136 |

| | |
|---|---|
| TM.75.G.10091: | A. Archi, *MARI* 5 (1987) pp. 47-48 |
| TM.75.G.11010+: | G. Pettinato, *OA* 18 (1979) pp. 177-186 |
| TM.75.G.10230: | A. Archi, *SEb* 7 (1984) p. 51 |
| TM.76.G.156: | L. Milano, *ASJ* 9 (1987) p. 192-194 |
| TM.76.G.188: | L. Milano, *ASJ* 9 (1987) p. 181-182 |
| TM.76.G.189: | L. Milano, *ASJ* 9 (1987) p. 195-195 |
| TM.76.G.198: | L. Milano, *ASJ* 9 (1987) pp. 195-196 |
| TM.76.G.274: | L. Milano, *ASJ* 9 (1987) p. 196 |

# ALTRE ABBREVIAZIONI E SIMBOLI

| | | |
|---|---|---|
| b.d. | = | Bordo destro |
| b.i. | = | Bordo inferiore |
| b.s. | = | Bordo sinistro |
| cit. | = | Indica i testi citati |
| ND | = | Nome divino |
| NG | = | Nome geografico |
| NP | = | Nome di persona |
| NPF | = | Nome di persona femminile |
| r. | = | Recto |
| v. | = | Verso |
| * | = | Collazione |
| → | = | Rimando interno |
| ¶ | = | Precede il commento |

# NOMI GEOGRAFICI

# A

## Aʾ

*a-ʾà*[ki] TM.76.G.156 r. III:7
*à*[ki] *ARET* VII 156 r. IV 12
*á-a*[ki] *ARET* VII 152 r. I:3; *ARET* VIII 525 r. X:13; *MEE* X 38 r. IX:12 ($NP_1$-$NP_2$), v. III:7 ($NP_1$-$NP_2$); TM.75.G.1444 r. IX:8
cit. (Pettinato, *MEE* I): TM.75.G.4192

¶ La prima grafia sembra determinare → Ibaʾan, ma potrebbe anche essere letta é:duru$_5$[ki]. Verosimilmente, le altre due grafie sono varianti del nome di una stessa cittadina (/Hay/, /Hal/). Fra i centri riferiti a Nabḫa-il/NI, figlio di Ibriʾum, in *ARET* VII 152 e in TM.75.G.1444, e ai figli di Irʾam-damu in *ARET* VII 156. Nella regione di Ebla. V. Mander, *MEE* X, p. 190.

## Aʾa v. Aʾ

## Aʾaʾaḫ(u) v. Alalaḫ

## Aʾaʾu

*a-á-u$_9$*[ki] *ARET* IV 11 r. V:9
*a-ʾà-u$_9$*[ki] *ARET* VIII 524 r. III:26, VIII 525 r. II:3, v. VII:14
cit. (Pettinato, *MEE* I): TM.75.G.1320[!]

¶ Non è provabile, ma è probabile, che le due grafie siano varianti del nome di una stessa cittadina. V. il commento a → NEʾaʾu.

## Aʾab v. NIab

## Aʾabudu

*a-a-bù-du*$^{ki}$ *ARET* III 527 v. V:1'

*ʾa*$_{x}$(NI)-*a-bù-du*$^{ki}$ *ARET* III 496 v. III:7' (NP$_1$ lú NP$_2$), III 778 r. V:1'; *ARET* IV 18 r. VII:13 (NP); *ARET* VII 156 r. III:9; *ARET* VIII 522 v. II:1 (NP), VIII 524 r. III:28 (NP), XI:1 (NP); TM.75.G.2377 r. V:7; TM.75.G.2379 v. II:7

*ʾa*$_{x}$(NI)-*a-bu*$_{x}$(KA)-*du*$^{ki}$ cit. (Pettinato, *MEE* I): TM.75.G.10019

¶ Una delle sedi del culto di $^{d}$NIdabal in TM.75.G.2377 // TM.75.G.2379; nella regione di Ebla, forse verso l'Oronte. Cf. → Abudu.

## Aʾad

*a-a-da*$^{ki}$ TM.75.G.1430 r. I:4; TM.76.G.156 v. I:3; TM.76.G.188 r. IV:1, v. II:8; TM.76.G.189 r. II:2; TM.76.G.198 v. III:2

cit. (Pettinato, *MEE* I): TM.76.G.258

*a-a-du*$^{ki}$ *ARET* III 460 v. IV:1'; *ARET* IV 3 v. IV:15, V:1; *ARET* VIII 526 v. V:9 (NP)

¶ Non è provabile, ma è probabile, che le due grafie si riferiscano allo stesso NG e sito (v. Milano, *ASJ* 9, p. 198, n. 29). La prima grafia indica un centro menzionato in relazione ad attività agricole (in TM.75.G.1430 connesso con Amur-damu e sua madre) nella regione di Ebla, che in TM.76.G.188 sembra determinato da → Gidu. Un accostamento non probabile con → NEʾaradu e → NeNEdu è suggerito da Fales, *Ebla 1975-*, p. 421 e n. 21. Per la formazione del nome cf. → Aʾidu.

## Aʾagaru

*a-a-ga-ru*$_{12}^{ki}$ *ARET* VII 151 r. I:4

*a-ʾà-ga-lu*$^{ki}$ *ARET* VIII 531 r. VII:24 (*)

¶ Cittadina nella regione di → Ibʾal.

## Aʾagu (?)

*a*$^{?}$*-ʾà-gú*$^{ki}$ cit. (Archi, *MARI* 5, p. 40): TM.75.G.1928 (dam NP lugal)

¶ Piccolo centro eblaita, cf. Archi, *MARI* 5, p. 41.

## Aʾaḫdamu v. Aḫadamu

## Aʾaḫdu v. Alaḫdu

Aʾalu

*a-ʾà-lu*ki *ARET* I 5 r. XIII:5; *ARET* III 459 v. II:5 (ugula); *ARET* VIII 526 v. III:13 (NP), IV:5, VIII 538 v. I:5'

cit. (Archi, *Mél. Finet*, p. 18): TM.75.G.1632 (<ki>); cit. (Pettinato, *MEE* I): TM.75.G.1386 (ugula); TM.75.G.1393

*ʾa*x(NI)-*ʾà-lu*ki *ARET* III 183 r. III:2' (... NP)

¶ L'alternanza delle grafie non è provata, ma è possibile. V. il commento a → Aʾlu.

Aʾamigu

*a-ʾà-mi-gú*ki *ARET* II 28 r. III:2 (*); TM.75.G.1669 v. VII:13 (*, NP)

¶ L'attestazione in *ARET* II 28 (v. p. 114) consente di correggere TM.75.G.1669, dove il segno non è chiaramente visibile. La rottura del testo in *ARET* II 28 r. I:9-II:1 impedisce di stabilire quanti sono i NP di Aʾamigu (almeno 9). Cittadina nella regione di Ebla. Cf. Edzard, *ARES* I, p. 30. V. il commento a → Alamigu.

Aʾandu

*a-an-du*ki cit. (Pettinato, *MEE* I): TM.75.G.2233

Aʾaš

*a-a-áš*ki *MEE* X 26 r. VIII:14

cit. (Pettinato, *MEE* I): TM.75.G.11138

*a-a-su*ki *ARET* IV 11 r. I:5; *ARET* VII 156 r. III:4; *ARET* VIII 524 r. IX:7 (NP), VIII 526 v. IV:14 ($NP_1$-$NP_4$), VIII:21 (NP), VIII 527 v. IX:15, VIII 538 v. X:5' (*, NP); TM.75.G.1452 r. III:2

cit. (Pettinato, *MEE* I): TM.75.G.6029

¶ Non è provabile, ma è probabile, che le due grafie si riferiscano allo stesso toponimo. La seconda grafia indica un centro menzionato in relazione ad attività agricole: è riferito ai figli di Irʾam-damu in *ARET* VII 156, ed è fra quelli connessi con alcuni figli di Ibriʾum in TM.75.G.1452. Nella regione di Ebla. In *MEE* I citato come *a-a-zu*ki (da collazionare). V. probabilmente anche → ...ašu.

Aʾazadu

*a-a-za-du*ki *ARET* I 13 v. I:13 ($NP_1$-$NP_3$)

Aʾidiʾum

*a-i-ti-um*$^{ki}$ *MEE* II 25 v. VIII:7 (NP)

¶ Cf. → Aʾidu, con il quale è però di dubbia identificazione.

Aʾidu

*a-i-du*$^{ki}$ *ARET* VII 156 r. IV:2 (-*i*$^{?}$-); *MEE* II 25 v. V:10 (NP)

*á-i-du*$^{ki}$ *ARET* II 5 v. III:4 (lú NP$^{?}$ *wa* ugula-mùnsub*); TM.75.G.1764 v. IX:9

¶ Non è provato (ma è verosimile) che le due grafie siano varianti del nome della stessa cittadina. Fra i centri riferiti ai figli di Irʾam-damu in *ARET* VII 156. Nella regione di Ebla. Per la formazione del nome v. → Aʾad. Cf. → Aʾidiʾum, anche se è dubbio che si tratti dello stesso NG (*contra*, v. Astour, *JAOS* 108, p. 550).

Aʾlu

*a-a-lu*$^{ki}$ *ARET* I 14 r. XI:17 (NP); *ARET* III 192 v. II:5 (NP ugula), III 329 r. II:5', 9' (ND dingir Aʾalu), III 335 r. II:7, III 639 r. III:5', III 750 r. I:3', III 869 r. IV:3', III 885 r. V:3' (NP lú-kar); *ARET* IV 8 v. III:12; *ARET* VII 153 r. I:1; *ARET* VIII 526 v. V:20 (NP), VIII 541 r. X:4 ($^{[ki]}$*, NP); *MEE* II 37 r. VIII:2, v. V:10; *MEE* X 3 v. VI:16 (báḫar-báḫar); TM.75.G.1964 r. V:6

*a-lu*$^{ki}$ *ARET* I 13 r. I:6 ($NP_1$, $NP_2$); *ARET* III 377 r. IV:3', III 720 v.$^{?}$ I:3' (NP), III 795 r. IV:8' (*, NP); *ARET* IV 22 v. VII:10 (NP); *ARET* VII 154 v. II:6, VII 155 v. I:11, VII 156 r. V:5; *ARET* VIII 526 v. VIII:6, VIII 532 r. VII:9 (NP)

¶ Il confronto di *ARET* I 13, *ARET* III 720 e 795 e *ARET* VIII 526 conferma l'alternanza proposta da Archi, *ARET* I, pp. 262-263, in relazione ad un'importante cittadina della regione di Ebla. Da tenere distinta sia da → Aʾalu (v. diversamente Pomponio, *UF* 15, p. 155; Fronzaroli, *MARI* 5, p. 272) che da → Alu.

*A-a-lu*$^{ki}$ in *ARET* VII 153 è fra i centri riferiti a Giri, figlio di Ibriʾum, e questo suggerisce una localizzazione nella regione di Ebla. Tuttavia, se in TM.75.G.1632 (citato da Archi, *Mél. Finet*, p. 18) si potesse intendere 400 ki *a-a-lu*$^{<ki>}$ lú → "Abarsal", si potrebbe distinguere una seconda Aʾlu a nord-est di Ebla. Una Aʾlu è citata in relazione a $^{d}$Udulu in *ARET* III 329: (1 tessuto) $^{d}$*ù-du-lu* dingir *a-a-lu*$^{ki}$. NI-*a-lu*$^{ki}$ di *ARET* IV 15 v. X:11, confrontato da Milano, *SEb* 7, p. 216, è in realtà un NP. V. il commento a → Ašal per *ARET* I 7 r. IX:1. V. anche Astour, *JAOS* 108, p. 550.

*A-lu*$^{ki}$ è citata fra i centri riferiti ai figli di Giʾa-lim (*ARET* VII 154), di Irig-damu figlio di Ibriʾum (*ARET* VII 155), e di Irʾam-damu (*ARET* VII 156). Per *ARET* III 795 v. Bonechi, *MARI* 6, p. 222, n. 10.

Aʾu v. Alu

Abʾalig

*ab-a-li-ig*$^{ki}$ *ARET* VII 71 r. IV:1

Ab(a)ʾanu

*a-ba-a-nu*$^{ki}$ *ARET* IV 24 r. VIII:5 (NP); *ARET* VIII 524 v. IV:22

¶ Cf. → Aban.

Abaʾu(m)

*a*$^{?}$*-ba*$^{?}$*-ù*$^{ki}$ *ARET* III 460 r. IV:7 (NP)

*a-ba-um*$^{ki}$ *ARET* IV 3 r. X:23 (NP); *ARET* VII 156 v. II:9; *ARET* VIII 524 r. X:15 (NP); TM.75.G.2377 r. V:3; TM.75.G.2379 v. II:3

cit. (Archi, *Or* 54, p. 12): TM.75.G.2490 (NP)

¶ Fra i centri del culto di $^{d}$NIdabal in TM.75.G.2377 // TM.75.G.2379; fra i centri riferiti ai figli di Irʾam-damu in *ARET* VII 156. Nella regione di Ebla, probabilmente verso l'Oronte; se interpretabile come Labaʾum, cf. forse Labaʾum delle fonti del I millennio, odierna Lebwe nella Beqā$^{c}$ settentrionale, 30 km a sud di Ḥamā sull'Oronte (v. Röllig, *RlA* 6, p. 410).

Abab

*a-ba-ab*$^{ki}$ *ARET* III 648 r. I:4' (NP); *ARET* VIII 524 v. V:16

cit. (Pettinato, *MEE* I): TM.75.G.2233, TM.75.G.5288

*a-ba-bù*$^{ki}$ *ARET* II 28 v. II:5 ($NP_1$ lú $NP_2$); *ARET* IV 16 v. III:12; *ARET* VIII 529 v. II:21 (NP); *MEE* X 26 r. V:12 (NP)

*ʾà-ba-bù*$^{ki}$ TM.75.G.2309 v. III:4 (NP)

cit. (Archi, *Ét. Garelli*, p. 216): TM.75.G.1244

¶ Centro nella regione di Ebla (anche se non è provabile che le tre grafie si riferiscano allo stesso sito); in TM.75.G.1244 è connesso con la produzione dell'olio. Cf. Astour, *JAOS* 108, p. 550.

Abad

*a-ba-ad*$^{ki}$ *ARET* I 7 v. XIV:1

*a-ba-du*$^{ki}$ *ARET* III 469 r. I:11 (NP lú-kar); *ARET* VIII 524 r. XII:29 (NP)

cit. (Pettinato, *MEE* I): TM.75.G.1586

*ʾà-ba-ad*$^{ki}$ *ARET* VII 145 v. IV:4 (538 <persone> TIL)

¶ Cittadina localizzata sull'Eufrate, fra → Imar e → Tuttul, da Astour, *WGE*, p. 154. Cf. → Abadum?

Abadi

Abadi

*a-ba-ti*[ki] TM.75.G.1764 r. VIII:25 (ND)

¶ Uno dei centri di culto di [d]Adda. Nella regione di Ebla. Cf. → Abadum.

Abadim v. Abadum

Abadimu v. Abdimu

Abadinu

*a-ba-ti-nu*[ki] *ARET* IV 2 v. IX:20 (NP)

Abadum

*a-ba-tim*[ki] *ARET* III 892 r. IV:2' (ká)

*a-ba-tum*[ki] *ARET* I 1 v. III:2; *ARET* III 167 r. II:5 (<ki>); *ARET* VIII 522 v. IV:10 (180 *na-se*$_{11}$), VIII 526 r. XIV:28, VIII 531 v. II:13 (*, NP lú *a-ba-tum*<ki?>)

cit. (Archi, *MARI* 6, p. 36): TM.75.G.10033 r. I:4 (NP ugula)

¶ È verosimile che le due grafie si riferiscano allo stesso NG e sito, localizzabile nella regione di Ebla. Garelli, *Remarques*, § 2, propone comunque un confronto con il NG di Mari *a-ba(-at)-tim*, sull'Eufrate, fra Meskene e la confluenza con il Ḫabur. V. Bonechi, *MARI* 6, p. 227. L'integrazione in *ARET* VIII 531 è dubbia (KI potrebbe esser stato eraso). Cf. → Abadi, e v. il commento a → Abdimu; cf. anche → Abad?

Abaḏu

*a-ba-šu*[ki] TM.75.G.1430 r. I:3

¶ Fra i centri menzionati in relazione a Amur-damu e sua madre. V. Cf. → Abḏu?

Abaḏunu

*a-ba-šu-nu*[ki] TM.75.G.1451 v. III:2

Abaga

*a-ba-ga*$^{ki}$ *ARET* III 111 r. IV:3' (?)
*a-ba$_4$-ga*$^{ki}$ *ARET* I 8 r. XIV:18
¶ Se *a-ba-ga*$^{ki}$ è un NG (e non un NP mal scritto, come è probabile: cf. il ben noto NP *a-ba-ga*), sembra determinato da → Gurigu. V. anche Astour, *JAOS* 108, p. 550.

Abaḫandu

*a-ba-ḫa-an-šu*$^{ki}$ *ARET* VII 156 r. V:7
¶ Fra i centri riferiti ai figli di Irʾam-damu; nella regione di Ebla.

Abal

*a-bal* $^{ki}$ *ARET* VIII 526 r. XI:14 (NP), VIII 531 v. X:5 (NP$_1$ lú NP$_2$ NP$_3$), VIII 532 v. III:9 (NP); TM.75.G.2309 v. II:4 (*-bal* $^{?ki}$)
cit. (Archi, *Ét. Garelli*, p. 216): TM.75.G.1244
*a-ba$_4$-lu*$^{ki}$ TM.75.G.1547 r. I:6 (*)
cit. (Pettinato, *MEE* I): TM.76.G.257
*ʾà-ba-lu*$^{ki}$ cit. (Pettinato, *MEE* I): TM.75.G.2233
¶ È verosimile che la prima e la seconda grafia indichino lo stesso centro nella regione di Ebla (in TM.75.G.1244 connesso con la produzione dell'olio). Per la formazione del nome cf. → Abala, → Abalu, → Abaludu, → Abar; v. anche → Abarru?

Abala

*a-ba-lá*$^{ki}$ *ARET* IV 13 r. I:10
¶ Nella regione di → "Abarsal" per Archi, *Mél. Finet*, p. 17. Per la formazione del nome cf. → Abal, → Abalu, → Abaludu, → Abar.

Abalu v. Abal

Abaludu v. Ab(a)rudu

Aban

*a-ba-an*$^{ki}$ *ARET* IV 2 v. IV:17 (NP), IV 22 v. VII:8 (NP); *ARET* VIII 541 v. VIII:3' (NP)
*a-ba-nu*$^{ki}$ *ARET* VIII 526 r. VII:7 (NP$_1$-NP$_2$), 10
¶ Cf. → Ab(a)ʾanu.

Abar

Abar

*a-bar*$^{ki}$ *ARET* VIII 522 r. VIII:6

¶ Edito come NP *a-bar-ki*, ma v. Krebernik, *Personennamen*, p. 117 ("wohl ON *a-bar*$^{ki}$"). Per la formazione del nome cf. → Abal, → Abalu, → Abaludu.

Abariʾum

*ʾà-ba-rí-um*$^{ki}$ *MEE* II 40 v. IV:10 (NP)

¶ V. → Abrariʾu?

Abarlaba

*a-bar-la-ba*$_4$$^{ki}$ TM.75.G.1975 v. IV:5 (*)

¶ Una delle 52 "fortezze", bàd, della città di → Luʾadum; a nord di Ebla.

Abarmizu

*a-bar-mi-zu*$^{ki}$ *ARET* I 8 v. XIII:5

Abarru

*a-ba-ru*$_{12}$$^{ki}$ cit. (Archi, *AoF* 15, p. 28): TM.75.G.1781 v. III:8; cit. (Pettinato, *MEE* I): TM.75.G.1318, TM.76.G.527

*a-bar-ru*$_{12}$$^{ki}$ *ARET* III 584 r. V:10'

¶ Cf. → Abal?

"Abarsal"

*a*-BAR-SAL$_4$$^{ki}$ *ARET* I 14 v. V:9, X:9, I 30 r. X:6; *ARET* III 73 r. II:6 (NP NE-di), III 111 r. I:2', III 210 r. I:1', III 211 r. II:3' (*, *badalum*), III 423 r. I:2' (*badalum*, maškim-SÙ), III 494 r. V:3', III 529 r. I:5', III 548 r. II:1'; *ARET* IV 13 r. I:6 (NP ugula); *ARET* VIII 529 r. VI:3, VIII 540 v. IX:21 (NP), VIII 541 r. V:6 (NP); *MEE* II 25 r. III:8 (*badalum*), r. IV:2 (en); *MEE* II 44 v. III:4; *MEE* II 47 r. II:6; *MEE* II 48 r. IX:4 (dumu-nita-dumu-nita NP); *MEE* X 21 v. X:9; TM.75.G.1451 v. VI:9; TM.75.G.2367 r. VI:9; TM.75.G.2420 r.

II:15 (en), 18, VI:2 (en), 5, 13, 19, 20, VII:5, X:2 (en), XI:18, XII:19, XIII:5, v. II:11, III:9, V:10, 12, 15, VI:7, 11, 16, VII:11, 18, IX:7 (dumu-nita), 10 (dumu-mí), 14, XI:3, 10, XIII:9, 10, XIV:8, b.d. 18

cit. (Archi, *MARI* 4, p. 75): TM.75.G.1535 r. VII (2 guruš); cit. (Archi, *Mél. Finet*, pp. 17-18): TM.75.G.1249 v. V':3, TM.75.G.1324 v. IV:4, TM.75.G.1348 r. IV:15, TM.75.G.1401 v. V:9, TM.75.G.1414 r. VI:2, XII:2, TM.75.G.1418 r. V:5 (NP), TM.75.G.1453 r. VII:13, v. IV:11, TM.75.G.1535 v. II:14, TM.75.G.1560 r. V:4, TM.75.G.1632 v. VII:3 (NP), TM.75.G.1757 r. III:10 (NP), TM.75.G.1784 v. II:7 (NP NE-di), TM.75.G.1832 v. I:9, II:9, TM. 75.G.1867 v. III:13 (*maliktum*), TM.75.G.1875 v. IV:11 (šeš en), TM.75.G. 1911 v. IV:9, TM.75.G.1915 v. II:9', TM.75.G.1928 v. IV:3, TM.75.G.1935 r. XV:12 (*badalum*), v. I:6' (en), TM.75.G.1940 v. VI:12, VII:11, TM.75.G.2029 v. II:3, TM.75.G.2031 v. V:8, TM.75.G.2160 r. V:4, TM.75.G.2161 v. III:5, TM.75.G.2165 r. XI:1, TM.75.G.2248 r. XIV:9 (*badalum*), TM.75.G.2280 v. IX:13, TM.75.G.2281 r. VIII:6 (NP), TM.75.G.2361 r. X:9, TM.75.G.2417 r. IX:7 (UL.KI NE-di), TM.75.G.10145 r. VIII:8 (NP), TM.75.G.10146 r. II:4, TM.75.G.10148 r. VII:19, TM.75.G.10149 v. VIII':1 (NP ugula), TM.75.G. 10156 v. I':3" (NP), V':11 ($NP_1$-$NP_5$), TM.75.G.10192 v. VII:2; cit. (Archi, *VO* 8/2, p. 197): TM.75.G.2526 r. VII (NP NE-di); cit. (Pettinato, *MEE* I): TM.75.G.1326, TM.75.G.2233

¶ Un regno, attestato sinora in modo non equivoco solo nella documentazione di Tell Mardikh; per le sue attestazioni v. in generale Archi, *Mél. Finet*, pp. 15-18. Lettura e localizzazione sono problemi tuttora aperti, e importanti, dato il significato del Trattato riportato in TM.75.G.2420, nel quale "Abarsal" si contrappone politicamente a Ebla.

Circa la lettura del toponimo, non vi è accordo: o il nesso BAR-$SAL_4$ indica un unico segno (*šur*$_x$ per Pettinato, citato sotto, seguito da Kienast, *WGE*, p. 231 e n. 1), o si tratta di una scrittura fonetica *a-bar*-$SAL_4$/SÌL/$QA^{ki}$ (v. Sollberger, *SEb* 3, pp. 129-131; Gelb, *LdE*, p. 70; Geller, *RA* 77, pp. 89-90; Archi, *Mél. Finet*, p. 15; Astour, *WGE*, p. 147, n. 54, *id.*, *JAOS* 108, p. 551; Edzard, *QuSem* 18, pp. 187 ss.). Lambert, *Ebla 1975+*, pp. 353 ss., non prende posizione, ma traslittera *a-bar*-$QA^{ki}$, come Edzard, *cit.*

Circa la sua localizzazione, un riferimento all'area del Tigri, con una identificazione con Aššur, avanzati da Pettinato a partire da *BA* 39, p. 48 (v. anche *Ebla* 2, pp. 285-290), è stato di solito rifiutato. Infatti, all'area del Ḫabur fa riferimento Archi, (*Mél. Finet*, pp. 16-17: nella valle del Ḫabur, forse anche ad est di questa; comunque, a est dell'Eufrate, *id.*, *MARI* 5, p. 38); ad un'area più occidentale e/o settentrionale pensano Matthiae, *Ebla* $1^2$, p. 258: nella valle dell'Eufrate, forse fra → Imar e → Mari; Astour, *WGE*, p. 147, n. 54: forse identificabile con Til Barsip = Tell Aḥmar; Durand, *MARI* 6, p. 46, n. 37, con proposta di identificazione con la Abattum dei testi di Mari paleo-babilonese, fra → Imar e → Tuttul; Bonechi - Catagnoti, *NABU* 1990/29, e Bonechi, *SEL* 8, p. 76 e n. 104: oltre → Ḫarran, o verso il corso superiore dell'Eufrate, o verso est, con un possibile riferimento a Tell Khuera; Edzard, *QuSem* 18, pp. 195: ipoteticamente presso Urfa o Gaziantep; Alberti, *Or* 59, p. 77: fra l'Eufrate e il Ḫabur. Ancora, Saporetti, *LdE*, p. 288, e Michalowski, *JAOS* 105, p. 298 e n. 45, considerano dubbia l'identificazione con Assur, mentre Klengel, *Syria*, p. 29, non prende posizione.

Von Soden, *WGE*, p. 327, rifiutando l'identificazione con Aššur, sostiene che "das zweite Zeichen im Stadtnamen ist mit M. Civil wohl *śal*$_4$ zu lesen. *A-śal*$_4$ wäre dann eine andere Schreibung des Namens *A-śa-al/lu*, einer wohl im nördlichen Habūr-Gebiet gelegenen Stadt, die der König Iplul-Il von Mari als zu seinem Reich gehörig ausdrücklich nennt. Aśal befreite sich später und griff nun selbst nache Westen aus, bis ihm der König von Ebla Halt gebot und im Vertag fast nur die Städte nannte, die er für sich beanspruchte. 600 Jahre später begegnet diese Aśal noch vereinzeit in Briefen aus Mari und Karanâ; noche jüngere Belege dafür kenne ich nicht". Comunque, St. Dalley, *OBTR*, p. 23, propone per Ašala una localizzazione a est di Tell Rimah (v. anche *RGTC* 3, p. 23).

Da verificare definitivamente sarebbe in ogni caso la relazione possibile fra "Abarsal" e i NG AbarNIum (v. *RGTC* 2, p. 1) e Apišal, attestati nelle fonti mesopotamiche (recentemente, per il primo v. Geller, *RA* 77, pp. 89-90, e, *contra*, Sollberger, *RA* 79, p. 87; per il secondo v. Foster, *ARRIM* 8, pp. 40-43). Nonostante l'ovvia difficoltà di un confronto a distanza di quindici secoli, ci si potrebbe chiedere anche se la più probabile localizzazione di "Abarsal" (fra la regione di Urfa e quella di Tell Khuera, oltre → Ḫarran) non possa costituire un indizio per un confronto con Azalla, Izalla, attestata nel I millennio come capitale proprio in quella zona, e per la quale v. Postgate, *RlA* V, pp. 225-226; Liverani, *Studies*, pp. 34-35 e fig. 12.

"Abarsal" determina → Arga in *ARET* III 494, → Arimmu in TM.75.G.1451, e forse → Zibanaba in *ARET* VIII 529; vi sono riferite delle "fortezze" (bàd$^{ki}$-bàd$^{ki}$) in TM.75.G.1535. Per la corretta interpretazione dell'attestazione di "Abarsal" nella prima lettera di Enna-Dagān (TM.75.G.2367) v. Alberti, *Or* 59, p. 76.

L'integrazione proposta per *ARET* III 211 è un'ipotesi molto probabile. V. il commento a → IGI.SAL per *ARET* III 776 v. VI:6'. In *MEE* I, p. 275, si distinguono *a-šur*$_x$$^{ki}$ e *a-šur*$_y$$^{ki}$.

## Ab(a)rudu

| | |
|---|---|
| *a-ba-lu-*⌜*du*⌝$^{?ki}$ | *ARET* VII 156 v. IV:6 |
| *a-ba-ru*$_{12}$*-du*$^{ki}$ | cit. (Pettinato, *Or* 53, p. 328); TM.75.G.1587 |

¶ Fra i centri riferiti ai figli di Irʾam-damu in *ARET* VII 156; nella regione di Ebla. Cf. per la formazione del nome → Abal, → Abala, → Abalu, → Abar, → Abarru.

Abaš

*a-ba-su*[ki] cit. (Pettinato, *MEE* I): TM.75.G.5274
*ʾà-ba-sa*[ki] TM.75.G.1558 r. VI:3

¶ La seconda grafia è menzionata in un conto di pecore riferite al sovrano eblaita. Nella regione di Ebla.

Abazu

*a-ba-zu*[ki] *ARET* I 6 v. X:9 (ugula); *ARET* IV 5 v. VIII:14 (ugula), IV:20 v. II:12 ($NP_1$ lú $NP_2$ ugula); *ARET* VII 145 r. III:4 (153 <persone> TIL); *ARET* IX 61 v. V:1, IX 66 v. VI:2; TM.75.G.521 v. II:8

cit. (Milano, *ARET* IX, pp. 193-194, 211): *ARET* X 102 (2 é-$duru_5$[ki]); *ARET* X 106 (4 é-$duru_5$[ki]); *ARET* X 108 (13 é-$duru_5$[ki]); *ARET* X 116 (NP ugula)

¶ Centro nella regione di Ebla. Assimilato da Pomponio, *WGE*, p. 318, a → Abšu, potrebbe essere una variante di → Abzu (v. il commento a → Abḏu).

Abazunu

*a-ba-zu-nu*[ki] *ARET* III 595 r. III:2'

Abba

*ab-ba*[ki] *MEE* II 32 r. VI:8 (maškim-SÙ)

Abbaʾaʾu

*ab-ba-a-ù*[ki] TM.75.G.1669 v. II:3 (NP)

Abbaʾi

*ab-ba-i*[ki] *ARET* I 8 r. XIV:17

Abbadan

*ab-ba-da-an*[ki] *ARET* III 398 r. III:2 (lú-kar)

¶ V. Krecher, *ARES* I, p. 178, per un confronto con → APEŠdan.

## AbdaLUM

*ab-da*-LUM$^{ki}$ cit. (Biga, *ARES* I, p. 303): TM.76.G.987 r.$^{?}$ II:1 (NP)

¶ Probabilmente *ab-da-núm*$^{ki}$ (v. Krecher, *ARES* I, p. 178).

## Abḏedum, Abšedum

*ab-šè-tum*$^{ki}$ *ARET* III 244 r. III:4'

## Abdimu

*a-ba-ti-mu*$^{ki}$ *ARET* I 13 v. I:7 (NP$_1$-NP$_3$); *ARET* III 183 r. I:2', III 468 r. VIII:20 (dam NE-di), III 609 v. V:17' (dam NE-di)

*ab-ti-mu*$^{ki}$ *ARET* III 106 v. III:4' (NP)

¶ Non è provato, ma è molto probabile, che le due grafie si riferiscano allo stesso NG e sito, un centro menzionato in relazione ad attività agricole (v. *ARET* III 106 e 183) nella regione di Ebla. Tuttavia *a-ba-ti-mu*$^{ki}$ è confrontato da Archi, *ARET* III, p. 314, con *a-ba-tim*$^{ki}$ (v. → Abadum) e con Abattum dei testi paleo-babilonesi.

## Abḏu

*ab-šu*$^{ki}$ cit. (Archi, *ARES* I, p. 273); TM.75.G.2467 v. III:17 (NP nar)

*áb-šu*$^{ki}$ *ARET* I 11 r. V:9, v. VII:6; I 12 r. VII:2, I 14 r. XI:6, I 17 r. II:8 (NP), v. IV:8 (NP$_1$ *wa* NP$_2$); *ARET* II 13 v. III:6, II 37 r. II:4 (NP); *ARET* III 1 r. V:3', VI:5', III 76 r. II:4', III 322 v. I:7', III 257 v. II:6', III 277 r. III:1, III 303 v. III:4', III 331 r. V:2', III 473 r. I:1', III 508 r. III:6' (NP$_1$ NP$_2$ lú NP$_3$ NP$_4$), III 583 r. I:3', III 627 v. I:4' (lú-kar-lú-kar), III 629 r. IV:5' (NP$_1$ *wa* NP$_2$), III 641 r. III:3' (NP), III 743 r. V:1', III 857 v. III:2'; *ARET* IV 2 r. X:10 (NP), IV 13 v. VIII:17 (10 é-duru$_5$$^{ki}$); *ARET* VII 153 v. II:2; *ARET* VIII 522 r. VII:16 (NP$_1$ lú NP$_2$), VIII 525 v. VI:18 (NP)

cit. (Pettinato, *MEE* I): TM.75.G.1318

¶ Importante cittadina in Siria di nord-ovest, fra i centri riferiti a Ingar, figlio di I-briʾum, in *ARET* VII 153.

La questione se *áb-su*$^{ki}$ (→ Abšu), *áb-šu*$^{ki}$ e *áb-zu/zú*$^{ki}$ (→ Abzu) siano o no da considerare varianti grafiche del nome di una stessa località è complessa (probabilmente *ab-zú*$^{ki}$ e *ab-šu*$^{ki}$ sono errori di stampa per *áb-zú*$^{ki}$ e *áb-šu*$^{ki}$).

Archi, *SLE*, p. 229, ritiene che *áb-su*$^{ki}$ / *áb-šu*$^{ki}$ / *áb-zu*$^{ki}$ si trovi nella regione di Ḥoms, con identificazione con $^{uru}$*ab-zu(-ia)* delle fonti ittite (cf. *RGTC* 6, p. 28), v. anche *id.*, *ARET* III, p. 317; *ARET* I, p. 221: presso Kinza (già avanzata da Garelli, *Remarques*, § 2, circa *áb-zu*$^{ki}$, questa identificazione è accettata da Waetzoldt, *BaE*,

p. 419, n. 121); Fronzaroli, *OrSu* 33-35, p. 139 (proponendo una derivazione dal sem. *ʾ*aps-*, "estremità"), considera l'identificazione delle grafie non certa; Pettinato, *Ebla* 2, p. 239, riferisce il NG da lui trascritto Absu alla regione a sud di Qatna; Astour, *WGE*, p. 145, n. 41, identifica tutte le varianti, in relazione a $^{uru}$*aB-Zu-na* di Alalaḫ = $^{uru}$*ap-su-na(-a)* / *apsny* di Ugarit, con proposta di localizzazione a Tell Afis, 12 km a nord di Ebla. V. anche Hecker, *LdE*, p. 170.

Abi... v. ANE...

Abladu

*ab-la-du*$^{ki}$ TM.75.G.1451 v. II:8

Abrariʾu

*a-ba-ra-rí-ù*$^{ki}$ *ARET* I 10 v. VI:7
*ʾà-ba-ra-rí-ù*$^{ki}$ *ARET* III 938 v. V:3: *ARET* IV 3 v. IV:19 (NP)
*ab-la-rí-ù*$^{ki}$ *ARET* III 937 v. III:3'
*ab-ra-rí-ù*$^{ki}$ *ARET* VIII 527 r. XII:8 (NP), VIII 542 r. V:16 (NP)

¶ Le varie grafie si riferiscono allo stesso NG e sito; per una localizzazione a ovest di → Karkamiš v. Astour, *WGE*, p. 154. V. → Abariʾu?

Abrum

*ab-rúm*$^{ki}$ TM.75.G.1975 v. III:7

¶ Una delle 52 "fortezze", bàd, della città di → Luʾadum; a nord di Ebla. V. → Abrumʾum

Abrumʾum (?)

*áb-rúm*-UM$^{ki}$ TM.75.G.1558 r. II:2

¶ Lettura incerta: si tratta di un errore scribale? Forse *áb-rúm*{*-um*}$^{ki}$ o *áb-rúm*$^{um\ ki}$, ma non *áb*-NE-*ru-um*$^{ki}$ (RU non è usato nel sillabario semitico di Ebla); Pettinato, *Ebla* 1, p. 224, legge *ab-ru*$_x$*-um*, per → Abrum. Citato in un conto di pecore riferite al sovrano eblaita; nella regione di Ebla? V. → Abrum.

Abšarig

*áb-sa-rí-ig*$^{ki}$ *MEE* II 14 v. VI:8 (*, NP lugal)

¶ V. Archi, *MARI* 5, pp. 39 e 41 (comunque, *id.*, *SEb* 5, p. 203, lo cita come *ab-sa-um*$^{ki}$, ma la fotografia in *MEE* II non è risolutiva; da collazionare); v. anche il commento a → Bašarig. Cf. Edzard, *ARES* I, p. 30.

Abšedum v. Abḏedum

Abšu

*áb-su*$^{ki}$ *ARET* II 14 r. I:2, v. VI:5; *ARET* III 193 r. II:11, III 231 v. II:1', III 528 r. I:5' ($NP_1$-$NP_3$); *ARET* IV 17 r. II:13 (ugula, maškim-SÙ), v. IV:1, 17 (NP); *ARET* VII 19 r. II:3; *MEE* II 28 r. X:6, v. II:5 (NP); *MEE* II 37 v. I:13; *MEE* II 40 v. III:3

cit. (Pettinato, *MEE* I): TM.75.G.1393, TM.75.G.1401, TM.75.G.1417, TM.75.G.1586, TM.75.G.2165 (?)

¶ Gli inediti menzionati in *MEE* I, identici a quelli citati per *áb-zú*$^{ki}$, devono essere verificati. V. il commento a → Abḏu.

Abudu

*a-bù-du*$^{ki}$ *ARET* VIII 527 v. V:20 ($NP_1$ dumu-nita $NP_2$)

cit. (Milano, *SEb* 7, p. 216): TM.75.G.1254 r. VI:24

*ʾa*$_x$(NI)*-bù-du*$^{ki}$ *ARET* VIII 540 r. VI:8 (NP lú $gi_6$-an)

cit. (Milano, *SEb* 7, p. 216): TM.75.G.1252 r. V:1

¶ Per il confronto delle due grafie v. Milano, *SEb* 7, p. 216. In *ARET* VIII 540 NG o NPF mal scritto? (per il NPF v. *MEE* X 20 r. II:11). Cf. → Aʾabudu

Abuliʾum

*a-bù-li-um*$^{ki}$ *ARET* IV 12 v. II:4 (en); *MEE* 2.1 v. I:8

¶ Quasi certamente un regno siriano minore, v. da ultimo Bonechi, *AuOr* 8, p. 160. Per una identificazione (assieme a → Abullatu, ma senza motivo) con Abul(l)at dei testi paleobabilonesi di Mari, ed un riferimento presso la Dêr nord-occidentale (ai limiti dello Zalmaqqum), v. Astour, *WGE*, p. 150, n. 81.

Abullatu

*a-bù-la-du*$^{ki}$ *ARET* VII 64 v. I:4 (dumu-nita en (<Ebla$^?$>); *ARET* VIII 525 v. IX:10 ($NP_1$, $NP_2$, šeš-SÙ)

cit. (Pettinato, *MEE* I): TM.75.G.10019

¶ Verosimilmente non un regno, ma una cittadina nella regione di Ebla. Per il significato del nome v. Hecker, *LdE*, p. 170. V. il commento a → Abuliʾum.

Aburu

*a-bù-ru*$_{12}$$^{ki}$ TM.75.G.2367 r. I:8, v. III:5

¶ Menzionato fra i centri connessi con le campagne militari in Siria centro-occidentale dei re di Mari Anubu e Iblul-il, in relazione ai kalam$^{tim}$-kalam$^{tim}$ di → BADlan. Qualche relazione con il nome del fiume Ḫabur?

Abzu

*ab-zú*$^{ki}$ cit. (Pettinato, *MEE* I): TM.75.G.1570 (?)

*áb-zu*$^{ki}$ *ARET* I 1 r. VIII:9, I 3 r. IX:6, I 4 r. X:3, I 5 r. VIII:10, I 7 r. VIII:12, I 8 r. V:7; *ARET* III 160 r. II:3' (NP), III 277 r. IV:3' (NP), III 261 r. IV:8' (NP ugula), III 345 r. II:2, III 441 v. III:5' (NP); *ARET* IV 3 v. I:20 (NP); *ARET* VIII 531 r. V:8

cit. (Fronzaroli, *MARI* 5, p. 272): TM.75.G.2290 v. IV:11; cit. (Pettinato, *MEE* I): TM.75.G.5342, TM.75.G.11083

*áb-zú*$^{ki}$ *ARET* IV 16 r. XI:1 (ugula); *MEE* X 24 v. III:1'; TM.75.G.1353 r. VI:4 (NP $u_5$)

¶ V. il commento a → Abḏu. V. anche → Abazu.

Ada

*ʾà-da*$^{ki}$ *ARET* III 938 v. II:8; *ARET* VIII 533 r. XII:12 (NP)

¶ V. il commento a → Adu.

Adaʾinu v. Ladaʾin

Adaʾiš

*a-da-iš*$^{ki}$ cit. (Pettinato, *MEE* I): TM.75.G.1569

¶ Grafia da verificare.

AdaʾuLUM

*a-da-u*$_9$-LUM$^{ki}$ TM.74.G.65 r. II:2 ($NP_1$ dumu-nita $NP_2$), v. II:1 (NP)

Adab I

adab$^{ki}$ *MEE* X 29 v. III:27

cit. (Archi, *MARI* 4, p. 77): TM.75.G.2429 r. XX (1 dam)

¶ Adab del paese di Sumer (v. *RGTC* 1, p. 4).

Adab

Adab II

*a-dab*$_6$$^{ki}$ *ARET* I 1 v. V:6 (NPF$_1$ azu-mí NP$_2$, 2 dumu-nita-SÙ), X:14 (dumu-nita NPF azu-mí); *ARET* III 135 v. IV:1', III 599 r. IV:2' (NP), III 941 r. III:8' (NP); *ARET* IV 3 v. III:1, IV 7 r. IX:14 (NPF); *ARET* VIII 533 r. XII:20 (NP)

*a-da-ba*$_4$$^{ki}$ *ARET* VIII 529 r. VIII:17

*a-da-bù*$^{ki}$ TM.75.G.1451 r. V:13

¶ Grafie relative ad uno o più centri in Siria occidentale, v. Archi, *SLE*, p. 232. V. anche Krecher, *ARES* I, p. 177 (ma *a*-"TAKA$_4$"-NI è un NP, v. Krebernik, *Personennamen*, p. 130). V. → Ladab.

Adabar

*ʾà-da-bar*$^{ki}$ *ARET* VIII 525 v. VII:2, VIII 538 v. X:1'

Adabig

*a-da-bí-gú*$^{ki}$ *ARET* I 1 v. XI:14 (NP), I 15 v. IV:11 (NP), VI:6 (NP); *ARET* III 244 r. VI:3' (NP); *ARET* IV 2 r. II:7, IV 4 v. V:13 (NP), IV 7 v. VIII:19 (NP), IV 14 v. IV:11 (NP); *ARET* VII 134 r. II:3, VII 154 r. VI:1, VII 156 r. II:15, IV:8; *ARET* VIII 522 r. VI:8 (NP), IX:15 (NP), VIII 542 r. V:13 (NP$_1$ lú NP$_2$), VIII:1; *ARET* IX 66 r. IV:8 (1 é-duru$_5$$^{ki}$-maḫ ... engar-kínda); *MEE* X 25 r. XII:4' (NP); TM.75.G.1430 r. II:1 (<ki>)

cit. (Archi, *VO* 8/2, p. 196): TM.75.G.2431 r. VII (NP$_1$ *wa* NP$_2$ NE-di); cit. (Fronzaroli, *SEb* 3, p. 74): TM.75.G.5282 r. II:2; cit. (Milano, *ARET* IX, p. 211): *ARET* X 102 (2 é-duru$_5$$^{ki}$); *ARET* X 103 (2 é-duru$_5$$^{ki}$); *ARET* X 105 (2 é-duru$_5$$^{ki}$)

*a-da-bí-ig*$^{ki}$ *ARET* I 8 v. XV:8 (NP$_1$-NP$_4$), 16 (NP$_1$-NP$_5$), I 10 r. X:8 (NP), I 15 v. IX:8 (NP), I 17 r. IV:5 (NP$_1$ NP$_2$ lú-kar), v. I:13, II:5 (NP$_1$ *wa* NP$_2$), II:8 (NP); *ARET* II 14 r. IX:7; *ARET* III 3 r. VI:1', III 59 r. IV:4', III 61 r. III:8' (NP), III 81 r. I:4' (NP), III 134 v.[?] VI:3' (NP), III 144 r. II:7', III 193 r. V:2 (lú-kar), III 322 r. III:8' (3 nin-ni ugula), III 381 r. II:2', III 465 r. VIII:1, III 482 r. I:2' (NP), III 502 v. II:3' (NP lú-kar), III 521 r. III:4' (NP), III 635 v. IV:7' (NP), III 744 v. II:1', III 938 r. V:6' (NP$_1$-NP$_3$); *ARET* IV 4 v. VI:4 (NP), IV 10 r. IV:12 (NP lú-kar), VI:3 (NP$_1$ lú NP$_2$ NP$_3$ lú NP$_4$ NP$_5$ lú NP$_6$), v. II:3 (NP$_1$ lú na-aka-na-aka NP$_2$ lú NP$_3$ lú-kar), III:6 (NP$_1$ *wa* NP$_2$ lú-kar), IV 11 r. XI:12 (NP$_1$-NP$_7$ lú-kar), v. I:5, V:5, IV 12 r. VIII:3 (NP$_1$-NP$_{10}$ lú-kar), IV 13 r. VIIII:10, 16, , v. XIII:13 (ugula), IV 22 v. II:5 (NP); *ARET* VII

107 r. II:2 ($NP_1$ lú-kar $NP_2$ maškim-SÙ); *MEE* X 25 v. X:4 (7 é-duru₅[ki] *ìr-a-*LUM)

cit. (Archi, *ARES* I, p. 258): TM.75.G.1894 v. VII; cit. (Archi, *VO* 8/2, p. 198): TM.75.G.10191 r. IV; cit. (Fronzaroli, *SEb* 3, p. 74): TM.75.G.1834 r. VII:8; TM.75.G.1837 r. XII:3; cit. (Pettinato, *MEE* I): TM.75.G.1263, TM.75.G.1319, TM.75.G.1322, TM.75.G.1324, TM.75.G.1326, TM.75.G. 1417, TM.75.G.1428, TM.75.G.2294, TM.75.G.5178, TM.75.G.5303

¶ Importante città della Siria nord-occidentale, verosimilmente a nord-ovest di Ebla: alla piana di Antiochia fa riferimento Archi, *SLE*, pp. 229 e 234, con identificazione con la Adabig dei testi di Alalaḫ (v. già *ARET* III, p. 314, e cf. Garelli, *Remarques*, § 2; Bonechi, *SEL* 8, p. 74); alla piana dell'Amuq pensa anche Pettinato, *Ebla* 2, p. 239 (e v. anche *MEE* II, p. 33); diversamente, ma meno verosimilmente, Astour, da ultimo in *WGE*, p. 143, n. 31, identifica sì Adabig di Ebla con Adabig di Alalaḫ VII e con la neo-assira Dabigu, ma in relazione alla moderna Dābiq sul Quweyq. Per possibili interpretazioni del nome v. Fronzaroli, *SEb* 3, p. 74 e n. 46, e *OrSu* 33-35, pp. 140 e 146, con bibliografia; cf. anche Edzard, *ARES* I, p. 30.

A volte residenza di donne dell'harem reale eblaita (v. Tonietti, *MisEb* 2, p. 86, e Archi, *ARES* I, p. 249); menzionata in *ARET* VII 154 fra i centri riferiti ai figli di Giʾa-lim, e in *ARET* VII 154 fra quelli riferiti ai figli di Irʾam-damu; importante centro menzionato in relazione ad attività agricole (v., oltre a *ARET* VII 154 e 156, anche TM.75.G.1430) e commerciali. Da distinguere da → Adatig (diversamente, Krebernik, *ZA* 72, p. 192).

Adabu v. Adab

Adaddu

*a-da-ad-du*[ki] *ARET* VIII 531 r. VII:26 (*)

¶ Cittadina nella regione di → Ibʾal. V. il commento a → Adadu(m); v. anche → Ada...du.

Adadig

*a-da-ti-gú*[ki] *ARET* II 12 r. IV:9, V:8; *ARET* III 353 r. I:3' (NP); *ARET* VIII 532 v. I:19, III:14; *MEE* II 46 r. I:2 (-SÙ[!?])

cit. (Pettinato, *MEE* I): TM.75.G.5183, TM.75.G.5771 (?)

*a-da-ti-ig*[ki] *ARET* I 3 v. XI:15, I 10 v. VIII:13; *ARET* III 597 r. I:1'; *ARET* IV 16 r. IX:20 ($NP_1$ lú $NP_2$ ugula); *ARET* VII 155 v. II:5; TM.75.G.2377 r. II:5; TM.75.G.2379 r. II:6

cit. (Pettinato, *MEE* I): TM.75.G.20587

Adadu(m)

¶ Determina → GaNELUM in *ARET* VII 155, dove è citata in relazione ai figli di Irig-damu, figlio di Ibri᾿um; fra i centri del culto di $^{d}$NIdabal in TM.75.G.2377 // TM. 75.G.2379. Da tenere distinto da → Adabig; nella regione di Ebla, probabilmente verso l'Oronte. Cf. Edzard, *ARES* I, p. 30.

Adadu(m)

*᾿à-da-du*$^{ki}$ *ARET* I 6 v. XII:24; *ARET* IV 6 r. VII:3 ($NP_1$-$NP_3$ NE-di-NE-di)
cit. (Pettinato, *WGE*, p. 310 [5]: TM.75.G.1680 (ND)
*᾿à-da-tum*$^{ki}$ *ARET* IV 2 r. XII:12 (NP)

¶ Sede del culto di $^{d}$Rašap in TM.75.G.1680; nella regione di Ebla, forse a sud di questa. V. → Adaddu, ma non è chiaro se il nome e il sito siano gli stessi (questo potrebbe essere possibile data la menzione di $^{d}$Rašap per *᾿à-da-du*$^{ki}$ e il riferimento alla regione di → Ib᾿al per → Adaddu). Milano, *SEb* 7, p. 216, confronta con → NIdadum.

Adagar

*a-da-gàr*$^{ki}$ TM.75.G.1451 v. VI:13

Adaladum v. Adaradum

Adanad

*a-da-na-ad*$^{ki}$ cit. (Pettinato, *Ebla* 2, p. 352): TM.75.G.1390 (lugal)

¶ Nella regione dell'Amuq secondo Pettinato, *Ebla* 2, p. 239. Cf. *a-tá-na-at*$^{ki}$ dei testi di Alalaḫ. V. → AdaNIdu, → Atenad?

AdaNEdu v. LadaNEd

AdaNEg v. Adabig

AdaNI

*᾿à-da*-NI$^{ki}$ *ARET* I 7 v. XIII:26, I 13 r. VIII:18, I 14 v. II:6, I 15 r. XI:6 ($NP_1$ lú $NP_2$ $pa_4$:šeš $ND_1$), v. V:11 (NE-di-NE-di); *ARET* II 8 r. III:10 ($ND_1$, $ND_2$-SÙ), v. I:4 ($ND_1$), II 14 v. IX:6 ($ND_1$); *ARET* III 35 r. VII:5' ($ND_1$), III 93 r. IV:10' ($ND_3$, $pa_4$:šeš-SÙ), III 185 r. III:6' ($ND_1$, $ND_2$-SÙ), III 193 r. I:5, III 231 v. II:6' ($ND_1$), III 272 r. III:6', III 306 r. III':1, III 322 r. III:3', III 337 v.

VI:7' ($ND_2$ *wa* $ND_4$), III 417 r. III:5 ($ND_1$), III 527 v. III:7' (NP $pa_4$:šeš $ND_1$), III 534 r. V:3' ($ND_2$), III 546 r. II:4', III 690 v. II:2', III 722 r. II:5', III 815 v. I:5, III 885 r. IV:8'; *ARET* IV 1 v. II:1 (NP NE-di), IV:22, VII:10, IV 4 v. VII:10, IV 6 r. IX:15, IV 15 v. IX:6, IV 19 v. X:3; *ARET* VII 11 r. VII:3, VII 79 r. VI:9 ($ND_1$), VII 156 v. V:9 (1 é-$duru_5^{ki}$); *ARET* VIII 527 v. IX:9, VIII 528 v. II:2, VI:7, VIII 532 v.V:16, VIII 532 v. II:14' (NP), 17', VIII 540 r. XIII:22 ($ND_1$), v. VIII:13; *ARET* IX 17 r. VI:3 ($ND_1$); *MEE* II 41 r. XIII:3 (2 dingir); *MEE* II 48 r. II:4 ($ND_1$), IV:4 (*); *MEE* X 20 r. XIX:24 ($ND_1$), XXI:25 ($ND_1$); *MEE* X 23 v. I:10 ($ND_1$), II:9 ($ND_1$); *MEE* X 24 r. V:10 ($ND_1$); *MEE* X 27 v. I:6 ($ND_1$); *MEE* X 29 r. XIV:30 ($ND_1$), XIX:18 ($ND_1$), XXIII:7, v. XVI:8 (lú $^d$AMA-*ra*); TM.75.G.1764 r. VI.20 ($ND_1$), VII:23 ($ND_1$), 28 ($ND_1$), VIII:16 ($ND_1$), IX:3 ($ND_1$), 6 ($ND_1$), 13 ($ND_1$), 20 ($ND_1$), XI:7 ($ND_1$), 24 ($ND_1$), v. II:12 ($ND_1$), V:6 ($ND_1$), 11 ($ND_1$), 17 ($ND_1$), 23 ($ND_1$), VI:5 ($ND_1$ *in*), 10, 25; TM.75.G.2238 r. II:7 ($ND_1$), IV:9 ($ND_1$), VI:18 ($ND_1$), IX:7 ($ND_1$), X:3 ($ND_1$), XII:8 ($ND_1$), 20 ($ND_1$), v. XI:8 ($ND_1$ *in*); TM.75.G.11010+ v. II:10' (?, $ND_1$)

cit. (Archi, *ARET* I, p. 247): TM.75.G.10088 r. XVI:10 ($ND_1$); cit. (Archi, *Ehrman Volume*, p. 108, n. 15): TM.75.G.10103 v. VI:5 ($ND_1$); cit. (Archi, *MARI* 6, p. 33, 35, 37): TM.75.G.1730 v. VI:6, TM.75.G.2429 r. XV, TM.75.G.10210 v. VIII:19; cit. (Archi, *NABU* 1988/77): TM.75.G.10143 r. VIII:6 ($ND_1$ $ND_2$); cit. (Archi, *RA* 84, p. 104): TM.75.G.2261, TM.75.G. 2462, TM.75.G.10074; cit. (Archi, *VO* 8/2, pp. 196-197): TM.75.G.2430 v. I, TM.75.G.2496 r. X ($NP_1$-$NP_4$ NE-di), TM.75.G.10137; cit. (Biga, *ARES* I, p. 293): TM.76.G.221 r. I:6 (NP); cit. (Biga - Pomponio, *JCS* 42, p. 187, n. 17): TM.75.G.1743 ($ND_1$); cit. (D'Agostino, *SS NS* 7, p. 167, n. 68): TM.75.G. 2508 v. XXIV; cit. (Pettinato, *MEE* I): TM.75.G.1324, TM.75.G.2233, TM. 75.G.4484, TM.75.G.5559, TM.76.G.288; cit. (Pettinato, *WGE*, p. 310 [4g], [8c]): TM.75.G.1464 ($ND_1$), TM.75.G.2428 ($ND_1$); cit. (Waetzoldt, *JAOS* 106, p. 553): TM.75.G.1730 ($ND_1$); cit. (Waetzoldt, *OA* 29, p. 22, n. 122): TM.75.G.1730 ($ND_1$); TM.75.G.2429 ($ND_1$); TM.75.G.2508 ($ND_1$)

¶ Importante città siriana, santuario di alcune divinità occidentali: è infatti una delle sedi del culto della coppia divina $^d$Rašap ($ND_1$) e $^d$Adamma(ʾum) ($ND_2$), ed anche di $^d$NIdabal ($ND_3$) e $^d$TU ($ND_4$) (e v. anche *MEE* X 2 v. XVI:8). Questo fatto spiega la frequente attestazione di personale cultuale, così come anche la frequente menzione di AdaNI in relazione sia ai sovrani di Ebla che di altre città siriane (e si veda anche la menzione in *ARET* VII 156, fra i centri riferiti a Irʾam-damu). Per *MEE* II 48 r. IV:4 v. Bonechi, *AuOr* 8, p. 165.

Identificabile verosimilmente con la Atanni dei testi di Alalaḫ, v. Archi, *MARI* 6, p. 28. Certo nella regione di Ebla, forse verso l'(alto) Oronte (v. Bonechi, *SEL* 8, p.

71); da tener distinta da → AdaNIdu (che attesterà la forma derivata in /-īt/). V. il commento a → Gadanu.

La determinazione lú sa-za$_x$$^{ki}$ che $^{d}$Rašap di AdaNI riceve in *ARET* II deve far riferimento al fatto che in → "Saza" vi era un'immagine cultuale di questa particolare ipostasi della divintà (v. *ARET* IV 13 v. IV:6-8, *ARET* VIII 525 r. XIII:28 - v. I:1 e TM.75.G.2238 r. IV:15-16, XII:13-14, TM.75.G.11010+ r. II:13-14), piuttosto che ad una AdaNI di → "Saza"; varie volte si ha in effetti la sensazione che gli atti di culto menzionati nei testi verso le divinità di AdaNI avvenissero a → "Saza" e/o a Ebla stessa (si veda, per AdaNI ed anche per → AdaNidu, la menzione di ND$_1$ *in* NG).

AdaNIdu

*ʾà-da*-NI-*du*$^{ki}$ *ARET* II 5 r. II:6, v. II:15, III:19; TM.75.G.1764 r. V:18 (ND); TM.75.G.11010+ r. II:6 (ND), v. III:3' (ND *in*), v. III:7

cit. (Pettinato, *MEE* I): TM.75.G.11045

¶ La presunta attestazione in TM.75.G.11010+ v. II:10' è più verosimilmente da riferirsi a → AdaNI. Da tenere distinto da quest'ultimo toponimo, condivide con quello (oltre all'etimologia) il fatto di essere una sede del culto di $^{d}$Rašap (per le sue modalità v. → AdaNI). Nella regione di Ebla, Astour, *WGE*, p. 154, lo localizza immediatamente a sud di questa. Cf. → AdaNEdu?

Adarʾanu

*a-dar-a-nu*$^{ki}$ *ARET* III 104 v. II:7 (NP)

Adara

*a-da-ra*$^{ki}$ *ARET* III 460 v. V:5'

¶ Centro riferito alla regina di → Imar Tiš-lim; fra Ebla e Imar? Confrontato dubitativamente da Archi, *ARET* III, p. 314, con $^{uru}$Atara delle fonti ittite, e da Astour, *JAOS* 108, p. 550, n. 36, con $^{uru}$*a-tar-ḫé* di Alalaḫ. Per la formazione del nome cf. forse → Adar(a)dum. Un'altra verosimile attestazione del NG si ha in *ARET* III 7 II:7' (senza determinativo).

Adar(a)dum

*ʾà-da-la-tim*$^{ki}$ TM.75.G.427 r. X:8" (NP ugula)

*ʾà-da-ra-tum*$^{ki}$ *ARET* II 28 v. VII:8; *ARET* III 179 r. I:5' (NP)

¶ Centro nella regione di Ebla; cf. → Adardu (identità verosimile); per la formazione del nome v. → Adara.

Adardu

*a-dar-du*$^{ki}$ TM.75.G.1724 r. II:4

¶ Centro menzionato in relazione ad attività agricole nella regione di Ebla (a est?). Cf. → Adar(a)dum (identità verosimile), e → Ada...du.

Adargizu, Adarkizu

*a-dar-gi-zu*$^{ki}$ *ARET* III 35 v. VII:3 (94 *na-se*$_{11}$ LAK-451), III 465 v. III:4'
*a-dar-ki-zu*$^{ki}$ cit. (Pettinato, *MEE* I): TM.75.G.1324
*a-dar-ki-zú*$^{ki}$ *MEE* II 32 r. XII:3 (ugula, maškim-SÙ); *MEE* II 41 r. IX:7 (ugula, maškim-SÙ)

¶ Centro nella regione di Ebla (in *MEE* I citato come *a-dar-ki-su*$^{ki}$).

Adari (?)

*a-da-rí*$^{<ki?>}$ *MEE* II 32 r. VIII:4 (NP?)

¶ V. Bonechi, *MARI* 6, p. 232.

Adarkizu v. Adargizu

Adaš

*a-da-áš*$^{ki}$ *ARET* I 6 v. X:24 (ugula); *ARET* II 13 r. IV:8 (NP ugula), II 18 r. IV:9 (ugula); *ARET* III 587 v. II:4, III 860 v. VII:16 (NP NE-di); *ARET* IV 3 v. XI:4 (NP ugula), IV 5 v. VII:4 (ugula), IV 14 v. VI:16 (ugula); *ARET* VII 93 v. IV:2 (ugula), VII 145 v. IV:2 (200 <persone> TIL); *ARET* IX 61 v. III:6; *MEE* II 37 r. V:12 (NP ugula); TM.75.G.2022 r. IV:11 (NP ugula)
cit. (Milano, *ARET* IX, pp. 193-194, 211): *ARET* X 102 (1 é-duru$_5$$^{ki}$); *ARET* X 108 (7 é-duru$_5$$^{ki}$); *ARET* X 106 (3 é-duru$_5$$^{ki}$); *ARET* X 116 (NP ugula)
*a-da-su*$^{ki}$ *ARET* III 93 r. I:3' ([NP$_1$] lú NP$_2$), III 807 r. II:7'
*ʾà-[da]-áš*$^{[ki]}$ *ARET* I 9 v. I:8 (NP) (?)

¶ Importante centro della regione di Ebla. Determina uno "stagno" o "palude" (→ AMBAR) in *ARET* III 587. Non è certo che la terza grafia (dubbia) indichi lo stesso NG e sito delle altre. Per la seconda, v. Milano, *SEb* 7, p. 216, che confronta con → NIdašu. V. anche Astour, *JAOS* 108, p. 551.

Ada...du

*a-da-*[x]*-du*$^{ki}$ TM.75.G.1558 r. I:2

¶ Integrazioni possibili concernono → Adardu, → Addamadu, e meno verosimilmente → Adaddu, ma non → LadaNEd (citato in TM.75.G.1558). Nella regione di Ebla.

AddaliNI

*ad-da-li-*NI$^{ki}$ TM.75.G.2367 r. VII:8

¶ Menzionato, in relazione ai → kalam$^{tim}$-kalam$^{tim}$ di → Burman, fra i centri connessi con le campagne militari di Iblul-il, sovrano di Mari, in Siria di nord-ovest; a est di Ebla.

Addamadu

*ad-da-ma-du*$^{ki}$ *ARET* III 279 r. III:3' (NP)

¶ V. → Ada...du.

Addanamaʾ

*ad-da-na-má*$^{ki}$ *ARET* IV 10 v. II:5

Adenad

*a-te-na-ad* $^{ki}$ *ARET* I 14 v. IV:3, 14; *ARET* III 205 r. I:2', III 291 r. I:1', III 377 r. I:1', III 468 r. VIII:16, III 566 r. IV:1', III 628 r. II:4, III 732 r. IV:7'; *ARET* IV 6 v. X:1 (NP), 3, IV 12 r. XIII:5 (NP$_1$ dumu-nita NP$_2$); *MEE* X 25 v. II:14; *MEE* X 38 v. III:14 (NP); TM.75.G.1669 r. VIII:7 (NP)

cit. (Archi, *MARI* 6, p. 33, 35): TM.75.G.1793 v. V:13, TM.75.G.2450 r. XIV:6; cit. (Pettinato, *MEE* I): TM.75.G.2233

*a-te-na-du*$^{ki}$ *ARET* III 458 v. II:15, III 584 r. IV:12' (NP), III 672 r. I:5', III 712 r. II:3; *ARET* IV 4 v. V:9, IV 6 v. IV:10, IV 20 v. I:12, II:7; *ARET* VIII 522 v. I:12, VIII 538 v. VIII:13' (NP), 20', IX:8' (NP); *MEE* II 39 v. III:14, 16

cit. (Archi, *VO* 8/2, p. 195): TM.75.G.1356 v. IV; cit. (Pettinato, *MEE* I): TM.75.G.1416, TM.75.G.11072, TM.75.G.11160

¶ Importante cittadina della regione di Ebla (v. Archi, *MARI* 6, p. 31): è particolarmente connessa con Ibriʾum (*ARET* III 628: ] → DU$_6$$^{ki}$ Ibriʾum lú Adenad$^{ki}$, interpretabile come un riferimento ad una proprietà fondiaria del vizir eblaita, v. l'é Ibriʾum Adenad$^{ki}$ in *MEE* X 25; cf. anche *ARET* III 458, 468, 672, 732), e con Ibbizikir (cf. *ARET* IV 20 e *MEE* II 39). Pettinato, *MEE* II, p. 46, confronta con *a-tá-na-at*$^{ki}$ dei testi di Alalaḫ. Cf. → Adanad.

Adidu

*ʾà-ti-du*ki *ARET* III 475 v. II:5'
cit. (Pettinato, *MEE* I): TM.75.G.257

Adin

*a-ti-in*ki *ARET* III 31 r. I:8', III 395 r. I:3'; *MEE* II 14 v. IV:9 (NP)
cit. (Mander, *MEE* X, p. 93): TM.75.G.2508
*a-ti-ni*ki cit. (Mander, *MEE* X, p. 93): TM.75.G.2508
*a-ti-nu*ki *ARET* IX 107 v. III:1'
*a-tin*ki cit. (Mander, *MEE* X, p. 208): TM.75.G.2508
*ʾà-ti-ni*ki *ARET* VII 115 v. II:6
¶ Probabilmente le grafie si riferiscono ad un unico centro (per l'alternanza della prima e dell'ultima v. Archi, *ARET* VII, p. 196). Cf. → NIdiNEdu.

AdiNI v. Adin

Adudu (?)

*ʾà*-TU-*du*ki cit. (Pettinato, *MEE* I): TM.75.G.1330
¶ Grafia dubbia, da collazionare.

Adu(m)

*a-du*ki *ARET* VIII 524 r. VII:2 (??, NP)
*ʾà-du*ki *ARET* I 1 r. XI:8, I:8 r. V:9 (maškim-SÙ); *ARET* II 29 v. II:8; *ARET* III 2 r. VIII:4', III 306 r. IV':1, III 441 r. V:3', III 471 r. VII:6, III 938 r. VII:10'; *ARET* IV 10 r. XI:10, v. II:13, IV 13 r. VIII:8; *ARET* VIII 522 v. VI:19, VIII 523 v. IV:3, VIII 524 r. XIV:11, VIII 534 v. XIII:7', VIII 540 r. XI:12; *MEE* II 37 v. IV:3; TM.75.G.2420 r. V:7; TM.75.G.2561 r. II:3, III:6, 12 (en), VI:8 (en), v. II:2 (en), III:2 (en), 11, 14 (en), V:5, 16 (en)
cit. (Archi, *ARET* I, p. 311): TM.75.G.2465 ; (Archi, *MARI* 4, pp. 76-77): TM.75.G.2274 r. IV; TM.75.G.2277 r. I (NP); TM.75.G.2429 r. XXIV; cit. (Archi, *MARI* 5, p. 47): TM.75.G.2426 (NP); cit. (Archi, *Mél. Kupper*, p. 205, n° 40): TM.75.G.2325 r. VI:3; cit. (Pettinato, *MEE* I): TM.75.G.1320, TM.75. G.1570 (en), TM.75.G.11000
*ʾà-tum*ki *ARET* VIII 527 v. XII:11', VIII 533 v. I:17

Adu'igu(m)

¶ La prima grafia è dubbia, e la sua lettura probabilmente errata; non è provato che le altre due grafie siano da identificare in relazione allo stesso NG e sito. V. Šadu (?).
*'À-du*[ki] è fra le città "nelle mani" del sovrano eblaita in TM.75.G.2420. Quest'ultima e le altre attestazioni di questa grafia dai testi amministrativi editi, prese insieme, indicano un centro commerciale siriano di media importanza, da cercarsi forse a nord-est di Ebla.
Tuttavia, la sua localizzazione è stata spesso riferita ad aree più lontane da Ebla, sulla base di TM.75.G.2561, secondo il quale Adu è uno stato sovrano in causa nelle diatribe fra → Mari e Ebla: v. Archi, *SLE*, p. 232: a est dell'Eufrate (rifiutando l'identificazione con la Ida del II millennio, e identificando in → Ada una variante di questo NG, che in tal caso dovrebbe intendersi Ad), e *Mél. Finet*, p. 16: nell'area del Ḫabur (seguito da Klengel, *Syria*, p. 29: "perhaps east of the Euphrates"); anche *MARI* 6, p. 22: a est di Ebla; alla parte sud-occidentale del triangolo del Ḫabur pensa anche Pettinato, *Ebla* 2, pp. 281-283, v. la fig. 34, e cf. *id.*, *MEE* II, pp. 257-258, con ipotetica identificazione con Adū o Ḫīt del II millennio; Fronzaroli, *OrSu* 33-35, pp. 139-140, propone un confronto con la Adûm dei testi paleo-babilonesi, con riferimento alla valle del Tigri, ed una derivazione, assieme a → Ada, dal nome divino $^{d}$Adda (*contra*, Sollberger, *ARET* VIII, p. 44); Milano, *ARET* IX, p. 282, lo identifica come "stato cuscinetto tra Ebla e Mari, presumibilmente ad ovest del Ḫabur". V. anche Garelli, *Remarques*, § 5.

Adu'igu(m)

*a-du-i-gú*[ki] *ARET* I 13 v. I:3 (NP)
*a-du-i-gúm*[ki] cit. (Pettinato, *MEE* I): TM.75.G.2233
¶ Cf. Edzard, *ARES* I, p. 30.

Adubu(m)

*a-du-bù*[ki] *ARET* IV 19 v. IV:16 (NP); *ARET* VIII 527 r. XII:3 ($NP_1$ maškim $NP_2$); TM.75.G.2377 r. IV:4, 5 (-ii); TM.75.G.2379 r. IV:4, 5 (-ii)
cit. (Pettinato, *MEE* I): TM.75.G.5188
*a-du-bù-um*[ki] *ARET* IV 2 v. V:23 (NP)
¶ Due cittadine di questo nome sono fra le sedi del culto di $^{d}$NIdabal in TM.75.G.2377 // TM.75.G.2379; nella regione di Ebla, possibilmente verso l'Oronte.

Adulu v. Adur

Aduma

*'à-du-ma*[ki] *ARET* I 8 v. XV:10 (NP)
¶ V. Astour, *JAOS* 108, p. 551.

Adur

*a-du-lu*ki *ARET* VIII 522 r. IX:1 (NP), VIII 525 v. IV:18 (NP ugula, 1 ábba-SÙ, 2 maškim-SÙ, *); *ARET* IX 81 v. II:4 (NP)
*a-du-ur* ki *ARET* VIII 540 r. XI:3 (NP)
*a-du-úr* ki *ARET* I 9 r. V:6 (*-úr*!(GIM), NP), I 32 r. IV:12; *ARET* III 881 v. III:3' (en, maškim-SÙ); *ARET* IV 19 r. VI:12 (*-úr*!(GIM)), v. III:10 (*-úr*!(GIM), NP en, *wa* šeš a-mu-SÙ); *ARET* VIII 521 r. VI:6 (NP), IX:10 (NP), v. II:1 (NP), VIII 529 v. V:14 (*, NP)
cit. (Milano, *SEb* 7, p. 216): TM.75.G.1251 r. VI':2; cit. (Pettinato, *MEE* I): TM.75.G.1324, TM.75.G.1344
*ʾa*x(NI)*-du-úr* ki *ARET* III 216 r. VI:2' (ugula); *ARET* VII 19 r. I:3 (*-úr*!(GIM)), VII 94 r. II:4; *MEE* II 26 v. I:3 (dumu-nita-dumu-nita NP); *MEE* II 36 v. IV:1
cit. (Pettinato, *MEE* I): TM.75.G.11117
¶ Regno siriano (v. da ultimo Bonechi, *AuOr* 8, p. 160); che le varie grafie si riferiscano tutte a questa città è molto verosimile (per le ultime due v. Milano, *SEb* 7, p. 216; Archi, *ARET* I, p. 195).

Aḏa

*a-ša*ki *ARET* III 60 r. VIII:3', III 231 v. III:3' (en <Ebla *in*>), III 470 r. IV:8
cit. (Pettinato, *MEE* I): TM.75.G.1326, TM.75.G.4529
¶ Una cittadina della regione di Ebla, e non un regno (v. Bonechi, *AuOr* 8, p. 164). Cf. → Laḏa.

Aḏalu

*a-ša-lu*ki *ARET* VII 155 v. V:9
cit. (Archi, *Or* 57, p. 68): TM.75.G.2646+
¶ Fra i centri riferiti ai figli di Irig-damu, figlio di Ibriʾum in *ARET* VII 155; in contesto agricolo in TM.75.G.2646+; nella regione di Ebla. Cf. → NIḏaLUM.

Aḏalugu v. Adarugu

Aḏarigu

*ʾà-ša-rí-gú*ki *ARET* VIII 542 v. IX:12' (NP)
¶ V. → Aḏarugu.

## Aḏarugu

*a-ša-lu-gú*$^{ki}$ *ARET* III 203 r. II:7' (NP); *ARET* IV 14 r. VI:12; *ARET* VII 155 r. II:5, VII 156 v. V:7; *ARET* VIII 526 r. VIII:6

¶ Centro menzionato in relazione ad attività agricole; nella regione eblaita, è fra i centri riferiti ai figli di Irig-damu, figlio di Ibriʾum, in *ARET* VII 155, e ai figli di Irʾam-damu in *ARET* VII 156. La trascrizione con r è verosimile, sulla base di → Aḏarigu.

## Aḏu

*a-šu*$^{ki}$ *ARET* I 5 r. X:8 (3 <*na-se*$_{11}$>); *ARET* III 938 v. I:2 ($NP_1$ maškim-maškim $NP_2$); *ARET* IV 1 v. VI:2, IV 4 v. III:2; *ARET* VIII 524 r. IX:14 (NP)

cit. (Archi, *MARI* 6, p. 32): TM.75.G.1254 r. X:4 (NP); cit. (Pettinato, *MEE* I): TM.75.G.5303, TM.75.G.10019

*ʾà-šu*$^{ki}$ *ARET* I 32 r. VI:4 (NP); *ARET* III 644 r. III:5', III 771 r. I:5'; *ARET* IV 2 r. IX:24 (NP), v. VI:15 (NP), IV 3 v. VII:6 ([*ʾà*]-, *), IV 13 v. VIII:15 (10 é-$duru_5$$^{ki}$); *ARET* VIII 524 r. IV:25 (NP), X:27 ($NP_1$-$NP_2$), XIV:11, v. I:5 (NP), IV:6 (NP), VIII:3 (NP), VIII 527 r. V.2 (NP)

cit. (Pettinato, *MEE* I): TM.75.G.5370, TM.75.G.10017

¶ L'identificazione delle due grafie come varianti non è provabile (v. il commento a → Ašu). Nella regione di Ebla (ma Archi, *Mél. Kupper*, p. 202, ipotizza per *a-šu*$^{ki}$ l'appartenenza alla regione di → Tuttul). V. Archi, *ARET* III, p. 315, per l'alternanza proposta con → Ašu.

## Aḏumu

*ʾà-šu-mu*$^{ki}$ cit. (Pettinato, *MEE* I): TM.75.G.2233

## AḏuNI

*a-šu*-NI$^{ki}$ TM.75.G.1451 v. VI:14

¶ V. Garelli, *Remarques*, § 2, con riferimento a *a-šu-ni*$^{ki}$ di Alalaḫ VII.

## Aḏunu

*a-šu-nu*$^{ki}$ *ARET* IV 18 r. VII:10 (NP?)

¶ V. Garelli, *Remarques*, § 2, con riferimento a *a-šu-ni*$^{ki}$ di Alalaḫ VII.

## Agʾagu

*ag-a-gú*$^{ki}$ *ARET* IV 1 v. VII:14; TM.75.G.1547 r. V:4

¶ Centro menzionato in relazione ad attività agricole; nella regione di Ebla.

Agabaʾu

*ʾà-ga-ba₄-ù*$^{ki}$ *ARET* II 14 v. IX:12 (dam)

Agag

*a-ga-ag*$^{ki}$ *MEE* X 3 v. IV:7 (ugula)

¶ Cittadina nella regione di Ebla.

Ag(a)gališ

*a-ga-ga-li-iš*$^{ki}$ *ARET* I 1 r. IX:11 (ugula, maškim-SÙ); *ARET* III 336 r. II:1', III 430 r. II:3'; *ARET* IV 1 r. VII:25 ($NP_1$-$NP_3$); *MEE* X 20 v. XII:1, XV:6

¶ Cittadina siriana, da tenere distinta da → Ag(a)gaNEš e da → GagaNEš, essendo assenti nella documentazione disponibile degli indizi prosopografici contrari (diversamente, v. Astour, *JAOS* 108, p. 552). Forse a nord di Ebla: v. Astour, *WGE*, p. 142 e n. 25, per una identificazione con la più tarda Igakališ, ed una localizzazione a nord di → Uršaʾum, che va comunque accolta con prudenza in considerazione dell'onomastica semitica e di tipo eblaita data da *ARET* IV 1. In *MEE* X 20 associata a → Baḫuru.

In *ARET* III 430 è dubbio che: ] ì-giš uru$^{ki}$-uru$^{ki}$ *a-ga-ga-li-iš*$^{ki}$ nídba [, indichi un'offerta di olio vegetale in relazione alle città di Agagališ. V. → ...ga...iš.

Ag(a)gaNEš

*a-ga-ga*-NE-*iš*$^{ki}$ *ARET* IV 1 v. VI:15 ($NP_1$-$NP_3$); *ARET* VIII 525 v. VI:6 (NP), VIII 529 v. III:7 ($NP_1$-$NP_2$), v. IV:8 (*)

¶ Da tenere distinta da → Ag(a)gališ, e probabilmente anche da → GagaNEš (v. i rispettivi commenti).

Agalu(m), Agaru(m)

*a-ga-lu*$^{ki}$ *ARET* III 106 v. VII:3', III 538 v. IX:17' (NP)
cit. (Milano, *SEb* 7, p. 216): TM.75.G.1216 r. VI:3

*a-ga-lum*$^{ki}$ *ARET* IV 10 r. XIV:2

*ʾà-ga-"lu*$_x$*"*$^{ki}$ cit. (Archi, *NABU* 1988/44): TM.75.G.2404 r. II:11

¶ La terza grafia è confrontata da Archi, *NABU* 1988/44 con la prima e la seconda, e con → Agil. V. Milano, *SEb* 7, p. 216, per un confronto della prima e terza grafia con → Agar e → NIgar. V. anche Astour, *JAOS* 108, p. 550.

Agalunu v. Agarunu

Agar

*a-ga-ar* ki cit. (Milano, *SEb* 7, p. 216): TM.75.G.1245 r. V:9

¶ V. il commento a → Agalu(m). In *ARET* IV 6 r. VII:5 *ʾà-gàr*{ki} è un NP mal scritto.

Agariʾum

*ʾà-ga-rí-um*ki *ARET* III 470 r. IV:5 (NP)

Agarnad

*a-kar-na-ad* ki TM.75.G.2309 r. IV:4, V:4

¶ *Kar* (TE.A) è certo in entrambi i casi, e questo ostacola l'ipotesi di un'altra attestazione di → Adenad. Centro menzionato in relazione ad attività agricole. Nella regione di Ebla.

Agaru(m) (?) v. Agalu(m)

Agarunu

*ʾà-ga-lu-nu*ki cit. (Archi, *Ét. Garelli*, p. 216): TM.75.G.1244

*ʾà-ga-ru₁₂-nu*ki *ARET* IV 13 r. IX:14 (NP); *ARET* VIII 538 v. VIII:15' (NP); *MEE* II 50 r. V:11 (en <Ebla>); TM.75.G.2309 v. I:3, IV:1

¶ Centro della regione eblaita (in TM.75.G.1244 connesso con la produzione dell'olio); non un regno (cf. Bonechi, *AuOr* 8, p. 164), e non in Palestina, come per Pettinato, *Ebla* 2, p. 241. V. Gordon, *Ebl.* II, p. 139.

Agdar

*ag-da-lu*ki *ARET* VIII 538 v. III:11' (NP)

*ag-da-ra*ki *ARET* IV 11 r. III:13

*ag-da-ru₁₂* ki *ARET* III 244 r. V:2' (NP?), VI:1', 5' (NP), III 372 r. I:2', III 459 r. IV:3' (NP); *ARET* IV 7 v. III:14 ($NP_1$-$NP_4$), IV 22 r. VI':6 ($NP_1$-$NP_{20}$)

¶ Cittadina nella regione di Ebla.

Agibu

*a-gi-bù*ki *ARET* III 778 r. III:2'; *ARET* IV 10 r. VII:8 (NP); *ARET* VII 156 v. III:9

¶ Centro menzionato in relazione ad attività agricole. Nella regione di Ebla, è riferito in *ARET* VII 156 ai figli di Irʾam-damu.

Agil

[ʾà-g]i-la[ki] cit. (Archi, *VO* 8/2, p. 198): TM.75.G.10196 r. III (4 dumu-nita NE-di)

*ʾà-gi-lu*[ki] *ARET* I 5 r. XIV:12 (4 dumu-nita NE-di); *ARET* III 377 r. IV:5'; *ARET* VIII 526 r. X:14 ($NP_1$-$NP_7$), VIII 531 v. VIII:13 (4 dumu-nita <NE-di>)

cit. (Archi, *VO* 8/2, pp. 196, 198): TM.75.G.2402 r. VI ($NP_1$-$NP_4$ NE-di), TM.75.G.10281 r. VII ($NP_1$-$NP_4$ NE-di)

¶ Centro menzionato in relazione ad attività agricole (v. *ARET* III 377). Nella regione di Ebla. V. → Agalu(m).

Agimu (?) v. NIgim

Agšagu

*ag-sa-gú*[ki] cit. (Archi, *MARI* 4, p. 77): TM.75.G.2359 r. VII, IX; cit. (Archi, *Mél. Kupper*, p. 205, n° 41): TM.75.G.2359 r. III:3

Aḫaḏum

*a-ḫa-sum*[ki] *ARET* I 2+ v. VI':4'; *MEE* II 39 v. IV:5

¶ A sud di Ebla per Astour, *WGE*, p. 154.

Aḫ(a)naLUM

*a-ḫa-na*-LUM[ki] *ARET* IV 18 v. I:6 (en, ábba-SÙ, maškim-SÙ)

¶ Regno siriano minore.

Aḫazanigu v. Aḫzanegu

Aḫbulu

*aḫ-bù-lu*[ki] *ARET* IV 1 v. X:7 (ábba-SÙ)

Aḫdamu

Aḫdamu, Aʾaḫdamu

*a-aḫ-da-mu*ki *ARET* IV 1 r. II:22 (NP); *ARET* VIII 527 v. V:23

*a-ḫa-da-mu*ki *ARET* I 17 r. V:2 ($NP_1$ dumu-nita $NP_2$); *ARET* III 134 v.? IX:7 (NP), III 159 r. VII:11' (<ki>, *, NP), III 192 v. II:2 (NP ugula), III 318 r. I:3' (NP), III 322 r. XIII:6 ($NP_1$ *wa* $NP_2$), III 364 r. III:3', III 588 r. I:11 (NP dumu-nita ugula), III 723 r. II:2 (ugula); *ARET* VIII 523 v. VI:13, VIII 524 r. VII:5, X:18, 31, XIII:2, v. I:2, VIII 527 v. X:10', VIII 533 r. XII:9

*aḫ-da-mu*!ki *ARET* VIII 532 v. IX:5 (*, maškim-SÙ, collazione Archi)

cit. (Pettinato, *MEE* I): TM.76.G.257

¶ Importante cittadina della regione di Ebla. V. Hecker, *LdE*, p. 171.

Aḫdu

*aḫ-du*ki *ARET* III 684 r. II:4' (NP), III 963 v. III:4

Aḫunaʾ(a) (?)

*a-ḫu-na-a*[ki] cit. (Pettinato, *MEE* I): TM.75.G.11160

¶ Hecker, *LdE*, p. 170, propone un'accostamento a Aḫunā del II millennio. La grafia è comunque da verificare.

Aḫzamina

*aḫ-za-mi-na*ki *ARET* I 4 r. XIII:4

Aḫzaneg, Aḫzanig

*a-ḫa-za-ne-ig* ki cit. (Alberti, *Or* 59, p. 78): TM.75.G.1410

*a-ḫa-za-ni-gú*ki *ARET* III 595 r. I:1, III 885 r. II:5' (NP lú-kar)

*aḫ-za-ne-gú*ki *ARET* III 942 r. IV:2' (NP)

cit. (Archi, *Mél. Kupper*, p. 204, n° 19): TM.75.G.1251 v. VIII:7 (NP)

¶ Cf. Edzard, *ARES* I, p. 30. L'attestazione in TM.75.G.1410 va verificata.

Akarnad v. Agarnad

Ala

*a-la*ki *ARET* I 16 r. IX:15; *ARET* III 85 r. IV:3', III 877 v. I:5' (NP lú-kar); *ARET* VII 153 r. I:7, VII 156 r. IV:10; *ARET* VIII 523 r. VI:19, VII:21, VIII 524 r. IV:3, 33

cit. (Pettinato, *MEE* I): TM.75.G.4503

*á-la*ki cit. (Pettinato, *MEE* I): TM.75.G.1393

¶ Per le due grafie come varianti v. Pomponio, *UF* 15, p. 156. In *ARET* VII 153 fra i centri riferiti ai figli di Giʾa-lim, in *ARET* VII 156 fra quelli riferiti ai figli di Irʾam-damu; nella regione di Ebla. In *ARET* I 16 scritto *a:la*ki. Cf. → Alu, → Ara, → Arra.

Alaʾu

*a-la-u₉*ki *ARET* VIII 531 r. VI:8

*ʾà-la-ù*ki *ARET* VIII 532 v. III:6 (*, collazione Archi)

cit. (Pettinato, *MEE* I): TM.75.G.1326

¶ *A-la-u₉*ki è confrontata da Astour, *JAOS* 108, p. 550, n. 36, con uru*a-la-ú-wa* di Alalaḫ.

Alab v. Arab

Alabar v. Arabar

AlaḏuNE

*ʾà-la-šu*-NEki TM.75.G.2420 r. IV:19

¶ Fra i centri "nelle mani" del sovrano eblaita; a nord-est di Ebla.

Alaga

*a-la-ga*ki *ARET* I 18 r. II:5, III:5, V:2, v. III:6; *ARET* III 160 r. IV:7" ($NP_1$ *wa* $NP_2$ *wa* $NP_3$); *MEE* X 38 v. V:7, VII:12, VIII:2; *MEE* X 39 v. V:4; *MEE* X 46, r. III:3 ($NP_1$ šeš $NP_2$ ugula), v. I:5

cit. (Archi, *ARET* I, p. 167): TM.75.G.2170; cit. (Milano, *SEb* 7, p. 216): TM.75.G.2170 v. IX:7; cit. (Pettinato, *Or* 53, p. 327): TM.75.G.1493

¶ "Un importante centro produttivo del regno" di Ebla per Archi, *ARET* I, p. 167; la cittadina è menzionata spesso in relazione a "*persone*" (*na-se*$_{11}$) che in un'unica occasione vi si recarono (v. *ARET* I 18; *MEE* X 38, 39 e 46; TM.75.G.1493). Verosimilmente a est, nord-est di Ebla (v. Pettinato, *Ebla* 2, p. 240: presso il lago Giabbul). Milano, *SEb* 7, p. 216, confronta con → NIlaq: benché non certa, tale identificazione è possibile. Sembra invece da tenere separata da → Illaga e dalle sue possibili varianti.

Alagdu

*a-la-ag-du*[ki] TM.75.G.2309 v. II:2

¶ Centro menzionato in relazione ad attività agricole; nella regione di Ebla.

Alaḫdu

*a-aḫ-du*[ki] *ARET* I 4 v. VIII:2 (NP); *ARET* VIII 541 r. IV:20 (NP), VII 542 v. IX:6' ($NP_1$-$NP_2$)

cit. (Pettinato, *MEE* I): TM.75.G.10029

*a-la-ḫa-du*[ki] *ARET* III 778 r. II:1'

¶ Non è provabile che le due grafie si riferiscano al nome di uno stesso sito, ma questo è probabile. Il secondo è un toponimo determinato da → Ama. Può attestare, in accordo con Archi, *ARET* III, p. 315, lo stesso nome e forse anche lo stesso centro attestato più tardi nella documentazione paleo-babilonese di Mari come Alaḫtum (per il quale v. Kupper, *ARM* XVI/1, p. 4; Durand, *ARM* XXVI/3). Se questo è il caso, e se, come sembra verosimile, → Ama (da distinguere da → Amad) va ricercata a nord di Ebla, allora l'identificazione, proposta dubitativamente da Fronzaroli, *OrSu* 33-35, p. 140 (assieme ad una possibile interpretazione del nome), con la più tarda Araḫtu (a sud di Ebla, fra Niya e Qatna, v. Klengel, *GS* III, p. 93) deve essere abbandonata. Cf. → Ilaḫdu.

Alaḫu

*ʾà-la-ḫu*[ki] *ARET* I 4 v. V:4

Alalaḫ

*a-a-a-ḫu*[ki] *MEE* II 37 r. VII:1

*a-a-aḫ*[ki] cit. (Pettinato, *MEE* I): TM.75.G.5369

*a-la-la-ḫu*[ki] cit. (Pettinato, *Ebla* 2, p. 353): TM.75.G.1653

$ʾa_x$(NI)-*a-a-ḫu*[ki] *ARET* III 31 r. III:12', III 736 r. III:2

cit. (Archi, *Biblica* 60, p. 558, n. 9): TM.75.G.11550 III:2

$ʾa_x$(NI)-*a-la-ḫu*[ki] cit. (Fronzaroli, *SEb* 1, p. 72, n. 23): TM.75.G.1701 r: XIII:2

$ʾa_x$(NI)-*la-la-ḫu*[ki] *ARET* III 325 r. II:2, III 370 r. IV:4'; *MEE* II 37 v. III:8

cit. (Fronzaroli, *SEb* 1, p. 72, n. 23): TM.75.G.1462 r. III:4

¶ Per l'identificazione con Alalaḫ (Tell Atshana, v. *RGTC* 6, p. 5) v. Hecker, *LdE*, p. 169, n. 28; Milano, *SEb* 7, pp. 223 e 225; Krecher, *ARES* I, p. 183; Pettinato, *Ebla* 2, p. 239; Archi, *RA* 81, p. 186; Astour, *WGE*, p. 144, n. 34. Per inciso, l'alternanza fra A e NI suggerisce una prima /ʾ/ o /ḥ/, se le corrispondenze sono le stesse di quelle note nella restante documentazione (v. da ultimo Conti, *MisEb* 3, pp. 49 e 56). V. il commento a → NI(a)ladar.

Alalu

*a-la-lu*$^{ki}$ cit. (Milano, *SEb* 7, p. 217): TM.75.G.1427 r. VIII:10

¶ Milano, *ibid.*, confronta con il NG NI-*la-lu*$^{ki}$ attestato nella lista scolastica di nomi geografici TM.75.G.2231 (= *MEE* III 56). V. → NIlalu.

Alama

*a-la-ma*$^{ki}$ *ARET* III 78 v. IV:2

¶ Identificata da Astour, *WGE*, p. 144, n. 34, con $^{uru}$*a-la-ma* dei testi di Alalaḫ, neo-assira $^{uru}$*an-la-ma-*[*a*], nella regione di → Alalaḫ. V. → Lalamu.

Alamigu

*a-la-mi-gú*$^{ki}$ TM.75.G.1451 v.V:12 (ugula)

¶ Cittadina nella regione di Ebla. L'accostamento proposto da Krecher, *ARES* I, p. 185, a → Aʾamig e a → Arʾamig non sembra confermato dall'esame dei contesti, e non è foneticamente convincente. Cf. Edzard, *ARES* I, p. 30.

Alazu v. Allazu

Aldaga

*al*$_6$*-da-ga*$^{ki}$ *ARET* VIII 531 r. VI:15

Aldubu

*al*$_6$*-du-bù*$^{ki}$ *ARET* I 9 r. VI:8 (NP), v. II:5 (NP), I 32 r. V:4; *ARET* III 515 r. II:2', III 549 r. V:2', III 565 r. I:3'; *ARET* IV 3 r. I:15 (NP), IV:7 (NP); *ARET* VIII 541 r. IX:3; *MEE* II 32 v. II:10

¶ Confrontato con $^{uru}$*al-du-be* / $^{uru}$*al-tu-bi* delle fonti di Alalaḫ da Archi, *ARET* III, p. 317; nella regione di Ebla. Cf. → AlduNE.

AlduNE

*al*$_6$*-du-*NE$^{ki}$ *ARET* IV 1 v. IX:20

¶ Cf. → Aldubu.

Alḏum

*al*$_6$*-sum*$^{ki}$ TM.75.G.2136 v. III:2

¶ Fra 17 centri "nelle mani" del sovrano di Ebla; a nord di Ebla.

AliNI

*a-li*-NI$^{ki}$ *ARET* XI 1 v. II:7, XI 2 v. I:20
*á-li*-NI$^{ki}$ TM.75.G.1558 r. IV:5
¶ Determina kur$^{ki}$ in *ARET* XI 1 e 2; nella regione di Ebla.

Allašu (?) v. Allazu

Allazu

*a-la-zu*$^{ki}$ *ARET* II 14 r. XI:5 (ugula); *MEE* X 26 r. V:7 (NP ugula)
*al*$_{6}$*-la-zú*$^{ki}$ *ARET* III 732 r. V:8' (NP)
cit. (Pettinato, *MEE* I): TM.75.G.1701
¶ *MEE* I ha *al*$_{6}$*-la-su*$^{ki}$, da verificare. Cf. → Allizu.

Allizu

*al*$_{6}$*-li-zu*$^{ki}$ *ARET* VIII 526 r. X:28
¶ Cf. → Allazu.

Alu

*á-lu*$^{ki}$ *ARET* I 4 v. VI:9 (NP ... šeš-ii-ib); *ARET* II 16 r. I:7 (zàḫ), *ARET* VII 155 r. IV:7: *ARET* VIII 521 r. IV:13 (*, NP$_{1}$-NP$_{2}$ šeš-ii-ib), VIII 523 r. I:8 (NP$_{1}$ lú NP$_{2}$ NP$_{3}$ lú NP$_{4}$ NP$_{5}$ šeš-ii-ib), VIII 524 r. IV:6 (*, NP$_{1}$ NP$_{2}$ šeš-ii-ib), IX:24 (NP$_{1}$ lú NP$_{2}$ šeš-ii-ib), VIII 527 r. IV:14 (NP$_{1}$ lú NP$_{2}$ NP$_{3}$ lú NP$_{4}$ NP$_{5}$ lú NP$_{6}$ NP$_{7}$ lú NP$_{8}$ NP$_{9}$ lú NP$_{10}$ NP$_{11}$ NP$_{12}$ šeš-ii-ib), VIII 541 r. I:8 (NP$_{1}$ lú NP$_{2}$ NP$_{3}$ NP$_{4}$ ... [šeš-ii-ib])
cit. (Pettinato, *MEE* I): TM.75.G.4403, TM.75.G.5306
*á-u*$_{9}$$^{ki}$ *ARET* VIII 525 v. II:13
¶ *Á-lu*$^{ki}$ è fra i centri riferiti ai figli di Irig-damu figlio di Ibriʾum (*ARET* VII 155), e la sua identificazione con *á-u*$_{9}$$^{ki}$ è verosimile (*u*$_{9}$ per /lu/ è noto nella lista lessicale bilingue eblaita, v. Conti, *MisEb* 3, p. 59); v. anche Archi, *AAAS* 40, p. 54 (dove il villaggio citato come Alu dovrebbe essere quello qui considerato). Forse il toponimo è connesso con la divinità $^{d}$*á-a/la/lu*. La correzione in *ARET* VIII 521 r. IV:13 è imposta dal contesto, e è confermata dall'esame della fotografia. V. il commento a → Aʾlu; cf. anche → Ala.

Alulu v. Arur

Aluru v. Arur

Alwadu

*al$_6$-wa-du*$^{ki}$ cit. (Pettinato, *MEE* I): TM.75.G.1324, TM.75.G.1335, TM.75.G. 1337, TM.75.G.2233

Amᵓarum v. ANᵓarum

Ama

*ᵓà-ma*$^{ki}$ *ARET* II 14 r. VI:11 (maškim NP); *ARET* III 236 v. VIII:2' (ugula-ugula), III 283 r. IV:3', III 531 r. III:8', III 778 r. II:2', III 859 v. II:4', III 964 v. IV:3'; *ARET* IV 11 r. IV:13 (NP$^?$); *ARET* VII 112 r. IV:2 (NP u$_5$); *MEE* II 32 r. VI.15 (ugula-bàd$^{ki}$-ugula-bàd$^{ki}$); *MEE* X 21 r. XI:13

cit. (Archi, *SLE*, p. 229, n. 2): TM.75.G.1462 r. VII:5; cit. (Pettinato, *Ebla* 2, pp. 237 e 342): TM.75.G.1769 (NP$_1$ lugal, NP$_2$); cit. (Pettinato, *MEE* I): TM.75.G.2237, TM.75.G.10021, TM.75.G.11140

¶ Determina → Alaḫ(a)du in *ARET* III 778 e → Guriš in *ARET* III 283, e 859; Arᵓamig, Guriš, Šariga e Zaga sono città (uru$^{ki}$) di Ama in TM.75.G.1462; → Ḫalu è definita "fortezza" (bàd) di Ama in *ARET* III 531 (e v. *MEE* II 32). In Siria occidentale, possibilmente a nord di Ebla. V. il commento a → Amad.

Amaᵓdu

*ᵓà-má-du*$^{ki}$ *ARET* II 28 v. II:1 (*, NP$_1$ lú NP$_2$); TM.75.G.1669 v. IV:3

¶ Da tener distinta da → Amad, come suggerisce la grafia.

Amad

*ᵓà-ma-ad*$^{ki}$ *ARET* I 12 r. V:6; *ARET* III 470 r. I:11; *ARET* IV 17 r. IV:9 (ND), IV 17 r. V:17 (ND, dam-SÙ), v. VI:10 (guruš-maḫ, maškim-SÙ), VIII:7 (ND); *MEE* II 32 v. III:13 (NP pa$_4$:šeš ND)

cit. (Archi, *MARI* 5, p. 40): TM.75.G.1769 (NP lugal); cit. (Archi, *SEb* 1, p. 109): TM.75.G.11589 IV:7 (ND)

*ᵓà-ma-du*$^{ki}$ *ARET* I 1 v. XI:10, I 5 v. IV:8 (ND), 13 (NP pa$_4$:šeš ND), I 6 v. V:16 (ND), I 7 v. XVI:2' (ND), I 8 v. XI:6 (ND), I 12 r. VI:2 (ND), I 17 v. V:15 (ND); *ARET* III 42 r. IV:4' (ND), III 107 r. VI:3 (ND), v. V:8' (NP pa$_4$:šeš ND), III 147 r. I:2 (ND), III 271 r. II:8', III 458 r. V:3 (ND), III 692 v. V:5' (ND), III 735 r. III:4; *ARET* IV 1 v. I:7 (NP$_1$ lú NP$_2$), IV 8 r. IX:2 (ND), IV 19 v. VII:10 (ND), IV 24 r. X:14 (ND), IV 25 v. III:7; *ARET* VIII 523 v. I:16 (ND), VIII 531 v. X:13 (NP pa$_4$:šeš ND), VIII 532 v. VI:7, VIII 533 v. V:12 ({-x?}, <NP>, 2 dumu-nita-SÙ), VIII 534 v. III:11, VIII 539 v. III:21' (ND); *MEE* X 3 r. VIII:4; *MEE* X 20 v. V:7 (ND); TM.75.G.1625 r. III:3' (*, ugula)

cit. (Archi, *RA* 84, p. 104): TM.75.G.2429, TM.75.G.2507; cit. (Archi, *SEb* 1, p. 109): TM.75.G.2468 r. II:10 (ND), TM.756.G.2502 r. XII:23 (ND); cit. (Pettinato, *MEE* I): TM.75.G.5288, TM.75.G.11045 (ND), TM.75.G. 11059 (ND); cit. (Waetzoldt, *OA* 29, p. 22, n. 122): TM.75.G.1696 (ND)

*ʾà-ma-tim*ki *ARET* VII 93 r. I:3 (ugula bàdki-bàdki)

¶ Un'importante città della Siria nord-occidentale, sede di un santuario di dNIdabal; fra i centri riferiti a Irti, figlio di Ibriʾum, in TM.75.G.1625. A giudicare dal numero e dalla qualità delle attestazioni, si può ritenere prossima ad Ebla, e probabilmente appartenente al suo regno (v. Archi, *MARI* 5, p. 41, che corregge implicitamente *SEb* 4, p. 10).

La questione se sia o no da identificare con → Ama, e/o con Hamath (mod. Ḥamā, 36°45' öL/35°8' nBr, per la quale v. J. D. Hawkins, *RlA* 4, pp. 67-70), è complessa, diversamente da quanto generalmente assunto.

V. Garelli, *Remarques*, § 2, che identifica *ʾà-ma-ad/du*ki con Hamath; Archi, *ARET* III, p. 316, che identifica → Ama con Amad come varianti in relazione a Hamath (*id.*, *SLE*, p. 229; cf. anche Bonechi, *SEL* 8 p. 71, n. 77), e propone in *ARET* VII, p. 195, *ʾà-ma-tim*ki come genitivo di *ʾà-ma-du*ki. V. inoltre Pettinato, *MEE* II, p. 159, che identifica *ʾà-ma*ki con *ʾà-ma-ad/du*ki in relazione a Ḥamā, *id.*, *Ebla* 2, p. 237, che identifica → Ama con Ḥamā; Sollberger, *ARET* VIII, p. 44, che identifica *ʾà-ma-du*ki con Ḥamā; Krecher, *ARES* I, p. 184 e n. 40, che accetta l'alternanza *ʾà-ma*ki / *ʾà-ma-ad/du*ki.

Comunque, già Archi stesso, *SEb* 2, p. 2, n. 6, e Astour, *WGE*, p. 141, n. 23, correttamente avevano dubitato che → Ama e Amad fossero da considerare varianti dello stesso nome in relazione ad un unico sito; Astour da una parte aveva posto → Ama in una relazione di identità con uru/kur*a-ma-e* dei testi di Alalaḫ (facendo dunque riferimento alla "northern part of the kingdom of Ebla, approximately between Aᶜzāz and the Quweyq River"), dall'altra aveva considerato dubbia l'identificazione di Amad con Ḥamā.

L'unica prova attualmente disponibile per un'eventuale identificazione fra Ama e Amad non sarebbe in effetti di ordine prosopografico, ma consisterebbe nell'indubbio parallelismo fra la menzione degli ugula di varie "fortezze" (bàd^ki^) sia per *ʾà-ma*^ki^ che per *ʾà-ma-tim*^ki^ (considerato genitivo di *ʾà-ma-du*^ki^ da Archi, *ARET* VII, p. 195); tuttavia, fra le attestazioni di queste due grafie da una parte, e quelle delle altre due, sicuramente varianti (*ʾà-ma-ad/du*^ki^) dall'altra, non vi sono punti di contatto, ma anzi esse risultano molto divergenti nel contenuto. Infatti, non solo l'onomastica di Ama non coincide con quella di Amad, ma soprattutto mentre Amad è sede di culto di ^d^NIdabal, Ama non lo è mai. Inoltre, mentre per Amad si può ragionevolmente ipotizzare un riferimento alla parte meridionale del regno di Ebla, per Ama questo sembra meno probabile, poiché di solito la menzione di "fortezze" (bàd^(ki)^) si ha in relazione a regni (come → Gablul e → Gud(d)anum) o a centri minori (come → Luʾadum, → Zaʾar, → Uziladu, → Dinnu e → GIRradaʾa) sì siriani, ma possibilmente tutti a nord o nord-est di Ebla (spesso in relazione al contenzioso con → "Abarsal").
Comunque, difficilmente si può sostenere che Ḥamā non sia attestata da una delle grafie in questione: si dovrà quindi per ora registrare con prudenza che Amad = Ḥamā è verosimile, anche in accordo con altri indizi che vedono in ^d^NIdabal una tipica divinità delle genti abitanti il bacino dell'Oronte (v. Bonechi, *SEL* 8, p. 74); d' altra parte, nonostante la grafia *ʾà-ma-tim*^ki^, Amad = Ama = Ḥamā è identificazione meno ovvia e probabilmente non corretta. Si noterà inoltre che se in TM. 75.G.1769 *ʾà-ma-ad*^ki^ è determinata da → Zarud, si possono avere due diverse Amad.
Per la derivazione del nome sia di → Ama che di Amad dal sem. **ḥmy* "proteggere" v. Fronzaroli, *OrSu* 33-35, p. 140, con bibliografia. V. anche Gordon, *Ebl.* II, p. 139 (ma nota la distinzione fra Ama e Amad).

Amadim v. Amad

Amaḏu v. Ammaḏu

Amagaba (?)

*ʾà-ma-ga-ba*$_4$^?ki^ *ARET* III 565 r. I:5'

Amalim

*ʾà-ma-li-im*^ki^ *ARET* VIII 531 r. VII:22

¶ Cittadina nella regione di → Ibʾal. V. → Amalu? Da distinguere da → Amarum.

Amalu

Amalu

*a-ma-lu*ki    *ARET* IV 1 v. VIII:10 (ábba-SÙ), v. IX:16 (-ii)

¶ V. → Amar, → Amalim?, → Amarum?

Aman

*ʾà-ma-an*ki    *ARET* IV 18 r. V:13 (ND)

¶ Una delle sedi del culto di dNIdabal. Astour, *WGE*, p. 143 e n. 32, la identifica poco verosimilmente con il monte Amano.

Amar

*a-mar*ki    *ARET* IV 3 r. II:11; TM.75.G.1547 r. II:4

¶ Cittadina nella regione di Ebla. Cf. Astour, *JAOS* 108, pp. 550 e 553, e v. il commento a → AmariLUM. V. → Amalu.

AmariLUM

*a-ma-rí*-LUMki    *MEE* X 3 v. IV:4 (maḫ), V:1
cit. (Pettinato, *MEE* I): TM.75.G.1416

¶ La seconda attestazione è determinata da → Gud(a)danum: a est, nord-est di Ebla. V. Astour, *JAOS* 108, pp. 553-554 (con lettura *-gúm*), che propone una sicura identificazione con → Amar "assured by their appearing in the context of the same group of cities in separate documents", che tuttavia non mi pare in realtà documentata.

Amarum, Amarim

*a-ma-rí-im*ki    *ARET* IV 16 r. II:6 (en, maškim-SÙ)
*a-ma-rúm*ki    *MEE* X 24 r. IX:8 (en)

¶ Regno siriano minore (v. da ultimo Bonechi, *AuOr* 8, p. 160), da distinguere da → Amalim. V. anche Astour, *JAOS* 108, pp. 550 e 553. Cf. → Amalu?

Amašu

*a-ma-su*ki    *ARET* III 197 r. VI:5'

¶ Confrontato da Archi, *ARET* III, p. 315, con → Ammaḏu e con il NG Amaz citato in *ARM* XVI/1.

Amazariʾum

*a-ma-za-rí-um*ki    *ARET* I 8 r. XIV:4

## AMBAR

ambar *ARET* III 587 v. II:4
ambar$^{ki}$ *ARET* IV 10 v. IX:19, IV 15 r. VII:10; *MEE* II 47 r. III:2; TM.75.G.2377 r. V:2; TM.75.G.2379 v. II:2
ambar-ambar$^{ki}$ *MEE* II 36 v. II:6

¶ "Palude, stagno". In *ARET* III 587 è determinato da → Adaš; in *ARET* IV 15 è seguito da $^{d}$Utu; in TM.75.G.2377 // TM.75.G.2379 è fra i centri del culto di $^{d}$NIdabal. Per la cittadina della regione eblaita un riferimento all'area del Ghab o del Madkh è verosimile. V. Pettinato, *MEE* II, p. 248; v. anche ambar-ti-gi in TM.75.G.1444 v. II:2?

## Amezu, Amizu

*a-me-zu*$^{ki}$ *ARET* VII 156 v. V:5
*ʾà-mi-zu*$^{ki}$ *ARET* III 460 r. III:3 ($NP_1$-$NP_2$ ugula še); TM.76.G.156 r. IV:6

¶ Le due grafie si riferiscono allo stesso centro, menzionato in relazione ad attività agricole. Nella regione di Ebla, è fra i centri riferiti ai figli di Irʾam-damu in *ARET* VII 156.

## Amidu

*a-mi-du*$^{ki}$ *ARET* IV 3 v. II:10; *ARET* VIII 538 v. II:12', VIII 539 v. I:9'; TM.75.G.1452 r. III:4 (*, $^{<ki>}$, ?)

¶ Cittadina nella regione di Ibʾal. L'integrazione in TM.75.G.1452 è verosimile, ma non deve fare necessariamente riferimento allo stesso centro delle altre attestazioni.

## Amiḏaga

*a-mi-ša-ga*$^{ki}$ cit. (Pettinato, *MEE* I): TM.75.G.1324

## Amiš

*a-mi-sa*$^{ki}$ TM.75.G.1964 r. II:3
*a-mi-su*$^{ki}$ cit. (Pettinato, *MEE* I): TM.75.G.2233

¶ L'attestazione in TM.75.G.1964 è erroneamente riletta *a-mi*-E×PAP$^{ki}$ da Mander, *MEE* X, p. 177. Per la formazione del nome cf. → Amišadu.

## Amišadu

*a-mi-sa-du*$^{ki}$ *ARET* II 16 r. III:3; *ARET* III 500 r. III:2'; *ARET* VII 152 r. II:2, VII 153 r. IV:2

cit. (Archi, *Biblica* 60, p. 563, n. 21): TM.75.G.1992 v. III:1); cit. (Pettinato, *MEE* I): TM.75.G.2165, TM.75.G.10009

¶ Fra i centri riferiti a Nabḫa-NI, figlio di Ibriʾum (*ARET* VII); nella regione di Ebla. Per la formazione del nome cf. → Amiš.

## Amizu v. Amezu

## Amma

*$am_6$-ma*$^{ki}$ TM.75.G.1444 v. VIII:14

## Ammaḏu

*a-ma-šu*$^{ki}$ *ARET* III 588 r. III:11

*$am_6$-ma-šu*$^{ki}$ *ARET* I 2+ v. IV':4 (*), I 15 v. VII:9; *ARET* III 249 r. V:5, III 448 r. II:2', III 459 v. III:1 (*); *ARET* IV 7 v. II:13, IV 11 r. I:11, IV 12 r. X:3; *ARET* VIII 533 v. I:19 (*); *ARET* IX 75 v. I:8; *MEE* II 39 v. VI:16; TM.75.G.1444 r. VI:5

cit. (Archi, *VO* 8/2, p. 195): TM.75.G.1428 v. II (dam)

¶ L'identificazione delle due grafie deriva dal confronto dal contesto di *ARET* III 588 con quello di *ARET* III 459 (la correzione in quest'ultimo frammento deve essere collazionata, ma è verosimile). Per *ARET* I 2+ v. Bonechi, in stampa.
Cittadina nella regione di Ebla, probabilmente a sud di questa, è fra i centri riferiti a Gir-damu, figlio di Ibriʾum, in TM.75.G.1444. Tuttavia, il NG è confrontato da Archi, *ARET* III, p. 315, con → Amašu.

## Amu

*a-mu*$^{ki}$ *ARET* III 882 r. IV:2'

¶ Cf. forse *ʾà-mu*$^{<ki>}$ in *ARET* IV 1 v. V:9 (determinerebbe → Daʾu)?

## Amumalu v. Amumar

## Amumar

*a-mu-ma-lu*$^{ki}$ *ARET* VIII 533 r. IV:10

*a-mu-mar*$^{ki}$ cit. (Pettinato, *MEE* I): TM.75.G.1399

Amunu

*a-mu-nu*[ki] *MEE* X 38 v. II:11 ($NP_1$-$NP_3$)
cit. (Pettinato, *MEE* I): TM.75.G.4192

Amuri

*a-mu-rí* [ki] *ARET* I 8 r. XV:2
¶ Cf. Gelb, *Ebla 1975-*, p. 62.

ANʾarum

AN-*ʾà-rúm*[ki] *ARET* III 267 r. II:2', III 295 r. III:3, III 323 v. II:3', III 875 r. IV:4, III 911 r. I':1'
cit. (Pettinato, *MEE* I): TM.75.G.21016

Anaʾa

*a-na-a*[ki] TM.75.G.1451 r. II:6 (ugula)
¶ Cf. → Annaʾa.

Anab

*ʾà-na-ab*[ki] cit. (Pettinato, *MEE* I): TM.75.G.1416

Anabarzu

*a-na-bar-zu*[ki] *ARET* VIII 532 r. VIII:23 (<-*bar*>-), IX:6, 8
*a-na-bar-zú*[ki] TM.75.G.1975 r. II:1
¶ Una delle 52 "fortezze", bàd, della città di → Luʾadum; a nord di Ebla.

Anaḏaba

*a-na-ša-ba*$_4$[ki] *ARET* VII 156 v. III:10
¶ Fra i centri riferiti ai figli di Irʾam-damu; nella regione di Ebla.

Anagane, Anaganu

*ʾà-na-ga-ne*[ki] cit. (Archi, *MARI* 5, p. 39): TM.75.G.1437 (NP lugal)
*ʾà-na-ga-nu*[ki] *MEE* II 33 r. VIII:14 (ugula); *MEE* II 47 r. VI:4 (NP lugal)
¶ Centro nella regione di Ebla, confrontato con → Anugalu da Archi, *MARI* 5, p. 41.

Anagari

*a-na-ga-rí*$^{ki}$ *ARET* I 7 r. IX:17 (NP)

Anan, Anam

*a-na-an*$^{ki}$ *ARET* VIII 525 v. IV:15 (lú-kar)
cit. (Pettinato, *MEE* I): TM.75.G.4192
¶ Cf. (con lettura -*am*$_{6}$) → Lanamu?

An(a)naʾadu

*a-na-na-a-du*$^{ki}$ *ARET* VIII 523 v. X:14

AnaraNEd

*a-na-ra*-NE-*du*$^{ki}$ *ARET* VIII 542 v. V:23 (NP)
ʾ*a*$_{x}$(NI)-*na-ra*-NE-*du*$^{ki}$ *ARET* III 776 v. V:4', III 939 v. I:3' (*, NP); *ARET* VIII 529 v. I:8 (NP), VIII 531 r. IX:7 (*, NI-*na*-[*ra*]-NE-[*du*$^{ki}$], NP)
cit. (Pettinato, *MEE* I): TM.75.G.6025
ʾ*a*$_{x}$(NI)-*na-ra*-NE-*id*$_{x}$(NI)$^{ki}$ *ARET* III 412 r. II:3'; TM.75.G.1975 r. I:1
¶ In TM.75.G.1975 una delle 52 "fortezze", bàd, della città di → Luʾadum; a nord di Ebla. L'integrazione in *ARET* VIII 531 è molto verosimile.

Anaš v. Annaš

Anašaḏiʾu

*a-na-sa-ši-ù*$^{ki}$ cit. (Archi, *Ét. Garelli*, p. 216): TM.75.G.1244
¶ Centro connesso con la produzione dell'olio; nella regione di Ebla.

Anašdu v. Annašdu

Anašugu (?)

⌜ʾ*à*?⌝-*na*-⌜*su*⌝?-*gú*$^{ki}$ *ARET* VII 10 v. I:1
¶ O ⌜*sa*?⌝-*na*-⌜*su*?⌝-*gú*$^{ki}$?

ANbanu(m)

AN-*ba-nu*[ki] *ARET* I 16 r. IX:8 (NP)
AN-*ba-núm*[ki] *ARET* I 13 r. XIV:10 ($NP_1$-$NP_2$)

ANba(...) (?)

AN-*b*[*a*[?](-x)][k[i]] *ARET* III 796 r. V:2'

ANEg

ʾ*à*-NE-*gú*[ki] TM.75.G.1430 r. I:10
ʾ*à*-NE-*ig*[ki] cit. (Fronzaroli, *SEb* 3, p. 74): TM.75.G.1427 r. IX:19
¶ Cittadina nella regione di Ebla, in TM.75.G.1430 menzionata in relazione a Amurdamu e sua madre. V. anche Astour, *JAOS* 108, p. 550 (cita *a-bí-gú*[ki]).

ANEḫadu

*a*-NE-*ḫa-du*[ki] *ARET* II 27a v. I:4; TM.75.G.1986+ r. VI:3, 6 (*na-se*$_{11}$-*na-se*$_{11}$), v. II:1
¶ Fra i centri agricoli riferiti in *ARET* II 27a alla regina di → Imar Tiš-lim, cui si riferisce anche TM.75.G.1986+; fra Ebla e → Imar. V. anche Astour, *JAOS* 108, p. 551.

ANEladu v. ANEradu

ANEradu

*a*-NE-*la-du*[ki] *ARET* I 7 v. XII:6, 32; *ARET* VIII 527 v. VIII:6
*a*-NE-*ra-du*[ki] *ARET* VIII 533 r. X:2

ANma v. Amma

Annaʾa

*an-na-a*[ki] cit. (Pettinato, *MEE* I): TM.75.G.5288
¶ Cf. → Anaʾa.

An(n)aš

*a-na-áš*$^{ki}$ *MEE* II 27 v. III:7 (NP)

¶ Per la formazione del nome cf. forse → Annašdu.

Annašdu

*a-na-áš-du*$^{ki}$ cit. (Archi, *MARI* 5, p. 40): TM.75.G.10026 (lugal)
*an-na-aš-du*$^{ki}$ cit. (Pettinato, *MEE* I): TM.75.G.2233
*an-na-áš-du*$^{ki}$ TM.75.G.1669 v. II:8

¶ Per la formazione del nome cf. forse → An(n)aš.

ANNElu

AN-NE-*lu*$^{ki}$ *ARET* III 460 r. IV:5 ($NP_1$-$NP_2$)

Anu

*a-nu*$^{ki}$ *ARET* VII 522 v. VI:17, VIII 526 r. IX:19
cit. (Pettinato, *MEE* I): TM.75.G.11072

¶ V. Astour, *JAOS* 108, p. 550.

Anuᵓ AN

*a-nu*-AN$^{ki}$ cit. (Archi, *Biblica* 60, p. 563, n. 21): TM.75.G.1992 v. II:5

Anugad

*ᵓà-nu-ga-ad*$^{ki}$ *ARET* I 11 v. VII:16; *MEE* II 14 v. V:7 (NP lugal); TM.75.G. 1749 v. III:6
*ᵓà-nu-ga-du*$^{ki}$ *ARET* IV 4 v. VI:7 (NP); *ARET* VIII 526 r. XI:3 (NP), XIII:4 (NP)

¶ Cittadina nel regno di Ebla (v. Archi, *MARI* 5, p. 41); TM.75.G.1749 indica che vi si trovava una manifattura di "feltri" (túg-$du_8$).

Anugalu

*ᵓà-nu-ga-lu*$^{ki}$ TM.75.G.1964 r. VI:4

¶ Confrontato con → Anagane da Archi, *MARI* 5, p. 41.

Anugiʾum

*a-nu-ki-um*$^{ki}$ cit. (Pettinato, *MEE* I): TM.75.G.1324

APEŠdan

*a*-PÉŠ-*da-an*$^{ki}$ *ARET* III 588 r. IV:5 ($NP_1$ $NP_2$ maškim $NP_3$, ?); *ARET* VIII 540 v. I:6 (*)

*a*-PÉŠ-*da-nu*$^{ki}$ *ARET* III 99 r. II:3' (NP), III 100 v. III:7 ($NP_1$-$NP_5$ šeš-šeš-SÙ)

cit. (Pettinato, *MEE* I): TM.75.G.11160

¶ Centro nella regione di Ebla (a sud di questa?). Per una lettura *a-ba*$_x$*-da-an/nu*$^{ki}$ v. Krecher, *ARES* I, p. 178 (cf. → Abbadan).

Ar... v. anche ḪAR...

Arʾan v. Arʾam

Arʾalu

*ar-a-lu*$^{ki}$ *ARET* VII 152 r. III:6, VII 153 r. IV:5, VII 155 v. III:6

¶ Fra i centri riferiti a Nabḫa-NI, figlio di Ibriʾum, in *ARET* VII 152, a Ingar in *ARET* VII 153, e ai figli di Irig-damu, figlio di Ibriʾum, in *ARET* VII 155; nella regione di Ebla.

Arʾam

*ar-ʾà-am*$_6$$^{ki}$ *MEE* II 32 r. III:1, v. IV:2

*ar-ʾà-mu*$^{ki}$ *ARET* III 5 v. I:6', III 469 r. III:2 ($NP_1$ dumu-nita $NP_2$ ugula), V:6 (NE-di); *ARET* VIII 521 r. IX:13, VIII 523 v. III:20, VIII 531 v. X:32 ($NP_1$-$NP_2$), VIII 541 r. V:19; *MEE* X 3 r. I:11 (maškim NP)

cit. (Archi, *VO* 8/2, p. 196): TM.75.G.2450 v. XI (NE-di)

¶ L'identificazione delle due grafie come varianti non è provata, ma è probabile. Accostato a → Arʾamiʾum da Krecher, *ARES* I, p. 179 (v. inoltre p. 185). Cf. anche Astour, *JAOS* 108, p. 553. Cf. → Arʾamiʾum, → ...ar...

Arʾamiʾum

*ar-ʾa-mi-um*[ki] *ARET* III 543 r. II:4'
¶ Da collazionare. Cf. → Arʾam.

Arʾamig

*ar-ʾà-mi-gú*[ki] *ARET* III 29 r. V:1
*ar-ʾà-mi-ig*[ki] cit. (Archi, *SLE*, p. 229, n. 2): TM.75.G.1462 r. VII:1
¶ Una delle città (uru[ki]) di → Ama in TM.75.G.1462. V. Astour, *JAOS* 108, p. 553; Edzard, *ARES* I, p. 30. V. anche il commento a → Alamigu.

ArʾaNIg

*ar-ʾà*-NI-*ig*[ki] *ARET* I 17 r. XII:3 (NP); *ARET* III 885 r. III:3' (... *wa* NP); *MEE* X 2 r. VII:5, v. IV:16
¶ Non è certo che sia variante di → AraNEg (diversamente da Bonechi, *MisEb* 1, p. 162, n. 214).

Arʾarru

*ar-ar-ru*$_{12}$[ki] *ARET* II 28 r. III:6 (*, NP)
¶ Per la lettura v. Alberti, *Or* 59, p. 78, che corregge l'errore di stampa di *ARET* II.

Arʾugu

*ar-u*$_9$*-gú*[ki] *ARET* II 28 v. VIII:5 (NP); *ARET* III 538 v. III:2 (dam); *ARET* IV 3 r. X:16, XI:8; TM.75.G.2377 v. I:1; TM.75.G.2379 v. II:8
¶ Fra le sedi del culto di [d]NIdabal in TM.75.G.2377 // TM.75.G.2379; nella regione di Ebla, verosimilmente verso l'Oronte, in *ARET* II 28 in relazione con → Balban. Cf. Edzard, *ARES* I, p. 30. Da tenere distinta da → Aruʾag e → Larugad (*contra*, Archi, *RA* 81, p. 186).

Ara

*a-ra*[ki] *ARET* VIII 523 v. X:10 (*), VIII 533 v. II:7
¶ Cf. → Ala, → Arra.

Araʾad

*a-ra-ʾà-ad*[ki] *ARET* III 155 r. II:4' (NP)
*a-ra-ʾà-du*[ki] *ARET* VIII 526 r. IX:2 (NP, *wa* 2 dumu-nita); *MEE* II 47 r. VII:4 (*, NP lugal)
cit. (Archi, *MARI* 5, p. 39): TM.75.G.1437 (NP lugal)

¶ Centro nella regione di Ebla (v. Archi, *MARI* 5, p. 41; diversamente, ma senza convincenti motivazioni, in area palestinese, verso la costa mediterranea, per Pettinato, *Ebla* 2, p. 237). Per la correzione in *MEE* II 47 v. Archi, *Or* 54, p. 10, n. 18.

Ar(a)ʾila

*ʾà-ra-i-la*ki *ARET* VIII 542 r. IV:20 (*, collazione Archi)

Araʾim

*a-ra-i-im*ki *ARET* III 269 v. I:1'
cit. (Biga, *ARES* I, p. 296): TM.76.G.97 (NP ugula)

Araʾu

*a-ra-ù*ki *ARET* III 869 r. III:4'

Arab

*a-la-ab*ki cit. (Pettinato, *MEE* I): TM.75.G.2233
*a-ra-ab*ki *ARET* IV 13 r. IV:4, IX:10; TM.75.G.1669 v. III:7 ($NP_1$ *wa* $NP_2$)
¶ In *ARET* IV 13 la lettura dell'editore è corretta (*contra a-ra-gú*ki di Pomponio, *UF* 21, p. 303).

Arabar

*ʾà-la-bar*ki *ARET* VIII 540 r. XI:6
*ʾà-ra-ba-ru*$_{12}$ki *ARET* VIII 532 r. III:7
*ʾà-ra-bar*ki *ARET* III 737 r. VII:1 (NP), III 747 r. I:2'

Araḫi (?)

*a-ra-ḫi*ki *ARET* III 495 v. I:5' (NP lú maškim-SÙ)
¶ Da verificare se si tratta di un NG, o di un'altra attestazione del NP scritto *a-ra-ḫé-iš/su* e *a-ra-ḫi-su*.

Aramadu

*ʾà-ra-ma-du*ki *ARET* III 930 r. II:4'

AraNEg

AraNEg

*ʾà-ra*-NE-*ig*[ki] *ARET* IV 11 r. VIII:10, 16

¶ V. il commento a → Arʾ aNIg, e → NIaraNEgu. Cf. Edzard, *ARES* I, p. 30.

Ara... (?)

*a-ra*-[x[ki]] *ARET* III 163 r. II:1' (?), III 469 r. VI:12 (NP)

¶ Probabilmente si tratta di un NG e non di un NP, sulla base dei contesti.

Arbadu(m) v. ḪARbadu(m)

Arga

*ar-ga*[ki] *ARET* I 5 v. X:20; *ARET* III 183 r. I:6', III 494 r. V:1', III 687 r. II:3' (NP); *ARET* VII 94 r. II:2 (*), VII 111 r. IV:5 (NP?), VII 130 v. I:4 (NP), VII 156 v. II:8; *ARET* VIII 523 r. VII:1 (NP), v. III:24, VIII 529 v. II:4, VIII 538 v. V:19'; *MEE* X 2 r. VII:3 (NP); TM.75.G.2377 r. III:5; TM.75.G.2379 r. III:6; TM.75.G.2420 r. III:8

cit. (Pettinato, *MEE* I): TM.75.G.1340

*àr-ga*[ki] *ARET* VII 151 r. I:3

¶ Fra i centri "nelle mani" del sovrano eblaita in TM.75.G.2420; fra quelli riferiti ai figli di Irʾam-damu in *ARET* VII 156; fra quelli cui è riferito il culto di [d]NIdabal in TM.75.G.2377 // TM.75.G.2379. V. Archi, *Mél. Finet*, p. 16, per una localizzazione in territorio eblaita.

Si distinguono due Arga; una, a nord-est di Ebla, è quella che è determinata da → "Abarsal" in *ARET* III 494, e che è intesa sia in TM.75.G.2420 sia probabilmente in *ARET* VII 94; l'altra, una cittadina sede del culto di [d]NIdabal, è da ricercarsi verosimilmente nel bacino dell'Oronte.

V. anche Gordon, *Ebl.* II, p. 139.

Arḫa

*ar-ḫa*[ki] *ARET* IV 18 v. III:8

¶ V. → Arḫaʾum.

Arḫaʾum

*ar-ḫa-um*[ki] *ARET* I 3 v. II:9 (maškim-SÙ)

¶ V. → Arḫa.

Arḫabaʾu

*ar-ḫa-ba-ù*ki TM.75.G.1975 v. III:2

¶ Una delle 52 "fortezze", bàd, della città di → Luʾadum; a nord di Ebla.

Arḫadu

*ar-ḫa-du*ki *ARET* I 1 r. VI:5 (ábba-SÙ), I 3 r. VII:9 (ábba-SÙ), I 4 r. VIII:3 (ábba-SÙ), I 5 r. VI:13 (ábba-SÙ), I 6 r. IX:6 (ábba-SÙ. *mazalum*-SÙ), I 7 r. VII:1 (en, ábba-SÙ), I 8 r. X:5 (NP, maškim-SÙ), v. IX:7 (NP), I 10 r. V:10 ($NP_1$, $NP_2$ maškim-SÙ), I 13 r. VIII:13 ($NP_1$-$NP_3$, $NP_4$ *mazalum*-SÙ, I 15 r. VIII:7 (($NP_1$-$NP_2$, *mazalum*-SÙ), I 32 r. V:22; *ARET* III 2 r. II:4" (maškim-SÙ), III 60 r. VIII:5', III 101 v. I:1', III 107 v. II.1', III 143 v. III:4, III 165 r. I:3' (NP, maškim-SÙ), III 249 r. II:3 (NP ugula), III 441 v. II:8' (NP), III 533 r. III:1', III 535 r. II:6' (NP), III 562 r. VI:4', III 618 r. I:2', III 644 r. IV:6' (NP), III 860 v. IV:8 (NP), III 874 r. II:3' (NP ugula), III 885 r. IV:4' (NP, maškim-SÙ), III 937 v. II:2; *ARET* IV 1 r.III:15 (NP), XI:7 (NP, maškim-SÙ), IV 3 v. VI:5 (NP), IV 6 r. V:15 (NP), IV 7 r. IV:13 (NP *mazalum*), IV 8 r. VI:3 (NP ugula), IV 19 v. I:2 (NP ugula ábba-SÙ, maškim-SÙ), IV 20 r. VII:10 (2 <persone>, *mazalum*-SÙ), IV 24 r. VIII:11 (*mazalum*-SÙ); *ARET* VIII 521 v. III:7 ($NP_1$-$NP_2$ maškim $NP_3$), VIII 524 r. XIII:22 (NP), VIII 527 r. X:20 (NP), v. VIII:8 (ábba-ábba-SÙ), VIII 531 r. IV:4 (ábba-SÙ), VIII 533 r. XI:19; *ARET* IX 16 v. I:4, IX 19 r. IV:9, IX 77 r. II:5, IX 77 r. I:8, IX 81 v. II:9, IX 82 r. V.18 (NP), VII:1', v. I:3, II:11 (NP), 14, III:13, 17, IV:5, VII:9, IX 83 r. II:4 (NP), 7, IX 84 r. VII:1', v. I:10, III:13, IV:17, VI:10; *MEE* II 39 r. X:13 (NP); *MEE* X 3 r. IX:8 (NP ugula, maškim-SÙ); *MEE* X 25 v. III:4 (NP); TM.75.G.1764 v. I:11; TM.75.G.2075 r. X:21, XI:20 (dumu-nita NP); TM.75.G.2238 v. III:11 (NP), v. V:23

cit. (Pettinato, *MEE* I): TM.75.G.1335, TM.75.G.1419 (en), TM.75.G. 5670, TM.75.G.10032

¶ Uno dei regni siriani che aprono i testi di tipo *ARET* I 1-9 (v. *ARET* I 7, e p. 224, e cf. Bonechi, *AuOr* 8, p. 158).

Verosimilmente a sud di Ebla: Archi, *MARI* 6, p. 22, lo riferisce all'area di Emesa / Ḥoms, identificandola con la più tarda Araḫtu (v. *SLE*, p. 230, *ARET* III, p. 318, e *ARET* I, p. 221); un'ipotesi meno verosimile è invece l'identificazione con Bit Arḫa in Libano da parte di Pettinato, *SF* 16, p. 108, *Ebla* 2, pp. 245 e 251 (ma v. *MEE* II, p. 30!); v. anche Bonechi, *SEL* 8, p. 71. Il riferimento all'area meridionale viene rifiutato da Fronzaroli, *OrSu* 33-35, pp. 140-141, con derivazione del nome dal sem. *ʾ*rḫ* "camminare; strada".

Arḫaru

Arḫaru (?)

*ar-ḫ[a*?*]-ru*$_{12}$$^{ki}$ TM.75.G.1964

¶ L'alternativa *ar-ba*??*-ru*$_{12}$$^{ki}$ proposta da Mander, *MEE* X, p. 177 non sembra risolvere il problema.

Ariʾalu (?)

*a-rí-a-lu*$^{ki}$ *ARET* VIII 524 r. XII:6 (?)

¶ Lettura dubbia, da collazionare.

Ariḏaba

*a-rí-ša-ba*$_4$$^{ki}$ *ARET* III 196 r. IV:8 (ugula, maškim-SÙ)

¶ Cf. Krecher, *ARES* I, p. 184.

Ariḏum

*a-rí-sum*$^{ki}$ TM.75.G.2367 r. VII:10

¶ Centro riferito a → Burman. A est di Ebla. Cf. Krecher, *ARES* I, p. 185.

Arigu v. Ariqu

Ariqu (Arigu?)

*a-rí-gu*$^{ki}$ *ARET* III 149 v. III:3'

*a-rí-gú*$^{ki}$ *ARET* I 6 v. XII:7, I 10 v. III:15; *ARET* III 245 r. III:4', III 333 r. III:4'; *ARET* IV 7 v. V:14, IV 22 v. VI:8, VII:18; *ARET* VIII 531 v. X:7; *MEE* II 39 r. VIII:8, v. IV:20, 22; *MEE* X 29 v. XX:6; TM.75.G.2377 r. II:6; TM.75.G.2379 r. II:7

cit. (Pettinato, *MEE* I): TM.75.G.1381

¶ Fra le sedi del culto di $^{d}$NIdabal (v. TM.75.G.2377 // TM.75.G.2379); il tempio (é) citato in *ARET* III 149 e in *MEE* II 39 può riferirsi a questa divinità. Nella regione di Ebla, probabilmente verso l'Oronte. L'attestazione importante in *ARET* III 245 deve essere collazionata (*-gú*$^{ki}$ nel testo, *-gu*$^{ki}$ nell'indice); cf. Edzard, *ARES* I, p. 30, e n. 20.

Arima

*a-rí-ma*$^{ki}$ *ARET* I 13 r. XII:9 (NP$_1$, NP$_2$ lú NP$_3$)

¶ V. il commento a → Arimmu; v. anche → Ari...ma.

Arimmu, Arimme

*a-rí-ma-mu*$^{ki}$ *ARET* II 26 v. II:2
*a-rí-me*$^{ki}$ TM.75.G.1764 v. IX:14, 19
*a-rí-mi* $^{ki}$ TM.75.G.1764 v. VIII:8
*a-rí-mu*$^{ki}$ *ARET* I 5 r. IX:17; *ARET* III 460 r. III:3 (<ki>, *, NP ìr-SÙ); *ARET* IV 5 r. X:2; *ARET* VII 156 v. IV:11 (NP); *ARET* VIII 522 r. VII:12, VIII 531 r. VI:19; *MEE* X 38 r. III:4 (NP$_1$-NP$_5$ 5 *na-se*$_{11}$); *MEE* X 39 r. II:5 (<ki>, 3 é-duru$_5$ 3 *na-se*$_{11}$), v. III:2 (2$^?$ é-duru$_5$); TM.75.G.1451 r. IV:7, v. VI:8

cit. (Archi, *Biblica* 60, p. 563, n. 21): TM.75.G.1992 r. II:1 (-ii); cit. (Archi, *Ét. Garelli*, p. 216): TM.76.G.985; cit. (D'Agostino, *SS NS* 7, p. 13): TM.75.G.1410 r. IV (1 ugula-še 1 a-ur$_x$); cit. (Pettinato, *MEE* I): TM.75.G.2170

*a-rí-mu-a-rí-mu*$^{ki}$ *ARET* II 27 v. I:4
*a-rí-mu*$^{ki}$*-a-rí-mu*$^{ki}$ *ARET* VII 155 r. II:12

¶ In accordo con quanto proposto da Archi, *Mél. Finet*, p. 17, e v. TM.75.G.1992, si distinguono due Arimmu (la trascrizione è suggerita dalla variante *a-rí-ma-mu*$^{ki}$), in questo modo: una, più lontana e di attestazione più rara, è determinata da → "Abarsal" (v. TM.75.G.1451 v. VI); l'altra, più vicina e meglio documentata, è determinata da → Sa᾿anu (v. *ARET* VII 156), ed è citata in relazione alla produzione dell'olio in TM.76.G.985, e, probabilmente, in relazione a beni fondiari in TM.75.G. 1992. Le due cittadine potrebbero forse essere intese assieme nelle formule reduplicate, e potrebbero comunque essere prossime fra loro, in una regione agricola (v., oltre a TM.75.G.1992, *ARET* II 26 e 27; in quest'ultimo testo Arimmu è riferita al fratello di Ibdulu; comunque, v. anche Pomponio, *BaE*, p. 313).

Circa la localizzazione, si deve trattare grosso modo della regione sull'Eufrate fra → Imar e → Karkamiš: questo sia per la probabile localizzazione di → "Abarsal", sia per gli indizi contestuali che suggeriscono una relazione fra Arimmu di Sa᾿anu e → Imar (v. *ARET* III 460, *MEE* X 38 e 39 da un lato, e l'orizzonte geografico di *ARET* II 27a dall'altro).

Per l'appartenenza qui di *a-rí-me*$^{ki}$ e di *a-rí-mi* $^{ki}$ si confrontino i contesti delle loro attestazioni con quello di *a-rí-mu*$^{ki}$ in *ARET* IV 5. Da tenere invece distinta da → A-rima (v. comunque Krecher, *ARES* I, p. 179).

Arizu

*᾿à-rí-zu*$^{ki}$ *ARET* VIII 524 r. I:17 (NP)
*᾿à-rí-zú*$^{ki}$ *ARET* IV 9 r. VI:2

¶ Cittadina determinata da → Ib᾿al (lú → EDIN), alla cui regione appartiene (l'edizione di *ARET* IV 9 supera Milano, *SEb* 7, p. 217). In *ARET* III 249 r. III:10 non è chiaro se si tratta del NP Arizu (attestato anche in *MEE* II 40 v. II:7), o di questo NG, scritto senza determinativo (v. Milano, *ARET* IV, p. 88).

Ari...AN

Ari...AN (?)

*a-r*[*i*?-(x-)]⌜x⌝-AN[ki] *ARET* VII 155 r. III:7

¶ Fra i centri riferiti ai figli di Irig-damu, figlio di Ibriʾum; nella regione di Ebla.

Ari...ma (?)

*a-r*[*i*-(x-)]*m*[*a*[ki]] *ARET* VII 156 r. VI:4

¶ Fra i centri riferiti ai figli di Irʾam-damu; nella regione di Ebla. = → Arima?

Armalu

*ar-ma-lu*[ki] cit. (Pettinato, *MEE* I): TM.75.G.1963

¶ Identificata da Astour, *WGE*, p. 144, n. 37, con il NG *yrml* dei testi ugaritici, e con la moderna Armalah, ad est di Ugarit.

Armi, Armiʾum

*ar-mi*[ki] *ARET* I 1 v. XII:2, I 4 r. X:10 (2 <persone>, *mazalum*-SÙ), v. X:21' (2 <persone>), I 6 v. VI:10 ($NP_1$-$NP_2$), I 8 r. X:5, I 10 r. V:3 ($NP_1$-$NP_2$ maškim-e-$gi_4$), I 11 r. VIII:13, I 13 r.IV:2 ($NP_1$-$NP_2$, $NP_3$ *mazalum*-SÙ, V:9 (3 <persone>), I 14 r. VI:5, I 15 v. IX:1, I 16 r. II:6 ($NP_1$-$NP_4$, $NP_5$ *mazalum*, $NP_6$-$NP_8$), IV:2, VI:4 ($NP_1$, $NP_2$-$NP_3$ maškim-e-$gi_4$); *ARET* II 14 r. IX:3, v. I:12 ($NP_1$, $NP_2$), VI:12, II 34 r. I:1; *ARET* III 6 v. II:4' (*maza(l)um*), III:5', III 8 r. II:4', III 31 r. III:9' (NP), III 59 r. VI:2', III 77 r. II:4', III 105 r. III:3', III 131 r. I:5', III 169 r. III:3' (NP), III 171 r. II:2' (2 <persone>, $NP_3$), III 193 r. V:6 (1 guruš), VII:8, III 194 v. I:12, II:1, III 215 v. VII:5', III 225 v. III:4' (NP), III 232 r. I:4' (en), III 358 r. I:3', III 368 r. II:3 (..., 2 ugula BÌR-BAR.AN-SÙ), III:3 (... NP? maškim-SÙ), III 374 r. I:1', III 417 r. I:8, III 449 r. II:3', 4', III 467 v. VII:10, III 509 r. II:4', III 514 r. II:4', III 584 r. V:8', III 686 v. I:3 (en), III 735 r. V:5, III 737 r. V:12, III 770 r. III:6', III 881 v. IV:2' (*mazalum*), III 882 r. III:5', III 937 v. II:10, III 940 r. II:5', III 967 r. I:8' (3 <persone>); *ARET* IV 2 r. III:5, 9 (NP lú-kar), IV:10, VII:4 (NP lú-kar), VIII:1 (NP!?), XII:6 ($NP_1$-$NP_3$ lú-kar), v. I:13 (NP lú-kar), IV 3 r. IV:19 (lú-kar), VI:11, VIII:8 (NP?), IX:7, 14, X:26, v. II:20, IV:22, VII:2 (lú-kar), IV 4 r. VII.2 ($NP_1$-$NP_3$ maškim-e-$gi_4$), IV 5 r. IX:10, IV 6 r. II:14, III:7 ($NP_1$, $NP_2$ *mazalum*-SÙ), XIV:11 ($NP_1$-$NP_2$ *wa* $NP_3$-$NP_5$, $NP_6$-$NP_9$ *mazalum*-SÙ, v. III:8, VIII:16 ($NP_1$, $NP_2$-$NP_3$), IV 8 v. II:13, III:10, IV 10 v. I:12, IV 11 v. VI:4, 7 (NP), IV 16 r. VIII:12 ($NP_1$-$NP_2$, $NP_3$, maškim-SÙ), IX:7 ($NP_1$-

$NP_2$?), IV 17 r. III:10, VIII:2 (guruš), v. XIV:1, IV 20 r. I:4 ($NP_1$, $NP_2$ *mazalum*-SÙ), II:10, IV 25 v. III:3; *ARET* VII 22 r. I:5 (en), VII 54 r. II:1 ($NP_1$, $NP_2$), VII 79 v. I:3 (en), VII 130 r. II.1 (NP lú-kar); *ARET* VIII 522 r. I:13, VII:1, VIII:1, v. I:19, II:3, III:13, IV:7 (120 *na-se*$_{11}$), VI:15, VIII 527 r. IX:24, X:7, 14, XI:3, 11, XII:13, XIII:14a, v. I:3, IV:5, VIII 528 r. V:7, v. I:6, 12, VIII 529 v. XII:7, VIII 533 v. IV:14 (NP, 2 maškim-SÙ), VIII 534 r. IX:3', XII:10' (NP), 13' (en), VIII 535 r. II:5, IV:1, 7 (NP), VIII 538 v. III:18', VIII 539 v. V:9', VIII 542 r. III:6, r. V:5 (NP), v. V:20 (NP lú-kar); *ARET* IX 3 r. I:6, IX 5 r. III:3, IX 6 r. II:7, IX 8 r. II:11, VI:12, v. IV:8, V:12, IX 9 r. III:10, 12, v. I:11, II:5, V:8, IX 10 r. II:2, V:8, VI:1, IX 11 v. II:4, IX 13 r. IV:6, IX 14 r. IV:1, IX 16 v. I:6, IX 19 r. III:10, IV:7, IX 21 r. II:1, IX 22 r. VI:7, v. VI:4, IX 23 r. III:5, v. II:5, IX 27 r. III:5, IX 33 r. III:7, IX 41 r. III:8, IX 61 v. II:5 (NP), IX 66 v. III:9, IX 68 r. I:7, IX 69 v. I:5, IX 77 r. I:8, v. I:3, IX 79 v. I:1, IX 80 v. III:10, IX 82 r. IV:12 (lú-kar), 16 (lú-kar), V:11 (NP), 15 (lú-kar), VI:14 (NP), 17 (lú-kar), VIII:9 (NP), 12 (lú-kar), v. II:3 (NP), 6 (lú-kar), III:11 (lú-kar), IV:13 (lú-kar), VII:1 (NP), 4 (lú-kar), IX 83 r. II:1, IX 84 v. I:5, III:8 (lú-kar), IV:12 (lú-kar), VI:5 (lú-kar), IX 95 r. I:7, II:5, IX 104 r. II:1, IV:4, v. II:3, IV:4; *MEE* II 29 r. II:10 (NP, šeš-SÙ, maškim-SÙ), v. II:8 (2 guruš); *MEE* II 32 v. I:12; *MEE* II 37 r. IX:8 (NP, maškim-SÙ), 16, X:3, XI:6 (en), v. IX:3 (NP), 6; *MEE* II 39 r. X:19, XI:10; *MEE* II 40 r. I:2 (*) ($NP_1$, $NP_2$ *mazalum*-SÙ); *MEE* II 41 r. II:14; *MEE* II 50 r. XII:5 (ábba); *MEE* X 4 r. VI:5 (en); *MEE* X 8 v. I:4; *MEE* X 20 r. XV:11; *MEE* X 24 r. VII:1, v. III:4; *MEE* X 25 v. I:14; *MEE* X 26 v. IV:8, V:13; *MEE* X 27 r. VII':2 (en), VIII':5 (dumu-mí en), IX':6 (en), v. III:2; *MEE* X 29 r. V:12, 23 (en), VI:12 ($NP_1$, $NP_2$, $NP_3$), IX:17 (NP), 34, XXI:7, XXIII:28 ($NP_1$ *wa* $NP_2$, $NP_3$ *wa* $NP_4$, $NP_5$), XXIV:30, v. V:18 ($NP_1$ *wa* $NP_2$), IX:34; *MEE* X 35 r. III:2 (en), III:6 (*maliktum*), IV:4 (dumu-mí en), V:6 (dumu-nita en), v. I:6; TM.75.G.1477 r. II:1; TM.75.G.2238 v. II:21 (lú-kar-lú-kar), V:13 ($NP_1$ *wa* $NP_2$), 17 (lú-kar-lú-kar), VIII:7 (dam); TM.75.G.2320 r. I:1

cit. (Arcari, *Ebla 1975-*, p. 124): TM.75.G.2428 r. XIII:9; cit. (Archi, *ARET* I, p. 223): TM.75.G.2289; cit. (Archi, *Biblica*, p. 564, n. 27): TM.75.G.1401 v. III:6 (NP ugula BÌR-BAR.AN); cit. (Archi, *Ét. Garelli*, p. 221, n. 38): TM.75.G.1391; cit. (Archi, *MARI* 5, pp. 42, 47 e n. 31): TM.75.G.10188; TM.75.G.2426 (NP); TM.75.G.2508; cit. (Archi, *MARI* 6, pp. 32, 36): TM.75.G.1335 r. V:10, TM.75.G.10072 r. VIII:7; cit. (Archi, *Mél. Finet*, p. 18): TM.75.G.2160; *ibid.*, p. 19: TM.75.G.10168; cit. (Archi, *Mél. Kupper*, p. 197, n. 4): TM.75.G.410 v. IV; cit. (Archi, *SEb* 4, p. 78): TM.75.G.1249 r. V:8; cit. (Archi, *St. Özgüç*, p. 12): TM.75.G.10022; cit. (D'Agostino, *SS NS* 7, p. 176, n. 99): TM.75.G.1746 r. IV, V, VIII; cit. (Fronzaroli,

*SEb* I, p. 69): TM.75.G.1310 v. II:2; cit. (Garelli, *Remarques*, § 3): TM.75.G.1382 r. II:5; cit. (Pettinato, *MEE* I): TM.75.G.1319, TM.75.G.1375, TM.75.G.1379, TM.75.G.1384 (en), TM.75.G.1393, TM.75.G.1413 (en), TM. 75.G.1428, TM.75.G.1585, TM.75.G.5188, TM.75.G.5366, TM.75.G.5370, TM.75.G.5559, TM.75.G.10013, TM.75.G.10015, TM.75.G.10021, TM.75.G. 11035, TM.75.G.11071, TM.75.G.11072, TM.75.G.11131, TM.75.G.11138; cit. (Pettinato, *WGE*, p. 307 [11]): TM.75.G.2240 (níg-mu-sá dam); cit. (Zaccagnini, *SLE*, p. 199): TM.75.G.1399 v. IX:10

*ar-mi*$^{\mathrm{ki}}$-*ar-mi*$^{\mathrm{ki}}$ TM.75.G.1764 v. II:6, 17, 23; TM.75.G.2075 r. XI:23 (<ki>, <ki>)

*ar-mi-um*$^{\mathrm{ki}}$ *ARET* III 170 r. II:2, III 172 v. II:4', III 343 r. III:2, III 526 r. IV:2'; *ARET* IV 16 r. VII:9 (maškim NP), XII:9, XIII:4' (NP), IV 17 r. VII:6, VIII:12, X:10; *ARET* VII 17 v. IV:4, VII 110 v. I:3 (NP); *MEE* II 29 r. XI:3 (NP, dumu-nita-SÙ, maškim-SÙ), v. III:13; *MEE* II 32 r. VII:10, v. I:6 ([NP], maškim-SÙ); *MEE* II 33 r. III:5 (NP, maškim-SÙ), r. XI:16, v. XIII:3; *MEE* X 24 r. III:9 (2 guruš), r. IV 17 (NP *maza(l)um*); *MEE* X 27 v. III:9 (NP), IV:7; TM.75.G.1353 v. II:5; TM.75.G.1402 r. VII:1, 7

cit. (Archi, *MARI* 4, p. 75): TM.75.G.1560 r. III:10 (*mazalum*); cit. (Archi, *Mél. Finet*, p. 18): TM.75.G.1560 r. V; cit. (Pettinato, *MEE* I): TM.75.G.861, TM.75.G.1237, TM.75.G.1340, TM.75.G.1401, TM.75.G.1438, TM.75.G.1522, TM.75.G.11100, TM.75.G.11108 (en), TM.75.G.11140+

¶ Regno occidentale, uno dei più importanti fra quelli attestati nella documentazione eblaita (dopo → Mari e → Imar, e allo stesso livello di → Kakmiʾum da un punto di vista quantitativo). Non appartiene al gruppo di regni siriani che aprono i testi di tipo *ARET* I 1-9, e le sue attestazioni note sono di qualità differente da quelle delle altre città maggiori: il suo esatto ruolo nelle vicende politiche, economiche e cultuali dell'ovest vicino-orientale all'epoca di Ebla apparirà in modo meno problematico solo al termine della pubblicazione del materiale rinvenuto a Tell Mardikh. Una partecipazione attiva di Armi agli avvenimenti che portarono alla fine di Ebla protosiriana non è comunque da escludere.

La localizzazione della città è anch'essa problematica. V. un'analisi preliminare in Bonechi, *SEL* 7, pp. 21-31, con proposta di localizzazione a nord-ovest di Ebla, nell'area dell'Amano, forse in Cilicia, o sulla costa siriana, e identificazione con Armānum delle fonti mesopotamiche (v. *RGTC* 1, p. 18), ma non con Aleppo. Precedentemente si vedano: Garelli, *Remarques*, § 2 (con confutazione della tesi di Pettinato, *OA* 18, p. 87, n. 2, che vedeva in *ar-mi*$^{\mathrm{ki}}$ il sostantivo "città"): "proche d'Ebla" (con possibilità di confronto con Armānum); Archi, *ARET* III, p. 318: forse = Arman dei testi paleo-accadici (e v. *id.*, *Ebl.* I, p. 135 e n. 59); Matthiae, *Ebla* $1^2$, p. 260, e Sollberger, *ARET* VIII, p. 40: forse da identificarsi con l'Armānum dei testi paleoaccadici, e con Aleppo; Pettinato, *Ebla* 2, pp. 262-263: in Siria settentrionale,

non molto lontano da Ebla; Milano, *ARET* IX, p. 335: a breve distanza da Ebla (e v. anche *id.*, *MARI* 5, p. 522 e n. 9). L'identificazione con Armānum è ora accettata come probabile anche da Diakonoff, *Ebl.* II, p. 12, n. 15.
Per la possibile derivazione del toponimo dal sem. **rmy*, «"to throw", perhaps in the sense of "to take up one's abode (in a place)"» v. Fronzaroli, *OrSu* 33-35, p. 141; v. anche Diakonoff, *Ebl.* II, pp. 17-18. Per la forma reduplicata, indicante come in altri casi a Ebla la *nisbe*, oltre a Edzard, *ARET* II, p. 66, v. anche Gelb, *LdE*, p. 18, e Krecher, *ARES* I, p. 180.
Per *MEE* II 40 l'integrazione è sicura, sia per l'esame della fotografia, sia a causa del contesto (cf. per es. *ARET* IV 20 r. I:1 ss.). In TM.75.G.10188 si deve quasi certamente intendere che un'offerta è stata fatta in relazione agli en-en (qualunque cosa questa grafia indichi: sovrani defunti, o, meno probabilmente, sovrani stranieri) da parte di Armi (*contra* Archi, *MARI* 5, p. 42), v. *ARET* IX, *passim*; per il ruolo di Armi nei testi di razioni alimentari v. anche Milano, *MARI* 5, p. 522, n. 9. Per *ARET* VII 94 r. II:2 v. → Arga.
Il toponimo è attestato anche nel NP *en-àr-ar-mi*$^{ki}$ (v. *ARET* III 939, IV 1, VIII 525, 532, 540, 541; variante *en-àr-ar-mu*$^{ki}$ in TM.75.G.10022, citato in *MEE* I, p. 221, da verificare).

## Arna

*ar-na*$^{ki}$ *ARET* I 4 v. I:2 (2 <persone>)
¶ Astour, *WGE*, p. 154, localizza questa cittadina a sud-est di Aleppo.

## ArNILUM

*ar*-NI-LUM$^{ki}$ *ARET* I 9 v. VI:8 ($NP_1$ lú $NP_2$); *ARET* III 215 r. III:7' (*ar*$^?$-, NP); *ARET* VIII 522 r. III:18 (NP)

## Arra

*ar-ra*$^{ki}$ *ARET* VII 152 r. I:5; *ARET* VIII 523 v. X:12 (NP), VIII 532 v. IX:3
¶ Fra i centri riferiti a Nabḫa-NI in *ARET* VII 152: nella regione di Ebla. Confrontato con → Arri da Archi, *MARI* 5, p. 41; cf. anche → Ala, → Ara.

## Arradim

*ar-ra-tim*$^{ki}$ *ARET* III 609 v. V:12' (NP ugula), III 888 r. IV:10' ($NP_1$ maškim $NP_2$ ugula), III 930 r. III:1' (ugula)
¶ Cf. → Arradu.

Arradu

*ar-ra-du*ki *ARET* VII 155 r. IV:9

¶ Menzionato in relazione ai figli di Irig-damu; nella regione di Ebla. Cf. → Arradim.

Arramu

*ar-ra-mu*ki *ARET* III 795 r. III:11'; *ARET* VII 156 v. I:2 (*); TM.75.G.1444 r. VI:11

cit. (Archi, *AoF* 19, p. 26): TM.75.G.2340

¶ Fra i centri riferiti a Gir-damu, figlio di Ibriʾum, in TM.75.G.1444; fra quelli riferiti ai figli di Irʾam-damu in *ARET* VII 156 (se l'integrazione rispetto all'edizione è corretta); in TM.75.G.2340 se ne citano i campi. Centro nella regione di Ebla, confrontato con Arramu delle fonti paleo-babilonesi da Archi, *ARET* III, p. 318.

Arri

*ar-rí*ki cit. (Archi, *MARI* 5, p. 40): TM.75.G.1552 (NP lugal)

¶ Confrontato con → Arra da Archi, *MARI* 5, p. 41.

AršaNEg

*ar-sa*-NE-*ig*ki *ARET* III 901 r. II:1'

¶ Cf. Edzard, *ARES* I, p. 30.

Aršidu

*ar-si-du*ki *ARET* II 27 v. I:6; TM.75.G.1451 r. II:2 (ugula)

¶ Centro menzionato in relazione ad attività agricole (v. *ARET* II 27, dove è riferito al fratello di Ibdulu); nella regione di Ebla.

Aruʾag, Arūg (, Larugu ?)

*a-ru*$_{12}$*-ag*ki cit. (Archi, *MARI* 5, p. 39): TM.75.G.1421 (NP lugal); cit. (Pettinato, *MEE* I): TM.75.G.2165

*a-ru*$_{12}$*-gú*ki *ARET* III 36 r. II:1, III 118 v. I:6 (NP)

*ʾà-ru*$_{12}$*-gú*ki *ARET* I 8 r. XII:11 (NP), I 13 r. XII:17 (NP), XIII:20, I 14 r. V:3 (dumu-nita NP ugula); *ARET* III 51 r. V:4' (dumu-nita NP ugula), III 193 r. VI:9, III 458 r. III:5 (NP), III 465 r. VII:6 (dumu-nita NP ugula), III 736 r. II:8' (NP dumu-nita NP); *ARET* IV 15 v. IV:7 (NP ugula), IV 17 r. XII:5 (NP); *ARET* XI 1 r. XI:20, v. VIII:16, XI 2 r. XIII:14, v. VII:23; *MEE* II 32 r. IX:3 (NP) cit. (Archi, *MARI* 5, p. 39): TM.75.G.1437 (NP lugal); cit. (Pettinato, *MEE* I): TM.75.G.1386

¶ L'identificazione della prima e terza grafia come varianti del nome di un unico sito (etimologia?) è proposta da Archi, *MARI* 5, p. 41 su base prosopografica, ed è qui accolta come ipotesi di lavoro. La seconda grafia potrebbe invece essere riferita ad una → Larugu, cf. → Larugadu (e v. Archi, *RA* 81, p. 186). V. anche Astour, *JAOS* 108, p. 551, che però propone un accostamento della terza grafia a → Larugadu che non è accettabile sul piano fonetico. Cf. Edzard, *ARES* I, p. 30.

Cittadina nella regione di Ebla (e non un regno, v. Bonechi, *AuOr* 8, p. 164); importante la menzione nei due "rituali" dinastici *ARET* XI 1 e 2. Per il confronto proposto da Archi, *ARET* III, p. 316 v. → Larugadu. V. il commento a → Ar'ugu.

ArudaNE'um

*a-ru*$_{12}$*-da*-NE-*um*$^{ki}$ TM.75.G.1975 v. IV:6

¶ Una delle 52 "fortezze", bàd, della città di → Lu'adum; a nord di Ebla.

Aruga (?) v. Larugadu

Arugadu v. Larugadu

Arugu v. Aru'ag

Arulu v. Arur

Arur

*a-lu-lu*$^{ki}$ *ARET* I 6 v. X:6 (ugula); *ARET* IX 66 v. V:21; TM.75.G.521 r. V:7 / v. I:1 (⌜*a-lu*⌝-[*lu*$^{ki}$] an-šè), v. II:1 (an-ki)

cit. (Pettinato, *MEE* I): TM.75.G.1586

*a-lu-ru*$_{12}$$^{ki}$ *ARET* II 13 v. I:4 (NP$_1$ *wa* NP$_2$ ugula); *ARET* IX 66 v. V:18

*a-lu-úr*$^{ki}$ *ARET* II 28 v. III:3 (*, NP)

cit. (Pettinato, *MEE* I): TM.75.G.1569

*a-ru*$_{12}$*-lu*$^{ki}$ *ARET* I 2+ r. VII:1 ($^{ki}$, *); *ARET* II 18 r. III:6 (ugula še-SÙ); *ARET* IV 2 r. IV:5 (NP), VII:13 (NP); *ARET* VIII 523 v. II:3 (NP); *ARET* IX 61 v. IV:6, 8 (-i[i], *)

Aruzardu

cit. (Archi, *Ét. Garelli*, p. 217): TM.75.G.10250 (é *na-se*$_{11}$, ká); cit. (Archi, *WGE*, p. 138): TM.75.G.10250 (4580 *na-se*$_{11}$ tuš ká Arur); cit. (Biga, *ARES* I, p. 298): TM.76.G.283 (dumu-nita NP); cit. (Milano, *ARET* IX, pp. 193-194, 211): *ARET* X 102 (2 é-duru$_5$$^{ki}$; -ii, 2 é-duru$_5$$^{ki}$); *ARET* X 106 (3 é-duru$_5$$^{ki}$; an-šè$^!$(KU), 5 é-duru$_5$$^{ki}$); *ARET* X 108 (10 é-duru$_5$$^{ki}$; 16 é-duru$_5$$^{ki}$ 10 *na-se*$_{11}$ Arur-ii); *ARET* X 116 (NP ugula, [NP] ugula Arur-ii)

¶ Importanti cittadine nella regione di Ebla, in TM.75.G.10250 una di queste è citata in relazione alla produzione di olio. Astour, *WGE*, pp. 153-154, scartando un precedente (*ibid.*, p. 142, n. 27) riferimento poco verosimile all'Eufrate turco (con identificazione di *a-ru*$_{12}$*-lu*$^{ki}$ con la città romana di Arulis, che localizza nell'attuale Hisarkösk o nei pressi), pensa tentativamente ad una localizzazione a est del medio Quweyq.

Il segno ŠÈ che segue il NG in *ARET* II 18 è una grafia abbreviata per an-šè "di sopra" (per questo significato v. Milano, *ARET* IX, p. 368; AN potrebbe comunque anche essere stato cancellato per sbaglio dallo scriba): ciò è confermato sia da *ARET* IX 66 (e questo permette di riferire le tre grafie ad un unico centro), sia dai testi inediti di *ARET* X citati da Milano in *ARET* IX, pp. 192-194, che distinguono le due Arur tramite an-ki "di sotto" e an-šè "di sopra", o tramite -0 / -ii. In *ARET* II 18 -SÙ fa riferimento a *na-se*$_{11}$*-na-se*$_{11}$ di r. I:3. Per *ARET* I 2+ v. Bonechi, in stampa. Per *ARET* X 104 v. Milano, *MARI* 5, p. 526.

Aruzardu

*a-ru*$_{12}$*-zàr-du*$^{ki}$ *ARET* III 873 r. I:7'

¶ Da collazionare.

Arwanu

*ar-wa-nu*$^{ki}$ *ARET* VIII 533 r. IX:1 (NP$_1$ NP$_2$ lú NP$_3$)

Arza

*ar-za*$^{ki}$ cit. (Biga, *ARES* I, p. 302): TM.76.G.998 (NP)

Arzad

*ar-za-da*$^{ki}$ cit. (Pettinato, *MEE* I): TM.75.G.5288

*ar-za-du*$^{ki}$ *ARET* II 55 r. I:3

¶ Non convincente il riferimento alla regione palestinese avanzato da Pettinato, *Ebla* 2, p. 241.

Arzigamu

*ar-zi-ga-mu*[ki] *ARET* III 865 r. I:1', III 876 r. II:2
cit. (Pettinato, *MEE* I): TM.75.G.11106+
¶ V. forse anche *ARET* III 862 r. IV:6'. V. Astour, *JAOS* 108, p. 550 (con improbabile proposta di alternanza con → Arziganu).

Arziganu

*ar-zi-ga-nu*[ki] *ARET* VIII 524 r. VI:25
¶ V. forse anche *ARET* III 862 r. IV:6'. Astour, *WGE*, p. 154, riferisce questa cittadina al bacino dell'Oronte, ad ovest di Ebla; v. anche il commento a → Arzigamu.

Arzu(m)

*ar-zu*[ki] *ARET* II 19 r. III:2; *ARET* III 778 r. VI:1'
cit. (Biga, *ARES* I, p. 294): TM.76.G.143 (NP); cit. (Pettinato, *MEE* I): TM.76.G.166
*ar-zú*[ki] *MEE* X 21 r. XI:9; TM.75.G.2377 r. II:7; TM.75.G.2379 r. II:8
*àr-zú*[ki] *ARET* I 39 r. II:5; *ARET* III 466 v. IV:13; *ARET* VIII 534 r. X:28'; *MEE* X 29 r. VI:30; TM.75.G.2057 v. I:4;
cit. (*MEE* I): TM.75.G.2062 r. V:14:
*àr-zu-um*[ki] *ARET* VIII 541 v. III:15'
¶ Cittadina di importanza agricola (v. i contesti delle attestazioni di *ar-zu*[ki]), fra i centri del culto di [d]NIdabal in TM.75.G.2377 // TM.75.G.2379; nella regione di Ebla, forse verso l'Oronte. V. Astour, *JAOS* 108, p. 550.

Ar...mu v. Arramu

Asal (??)

ásal[?ki] *MEE* X 24 r. I:19 (maškim-SÙ)
¶ Grafia non verosimile, e da collazionare.

ASALLU (??)

*a*-SAL$_4$[?]-LÚ[?⌜ki⌝] TM.75.G.1964 r. V:7
¶ Grafia molto dubbia, da collazionare.

## Ašal

*a-sa-al*$_6$$^{ki}$ *ARET* III 471 r. VI:7 (NP ugula), III 858 v. IV:2 (NP ugula); *MEE* II 26 r. VI:4 (dumu-nita-dumu-nita lugal)

cit. (Pettinato, *MEE* I): TM.75.G.1380, TM.75.G.1399, TM.75.G.11048

*a-sa-lu*$^{ki}$ *ARET* I 1 r. IX:4, I 3 r. IX:8, I 7 r. IX:1 (*), I 8 r. VII:7 (ugula), I 32 r. VI:6 (NP); *ARET* III 61 r. IV:7' (NP$_1$ NP$_2$ lú NP$_3$)

*ʾa*$_x$(NI)*-sa-la*$^{ki}$ *ARET* VII r. II:3 (NP dumu-nita ugula)

¶ Le tre grafie (per l'ultima v. Archi, *ARET* VII, p. 196) si riferiscono ad una cittadina in Siria di nord-ovest, confrontata da Archi, *ARET* III, p. 315, con Ašal dei testi paleo-babilonesi. Per le varianti grafiche v. Alberti, *Or* 59, p. 78 (che considera anche → Ašara). Per *ARET* I 7 v. Bonechi, *AuOr* 8, p. 171, n. 106. Cf. → Ašaradu.

## AšALdu

*aš-*AL$_6$*-du*$^{ki}$ TM.75.G.2367 r. III:14

¶ Fra i NG menzionati in relazione alle imprese militari siriane del re di Mari Saʾumu. Sia *aš-al*$_6$*-du*$^{ki}$ che *aš-maḫ-du*$^{ki}$ sono letture possibili (ma la prima sembra preferibile: v. → Ašal, → Ašaradu?).

## Ašara

*a-sa-ra*$^{ki}$ TM.75.G.1452 r. III:10

¶ Fra i centri connessi con alcuni figli di Ibriʾum; nella regione di Ebla. Cf. → Ašal, → Ašaradu.

## Ašaradu

*a-sa-ra-du*$^{ki}$ *ARET* VII 155 v. III:3

¶ Fra i centri riferiti ai figli di Irig-damu; nella regione di Ebla. Cf. → Ašal, → AšALdu?, → Ašara, → AšaraNE?

## AšaraNE

*a-sa-ra-*NE$^{ki}$ TM.75.G.1975 v. III:3

¶ Una delle 52 "fortezze", bàd, della città di → Luʾadum; a nord di Ebla. Cf. → Ašaradu?

Ašaš

*a-sa-su*[ki] *ARET* VIII 524 v. V:5
*ʾà-sa-áš*[ki] *ARET* VIII 527 r. IX:14 (*)

¶ In *ARET* VIII 527 l'editore legge X-*sa-áš*[ki] (paleografia in *ARET* VIII, p. 4, $X_{14}$). Astour, *WGE*, p. 143, n. 30, propone una alternanza con → Ašašaba e un'improbabile identificazione con Aᶜzāz (con riferimento a [uru]*a-za-zu-wa* di Alalaḫ IV, e a Ḫazazu dei testi neo-assiri), sull'attuale frontiera siro-turca (v. anche *id.*, *JAOS* 108, p. 550, n. 36).

Aš(a)šaba

*a-sa-sa-ba*$_4$[ki] *ARET* III 215 r. IV:4 (NP ugula)

¶ Cittadina nella regione di Ebla. V. il commento a → Ašaš.

Ašdadu

*áš-da-du*[ki] *ARET* III 460 v. II:5' ($NP_1$-$NP_4$); *ARET* IV 3 r. XII:10 (NP, maškim-SÙ); *MEE* X 39 v. I:1 (1 é-duru$_5$ 10 *na-se*$_{11}$)

¶ Cittadina nella regione di Ebla.

AšdaLUM

*áš-da*-LUM[ki] *ARET* IV 24 r. VIII:1 (NP)

¶ Cf. → Ašdarrum, → AšduLUM?

Ašdar

*aš-dar*[ki] TM.75.G.427 r. VII:12

Ašdarrum

*aš-dar-lum*[ki] *ARET* III 115 v. II:2'

cit. (Biga - Pomponio, *MARI* 7, § II): TM.75.G.2429 r. XXVII:15, XXVIII:5, XXXI:5, 24, v. I:12, II:17, (Pettinato, *MEE* I): TM.75.G.2485 (!), TM.75.G.10021

*áš-dar-rúm*[ki] *ARET* I 20 v. III:3

¶ Per l'alternanza grafica v. Biga e Pomponio, *ibid.* Non è certo che si tratti di un regno siriano (cf. da ultimo Bonechi, *AuOr* 8, p. 164); per la sua possibile derivazione dal nome divino Ašdar v. Pomponio, *UF* 15, p. 155, Fronzaroli, *OrSu* 33-35, p. 141 (unitamente a → AšdaLUM), e von Soden *Ebla 1975-*, p. 84.

AšduLUM

*aš-du*-LUM[ki] cit. (Pettinato, *MEE* I): TM.75.G.1319
¶ Cf. → AšdaLUM?

Ašiʾam

*ʾà-si-am*[ki] cit. (Pettinato, *MEE* I): TM.75.G.5639

Ašir

*a-si-ir*[ki] *ARET* II 28 r. V:2 ($NP_1$ lú $NP_2$)

Ašu

*a-su*[ki] *ARET* III 209 r. III:2' (NP ugula); *MEE* II 25 v. I:13 (NP ugula)
*ʾà-su*[ki] *ARET* I 12 v. I:5 ($NP_1$-$NP_2$); *ARET* III 111 v. VI:3 (NP), III 167 r. I.9', III 401 v. I:3', III 864 r. II:5' (NP), III 884 v. I:5' (?, NP); *ARET* IV 3 v. III:20 (NP); *ARET* VIII 522 r. VII:5 ($NP_1$ lú $NP_2$)
cit. (Pettinato, *MEE* I): TM.75.G.11071, TM.75.G.11107+
¶ L'identificazione delle due grafie come varianti non è provabile su base prosopografica, ma è probabile (v. Archi, *ARET* I, p. 264, che confronta con → Azu; *id.*, *ARET* III, p. 315, che confronta con → Aḏu; Pomponio, *WGE*, p. 318, che confronta con → Aḏu e, meno verosimilmente, con → Azu: nessuna di queste alternanze mi sembra provata sul piano prosopografico, salvo che l'IrNIba di *ʾà-su*[ki] in *ARET* III 864 sia lo stesso IrNIba di *ʾà-šu*[ki] in *ARET* VIII 524). *A-šu*[ki] determina un'unità lavorativa *ìr-a*-LUM in *ARET* III 401. Nella regione di Ebla. Cf. anche → Lašu per *a-su*[ki].

Ašuba (?)

*ʾà-su-ba₄*[ki] *ARET* VIII 524 v. VII:12
¶ Lettura dubbia, da verificare.

Ašur

*a-su-úr*[ki] *ARET* III 159 r. III:2' (?, ugula[?]), 5'

Awašum

*a-wa-šum*[ki] *ARET* III 566 r. II:2'

Aza

*ʾà-za*[ki] *ARET* VIII 531 r. VII:25 (*, collazione Archi)
¶ Cittadina nella regione di → Ibʾal.

Azaʾu(m)

*a-za-um*[ki] TM.75.G.1451 v. II:2
*ʾà-za-ù*[ki] *ARET* III 7 r. II:9'
cit. (Pettinato, *MEE* I): TM.75.G.2233
¶ Cf. → Lazaʾu per *a-za-um*[ki].

Azadu

*a-za-du*[ki] TM.75.G.1430 r. I:6 (ugula)
*ʾà-za-du*[ki] *ARET* III 97 r. I:5' (dam)
¶ Fra i centri menzionati in TM.75.G.1430 in relazione a Amur-damu e sua madre. Per la seconda grafia Pettinato, *Ebla* 2, p. 241, propone un'inaccettabile riferimento a Gaza in Palestina. Nella regione di Ebla.

Azagir, Azakir

*a-za-gi-ir* [ki] *ARET* II 28 r. VII:8 ($NP_1$ lú $NP_2$ $NP_3$ lú $NP_4$ $NP_5$ lú $NP_6$ $NP_7$ lú $NP_8$ $NP_9$ lú $NP_{10}$ $NP_{11}$ lú $NP_{12}$ $NP_{13}$ lú $NP_{14}$ $NP_{15}$ lú $NP_{16}$)
*a-za-ki-ir* [ki] TM.75.G.1669 r. VIII:5 (NP)
¶ Cf. Archi, *SEb* 2, p. 11.

Azam v. Azan

Azami

*ʾà-za-mi* [ki] *ARET* VIII 538 v. III:6'

Azamu

*a-za-mu*[ki] *ARET* III 243 r. IV:3'
¶ V. il commento a → Azan. Cf. → NIzamu.

## Azan, Azam

*ʾà-za-an*$^{ki}$ *ARET* I 2+ v. V':12, I 4 v. VIII:22, I 5 v. VI:2, VII:20 (2 *na-se*$_{11}$), XIII:27, I 10 v. I:6, II:21, VII:7, X:23, I 13 v. X:10, I 15 v. III:12, VIII:5, I 16 v. I:6 (2 dam ga-du$_8$ 1 dumu-nita 1 dumu-mí en <Ebla>); *ARET* II 23 v. III:2, II 28 v. IV:8 (NP$_1$ dumu-nita NP$_2$); *ARET* III 144r. II:13", III 154 r. III:2', III 293 r. I:4', III 323 v. V:7', III 459 r. VIII:8, III 459 v. I:4 (2 dumu-nita en <Ebla>), III 466 v. X:6' (2 <dam en Ebla>), III 527 v. I:5' (?), VI:7', III 765 r. I:7', III 776 v. I:5', III 965 r. I:5'; *ARET* IV 1 r. X:1, IV 5 r. II:11 (NP dumu-nita en <Ebla>) IV 6 v. I:7, III:18, IX:17, X:9, IV 8 r. VII:14, IV:9 v. IV:12, V:5; *ARET* VIII 527 r. XI:19, v. V:28, VIII 532 v. VIII:6, VIII 533 r. V:7 (2 dam en <Ebla>), VIII 534 v. VI:19 (dumu-mí en <Ebla>), VIII 539 v. III:16', VIII 540 v. VIII:21, VIII 542 v. II:10; *ARET* IX 52 r. IV:5 (NP); *MEE* II 39 v. I:3 (NPF dam <Ebla>), 5; *MEE* X 20 r. IV:19 (*maš-da-ù* dumu-nita EN <Ebla>), v. XI:7 (dam en <Ebla>); *MEE* X 29 r. XV:7 (dumu-mí en <Ebla>), XXIII:30; TM.75.G.2075 r. X:1

cit. (Archi, *ARES* I, pp. 257-258): TM.75.G.1770, TM.75.G.1894, TM.75. G.2328, TM.75.G.2443, TM.75.G.2527+, TM.75.G.10150; cit. (Archi, *MARI* 6, p. 35): TM.75.G.2463 v. VI; cit. (Archi, *SEb* 2, p. 23): TM.75.G.1729 v. III:9; cit. (Biga, *WGE*, p. 168): TM.75.G.2443 v. X:4 (NPF$_1$-NPF$_{15}$ <dam en Ebla> Azan); cit (Biga - Pomponio, *JCS* 42, p. 189): TM.75.G.425 v. IV:10 (3 ga-du$_8$ 3 dumu-mí 5 ga-du$_8$ 5 dumu-nita 2 ga-du$_8$); cit. (Fronzaroli, *UF* 11, p. 281, n. 51): TM.75.G.10139 r. II:4; cit. (Fronzaroli, *XXXIII RAI*, p. 72): TM.75.G.1335 r. XII:16 (*ʾà-za*$^!$(A)-*an*$^{ki}$), TM.75.G.1943 r. VI:23; cit. (Pettinato, *MEE* I): TM.75.G.1324, TM.75.G.5336

*ʾà-za-nu*$^{ki}$ *ARET* III 952 r. III:2'

¶ Le due grafie sembrano rinviare a due NG diversi (*ʾà-za-nu*$^{ki}$ è determinato da → Dur). *ʾÀ-za-an*$^{ki}$ (una lettura *ʾà-za-am*$_6^{ki}$ è anche possibile, v. → Azamu) non è un regno (v. Bonechi, *SEL* 7, p. 29, n. 54; Alberti, *VO* 8/2, p. 183), ma una cittadina del regno eblaita, probabilmente a nord-ovest di Ebla, e importante per le frequenti citazioni di membri dell'*élite* di Ebla che vi si trovano (v. Archi, *ARES* I, p. 249; Tonietti, *MisEb* 2, p. 86). Per la possibilità che in Azan vi fosse una residenza reale eblaita v. Biga, *PdP* 46, p. 296. Per un confronto con il NG *ʾá-sá-n-nù* attestato nelle fonti egiziane dell'epoca di Thutmosis III v. Archi, *ARET* III, p. 317. In *ARET* IV 6 v. I:7 si cita una carovana di → Armi che vi riceve delle assegnazioni.

## AzaNI

*ʾà-za*-NI$^{ki}$ *ARET* VIII 538 v. VI:9'

AzaNIrum

*a-za*-NI-*rúm*$^{ki}$ *MEE* II 33 v. VI:8 (2 é-duru$_5$$^{ki}$ *ìr-a*-LUM)

Azanu v. Azan

Azarba (?)

*a*$^?$-*zàr-ba*$^{ki}$ TM.75.G.1964 r. II:2

¶ Lettura sicura per Mander, *MEE* X, p. 177.

Aziʾum

*a-zi-um*$^{ki}$ *MEE* X 26 v. II:5 (NP)

Azidu

*a-zi-du*$^{ki}$ *ARET* VIII 523 r. VII:12 (NP)

Azigu(m)

*a-zi-gú*$^{ki}$ *ARET* IV 1 v. VIII:8; *ARET* VIII 541 v. I:8' (NP *wa* maškim-SÙ), II:14' (ábba-ábba)

*ʾà-zi-gú*$^{ki}$ *ARET* I 8 r. XII:1

*ʾà-zi-gúm*$^{ki}$ *ARET* II 28 v. V:1 (NP$_1$ lú NP$_2$)

¶ V. Edzard, *ARES* I, p. 30. Cf. →AziLUM?

Azilu

*a-zi-lu*$^{ki}$ *ARET* IV 24 r. VIII:9 (NP)

¶ Cf. →AziLUM?

AziLUM

*a-zi*-LUM$^{ki}$ *MEE* X 3 v. V:8

¶ Centro eblaita determinato da tur, "minore"; cf. → Azigum, → Azilu.

## Azu

*a-zu*$^{ki}$ *ARET* I 9 v. II:3 ($NP_1$-$NP_2$); *ARET* VIII 523 v. IX:12, VIII 529 r. V:8', VIII 542 v. IX:10'; *MEE* II 32 r. IV:6

*a-zú*$^{ki}$ *ARET* III 231 v. IV:2; *ARET* VII 3 v. I:4', II:2, VII 152 r. IV:1, VII 153 r. III:9; TM.75.G.2592 r. III:1, 7

cit. (Archi, *MARI* 5, pp. 42, 43, n. 21): TM.75.G.10182 (2 en); TM.75.G. 10140 (2 en)

¶ Le due grafie rimandano forse a due differenti cittadine. La seconda è spesso in relazione a traffici con Mari (in TM.75.G.2592 il lugal citato è appunto quello di Mari), e deve trovarsi a est di Ebla; in *ARET* VII 152 e 153 Azu è invece fra i centri riferiti a Nabḫa-NI, figlio di Ibriʾum, e può riferirsi al regno eblaita. Non è affatto certo che i 2 en in TM.75.G.10140 e in TM.75.G.10182 siano sovrani di Azu (sono forse meglio due sovrani eblaiti defunti, lì sepolti, come è provato per altre cittadine del regno? O si deve sottintendere un uomo di Azu?). V. Archi, *MARI* 5, p. 43, n. 21, e il commento a → Adu e a → Ašu. Cf. anche → Lazu (che potrebbe essere grafia variante di *a-zu*$^{ki}$, sulla base del confronto di *ARET* I 9 (13) e *ARET* III 565 I:2'-3'), e → NIzu.

## Azudu

*a-zú-du*$^{ki}$ *MEE* X 4 v. IX:13

## A...lu

*a*-⌜x⌝-*lu*$^{ki}$ *ARET* III 349 r. III:2' (-*l*[*u*$^{?ki}$], ugula)

## A...za (?)

⌜*a*$^{?}$-x⌝-*za*$^{ki}$ *ARET* VII 153 v. II:9

¶ O, secondo l'editore, *za*$^{?}$-⌜x⌝-*za*$^{ki}$.

## A...zi

*a*-x-*zi*$^{ki}$ cit. (Davidović, *WGE*, p. 201, n. 22): TM.75.G.1688

## A....

*a*-⌜x-x⌝[(-x)$^{ki}$] *ARET* VII 156 r. VI:7

*a*-⌜x⌝-[x]$^{ki}$ *ARET* VIII 532 r. V:1' (*, collazione Archi)

*a*$^{?}$-⌜x-x⌝$^{ki}$ *MEE* X 26 r. IV:1

# B, P

Baʾadu

*ba-a-du*<ki> TM.75.G.1558 v. I:4

Baʾaman

*ba-ʾà-ma-an*[ki] TM.75.G.1444 v. VIII:19 (NP ugula); TM.75.G.1964 r. III:9 (ugula-SÙ[?])

¶ Per la formazione del nome cf. → Baʾamu.

Baʾamu

*ba-ʾà-mu*[ki] cit. (Pettinato, *MEE* I): TM.76.G.233

¶ Per la formazione del nome cf. → Baʾaman.

Baʾu

*ba-ù*[ki] *ARET* IV 3 r. III:6

cit. (Archi, *MARI* 6, p. 36): TM.75.G.10083 v. III

*ba-u*$_9$[ki] *ARET* VIII 538 v. VII:19'

¶ *Ba-ù*[ki] è determinato da → Imar in *ARET* IV 3 e TM.75.G.10083; l'alternanza delle due grafie in relazione al nome di un unico centro, a est di Ebla (v. Archi, *MARI* 6, p. 31), è verosimile.

Baʾulu v. Baʾuru

Baʾurad

*ba-u$_9$-ra-ad*$^{ki}$ *ARET* III 323 v. VII:8” (dumu-mí dumu-mí en <Ebla>); *ARET* IV 16 v. V:16 (túg-nu-tag)

*ba-u$_9$-ra-du*$^{ki}$ *ARET* I 3 v. II:15 (NP); *ARET* III 159 r. VII:3’; *ARET* VII 154 r. III:8

cit. (Pettinato, *MEE* I): TM.75.G.6025

¶ Fra i centri riferiti ai figli di Giʾa-lim in *ARET* VII 154. Non un regno (v. Bonechi, *AuOr* 8, pp. 164-165), ma una cittadina del regno di Ebla (e non certo identificabile con Beirut in Libano, come per Pettinato, *Ebla* 2, p. 245, v. già Garelli, *Remarques*, § 5). Per la formazione del nome cf. → Baʾuru.

Baʾurašu

*ba-u$_9$-ra-su*$^{ki}$ *ARET* I 8 r. XIV:8

Baʾuru

*ba-ù-lu*$^{ki}$ *ARET* III 460 r.II:3 (NP$_1$-NP$_4$ ir$_{11}$-SÙ), v. IV:9* (NP$_1$-NP$_3$)

*ba-u$_9$-ru$_{12}$*$^{ki}$ *ARET* VII 94 r. I:4

¶ Non è provato, ma è probabile, che le due grafie si riferiscano allo stesso NG e sito. Per la formazione del nome cf. → Baʾurad.

Baba

*ba-ba*$^{ki}$ cit. (Pettinato, *MEE* I): TM.75.G.1320

Babašu

*ba-ba-su*$^{ki}$ cit. (Pettinato, *MEE* I): TM.75.G.4533

BÀD

bàd *ARET* IV 16 r. IV:11 (!); TM.75.G.1975 v. V:1; TM.75.G.2420 r. VIII:20, IX:7, v. X:10, 13, XIV:4

bàd$^{ki}$ *ARET* III 31 r. II:6’, III 59 r. VIII:7’, III 339 v. III:5’ (dam lugal), III 531 r. III:7’; *ARET* XI 1 r. II:23, 26, XI 2 r. III:17, 20; *MEE* II 32 r. VI:14; *MEE* X 46 v. IV:5

cit. (Archi, *Ebl.* I, p. 138 [7]): TM.75.G.2250 r. VIII

bàd-bàd$^{ki}$ TM.75.G.2420 r. I:3, 8, 14, II:1, 5, III:4, IV:15, V:15

bàd$^{ki}$-bàd$^{ki}$ *ARET* IV 10 v. IX:5; *ARET* VII 93 r. I:2 (ugula), II:3 (ugula); *MEE* X 46 v. III:4 (NP) cit. (Archi, *Mél. Finet*, p. 18): TM.75.G.1535; cit. (Fronzaroli, *MARI* 5, p. 272): TM.75.G.2237 r. II:17, IV:16

¶ "Fortezza" (e certemente non "centro commerciale", come per Pettinato, *Ebla* 2, p. 389, v. *PSD* B, pp. 39-44). Verosimilmente mai un toponimo determinato (*contra*, Steinkeller, *RA* 78, p. 84), ma un termine topografico, in relazione con altri NG. L'attestazione in *ARET* III 531 si riferisce a → Ama; quella in *ARET* IV 10 a → uru-bar *i*-NE-*bù*[ki]; quella in *ARET* VII 93 a → Amad; quella in TM.75.G.1535 si riferisce a → "Abarsal"; quella in TM.75.G.1975 si riferisce a → Luᵓadum; quella in TM.75.G.2237 a → IrPEŠ; quella in TM.75.G.2420 a → Kablul, → Zaᵓar II e → Uziladu, a → Gud(a)danum, a → Tinnu e a → Girradaᵓa; quella in *MEE* II 32 a → Ama.

Il termine è attestato anche nell'onomastica, v. Krebernik, *Personennamen*, p. 149.

BÀD-UR (??)

BÀD?-UR[ki] cit. (Pettinato, *MEE* I): TM.75.G.5188

¶ Lettura improbabile, da collazionare.

Badaᵓa (??)

*ba-da-a*<ki?> TM.75.G.1766 r. II:17

¶ Probabilmente meglio un termine del lessico, al duale, che un NG senza determinativo.

Bad(a)daLUM

*ba-da-da*-LUM[ki] *ARET* IV 10 r. XIII:13

¶ Cf. → Badanu.

Badanu

*ba-da-nu*[ki] *MEE* X 43 r. I:2 (3200 *na-se*$_{11}$ TIL)

¶ Cittadina nel paese di → Ibᵓal, assieme a → Masanu; diversamente da quanto sostenuto dall'editore in *MEE* X, p. 200, *na-se*$_{11}$ TIL non può essere tradotto come "persons dead", ma deve fare riferimento al significato di TIL come verbo di movimento (per il quale cf. Pomponio, *UF* 21, p. 304, n. 16), v. Alberti, *Or* 59, pp. 76-77. Cf. → Bad(a)daLUM.

BADdaᵓaᵓu

BAD-*da-a-ù*[ki] *ARET* VIII 525 v. VI:15

Badin

*ba-ti-in*$^{ki}$ TM.75.G.1470 r. II:1
*ba-ti-nu*$^{ki}$ *ARET* III 5 v. III:8' ($NP_1$, $NP_2$), III 310 v. II:5 (*, $^{<ki>}$); *ARET* VIII 522 v. I:4 ($NP_1$-$NP_2$), VIII 523 r. VII:22 (NP)

¶ Fra i centri riferiti a Giri, figlio di Ibriʾum in TM.75.G.1470; nella regione di Ebla (a nord-est di Aleppo per Astour, *WGE*, p. 154). V. il commento a → BadiNE.

BadiNE

*ba-ti*-NE$^{<ki>}$ *ARET* VII 93 v. I:2 (ugula); *MEE* II 37 v. VIII:5 (NP ugula)

¶ Confrontato con → Batin da Archi, *ARET* VII, p. 196; l'attestazione in *MEE* II è considerata un NP dall'editore e da Krebernik, *Personennamen*, p. 148.

BADlan

BAD-*la-an*$^{ki}$ TM.75.G.2367 r. I:12, v. III:9

¶ I centri di → Aburu e → Ilgi sono determinati da kalam$^{tim}$-kalam$^{tim}$ BADlan in relazione alle imprese militari in Siria centro-occidentale del re di Mari Anubu; i centri di → Baraʾama, → Aburu e → Dibalad sono determinati da → kalam$^{tim}$-kalam$^{tim}$ BADlan in relazione alle imprese militari del re di Mari Iblul-il nella stessa regione.

Badu (??)

*ba*$_4$*-du*$^{⌜ki⌝?}$ *ARET* III 204 v. I:4 (NP ugula ká)

¶ Non è certo che si tratti di un NG; ad un termine amministrativo (ba$_4$-DU) pensano Pomponio, *WGE*, p. 318, e Alberti, *Or* 59, p. 78. Da collazionare.

Baḏʾunu

*ba-ša-u*$_9$*-nu*$^{ki}$ *ARET* III 737 r. VI:15, III 939 v. I:5' (NP); *ARET* VIII 541 r. V:14 (NP)
*ba-šu-u*$_9$*-nu*$^{ki}$ *ARET* VIII 527 v. I:24 (NP)

¶ In *ARET* VIII 527 *ba-* deve essere confermato da collazione.

Baḏaʾunu v. Baḏʾunu

BaḏaNEgu

*ba-ša*-NE-*gú*$^{ki}$ *ARET* II 28 v. IV:1 ($NP_1$ lú $NP_2$)

¶ Cf. Edzard, *ARES* I, p. 30.

Bad̲(d̲)aLUM v. PEŠd̲aLUM

Bad̲e, Baše

*ba-šè*[ki] *ARET* III 896 r. II:2'; *MEE* X v. XIII:30
¶ Non è chiaro se sia sede del culto di [d]AšdaBIL in *MEE* X 20.

Bad̲er, Bašer

*ba-šè-ir*[ki] *ARET* III 659 r. II:3'
¶ V. Il commento a → Bašarig.

Bad̲uʾunu v. Bad̲ʾunu

Bagama

*ba-ga-ma*[ki] *ARET* III 181 r. I:1', III:2'
¶ Cittadina agricola nella regione di Ebla.

Bagara

*ba-ga-ra*[ki] *ARET* I 8 r. XIV:12
cit. (Archi, *MARI* 6, p. 35): TM.75.G.2435 v. II:8

Bagašadu

*ba-ga-sa-du*[ki] *ARET* VII 155 v. VI:4
¶ Fra i centri riferiti ai figli di Irig-damu, figlio di Ibriʾum; nella regione di Ebla.

Baginad

*ba-gi-na-ad*[ki] TM.75.G.1669 r. V:4 (NP)

Baḫadigu

*ba-ḫa-ti-gú*[ki] *ARET* III 468 v. III:10'
¶ Cf. Edzard, *ARES* I, p. 30.

Baḫagu (?)

*ba-ḫa-gú*$^{<ki>}$ *ARET* VII 94 r. IV:2
cit. (Zaccagnini, *SLE*, p. 200): TM.75.G.1399 v. XI:7
¶ NG?

Baḫanadum

*ba-ḫa-na-tum*$^{ki}$ *ARET* IV 16 r. VI:4
¶ Diversamente da *ARET* IV, p. 157, questo NG deve essere tenuto distinto da *tir*$_5$-*ḫa-ti-um*$^{ki}$ e *tir*$_5$-*ḫa-tum*$^{ki}$. Cf. → Baḫunadum.

Baḫaneʾum, Baḫaniʾum

*ba-ḫa-ne-um*$^{ki}$ *MEE* X 24 r. X:2
*ba-ḫa-ni-um*$^{ki}$ cit. (Pettinato, *MEE* I): TM.75.G.1298
¶ Cf. → BaḫuNEʾum.

BaḫaneLUM, BaḫaniLUM

*ba-ḫa-ne*-LUM$^{ki}$ *ARET* I 30 v. VII:6
*ba-ḫa-ni*-LUM$^{ki}$ *MEE* II 33 r. IV:13

Baḫanu

*ba-ḫa-nu*$^{ki}$ cit. (Pettinato, *MEE* I): TM.75.G.2233
¶ Cf. → Baḫunu.

Baḫunadum

*ba-ḫu-na-tum*$^{ki}$ *MEE* X 20 r. XIV:24
¶ Cf. → Baḫunadum.

BaḫuNEʾum

*ba-ḫu*-NE-*um*$^{ki}$ *ARET* III 291 r. I:3'
¶ Cf. → Baḫaneʾum.

Baḫunu

*ba-ḫu-nu*$^{ki}$ *MEE* X 20 v. XIV:20
¶ Cf. → Baḫanu.

Baḫuru

*ba-ḫu-ru*$^{ki}$ *MEE* X 20 v. XII:3
¶ Cf. forse *ba-ḫu-r*[*úm*$^{?ki}$] in *ARET* III 529 r. V:6'. Associata a → Ag(a)gališ.

Baḫuzum

[*b*]*a-ḫu-zu-um*$^{ki}$ *ARET* III 939 r. II:3'

Balban

*bal-ba-an*$^{ki}$ *ARET* I 6 v. X:12 (*, ugula); *ARET* II 18 r. IV:2 (12 ugula še), II 28 v. VIII:7; *ARET* III 278 r. I:1' (ugula), III 781 v. II:5' (NP ugula); *ARET* IV 23+ r. VI:4' (2 <persone>); *ARET* VII 145 v. III:4 (487 <persone> TIL), VII 155 v. III:1 ([*b*]*al-ba-an*$^{ki}$]; *ARET* IX 61 v. III:4; *MEE* X 39 v. I:3 (10 *na-se*$_{11}$); TM.75.G.1452 r. II:11 (*wa-rt*-LUM lú Balban)
cit. (Archi, *ARES* I, p. 214, n. 27): TM.75.G.2365 r. VIII:8 (ND), TM.75.G.10222 r. VII:15 (ND) cit. (Milano, *ARET* IX, pp. 193-194, 211): *ARET* X 102 (2 é-duru$_5$$^{ki}$); *ARET* X 106 (6 é-duru$_5$$^{ki}$); *ARET* X 108 (12 é-duru$_5$$^{ki}$); *ARET* X 116 (NP ugula); cit. (Pettinato, *MEE* I): TM.75.G.1569, TM.75.G.11029

¶ Il toponimo è spesso letto *kul-ba-an*$^{ki}$ (per un'etimologia **qrb* "esser vicino", adeguata a questa traslitterazione, v. Fronzaroli, *OrSu* 33-35, p. 143), ma v. già Krecher, *ARES* I, p. 178; v. anche von Soden, *Ebla 1975-*, p. 76.
Cittadina di importanza agricola nella regione di Ebla, sede del culto di $^{d}$*la*-NI-*tum*. Se l'integrazione proposta in *ARET* VII, p. 199, per *ARET* VII 155 è corretta (come è verosimile), è fra i centri riferiti ai figli di Irig-damu, figlio di Ibriʾum; in TM.75.G.1452 fra i centri menzionati in relazione ad alcuni figli di Ibriʾum, fra cui Irig-damu.
La correzione in *ARET* I 6 (al posto di *bal-ba-an-dar*$^{ki}$: DAR è in realtà un segno eraso, o dei graffi) è certa anche a causa dei numerosi contesti paralleli (il che vanifica l'identificazione con Kulmadara dei testi di Alalaḫ avanzata da Astour in *WGE*, p. 144, n. 34, già rettificata, *ibid.*, p. 153, con riferimento alla stessa area di → Arur). In TM.75.G.1569 Pettinato, *MEE* I, p. 81, è in dubbio se leggere *-an* o *-nu*. Archi, *ARES* I, p. 214, n. 27, e Krecher, *ARES* I, p. 178, n. 25, propongono *bal-ba-nu* di TM.74.G.120 r. IV:4 come variante di questo NG.

Bali

*ba-li*$^{ki}$ *MEE* X 23 r. XII:10' (NP ugula)

Baludu

Baludu

*ba-lu-du*[ki] TM.75.G.1764 v. VIII:19, 24, IX:30, X:8, 13, 19, 25, XI:6, 12, 17, 22

Banaʾiʾum

*ba-na-i-um*[ki] *ARET* IV 13 v. VI:1 (NP)

cit. (Archi, *MARI* 4, p. 75): TM.75.G.1771 r. IX; cit. (Pettinato, *MEE* I): TM.75.G.11127

¶ Cittadina nella regione eblaita; Archi, *MARI* 7, p. 74, sulla base di inediti, la inserisce fra le sedi del culto della dea Išḫara.

Ban(a)naʾ(a)du

*ba-na-na-a-du*[ki] *ARET* VIII 527 v. IX:27

BaNENI

*ba*-NE-NI[ki] *MEE* X 27 v. III:13 (*, en <Ebla>)

¶ Verosimilmente non un regno (cf. già Bonechi, *AuOr* 8, p. 168).

BaNEšiʾum

*ba*-NE-*si-um*[ki] *ARET* IV 18 r. XIII:12

BaNIum

*ba*-NI-*um*[ki] *ARET* I 8 r. XIV:6

BaNIgu

*ba*-NI-*gú*[ki] *ARET* I 13 r. XIV:7 (NP), I 15 v. VIII:2 (NP); *ARET* IV 10 r. IV:7 (NP)

¶ Cf. Edzard, *ARES* I, p. 30.

BaNIzu

*ba*-NI-*zú*[ki] *ARET* IV 17 v. V:5

Banu

*ba-nu*[ki] *ARET* II 19 r. II:9, III:4 (?); *ARET* III 466 r. VI:3; *ARET* VIII:540 r. XIII:8

cit. (Archi, *Ét. Garelli*, p. 216): TM.75.G.2183

¶ Centro menzionato in relazione ad attività agricole (v. *ARET* II 19); nella regione di Ebla, in TM.75.G.2183 citato in relazione alla produzione di olio. In *ARET* II 19 r. III:4 si potrebbe anche avere un'attestazione di → Ḏubanu, leggendo *šu-ba-nu*[ki].

Baraʾ(a)ma

*ba-ra-a-ma*[ki] TM.75.G.2367 v. III:3 (-ii)

¶ Menzionato fra i centri siriani connessi con le imprese militari in Siria centro-occidentale del sovrano di Mari Iblul-il; se il testo citava anche *ba-ra-a-ma*[ki]-i, l'unica possibilità appare la rottura in r. VI:1. V. anche Astour, *JAOS* 108, p. 551.

Barad

*ba-ra-ad*[ki] cit. (Zaccagnini, *SLE*, pp. 200-201): TM.75.G.1399 v. XI:4, XIII:10

Baragu(m)

*ba-ra-gú*[ki] cit. (Pettinato, *MEE* I): TM.75.G.2233
*ba-ra-gúm*[ki] cit. (Pettinato, *MEE* I): TM.75.G.5188

Bardaʾum

*bar-da-um*[ki] *ARET* VIII 526 v. VIII:9 (NP)

BardaLUM

*bar-da*-LUM[ki] *ARET* IV 2 v. IV:19 (NP), V:14 ($NP_1$-$NP_2$)

¶ Con lettura Bardanum, Astour, *WGE*, p. 154, la localizza fra Ebla e Qatna. Un'alternanza con *ù-du-lum*[ki] (v. → Udurum), proposta da Fales, *Ebla 1975-*, p. 427, non è provata sul piano prosopografico.

Barḏu

*bar-šu*[ki] TM.75.G.1451 v. VI:4

Bargaʾu

*bar-ga-u*$_9^{ki}$ *ARET* III 111 r. VII:5' ($NP_1$ lú $NP_2$), III 322 r. II:4', III 795 r. I:4' (NP); *ARET* IV 23+ v. VII:5; *MEE* II 39 r. XIII:4 (en <Ebla>); *MEE* X 2 v. II:5; *MEE* X 25 v. I:9; TM.75.G.1444 r. VIII:12

cit. (Pettinato, *MEE* I): TM.75.G.2233

¶ Cittadina menzionata in relazione ad attività agricole (v. *ARET* III 111 e 795), in TM.75.G.1444 fra i centri riferiti a Ir-damu, figlio di Ibriʾum, e a Ingar; non un regno (v. Bonechi, *AuOr* 8, p. 165). Da localizzarsi nella regione di Ebla: Hecker, *LdE*, p. 169 e n. 33, con buona verosimiglianza, la identifica con la più tarda Barga, da situare secondo Klengel, *Or* 32, p. 47, sul medio Oronte (e v. anche *RGTC* 6, p. 304). V. anche Astour, *WGE*, p. 154, che la situa immediatamente ad est di Ebla (v. anche *id.*, *JAOS* 108, pp. 550 e 552), e Davidović, *ASJ* 11, p. 2, che la localizza fra Ebla e Aleppo. Un riferimento all'area fra → Ṭūb e → Mardu(m) (dunque piuttosto a est di Ebla), avanzato da Pettinato, *Ebla* 2, p. 266, non appare documentato. Non evidente è il rapporto con → Ugamu ipotizzato da Fales, *Ebla 1975-*, p. 427.

BarḪAR

*bar*-ḪAR$^{ki}$ *ARET* VIII 534 r. XI:17'

Barlabaʾu v. Barrabaʾu

Barrabaʾu

*bar-la-ba-ù*$^{ki}$ TM.75.G.1975 r. IV:2

¶ Una delle 52 "fortezze", bàd, della città di → Luʾadum; a nord di Ebla.

Barru

*ba-ru*$_{12}^{ki}$ *ARET* I 7 v. XII:18

*bar-ru*$_{12}^{ki}$ *ARET* I 16 r. X:6; *ARET* IV 7 v. IV:8, IV 8 r. VI:10, IV 18 r. IX:6, IV 22 v. V:4; *MEE* II 39 v. VI:10

¶ Fales, *Ebla 1975-*, p. 427, propone per *bar-ru*$_{12}^{ki}$ una poco convincente alternanza con → Uru.

Baru v. Barru

Bašagu

*ba-sa-gú*$^{ki}$ *ARET* VII 93 r. IV:1 (ugula)

Bašarigu

*ba-sa-rí-gú*ki TM.75.G.1975 v. I:2

¶ Una delle 52 "fortezze", bàd, della città di → Lu'adum; a nord di Ebla. Astour, *WGE*, p. 143, n. 29 propone un'alternanza non provata con → Abšarig e una non verosimile con → Ibšarig; inoltre, in relazione ad una derivazione dal nome geografico attestato in → Baḏer, identifica il NG con la neo-assira Til-Bašerê, medievale Tell Bāšir, odierna Tilbesar, a sud di Gaziantep. V. Edzard, *ARES* I, p. 30.

Baše v. Baḏe

Bašer v. Baḏer

Bazašadu

*ba-za-sá-du*ki *ARET* VIII 539 v. IV:22'

cit. (Pettinato, *MEE* I): TM.75.G.5172, TM.75.G.5623

BazimiLUM

*ba-zi-mi*-LUMki *ARET* IV 17 r. IV:4 ($NP_1$-$NP_2$), XI:14 (NP)

Bazimu

*ba-zi-mu*ki *ARET* VII 151 r. II:2; *MEE* X 20 r. XV:8

Baziradu

*ba-zi-ra-du*ki TM.75.G.1451 v. II:6

¶ Per la formazione del nome cf. → Baziru.

Baziru

*ba-zi-ru*$_{12}$ki *MEE* II 40 v. IV:13 ($NP_1$-$NP_2$)

¶ Per la formazione del nome cf. → Baziradu.

Bazuḫawa

*ba-zu-ḫa-wa*ki TM.75.G.1451 r. VI:9

Ba...

Ba...

*ba*-⌜x⌝$^{ki}$ TM.75.G.2367 r. IV:1

¶ Edizione di Pettinato in *OA* 19, p. 239: *ba-dul*$^{ki}$ (non controllabile sulla fotografia, è da collazionare: DUL non appartiene al repertorio di sillabogrammi usati a Ebla; = *ba-ù*$^{ki}$?).

Fra i centri siriani menzionati in relazione alle imprese militari in Siria centro-occidentale di Saʾumu, re di Mari.

PEŠḏaLUM

PÉŠ-*ša*-LUM$^{ki}$ *ARET* IV 18 r. XIII:7

¶ Per una lettura *ba*(*š*)$_x$-*ša*-LUM$^{ki}$ v. Krecher, *ARES* I, p. 178.

Bi... v. anche NE...

Biʾarad v. NEʾarad

Binaš

*bí-na-áš*$^{ki}$ *ARET* II 19 v. II:3; *ARET* III 277 r. III:6 (dam), III 858 v. X:2, III 878 r. I:3' (NP), III:3' (dam); *ARET* IV 1 v. XII:1, IV 7 r. XI:16 (dam), v. I:4 (NP$_1$ lú NP$_2$), IV 10 v. VII:6 (dam), IV 25 v. IV:7; *ARET* XI 1 r. VI:27, X:10, XII:21, v. I:14, 16, II 17 (ND), VI:1, IX:19 (dam), XI 2 r. VIII:11, IX:1', XII:16, XIII:7, XIV:17 ([dam]), XV:8, XVIII:25, v. I:2, II:4 (ND), V:10, XI 3 r. V:3, v. IV:4; *MEE* II 33 v. III:11 (dam), VI:13 (dam); *MEE* II 41 r. III:13 (dam)

cit. (Archi, *MARI* 5, p. 39): TM.75.G.1769 (NP lugal); cit. (Biga, *VO* 8/2, pp. 6-7): TM.75.G.1730 v. VI:32, VII:11; cit. (Mander, *MEE* X, p. 205): TM.75.G.1688; cit. (Pettinato, *MEE* I): TM.75.G.1344; cit. (Zaccagnini, *SLE*, p. 201): TM.75.G.1399 v. XIII:1

*bí-na-su*$^{ki}$ *ARET* IX 20 v. IV:3 (en <Ebla>), IX 27 v. V:5 (en <Ebla>), VII:1, IX 35 v. IV:3 (NP), IX 82 v. V:13, 19, VI:5, IX 95 r. VI:5 (NP <Ebla>); TM.75.G.327 r. I:3; TM.75.G.2075 v. IV:2, V:12 (NP)

¶ Importante cittadina del regno eblaita (e non uno stato sovrano, v. Bonechi, *MisEb* 2, p. 145, n. 65, e Archi, *MARI* 5, p. 42, *contra* Pettinato, *Ebla* 2, p. 263); sede del culto di $^{d}$Agu(m), e tappa principale durante lo svolgimento dei rituali descritti in *ARET* XI (per l'é *ma-ti*(*m*), attestato anche nei rituali, v. inoltre *ARET* III 858 e TM.75.G.1730). Per la verosimile proposta di identificazione con la moderna Binaš (che motiva la trascrizione qui scelta), 20 km. a nord-ovest di Ebla, v. Archi, *PdP* 46, p. 203. V. anche Astour, *WGE*, p. 154, e Milano, *Scienze dell'Antichità* 3-4, p. 170. Precedentemente accostata a → Današ in *ARET* III, p. 330.

Bīr

*bir*$_5$$^{ki}$ *ARET* XI 1 r. XIV:16, XI 2 [r. XVII:4]

*bí-ir*$^{ki}$ *ARET* II 6 v. I:6 (*, ND); *ARET* VII 71 v. I:4, VII 153 r. III:5; TM.75. G.1558 r. III:1, 3 (-ii); TM.75.G.1669 r. VI:7 (NP)

¶ Sono attestate due *bí-ir*$^{ki}$: in TM.75.G.1558 entrambe sono citate in un conto di pecore riferite al sovrano eblaita; una di queste è fra i centri riferiti a Irti, figlio di Ibriʾum, in *ARET* VII 153: forse è quella che sembra determinata da → Iba in *ARET* VII 71. In *ARET* XI 1 e 2 *bir*$_5$$^{ki}$ è citata in relazione a → Uduḫudu e →NIab ed è sede del culto di $^{d}$Išru. Un'importanza cultuale è suggerita anche da *ARET* II 6: qui l'editore legge NE-NI$^{ki}$, ma benché la fotografia sia inutilizzabile, la banale correzione di NI in IR è pressoché certa; si tratta dunque di una delle sedi del culto di $^{d}$Rašap.

La lettura *bí-ir*$^{ki}$ è suggerita da Astour, *JAOS* 108, p. 550, ed è ora confermata dalla variante. La trascrizione dà conto del verosimile significato "pozzo", sem. **bʾr*. Cf. → NElu(m) (identità probabile).

Birʾum

*bir*$_5$*-um*$^{ki}$ *ARET* IV 1 v. VII:16

¶ Edito come NAM-*um*$^{ki}$.

Birbirranu

*bir*$_5$*-bí-ra-nu*$^{ki}$ *ARET* VIII 526 v. VII:9

Birraru

*bir*$_5$*-ra-ru*$_{12}$$^{ki}$ cit. (Archi, *MARI* 7, p. 75): TM.75.G.10167 r. VI: (ND)

¶ Cittadina siriana, sede del culto di $^{d}$Ašdar; Archi, *ibid.*, segnala in inediti una variante *bir*$_5$*-ra-lu*$^{ki}$.

Bub(u)ru

*bù-bù-ru*$_{12}$$^{ki}$ *ARET* VIII 542 r. X:19

Budabaʾu

*bù-da-ba-ù*$^{ki}$ *ARET* III 103 v. II:3'

¶ Cittadina menzionata in contesto agricolo, vi è riferita una "casa", é. Nella regione di Ebla.

BudaLUM

*bù-da*-LUM$^{ki}$ *ARET* IV 1 v. X:3

BudarNEʾum

*bù-dar*-NE-*um*$^{ki}$ TM.75.G.1975 v. I:3

¶ Una delle 52 "fortezze", bàd, della città di → Luʾadum; a nord di Ebla.

Buḏa

*bù-ša*$^{ki}$ *ARET* IV 11 v. II:5

¶ Edito come Puzur$^{ki}$.

Buga

*bù-ga*$^{ki}$ *MEE* II 37 r. X:6

¶ Cf. → Buqu.

Bugallu

*bù-gal-lu*$^{ki}$ *MEE* X 3 v. V:11 (maḫ), 14 (tur)

Bugi

*bù-gi* $^{ki}$ *ARET* VII 152 r. I:4; TM.75.G.1444 r. IX:10

¶ Fra i centri riferiti a Nabḫa-il, figlio di Ibriʾum; nella regione di Ebla.

Buguʾadu, Buquʾadu

*bù-gú-a-du*$^{ki}$ *ARET* II 19 r. III:6

¶ Centro menzionato in relazione ad attività agricole; nella regione eblaita. Per la formazione del nome v. → Buqu.

Buguzu

*bu-gú-zú*$^{ki}$ *ARET* IV 1 v. X:5

## Buqu

*bù-gu*[ki] *ARET* III 377 r. III:3'
*bu-gú*[ki] *ARET* IV 1 v. X:1 (-ii)

¶ In *ARET* III 377 è un centro menzionato in relazione ad attività agricole; nella regione eblaita. Per la formazione del nome v. → Buguʾadu; cf. anche → Buga.

## Burʾan (??)

*bur?-a-an*[ki] TM.75.G.1451 v. V:10 (ugula)

¶ Da collazionare: = *ša-a-an*[ki]?

## Buran

*bù-la-nu*[ki] TM.75.G.2075 v. VII:14 ($ND_1$)
*bù-ra-an*[ki] TM.75.G.2377 r. IV:7; TM.75.G.2379 v. I:4

¶ Fra i centri del culto di $^{d}$NIdabal in TM.75.G.2377 // TM.75.G.2379, e di $^{d}$BAD ($ND_1$) in TM.75.G.2075 (quest'ultimo verosimilmente appellativo del primo ND); nella regione di Ebla, possibilmente verso l'Oronte.

## Bur(a)ḏadu

*bù-la-*⌜*ša*?⌝*-du*[ki] *ARET* III 105 r. VII:2 (*)
*bù-ra-ša-du*[ki] *ARET* VIII 524 r. XI:22 (NP), v. II:10 (NP)

¶ L'integrazione proposta per *ARET* III 105 deve essere collazionata.

## Burdin (?)

*bù-ur-din*[ki] TM.75.G.1558 r. IV:3

¶ Centro citato in un conto di pecore riferite al sovrano eblaita in TM.75.G.1558; nella regione di Ebla. La lettura dell'ultimo segno non è completamente sicura (meglio *-ḫi*, cf. → Burḫi?).

## Burḫi

*bù-ur-ḫi*[ki] *ARET* VII 156 v. IV:2

¶ Fra i centri riferiti ai figli di Irʾam-damu; nella regione di Ebla. V. → Burdin per un'altra possibile attestazione.

## Burman

*bur-ma-an*$^{ki}$ *ARET* I 1 v. V:13 (en), I 2+ r. V:2, I 3 r. III:3 (en, ábba-SÙ), I 4 r. II:8 (en, ábba-SÙ), I 5 r. II:8 (en, ábba-SÙ), v. XI:26 (NP$_1$ dumu-nita NP$_2$), I 6 v. IV:19 (en), I 7 r. I:13 (en, ábba-SÙ), I 8 r. II:3 (en, maškim-SÙ), I 9 r. I:8 (en, ábba-SÙ), v. III:4 (NP), I 10 r. IV:2 (en), I 11 r. III:6 (NP), 11 (en), I 30 r. X:3, I 32 r. I:11 (en, ábba-SÙ); *ARET* II 13 v. V:9 (NP en), II 14 r. III:1; *ARET* III 3 r. II:4' (NP en), III 35 v. II:4 (en, *wa* NP dumu-nita SÙ), III 50 r. III:1', III 63 r. II:15 (NP$_1$-NP$_2$), III 119 v. II:1', III 145 r. IV:3', III 154 r. II:6' (NP), III 175 r. I:3' (NP), III 200 r. III:2 (en), III 322 r. XII:5 (NP, maškim-SÙ), III 335 r. V:10 (NP), III 340 r. I:5' (en, ábba-SÙ), III 382 r. I:3' (... maškim NP lú-kar), III 387 r. I:1' (ugula, maškim-SÙ), III 398 r. I:10 (dumu-nita NP), III 420 v. I:3' (NP), III 441 r. I:5' (dumu-nita en), III 470 r. VII:9 (NP), III 471 r. II:7 (NP), III 506 r. I:4' (NP en), III 527 v. II:7' (en), III 584 r. VII:3' (en), III 628 r. VI:5' (NP), III 636 v. II:4' (NPF *maliktum*), III 666 r. II:1', III 719 r. IV:1', III 734 v. II:6' (NP *wa* maškim-SÙ), III 801 r. III:3', III 895 r. III:4' (en), III 915 r. II:6 (en), III 940 r. I:4' (en); *ARET* IV 3 r. VIII:22 (NP lú-kar), IV 5 r. XI:2 (maškim-SÙ), IV 7 r. XII:8 (NPF *maliktum*), IV 10 r. VI:13 (en), IV 11 r. IV:16 (en), IV 13 r. VII:3 (en), IV 15 r. II:2 (*maliktum*), IV 17 v. V:17 (NP), VIII:11, IV 19 r. II:5 (NP, maškim-SÙ); *ARET* VII 16 r. IV:12 (u$_5$); *ARET* VIII 523 r. I:14 (en, ábba-SÙ), VIII 524 r. IX:1 (NP), VIII 525 v. X:7' (NP), VIII 527 r. XV:25 (NP), XVI:1 (NP), v. IV:9, VIII 529 r. XIII:3 (en, ábba-SÙ), v. IX:10 (en, ábba-SÙ), VIII 533 r. VI:4 (NP), v. III:3 (2 <persone>, 4 maškim-SÙ); *ARET* IX 74 r. II:8, IX 81 r. I:6, IX 82 r. I:4; *MEE* II 25 r. III:1 (NP); *MEE* II 29 r. III:16; *MEE* II 35 r. VII:7 (NP u$_5$), VIII:7; *MEE* X 2 v. IX:2 (NP dumu-nita en); *MEE* X 3 v. IX:2 (en); *MEE* X 8 r. II:2 (NP); *MEE* X 21 v. III:6 (NP); *MEE* X 24 r. X:13 (en, maškim-SÙ, NP maškim-SÙ); *MEE* X 26 r. VII:13; TM.75.G.1353 v. IV:7; TM.75.G.1402 r. VII:5 (NP); TM.75.G.2075 v. VI:21; TM.75.G.2367 r. VII:12

cit. (Archi, *MARI* 5, pp. 40, e 43, n. 21): TM.75.G.1704; TM.75.G.10183 (en); TM.75.G.10146 (lugal, maškim-SÙ); cit. (Archi, *MARI* 6, pp. 32-37): TM.75.G.1707 r. XII:3 (en); TM.75.G.2250 v. VI:3' (2 <persone>); TM.75.G.2274 r. X:5 (en); TM.75.G.2434 r. III:5 (en); TM.75.G.2608 r. VI:12 (en); TM.75.G.10183 v. II:6 (en); TM.75.G.11752 II':4'; cit. (Archi, *MARI* 7, p. 75, n. 23): TM.75.G.12717 r. VIII:14 (NP); cit. (Archi, *Mél. Finet*, p. 18): TM.75.G.2160; cit. (Archi, *VO* 8/2, pp. 196, 198): TM.75.G.2332 v. II (NP$_1$-NP$_8$ NE-di), TM.75.G.10281 dumu-mí-dumu-mí NE-di); cit. (Biga, *WGE*, p. 170): TM.75.G.1862 (NPF, pa$_4$-šeš-mí-pa$_4$-šeš-mí-SÙ); cit. (Biga -

Pomponio, *JCS* 42, p. 180, n. 4): TM.75.G.1793 (*maliktum*); cit. (Pettinato, *MEE* I): TM.75.G.1298 (NP en), TM.75.G.1344, TM.75.G.1381, TM.75.G. 1393, TM.75.G.1419 (en), TM.75.G.1427 (en), TM.75.G.1438, TM.75.G. 1570, TM.75.G.1648, TM.75.G.2497, TM.75.G.10015 (NP dumu-nita en), TM.75.G.10019, TM.75.G.10033 (en), TM.75.G.11042, TM.76.G.289; cit. (Pettinato, *WGE*, p. 302 [15]): TM.75.G.1464 (NPF *maliktum*); *ibid.*, p. 315 [5b]: TM.75.G.2428 (NP dumu-nita en)

¶ Uno dei regni siriani che aprono i testi di tipo *ARET* I 1-9.
Localizzabile a ovest dell'Eufrate o sul fiume stesso, v. Bonechi, *SEL* 8, pp. 68-71; Milano, *ARET* IX, p. 240. V. inoltre Pettinato, *Ebla* 2, pp. 263-264, per una sua localizzazione a nord-ovest di Ebla; Archi, *Mél. Finet*, p. 15, per una localizzazione fra l'Eufrate e il Baliḫ; Matthiae, *Ebla* $1^2$, p. 257: probabilmente sull'Eufrate a nord di → Karkamiš, Astour, *WGE*, p. 154, dubitativamente fra → Karkamiš e → Imar. Per la derivazione dal sem. **brm* "esser macchiato" v. Fronzaroli, *OrSu* 33-35, p. 141 (v. anche Astour, *JAOS* 108, p. 551). V. → Ḏaman.

BurNEr

*bur*-NE-*ir*$^{ki}$ TM.75.G.1975 r. IV:16

¶ Una delle 52 "fortezze", bàd, della città di → Luʾadum; a nord di Ebla.

Buruḫum (?)

*bù-ru*$_{12}$-*ḫu*$^{?}$-*um*$^{ki}$ TM.75.G.1975 v. IV:1

¶ Una delle 52 "fortezze", bàd, della città di → Luʾadum; a nord di Ebla.

Buša

*bù-sa*$^{ki}$ *ARET* III 159 r. II:4', III 193 r. III:9; *ARET* VIII 525 v. V:7 (NP)

Buza

*bù-za*$^{ki}$ *ARET* VII 155 v. III:8, IV:2 , 7, 12, V:2

¶ Fra i centri menzionati in relazione ai figli di Irig-damu, figlio di Ibriʾum; cittadina agricola nella regione di Ebla.

## Buzga

*bù-za-ga*$^{ki}$ *MEE* II 35 v. VIII:4

*bù-zu-ga*$^{ki}$ *ARET* II 12 r. III:12 (*), v. I:1; *ARET* III 460 v. V:3’, III 674 v.II:2’ (NP); *ARET* VII 23 r. II:5; *ARET* VIII 532 v. V:8, VIII 533 v. VIII:12, VIII 539 v. VII:3’ (NE-di); *ARET* IX 1 r. II:3 (dam), IV:5 (dam), IX 2 r. II:2 (dam), v. I:2 (dam), IX 3 r. VI:9 (dam), v. I:3 (dam), IX 12 v. II:1 (dam), IX 13 v. V:1 (dam), IX 14 v. V:11 (dam), IX 44 v. VII:7 (dam), IX 47 r. V:11 (dam), IX 48 r. III:2 (dam, túg-nu-tag), 5 (dam-kikken), IX 57 v. IV:4 (dam)

cit. (Archi, *MARI* 6, pp. 34-35): TM.75.G.2370 r. X:6; TM.75.G.2409 v. II:14; cit. (Archi, *VO* 8/2, p. 196): TM.75.G.2402 r. V (13 dumu-mí NE-di); cit. (Pettinato, *MEE* I): TM.75.G.6025, TM.75.G.10019

¶ Importante cittadina nella regione di Ebla (v. Milano, *MARI* 5, p. 534). Cf. Edzard, *ARES* I, p. 30.

## Buziʾadu

*bù-zi-a-du*$^{ki}$ TM.75.G.2075 v. III:15

# D, T, Ṭ

Daʾada

*da-a-da*[ki] *ARET* VIII 529 v. VI:8

Daʾašu (?)

*da-ʾà-su*[ki] *ARET* IV 2 v. IV:15 (NP)
¶ Nella regione di Ebla. V. → Daʾazu (scambio di segni simili?).

Daʾawa

*da-ʾà-wa*[ki] *MEE* X 38 r. II:11 ($NP_1$-$NP_2$ 2 *na-se*$_{11}$); TM.76.G.156 r. IV:4; TM. 76.G.189 r. III:8; TM.76.G.274 r. I:4
¶ Villaggio agricolo nelle campagne di Ebla.

Daʾazu

*da-a-zú*<ki> *ARET* III 881 v. IV:9' ($NP_1$ lu$_2$ $NP_2$); *MEE* II 25 v. IV:3 (NP)
*da-ʾà-zu*[ki] *ARET* I 13 v. II:7 (NP); *ARET* IV 2 v. VI:13 (NP); *ARET* VII 156 v. IV:1; *ARET* VIII 524 r. XIV:9 (NP); *MEE* X 38 r. IV:6 ($NP_1$-$NP_{11}$ 11 *na-se*$_{11}$); *MEE* X 39 r. III:5 (3 é-duru$_5$), v. III:4 (7 *na-se*$_{11}$)
*da-ʾà-zú*[ki] *ARET* IV 1 v. IV:7 (NP)
¶ In *ARET* VII 156 fra le località riferite ai figli di Irʾam-damu; cittadina nella regione di Ebla. V. → Daʾasu (scambio di segni simili?). Per *da-a-zú*[ki] v. Pettinato, *MEE* II, p. 182.

Daʾišar

*da-i-šar*[ki] *ARET* IV 2 v. IV:11 (NP), VII:12 (NP), VIII:17 (NP); *ARET* VII 156 v. II:11; *ARET* VIII 521 v. I:11 (NP)
¶ In *ARET* VII 156 fra i centri connessi con i figli di Irʾam-damu; nella regione di Ebla.

Daʾu

*da-ù*[ki] *ARET* I 5 r XI:13, XII:5 (-ii), I 13 r. VI:8; *ARET* IV 1 v. V:8, 11, IV 20 r. VI:6 (lú-kar), IV 24 r. IX:8 (NP); *ARET* VIII 531 r. VII:14, VIII 539 v. IX:18'; *MEE* II 39 r. II:10 ($NP_1$-$NP_7$ ugula-ugula)
cit. (Mander, *MEE* X, p. 174): TM.75.G.1775
cit. (Pettinato, *MEE* I): TM.75.G.11083
¶ Nella regione di → Ibʾal sono attestati due centri di questo nome (v. *ARET* I 5), che *ARET* IV 1 definisce lú *ʾà-mu* e lú igi-tùm*, "anteriore" (v. → *IGI.KEŠDA).

Daʾul (?)

*da-ul* [ki] cit. (Pettinato, *MEE* I): TM.76.G.131
¶ Grafia da verificare.

Dabaʾ(a)du

*da-ba-a-du*[ki] TM.75.G.1430 r. I:8 (ugula)
¶ Cittadina nella regione di Ebla, fra i centri menzionati in relazione a Amur-damu e sua madre. Cf. → Dabadum, → ...baʾadu.

Dabadum

*da-ba-tum*[ki] *ARET* VIII 526 v. II:1
¶ Cf. → Dabaʾ(a)du.

Dabalduzi

*da-ba-al*$_6$*-du-zi* [ki] *ARET* VII 154 r. I:11 (ugula)
¶ Centro determinato da → EDIN (e dunque probabilmente a sud di Ebla), fra quelli riferiti ai figli di Giʾa-lim.

Dabinad

*da-bí-na-ad*[ki] *ARET* IV 11 r. II:6, VII:16; *ARET* IX 91 v. II:3 (*maliktum* <Ebla>); *MEE* II 25 v. II:5 ($NP_1$ lú $NP_2$ *da-núm*)
*da-bí-na-du*[ki] *ARET* I 13 r. XIII:6 ($NP_1$-$NP_3$); *ARET* III 584 r. VIII:16' (NP); *ARET* IV 4 v. III 10 ($NP_1$ lú $NP_2$ NE-di), IV:12; *ARET* VII 24 r. III:7; TM.75. G.1764 v. IX:25

cit. (Archi, *Biblica* 60, p. 563, n. 21): TM.75.G.1992 r. II:3 (<ki>); cit. (Archi, *MARI* 6, p. 37, n° 192): TM.75.G.10229 r. X:17

¶ Importante centro della regione di Ebla (v. Archi, *MARI* 6, p. 31), spesso connesso con persone appartenenti all'*élite* eblaita (ma, sulla base della documentazione disponibile, non un regno, *contra* Milano, *ARET* IX, p. 278); in TM.75.G.1992 in contesto agricolo. Cf. → Dabinu, → Dabnu; v. anche il commento a → Daḫinad.

Dabinu

*da-bí-nu*$^{ki}$ *ARET* VIII 523 r. IX:12

¶ Cf. → Dabinad, → Dabnu.

Dabnu, Dibnu

*dab-nu*$^{ki}$ *ARET* II 27 r. III:6; *ARET* VII 128 v. II:3' (ugula)
cit. (Archi, *Ét. Garelli*, p. 216): TM.75.G.10075
cit. (Pettinato, *MEE* I): TM.76.G.280, TM.76.G.340

¶ Centro menzionato in relazione ad attività agricole (v. *ARET* II 27, dove è riferito al fratello di Ibdulu, e TM.75.G.10075, dove è citato in relazione alla produzione di olio); nella regione di Ebla. Una lettura *dib-nu*$^{ki}$ è anche possibile. Cf. → Dabinu, → Dabinad.

Dabnugu

*dab*$_6$*-nu-gú*$^{ki}$ *ARET* VIII r. XII:25 (NP)

¶ Con lettura *da*$_5$*-nu-gú*$^{ki}$, forse riferibile a → Danugu (alternanza possibile, ma non provata).

Dabriʾa v. Dabril

Dabribu v. Darib

Dabril

*dab*$_6$*-rí-a*$^{ki}$ *ARET* IV 3 v. VIII:6
*dab*$_6$*-rí-lu*$^{ki}$ *ARET* IV 3 r. VII:2; *ARET* VII 153 r. III:2 (ugula)

¶ Fra i centri riferiti a Irti, figlio di Ibriʾum, in *ARET* VII 153; nella regione di Ebla. V. il commento a → Duralu.

Dabru

Dabru

*$dab_6$-$ru_{12}$*ki *ARET* III 104 r. III:6' (NP)

¶ Cf. → Dabur.

Dabur

*da-bù-lu*ki *ARET* VIII 527 v. VII:17 ($NP_1$ maškim $NP_2$)

*da-bù-ur*ki cit. (Pettinato, *MEE* I): TM.75.G.5288

¶ Cf. → Dabru.

Dad

*da-da*ki *ARET* VIII 529 v. II:13

*da-du*ki *ARET* VIII 542 r. IV:16 (NP)

Dad(a)nu

*da-da-nu*ki *ARET* VIII 531 r. VII:5 (en, ábba-SÙ)

¶ Regno siriano minore, forse a sud, sud-est di Ebla (v. Pettinato, *Ebla* 2, p. 260); qualche connessione con l'etnico Tidnum (rinviante agli amorrei)?

Dadiʾum

*da-ti-um*ki cit. (Pettinato, *MEE* I): TM.75.G.1340

Dadigu

*da-ti-gú*ki *ARET* VIII 527 v. X:3' (*, collazione Archi)

¶ V. → ...gu. Cf. → Dadugu.

Dadu v. Dad

Dadudi

*da-du-ti*ki TM.75.G.1975 r. V:1

¶ Una delle 52 "fortezze", bàd, della città di → Luʾadum; a nord di Ebla.

Dadugu

*da-du-gú*$^{ki}$ TM.75.G.1975 r. IV:5

¶ Una delle 52 "fortezze", bàd, della città di → Luʾadum; a nord di Ebla. Cf. Edzard, *ARES* I, p. 30. V. → ...gu. Cf. → Dadugu.

Daḏaba

*da-ša-ba*$_4$$^{ki}$ *ARET* III 776 v. IV:2', III 938 v. III:6 (NP); *ARET* VIII 526 r. IX:24 (NP), v. V:25 (NP), X:17 (NP), VIII 527 r. XIV:4a (*, NP$_1$-NP$_2$), VIII 529 v. I:16 (NP)

cit. (Archi, *MARI* 4, p. 78): TM.75.G.10127 v. III

¶ Confrontato ipoteticamente con → Dazaba da Archi in *ARET* III, p. 320: l'identità, non provata, è probabile (a nord-est di Ebla, nella zona di → Kablul?).

Daḏem, Dašem

*da-šè-im*$^{ki}$ *MEE* X 39 r. VI:4 (1 é-duru$_5$ 12 *na-se*$_{11}$)

¶ Verosimilmente a ovest di → Imar.

Dagabazin

*da-ga-ba-zi-in*$^{ki}$ TM.75.G.1451 v. V:4 (ugula)

¶ Cittadina nella regione di Ebla.

Daganam

*da-ga-na-am*$^{ki}$ *ARET* IV 17 r. VIII:14

¶ Per un poco probabile confronto con → Tiginaʾu v. Krecher, *ARES* I, p. 186.

Dagarzab

*da-gàr-za-ab*$^{ki}$ *MEE* II 26 v. IV:6; *MEE* II 27 v. V:9 (NP$^?$)

Dagbal, Digbal

*dag-ba-al*$_6$$^{ki}$ *ARET* I 6 v. X:15 (NP$_1$-NP$_2$); *ARET* II 18 r. II:5; *ARET* IX 61 v. IV:4 (*dag*$^!$(KÁ)-); TM.75.G.11010+ v. VII:7' (855 <persone>)

cit. (Milano, *ARET* IX, pp. 193-194, 211): *ARET* X 102 (1 é-duru$_5$$^{ki}$); *ARET* X 106 (4 é-duru$_5$$^{ki}$); *ARET* X 108 (NP ugula, 8 é-duru$_5$$^{ki}$; NP, 3 é-duru$_5$$^{ki}$); *ARET* X 116 (NP ugula *dag*$^!$(KÁ)-, NP ugula *dag*$^!$(KÁ)-)

Dagu

*ti-gi-ba-al*$_6$$^{ki}$ *ARET* II 28 v. VI:2 (7 *na-se*$_{11}$)
cit. (Pettinato, *MEE* I): TM.75.G.1569

¶ Importante cittadina nella regione di Ebla. Ad una possibile e più facile interpretazione unitaria Ká-baʾal per il primo gruppo di attestazioni è stata preferita quella Dagbal (o anche Dag-baʾal) in ragione di *ti-gi-ba-al*$_6$$^{ki}$, che dà una variante con /i/, ragionevole, anche se non certa, da un punto di vista strutturale, e possibile ad Ebla (v. già Krecher, *ARES* I, p. 186).

Dagu

*da-gu*$_4$$^{ki}$ *ARET* I 13 r. XIII:2; TM.76.G.188 r. I:4 (*na-se*$_{11}$-*na-se*$_{11}$), v. II:6; TM.76.G.189 r. I:3

¶ Centro menzionato in relazione ad attività agricole (v. TM.76.G.188); nella regione di Ebla. Cf. → DaLUM?

Daḫalwa

*da-ḫal-wa*$^{ki}$ *ARET* VIII 524 r. VII:28

Daḫinad (??)

*da-ḫi-na-ad*$^{ki}$ cit. (Pettinato, *MEE* I): TM.75.G.1830 (?)

¶ Probabile errore di stampa per → Dabinad.

Dalaʾum v. Daraʾum

Dalašum v. Darašum

Dalḫadi v. Darḫadūm

Dallazugur

*dal-la-zu-gur*$^{ki}$ *ARET* I 4 r. XI:4 (<*la*->, ábba), I 8 r. XI:8 (ábba, *mazalum*); *ARET* III 458 r. II:2; *ARET* VIII 532 v. I:5 (*, 2 maškim dumu-nita en)
*dal-la-zú-gur*$^{ki}$ *ARET* III 760 r. IV:2' (*)

¶ Regno siriano minore (v. da ultimo Bonechi, *AuOr* 8, p. 160). Per *ARET* VIII 532 v. Bonechi, *ibid.*, n. 24.

Daluba

*da-lu-ba$_4$*$^{ki}$ TM.75.G.1625 v. II:5

¶ Menzionato assieme a → Sadur, → Šadadu e → Danugum fra i centri relativi a Irti, figlio di Ibriʾum; nella regione di Ebla. V. Astour, *JAOS* 108, p. 550.

DaLUM

*da*-LUM$^{ki}$ *ARET* VIII 526 r. X:4

¶ Cf. → Dagu, → Daru?

Daluri

*da-lu-rí*$^{ki}$ *ARET* VIII 541 r. X:2

Dal...ba(...) (?)

*dal*-[x]-*ba$_4$*[(-x)$^{(ki)}$] *ARET* VII 156 r. VI:6

¶ NG o NP (v. *ARET* VII, p. 200)?

Damad

*da-ma-da*$^{ki}$ *ARET* III 377 v. I:2

*da-ma-du*$^{ki}$ *ARET* III 377 r. II:5'; *ARET* VIII 524 r. XIII:8, VIII 526 r. XIV:11 (NP); 1451 v. IV:3

¶ In *ARET* III 377 *da-ma-du*$^{ki}$ è determinato con lú [x]-⌜x⌝$^{ki}$: forse nella regione di Ebla si hanno due piccoli centri agricoli con questo nome (notare le due grafie differenti in *ARET* III 377). Confrontato con il NG di Mari paleo-babilonese Damedī-yum da Archi, *ARET* III, p. 319.

Damaza

*da-ma-za*$^{ki}$ *ARET* VII 152 r. III:3

¶ Fra i villaggi riferiti a Nabḫa-NI, figlio di Ibriʾum; nella regione di Ebla.

Dami

*da-mi*$^{ki}$ *ARET* I 17 v. I:6 (NP ugula); *ARET* III 938 r. III:10'; *MEE* II 32 r. IV:11

¶ Cittadina nella regione di Ebla.

Damilu

*da-mi-lu*$^{ki}$ *ARET* I 8 v. X:10 ($NP_1$-$NP_2$)

¶ Cf. → DammiLUM.

Dam(m)iqu

*da-mi-gu*$^{ki}$ *ARET* II 28 r. IV:7 (NP)

¶ L'uso di *-gu* assicura la derivazione da **dmq* (cf. Krecher, *MARI* 5, p. 623; diversamente Edzard, *ARES* I, p. 30). Cf. → DammiLUM.

Dammiʾum

*dam-mi-um*$^{ki}$ TM.75.G.2367 r. VIII:8

¶ Fra le località citate in relazione alle imprese belliche in Siria centro-occidentale di Iblul-il, sovrano di Mari.

DammiLUM

*dam-mi-*LUM$^{ki}$ *ARET* III 943 r. II:4'; *ARET* VIII 524 v. IV:3, VIII 527 v. VII:20

¶ Cf. → Damilu, → Dam(m)iqu.

Danada

*da-na-da*$^{ki}$ *ARET* IV 3 r. VII:6

¶ Cf. → DanaNE?

Danad̠

*da-na-áš*$^{ki}$ *ARET* III 20 r. I:3' (NP lú-kar), III 160 r. III:5', III 467 r. II:17 (NP ugula ká, maškim-SÙ), IV:8, v. III:3, V:12, III 533 r. IV:6' (ama-gal lú-kar), III 723 r. II:6; *MEE* X 3 r. IV:12 ($NP_1$-$NP_4$ dumu-nita $NP_5$, ⸢x⸣-SÙ), 23 (ugula ká)

cit. (Archi, *SEb* 5, p. 211, n. 14): TM.75.G.1839 v. X:17

*da-na-šu*$^{ki}$ *ARET* III 468 r. VII:4 (NP lú-kar), III 939 v. III:2'

¶ Centro mercantile non minore della regione di Ebla, sede di un sovrintendente all'unità amministrativa intesa col termine ká. V. → Danagar (??).

Danagar (??)

*da-na-gàr* ki cit. (Pettinato, *MEE* I): TM.75.G.5375
¶ Da collazionare (quasi certamente = *da-na-áš* ki).

DanaNE

*da-na*-NEki *ARET* II 15 (3 dumu-mí NE-di); *ARET* III 23 r. I:6', III 105 r. VI:3, III 797 r. I:7' (3 dumu-mí NE-di); *ARET* IV 14 v. IV:22; *ARET* VIII 539 v. IX:6' (dam en $al_6$-tuš), XII:8' (dam-en), VIII 542 v. VIII:7' (NPF dam-en *in*); *ARET* IX 52 v. II:9 ([dam* e]n); TM.75.G.1451 v. IV:7 (ugula)
cit. (Archi, *VO* 8/2, p. 198): TM.75.G.10184 r. VIII
¶ Cittadina nella regione di Ebla, spesso menzionata in relazione a personale palatino femminile eblaita (dam en, dumu-mí NE-di). La polifonia di NE impedisce di determinare se il NG fa riferimento alla stessa etimologia di → Duneb = Tunip, o se, meno probabilmente, è da avvicinare a → Danada.

DaNEnad v. Dabinad

DaNEnu v. Dabinu

Danugu(m)

*da-nu-gú*ki *ARET* III 358 r. VII:3' (NP); TM.75.G.1558 r. V:4
*da-nu-gúm*ki TM.75.G.1625 v. III:2
¶ In TM.75.G.1625 associato a → Sadur, → Daluba e → Šadadu, fra i centri della regione di Ebla riferiti a Irti, figlio di Ibriʾum. Cf. Edzard, *ARES* I, p. 30. V. → Dabnugu? Anche → ...gu.

Darʾab

*dar-ʾà-ba*$_4$ki *ARET* III 938 r. VI:14' (NP)
cit. (Pettinato, *MEE* I): TM.75.G.2233
*dar-áb*ki *ARET* I 10 v. II:8 (NP); *ARET* IV 13 r. XIV:12' (NP), IV 16 r. IV:14; *ARET* VII 79 v. II:3, VII 121 r. III:1 ($NP_1$ *wa* $NP_2$), VII 156 r. IV:1; *ARET* VIII 538 v. IX:2' (*), VIII 540 r. VI:12 ($NP_1$ lú $NP_2$); *MEE* II 36 v. III:6; *MEE* X 46 v. II:6 ($NP_1$ lú $NP_2$ $NP_3$ lú $NP_4$ $NP_5$ lú $NP_6$); TM.75.G.1669 v. III:3 (NP); TM.75.G.1964 r. III:8

Darʾaba

cit. (Archi, *MARI* 4, p. 75): TM.75.G.1535 r. VII (2 guruš); cit. (Archi, *MARI* 5, pp. 39-40): TM.75.G.1258 (šeš lugal, maškim-maškim-SÙ); TM.75. G.1560 (lugal, maškim-SÙ); TM.75.G.2526 (lugal, šeš-SÙ, maškim-SÙ); TM. 75.G.10145 (lugal, ábba-ábba-SÙ, maškim-SÙ); TM.75.G.10146 (NP lugal); cit. (Matthiae, *SEb* 2, p. 45, n. 19): TM.75.G.1422; cit. (Pettinato, *MEE* I): TM.75.G.2233, TM.75.G.11116

¶ *Dar-áb*[ki] è un importante centro nella Siria di nord-ovest, verosimilmente nella regione di Ebla, ma non una città indipendente. Identificata da Archi, *MARI* 5, p. 41, con *tá-ra-b* della lista di Thutmosis III (con riferimento all'ipotesi di Matthiae, *SEb* 2, p. 45), e con [uru]*ta-ri-bu* di Ugarit, con proposta di identificazione con l'odierna Atareb (ma v. → Darib). I raffronti proposti con *dar-ʾà-ba*$_4$[ki] (→ Darʾab, v. Archi, *ARET* III, p. 320, e *ZA* 76, p. 213, n. 4: identità), e con → Durʾaba, Duʾabaʾu (v. Krecher, *ARES* I, p. 184), sono possibili, ma per ora non provabili.

Darʾaba v. Darʾab

Daraʾum

*da-la-um*[ki] *ARET* IV 9 v. I:9 ([ki]); *ARET* IX 27 v. VI:8, IX 82 v. V:2 (en <Ebla>), 7, IX 95 r. V:11

*da-ra-um*[ki] *ARET* I 10 v. VII:2 (NP), I 14 v. V:11 (NP), I 15 v. II:5; *ARET* III 47 r. II:1, III 60 v. II:2', III 68 v. V:5, III 137 v. IV:4 (NP$_1$ *wa* NP$_2$), III 214 v.[?] III:5, III 267 r. I:2' (NP), III 275 r. IV:1', III 281 r. I:5', III 303 v. II:3' ([NP$_1$] wa NP$_2$), III 370 r. III:4', III 415 r. III:1', 4' (NP), III 467 v. VI:8, III 469 r. VI:4, III 469 r. VI:16, III 692 r. IV:3, III 706 r. II:3' (*da*[?]-, giš-nu-kiri$_6$), III 730 v. III:1', III 731 r. I:3', III 795 r. III:5' (NP); *ARET* IV 4 v. V:15, IV 8 r. V:5, IV 13 r. XI:11, v. VI:8; *ARET* VII 117 r. II:2, VII 123 r. II:3, VII 132 r. II:5; *ARET* VIII 523 r. VI:17 (NP$_1$ lú NP$_2$), X:25 (NP), VIII 534 r. X:19', VIII 538 v. X:8' (NP); *MEE* II 28 r. II:3 (<ki>), v. II:1; *MEE* X 2 v. II:18 (NP nagar); *MEE* X 3 r. VI:6 (NP ábba), VI:14, v. II:10 (dam NP); TM.75.G.2377 r. III:3; TM.75.G.2379 r. III:4

cit. (Pettinato, *MEE* I): TM.75.G.1317, TM.75.G.1743, TM.75.G.4503, TM.75.G.10019

¶ Un grande centro (ma non un regno) nella regione di Ebla, importante per le numerose transazioni commerciali che vi avvengono, spesso in relazione all'*élite* eblaita (famiglia reale, Ibriʾum e Ibbi-zikir). La menzione in *ARET* III 706 di un giš-nu-kiri$_6$ di Daraʾum suggerisce che la cittadina fosse importante anche per ragioni legate al culto funerario della famiglia reale di Ebla, e questo è confermato da *ARET* IX 27. Per l'alternanza cf. già Pettinato, *MEE* II, p. 197. V. il commento a → Darwa.

Daradu (?)

*[d]a*?*-ra-du*<ki>   *ARET* VII 153 r. I:6

¶ Fra i villaggi riferiti a Giri, figlio di Ibriʾum; nella regione di Ebla.

Darašu(m)

*da-la-šum*ki   *ARET* III 203 r. III:7', III 464 r. V:3
*da-ra-su*ki   *ARET* III 460 v. VII:2' (*)
*da-ra-šum*ki   *ARET* I 35 v. II:3
cit. (Archi, *ARET* I, p. 197): TM.75.G.2383 r. II:2 (3620 *na-se*$_{11}$ TIL)

¶ *Da-ra-zu*ki per l'editore in *ARET* III 460 (la correzione deve essere verificata). Determina → Ganamu; a est di Ebla? Per l'interpretazione di TM.75.G.2383 v. anche Alberti, *Or* 59, pp. 76-77.

Darazu   v. Darašu(m)

Darbal

*dar-bal*ki   cit. (Biga, *ARES* I, p. 303): TM.76.G.985 (NP)

¶ Citato come *dar-kul*ki.

Dardaʾu

*dar-da-ù*ki   *ARET* II 27a r. III:4

¶ Centro menzionato in relazione ad attività agricole; nella regione di Ebla.

Dardu

*dar-du*ki   cit. (Pettinato, *MEE* I): TM.75.G.1340

Darḏaʾum

*dar-ša-um*ki   cit. (Pettinato, *MEE* I): TM.75.G.1298

Dargu

*dar-gú*ki   *ARET* II 16 r. I:4 (zàḫ)
cit. (Pettinato, *MEE* I): TM.72.G.276

¶ In *ARET* II 16, in una lista di NG cui sono riferiti dei fuggitivi.

Darḫadūm

Darḫadūm, Darḫadi(ʾum), Dirḫadūm, Dirḫadiʾum

*da-ra-ḫa-du*$^{ki}$ *ARET* III 93 r. IV:2'
*da-ra-ḫa-ti*$^{ki}$ *MEE* II 37 r. XI:4, v. IX:8 (ugula)
cit. (Pettinato, *MEE* I): TM.75.G.11100
*dal-ḫa-ti*$^{ki}$ cit. (Archi, *MARI* 5, pp. 42, 43 n. 21): TM.75.G.10182; TM.75.G.10140
*dar-ḫa-du*$^{ki}$ *ARET* I 8 v. I:5; *ARET* III 584 r. V:4'
*dar-ḫa-ti*$^{ki}$ *ARET* I 16 r. II:10, III:10
*dar-ḫa-tum*$^{ki}$ *ARET* III 584 r. IV:4'; *MEE* X 29 r. IX:21, XXIV:20
*tir*$_5$*-ḫa-ti-um*$^{ki}$ *ARET* II 14 r. IX:9
*tir*$_5$*-ḫa-tum*$^{ki}$ *ARET* III 360 r. II:1

¶ Se, come è verosimile, tutte le grafie fanno riferimento ad una sola cittadina, si tratta di un centro importante nelle vicende, sia commerciali che militari, relative ai rapporti fra Ebla e → Armi. Posta verosimilmente al limite della sfera di influenza eblaita verso Armi; per una sua possibile localizzazione a nord-ovest di Ebla v. Bonechi, *SEL* 7, p. 28 (una ipotetica identificazione con → Terqa, proposta da Pettinato, *MEE* II, p. 80, è stata successivamente superata). Per una altrettanto plausibile lettura *tar*$_x$ di BAN v. Archi, *Ebl.* I, p. 136, e Lambert, *MARI* 4, p. 531, n. 14; da notare in ogni caso la curiosa quantità di varianti grafiche, e le due grafie differenti in *ARET* III 584.

Darib

*da-rí-bù*$^{ki}$ *ARET* I 6 v. XII:15; *ARET* VIII 527 v. IX:23 (NP); *ARET* IX 61 r. V:1
cit. (Milano, *ARET* IX, p. 192): *ARET* X 107 (1 é-duru$_5$$^{ki}$)
*da*$_5$*-rí-bù*$^{ki}$ cit. (Pettinato, *MEE* I): TM.75.G.1393
*da-rí-íb*$^{ki}$ *ARET* I 8 v. IX:10 (NP), I 11 r. III:16 (NP); *ARET* III 5 v. II:7' (NP), III 225 v. IV:5' (dam), III 255 r. VII:2 (NP), III 704 v. II:2, II 948 r. I:2' (NP), III 949 r. III:23' (NP); *ARET* IV 2 r. III:12 (NP), IV:3 (NP), r. VI:11 (NP$_1$ nagar NP$_2$ lú NP$_3$ NP$_4$), v. III:19 (NP$_1$-NP$_3$), IV:3 (NP), V:18 (NP), VI:17 (NP), VII:9 (NP$_1$-NP$_2$), IX:22 (NP), IV 13 v. VIII:19 (9 é-duru$_5$$^{ki}$); *ARET* VII 150 v. I:5 (ND$_1$), IV:2 (AN.AN.AN en-en al$_6$-tuš *in*); *ARET* VIII 524 r. X:8 (NP), VIII 526 r. VI:3 (NP), VIII 538 v. III:15', VIII:22'; *ARET* IX 66 r. II:8 (NP), VIII:7, IX 68 v. I:6 (NP ugula), VII:8 (NP); *MEE* II 29 v. III:10; *MEE* X 23 v. IX:8; TM.75.G.2377 r. I:6, II:2 (-ii); TM.75.G.2379 r. I:6, II:3 (-ii); TM.75.G.2224 r. IV:4 (260 guruš)
cit. (Archi, *WGE*, p. 134): TM.75.G.1731; cit. (Milano, *ARET* IX, p. 211): *ARET* X 102 (2 é-duru$_5$$^{ki}$); *ARET* X 103 (2 é-duru$_5$$^{ki}$); *ARET* X 105 (2 é-duru$_5$$^{ki}$); *ARET* X 106 (5 é-duru$_5$$^{ki}$); cit. (Pettinato, *MEE* I): TM.75.G.1263

¶ Sulla base di TM.75.G.2377 // TM.75.G.2379 si distinguono due Darib, entrambe sedi del culto di $^{d}$NIdabal. Una di queste è un importante centro religioso: v. *ARET* VII 150, che cita un [$^{d}$x-*r*]*a-ru*$_{12}$ (ND$_1$) di Darib; in quest'ultimo testo è riferito a questa cittadina il culto di alcuni sovrani eblaiti defunti. Da ricercarsi nella regione di Ebla, è stata identificata con buona verosimiglianza nella moderna Atareb, 30 km. a nord di Ebla, da Archi, *Ehrman Volume*, p. 106, *WGE*, p. 134, n. 7, e *PdP* 46, p. 203 (e cf. *id.*, *ZA* 76, p. 213, nn. 3-4); v. anche Milano, *Scienze dell'Antichità* 3-4, p. 171, n. 77, con identificazione con *tá-ra-b* della lista di Karnak di Thutmosis III e con $^{uru}$*ta-ri-bu* dei testi di Ugarit, sempre in relazione alla moderna Atareb; v. comunque anche il commento a → Darʾab. La seconda grafia potrebbe anche riferirsi a una Dabribu.

## Daribanu (??)

*da-rí-pa-nu*$^{ki}$ TM.75.G.1444 r. VII:4

¶ Fra i centri dati (ì-na-sum) a Gir-damu, figlio di Ibriʾum; nella regione di Ebla. Rimarcabile è l'uso del segno PA, estraneo al sillabario eblaita, per cui è verosimile una lettura ugula *da-rí-nu*$^{ki}$, in relazione a → Darin.

## Darid̠aba

*da-rí-ša-ba*$_4$$^{ki}$ *ARET* VIII 526 v. V:6

¶ V. → Dari(d̠a)baʾu (?).

## Dari(d̠a)baʾu (?)

*da-rí-<ša->-ba*$_4$*-ù*$^{ki}$ *ARET* VIII v. VII:12'

¶ Edito come *da-rí-ù-ša-ba*$_4$$^{ki}$, ma l'esame della fotografia esclude la presenza di *ša*; cf. → Darid̠aba.

## Darin

*da-rí-in*$^{ki}$ *ARET* III 193 r. VI:12; *ARET* VIII r. IV:30 (NP); TM.75.G.2377 r. V:1; TM.75.G.2379 v. II:1

*da-rí-nu*$^{ki}$ TM.75.G.1964 r. VI:5 (ugula)

¶ Cittadina della regione di Ebla, verosimilmente nel bacino dell'Oronte, citata in TM.75.G.2377 // TM.75.G.2379 fra le sedi di culto di NIdabal. Per un'altra probabile attestazione v. il commento a → Daripanu.

## Dari...

*da-rí-*⌜x⌝[...$^{ki}$] *ARET* III 28 r. III:4'

¶ Più verosimilmente un NG che un NP, sulla base del numero delle vesti assegnate.

DarKUL

DarKUL v. Darbal

Daršiba'u

*da-ar-si-ba-ù*[ki] *ARET* VIII 527 r. IX:7
¶ Da collazionare.

Daršu

*dar-su*[ki] cit. (Pettinato, *MEE* I): TM.75.G.1330

Daru

*da-ru*$_{12}$[ki] cit. (Pettinato, *MEE* I): TM.75.G.1298
¶ Cf. → DaLUM?

Darwa

*dar-wa*[ki] *ARET* III 464 v. III:4'; *ARET* VII 38 r. I:4
¶ Confrontato ipoteticamente con → Dara'um da Archi, *ARET* I, p. 320.

Darwašaḫ

*dar-wa-ša-ḫa*[ki] *ARET* I 5 r. IX:12
*dar-wa-ša-ḫu*[ki] *ARET* VIII 531 r. VI:6

Daš... v. anche UR...

Dašadu

*da-sa-du*[ki] *ARET* I 4 r. X:8 (NP), I 7 r. IX:3, I 32 r. VI:10 (NP); *ARET* III 105 r. V:1 (ugula), III 689 r. II:2' (dumu-nita); *ARET* VIII 524 r. III:9 (*, NP ugula), VIII 526 r. XV:20 (*, NP$_1$-NP$_4$), VIII 540 r. X:11 (NP)
¶ Cittadina nella regione di Ebla.

Dašar

*da-sa-ar*[ki] *MEE* X 26 r. XII:12 (ugula)
¶ Cittadina nella regione di Ebla.

Dašem v. Daḏem

Dazaba

*da-za-ba*ki TM.75.G.2420 r. IV:6
*da-za-ba₄*ki *ARET* III 412 r. V:6'

¶ Fra i centri nelle mani del sovrano eblaita in TM.75.G.2420; a nord-est di Ebla. V. il commento a → Daḏaba.

Dazimad

*da-zi-ma-ad* ki cit. (Pettinato, *MEE* I): TM.76.G.288

¶ Da collazionare.

Dazunugu

*da-zú-nu-gú*ki *ARET* VIII 529 r. XII:13 (en)

¶ Se si tratta di un regno siriano (cf. da ultimo Bonechi, *AuOr* 8, p. 160), deve essere stato fra quelli minori.

Terqa v. Dirga

Diʾabu

*ti-a-bù*ki *ARET* II 28 v. III:6 (NP)

Diʾam(a)dum

*ti-a-ma-tum*ki cit. (Pettinato, *MEE* I): TM.76.G.289

Diʾu

*ti-ù*ki *ARET* III 249 r. IV:2; *ARET* VII 145 v. IV:7 (*, <ki>, ?)

¶ In *ARET* VII 145 il ricapitolativo di una lista di 9130 TIL è determinato da *ti-ù*: più che un termine del lessico (senza paralleli) si può avere qui una grafia del NG, scritta senza determinativo.

Dibaʾu

*ti-ba-ù*ki *MEE* II 40 v. IV:6 ($NP_1$-$NP_7$)

## Dibadu

*ti-ba-du*$^{ki}$ *ARET* IV 1 v. IX:2
¶ Cf. → Dibalad?

## Dibalad

*ti-ba-la-ad*$^{ki}$ TM.75.G.2367 r. II:10, v. III:7
¶ Fra i centri menzionati in relazione alle campagne in Siria centro-occidentale dei re di → Mari Saʾumu (*in* kur$^{ki}$ AN-*ga-i*[(-x)]) e Iblul-il (kalam$^{tim}$-kalam$^{tim}$ [B]AD-*la-an*$^{ki}$). Cf. → Dibadu?

## Dibnu v. Dabnu

## DidiNI

*ti-ti*-NI$^{ki}$ cit. (Pettinato, *MEE* I): TM.75.G.1344

## DiḏaLUM

*ti-ša*-LUM$^{ki}$ *ARET* IV 18 r. XIII:9

## Diḏ(ḏ)um, Diš(š)um

*ti-sum*$^{ki}$ *ARET* I 1 r. VII:12 (guruš-guruš-SÙ), I 3 r. VIII:14 (guruš-guruš-SÙ). I:4 r. IX:10 (guruš-guruš-SÙ), I 5 r. VIII:5, I 6 r. XI:5 (guruš-SÙ), I 7 r. VIII:6 (guruš-guruš-SÙ), I 8 r. VI:7 (ábba-SÙ, guruš-guruš-SÙ); *ARET* III 2 r. VIII:2', III 467 r. I:11 (NP), III 644 r. I:6' ([$NP_1$] $NP_2$ *wa* $NP_3$ dumu-nita-SÙ), III 646 r. I:5' (... $NP_1$-$NP_2$ lú-kar); III 732 r. I:2 (lú-kar), III 840 r. I:1', III 916 r. I:4' (NP), III 967 r. I:7' (... $NP_1$-$NP_5$); *ARET* IV 3 r. X:7, 17; *ARET* VIII 522 v. III:6 (ábba), VIII 523 r. IX:24 ($NP_1$-$NP_4$ lú-kar), VIII 524 r. I:9, VIII 526 r. VI:23 (NP lú-kar), XII:6 (lú-kar), v. IX:6 (lú-kar), VIII 528 r. VIII:10, VIII 529 r. X:14 (NE-di-NE-di), v. VII:14, VIII 531 r. V:2 (ábba-$SU_2$), VIII 533 r. VIII:11 (lú-kar), VIII 540 r. XI:15 (NP), v. II:2; *MEE* II 1 r. X:8; *MEE* X 4 v. XI:4' cit. (Archi, *AoF* 15, p. 29): TM.75.G.1745 v. V:22 ($NP_1$-$NP_{12}$ simug), TM.75.G.2293 (dumu-nita simug), TM.75.G.10079 v. VIII:4 (simug-simug); cit. (Archi, *ARET* I, p. 223): TM.75.G.2289; cit. (Archi, *WGE*, p. 134): TM.75. G.1780; cit. (Milano, *ARET* IX, p. 193): *ARET* X 107 (lú é $ir_{11}$); cit. (Pettinato, *MEE* I): TM.75.G.1297, TM.75.G.4532, TM.75.G.11064, TM.75. G.11134 (?)

*tin-sum*ki *ARET* II 29 v. IV:15 (?)

cit. (Archi, *WGE*, p. 134): TM.75.G.1731

*ti-šum*ki *ARET* III 807 r. I:2' (lú-kar); *ARET* VII 138 r. II:1

¶ Si distinguono in Siria di nord-ovest una Did̠(d̠)um maggiore ed una minore; il fatto che una Did̠(d̠)um sia determinata da → Ibʾal in *ARET* VIII 524 suggerisce che almeno un centro di questo nome sia localizzabile a sud di Ebla. Le altre attestazioni sono strutturalmente compatibili con quelle dei regni siriani che aprono i testi di tipo *ARET* I 1-9: si tratta verosimilmente di un regno (v. Arcari, *Ebla 1975-*, p. 123); tuttavia, in assenza di una menzione del suo sovrano in testi editi, il giudizio su tale possibilità andrà sospeso (v. Bonechi, *AuOr* 8, pp. 163 e 171). In *ARET* II 29 *tin-sum*ki è un centro menzionato in relazione ad attività agricole (ki) (ma v. anche D'Agostino, *OA* 29, p. 55 e n. 52, che ipotizza una lettura *ḫal*!*-sum*ki, in effetti più verosimile). Che le grafie con *tin-* siano varianti di quelle con *ti-* è suggerito da Archi, *WGE*, p. 134; per l'alternanza fra le grafie con *-sum* e quelle con *-šum* v. *id.*, *ARET* III, p. 333; se tale suggerimento è corretto, cadrebbe la possibilità di lettura **ti-zàr* ki. Per *ARET* VIII 532 r. III:2' v. → Din.

Digami

*ti-ga-mi* ki cit. (Archi, *MARI* 5, p. 39): TM.75.G.1437 (NP lugal)

¶ V. → Digamu.

Digamu

*ti-ga-mu*ki *ARET* VIII 538 v. I:2'

¶ V. → Digami.

Diga... (?)

[*t*]*i*?*-ga-*[xki?] *ARET* III 182 v. III:2

Dig(i)bal v. Dagbal

Diginaʾu

*ti-gi-na-ù*ki *ARET* I 15 v. I:6

¶ Cf. → DigiNI? V. il commento a → Daganam.

DigiNI

DigiNI

*ti-gi*-NI[ki] TM.75.G.1558 r. II:4

¶ Citato in un conto di pecore riferite al sovrano eblaita; nella regione di Ebla. Cf. → Digina'u?

DiḪARNILUM

*ti*-ḪAR-NI-LUM[ki] *ARET* I 4 v. V:3

Dila

*ti-la*[ki] cit. (Pettinato, *MEE* I): TM.75.G.1386

¶ Cf. Archi, *SEb* 2, p. 2.

Dimadu(m)

*ti-ma-du*[ki] TM.75.G.1625 r. II:1

cit. (Pettinato, *MEE* I): TM.75.G.2233

*ti-ma-tum*[ki] *ARET* III 4 r. I:2', III 752 r. II:1'

¶ In TM.75.G.1625 fra le località riferite a Irti, figlio di Ibri'um; sembrerebbe determinata da → Kakmi'um in *ARET* III 752 (ma non è provato che le due grafie si riferiscano allo stesso sito). In Siria di nord-ovest.

Dimmiza'u v. Dinmiza'u

Din

*ti-in*[ki] *ARET* III 103 v. II:6', III:2', III 511 v. IV:1, III 939 r. III:3', 7' (*, NP), III 940 r. IV:5'; *ARET* IV 3 v. VII:18 ($NP_1$ lú $NP_2$); *ARET* VII 105 r. II:1 (NP); *ARET* VIII 523 v. II:11 (*, <ki>, $NP_1$-$NP_2$), III:22 (NP), IX:27 (NP), VIII 524 r. II:21 (NP), 24, v. I:1 (NP), VIII 525 v. VI:12 (NP), VIII 526 r. XI:5 (NP), XIV:6 (NP), v. III:4 ($NP_1$-$NP_2$), VIII 529 v. II:1, IV:6 (NP), VIII 533 r. III:2' (*, collazione Archi), XIII:5 (NP), VIII 538 v. I:9' ($NP_1$-$NP_2$), III:4' ($NP_1$), VII:5' ($NP_1$-$NP_2$), VIII 540 r. XII:6 (NP), v. III:3 (NP), VII:6 ($NP_1$-$NP_2$ 2 dumu-nita $NP_3$); *MEE* X 3 v. VI:3; *MEE* X 24 r. IX:14; TM.75.G.1402 r. VI:3; TM.75.G.1655 v. II:4; TM.75.G.1669 v. V:13 (NP); TM.75.G.2222 r. V:3

cit. (Archi, *MARI* 6, p. 35): TM.75.G.2454 r. V ($NP_1$ lú $NP_2$); TM.75.G.2461 r. IV?:8 (NP); cit. (Archi, *WGE*, p. 137): TM.75.G.1655 (11700 guruš-guruš tuš *áš-ti* Tin); cit. (Pettinato, *MEE* I): TM.75.G.2165, TM.75.G. 2233, TM.75.G.11013, TM.75.G.11134

¶ Determina → Gidaš in *ARET* III 103, ed è determinata da → Uq(u)rat(um) in *ARET* III 939 e *ARET* VIII 524: potrebbero forse esservi state due località di questo nome. Se così fosse, la principale delle due è un'importante città della Siria di nord-ovest, in un'area nella quale veniva praticato l'allevamento degli ovini (TM.75.G. 2222); TM.75.G.1655 dà conto del fatto che 11700 lavoratori-guruš (riferiti a 14 "signori", lugal, e a → "Saza") hanno risieduto presso questa città (tuš *áš-ti ti-in*ki). Verosimilmente da identificare con → Dinnu (ma non necessariamente con → Dina), può trovarsi a nord-est di Ebla (v. Pettinato, *Ebla* 2, p. 239); i guruš menzionati potrebbero esservi stati raccolti in relazione alle vicende descritte dal trattato con → "Abarsal". Sede del culto di dAšdar in inediti (v. Archi, *MARI* 7, p. 75). La lettura in *ARET* III 939 r. III:7' (consentita dalla fotografia) è suggerita dal contesto, e dal confronto con *ARET* VIII 538 v. VII:3'-5'.

Dina

*ti-na*ki *ARET* I 13 v. II:17 (NP); *ARET* VII 153 r. I:4; *ARET* VIII 532 v. III:12 (*, -⌜*na*⌝?, collazione Archi); *MEE* X 21 v. V:15 (NP ugula); TM.75.G.1964 r. V:3

¶ Fra i centri riferiti a Giri, figlio di Ibriʾum, in *ARET* VII 153; nella regione di Ebla. Cf. → Din, da cui va tenuta distinta. V. Archi, *Mél. Finet*, p. 16, per un'identificazione con → Dinnu.

Dinadu

*ti-na-du*ki *ARET* VII 153 r. II:2

¶ Fra i centri riferiti a Irti, figlio di Ibriʾum; nella regione di Ebla. Cf. → DiNIdu.

Dinag

*ti-na-ag*ki *ARET* IV 2 v. V:16 (NP)

*ti-na-gú*ki *ARET* I 13 v. I:15 (NP); *ARET* III 416 r. IV:6' ($NP_1$-$NP_2$); *ARET* VIII 526 r. XIII:7 (NP)

Dinḏum v. Diḏ(ḏ)um

DiNIdu

*ti*-NI-*du*$^{ki}$ *ARET* VII 155 v. I:2

¶ Fra i centri riferiti a Irig-damu, figlio di Ibriʾum; nella regione di Ebla. Cf. → Dinadu.

DiNIzu

*ti*-NI-*zu*$^{ki}$ TM.75.G.1451 v. II:4

Dinmazaʾu, Dinmazū, Dinmizaʾu

*ti-mi-za-ù*$^{ki}$ *ARET* VIII 529 v. II:18
*tin-ma-za-ù*$^{ki}$ TM.75.G.1975 v. II:5
*tin-mi-za-ù*$^{ki}$ cit. (Archi, *St. Özgüç*, p. 13): TM.75.G.1587
*ti-na-ma-zu*$^{ki}$ TM.75.G.2136 r. II:3

¶ Una delle 52 "fortezze", bàd, della città di → Luʾadum in TM.75.G.1975 (e cf. TM.75.G.1587); a nord di Ebla. Per l'identificazione delle grafie con *tin*- come varianti del nome di una sola località v. Archi, *St. Özgüç*, p. 14 (e cf. Krecher, *Ebla 1975-*, pp. 184-185). Astour, *WGE*, p. 143, n. 29 (che vi aggiunge come varianti → Dim(m)izaʾu e, dubitativamente, → Maʾzu), proponendo una continuità onomastica sino all'epoca di Tiglat-pileser III, la identifica con Oylum Hüyük, a sud-ovest di Gaziantep.

Dinnu

*ti-in-nu*$^{ki}$ TM.75.G.2420 r. III:3

¶ Dinnu e le sue "fortezze" (bàd-bàd$^{ki}$) sono "nelle mani" del sovrano di Ebla"; a nord -est di Tell Mardikh. Cf. → Din. V. Archi, *Mél. Finet*, p. 16, per un'identificazione con → Dina.

Dirga, Terqa

*tir*$_5$*-ga*$^{ki}$ cit. (Archi, *Ebl.* I, p. 138 [7]): TM.75.G.2250 r. X:13, XI:6
cit. (Archi, *Mél. Kupper*, p. 198, n. 7): TM.75.G.2236 r. X:7
*ti-rí-ga*$^{ki}$ cit. (Archi, *Ebl.* I, p. 138 [9]): TM.75.G.2270 v. VIII:19

¶ Per l'identificazione delle due grafie come varianti, ed il riferimento a Terqa = Tell Ašara sull'Eufrate a monte di Mari (cf. *RGTC* 3, pp. 235-236), v. Archi, *Ebl.* I, pp. 136-137; Milano, *Or* 56, p. 85.

Dirḫadiʾum, Dirḫadūm v. Darḫadūm

Dirrulaba

*$tir_5$-$ru_{12}$-la-ba*[ki] TM.75.G.2420 r. III:16
¶ Fra i centri a nord-est di Ebla "nelle mani" del sovrano eblaita.

Diš(i)nan

*ti-si-na-an*[ki] cit. (Biga, *ARES* I, p. 296): TM.76.G.272 (NP)
*ti-si-na-nu*[ki] TM.75.G.1451 r. IV:9

Diš(š)um v. Did̲(d̲)um

Diza<sup>ɔ</sup>u

*ti-za-ù*[ki] *ARET* IV 1 v. IX:10

Dizalu

*ti-za-lu*[ki] TM.75.G.1451 v. III:12

Du

*du*[ki] *ARET* I 5 r. X:7, I 30 v. III:6 (dumu-nita NP): *ARET* II 28 v. VII:6 (NP), II 29 v. II:1, IV:8, 12; *ARET* III 183 r. III:4', III 231 v. III:4'; *ARET* IV 16 r. II:1; *ARET* VII 9 v. IX:4, VII 11 r. VIII:5; *ARET* VIII 527 v. II:15, X:23'; *MEE* II 40 v. IV:14; *MEE* X 24 r. VIII:13

cit. (Archi, *SEb* 7, p. 35): TM.75.G.1735 v. II:8; cit. (Pettinato, *MEE* I): TM.75.G.1570

¶ In *MEE* II 40 sembra qualificare → Baziru, in *ARET* II 28 in relazione con → Adaratum. Non è provabile, né è probabile, che sia scrittura abbreviata di → Dulu, come ipotizzato da Pettinato in *MEE* II, p. 284; inaccettabile anche l'identificazione proposta dallo stesso, *MEE* III, pp. 142-143, con l'Egitto. Archi, *Mél. Kupper*, p. 202, ipotizza l'appartenenza alla regione di → Tuttul.
In *ARET* VIII 527 v. II:15 è dubbio che *du*[ki] sia seguito dal numerale 1, mentre in X:22'-23' si ha níg-$kas_4$ / *du*[ki], non maškim / *du*[ki]. Cf. → Du<sup>ɔ</sup>a?

## DU$_6$

### DU$_6$

DU$_6$$^{ki}$ *ARET* III 267 r. I:4' (-SÙ), III 628 r. II:2'; *ARET* IV 4 r. V:8 (*); *ARET* VIII 525 v. IX: 5 (*), VIII 527 v. VI:10 (*); *MEE* X 4 v. IX:3; TM.75.G.1447 r. III:6 (*, ⌜ki⌝); TM.75.G.1700 r. III:2; TM.75.G.1986+ r. V:5

cit. (Archi, *Mél. Finet*, p. 18): TM.75.G.1911; cit. (Pettinato, *MEE* I): TM.75.G.1318

DU$_6$.DU$_6$.DU$_6$$^{ki}$ TM.75.G.1444 v. VII:7

¶ Sono qui raccolte le attestazioni di NG di volta in volta editi come DU$_6$$^{ki}$, SU$_7$$^{ki}$, SUM$^{ki}$, ZAR$^{ki}$ e X.

"Collina"; più che come nome di città, da intendere come termine topografico ed amministrativo, opponendosi a uru-bar, é-duru$_5$$^{ki}$-maḫ e é-duru$_5$$^{ki}$-ii. V. più approfonditamente Bonechi, *NABU* 1993.

### Duʾa

*du-a*$^{ki}$ *ARET* IV 2 v. V:20 (NP), VIII:1 (NP)

¶ Cf. → Du?

### Duʾaʾu

*du-a-ù*$^{ki}$ *ARET* III 111 r. V:4' (NP), III 795 r. IV:9

¶ Centro menzionato in relazione ad attività agricole (per *ARET* III 795 v. → Aʾlu); nella regione di Ebla.

### Duʾabaʾu

*du-ʾà-ba-ù*$^{ki}$ *ARET* IV 1 v. IX:12

¶ V. → Darʾaba.

### Duʾalrag, Duʾarrag

*du-al$_6$-ra-ag* $^{ki}$ cit. (Pettinato, *MEE* I): TM.75.G.1324

¶ Grafia dubbia, da collazionare.

### Duʾam

*du-a-am$_6$*$^{ki}$ TM.75.G.1964 r. V:5

*du-a-mu*$^{ki}$ *ARET* VIII 529 v. III:12 (NP)

*du-am$_6$*$^{ki}$ *ARET* I 5 r. IX:11, 14 (-ii); *ARET* VIII 531 r. VI:13 ([$^{ki}$-ii]), 18

¶ L'identificazione delle tre grafie come varianti del nome di un unico sito non è provata. Si tratta in ogni caso di NG relativi alla regione di Ebla, nella quale si trovavano almeno due *du-am$_6$*$^{ki}$. La lettura alternativa *du-ba-an*$^{ki}$ per TM.75.G.1964 data da Mander in *MEE* X, p. 164, non sembra corretta. Cf. → ...amu?

Duʾan v. Duʾam

DuʾaNEr

*du-a*-NE-*ir*$^{ki}$ *ARET* III 358 r. VII:7' (ND)
¶ Località della Siria nordoccidentale, sede di culto di $^{d}$*a-da-ma*.

Duʾazu

*du-a-zú*$^{ki}$ *ARET* II 28 v. I:6

Duʾu

*du-u*$_{9}$$^{ki}$ *ARET* I 7 v. XIII:13 (?), I:10 v. IX:5, I 15 v. VI:14; *ARET* VIII 536 r. II:4' (NP engar)
cit. (Pettinato, *MEE* I): TM.75.G.10019
¶ Cittadina nella regione di Ebla.

Duʾ(u)bu

*du-u*$_{9}$*-bù*$^{ki}$ TM.75.G.1451 v. II:12; TM.75.G.1669 v. VI:8 (NP, -*u*$_{9}$$^{?}$-); TM.75. G.2377 r. III:4 (-tur), r. III:7-IV:1 (-maḫ); TM.75.G.2379 r. III:5 (-tur), IV:2 (-maḫ)
cit. (Archi, *Ét. Garelli*, p. 216): TM.75.G.2183
¶ Nella Siria di nord-ovest (e verosimilmente nel bacino dell'Oronte) sono attestate due cittadine di questo nome, differenziate tramite gli aggettivi "grande" e "piccola"; in TM.75.G.2377 // TM.75.G.2379 sono menzionate fra le sedi di culto di $^{d}$NIdabal; in TM.75.G.2183 una Duʾubu è citata in relazione alla produzione di olio. V. anche Astour, *JAOS* 108, p. 551.

Ṭūb

*du-ub*$^{ki}$ *ARET* I 1 r. II:5 (en, ábba-SÙ), I 3 r. III:8 (en, ábba-SÙ), X:12' (2 dumu-nita en), I 4 r. III:1 (en, ábba-SÙ), I 5 r. III:5 (en, ábba-SÙ), I 6 r. II:5 (en, ábba-SÙ), I 7 r. II:4 (en, ábba-SÙ), I 8 r. II: 8 (en, ábba-SÙ, maškim-SÙ), v. IX:3 (dam en), XI:22 (*maliktum*, *wa* dumu-mí-SÙ, dumu-nita-SÙ), I 9 r. II:3 (en, ábba-SÙ), I 10 v. I:11 (NP$_{1}$-NP$_{2}$ 2 dumu-nita en), v. IV:14 (NP, maškim-SÙ, *mazalum*-SÙ), VII:11 (NP, maškim-SÙ), VIII:5, I 11 r. XII:9 (NP), v. I:9 (en-tur, (NP$_{1}$ *wa* NP$_{2}$ ábba-SÙ, maškim-SÙ), I 14 r. II:10 (NP$_{1}$,

$NP_2$ gi-di-SÙ), V:16 (NP), I 17 v. V:7 ($NP_1$, $NP_2$ maškim-SÙ), I 30 v. IX:4, I 32 r. I:18 (en, ábba-SÙ), I 45 r. VIII:3'; *ARET* II 14 r. II:9, VIII:14; *ARET* III 2 r. III:10' ($NP_1$ *wa* $NP_2$), III 58 r. II:3', III 63 r. III:9 ($NP_1$ *wa* $NP_2$), III 134 v. VI:6' (en), III 159 r. VI:4', VII:15', III 192 v. I:4, IV:4 (en), III 196 r. II:10 (NP), III 197 r. IV:5, III 202 r. II:2', III 208 r. II:4' (NP *wa* maškim-SÙ, *mazalum*-SÙ), III 216 r. VIII:4', III 290 r. I:3' (en), III 322 r. IX:4 (..., NP maškim-SÙ), III 360 r. II:2, IV:3 (NP), III 427 r. II:1', III 452 r. I:1', III 498 v. III:4' (NP), III 514 r. III:3' (NP), III 529 r. III:5', III 584 r. VII:5' (en), VIII:1' (?), III 768 r. II:2' (en), III 800 r. III:9' (NP), III 805 r. II:5' (en), III 915 r. II:9 (en), III 938 r. II:5', III:5'; *ARET* IV 4 v. V:1 ($NP_1$, $NP_2$ maškim-SÙ), IV 6 r. X:22 (en, 2 ábba-SÙ), v. IV:14 (en, *mazalum*-SÙ), IV 7 v. III:5 (NP, maškim-SÙ, *mazalum*-SÙ), IV 9 v. II:1 (NP, maškim-SÙ), v. III:11 (en), IV 10 r. XI:5 (NP), v. V:2 (NP), IV 12 r. I:8 ($NP_1$, $NP_2$, $NP_3$ maškim-SÙ), III:1, IV 13 r. VI:13 (NP, NE-di), VII:6 (en), IV 16 r. I:4, IV 17 r. II:10 (maškim-SÙ), VII:13 (šeš en, maškim-SÙ), v. VII:16 (*mazalum*<-SÙ>), IV 18 v. IX:10 (maškim-SÙ), IV 19 r. I:8 ($NP_1$ *wa* $NP_2$, $NP_3$ *mazalum*-SÙ[?]), VI:2 (NP), r. VII:3 (NP), IV 23+ r. II:2' (2 <persone>), IV 25 v. I:11 (NP, maškim-SÙ); *ARET* VII 16 v. I:10 (NP $u_5$), VII 19 r. II:1, VII 94 r. V:2; *ARET* VIII 522 r. III:2 (NP, ábba-SÙ, maškim-SÙ), 9, IV:2, V:7 (?), IX:12 ($NP_1$-$NP_2$), VIII 523 r. II:4 (en), III:9 (a-mu-SÙ, šeš-šeš-SÙ, dumu-nita-dumu-nita-SÙ, šeš-šeš-SÙ, ábba-SÙ, *mazalum*-SÙ, *maliktum*, dumu-mí-SÙ dam, dumu-mí-tur), VIII:9, VIII 525 r. III:10 (NP, *mazalum*-SÙ), VIII 526 r. IX:7 (NP), XIV:24 (NP), 27, v. V:18, VIII 528 r. VIII:4, VIII 529 v. VI:20 (en), VII:5 (NP), VII 25 (maškim-maškim en), VIII 531 r. II:4, v. XI:12 ($NP_1$-$NP_2$), VIII 540 r. XIII:15 (en), v. X:9, VIII 541 v. IV:4' ($NP_1$-$NP_2$), VIII 542 v. VII:11' (?); *ARET* IX 74 r. II:6, IX 81 r. I:4, IX 82 r. I:6; *MEE* II 1 v. I:5; *MEE* II 14 v. VI:4 (NP lugal); *MEE* II 25 r. I:3 ($NP_1$, maškim-SÙ-maḫ, $NP_2$ *mazalum*<-SÙ>), IV:7; *MEE* II 32 v. II:15 (en, maškim-SÙ); *MEE* II 33 r. IV:12; *MEE* II 37 v. IX:13; *MEE* II 39 v. II:4 (NP); *MEE* II 41 r. V:3 (NP); *MEE* X 2 r. X:10 (NP), v. VII:11 (NP lú-kar); *MEE* X 3 v. I:16 (NP); *MEE* X 4 v. V:7' (en); *MEE* X 24 r. VIII:11, XI:11; *MEE* X 29 r. XXIV:5; TM.75.G.1353 r. VIII:10 (NP $u_5$); TM.75.G.2224 v. I:2 (NP)

cit. (Archi, *ARET* I, p. 223): TM.75.G.2289; cit. (Archi, *MARI* 6, pp. 32, 34-35): TM.75.G.1707 r. XI:16 (en); TM.75.G.2250 v. VI:4' (2 <persone>); TM.75.G.2274 r. X:9 (en); TM.75.G.2369 v. II:5 (en); TM.75.G.2434 r. III:11 (en); cit. (Archi, *Mél. Finet*, p. 18): TM.75.G.1940 (en); cit. (Pettinato, *MEE* I): TM.75.G.1270, TM.75.G.1297, TM.75.G.1324, TM.75.G.1335 (en), TM.75.G.1337, TM.75.G.1344 (en), TM.75.G.1389, TM.75.G.1416, TM.75.G.1417, TM.75.G.1419 (en), TM.75.G.1427 (en), TM.75.G.1438, TM.75.G.

1585, TM.75.G.2165, TM.75.G.4390, TM.75.G.4531, TM.75.G.5317, TM.75. G.5375, TM.75.G.5550, TM.75.G.5660, TM.75.G.6025, TM.75.G.11032, TM. 75.G.11122, TM.76.G.119

¶ Uno dei più importanti regni siriani, fra quelli che aprono i testi di tipo *ARET* I 1-9.

Identificabile con la Ṭūbā del II millennio (v. Matthiae, *SEb* 1, p. 118; Garelli, *Remarques*, § 2; Pettinato, *MEE* II, p. 15; Archi, *SLE*, p. 231; Catagnoti, *Mél. Fleury*, p. 28); una sua localizzazione a Tell Umm el-Marra (avanzata da Matthiae, *ibid.*) è verosimile (nei pressi del Giabbul anche per Pettinato, *Ebla* 2, pp. 265-266). Per l'interpretazione del nome v. Fronzaroli, *OrSu* 33-35, p. 141 (con bibliografia).

In *ARET* VIII 526 r. XIV:27 sembra determinato da → Abattum (ma questo non è certo, e dunque che siano esistite due città chiamate Ṭūb resta per ora solo un'ipotesi).

In *ARET* I 2 r. II:9-13 non si può reintegrare un'attestazione del sovrano di Ṭūb e dei suoi ábba, come dimostra il join con *ARET* IV 23 (v. Bonechi, in stampa). Per *ARET* VIII 526 v. V:15 v. → ... (ma l'ipotesi dell'editore resta valida). Per la formazione del nome cf. → Duban, → Dubu?

Duban

*du-ba-an*ki *MEE* II 40 v. IV:8 (NP)

¶ V. → Ṭūb.

Dubu

*du-bù*ki cit. (Archi, *Ét. Garelli*, p. 216): TM.75.G.1244

¶ Centro connesso con la produzione dell'olio; nella regione di Ebla. V. → Ṭūb.

Duda

*du-da*ki *ARET* IV 2 v. VIII:20 (NP); *ARET* VII 151 r. II:3, VII 156 v. I:3; *ARET* VIII 525 v. III:3

¶ In *ARET* VII 156 fra i centri riferiti ai figli di Irʾam-damu; nella regione di Ebla.

Dudari

*du-da-rí*ki *ARET* IV 1 v. IX:4

Duḏedu v. Dušedu

Duḏeri, Dušeri

*du-šè-rí*ki TM.75.G.1625 v. III:6

¶ Fra i centri in relazione con Irti, figlio di Ibriʾum; nella regione di Ebla.

## Duḏum

*du-sum*$^{ki}$ *ARET* III 811 r. I:4' (NP)
¶ Una lettura *du-zàr*$^{ki}$ è anche possibile.

## Dugadu

*du-ga-du*$^{ki}$ *ARET* IV 20 r. IX:6; *ARET* VIII 526 r. VIII:4; *MEE* II 39 r. IV:11, V:8, XII:9; *MEE* II 40 r. VII:10
cit. (Pettinato, *MEE* I): TM.75.G.4918
¶ In *MEE* II 39 qualifica → Luḫadu. In Siria di nord-ovest.

## DuGAN

*du*-GAN$^{ki}$ TM.75.G.1281 v. I:3 (en <Ebla>)
¶ Probabilmente non un regno siriano (v. Bonechi, *AuOr* 8, p. 165). Archi, *SEb* 7, p. 47, n. 3, nota un'assonanza con Tell Tuqan, così come Hecker, *LdE*, p. 169. Cf. → Duḫi?

## Dug(u)rašu

*du-gú-ra-su*$^{ki}$ *ARET* I 6 v. VII:19, I 10 r. VI:5, VIII:6 (en), IX:12, I 15 r. II:1; *ARET* III 95 r. II:3' (en); *ARET* IV 18 r. III:16; *ARET* VII 114 v. III:3; *ARET* VIII 528 v. VII:9, X:7, VIII 534 r. XI:4', 10', v. VIII:10; *MEE* X 3 r. VIII:17; *MEE* X 29 v. II:3 (en), 12
cit. (Archi, *MARI* 5, p. 42): TM.75.G.10188; cit. (Archi, *Mél. Kupper*, p. 205, n° 35): TM.75.G.2240 r. III:5; cit. (Pettinato, *MEE* I): TM.75.G.1317
¶ Regno siriano, di incerta localizzazione (poco verosimilmente Pettinato pensa alla Gezira, v. *Ebla* 2, p. 284; lo stesso, *MEE* II, p. 28, e Saporetti, *LdE*, p. 288, propongono dubitativamente un confronto con Tukriš, per la quale v. *RGTC* 6, p. 436); non è comunque incluso fra i regni che aprono i testi di tipo *ARET* I 1-9.
In TM.75.G.10188 si può intendere che un'offerta è stata fatta agli en-en da parte di Dug(u)rašu (*contra* Archi, *MARI* 5, p. 42; v. il commento a → Armi per lo stesso testo).

## Duḫi

*du-ḫi* $^{ki}$ *ARET* IV 2 v. IV:13 (NP), IV:8 r. IX:9 (NP); *ARET* VIII 522 r. X:16 (NP), v. I:8 ($NP_1$-$NP_3$), VIII 524 r. XIII:5
¶ In Siria di nord ovest. Cf. → DuGAN?

Duḫidum

*du-ḫi-tum*^ki^ cit. (Pettinato, *MEE* I): TM.75.G.1416

DuḫulaNIum

*du-ḫu-la*-NI-*um*^ki^ *ARET* I 4 v. IV:7

¶ V. Astour, *JAOS* 108, p. 551, con riferimento a ^uru^*tu-ḫul* / *tu-ḫu-ul*^ki^ di Alalaḫ IV.

Dulalu v. Duralu

Dulu

*du-lu*^ki^ *ARET* I 1 r. IV:4, v. IX:11 (NP *mazalum*), I 2+ r. IV:8 (en, ábba-SÙ), I:3 r. IV:12, v. X:22 (NP, maškim-SÙ), I 4 r. V:5 (en, ábba-SÙ, maškim-SÙ), I 5 r. IV:10 (en, ábba-SÙ, guruš-guruš-SÙ), I 6 r. VI:10, I 7 r. V:2 (en, ábba-SÙ, guruš-guruš-SÙ), I 8 r. IX:12 (*mazalum*-SÙ), I 10 r. III:15 (en), VI:3 ($NP_1$, $NP_2$ *ma-zalum*-SÙ), v. XI:6, I 12 v. IV:7 (NP), I 14 r. II:5, VII:9, I 15 r. X:8 (NP), I 16 r. V:5 ($NP_1$, ábba-ábba-SÙ, $NP_2$ *mazalum*-SÙ, maskim-maškim-SÙ); *ARET* II 14 v. III:1; *ARET* III 2 r. II:2" (maškim-SÙ), III 3 r. IV:3' (NP), III 35 r. VIII:3' (NP), III 78 v. V:2 (e-gi-maškim-SÙ), III 93 r. IV:5' (en, šeš-šeš-SÙ), III 94 r. I:4, III 169 r. II:2', III 215 v. VIII:6', III 224 r. II:1', III 261 r. I:1', III 268 r. I:3' (NP), III 275 r. I:3' (NP), III 296 r. II:3' (šeš en), III 370 r. II:5' (NP), III 412 r. III:4', III 439 r. V:2, III 468 r. VII:8 (NP^?^ *mazalum*), III 531 r. VI:3', III 532 r. III:2', III 595 r. IV:3' (NP), III 609 v. V:9' (en), III 644 r. IV:3' (NP), III 692 r. II:3 (en), III 699 r. II:3' (NP), III 816 r. I:2' (en), III 829 r. I:3' (NP maškim-SÙ), III 858 v. I:3 (NP), III 866 r. II:2' (*wa* NP), III 877 r. VII:3' (NP), III 937 r. III:10' (⌜*du*^?^⌝-, maškim-SÙ); *ARET* IV 1 r. III:18 (en, ábba-SÙ, guruš-guruš-SÙ), IV 3 v. VI:2 (NP), IV 4 r. IV:3 ($NP_1$, $NP_2$ *mazalum*-SÙ), v. II:2, IV 5 r. IX:6 ($NP_1$, $NP_2$ maškim-SÙ), IV 7 v. VI:2 ($NP_1$, $NP_2$ *mazalum*-SÙ), IV 8 r. V:9 (en, NP maškim-SÙ), v. II:3 (NP), 8 (en), IV 15 r. VI:10 (NP), IV 17 r. III:13 (maškim-SÙ), VIII:4, v. VI:4, VII:5 (en), IV 18 r. IV:3 (NP *mazalum*), VIII:3 (NP), IV 19 v. V:9 (NP), IV 20 v. V:6 (NP *mazalum*), IV 21 r. II:15 (NP), IV 24 r. V:6 (NP, ábba-SÙ, *mazalum*-SÙ, maškim-maškim-SÙ), IV 25 r. VIII:10 (NP); *ARET* VIII 521 r. VIII:21 (NP, dam-SÙ), VIII 523 r. VII:8 (NP), VIII 524 v. VIII:22, VIII 527 r. X:18a (NP), v. VII:9 (NP), VIII:13 (NP), IX:6, VIII 528 v. V:12, 18, VI:4, VIII 532 v. VI:5; *ARET* IX 77 r. II:7, v. II:2, IX 80 r. II:2, IX 82 r. VI:2,

VII:2', v. I:4, II:15, III:14, IV:16, VII:11, IX 83 r. III:1, IX 84 r. VII:3', v. I:12, III:15, V:1 (?), VI:12; *MEE* II 1 v. VII:11 (NP); *MEE* II 32 r. VI:5, v. III:5 (en), 8; *MEE* II 37 r. VIII:4; *MEE* II 39 r. III:17 (en, *wa* NP); *MEE* II 41 r. IX:3 (*maliktum*), 5; *MEE* X 3 r. IX:3 ($NP_1$, $NP_2$ maškim-SÙ); *MEE* X 25 v. III:1; TM.75.G.298 r. I:1, II:3, v.?; TM.75.G.2238 v. V:21

cit. (Archi, *ARET* I, p. 223): TM.75.G.2289; cit. (Biga, *WGE*, p. 170, nn. 24-25): TM.75.G.298, TM.75.G.459; cit. (Pettinato, *SF* 16, p. 110-115): TM.75.G.313; TM.75.G.540; TM.75.G.1418 (šeš en, maškim-SÙ, en, *maliktum ù* ama-SÙ); TM.75.G.1436 (*mazalum*-SÙ); TM.75.G.1442 (*mazalum*-SÙ); TM.75.G.1556; TM.75.G.1642; TM.75.G.1680 (NP *mazalum*); TM.75.G.2070 (en); TM.75.G.2163 (NP); TM.75.G.2428 (NP); cit. (Pettinato, *MEE* I): TM.75.G.1297, TM.75.G.1319, TM.75.G.1335, TM.75.G.1585, TM.75.G.1830, TM.75.G.4375, TM.75.G.4471, TM.75.G.10015, TM.75.G.10026, TM.75.G.10029 (en), TM.75.G.10032 (en); cit. (Pettinato, *WGE*, p. 308 [20]): TM.75.G.458 (en)

¶ Importante regno siriano, fra quelli che aprono i testi di tipo *ARET* I 1-9.

Una sua identificazione (assieme a → DuLUM) con Biblo è stata ampiamente argomentata da Pettinato in *SF* 16, pp. 109 ss. (e v. anche *id.*, *Or* 47, p. 17, e *Ebla* 2, pp. 245 ss.; Waetzoldt, *BaE*, p. 433), ma è stata generalmente rifiutata: v. Garelli, *Remarques*, § 3; Edzard, *ARET* II, p. 115; Scandone Matthiae, *SEb* 4, p. 126, n. 38: molto probabilmente in alta Mesopotamia; Archi, *SLE*, p. 230: verso l'attuale frontiera siro-turca; *id.*, *ARET* I, p. 221: a settentrione di Ebla; Matthiae, *Ebla* $1^2$, pp. 260-261: forse nella regione del Baliḫ, non lontano da Ḫarran; Fronzaroli, *OrSu* 33-35, p. 141, con interpretazione *dūrum* "city wall"; Astour, *WGE*, p. 145 n. 46: forse alle fonti del Baliḫ. V. anche Krecher, *LdE*, p. 136; Krebernik, *BFE*, p. 139.

La localizzazione areale di Dulu resta comunque un problema: quel che sembra probabile è che non dovrebbe appartenere all'area dei regni siriani caratterizzati dalla presenza del *badalum*: tali regni si trovano nella regione attorno a → Ḫarran. Se Biblo non si rivelasse la giusta soluzione (ma che *gub* non sia valore altrove attestato nei testi eblaiti non pare argomento risolutivo contro questa identificazione: v. per esempio il caso di $BAR.SAL_4$ nel NG → "Abarsal"), si dovrà comunque tenere conto del dato onomastico, secondo il quale vari NP non semitici di Dulu trovano confronti in NP di → Armi: questo suggerisce un possibile riferimento all'area costiera mediterranea siro-cilicia (v. Bonechi, *SEL* 8, pp. 73-75).

## DuLUM

*du*-LUM[ki] cit. (Archi, *Mél. Finet*, p. 19): TM.75.G.2397 (<ki>), TM.75.G.10167 (<ki>)

¶ V. il commento a → Dulu. Cf. → Dunu?

Dumaḏu

*du-ma-šu*$^{ki}$ TM.75.G.1964 r. III:4

¶ Cittadina nella regione di Ebla.

Dumana

*du-ma-na*$^{ki}$ *ARET* VIII 524 v. I:16, VIII 533 r. III:5'; *ARET* IX 80 r. II:11

Dumuʾu

*du-mu-u*$_{9}$$^{ki}$ TM.75.G.1975 r. III:5

¶ Una delle 52 "fortezze", bàd, della città di → Luʾadum; a nord di Ebla. Inverosimilmente connessa con Tuma delle fonti ittite da Davidović, *ASJ* 11, p. 23, n. 70.

Dunaʾum

*du-na-um*$^{ki}$ *ARET* VII 121 r. I:2; *MEE* X 38 r. II:7 (22 *na-se*$_{11}$); *MEE* X 39 r. III:3 (5 é-duru$_5$ 4 *na-se*$_{11}$), v. II:5 (1 é-duru$_5$)

cit. (Pettinato, *MEE* I): TM.75.G.4192

¶ In Siria di nord-ovest. V. Astour, *JAOS* 108, p. 551. V. → DuNEʾum?

Dunanab

*du-na-na-ab*$^{ki}$ *ARET* III 111 r. IX:2' (NP)

*du-na-na-bù*$^{ki}$ cit. (Pettinato, *MEE* I): TM.75.G.11029

*du-na-nab*$^{ki}$ *ARET* III 860 v. VIII:3', III 949 r. II:4' (NP), III 959 v. III:4 (NP)

¶ Cittadina siriana, confrontata verosimilmente da Archi, *ARET* III, p. 320, e da Hecker, *LdE*, p. 169, n. 28, con Dunanapa delle fonti ittite (v. *RGTC* 6, pp. 439-440). V. anche Astour, *JAOS* 108, p. 553. Cf. → Tunip?

Dun(a)nan

*du-na-na-an*$^{ki}$ *ARET* VII 153 v. II:5

¶ Fra i centri "nelle mani" di Ingar; nella regione di Ebla. V. Astour, *JAOS* 108, p. 553.

DuNEʾum

*du*-NE-*um*$^{ki}$ TM.75.G.2136 r. IV:3

¶ In una lista di 17 villaggi "nelle mani" del sovrano di Ebla; a nord di Ebla (v. Archi, *St. Özgüç*, p. 12, per un confronto con → Dunaʾum).

Tunip

Tunip

*du-ne-íb*$^{ki}$ *ARET* II 5 r. VIII:17, IX:4, 13; *ARET* III 111 r. VIII:3' (NP), III 118 v. III:9, III 774 r. III:3' (NP lú-kar), III 861 r. I:7'; *ARET* IV 1 r. VII:17, IV 3 r. X:3 (NP), IV 17 v. V:12, VI:7, VII:14, IV 18 r. VIII:5; *ARET* VII 10 v. IV:3 (ND), VII 155 r. V:7; *ARET* VIII 522 v. II:20 (*), IX:3, VIII 524 r. VI:17, VIII 532 v. X:5, VIII 534 v. II:2 (ND); *MEE* X 3 r. I:5 (ND)

cit. (Archi, *AoF* 19, p. 26): TM.75.G.10217; cit. (Archi, *MARI* 4, pp. 76-77): TM.75.G.2251 r. II, v. VI; TM.75.G.2330 r. VII; cit. (Archi, *RA* 84, p. 104): TM.75.G.2429, TM.75.G.2507; cit. (Pettinato, *MEE* I): TM.75.G.11045 (ND)

¶ Città sede del culto di $^{d}$Rašap; è inoltre menzionata in relazione ad attività agricole (v. *ARET* VII 155, TM.75.G.10217), ed è centro carovaniero importante.
Da identificare con la più tarda Tunip (per la quale v. *RGTC* 6, p. 440), cf. Garelli, *Remarques*, § 2 (vicino a Hamath); Pettinato, *Ebla* 2, p. 239, fra Hamath e Qatna; Archi, *ARET* VII, p. 197; *contra*, ma senza validi argomenti, v. Astour, *WGE*, p. 147, n. 51 (e v. anche *id.*, *JAOS* 108, p. 551, con lettura *tù-bí-tum*$^{ki}$).
La lettura proposta per *ARET* VIII 522 v. II:20 deve essere verificata sulla tavoletta, ma è consentita dalla fotografia. Cf. → Dunanab?

Dunu

*du-nu*$^{ki}$ TM.75.G.2136 v. I:1

¶ In una lista di 17 villaggi "nelle mani" del sovrano di Ebla; a nord di Ebla (v. Archi, *St. Özgüç*, pp. 13-14). V. anche Astour, *JAOS* 108, p. 551. Cf. → DuLUM?

Dur

*du-ru*$_{12}$$^{ki}$ *ARET* VII 121 v. I:3 (NP); *ARET* VIII 534 v. VII:27

*du-ur*$^{ki}$ *ARET* III 900 r. II:2', III 941 r. III:5'; *ARET* VII 54 v. II:3 (NP), VII 156 r. II:13 (*du:ur*$^{ki}$), III:2 (*du:ur*$^{ki}$), v. IV:8; *ARET* VIII 540 r. VI:3 ($NP_1$ lú $NP_2$), VIII 542 v. X:17' ($NP_1$ lú $NP_2$)

*du-úr*$^{ki}$ *ARET* III 952 r. III:3' (NP); *ARET* VII 15 r. II:2 (NP); TM.75.G.1669 r. II:7 (NP)

cit. (Pettinato, *MEE* I): TM.75.G.5377 (!?)

¶ Centro menzionato in relazione ad attività agricole (v. *ARET* III 900, *ARET* VII 156); nella regione di Ebla. L'identitificazione di *du-ru*$_{12}$$^{ki}$ con *du-úr*$^{ki}$ è sicura sulla base della menzione per entrambi del NP Dubi-zikir (v. Archi, *ARET* VII, p. 197); in *ARET* III 952 difficilmente Dur qualifica un'eventuale attestazione di → Azan. V. anche Astour, *JAOS* 108, p. 551; Hecker, *LdE*, p. 170.

Durʾaba

*dur-ʾà-ba₄*[ki] *ARET* VIII 521 v. II:4
¶ Cf. → Darʾab, → Durʾuba.

Durʾuba

*dur-u₉-ba₄*[ki] cit. (Pettinato, *MEE* I): TM.75.G.6025
¶ Cf. → Darʾab, → Durʾaba.

Duraʾu

*du-ra-u₉*[ki] cit. (Archi, *Ét. Garelli*, p. 216): TM.75.G.1244
¶ Centro eblaita connesso con la produzione dell'olio. Cf. → Duralu.

Durab (?)

*du-ra-ab*[?ki] cit. (Pettinato, *MEE* I): TM.75.G.1344

Duragu

*du-ra-gú*[ki] cit. (Mander, *OA* 27, p. 11): TM.75.G.2168 r. III:6' (é ND)
¶ Sede del culto di [d]KUra, del quale è menzionato il tempio.

Duraḫazi

*du-ra-ḫa-zi* [ki] *ARET* VIII 533 v. III:10 (*, <ki>, lú-kar), VII:4 (NP lú-kar)

Duralu

*du-la-lu*[ki] *ARET* III 776 v. IV:6'
*du-ra-lu*[ki] *ARET* I 30 v. VII:9
cit. (Archi, *MARI* 5, p. 39): TM.75.G.1243 (lugal)
¶ La seconda grafia è confrontata con *da₅-rí-lu*[ki] (→ Dabril) da Archi, *MARI* 5, p. 41. Cf. → Duraʾu.

Durašu, Durazu

*du-ra-su*[ki] TM.75.G.1964 r. III:2 (ugula)
¶ Letto *du-ra-zu*[ki] da Mander in *MEE* X, p. 177. Nella regione di Ebla.

Durazu v. Durašu

Durdu

*dur-du*$^{ki}$ *ARET* III 185 r. VI:6’, III 377 r. III:7’ (?)

Duri<sup>ɔ</sup>u

*du-rí-ù*$^{ki}$ cit. (Biga, *ARES* I, p. 297): TM.76.G.272 (NP)
¶ Citato come *du-ri-ù*$^{ki}$.

Durin, Duri...in

*[d]u-r[í-*(x-)*]i[n*$^{ki}$*]* *ARET* VII 153 r. V:2
¶ In un elenco di villaggi riferiti a Ingar; nella regione di Ebla.

DurNEdu

*dur*-NE-*du*$^{ki}$ *ARET* I 10 v. VI:19; *ARET* II 28 r. VI:1 (NP), v. I:3 (NP); *ARET* III 106 v. VII:1’, III 210 r. I:4’ (NP), III 215 v. III:4’, III 218 r. III:2’, III 291 r. I:6’, III 595 r. I:3’, III 713 r. I:3’ (NP$_1$-NP$_2$), III 737 r. II:11; *ARET* IV 6 v. V:7, IV 11 r. VII:10, IV 19 r. III:13; *ARET* VII 153 r. IV:6, VII 155 r. IV:1; *ARET* VIII 529 v. I:6 (... NP); *MEE* II 39 v. II:6; *MEE* X 38 r. X:7 (NP$_1$-NP$_5$ lú NP$_6$, ?); TM.75.G.1964 r. IV:6
¶ Importante centro menzionato in relazione ad attività agricole; nella regione di Ebla. Particolarmente connesso con la famiglia di Ibrɔium: vi è riferita una proprietà (é) dello stesso Ibriɔum in *ARET* III 215 (e cf. *ARET* IV 11), vi si compiono operazioni commerciali in relazione con Uti, figlio di Ibriɔum (*ARET* IV 19), ed è menzionato fra i centri riferiti a Ingar (*ARET* VII 153), e a Irig-damu (*ARET* VII 155), figlio di Ibriɔum.

Duruba

*du-ru*$_{12}$*-ba*$^{ki}$ *ARET* VII 152 r. II:6
¶ In un elenco di villaggi riferiti a Nabḫa-NI, figlio di Ibriɔum; nella regione di Ebla.

Dušadum

*du-sa-tum*$^{ki}$ *ARET* I 8 r. XIV 13
Cf. → Dušedu.

Dušdiɔum

*du-uš-ti-um*$^{ki}$ *ARET* I 8 r. XIV:7

Dušedu, Duḏedu

*du-si-du*$^{ki}$ *ARET* IV 11 r. IX:8 ($NP_1$ *wa* $NP_2$ NE-di)
*du-šè-du*$^{ki}$ *ARET* III 778 r. V:4'; *ARET* IV 3 r. III:9 (NP), VII:4 (NP); *ARET* VIII 525 r. II:10 (*, $NP_1$-$NP_4$ NE-di), VIII 532 r. III:11 (*, 4 dumu-nita NE-di)
*du-ši-du*$^{ki}$ TM.75.G.2377 r. V:5; TM.75.G.2379 v. II:5

¶ Una delle sedi del culto di $^{d}$NIdabal in TM.75.G.2377 e TM.75.G.2379; centro menzionato in relazione ad attività agricole (v. *ARET* III 778), verosimilmente a sud di Ebla, nel bacino dell'Oronte (v. Bonechi, *SEL* 7, p. 74). V. → Dušadum.

Dušeri v. Duḏeri

Dušidu v. Dušedu

Dušig

*du-si-gú*$^{ki}$ *ARET* I 10 v. IX:18, I 11 r. IX:14, I 15 v. III:1, VII:17; *ARET* III 533 r. II:5', III 771 r. I:7'; *ARET* IV 4 v. III:12, IV 12 r. IX:12, IV 25 v. I:7; *ARET* VII 155 r. I:12; *ARET* VIII 540 v. IV:7; *MEE* II 39 r. XIII:18; *MEE* X 2 v. II:13

cit. (Archi, *MARI* 6, p. 33, n° 39): TM.75.G.1781 v. II:6

*du-si-ig*$^{ki}$ *ARET* III 280 r. II:6', III 628 r. III:6'

¶ Centro nella regione di Ebla (v. Archi, *MARI* 6, p. 31), importante dal punto di vista agricolo (v. *ARET* VII 155, dove beni fondiari, ki, é, figurano in relazione ai figli di Irig-damu) e commerciale. Cf. Edzard, *ARES* I, p. 30, per la possibilità che il NG non sia semitico (tuttavia tale ipotesi non è appoggiata dal fatto che il NPF Dušig è portato dalla ben nota ama-gal en).

Tuttul, (Tuttulla, Tuttulli, Tuttullu)

*du-du-a*$^{ki}$ cit. (Archi, *Mél. Kupper*, pp. 204-207): TM.77.G.730 v. XI:6 (n° 70)
*du-du-la*$^{ki}$ *ARET* IV 15 r. IV:13 (?), VIII:1 ($ND_1$), 6 ($ND_1$), IX:1, XI:9

cit. (Archi, *Mél. Kupper*, pp. 204-207): TM.75.G.1441 v. VIII:2 ($ND_1$) (n° 22); TM.75.G.4403 r. II':2' (n° 57)

*du-du-la-a*$^{ki}$ *ARET* VII 1 r. VII:2, VII 79 r. I:5; *MEE* II 48 r. V:9 ($ND_1$), v. III:3 ($ND_1$)

cit. (Archi, *Mél. Kupper*, pp. 204-207): TM.75.G.2410 v. IV:9 (n° 45)

*du-du-la-lu*$^{ki}$ *ARET* IV 25 r. VIII:7

cit. (Archi, *Mél. Kupper*, pp. 204-207): TM.75.G.1356 (NP u$_5$) (n° 20);

*du-du-li*$^{ki}$ *MEE* X 29 v. IV:7

*du-du-lu*$^{ki}$ *ARET* I 5 r. X:11, I 10 r. II:12 (ND$_1$); *ARET* II 12 r. I:5, II:12 (ND$_1$, $^{<ki>}$), II 15 r. V:1, v. VI:4, II 29 r. IV:8 (NP), V:4 (NP), v. I:2 (NP); *ARET* III 316 r. II:1', III 530 r. II:3' (ND$_1$); *ARET* VIII 524 v. III:11 (ND$_1$), VIII 533 v. IV:6 (NP), VIII 541 r. IV:12 (ND$_1$); *ARET* IX 79 v. III:5, IX 80 v. V:1; *MEE* X 20 v. III:10 (<ND$_1$>); *MEE* X 29 r. XI:32 (NP$_1$ *wa* NP$_2$ 2 maškim u$_5$); TM.75.G.2075 r. II:15 (ND$_2$)

cit. (Archi, *Mél. Kupper*, pp. 204-207): TM.74.G.110 (n° 15); TM.75.G. 1216 v. X:3' (NP) (n° 18); TM.75.G.1464 r. II:8 (ND$_1$) (n° 23); TM.75.G.1771 r. V:7$^?$, X:4 (ND$_1$), 13, v. XIII:25 (NP maškim ga:raš) (n° 24); TM.75.G.1775 r. V:17 (NP u$_5$) (n° 25); TM.75.G.1833 v. IV':22, VII':6 (n° 26); TM.75.G. 1923 r. II:9 (n° 28); TM.75.G.1950 v. IV:10 (ND$_1$) (n° 29); TM.75.G.2070 v. III:18 (NP u$_5$) (n° 30); TM.75.G.2072 v. III:2 ([NP] u$_5$) (n° 31); TM.75.G. 2166 v. II:7 (4 dumu-mí gemé ND$_1$), II:23$^?$, III:4 maškim ga:raš) (n° 33); TM.75.G.2233 v. III:14 (n° 34); TM.75.G.2240 r. III:9 (2 simug ND$_1$), V:5 (n° 35); TM.75.G.2244 v. V:15 (NP u$_5$) (n° 36); TM.75.G.2268 v. V:25, VI:7 (ND$_1$) (n° 37); TM.75.G.2273 r. X:11 (n° 38); TM.75.G.2277 v. VI:9 (n° 39); TM.75.G.2325 r. I:8 (n° 40, $^{<ki>}$), VI:12$^?$ (NP) (n° 40); TM.75.G.2359 r. III:1, VI:9, VI:14 (NP ga:raš) (n° 41); TM.75.G.2375 v. II:16$^?$ (lú u$_5$) (n° 42); TM. 75.G.2397 r. VII:31, v. IV:21 (ND$_1$) (n° 43); TM.75.G.2401 r. II:15 (n° 44); TM.75.G.2428 v. VI:15 (NP u$_5$) (n° 46); TM.75.G.2429 v. VI:15 (NP u$_5$) (n° 47); TM.75.G.2462 r. XVIII:6 (NP maškim ga:raš lú), v. VIII:29, X:12, XVIII:9 (maškim ga:raš) (n° 48); TM.75.G.2465 r. VI:8 (ND$_1$), VI:15, v. X:29 (NP ND$_1$) (n° 49); TM.75.G.2501 r. V:2 (ND$_1$) (n° 50); TM.75.G.2502 v. XIII:16 (ND$_1$), XV:13 (ND$_1$) (n° 51); TM.75.G.2507 r. XVI:17 (NP u$_5$) (n° 52); TM.75.G.2508 r. VIII:26 (NP u$_5$), XXI:26 (NP ND$_1$) (n° 53, $^{<ki>}$), XXIV:4 (NP u$_5$) (n° 53); TM.75.G.2516+ r. V:1$^?$ (ND$_3$) (n° 54); TM.75.G. 2596 v. VI:1 (ND$_1$) (n° 55); TM.75.G.5820 I':3' (ND$_1$) (n° 58); TM.75.G. 10144 r. II:23 (NP maškim ga:raš), III:19 (NP$_1$ *wa* NP$_2$ maškim ga:raš), VIII:9 (NP maškim ga:raš), XX:5 (NP maškim ga:raš), v. IV:6 (NP maškim ga:raš) (n° 59); TM.75.G.10151 r. V:11' (n° 60); 10169 r. IV:10 (n° 61), v. III:5' (ND$_1$) (n° 61, $^{<ki>}$); TM.75.G.10182 v. XI:10' (ND$_1$), XI:15' (NP u$_5$) (n° 62); TM.75.G.10201 v. XVIII:15 (n° 63); TM.75.G.10251 r. IX:15 (ND$_1$); TM.75.G.10252 r. IX:3 (NP) (n° 65); TM.75.G.11331 II':1 (n° 66); TM.75.G. 11864 r. IV:11 (n° 67); TM.76.G.223 v. II:9 (ND$_1$) (n° 68); TM.76.G.661 r. II:1 (n° 69); cit. (Archi, *RA* 84, p. 104): TM.75.G.2508; cit. (Pettinato, *MEE* I): TM.75.G.5180 *du-du-lum*[ki] cit. (Archi, *Mél. Kupper*, pp. 204-207): TM.75.G.1251 v. VIII:4, VIII:9 (n° 19); TM.75.G.2598 r. III:24 (NP, *wa* PAD-SÙ) (n° 56), r. III:28, V:9 (n° 56, <ki>)

¶ Identificata unanimemente con Tuttul-sul Baliḫ = Tell Bi$^c$a (v. *RGTC* 3, p. 242). V. in generale Archi, *Mél. Kupper*, pp. 197-207, e cf. Michalowski, *JAOS* 105, p. 297 e n. 34. V. anche Archi, *ARET* III, p. 320; Sollberger, *ARET* VIII, p. 49. Pettinato, *Ebla* 2, p. 296, preferisce comunque l'identificazione con la più tarda Tuttul a sud-est di Mari, modificando la sua precedente opinione di *MEE* II, p. 126.
Sede di culto di $^d$BAD ($ND_1$), unanimemente identificato con $^d$Dagān (la grafia ne indicherà un appellativo), tranne che in TM.75.G.2075, che menziona $^d$LUGAL ($ND_2$), e in TM.75.G.2516+, che ha $^d$LUGAL:GAL ($ND_3$).
Per l'apparente origine non semitica del toponimo v. Fronzaroli, *OrSu* 33-35, p. 146.
Per *du-du-a*[ki] cf. la possibile lettura *du-du-a*<ki> in TM.75.G.410 (= *ARET* X 2) v. IV: DIŠ mu BAD DU-DU-A *ar-mi*[ki] mu-DU é en, con il commento di Archi, *Mél. Kupper*, p. 198, n. 4.

Duzi

*du-zi*[ki] *ARET* III 719 r. VI:4', III 938 v. III:8
cit. (Pettinato, *MEE* I): TM.75.G.1324

Duz(u)munu

*du-zu-mu-nu*[ki] TM.75.G.1451 r. IV:3 (ugula)
¶ Cittadina nella regione di Ebla.

# Ḏ

Ḏa'an (?) v. Bur'an

Ḏaba'du

*ša-ba-a-du*[ki] *ARET* III 795 r. II:6' ($NP_1$ nagar $NP_2$)
*ša-ba-du*[ki] TM.75.G.1470 r. I:3

¶ Un centro menzionato in relazione ad attività agricole nella regione di Ebla (v. *ARET* III 795), citato in TM.75.G.1470 fra i centri riferiti a Giri, figlio di Ibri'um. La prima grafia è confrontata con → Šaba'ad e → ḎaNE'ad da Archi, *ARET* III, p. 330; per un altro possibile confronto con Šalbad v. Krecher, *ARES* I, p. 181: nessun indizio prosopografico tuttavia conferma questi accostamenti. V. → ...ba'adu.

Ḏabaḫa

*ša-ba-ḫa*[ki] TM.75.G.1452 r. II:5 (*wa* ugula-SÙ)

¶ Fra i centri della regione eblaita connessi con alcuni figli di Ibri'um.

Ḏabardum

*ša-bar-tum*[ki] *ARET* IV 17 r. VIII:15

¶ Cf. → Ḏabirdum.

Ḏabirdi'um v. Ḏabirdūm

Ḏabirdidum

*ša-bir*$_5$*-ti-tum*[ki] *ARET* III 147 r. II:6

¶ Confrontato con → Ḏabirdūm da Archi, *ARET* III, p. 332; da collazionare.

Ḏabirdūm, Ḏabirdiʾum

*ša-bir$_5$-ti-um*$^{ki}$ *ARET* III 470 r. V:12 (NP *wa* maškim-SÙ); *ARET* VIII 528 r. VIII:7 (*)

*ša-bir$_5$-tum*$^{ki}$ *ARET* III 711 r. IV:1'

¶ Cf. Ḏabardum, → Ḏabirdidum (v. il commento), → Ḏebirdum.

Ḏadab

*ša-dab$_6$*$^{ki}$ *ARET* II 27a r. I:2; *ARET* III 111 r. III:2', III 159 r. II:6', III 740 r. II:5'; *ARET* IV 11 r. VI:5 (NPF?), IV 15 r. VIII:14; *ARET* VII 155 r. I:6; *ARET* VIII 522 r. VI:3 (NP), VIII 538 v. IV:13'; *MEE* X 2 v. IX:4; *MEE* X 38 r. IX:9 (NP$_1$-NP$_4$ 4 *na-se$_{11}$*); *MEE* X 39 r. II:1 (2 é-duru$_5$ 9 *na-se$_{11}$*), v. III:6 (3 *na-se$_{11}$*); TM.75.G.1724 r. III:2; TM.75.G.2367 r. VII:6, v. II:3; TM.75.G. 10230 r. II:2

cit. (Archi, *MARI* 4, p. 75): TM.75.G.1705 v. VIII; cit. (Archi, *MARI* 6, pp. 35-37): TM.75.G.2463 r. VI (NP giš:nu-kiri$_6$ Ḏadab); TM.75.G.10069 v. VIII:18?; TM.75.G.10159 r. VII; cit. (Pettinato, *MEE* I): TM.75.G.1344, TM. 75.G.2166, TM.75.G.10022, TM.75.G.11080 (!)

¶ In TM.75.G.2367 due città con questo nome sono citate fra i NG connessi con le imprese militari del re di Mari Iblul-il: la prima con riferimento a kalam$^{tim}$-kalam$^{tim}$ di → Burman (e cf. *MEE* X 2 v. VIII:6-IX:5), la seconda a kalam$^{tim}$-kalam$^{tim}$ di → Gašur; per entrambe si può ipotizzare una localizzazione in Siria, nella regione del medio Eufrate.

D'altra parte, Ḏadab è il nome di un importante centro siriano menzionato in relazione ad attività agricole, determinato da → Imar, nei tre testi inediti citati da Archi in *MARI* 6 (e v. inoltre: *ARET* II 27a, con riferimento alla regina di → Imar Tišlim; *ARET* VII 155, caso con riferimento ai figli di Irig-damu, figlio di Ibriʾum; anche TM.75.G.1724 e TM.75.G.10230; cf. Archi, *MARI* 6, p. 31); esso è anche determinato apparentemente da → Igdur in *ARET* III 111. Non è comunque un regno (v. Bonechi, *AuOr* 8, p. 168), ma vi si trova una proprietà (é) del sovrano di Ebla (v. *ARET* III 740, *ARET* IV 11). V. anche Archi, *Mél. Kupper*, p. 201, n. 22.

Non vi sono elementi per determinare a quale delle due Ḏadab (o sono tre?) citate in TM.75.G.2367 si possono riferire le attestazioni nei testi amministrativi (v. Astour, *Semites and Hurrians*, p. 13).

Per l'inedito TM.75.G.11080 una lettura *ša-dab$_6$*$^{ki}$, sicuramente preferibile a quella fornita in *MEE* I (*bur-dab$_6$*$^{ki}$), deve essere verificata.

Ḏadadu

Ḏadadu

*ša-da-du*[ki] *ARET* III 278 r. I:4'; *ARET* IV 2 v. III:9 (NP), IV 10 v. V:15 (NP ugula), IV 18 v. X:10 (dam); TM.75.G.1625 v. III:1; TM.75.G.2377 r. III:2; TM.75.G.2379 r. III:3

cit. (Archi, *MARI* 5, p. 40): TM.75.G.1769 (NP lugal)

¶ Fra i centri riferiti a Irti, figlio di Ibriʾum, in TM.75.G.1625; fra quelli sede del culto di $^{d}$NIdabal in TM.75.G.2377 // TM.75.G.2379; nella regione di Ebla (v. Archi, *MARI* 5, p. 42), verosimilmente verso l'Oronte. Astour, *JAOS* 108, p. 548, n. 21, ne fa una variante di → Ḏedadu (ma l'analisi prosopografica sinora non conferma questa possibilità).

Ḏadaḏu (?)

*ša-da-šu*[ki] TM.77.G.640

¶ L'iscrizione di questo peso reca: $na_4$ / *ša-da-* / *-šu*[ki].

ḎadaḫLUM, ḎaduḫLUM

*ša-da-ḫu*-LUM[ki] *ARET* IV 18 r. XI:3 (en, ábba-SÙ, maškim-SÙ)
*ša-du-ḫa*-LUM[ki] *MEE* II 39 r. X:10 (NP)
*ša-du-ḫu*-LUM[ki] *ARET* I 4 v. II:11

¶ Regno siriano minore (v. da ultimo Bonechi, *AuOr* 8, p. 162 e n. 50).

ḎadaquLUM, ḎaduquLUM

*ša-da-gu*-LUM[ki] *ARET* IV 18 r. XIV:6 (en, ábba-SÙ, maškim-maškim-SÙ)
*ša-du-gu*-LUM[ki] *ARET* I 1 r. X:4 (ábba-SÙ); *MEE* II 39 r. IX:23 (NP en, maškim-SÙ)

¶ Regno siriano minore (v. da ultimo Bonechi, *AuOr* 8, p. 162 e n. 50).

Ḏadari

*ša-da-rí*[ki] cit. (Pettinato, *MEE* I): TM.75.G.1319[!]

Ḏaḏaranu

*ša-ša-ra-nu*[ki] *ARET* I 7 v. XII:26

Ḏadiʾum

*ša-ti-um*[ki] cit. (Pettinato, *MEE* I): TM.75.G.1401

D̠adiLUM

*ša-ti*-LUM[ki] *ARET* IV 4 r. X:1 (en?)

¶ Non è chiaro se si tratta di un regno siriano minore, o di un centro eblaita (v. Bonechi, *AuOr* 8, p. 163, n. 51); comunque, non accettabile è l'identificazione con il *ma-at Ša-ti-lu* di un'iscrizione di Šu-Sīn, proposta da Astour, *Semites and Hurrians*, p. 12, con riferimento alla regione fra la Diyala superiore ed il Piccolo Zab.

D̠aduḫaLUM v. D̠adaḫLUM

D̠aduḫLUM v. D̠adaḫLUM

D̠adum

[*š*]*a-tum*[ki!(DI)] *ARET* II 30 r. IV:14 (NP)

D̠aduquLUM v. D̠adaquLUM

D̠adur v. Šadur

D̠agamu

*ša-ga-mu*[ki] TM.75.G.1724 r. IV:2

¶ Centro menzionato in relazione ad attività agricole; nella regione di Ebla.

D̠agiLUM

*ša-gi*-LUM[ki] *ARET* III 317 r. I:1'

D̠agu

*ša-gú*[ki] TM.76.G.156 r. III:3; TM.76.G.188 r. II:1, v. II:4; TM.76.G.198 r. I:3 (*ša*!(BUR)-)

cit. (Pettinato, *MEE* I): TM.75.G.1337, TM.76.G.258

¶ Centro menzionato in relazione ad attività agricole; nella regione di Ebla.

Ḏaḫaʾa

Ḏaḫaʾa

*ša-ḫa-a*[ki] *ARET* VII r. IX:21 (NP)

¶ V. → Ḏaḫaru.

Ḏaḫal v. Ḏaḫaru

Ḏaḫaru

*ša-ḫa-lu*[ki] *ARET* VIII 538 v. IV:16' (NP)

*ša-ḫa-ru*$_{12}$[ki] *ARET* VII 71 r. V:4

¶ Non è impossibile che si debbano invece distinguere una Ḏaḫaru (*ša-ḫa-ru*$_{12}$[ki]) e una Ḏaḫal (*ša-ḫa-a*[ki], *ša-ḫa-lu*[ki]).

Ḏaḫu

*ša-ḫu*[ki] *ARET* III 939 v. II:8'

Ḏakam

*ša-kam*$_4$[ki] *ARET* IV 14 v. VIII:13

cit. (Archi, *VO* 8/2, p. 197): TM.75.G.2526 r. VII (dam NE-di)

Ḏalba v. Šalba

Ḏalbaʾu v. Šalbaʾu

Ḏalbad v. Šalbad

Ḏamadugu v. Šamadugu

Ḏaman (?)

*ša-ma-an*[ki] cit. (Pettinato, *MEE* I): TM.75.G.244

¶ Da collazionare: = → Burman (come negli altri casi citati *ibid.*, p. 278, e pubblicati poi in *ARET* III)?

Ḏamanagu (?)

*ša-ma-*⸢*na*$^{?}$⸣*-gú*$^{ki}$ TM.75.G.1975 r. I:2
¶ Una delle 52 "fortezze", bàd, della città di → Luʾadum; a nord di Ebla. Da leggersi *ša-ma-*⸢*du*⸣*-gú*$^{ki}$? Per un confronto con *šmngy* dei testi di Ugarit v. comunque Archi, *SEb* 4, p. 2, e *RA* 81, p. 186.

Ḏamezu

*ša-me-zu*$^{ki}$ cit. (Pettinato, *MEE* I): TM.75.G.4201

Ḏamidu

*ša-mi-du*$^{ki}$ cit. (Pettinato, *MEE* I): TM.75.G.6029

Ḏamuranu

*ša-mu-ra-nu*$^{ki}$ *ARET* IV 3 v. I:17

Ḏanab

*ša-na-ab*$^{ki}$ *ARET* III 225 v. IV:10'
*ša-nab*$^{ki}$ *ARET* III 3 r. V:4' (NP)
¶ Verosimilmente attestato anche con la grafia *ša-na-bù*$^{ki}$ in TM.75.G.2432 (citato come *ša-na-bù*-KI da Archi in *VO* 8/2, p. 196). Cf. → Šanabzugum, Ḏanabzugum.

Ḏanabzugum v. Šanabzugum

Ḏanaḏu

*ša-na-šu*$^{ki}$ *ARET* III 197 r. I:1' (*$^{?}$), III 322 r. VII:8 (NG$^{?}$ *wa* dumu-nita-SÙ NE-di); *ARET* VIII 541 r. VIII:12
¶ La correzione in *ARET* III 197 deve essere verificata. Assimilato da Archi, *ARET* III, p. 330, a → Šanaḏu e a → Ḏanazu (ma l'analisi prosopografica sinora non conferma), e al NG dei testi di Alalaḫ *ša-an-iš*$^{ki}$. V. anche Astour, *JAOS* 108, p. 548, n. 21.

ḎanaNEdu

*ša-na*-NE-*du*$^{ki}$ *ARET* IV 25 r. II:3

Ḏanarugu

*ša-na-lu-gú*[ki] *ARET* II 19 r. IV:1
*ša-na-ru*$_{12}$*-gú*[ki] *ARET* III 57 r. III:8' (NP$_1$-NP$_3$), III 774 r. I:1'; *ARET* IV 3 r. I:4 (NP); TM.75.G.1451 v. I:2
cit. (Archi, *Ét. Garelli*, p. 216): TM.75.G.10075

¶ Centro nella regione di Ebla, menzionato in relazione ad attività agricole (v. *ARET* II 19), e citato in relazione alla produzione di olio (TM.75.G.10075). Cf. → Šanarugu (identità possibile, ma non provata dall'analisi prosopografica). Cf. Edzard, *ARES* I, p. 31.

Ḏanazu

*ša-na-zú*[ki] *ARET* III 547 r. I:5'
¶ V. il commento a Ḏanaḏu.

ḎaNEʾadu

*ša*-NE-*a-du*[ki] *ARET* III 404 r. III:5', III 861 r. III:2' (NP[?])
¶ V. il commento a → Ḏabaʾdu.

Ḏanugu

*ša-nu-gú*[ki] *ARET* I 17 r. XII:6 (NP); *ARET* III 327 r. II:1', III 337 v. IV:4', III 467 r. V:8, v. IV:1, III 856 v. I:6', III 859 v. II:6', III 914 r. III:2'; *MEE* X 3 v. IV:10 (dam NE-di)
cit. (Pettinato, *MEE* I): TM.75.G.5369
¶ Cf. Edzard, *ARES* I, p. 31.

Ḏar... v. Šar...

Ḏarab v. Ḏarrab

Ḏaradu

*ša-ra-du*[ki] *ARET* III 794 v. I:1'
¶ V. il commento a → Zamridu.

Ḏaramu

*ša-ra-mu*ki *ARET* III 757 v. I:4' ([ki], NP, *); *ARET* VIII 527 v. IV:21
cit. (Pettinato, *MEE* I): TM.75.G.20501
¶ Cf. → Ḏaran?

Ḏaran

*ša-ra-an*ki TM.75.G.2367 r. VIII:6
*ša-ra-nu*ki cit. (Pettinato, *MEE* I): TM.75.G.20501
¶ In TM.75.G.2367 cittadina menzionata in relazione alle imprese militari di Iblul-il, re di Mari, nella Siria centro-occidentale: cf. (con lettura *-am*$_6$?) → Ḏaramu?

ḎaraNE

*ša-ra*-NEki *ARET* VIII 523 v. VIII:27
¶ Cf. → Ḏarab, → Ḏaran, → ḎaraNEg (di cui potrebbe essere un'altra attestazione, con -<*ig*>ki), → Ḏarbu.

ḎaraNEg

*ša-ra*-NE-*gú*ki *ARET* I 7 v. XIII:8; *ARET* VIII 533 r. XIII:21 (*, collazione Archi)
*ša-ra*-NE-*ig* ki *ARET* III 82 r. VII:3, III 802 v. I:6'; *ARET* VII 16 v. II:7 (NP); *ARET* VIII 524 r. V:16; *MEE* II 1 v. VII:1; *MEE* X 3 r. II:14, 20
cit. (Pettinato, *MEE* I): TM.75.G.4392
¶ Cf. Edzard, *ARES* I, p. 31; Gelb, *Ebla 1975-*, p. 56. V. → ḎaraNE.

Ḏara...

*ša-ra*-[xki] *ARET* VIII 538 v. VI:3'

Ḏarbu

*šar-bù*ki *ARET* I 5 r. XIII:4 (NP), I 32 r. VI:8 (NP)
¶ Cf. → Ḏarab, → ḎaraNE.

Ḏardar (??)

*šar-dar* ki cit. (Pettinato, *MEE* I): TM.75.G.1416
¶ Da collazionare: probabilmente da leggere *šar-ḫu*ki.

Ḏarga

Ḏarga

*šar-ga*$^{ki}$ cit. (Archi, *MARI* 4, p. 78): TM.75.G.10127 v. III

Ḏarḫi(ʾum), Ḏarḫū v. Šarḫi(ʾum), Šarḫū

Ḏari

*ša-rí*$^{ki}$ cit. (Pettinato, *MEE* I): TM.75.G.4529

Ḏaridu

*ša-rí-du*$^{ki}$ *ARET* VIII 540 r. IX:3
¶ V. il commento a→ Zamridu.

Ḏariḏaba, Ḏarizaba

*ša-rí-ša-ba*$^{ki}$ cit. (Archi, *St. Özgüç*, p. 13): TM.75.G.1587
*ša-rí-za-ba*$_4$$^{ki}$ *ARET* III 515 r. II:6'
¶ Per l'identificazione delle due grafie come varianti del nome di una cittadina a settentrione di Ebla (nell'area di → Luʾadum) v. Archi, *St. Özgüç*, p. 13.

Ḏarigu

*ša-rí-gú*$^{ki}$ cit. (Pettinato, *MEE* I): TM.75.G.2233

Ḏarizaba v. Ḏariḏaba

Ḏarmešadu, Ḏarmišadu

*šar-me-sa-du*$^{ki}$ TM.75.G.2075 r. X:17, v. III:2 (<ki>), V:23 (<ki>)
*šar-mi-sa-du*$^{ki}$ TM.75.G.1764 v. IV:25

Ḏarrab

*ša-ra-ab*$^{ki}$ cit. (Archi, *MARI* 5, pp. 39, 42): TM.75.G.1248 (é-é NP lugal); TM.75.G.2092 v. III:5
*šar-ra-bù*$^{ki}$ TM.75.G.1669 v. V:8
¶ Centro eblaita (v. Archi, *MARI* 5, p. 42); per un NP di *ša-ra-ab*$^{ki}$ in TM.75.G.2092 v. Pettinato, *MEE* I, p. 142 (cita *šar-ra-ab*$^{ki}$!). Cf. → ḎaraNE, → Ḏarbu.

ḎazaNEg

*ša-za*-NE-*ig* ki    cit. (Pomponio, *BaE*, p. 311): TM.75.G.2429

Ḏa...

*ša*-⌜x⌝-[...ki]    *ARET* III 440 v. VII:10' (*)
¶ Non si tratta di un'altra attestazione di → Karmu, v. s.v.; altre soluzioni (un'ulteriore attestazione di → Sanabzugum? o ŠA.PI = 40?) non sembrano probabili.

Ḏa...dum (?)

*š*[*a*?-x]-*tum*ki    TM.75.G.2309 r. V:1
¶ Centro menzionato in relazione ad attività agricole; nella regione di Ebla.

Ḏeʾamu    v. Šiʾam

Ḏebirdum

*šè-bir*5*-tum*ki    *ARET* I 4 r. XII:6
¶ Cf. → Ḏabirdum.

Ḏedadu

*šè-da-du*ki    *ARET* VII 153 r. III:1; *ARET* VIII 526 r. XI:16 (*, NP), VIII 538 v. IX:14' (NP nagar)
¶ Fra i centri riferiti a Irti, figlio di Ibriʾum, in *ARET* VII 153; nella regione di Ebla. V. il commento a → Ḏadadu.

ḎediLUM

*šè-ti*-LUMki    *ARET* VIII 532 v. IV:13; *MEE* X 29 r. XVI:23

Ḏeḫubada

*šè-ḫu-ba-da*ki    *ARET* I 4 v. IV:13

D̠eladu v. D̠eradu (anche D̠edadu)

D̠ena, D̠ina

*šè-na*$^{ki}$ *ARET* III 78 v. III:4, III 417 r. IV:2, III 739 r. III:2' (maškim-SÙ)
cit. (Pettinato, *MEE* I): TM.75.G.1317

*ši-na*$^{ki}$ *MEE* II 32 r. VI:3

¶ Per la possibile alternanza di D̠ena, → D̠ena'um, → Šina e → Šinam v. Archi, *ARET* III, p. 331 (v. anche il commento a → Šina), che propone, in relazione alla regione di Alalaḫ, una identificazione con $^{uru}$*ši-na-e*$^{(ki)}$ dei testi di Alalaḫ, seguito da Astour, *WGE*, p. 144, n. 34.

D̠enaʾum

*šè-na-um*$^{ki}$ *ARET* III 635 v. IX:4'

¶ Cf. → D̠ena.

D̠eradu, Šeradu

*šè-la-du*$^{ki}$ *ARET* VIII 524 r. III:23 (NP); *ARET* IX 35 v. V:1 (NP); TM.75.G.1444 r. VI:7
cit. (Archi, *Ét. Garelli*, p. 216): TM.76.G.985, TM.75.G.10075

*šè-ra-du*$^{ki}$ *ARET* IV 12 r. VIII:14; *ARET* VII 153 v. II:1, VII 155 r. V:5, VII 156 r. IV:9; TM.75.G.1470 r. I:2

¶ Fra i centri riferiti a Gir-damu, figlio di Ibriʾum, in TM.75.G.1444 (é), fra quelli riferiti a Ingar in *ARET* VII 153, fra quelli riferiti ai figli di Irig-damu, figlio di Ibriʾum, in *ARET* VII 155, fra quelli riferiti ai figli di Irʾam-damu in *ARET* VII 156, e fra quelli riferiti a Giri, figlio di Ibriʾum, in TM.75.G.1470. Cittadina prossima a Ebla, è citata in relazione alla produzione di olio in TM.76.G.985 e TM.75.G.10075. V. il commento a→ Zamridu.

D̠ezalu, Šezalu

*šè-za-lu*$^{ki}$ TM.75.G.427 r. XII:7 (*)

¶ Correzione in Biga - Pomponio, *MARI* 7, § 2.

D̠iʾala (?)

*ši-a-la*$^{ki}$ cit. (Pettinato, *MEE* I): TM.75.G.1589

¶ Grafia da verificare.

Ḏiʾamu v. Šiʾam

Ḏiʾa NEdu (?)

*ši-a*-NE-*du*ki *ARET* III 447 r. I:7
¶ Da collazionare.

Ḏiba... (?)

⌜*ši*⌝-*ba*-[...ki?] *ARET* III 665 r. V:4

Ḏina v. Ḏena

Ḏišal v. IGI.SAL

Ḏuʾ, Ḏuʾa, Ḏuʾu (?)

*šu-a*ki *ARET* VII 154 r. I:5, II:4, IV:11, V:2, 6, 9, VI:4, 7, v. I:3, IV:9
*šu-ù*ki *ARET* VII 155 v. I:7
cit. (Pettinato, *MEE* I): TM.75.G.2233 (-*ù*!?)
¶ Centro menzionato in relazione ad attività agricole; nella regione di Ebla. Riferito ai figli di Giʾa-lim in *ARET* VII 154, e a quelli di Irig-damu, figlio di Ibriʾum, in *ARET* VII 155.

Ḏuʾagu

*šu-a-gú*ki TM.75.G.1452 r. I:9 (lú NP *wa* ugula-SÙ); TM.75.G.1669 r. I:3 (NP)
cit. (Pettinato, *MEE* I): TM.75.G.5367
¶ Fra i centri della regione eblaita connessi con alcuni figli di Ibriʾum. Cf. Fronzaroli, *SEb* 3, p. 48.

Ḏuʾazu

*šu-ʾà-zu*ki cit. (Pettinato, *MEE* I): TM.75.G.2170

Ḏuʾu v. Ḏuʾ

Ḏubanu

*šu-ba-nu*[ki] cit. (Pettinato, *MEE* I): TM.75.G.2264

¶ Per un'altra possibile attestazione v. → Banu.

Ḏubudu

*šu-bù-du*[ki] *ARET* I 5 r. IX:9, 10 (-ii); *ARET* VIII 531 r. VI:3, 4 (-ii)

Ḏubugu

*šu-bù-gú*[ki] *ARET* VIII 523 v. III:14

¶ Sembra determinato da → Kakmiʾum.

Ḏuburi...

*šu-b*[*ù*]*-rí-*[x[ki]] *ARET* I 4 r. XIII:6

Ḏuburu

*šu-bù-ru*$_{12}$[ki] *ARET* VIII 531 r. VI:5

Ḏudig, Šudig

*su-ti-gú*[ki] *ARET* III 51 r. VI:3' (... *wa* šeš-SÙ), III 322 r. XIII:1, III 457 r. I:3'

*su-ti-ig*[ki] *ARET* III 205 r. III:2' (*, ugula, maškim-SÙ), 261 r. II:4' (NP$_1$ dumu-nita NP$_2$ ugula), III 289 r. II:3' (... *wa* dumu-nita-SÙ), III 309 r. II:1, III 470 r. VIII:7 (NP NE-di), III 471 r. VI:9, III 508 r. II:5, III 733 r. I:2', II:6' (NP$_1$ *wa* NP$_2$), III 819 v. I:2', III 860 v. II:13 (NP ugula), III:1 (NP ugula)

*šu-ti-gú*[ki] *ARET* I 11 r. VII:11 (NP ugula), I 17 r. V:8 (NP), 15 (NP ugula); *ARET* III 335 r. II:2' (NP), III 398 r. III:9; *ARET* IV 1 r. II:19 (NP), IV 12 v. II:1 (NP ugula); *ARET* VIII 523 r. VIII:23 (1 é-duru$_5$[ki]), XI:15 (ugula, maškim-SÙ), VIII 524 r. VIII:26, XI:4, VIII 532 v. IX:1 (ugula); *MEE* II 25 r. XI:5 (NP *wa* šeš-SÙ 1 ugula, maškim-maškim-SÙ)

cit. (Pettinato, *MEE* I): TM.75.G.1324, TM.75.G.4412

¶ Importante centro della Siria di nord-ovest, probabilmente nella regione di Ebla. L'unitarietà delle attestazioni, suggerita da Archi, *ARET* III, p. 332, è provata dall'analisi dell'onomastica; la correzione per *ARET* III 205 deve essere verificata, ma è verosimile. Cf. Edzard, *ARES* I, p. 31. V. → ḎuNEg?

Ḏudulula

*šu-du-lu-lá*[ki] TM.75.G.1975 v. III:5
¶ Una delle 52 "fortezze", bàd, della città di → Luʾadum; a nord di Ebla.

Ḏudunu

*šu-du-nu*[ki] *ARET* I 13 v. II:3 (NP)
¶ Astour propone in *JAOS* 108, p. 551, un'alternanza con → Šudunu, possibile, ma non provata.

Ḏumʾad v. Zarʾad

Ḏumulu v. Ḏumuru

Ḏumuru

*šu-mu-lu*[ki] *ARET* II 22 r. IV:2
*šu-mu-ru*$_{12}$[ki] *ARET* I 8 r. XV:3
¶ Verosimilmente sulla rotta fra Ebla e → Armi (cf. Bonechi, *SEL* 7, p. 30, n. 56).

Ḏunaʾu

*šu-na-u*$_9$[ki] *ARET* II 27a v. I:2
¶ Centro menzionato in relazione ad attività agricole; nella regione di Ebla, probabilmente verso → Imar.

Ḏunaguna

*šu-na-gú-na*[ki] *ARET* I 5 r. X:1

ḎuNEgu

*šu*-NE-*gú*[ki] *ARET* VIII 524 r. X:5
¶ Tramite una possibile lettura *šu-dè-gú*[ki], un confronto formale con → Ḏutig è possibile (ma cf. anche → Ḏubugu). V. Hecker, *LdE*, p. 169, n. 27.

ḎuNEnu

*šu*-NE-*nu*[ki] *ARET* VIII 524 r. X:23

Ḏurʾub

Ḏurʾub v. Šurʾub

Ḏuran

*šu-ra-an*[ki] *ARET* III 4 r. II:12', III 93 r. III:2', III 807 r. II:5'; *ARET* VIII 524 v. IV:1 (NP); *MEE* X 3 v. VII:5 ($NP_1$ *wa* $NP_2$)

¶ Determinata apparentemente da → Kakmiʾum in *ARET* III 4; cittadina in Siria di nord-ovest. Per un confronto con → Zuram v. Archi, *ARET* III, p. 335.

# E

## EDIN

edin *ARET* I 1 r. VIII:7 (maškim-e-$gi_4$ lú), I 7 v. X:6' ($NP_1$-$NP_3$ lú-kar); *ARET* II 38 r. II:2 (NP ugula); *ARET* IV 1 v. V:4, IV 9 r. VI:4; *ARET* VII 155 r. II:13, VII 156 v. V:3; *ARET* VIII 540 r. IX:17

edin[ki] *ARET* I 4 v. VI:2, I 5 r. XI:9, I 8 v. VIII:15 (NE-di); *ARET* II 5 v. II:10 (*); *ARET* VII 154 r. II:1; *ARET* VIII 523 r. VII:15, VIII 526 r. VI:6, VIII 527 v. IX:2, VIII 529 r. VIII:2, VIII 531 r. VII:10

cit. (Archi, *ARET* I, p. 268): TM.75.G.2369, TM.75.G.2370; cit. (Archi, *VO* 8/2, p. 197): TM.75.G.10135 v. VI; cit. (Pettinato, *MEE* I): TM.75.G. 20387

¶ "Steppa"; determina ed è determinata da → Ibʾal e da NG di quella regione, da localizzarsi a sud di Ebla. V. anche Mander, *MEE* X, pp. 6-7.

In *ARET* III 899 r. III:2'-3' leggi con ogni probabilità NP ugula simug, sulla base di *ARET* III 585, r. II:5-6 (*contra ARET* IV, p. 287, e Pomponio, *WGE*, p. 318). In *ARET* IV 7 r. I:12 il contesto non consiglia un riferimento a edin, "steppa", né d'altra parte una lettura EDI[N] mi sembra sicura.

## ENbu

EN-*bù*[ki] *ARET* VII 155 r. IV:3

¶ Centro riferito ai figli di Irig-damu, figlio di Ibriʾum; nella regione di Ebla.

## EN<u>d</u>ar, ENšar

EN-*šar*[ki] *ARET* I 45 v. VI':6 (e-$gi_4$-maškim); *MEE* X 23 v. X:7 (e-$gi_4$-maškim)

cit. (Archi, *SEb* I, p. 94, n. 3): TM.77.G.730 v. X:4

¶ Fra le sedi del culto di ᵈAšdar in testi inediti (v. Archi, *MARI* 7, p. 75). Nella regione di Ebla.

ENḏu

ENḏu

EN-*šu*[ki] *ARET* VII 106 r. II:1 (NP); *MEE* X 3 r. III:5 ($NP_1$ *wa* $NP_2$), v. I:7 ($NP_1$-$NP_5$), VI:8 (NP)

ENḏulu

EN-*šu-lu*[ki] *ARET* VIII 538 v. II:9' (NP)

ENmu

EN-*mu*[ki] *ARET* I 8 v. III:12'; *ARET* II 32 r. III:2 (NP ugula), 8, IV:10, VI:1, 6; *ARET* VII 1 v. VIII:3 (NP $u_5$), VII 77 r. II:5, III:1, 7; *ARET* VIII 524 r. II:18, VI:3, v. V:13, VIII 542 v. III:19 ($NP_1$-$NP_2$ *wa* $NP_3$); *MEE* II 35 v. III:9 (NP $u_5$)

cit. (Archi, *MARI* 4, p. 78): TM.75.G.10083 r.? I:4 ($NP_1$ lú $NP_2$); cit. (Pettinato, *MEE* I): TM.75.G.1853, TM.75.G.10029 (en <Ebla?>)

¶ In *ARET* II 32 r. III:8 vi si riferiscono beni fondiari (ki), mentre il termine che nella stessa tavoletta (r. IV:10) precede il NG, *ʾà-ba-du*, non è un NP (v. Bonechi, *NABU* 1992/12). Edito in *MEE* II 35 come *mu:ru*$_{12}$[ki], ma il confronto con → Muru non è provabile, né è probabile; per il contesto di TM.75.G.1853 v. *MEE* I, p. 115, mentre per l'attestazione in TM.75.G.10029 solo il contesto può decidere se si ha il re di ENmu, o più verosimilmente quello di → Ebla. Per una lettura *ru*$_{12}$*-mu*[ki] v. Krecher, *ARES* I, p. 189.

ENNE (?)

EN-NE[ki] *MEE* II 1 v. II:12

¶ NG o NP mal scritto?

# G, K, Q

## KA (?)

KA[ki] *ARET* II 14 v. V:4 (ugula)
¶ V. Edzard, *ARET* II, p. 116, per una verosimile lettura <*si-*>*zú*[ki].

## Ga'išu

*ga-i-su*[ki] *ARET* VIII 522 r. VII:10 ($NP_1$ lú $NP_2$)

KÁ-ba'al v. Dagbal

## Gaba'u (?)

[*g*]*a*[?]*-ba-ù*[ki] *ARET* VIII 521 r. VI:9

## Gabadu

*ga-ba-du*[ki] *ARET* VII 155 r. V:3 (ugula)
¶ Fra i centri riferiti ai figli di Irig-damu, figlio di Ibri'um; nella regione di Ebla.

## Gab(a)gaNEdu

*ga-ba-ga*-NE*-du*[ki] cit. (Archi, *MARI* 6, p. 34, n° 90): TM.75.G.2277 v. X:4
¶ Con lettura *ga-ba-ga-bí-du*[ki], da intendersi /kabkab-īt/ (cf. → Kakkab, → Kakkaban).

## Gabbalu (??)

*kap-pa-lu*[ki] TM.75.G.1444 r. VI:13
¶ Fra i centri riferiti a Gir-damu, figlio di Ibri'um; nella regione di Ebla. Una lettura più accettabile della casella sarebbe certo ugula *kab-lu*[ki], v. → Gablu (?).

Gablu (?)

⸢*kab*⸣-*lu*$^{?[ki]}$ TM.75.G.1964 r. I:3

¶ Da collazionare (Mander, *MEE* X, p. 177, legge ⸢x⸣-*lu*$^{ki}$); v. comunque il commento a → Gabbalu (??).

Gablul

*kab-lu-ul*$^{ki}$ *ARET* II 14 v. VII:2; *ARET* III 6 v. III:3', III 176 r. I:1', III 197 r. IV:7, III 335 r. VI:4 (NP); *ARET* IV 17 v. VIII:3; *MEE* II 29 v. II:12 (NP); *MEE* II 37 v. V:13 (NP); *MEE* II 41 r. II:5 (NP, maškim-SÙ); TM.75.G.427 r. XIV:13

*kab-lu*$_5$-*ul*$^{ki}$ *ARET* I 1 r. VIII:2, I 3 r. IX:2, I 4 r. X:1, I 5 r. VIII:7, I 6 r. XI:9, I 7 r. VIII:10, I 8 r. IV:9, I 10 r. IV:8 (NP ugula), I 12 r. VIII:10 (en), I 15 v. II:8, I 17 r. II:16 (NP), v. X:12 (NP$_1$ lú NP$_2$ NP$_3$ lú NP$_4$ NP$_5$ lú NP$_6$ NP$_7$ lú NP$_8$ me-se$_{11}$ *ša-ba*$_4$); *ARET* III 2 r. V:6' (NP$_1$ *wa* NP$_2$ maškim-SÙ, NP$_3$ maškim-SÙ), III 64 r. II:6' (NP$_1$ *wa* NP$_2$-NP$_3$), III 232 r. II:7', III 300 r. I:1', III 355 r. III:3', III 429 r. I:7', III 441 r. IV:2', III 508 r. II:3' (NP), III 552, III 858 v. VIII:3 (NP ugula), III 939 r. VI:5', III 953 r. III:3'; *ARET* VII 11 r. V:7, VI:8, X:9 (NP$^?$), VII 18 r. I:3, IV:3; *ARET* VIII 522 v. II:11 (šeš NP), VIII 526 r. IX:22, v. VI:3, 17 (NP), VII:22, X:20, VIII 527 r. XIV:7, VIII 528 r. VII:1, VIII 531 r. V:6, VIII 535 r. I:3 (*), III:4, v. I:3, VIII:541 v. III:13' (NP), VIII 542 v. IX:14'; *MEE* II 1 r. X:14, v. II:15, V:3, VI:4; *MEE* II 44 r. I:3, IV:5, 6, v. VI:3, V:1; *MEE* II 49 r. V:3; *MEE* X 2 r. X:7 (NP); *MEE* X 26 r. VII:18 (NP); TM.75.G.1353 v. III:10 (en); TM.75.G.1866 r. IV:3 (NP); TM. 75.G.2349 (NP); TM.75.G.2420 r. I:7

cit. (Archi, *ARET* I, p. 223): TM.75.G.2289; cit. (Archi, *Ebl.* I, p. 138 [12]): TM.75.G.1335 r. VIII:4 (NP); cit. (Archi, *MARI* 4, p. 74): TM.75.G. 1221 r. VI (2 <persone>); cit. (Archi, *SEb* 2, p. 21): TM.75.G.1935 r. VIII:3 (NP); cit. (Archi, *St. Özgüç*, p. 12): TM.75.G.1862, TM.75.G.2410; cit. (Pettinato, *MEE* I): TM.75.G.1237, TM.75.G.1270, TM.75.G.1277, TM.75.G.1297, TM.75.G.1322, TM.75.G.1330, TM.75.G.1344, TM.75.G.4391, TM.75.G. 11138

¶ Regno siriano. Tuttavia, è fra i centri "nelle mani" del sovrano eblaita (assieme alle sue "fortezze", bàd-bàd$^{ki}$) in TM.75.G.2420: è possibile che sia passato presto nella sfera politica di Ebla, durante il periodo stesso degli archivi (nei testi, recenti, di tipo *ARET* I 1-9, non ne figura il sovrano).

Per una localizzazione a nord-est di Ebla v. Pettinato, *Ebla* 2, p. 280 (a nord di → Karkamiš, sull'Eufrate) e Archi, *St. Özgüç*, p. 13 (v. anche *ARET* I, pp. 220-221: fra l'Eufrate e il Baliḫ; *MARI* 6, p. 22: a est di Ebla); Matthiae, *Ebla*1$^2$, p. 260 ("in alta Siria orientale o in Mesopotamia settentrionale"); Bonechi, *SEL* 8, p. 76.

Per le implicazioni cronologiche dell'alternanza grafica *-lu-* / *-lu₅-* v. Bonechi, *NABU* 1990/28 (ma TM.75.G.427 = *ARET* X 100 ha *-lu-*, ed il testo appartiene alla fase recente degli archivi; esso proviene tuttavia dall'archivio L.2712).
V. anche Steinkeller, *RA* 78, p. 88.

GadaḏuNI

*ga-da-šu*-NI^ki^ *ARET* I 4 v. III:8

Gadamu

*ga-da-mu*^ki^ *ARET* II 29 r. II:5, III:2
¶ V. D'Agostino, *OA* 29, p. 46.

GadaNEḏu

*ga-da*-NE-*šu*^ki^ *ARET* IV 18 r. XIII:8
¶ V. il commento a → GalaNEḏu.

Gadanu

*ga-da-nu*^ki^ TM.75.G.1625 r. I:2
¶ Fra i centri riferiti a Irti, figlio di Ibriʾum; nella regione di Ebla. Astour, *WGE*, p. 145, identifica questo NG con Qatna = Mišrifeh: tale identificazione (in unione a → *GadaNI, il che non è corretto), non è impossibile, ma resta estremamente improbabile, poiché Gadanu sembra essere un piccolo centro.

Gadaš, Gadaḏ

*ga-daš*^ki^ *ARET* III 216 r. V:2'; *ARET* IV 1r. XI:12 (NP), v. I:3 (NP)
¶ Cf. → Gidaš.

Gadiddab, Gididdab

*ga-ti-dab₆*^ki^ *ARET* VII 153 r. II:3
*gi-ti-da-dab*^ki^ TM.75.G.1625 r. IV:2
¶ Fra i centri riferiti a Irti, figlio di Ibriʾum; nella regione di Ebla

Gadidu

*ga-ti-du*^ki^ *ARET* III 795 r. V:4' (NP)

cit. (Archi, *Biblica* 60, p. 563, n. 21): TM.75.G.1992 v. I:4

¶ Cittadina di importanza agricola, verosimilmente nella regione eblaita.

Gadinu

*ga-ti-nu*^ki^ *ARET* III 948 r. I:6' (NP)

Gadu (?)

*ga-du*^ki^ *ARET* VIII 534 v. X:3' (?)

¶ Lettura dubbia, da collazionare; NG?

Gaduḫu

*ga-du-ḫu*^ki^ *ARET* III 776 v. I:3', III 938 r. VI:5'; *ARET* VIII 525 v. V:10, VIII 532 r. IX:21

Gadula (?)

*ga-du-la*^?ki^ TM.75.G.1669 v. VI:6 (NP)

¶ Lettura dubbia: la fotografia non conferma LA; meglio *ga-du-ru*$_{12}$^ki^ (v. → Gadur)? Astour (*WGE*, p. 144, n. 35) la identifica con *ka-tu-la*^ki^ di Alalaḫ VII, riferendola alla regione montuosa fra Antiochia e Rhosus.

Gaduman(um), Guduman(um)

*ga-du-ma-an*^ki^ *ARET* III 468 v. II:9' (NP ugula, maškim-SÙ), III 522 r. I:3', III 751 r. I:1' (maškim-SÙ); *ARET* IV 10 r. VIII:7, IX:1, X:3, v. III:13, IV:15; *MEE* II 32 r. IV:2

cit. (Pettinato, *MEE* I): TM.75.G.1411, TM.75.G.1586

*gú-du-ma-an*^ki^ *ARET* I 9 v. I:3 (NP); *ARET* VIII 538 v. VII:27' (NP ugula), VIII 540 r. IX:21 (ábba-ábba); *MEE* X TM.75.G.2238 v. VIII:3

cit. (Archi, *MARI* 4, p. 77, n° 101): TM.75.G.2362; cit. (Archi, *SEb* 2, p. 28): TM.75.G.1249 v. III:14 (ábba-ábba); cit. (Biga, *WGE*, p. 170): TM.75.G. 10052 v. VIII:15 (20 dam)

*gú-du-ma-nu*^ki^ *ARET* III 776 v. IV:3'; *ARET* VIII 532 v. VIII:15

*gú-du-ma-núm*^ki^ *MEE* II 37 r. VIII:8

¶ La probabilità che le grafie siano varianti del nome di uno stesso sito (a sud di Aleppo per Astour, *WGE*, p. 154) è suggerita dal confronto delle attestazioni in *MEE* II 32 da una parte con quelle in *ARET* I 9 e *ARET* III 776 dall'altra.
La lettura del toponimo con *-du-* appare più semplice dell'altra possibile, quella con *-rá-* (per la quale v. Archi, *ARET* III, p. 321, con assimilazione con → Kar(a)man); tuttavia altri indizi sembrerebbero favorire l'ipotesi di un unico, importante, sito chiamato Kar(a)man / Kur(a)man. Ulteriore materiale è dunque necessario.
Per un'interpretazione possibile del nome qui in esame a partire dal sem. **qdm*, "esser davanti; precedere" (v. Fronzaroli, *OrSu* 33-35, p. 142), si deve comunque tener conto della costante grafia con *gú-*, mentre *gu-* per ora non è mai attestato.

Gadur

*ga-du-úr*(GIM!)$^{ki}$ *ARET* VIII 531 v. II:2
*ga-du-ru*$_{12}$$^{ki}$ *MEE* X 38 v. IV:5
¶ L'identificazione delle due grafie come varianti del nome di un unico sito non è provata; la prima potrebbe essere determinata da → Suguru(m), la seconda determina → Maʾ NE. V. il commento a → Igdura. V. anche → Gadula (?)?

Gagadu

*ga-ga-du*$^{ki}$ *ARET* VIII 527 r. IX:2 (NP)
cit. (Archi, *ARES* I, p. 208, n. 14): TM.75.G.1881 r. X:3 (NP)

Gagam

*ga-kam*$_4$$^{ki}$ *ARET* VIII 534 r. X:17' (*, en)
¶ Regno siriano minore, forse a sud di Ebla (v. Bonechi, *WO* 22, pp. 5-6), ma non in Palestina come sostenuto da Pettinato, *Ebla* 2, pp. 257-258.

GagaNEš

*ga-ga-*NE*-iš*$^{ki}$ *ARET* III 939 v. II:6' (NP); *ARET* VIII 531 v. IV:10, X:23 (*, ?); VIII 540 v. I:2
¶ V. il commento a Ag(a)gališ; v. anche Davidović, *ASJ* 11, p. 22, n. 46. Da collazionare *ARET* VIII 531 v. X:23.

Kakkab

*ga-kab*$^{ki}$ *ARET* III 565 r. I:4'
¶ Cf. → Kakkaban (v. già Archi, *ARET* III, p. 321), → Gab(a)gaNEdu.

## Kakkaban

*ga-ga-ba-an*$^{ki}$ *ARET* I 45 v. VII':3 (ábba); *ARET* III 162 r. I:1'; *ARET* VII 13 v. II:3; *MEE* II 41 r. IX:15

cit. (Pettinato, *MEE* I): TM.75.G.5639

¶ V. Catagnoti - Bonechi, *NABU* 1992/65, per la possibilità di un riferimento all'area del Ḫabur (in relazione al vulcano Kawkab), o del Medio Eufrate, e per l'interpretazione */kabkab-ān/ > /kakkab-ān/ (v. già Fronzaroli, *OrSu* 33-35, p. 142; anche Pettinato, *MEE* II, p. 292). Cf. → Kakkab, → Gab(a)gaNEdu.

## Kakmiʾum

*kak-me-um*$^{ki}$ *ARET* IV 6 r. IV:13 (en)

*kak-mi*$^{ki}$ *MEE* X 3 r. II:1, VIII:2, v. II:4

*kak-mi-um*$^{ki}$ *ARET* I 1 r. I:6, I 2+ r. II:1 (en, 2 abba-SÙ), v. VI':2' (2 <persone>), I 3 r. II:4 (en, abba-SÙ), I 4 r. I:5' (en, abba-SÙ), III:11, I 6 r. VI:6, v. VII:17, IX:26 (en), I 7 r. IV:10 (en, abba-SÙ), v. XIII:17 (en), I 8 r. I:7 (en, abba-SÙ), v. XVI:12 (en), I 10 r. X:20 (*maliktum*), v. I:20 (en), I 11 r. IV:15 ($NP_1$ *wa* $NP_2$ lú-kar), VI:11 (NP), VII:6 ($NP_1$ maškim $NP_2$), VIII:5 ($NP_1$ *wa* $NP_2$ maškim $NP_3$), r. XI:4 ($NP_1$ ugula, $NP_2$ maškim-SÙ), XII:1 (maškim NP), v. I:3 (4 guruš), II:7 ($NP_1$ ugula, $NP_2$ maškim-SÙ), III:11 (NP lú-kar), I 12 v. I:10 (NP), I 14 r. VII:7, v. II:4 (NP), VII:16 (NP), I 15 r. V:5 ($NP_1$ *wa* $NP_2$ 2 <persone> Kakmiʾum), I 17 r. III:7, VII:1 (NP), 17 (NP), XI:10 (NP), I 30 r. IX:3, v. VIII:9, I 31 r. II:4 (en); *ARET* II 14 r. III:7 (NP), v. VIII:4 (en); *ARET* III 4 r. II:10', 13', III:3' (NP ugula ká), 9', III 5 v. V:5' (NP, dam-SÙ, šeš-SÙ, ?), III 46 r. I:1', III 50 r. II:3' (en), III 59 r. VI:6' (NP ugula ká), VII:1', III 60 v. IV:1' (..., NP maškim-SÙ), III 63 r. II:1 (2 maškim-SÙ), III 76 r. II:1', III 87 r. III:1', III 89 r. II:1', III 90 r. II:8' (NP lú-kar), III 91 r. II:1', III 128 r. I:5' (..., NP maškim-SÙ lú-kar), III 137 v. II:3 (NP), III 155 r. I:1', III 157 v. II:6', III 196 r. III:3 (NP), 7 (NP lú-kar), III 211 r. I:3' ($NP_1$-$NP_2$), III 214 v.$^{?}$ III:10' (*maliktum*), III 217 r. V:3' (NP dumu-nita en), III 226 r. III:2', III 242 r. III:3' (en), III 255 r. III:3 (NP lú-giš-nu-kiri$_6$), r. V:4 (NP en), r. VI:2, III 259 r. III:8', III 263 r. III:2' (NP ugula), III 269 v. I:4', III 274 r. III:7 (NP ugula), III 283 r. IV:6', III 303 v. IV:2' (... lú-kar), III 316 r. I:3' (NP lú-kar), III 322 r. VIII:2 (NP), III 323 v. III:4' (NP lú-kar), v. IV:4' (NP ugula ká), III 360 r. III:1, III 380 r. I:3' (NP), III 389 r. II:2', III 421 r. II:2

(... lú-kar), III 422 r. I:8' (NP lú-kar), III 441 v. I:1', III 467 r. IV:12 ($NP_1$-$NP_2$), III 468 r. VI:18 (NP ugula NG lú-kar Kakmi˒um), III 473 r. II:1', III 507 r. II:1', III 507 r. IV:4', III 510 r. I:3, III 543 r. I:3' ([$NP_1$] *wa* $NP_2$), III 558 r. I:4' (NP lú-kar), III 580 r. I:3', III 584 r. VI:3' (en), III 595 r. II:1' (... lú-kar), III 596 r. III:4 (NP en), III 598 r. V:2', III 602 r. III:2' (... maškim, ká-SÙ ...), III 616 v. I:4' (NP lú-kar), III 628 r. III:4' (NP lú-kar), III 644 r. II:9' ($NP_1$ a-mu $NP_2$ lú-kar), III:10' (NP lú-kar), III 732 r. I:8' (NP lú-kar), III 734 v. I:6' ($NP_1$ maškim $NP_2$ lú-kar), III 736 r. III:6 (NP en), III 741 r. III:1 (lú-giš-kiri$_6$), III 752 r. II:3', III 799 v. III:5' (... $NP_1$-$NP_3$ lú-kar), III 800 r. I:7' (... $NP_1$-$NP_2$), III 802 v. I:3' (en), III:7' (NP), III 821 r. I:1', III 823 r. II:2' (... lú-kar), III 834 r. I:1', III 837 r. II:3' (NP lú-kar), III 850 r. I:1', III 858 v. VI:2 (... lú-kar), III 860 v. VIII:7' (NP lú-kar), III 862 r. III:5' ($NP_1$ dumu-nita $NP_2$), III 864 r. III:4' (NP lú-kar), III 865 r. I:4, II:6, III 871 r. III:6', III 880 r. V:5', III 881 v. III:11' (NP), III 882 r. II:1' (... ugula), 4', III 888 r. III:2' (... lú-kar), III 893 r. III:5', III 895 r. II:7' ($NP_1$ *wa* $NP_2$ lú-kar), III 923 v. I:4', III 932 r. I:1', III 961 r. I:1'; *ARET* IV 1 r. III:12 (NP), v. VI:5 (NP), IV 2 r. IX:18 (NP), IV 3 r. V:20, IX:22, X:15 ($NP_1$ lú $NP_2$), IV 6 r. V:12 (NP), IV 7 ($NP_1$-$NP_5$, $NP_6$-$NP_9$), IV 10 r. III:11 (NP lú-kar), XII:4 (NP), 15 ($NP_1$ *wa* $NP_2$), v. IV:8 (NP), V:10, VI:9 (NP lú-kar), IV 11 r. I:3 (NP), 9 (NP ugula), II:1, V:13 (NP), VIII:19 (NP), X:3 (NP lú-kar), v. IV:11 (NP), VII:9 (NP), IV 12 r. I:12 (NP), II:12 (NP), III:12 (NP lú-kar), IV 15 r. XI:12 (NP), v. VI:6 (NP lú-kar), VII:7, IV 16 r. X:9, IV 17 r. III:8, V:5, VII:17, X:3, 6, v. III:2 (NP), IV:11, IV 18 v. X:3 (NP), IV 21 r. I:6 ($NP_1$-$NP_4$), v. I:9 ($NP_1$-$NP_3$), IV 25 r. VII:3 (en, 2 ábba-SÙ, maškim-SÙ); *ARET* VIII 521 v. VI:22 ($NP_1$-$NP_2$), VIII 523 r. V:3 (en), v. III:15, IV:10 (lú-kar), VIII 531 r. II:10, VIII 540 v. II:8; *MEE* II 1 v. III:5 (en); *MEE* II 4 r. IV:4; *MEE* II 25 r. VI:11 (NP nagar), VII:3 (NP ugula), v. I:10; *MEE* II 29 r. IX:13, XI:2 (NP); *MEE* II 32 r. VII:11, X:8; *MEE* II 33 r. IV:7; *MEE* II 37 r. I:13, II:6 (en), III:3 (NP), 8 (NP). IV:8 (dumu-nita en), XI:18 (en), v. I:11 (dumu-nita en), VIII:2 (en), 9 (en), 14 (en), 17 (en); *MEE* II 39 r. I:16 (NP), III:9 ($NP_1$-$NP_2$), VIII:16 (NP), v. IV:3 ($NP_1$ *wa* $NP_2$ 2 <persone> Kakmi˒um); *MEE* II 40 r. IX:5 (NP); *MEE* II 41 r. XI:4, XII:5; *MEE* II 45 v. II:3; *MEE* X 2 r. III:5 (NP lú-kar), v. IV:14 (NP lú-kar); *MEE* X 4 v. VI:7; *MEE* X 20 r. XVIII:16 (2 dam en Kakmi˒um); *MEE* X 21 v. I:16; *MEE* X 24 r. IV:8, v. II:6; *MEE* X 25 v. V:11 ($NP_1$ a-mu $NP_2$ lú-kar); *MEE* X 29 v. II:7 (NP), VI:25 (*maliktum*), VIII:29 (en); TM.75.G.1444 v. VIII:7; TM.75.G.1574 v. I:3 (en); TM.75.G.2420 v. III:10

cit. (Archi, *ARES* I, p. 207): TM.75.G.1928 (NP en); cit. (Archi, *ARET* I, p. 222, n. 12): TM.75.G.2432 r. I (en, $NP_1$ *wa* $NP_2$ 2 ábba-SÙ); cit. (Archi, *MARI* 5, p. 47): TM.75.G.2426 r. VI:24 (NP); cit. (Archi, *Mél. Finet*, p. 18): TM.75.G.1453 (NP); cit. (Archi, *SEb* 4, p. 11): TM.75.G.1570 r. II:1 (en); cit. (Archi, *VO* 6, p. 245): TM.75.G.1742 (NP), TM.75.G.2248 (NP); cit. (Archi, *VO* 8/2, p. 198): TM.75.G.10251 r. X (en); cit. (Biga, *ARES* I, pp. 294, 297, 299): TM.76.G.97 (NP *wa* maškim-SÙ), TM.76.G.251 (NP), TM.76.G.283 ($NP_1$ dumu-nita $NP_2$), TM.76.G.288 (NP lú-kar); cit. (Biga, *PdP* 46, p. 297 e n. 30): TM.75.G.1911 (*maliktum*); cit. (Fronzaroli, *SEb* 1, p. 84): TM.75.G. 2456 v. XI:9 (NP *mazalum*); cit. (Pettinato, *MEE* I): TM.75.G.1262, TM.75. G.1298, TM.75.G.1317, TM.75.G.1318, TM.75.G.1322, TM.75.G.1326 (en), TM.75.G.1335, TM.75.G.1337 (en$^?$), TM.75.G.1344, TM.75.G.1380, TM.75. G.1381, TM.75.G.1399, TM.75.G.1401, TM.75.G.1416, TM.75.G.1420, TM. 75.G.1427, TM.75.G.1428, TM.75.G.1438, TM.75.G.1585, TM.75.G.4470, TM.75.G.4487, TM.75.G.10017 (en), TM.75.G.10019, TM.75.G.10026, TM. 75.G.10032, TM.75.G.11008, TM.75.G.11058, TM.75.G.11101 (NP dumu-nita en), TM.75.G.11106+ (en), TM.75.G.11113 (NP dumu-nita en), TM.75. G.11126, TM.76.G.257 (en)

¶ Uno dei regni che aprono i testi di tipo *ARET* I 1-9.

Certamente in Siria nord-occidentale, e verosimilmente a ovest dell'Eufrate; in questa regione, il più importante dopo Ebla, a giudicare dal numero e dalla qualità delle attestazioni nelle tavolette ritrovate a Tell Mardikh (v. in tal senso Bonechi - Catagnoti, *NABU* 1990/29; Bonechi, *SEL* 8, p. 70; già Garelli, *Remarques*, § 5; recentemente, Archi, *AAAS* 40, p. 53); dopo → Mari e → Imar, il NG sino ad oggi più frequente, assieme a → Armi.

Tale ipotesi di localizzazione è più soddisfacente delle altre proposte, tutte con riferimento ad un'area molto più orientale, in relazione ad un'identificazione con la Kakmum dei testi paleo-babilonesi (per la quale v. Röllig, *RlA* 5, p. 289): sul Tigri per Pettinato, *Ebla* 2, pp. 290-291 (v. anche *MEE* II, p. 16), e per Matthiae, *Ebla* $1^2$, p. 259; a est del Ḫabur e forse del Tigri per Archi, *SLE*, pp. 233 e 240-241, *Mél. Finet*, p. 16, e *MARI* 6, p. 22 (e v. anche *id.*, *ARET* I, p. 220: "probabilmente ... nell'area del Habur"); Michalowski, *JAOS* 105, p. 297: sul Tigri, o a est di questo (ma v. sotto); Astour, *Semites and Hurrians*, pp. 8-11 (a est di Ninive e Ekallatum); Diakonoff, *Ebl.* II, p. 12: a est del Tigri. V. comunque già i dubbi espressi da Archi in *ARET* III, p. 327, da Sollberger, *ARET* VIII, p. 46, e da Michalowski, *Mari in Retrospect*, p. 244, n. 3, circa l'identificazione con Kakmum del II millennio. Molti indizi puntano poi più specificamente alla regione immediatamente a nord di quella eblaita, verso l'attuale frontiera siro-turca.

Che *kak-mi*$^{ki}$ sia variante di *kak-mi-um*$^{ki}$ è provato dal fatto che il NP Inud-damu è riferito ad entrambe; non è chiaro se la forma corta è un'abbreviazione grafica usata dallo scriba di *MEE* X 3, o se l'alternanza è parallela a quella → Armi // Armiʾum.

In *ARET* III 4 r. II:13' determina → Šuran, in *ARET* III 752 → Timatum, in *ARET* III 865 r. II:6 → Mur, in *ARET* VIII 523 v. III:15 → Šubugu. In *ARET* III 5 non è certo che le persone menzionate siano di Kakmiʾum. Pomponio, *UF* 17, p. 250, propone di reintegrare Kakmiʾum dopo *ARET* III 211 r. I:7'.

## Gal(a)laNEd

*ga-la-la*-NE-$id_x$(NI)[ki] *MEE* X 39 r. III:1 (*, 2 é-$duru_5$ 16 *na-$se_{11}$*); TM.75.G.2367 r. V:15

cit. (Pettinato, *MEE* I): TM.75.G.2170

*ga-la-la*-NE-*du*[ki] *MEE* X 38 r. III:9 ($NP_1$-$NP_3$ 3 *na-$se_{11}$*)

¶ Menzionato in TM.75.G.2367 fra i centri connessi con le imprese militari del re di → Mari Iblul-il in Siria centro-occidentale. Verosimilmente a nord-ovest di → Mari, e a nord-est di → Imar (per una identificazione con la più tarda Galabatha, 24 km a valle di Raqqah, v. Astour, *WGE*, p. 146, n. 47).

## KALAM

kalam[tim] TM.75.G.2238 r. VII:21 (ND), v. II:14 (ND); TM.75.G.2420 r. VI:10, X:14, XI:6, 11, v. II:1, 14, X:18 (?), XII:4

cit. (Archi, *Ebl.* I, p. 139 [24]): TM.76.G.199 r. VI:9; cit. (Archi, *St. Özgüç*, p. 12): TM.75.G.1527, TM.75.G.1747, TM.75.G.1928, TM.75.G.2410

kalam[tim]-kalam[tim] TM.75.G.2367 r. I:11, III:9, VII:12, v. II:4, III:9, IV:6

cit. (Archi, *MARI* 5, p. 40): TM.75.G.1928 (dub-gar TIL.TIL k.-k.)

kalam[ki]-kalam[ki] TM.75.G.2136 v. II:1

kalam[tim ki]-kalam[tim ki] *MEE* III 66 r. I:4, 5, v. II:3

cit. (Archi, *SEb* 2, p. 29): TM.75.G.10088 r. XXII:11'; cit. (Fronzaroli, *MARI* 5, p. 268): TM.75.G.2175 v. II:18

¶ Qualifica $^{d}$BAD in TM.75.G.2238 (nella seconda attestazione preceduto da $^{d}$AMA-*ra*). Qualifica → BADlan, → Raʾaq, → Burman e → Gašur in TM.75.G. 2367. In TM.75.G.2136 qualifica 17 città "nelle mani" del sovrano eblaita. Nei testi citati da Archi, *St. Özgüç*, p. 12, si riferisce a regioni dello stato eblaita. V. in generale Steiner, *WGE*, pp. 333-343.

Una grafia KALAM in *ARET* III 221 v. I:4' non sembra poter essere associata alle altre (e deve essere collazionata: strutturalmente deve trattarsi di un bene da consegnare; cf. forse KALAM.DU.UD in *ARET* VIII 537 r. III:6').

## Galamu

*ga-la-mu*[ki] *ARET* VIII 526 v. X:3 (NP)

GalaNEḏu

GalaNEḏu

*ga-la*-NE-*šu*$^{ki}$ *ARET* I 8 v. XV:18; *ARET* III 464 v. II:5'; *ARET* IV 22 r. VI':8, v. VII:14

¶ Cf. Milano, *SEb* 7, p. 223, per un'ipotesi di alternanza con → GadaNEḏu (non confermata dall'analisi dei contesti).

Galaza

*ga-la-za*$^{ki}$ TM.75.G.2309 r. II:4

¶ Cittadina nella regione di Ebla.

Galdum

*gal-tum*$^{ki}$ *ARET* VIII 522 v. I:16 (NP), VIII 523 r. XI:6 (NP), VIII 525 v. VIII:2 (NP); *MEE* X 20 v. XIV:16 (NP$^{?}$)

¶ In *ARET* VIII 522 da verificare se il primo segno è realmente GAL, o se si ha *me-tum*$^{ki}$ (v. → Medum).

Galladum

*gal-la-tum*$^{ki}$ *ARET* III 8 r. II:1'

Gam

*ga-ma*$^{ki}$ *ARET* VIII 538 v. VI:11'

*ga-mu*$^{ki}$ cit. (Pettinato, *MEE* I): TM.75.G.5316

Gamudu

*ga-mu-du*$^{ki}$ cit. (Pettinato, *MEE* I): TM.75.G.1438 (ND)

¶ Secondo Pettinato, *MEE* I, p. 66, a questo NG è associata la divinità $^{d}$TU.

Ganad

*ga-na-ad*$^{ki}$ TM.75.G.2377 r. II:8; TM.75.G.2379 r. III:1

*ga-na-du*$^{ki}$ *ARET* III 755 v. III:5' (NPF dam NE-di); *ARET* VII 156 v. II:7

cit. (Archi, *VO* 8/2, p. 196): TM.75.G.2417 v. XIII (NP NE-di)

¶ Fra i centri del culto di $^{d}$NIdabal in TM.75.G.2377 // TM.75.G.2379; fra i centri connessi con i figli di Irʾam-damu in *ARET* VII 156. Cittadina nella regione di Ebla, possibilmente verso L'Oronte.

Ganamu

*ga-na-mu*[ki] *ARET* III 460 v. VII:1'
¶ Determinata da → Darazu; a est di Ebla?

Gan(a)na, Gan(a)naʾim, Gan(a)naʾum

*ga-na-na* *ARET* IV 23 v. VIII:4 (é $ND_1$)
cit. (Archi, *Biblica* 60, p. 566, n. 39): TM.75.G.2403 r. IX:13 ($ND_1$), TM. 75.G.2447 v. V:7 (é $ND_1$); cit. (Archi, *MARI* 5, p. 39, n. 14 ($ND_2$)
*ga-na-na-im* *ARET* III 31 r. II:13 ($ND_1$); *MEE* II 48 v. V:4 (*, $ND_1$)
*ga-na-na-um* *ARET* III 42 r. III:6 ($ND_1$), III 635 v. VII:6' ($ND_1$)
cit. (Mander, *MEE* X, p. 6): TM.75.G.2508 ($ND_1$); cit. (Pettinato, *WGE*, p. 310 [5]): TM.75.G.1680 ($ND_1$)
*ga-na-na-um*[ki] cit. (Archi, *MARI* 4, p. 78): TM.75.G.2507 v. XVIII ($ND_1$)
¶ Riferito in genere a [d]BAD ($ND_1$), variante [d]BAD-*iš* ($ND_2$). Per [d]*ga-na-na*(*-um*) v. gli indici di *ARET* I, III, IV.
Un'identificazione delle grafie eblaite con il paese meridionale di Canaan, attestato a partire dal II millennio, è stata avanzata da Pettinato, *SF* 16, pp. 117-118 (v. anche *Or* 54, p. 238, n. 24), seguito da Gelb, *SMS* 1/1, p. 19 e *LdE*, p. 31, da Kienast, *LdE*, p. 91, n. 30, e da Cagni, *BaE*, p. 376, n. 14; tale ipotesi è stata però spesso rifiutata: v. Archi, *Mél. Kupper*, p. 201 e n. 19; *id.*, *Mél. Finet*, p. 16: "du côté de la vallée de l'Euphrate"; precedentemente, *id.*, *Biblica* 60, p. 566; *AAAS* 29/30, p. 170.
Da confrontare con → Gunu(m)?

GanaNE

*ga-na-*NE[ki] TM.75.G.2367 v. II:8
¶ V. Archi, *Mél. Finet*, p. 16: "du côté de la vallée de l'Euphrate" (accostato a → Gan(a)na anche da Pettinato, *OA* 19, p. 236, ma con differente riferimento al paese di Canaan; diversamente, ma in modo inaccettabile, riferito all'area transtigrina da Astour, *Semites and Hurrians*, pp. 13-14.

Ganeḏ, Ganeš

*ga-ne-iš*[ki] cit. (Archi, *St. Özgüç*, p. 12): TM.75.G.2410
*ga-ne-su*[ki] *ARET* I 8 r. XIII:5
cit. (Archi, *St. Özgüç*, p. 12): TM.75.G.1862, TM.75.G.10022
*ga-ni-šu*[ki] TM.75.G.2136 r. IV:1

GaNELUM (?)

¶ Fra 17 centri "nelle mani" del sovrano di Ebla; a nord di Ebla. Per la convincente confutazione dell'ipotesi di identificazione con Kaniš = Kultepe (avanzata da Pettinato, *Or* 47, p. 51, e *Ebla* 2, p. 306; v. anche Davidović, *ASJ* 11, p. 4 e n. 46), v. Garelli, *Remarques*, § 5; Archi, *St. Özgüç*, pp. 12-14 (con riferimento alla regione fra l'Eufrate e il Baliḫ, presso l'attuale frontiera siro-turca); Matthiae, *Ebla* $1^2$, p. 260. V. anche Astour, *WGE*, p. 153.

GaNELUM (?)

*ga*-NE-LUM<ki> *ARET* VII 155 v. II:4 (*)

¶ Il determinativo è assente (collazione sulla fotografia), ma questo non indica necessariamente che non si tratti di un toponimo. Dato il contesto agricolo in *ARET* VII 155, non è certo che la grafia si riferisca allo stesso termine attestato anche in *MEE* II 23 r. II:2, in un contesto relativo a metalli: qui è stato inteso come NP dall'editore (v. comunque *MEE* II, p. 172) e da Krebernik, *Personennamen*, p. 183, ma tale interpretazione è dubbia.

Ganešu v. Ganeḏ

Garabadu

*ga-ra-ba-du*[ki] TM.75.G.1451 r. IV:5

Garaguʾi v. Garaguraʾi

Gar(a)guraʾi, Gar(a)gurīʾum

*ga-ra-gú-ra-i*[ki] *ARET* VIII 534 r. VI:5, VII:3', VIII:16' (-<*ra*->, *), XI: 19'

*ga-ra-gú-rí-um*[ki] *MEE* X 26 v. IX:16 (*)

¶ L'identificazione delle due grafie come varianti, benché non provabile, appare verosimile.

Gar(a)gurīʾum v. Gar(a)guraʾi

Karamu v. Karramu

Kar(a)man

*ga-ra-ma-an*$^{ki}$ *ARET* I 8 v. IX:12; *ARET* II 16 r. II:3 (zàḫ); *ARET* III 83 r. I:2' (ugula), III 241 r. II:2', III 255 r. IV:3 ([$NP_1$] maškim $NP_2$ ugula), III 265 r. VI:2' (NP), III 323 v. V:19' ($NP_1$ maškim $NP_2$ ugula), III 441 v. III:7', III 535 r. I:3 (NP ugula), III 562 r. II:2' (NP ugula), VI:2 (NP ugula), III 860 v. IV:14, III 897 r. III:1' (ugula), III 908 r. III:2'; *ARET* IV 16 r. XI:15 (ND); *MEE* X 3 r. XI:9; *MEE* X 20 r. XVIII:10 (NP ugula)

cit. (Fronzaroli, *St. Leslau*, p. 465): TM.75.G.2290 v. III:11; cit. (Pettinato, *MEE* I): TM.75.G.4403, TM.76.G.276

*ga-ra-ma-nu*$^{ki}$ *ARET* VII 155 r. II:3; TM.75.G.1444 r. VIII:1

¶ Sede di culto di $^{d}$Kamiš in *ARET* IV 16; fra i centri riferiti ai figli di Irig-damu, figlio di Ibriʾum, in *ARET* VII 155, e fra quelli riferiti a Ir-damu, figlio di Ibriʾum, in TM.75.G.1444. Derivabile da **karm* "vigna", + /-ān/ (v. Pettinato, *MEE* II, p. 43). L'identificazione con *ga*-DU-*ma-an*$^{ki}$ = *ga-rá-ma-an*$^{ki}$ (→ Gaduman(um)), v. Archi, *ARET* III, p. 321, non è documentabile: non vi sono motivazioni prosopografiche evidenti per proporla, né d'altra parte è certo che DU abbia un valore *rá* nei testi eblaiti; tuttavia, resta possibile, dato che dai contesti sia le grafie con *-ra-* che quelle con -DU- sembrano rinviare al sud. Nella regione di Ebla, verso l'alto Oronte (cf. Bonechi, *SEL* 8, p. 71). Cf. → GarmaLUM?, → Karamu, → Karmu.

GardaNEdu

*gàr-da*-NE-*du*$^{ki}$ *ARET* VIII 524 v. VI:19, VII:21, VIII:5 (-ii), VIII 533 r. XII:14

¶ Cf. → GurdaNEdu.

Gardum

*gàr-tum*$^{ki}$ *ARET* VIII 525 v. X:9' (NP)

cit. (Pettinato, *MEE* I): TM.75.G.10019

Gariʾiʾum

*ga-rí-i-um*$^{ki}$ cit. (Pettinato, *MEE* I): TM.75.G.1324

Gariʾu

*ga-rí-u*$_9$$^{ki}$ *ARET* IV 1 v. IX:6; *ARET* VIII 525 v. VII:7, VIII 529 v. IV:1; TM.75.G.1547 r. III:1 (?)

cit. (Pettinato, *MEE* I): TM.75.G.1416

¶ In TM.75.G.1547 edito come *ga*-⸢x⸣-*u*$_9$$^{ki}$: l'integrazione proposta, probabile, va verificata sulla tavoletta. A nord-est di Ebla?

Gariḏaba

Gariḏaba

*ga-rí-ša-ba*ki TM.75.G.1451 v. V:8 (ugula)

Karkamiš

*gàr-ga-me-su*!(ZU)ki TM.75.G.1669 v. VII:8 (NP)

*gàr-ga-mi-iš* ki *ARET* VIII 523 r. VII:4 (NP), VIII 524 r. I:22 ($NP_1$-$NP_2$), III:3 (NP), XII:21 ($NP_1$-$NP_2$), v. VII:7 ($NP_1$ lú $NP_2$), VIII 525 v. VII:4 (NP), VIII 526 r. XI:20 (NP), XII:12 (NP), v. IV:22 (NP), VII:6 (NP), VIII 527 v. II:21 (NP), 24, VIII 529 v. III:18, VIII 532 r. VI:16 (NP), VIII 533 r. XIII:8, v. V:7 (NP), VIII 538 v. VI:22" ($NP_1$-$NP_2$), VIII 540 r. VI:16 ($NP_1$ lú $NP_2$), v. IX:2 (-{*ga*}-, NP), VIII 542 v. V:8 (NP)

cit. (Pettinato, *MEE* I): TM.75.G.1324, TM.75.G.1335, TM.75.G.1881, TM.75.G.2644, TM.75.G.5183, TM.75.G.20411

*gàr-ga-mi-su*ki *ARET* IV 1 v. II.11 (NP); *MEE* X 3 v. II:2

cit. (Pettinato, *MEE* I): TM.75.G.1416 (*-su*!(ZU))

*gàr-gàr-mi-iš* ki TM.75.G.2420 r. II:19

¶ Unanimemente identificata (a partire da Pettinato, *OA* 15, pp. 11-15; recentemente v. Kupper, *Akkadica* 79-80, p. 16) con la Karkemiš del II e I millennio, presso Jarāblus (v. *RGTC* 3, p. 133; Hawkins, *RlA* 5, pp. 426 ss.), con l'eccezione di Sollberger, *ARET* VIII, p. 43 (ma senza valide motivazioni). Non un regno, ma uno dei centri "nelle mani" del sovrano eblaita in TM.75.G.2420 (dove la grafia aberrante non è facilmente spiegabile: errore scribale?).

GarmaLUM

*gàr-ma*-LUMki *ARET* III 937 r. II:5'

¶ Cf. → Karman?

GarmašdaNIum

*gàr-maš-da*-NI-*um*ki *MEE* II 36 v. II:3

¶ Cf. Pettinato, *MEE* II, p. 248; Krecher, *ARES* I, p. 179.

Karmu, Karmiʾum

*gàr-me-um*ki *ARET* III 176 r. III:6' (*); *ARET* IV 16 v. I:9 (NP), IV 17 r. I:8 (en, maškim-SÙ), XIII:13 (NP); *MEE* II 29 r. III:20; *MEE* X 24 r. IX:10, XI:13; *MEE* X 26 r. VI:11

cit. (Pettinato, *MEE* I): TM.75.G.1420

*gàr-mi-um*^ki *ARET* I 8 v. VII:3; *ARET* III 197 r. IV:9, III 232 r. IV:8'; *ARET* IV 17 r. III:16 (NP); *MEE* II 33 r. XI:11, v. I:11
cit. (Pettinato, *MEE* I): TM.75.G.1395 (en)

*gàr-mu*^ki *ARET* I 1 r. II:9, I 2+ r. III:3 (en, ábba-SÙ), I 3 r. III:13 (en, ábba-SÙ), I 4 r. III:6 (en, ábba-SÙ), I 5 r. III:9, I 6 r. III:6 (en, ábba-SÙ), I 7 r. II:14 (en, ábba-SÙ), I 8 r. VIII:10 (en, maškim-SÙ), I 9 v. III:2 (NP), I 10 r. IV:6 (en), v. VI:11 (en), X:6 (en), I 12 r. VII:8, I 17 v. III:3 (NP, maškim-SÙ), I 32 r. II:14 (en, ábba-SÙ); *ARET* III 10 r. II:1', III 60 r. IV:2', III 83 r. I:5' (<ki> *), III 134 v. VI:9' (en), III 251 r. III:3' (NP en), III 412 r. IV:3', III 439 r. III:4 (*mazalum*-SÙ), III 470 r. VII:4, III 471 r. VI:2 (maškim-SÙ), III 478 r. II:4' (en), III 584 r. VII:7' (en), III 743 r. V:7' ($NP_1$, $NP_2$ maškim-SÙ), III 776 v. III:3' (NP), III 800 r. III:12' (NP $ur_x$), III 868 r. II:9' (NP), III 896 r. III:4' (NP), III 932 r. III:1, III 937 v. II:4 (NP), III 938 v. IV:5 ($NP_1$-$NP_3$); *ARET* IV 1 v. XI:12 (maškim-SÙ), IV 3 r. I:13 (NP), IV 4 r. I:4 (en), IV 5 r. X:6 (maškim-SÙ), IV 6 r. XI:11 (en, 2 maškim-SÙ), v. V:3 (en, 2 maškim-SÙ), IV 7 r. IV:4 (NP, *mazalum*-SÙ), IV 9 r. III:4 (en), IV 13 r. VII:12 (en), IV 18 v. VIII:3 (en), IV 19 r. I:3 (en); *ARET* VIII 521 v. IV:1 (NP), 4, IX:3, VIII 522 r. III:12 (NP), VIII 523 v. III:2 (NP), VIII 524 r. I:3 (en, ábba-SÙ), VIII 525 v. V:18 (en, 1 ábba-SÙ, 3 maškim-SÙ), VIII 526 r. VII:13 (en, 2 ábba-SÙ, maškim-SÙ, NP ugula $za_x$(LAK-384)-SÙ, v. I:5 (NP), VII:15, VIII 531 r. II:6, VIII 533 v. III:6 (2 <persone>, maškim-SÙ), VIII 538 v. V:6' (NP), VIII 540 r. XII:2 (NP), VIII 541 r. II:20 *, en); *ARET* IX 61 v. II:8 (en), IX 74 v. I:2, IX 81 r. I:8, IX 82 r. II:2; *MEE* II 25 r. III:4 (NP); *MEE* X 2 r. X:1 (en), v. V:16 (NP); *MEE* X 3 v. I:13 (en); *MEE* X 21 r. XI:4, v. IX:15; *MEE* X 29 r. XV:22 (en); TM.74.G.126 v. I:1; TM.75.G.1764 v. I:16 (en); TM.75.G.2075 r. X:13; TM.75.G.2238 v. III:24, VII:18 (en)

cit. (Archi, *MARI* 6, pp. 32, 34-35): TM.75.G.1707 r. XII:5 (en); TM.75.G.2274 r. X:11 (en); TM.75.G.2369 v. II:11 (en); TM.75.G.2434 r. III:13 (en); cit. (Pettinato, *MEE* I): TM.75.G.1332, TM.75.G.1324, TM.75.G.1326, TM.75.G.1344, TM.75.G.1411, TM.75.G.1416, TM.75.G.1570, TM.75.G.4470, TM.75.G.5341, TM.75.G.11027 (*maliktum*)

¶ Importante regno siriano, fra quelli che aprono i testi di tipo *ARET* I 1-9.
Da localizzarsi fra la valle dell'Eufrate e le montagne lungo la costa mediterranea: v. Bonechi, *SEL* 8, pp. 68-71; Milano, *ARET* IX, p. 238 (diversamente, localizzato da Archi, *ARET* I, pp. 220-221, fra l'Eufrate e il Baliḫ; da Pettinato, *Ebla* 2, p. 284, nella Gezira; da Matthiae, *Ebla* $1^2$, forse oltre l'Eufrate, verso il Baliḫ e il Ḫabur).
Per l'identificazione delle varianti e l'interpretazione del nome, derivato dal sem. **karm-*, "vigna", cf. Pettinato, *MEE* II, p. 43, e Fronzaroli, *OrSu* 33-35, p. 142, che suggerisce una nisbe /-īy-um/ per le forme in *-um*. V. anche Bonechi, *NABU* 1990/28.

Garra

*ARET* III 440 v. VII:8-10 non attesta un tempio di $^{d}$KUra a Karmu, poiché l'esame della fotografia esclude la lettura *gàr-m*[*u*$^{ki?}$] proposta dall'editore (v. → Ša...). Per *ARET* III 176 v. Bonechi, *NABU* 1990/28; in *ARET* VIII 524 r. I:3 la lettura [*gàr-m*]*u*$^{ki}$ è dubbia; per *ARET* VIII 541 v. Bonechi, *AuOr* 8, p. 170. Cf. → Kar(a)man.

Garra

*gàr-ra*$^{ki}$ *ARET* II 27 r. I:6; TM.75.G.1451 r. II:10 (ugula)

¶ Cittadina di importanza agricola (v. *ARET* II 27, dove è riferita al fratello di Ibdul); nella regione eblaita. Cf. → Garru.

Karramu

*ga-ra-mu*$^{ki}$ *ARET* III 540 r. I:6' ($ND_1$ *wa* $ND_2$), III 719 r. III:4 (NP); *ARET* VII 156 r. II:6; TM.75.G.2420 r. IV:8

*gàr-ra-mu*$^{ki}$ TM.75.G.1452 r. I:1 (*wa* ugula-SÙ)

¶ Sede di culto di $^{d}$Wadaʾan e $^{d}$Saʾasa; fra i centri riferiti ai figli di Irʾam-damu in *ARET* VII 156; fra quelli connesi con alcuni figli di Ibriʾum in TM.75.G.1452; fra quelli "nelle mani" del sovrano eblaita in TM.75.G.2420.

Per l'alternanza probabile delle due grafie v. Fronzaroli, *SEb* 3, p. 48; v. anche Archi, *Mél. Finet*, p. 16: centro eblaita. Da cercarsi forse nel bacino superiore dell'Eufrate siriano, o verso quella regione.

Garru

*gàr-ru*$_{12}$$^{ki}$ *ARET* II 28 v. VIII:1; *ARET* III 119 v. VI:2'; *ARET* IV 2 v. IX:13 (NP); *ARET* VIII 523 v. VI:11 (NP), VIII 524 r. XI:28 (NP), VIII 533 r. IV:7; TM.75.G.1669 r. III:4 (NP); TM.75.G.2377 r. V:4; TM.75.G.2379 v. II:4

¶ Fra i centri del culto di $^{d}$NIdabal in TM.75.G.2377 // TM.75.G.2379; nella regione di Ebla, in *ARET* II 28 in relazione con → Balban. Cf. → Garra.

Garšanu

*gàr-sa-nu*$^{ki}$ *ARET* VII 151 r. I:2

Gaša

*ga-sa*$^{ki}$ *ARET* II 1 r. I:2 (NP), II:3 (NP), v. II:3 (NP), II 42 r. II:2 (NP dar); *ARET* III 119 v. VI:5' (NP), III 124 r. I:1', III 129 r. I:2' (NP), III 401 v. III:7' (dar-dar), III 964 v. IV:1' (26 dar), 2' (41 simug); TM.75.G.1451 r. I:6 (ugula); TM.75.G.1767 r. IV:1, v. II:5

cit. (Pettinato, *MEE* I): TM.75.G.543 (!), TM.75.G.1428, TM.75.G.1745, TM.76.G.340

¶ Centro della regione di Ebla (v. Milano, *ASJ* 9, p. 200, n. 58; in Pettinato, *MEE* I, p. 276, la resa Gaza è priva di fondamento, v. Archi, *SEb* 2, pp. 5-6), menzionato in relazione ad attività agricole e manufatturiere. Il confronto con → Zaga, ipotizzato da Pettinato, *MEE* II, p. 168, non è provato, né è verosimile.

Per *ARET* III 964 v. Bonechi, *MARI* 6, p. 229, n. 59.

Gašuwa

*ga-su-wa*$^{ki}$ *ARET* VIII 531 r. VI:17

Gašur

*ga-su-lu*$^{ki}$ TM.75.G.2238 v. VI:2

cit. (G. Pettinato, *Lacheman Volume*, pp. 301): TM.76.G.199

*ga-su-ru*$_{12}^{ki}$ cit. (Archi, *Mél. Finet*, p. 19): TM.75.G.1945

*ga-šur*$_x$(ḪI×MAŠ)$^{ki}$ *ARET* II 4 r. VI:8, v. III:6; *ARET* III 447 r. I:4; *ARET* VII 77 r. I:5; *MEE* II 2 25 v. II:1; *MEE* X 39 r. VI:2; TM.75.G.1559 v. IV:6; TM.75.G.1866 r. II:3 (NP u$_5$); TM.75.G.2367 v. II:5

cit. (Archi, *Mél. Finet*, pp. 18-19): TM.75.G.1531, TM.75.G.2367, TM.75. G.2516+, TM.75.G.2598, TM.75.G.10004, TM.75.G.10167, TM.75.G.10168; cit. (G. Pettinato, *Lacheman Volume*, pp. 299 ss.): TM.75.G.2013 (10 *na-se*$_{11}$ (...) tuš Gašur); TM.75.G.2236 NP u$_5$); TM.76.G.191; TM.76.G.344

¶ V. Bonechi, *WO* 22, pp. 5-9 per la confutazione della frequente ipotesi di identificazione con Gasur = Nuzi = Yorgan Tepe (ipotesi avanzata da Pettinato in *MEE* II, p. 182, e sviluppata dallo stesso nel *Lacheman Volume*, p. 298, e in *Ebla* 2, pp. 284-285; accettata da Archi, *Mél. Finet*, p. 16 e n. 11, da Matthiae, *Ebla* 1$^2$, p. 257, da Astour, *Semites and Hurrians*, p. 7, e da Diakonoff, *Ebl.* II, p. 12; rifiutata comunque da Michalowski, *JAOS* 105, p. 297, seguito anche da Alberti, *Or* 59, p. 77, e considerata dubbia da Liverani, *Antico Oriente. Storia, società, economia*, Roma-Bari 1988, pp. 207 e 214), e per il riferimento di questo importante centro all'area occidentale (a p. 7 di *WO* 22 correggi ovviamente /Gasur/ in /Gašur/). In Siria, fra → Mari e Ebla, forse non lontano da → Imar.

GaURʾu (?)

*g*[*a*$^?$]-UR-*u*$_9$$^{ki}$ TM.75.G.1547 v. II:1

Gawadu

*ga-wa-du*$^{ki}$ *ARET* III 757 r. I:3' (NP)

Gazidanu

Gazidanu

*ga-zi-da-nu*[ki] *ARET* I 8 r. XIV:15

¶ Fra Ebla e → Armi (verosimilmente dunque a nord-ovest di Ebla), cf. Bonechi, *SEL* 7, p. 30, n. 56.

Ga...ᵓu v. Gariᵓu

Gešbu

*kéš-bù*[ki] *ARET* I 7 v. XII:4, 12

$GI_4$

$GI_4$[ki] TM.75.G.2309 r. III:1

Gidadu

*gi-da-du*[ki] *ARET* IV 12 r. VI:2 ($NP_1$ lú $NP_2$)

GidaNE(ᵓu) v. GidNE(ᵓu)

Gidaš

*gi-da-su*[ki] *ARET* I 7 r. IX:10 (NP)
*gi-daš*[ki] *ARET* I 5 v. XII:4 (NP), I 38 v. VIII:1: *ARET* II 28 ($NP_1$ lú $NP_2$); *ARET* III 103 v. II:5', III 377 r. II:3', III 779 r. II:3'; *ARET* IV 1 v. III:7 (NP), IV:4; *ARET* VIII 538 v. IV:6' (NP), VII:16' (NP), VIII 540 v. XI:12' (NP)
cit. (Archi, *MARI* 6, p. 35): TM.75.G.2453 r. III

¶ Importante centro, menzionato in relazione ad attività agricole nella regione di Ebla (v. *ARET* III 103, 377 e 779); in *ARET* III 103 è determinato da → Dinnu, in *ARET* III 779 e in TM.75.G.2453 da → Gurrab(al): è dunque possibile che si debbano distinguere due Gidaš, entrambe a est, nord-est di Ebla. Cf. → Gadaš.

Gididadab v. Gadiddab

GidiNE v. GidNE(ᵓu)

GidNE(ʾu)

*gi-da*-NE[ki] *ARET* III 628 r.I:4'
*gi-da*-NE-*ù*[ki] *ARET* VIII 540 r. V:3 (*, NPF)
*gi-ti*-NE[ki] *ARET* I 11 r. XII:5; *ARET* III 469 r. III:17 (nin-ni NPF dam), III 877 v. I:1'; *ARET* IV 12 r. XI:12, IV 15 v. II:10

Gidu

*gi-du*[ki] TM.76.G.156 v. II:2; TM.76.G.188 r. IV:3, v. II:9; TM.76.G.189 r. II:4; TM.76.G.198 r. II:4
cit. (Pettinato, *MEE* I): TM.76.G.258
¶ Centro menzionato in relazione ad attività agricole; nella regione di Ebla. In TM. 76.G.188 sembra determinare → Aʾada.

Gigamagaʾu

*gi-ga-ma-ga-ù*[ki] TM.75.G.1975 r. III:6
¶ Una delle 52 "fortezze", bàd, della città di → Luʾadum; a nord di Ebla.

GIGIR, PÚ

GIGIR *ARET* III 325 r. I:3; *MEE* X 20 r. XVIII:6; *MEE* X 29 v. VII:21
GIGIR[ki] *ARET* III 719 r. III:8' (NP); *ARET* VIII 521 r. VIII:10, VIII 524 v. I:11 (NP), VIII 526 r. VI:12 (*, NP, dumu-nita-SÙ), VII:3 (NP), VIII 532 v. II:8, VIII 538 v. V:16' ($NP_1$-$NP_8$), VIII 542 r. X:2; *ARET* IX 41 r. IV:10 ($ir_{11}$), IX 92 r. II:1 ($ir_{11}$); TM.75.G.336 r. I:8 (lú-gigir[ki], $NP_1$-$NP_5$), II:3 (lú-gigir[ki], $NP_1$-$NP_2$), 12 (lú-gigir[ki], $NP_1$ šeš-mu $NP_2$ $NP_3$), IV:4 (lú-gigir[ki], $NP_1$-$NP_2$), v. V:3
cit. (Milano, *ARET* IX, p. 307): *ARET* X 49 (ú-a); cit. (Milano, *ZA* 80, p. 13): TM.75.G.308 ($ir_{11}$)
¶ Non è chiaro se si tratti di un vero e proprio insediamento, o se sia una realtà topografica in Tell Mardikh. Anche la lettura del toponimo è dibattuta: gigir o pú? Per la prima v. Pettinato *RSO* 50, p. 12: "stalle"; Grégoire, *LdE*, p. 395: "charrerie"; Archi, *SEb* 5, p. 211: "equerry". Per la seconda v. Sollberger, indice di *ARET* VIII (v. pú = *būrtum*, "pozzo, cisterna").
In *ARET* III 719 a tre persone qualificate con → uru[ki] segue la menzione di una persona qualificata con GIGIR[ki]; in *ARET* VIII 521 persone di → NIrar e → Zušagabu ricevono assegnazioni di vesti in GIGIR[ki]; in *ARET* VIII 524, 526 e 532 è preceduto

dal cuneo verticale 1. Nei tre casi senza determinativo GIGIR è preceduto da šu-ra: queste attestazioni sono state inserite nel repertorio data la grande frequenza del nesso šu-ra NG. Per il segno GIGIR a Ebla v. Archi, *VO* 6, p. 244.

Giḫana

*gi-ḫa-na*[ki] *ARET* I 4 v. II:7

Gili (?)

*ki-li*[ki?] cit. (Pettinato, *MEE* I): TM.75.G.4929
¶ NG dubbio.

Giliḏu

*gi-li-šu*[ki] *ARET* I 9 v. III:7 ($NP_1$-$NP_2$); *ARET* VIII 524 r. VIII:8 (*, ugula *wa* ábba-SÙ), VIII 538 v. XI:2'; *ARET* IX 61 v. I:11 (NP)
cit. (Biga, *WGE*, p. 170): TM.75.G.10052 v. VIII:12 (47 dam); cit. (Milano, *ARET* IX, p. 192): *ARET* X 107 (2 é-duru$_5$[ki])
¶ In *ARET* VIII 524 la correzione rispetto all'edizione (che ha *gi-te-šu*[ki]) è possibile, ma va verificata.

Gilu

*gi-lu*[ki] TM.75.G.1724 v. II:3
¶ Centro menzionato in relazione ad attività agricole; nella regione di Ebla.

GiNE

*gi*-NE[ki] *ARET* III 467 r. III:9, V:14
¶ Cf. → GiNEʾu.

GiNEʾu, KiNEʾu

*gi*-NE-*ù*[ki] *ARET* VII 153 r. I:3, VII 155 r. V:1; TM.75.G.1444 r. VIII:10; TM.75.G.1964 r. IV:5
*ki*-NE-*ù*[ki] *MEE* II 29 r. IV:14.
¶ Fra i centri siriani occidentali riferiti a Giri, figlio di Ibriʾum, in *ARET* VII 153, ai figli di Irig-damu, figlio di Ibriʾum, in *ARET* VII 155, e a Ir-damu, figlio di Ibriʾum, in TM.75.G.1444. Cf. → GiNE.

GiNEramu

*gi*-NE-*ra-mu*[ki] *ARET* VIII 526 v. II:7 (NP)

Giraʾu

*ki-ra-ù*[ki] *ARET* III 766 r. IV:1'

GÍR*gunû*

GÍR*gunû*[ki] *ARET* III 232 r. III:6' (en??); *MEE* X 2 v. IV:5 (NP); TM.75.G. 1272 r. I:4, r. II:5, III:4; TM.75.G.1353 v. VI:4
¶ Nonostante *ARET* III 232, è dubbio che si tratti di un regno siriano (*contra* Bonechi, *AuOr* 8, p. 161). V. Fronzaroli, *SEb* 1, p. 82; Astour, *JAOS* 108, p. 548; D'Agostino, *OA* 29, p. 46.

Girmašnu (?)

*kir-maš-nu*[ki] *ARET* IV 1 v. VIII:2
¶ O *kir-me*[!]*-nu*[ki] (v. → Kirminu)?

Girminu

*kir-mi-nu*[ki] *MEE* X 3 v. IV:11
¶ V. → Girmašnu (?).

Girmušu

*kir-mu-su*[ki] *ARET* III 874 r. I:3'; *ARET* VII 153 r. II:4
¶ Fra i centri riferiti a Irti, figlio di Ibriʾum, in *ARET* VII 153; nella regione di Ebla.

GIRradaʾa

GÍR-*ra-da-a*[ki] TM.75.G.2420 r. IV:14
¶ Assieme alle sue "fortezze" (bàd-bàd[ki]), fra i centri "nelle mani" del sovrano eblaita; a nord-est di Ebla.

GIŠ

GIŠ[ki] TM.75.G.1444 r. VI:17; TM.75.G.1964 r. IV:7; TM.75.G.2075 v. III:20; TM.76.G.188 v. III:8; TM.76.G.189 v. III:9; TM.76.G.198 r. III:2
¶ Fra i centri agricoli (v. TM.76.G.188, 189 e 198) della regione eblaita riferiti a Girdamu, figlio di Ibriʾum, in TM.75.G.1444. V. Astour, *JAOS* 108, p. 550.

Kiš

Kiš

kiš$^{ki}$ *ARET* III 76 r. III:1', III 107 v. V:3', III 117 r. III:1', III 214 v. III:20, III 403 r. II:3, III 445 r. II:2', III 471 r. X:6 (NP), III 534 r. III:1', III 937 v. I:7'; *ARET* VII 9 r. IV:1; *ARET* VIII 540 r. VII:25 (en, *wa* dumu-nita-SÙ), VIII:2 (NP), X:22 (*, collazione Archi, NP), XIV:10, VIII 541 r. V:4 (NP), VIII 542 r. VI:3 ($NP_1$-$NP_2$); *ARET* IX 26 v. II:5, III:9, IX 94 v. II:8; *MEE* II 35 r. V:8; *MEE* X 29 r. XV:16 (*), v. IX:16, XVII:5; TM.75.G.1693 r. II:3; TM.75.G. 2328 v. VI:7; TM.75.G.10091 r. IV:4 (NP, ... lugal), VI:12 (NP)

cit. (Archi, *Ebl.* I, pp. 137-140): TM.75.G.1783 r. VI:8, TM.75.G.1792 r. IV:4' (NP), TM.75.G.1945 r. XI:17 (maškim-maškim), TM.75.G.2250 r. X:11 (NP), XI:3 (NP), v. II:16, 23, VI:7, IX:2 (!), TM.75.G.2270 r. X:12 ($NP_1$-$NP_5$), TM.75.G.2277 r. I:13, IV:1 (NP), VIII:18 (NP), IX:10 ($NP_1$-$NP_3$), XI:23, v. V:12 (NP šeš en), V:25, 28, VI:1, VI:21 (Kiš$^{ki}$ lú Ebla), VII:27, VIII:15, IX:6 (en), X:24 (NP šeš en), TM.75.G.2327 r. IX:18 (en), TM.75.G. 2330 r. IV:14 (NP), TM.75.G.2335 r. VI:22, VIII:7, TM.75.G.2336 v. V:3, TM.75.G.2353 r. V:3, TM.75.G.2359 (2 volte), TM.75.G.2401 r. VII:1, X:19, TM.75.G.2426 r. VI:18, VIII:? (2 volte), TM.75.G.2441 r. V:10, VII:19, TM. 75.G.2455 r. IV':5', 15', TM.75.G.2556 v. III:13, TM.75.G.10109 r. III:5, TM. 75.G.10156 v. VII':14', TM.75.G.10251 v. IV:3 (NP), TM.76.G.199 (2 volte), TM.76.G.704 r. I':2' (lugal); cit. (Archi, *MARI* 4, pp. 67, 75-76, 78): TM.75.G. 1464; TM.75.G.2241; TM.75.G.10127; TM.75.G.10210; cit. (Archi, *MARI* 6, p. 32, n° 8): TM.75.G.1254 r. X:9 (NP); cit. (Archi, *Mél. Finet*, p. 18): TM.75. G.10148 (Kiš$^{ki}$ lú "Abarsal$^{ki}$"); cit. (Archi, *Mél. Kupper*, p. 205, n° 39): TM.75. G.2277 v. VI:7 (NP); cit. Archi, *SEb* 4, pp. 78-83, 87): TM.75.G.1249 r. V:4 ($NP_1$-$NP_4$), TM.75.G.1390 r. VI:11, TM.75.G.1391 r. II:8, TM.75.G.1464 r. III:4, VII:19, XVII:10, , v. X:24, 30 (v. anche *id.*, *MARI* 4, p. 75), TM.75.G. 1524 r. VIII:5, TM.75.G.1673 v. II:1, TM.75.G.1726 v. III:4, TM.75.G.1741 r. III:2, v. VI:8, VII:2, TM.75.G.1771 v. XIII:5, 13, TM.75.G.1784 r. V:8, TM. 75.G.1785 r. VI:12, TM.75.G.1832 v. II:8 (Kiš$^{ki}$ lú "Abarsal$^{ki}$"), IV:6, TM.75. G.1883 v. VI':17, TM.75.G.1888 r. IV:5, TM.75.G.2236 v. VII:12 (dumu<-nita>-dumu-nita lugal), TM.75.G.2241 r. IV:15 (NP), v. III:13, TM.75.G. 2268 r. I:13, TM.75.G.2401 r. IX:14, TM.75.G.2556 v. V:6' (2 dumu-nita lugal), TM.75.G.2643 r. I:4 (en), TM.75.G.10074 r. IV:11, TM.75.G.11477 II:4 (en), TM.75.G.11495+ r. V:8 (en), TM.75.G.11571 II:16, IV:4, TM.75.G. 11574 IV:5, TM.75.G.11588 IV:5, TM.75.G.11695 IV:15, TM.75.G.12017 v. II:5, TM.75.G.12457 IV:3', TM.76.G.93 r. II:5, v. I:3 ($NP_1$-$NP_2$), TM.76.G. 260 r. II:4; cit. (Biga, *ARES* I, p. 287): TM.74.G.119; cit. (Pettinato, *MEE* I): TM.75.G.20474, TM.76.G.225

¶ Identificabile con la grande metropoli mesopotamica scavata a Tell Inğarra e Tell Uḫaimir (44°35' öl/32°33' nBr, v. *RGTC* 3, p. 142; Edzard, *RlA* 5, pp. 607-613).
Per la documentazione eblaita v. in generale Archi, *SEb* 4, pp. 77-87, *Ebl.* I, pp. 125-140, *MARI* 5, pp. 43 ss. (v. anche Pettinato, *Ebla* 2, pp. 293-296).
Le argomentazioni ampiamente sviluppate in *Mesopotamia* (Torino) 25, pp. 175-184, da parte di Pomponio, circa una identificazione della Kiš degli archivi eblaiti con una città della "valle del Ḫabur, più esattamente a Est del fiume, e, probabilmente, a Nord di Nagar", non mi sembrano convincenti, così come i dubbi espressi precedentemente da Sollberger in *ARET* VIII, p. 46 sull'identificazione con la città mesopotamica (per la posizione di Michalowski v. *JAOS* 105, pp. 297-298, e n. 44).
Per comprendere i passi pertinenti in TM.75.G.1832, TM.75.G.2277 e TM.75.G. 10148, menzionanti Kiš lú Ebla e lú "Abarsal", si dovrà attenderne la pubblicazione (ma si tratterà della menzione di uomini di Ebla e di → "Abarsal").
Per il concetto di "Kish Civilization" v. i fondamentali contributi di Gelb, in *LdE*, *Ebla 1975-* e *Mari in Retrospect*; una reazione a questa teoria si ha in Archi, *Ebl.* I, pp. 7-17 e 125-136.
Per un passo forse concernente Kiš in TM.75.G.10109 v. Archi, *MARI* 5, p. 46. Per *MEE* X 29 r. XV:16 cf. Alberti, *VO* 8/2, p. 186. Per *ARET* VIII 541 r. V:4-5 e VIII 542 r. VI:3 v. Archi, *Ebl.* I, p. 139 [25] e [29]. Per *ARET* IX 26 v. il commento a → Ibʾal. Per TM.75.G.10109 v. anche Archi, *Ebl.* I, p. 139 [28]. Per TM.76.G.199 v. Bonechi, *MARI* 6, p. 241, n. 141. V. anche *ARET* IV 4 v. II:4, ed il testo lessicale *MEE* III 73, r. II:3.

## GIŠbardu

GIŠ-*bar-du*$^{ki}$ *ARET* VII 15 r. IV:4 ($NP_1$ *wa* $NP_2$); TM.75.G.2075 v. I:22; TM. 75.G.10010+ v. IV:5'

¶ In TM.75.G.2075 e TM.75.G.10010+ vi si compiono sacrifici di ovini per $^{d}$BAD AN.AN(.AN.AN.AN.AN).

## GIŠlam

GIŠ-*lam*$^{ki}$ *ARET* I 5 r. IX:13; *ARET* VIII 531 r. VI:7 (*)

## GIŠNI

GIŠ-NI$^{ki}$ *ARET* VII 156 r. V:4

¶ Indicizzato come ì-giš$^{ki}$ in *ARET* VII, p. 198. Fra i centri riferiti ai figli di Irʾamdamu; nella regione di Ebla.

Gizan

*gi-za-an*$^{ki}$ *ARET* I 13 r. V:11, I 15 v. IX:3; *ARET* IV 5 r. IX:12, IV 25 v. III:5; *ARET* VIII 529 v. IX:17; *MEE* X 29 v. VII:22; TM.75.G.1625 v. III:5; TM.75. G.2224 r. IV:1

cit. (Mander *MEE* X, p. 205): TM.75.G.2428; cit. (Pettinato, *MEE* I): TM.75.G.5275, TM.75.G.10021

*gi-za-nu*$^{ki}$ *ARET* IX 66 v. II:12; TM.75.G.1444 r. VII:16; TM.75.G.1975 v. IV:2; TM.75.G.2136 r. II:4

cit. (Archi, *St. Özgüç*, p. 13): TM.75.G.1374, TM.75.G.1439+, TM.75.G. 1950, TM.75.G.2331, TM.75.G.2614, TM.75.G.10052; cit. (Archi, *WGE*, p. 132): TM.75.G.2328 (220 <*ìr-a*-LUM> Gizan)

¶ Fra i centri riferiti a Ir-damu, figlio di Ibriᵓum, in TM.75.G.1444, fra quelli riferiti a Irti, figlio di Ibriᵓum, in TM.75.G.1625; una delle 52 "fortezze", bàd, della città di → Luᵓadum in TM.75.G.1975 (e cf. TM.75.G.1374); fra i centri della regione di Luᵓadum "nelle mani" del sovrano eblaita in TM.75.G.2136. Una cittadina di questo nome è spesso connessa con persone di → Armi che vi risiedono (v. *ARET* I 13, 15, IV 5, 25; probabilmente anche VIII 529).

V. Archi, *St. Özgüç*, p. 13, per la convincente ipotesi di due Gizan: una, determinata da → Luᵓadum (e in relazione alle persone di Armi), a nord-est di Ebla, l'altra nel territorio di Ebla. V. anche Astour, *JAOS* 108, p. 550, e Davidović, *ASJ* 11, p. 23, n. 70: "such town shall be compared with Tell Hizan, whose ruins remained 15 km SE of Harran (cf. *RlA*, p. 430)". Per altre attestazioni v. Milano, *ARET* IX, p. 211.

Gu

*gú*$^{ki}$ cit. (Pettinato, *MEE* I): TM.75.G.1344

Guᵓalu

*gú-a-lu*$^{ki}$ cit. (Pettinato, *MEE* I): TM.76.G.258

GubaNIum

*gú-ba*-NI-*um*$^{ki}$ TM.75.G.1975 r. V:3

¶ Una delle 52 "fortezze", bàd, della città di → Luᵓadum; a nord di Ebla.

Gubariᵓum

*gu*$_4$*-ba-rí-um*$^{ki}$ *ARET* I 8 r. XIV:10

Gubaši

*gú-ba-si*[ki] *ARET* III 460 v. IV:3' ($NP_1$-$NP_2$)
¶ V. il commento a → Gubazu.

Gubazu

*gú-ba-zu*[ki] *ARET* III 392 r. I:1'; *ARET* IV 12 v. IV:12; TM.75.G.2377 r. II:3; TM.75.G.2379 r. II:4
*gú-ba-zú*[ki] *MEE* II 41 r. IV:4
cit. (Archi, *VO* 8/2, pp. 195-196): TM.75.G.1324 r. VIII (NP NE-di), TM.75.G.1884 v. VII (NP NE-di), TM.75.G.2417 v. XIII (NP NE-di)
¶ Fra i centri del culto di [d]NIdabal in TM.75.G.2377 // TM.75.G.2379; nella regione di Ebla, verosimilmente verso l'Oronte (Astour, *WGE*, p. 154, localizza subito a nord di Ebla un NG *Gubasu).
Confrontato con → Gubaši da Archi, *ARET* III, p. 322.

Guda᾽im

*gú-da-im*[ki] *ARET* III 415 r. II:6'

Gudada (??)

*gú-da-da*[ki] *ARET* VIII 534 v. VII:10 (??)
¶ Lettura quasi certamente errata, ma la fotografia non consente ipotesi alternative: da collazionare.

Gud(a)daba᾽u

*g[ú-d]a-da-⸢ba⸣-ù*[ki] TM.75.G.1975 r. II:6
¶ Una delle 52 "fortezze", bàd, della città di → Lu᾽adum; a nord di Ebla.

## Gud(a)danum

*gú-da-da-núm*[ki] *ARET* I 1 r. V:9 (en, ábba-SÙ), I 3 r. VII:3 (en, ábba-SÙ), I 4 r. VII:5 (*badalum*, ábba-SÙ), I 5 r. V:7 (en, ábba-SÙ), I 6 r. VIII:7 (en, ábba-SÙ), I 7 r. VI:10 (*badalum*, ábba-SÙ), I 8 r. X:9, I 9 r. IV:10 (en), I 11 r. II:1 (en), I 30 v. I:3, VI:8, I 32 r. IV:4 (en, ábba-SÙ); *ARET* II 14 r. II:11; *ARET* III 270 r. III:4', III 354 r. III:2', III 358 r. III:2', III 360 r. III:4 (en), III 349 r. VI:3 (*badalum*), III 458 r. I:2', III 529 r. V:2' (en), III 800 r. VI:3', III 938 r. IV:8' (en *wa* NP, ábba-SÙ, *mazalum*-SÙ); *ARET* IV 1 v. X:12 (NP, maškim-SÙ), IV 6 r. XIII:7 (maškim-SÙ), IV 7 r. XIII:7 (*mazalum*-SÙ), IV 16 r. IV:2, IV 19 r. II:9, IV 20 r. III:3 (NP, maškim-SÙ); *ARET* VII 94 r. V:4; *ARET* VIII 522 v. II:13, IV:14, v. IV:18 (en, ábba-SÙ, guruš-SÙ), VIII 523 r. IV:10 (*mazalum*-SÙ, ⌜x-SÙ⌝), V:11, VI:2, v. IV:11, VIII 529 r. XIV:7 (en), VIII 533 v. III:18 (en, *wa* ábba-SÙ, maškim-SÙ), V:18 (NP *wa* 3 maškim-SÙ), VIII 542 r. I:3 (en, ábba-SÙ); *ARET* IX 74 v. II.2, IX 81 r. II:7, IX 82 r. II:4; *MEE* II 33 v. IV:1 (en); *MEE* II 36 v. IV:4; *MEE* X 2 v. VI:15 (en); *MEE* X 3 v. III:3 (en), V:2 (NP lú); *MEE* X 21 v. X:3; *MEE* X 24 r. I:12, VIII:17; TM.75.G.1353 v. VI:1; TM.75.G.2420 r. I:18

cit. (Archi, *Mél. Finet*, p. 17-18): TM.75.G.1324 (<en>, maškim-SÙ), TM.75.G.1414; cit. (Pettinato, *MEE* I): TM.75.G.1262, TM.75.G.1318, TM.75.G.1324, TM.75.G.1393, TM.75.G.5188, TM.75.G.10026 (en), TM.75.G.11032, TM.76.G.97

¶ Regno siriano, fra quelli che aprono i testi di tipo *ARET* I 1-9.

Non sembra verosimile una identificazione con Qatna = Mišrifeh, poiché il NG eblaita deve essere riferito a quell'area siriana settentrionale, caratterizzata dalla presenza del termine *badalum*, che ha come baricentro → Ḫarran (v. Archi, *ARET* I, p. 221; Milano, *ARET* IX, p. 238); l'etimologia del nome potrebbe comunque essere la stessa (anche se la costante grafia con *gú-* non suggerisce una prima /q/; sulla legge di Geers in eblaita, limitatamente alla lista lessicale bilingue, v. Conti, *MisEb* 3, pp. 39-41; TM.75.G.1414, da collazionare, avrà verosimilmente *gú-*). È però fra i centri menzionati in TM.75.G.2420 (assieme alle sue fortezze, bàd-bàd[ki]) in quanto "nelle mani" del sovrano eblaita, fatto che rafforza in ogni caso la sua localizzazione non lontano da → Karkamiš e → Ḫarran. Alla citazione di queste fortezze fa riscontro quella delle sue città (uru[ki]-uru[ki]) in *ARET* VIII 522.

Gud(a)danum è localizzata da Pettinato, *Ebla* 2, pp. 280-281 (che la interpreta dubitativamente come Quttanum), a nord di → Ḫarran; da Archi, *UF* 20, pp. 1-2, con lettura *-núm*?, sul medio Ḫabur, con identificazione probabile con Qattunā(n) dei testi amorrei di Mari, neoassira Qatni, Qatun; dubitativamente, da Liverani, *Studies* II, p. 32 e fig. 2, sul medio Ḫabur inferiore, con identificazione con la Qattunan dei testi di Mari, e con Qatnu delle fonti neo-assire.

Non sembra probabile che *ARET* III 358 faccia riferimento a $^{d}$KUra di Gud(a)danum (si tratterà piuttosto di un uomo di questa città che compie qualche atto in relazione alla divinità eblaita, v. Bonechi, *SEL* 8, p. 68, n. 62).

Qudu

*gu-du*$^{ki}$ *ARET* VIII 524 r. XI:14

Guduman(um) v. Gaduman(um)

Guduraḏu

*gú-du-ra-šu*$^{ki}$ *ARET* III 711 r. V:2'

Guḏebu, Gušebu

*gú-šè-bù*$^{ki}$ *ARET* II 8 v. IV:5 (*ḫa*$^{!}$*-da-*NE*-na-du* lú); *ARET* III 106 r. VII:3 (NP), III 795 r. V:1'; TM.75.G.1444 v. VIII:12 (*wa* $ir_{11}$-SÙ ugula {X})
cit. (Archi, *VO* 8/2, p. 197): TM.75.G.2503 v. III ($NP_1$ *wa* $NP_2$ NE-di); cit. (Pettinato, *MEE* I): TM.76.G.340
*gú-šè-bu*$_x$(NI)$^{ki}$ *ARET* II 27 r. II:2
cit. (Pettinato, *MEE* I): TM.76.G.280
¶ Centro menzionato in relazione ad attività agricole (v. *ARET* II 27); nella regione di Ebla. Altra possibile attestazione in *ARET* III 866 r. V:1'.

Guḫadiʾ(um), Guḫadūm (Quḫadiʾum, Quḫadūm)

*gu-ḫa-ti-um*$^{ki}$ cit. (Pettinato, *MEE* I): TM.75.G.1586
*gú-ḫa-ti*$^{ki}$ *ARET* III 471 r. V:5 ($NP_1$ ugula, *wa* $NP_2$ maškim-SÙ)
cit. (Archi, *Mél. Finet*, p. 18): TM.75.G.2031 (NP ugula)
*gú-ḫa-ti-um*$^{ki}$ *ARET* III 2 r. VI:7' (..., dumu-nita-SÙ, šeš-SÙ, maškim-SÙ), III 85 r. II:2' (NP), III 420 v. III:4' (... šeš-SÙ 2 dumu-nita NP ugula, maškim-SÙ), III 468 v. II:4' (NP *wa* šeš-SÙ, maškim-SÙ), III 859 v. I:3' (NP)
*gú-[ḫa]-tum*$^{[ki]}$ *ARET* III 192 v. I:10 (2 šeš NP)
¶ La prima grafia (che se confermata indicherebbe una /q/ iniziale) deve essere collazionata; se si avesse però sempre *gú-*, l'etimologia potrebbe essere la stessa di Kaḫat nella Gezira del II millennio. L'identità delle altre tre grafie è prosopograficamente provata; la loro alternanza è parallela a quella attestata per → Darḫadūm. In Siria di nord-ovest.

GulaN

GulaN

*gú-la*-AN[ki] *ARET* VII 38 r. II:2 (NP)
¶ Cf. → Guramu?

Kulban v. Balban

KUlidu (?)

KU-*li-du*[ki] *ARET* VIII 524 r. IV:15 (?)
¶ Lettura sospetta, e da collazionare (la fotografia è illeggibile).

Gullabal v. Gurrabal

Gumišda

*gú-mi-iš-da*[ki] *ARET* III 547 r. I:7'
¶ Cf. Krecher, *ARES* I, p. 179.

Gumizu

*gú-mi-zú*[ki] TM.75.G.1975 r. V:4
¶ Una delle 52 "fortezze", bàd, della città di → Luʾadum; a nord di Ebla.

Qunaʾu

*gu-na-ù*[ki] *ARET* IV 4 v. VII:6 ($NP_1$ $NP_2$ lú $NP_3$); *ARET* VII 153 r. II:6; TM. 75.G.1625 v. I:3 (ugula-SÙ)
¶ Fra i centri riferiti a Irti, figlio di Ibriʾum, in *ARET* VII 153 e in TM.75.G.1625; nella regione di Ebla.

QuNEʾum

*gu*-NE-*um*[ki] *ARET* III 143 r. V:1'

GuNEḏum

*gú*-NE-*sum*[ki] cit. (Archi, *MARI* 4, p. 77): TM.75.G.2335 r. VII
¶ Cf. → GuNEzu.

GuNEzu

*gú*-NE-*zu*[ki] *ARET* VIII 542 r. XI:6
¶ Cf. → GuNEdum.

Gunu(m)

*gú-nu* *ARET* I 5 v. XIV:14 ($ND_1$), I 6 v. X:29 (ká $ND_1$), XII:13 ($ND_1$), I 8 v. XIX:6 ($ND_1$), I 15 r. IV:12 ($ND_1$); *ARET* III 441 v. IV:9' ($ND_1$), III 527 v. VII:5' ($ND_1$); *ARET* IV 25 v. VI:9 ($ND_1$); *ARET* VIII 522 v. IX:24 ($ND_1$), VIII 523 v. XI:13, VIII 531 v. XIII:16' ($ND_1$); TM.75.G.1764 v. IV:4 (NP $pa_4$ :šeš $ND_1$); TM.75.G.2075 r. VII:18 (izi-gar $ND_1$)
*gú-nu*[ki] *ARET* IV 17 v. I:14 ($ND_1$), XI:23 ($ND_1$)
*gú-nu-gú-nu*[ki] *ARET* III 272 r. II:2' (*, *gú-nu-gú*<*-nu*>[ki]); *MEE* X 3 v. VII:17
*gú-núm* *ARET* I 1 v. XIII:5 ($ND_1$); *ARET* II 8 v. III:4 ($ND_2$); *ARET* III 467 r. II:13 (am $ND_1$); *ARET* IV 13 v. XIII:21 (... $ND_1$); *MEE* II 11 r. VI:4 ($ND_1$)
*gú-núm*[ki] *ARET* IV 13 v. IV:7 (TÚG.MU am lú $ND_1$)
¶ Riferito a [d]Rašap ($ND_1$), in un caso anche a [d]Adammaʾum ($ND_2$); le grafie non reduplicate qualificano costantemente [d]Rašap (in *MEE* III 66 v. III:2, invece, la grafia *gú-nu*, in casella separata, indica verosimilmente il pronome suffisso di 2[a] m. pl., v. Fronzaroli, *MisEb* 2, p. 21). In *ARET* IV 13 [d]Rašap Gunum[ki] è qualificato da → "Saza".
Connesso con l'ug. *ršp gn* da Dahood e Pettinato in *Or* 46, pp. 230 ss.; v. Edzard, *ARET* II, p. 127 ("Appellativum oder ON?"); anche Archi, *ARET* I, p. 285, e *ARET* III, p. 357 ("NL, o da GN, "giardino""); Pomponio, *UF* 15, p. 154 ("giardino") (v. diversamente Vattioni, *LdE*, pp. 280-282: "altura"). Si tratta probabilmente di una realtà topografica di Tell Mardikh, o dei pressi. Da confrontare con → Gan(a)na?

KUR

kur *ARET* VII 155 v. V:13
kur[ki] *ARET* I 14 r. VIII:3; *ARET* II 29 v. III:3, II 32 v. IV:1; *ARET* VII 77 r. V:2, 6, 10, VI:4, VII 156 v. VI:2; *ARET* VIII 524 r. VI:12, VIII 539 v. VI:12'; *ARET* XI 1 v. II:6, XI 2 v. I:19; *MEE* II 32 v. I:10 (zàḫ, ?); *MEE* II 33 r. IV:6; *MEE* II 39 r. IX:1; *MEE* X 23 v. VI:1; *MEE* X 29 r. XVIII:7; TM.75.G.1452 r. I:5; TM.75.G.2112 r. III:1; TM.75.G.2222 r. II:4; TM.75.G.2367 r. II:7, III:5
cit. (Archi, *MARI* 6, pp. 33-34): TM.75.G.1748 r. XI:4', TM.75.G.1943 r. III:5; cit. (Pettinato, *MEE* I): TM.75.G.10022 (?), TM.75.G.11115, TM.76.G. 141
kur-kur[ki] TM.75.G.1845 r. III:4
cit. (Pettinato, *MEE* I): TM.75.G.1284, TM.75.G.1969

Gurʾad

¶ Traducibile genericamente come "paese montagnoso". In *ARET* XI 1 e 2 qualifica → AliNI. In TM.75.G.1452 qualifica 3 uru$^{ki}$ e loro ugula. In TM.75.G.1845 è contrapposto a → Ebla. In TM.75.G.2367 qualifica → Labanan e → ANgaʾi.... In *MEE* II 32 la fotografia documenta solamente kur, ma il passo non è chiaro.
Il termine è attestato anche nell'onomastica, v. Krebernik, *Personennamen*, p. 139.

Gurʾad

*gur-ad*$^{ki}$ *ARET* III 8 r. I:6' (ND$^?$), III 959 v. V:2 ([NP$_1$] lú NP$_2$), III 963 v. III:2 (NP), *ARET* IV 3 v. V:17 (NP), 20; *ARET* VIII 524 r. XI:33 (NP), VIII 526 r. VIII:15 (NP), 18, VIII 527 r. V:4, X:4 (NP$_1$ lú NP$_2$)
¶ Apparentemente sede del culto di $^{d}$Enki (se in *ARET* III 8 non si tratta di un NP); deve comunque essere un centro siriano.

Quraʾu

*gu-ra-u*$_9$$^{ki}$ *ARET* III 938 r. V:8'; *ARET* VIII 522 r. IX:3

GurdaNEdu

*gur-da*-NE-*du*$^{ki}$ *ARET* VIII 523 r. X:27, VIII 524 r. VII:18, IX:12, XIV:19
¶ Cf. → GardaNEdu.

Guriʾa (?)

*gú-rí-ʾà*$^{?ki}$ *ARET* VII 156 v. V:10
¶ Lettura possibile; tuttavia, una collazione del testo (la fotografia non è risolutiva) potrà verificare se *gú-rí-iš*$^{ki}$ (→ Quriš) è lettura migliore. Fra i centri menzionati in relazione a Ingar; nella regione di Ebla.

Gurigu

*gú-rí-gú*$^{ki}$ *ARET* III 111 r. IV:4' (NP$^?$)
¶ V. → Abaga.

QuriNI

*gu-rí*-NI$^{ki}$ cit. (Pettinato, *MEE* I): TM.75.G.2233
¶ Da collazionare.

Quriš (?, Guriš)

*gu-rí-iš*^ki^ cit. (Pettinato, *MEE* I): TM.75.G.1318

*gu-rí-su*^ki^ cit. (Pettinato, *MEE* I): TM.75.G.5350, TM.75.G.10029 (*-su*!(ZU))

*gú-rí-iš*^ki^ *ARET* III 28 r. II:3' (NP), III 131 r. I:2' (NP), III 134 v. X:12 (dam), III 283 r. IV:1' ([$NP_1$, $NP_2$] maškim-SÙ), III 420 v. II:7' (NP), III 470 r. VII:12, VIII:3 (NP), III 753 r. I:7' (dam NE-di), III 859 v. II:2' (NP ugula), III 926 r. II:1' (ugula); *MEE* X 38 v. III:9 (NP)

cit. (Archi, *SLE*, p. 229, n. 2): TM.75.G.1462 r. VII:2; cit. (Archi, *VO* 8/2, p. 197): TM.75.G.2496 v. VIII (NPF? NE-di)

*gú-rí-su*^ki^ *ARET* III 361 v. IV:6' (... $NP_1$-$NP_4$ ÚR), III 719 r. II:4' (NP), III 942 r. II:8' (NP); *ARET* IV 3 r. XI:17 (NP); TM.75.G.1451 v. I:6

cit. (Pettinato, *MEE* I): TM.75.G.10029 (*-su*!(ZU))

¶ Le attestazioni in TM.75.G.1318, TM.75.G.5350 e TM.75.G.10029 sono da collazionare.

Importante centro in Siria occidentale. In *ARET* III 283, 859 e TM.75.G.1462 determinata da → Ama, presso la quale si deve trovare (v. Archi, *SLE*, pp. 229, n. 2; Pettinato, *Ebla* 2, p. 239); non è escluso comunque che vi fossero due centri con questo nome. V. → Guriʾa (?).

Gurmidu

*gur-mi-du*^ki^ *ARET* III 82 r. VIII:1

Gurrab(al) (Qurrab(al))

*gu-ra-bal*^ki^ cit. (Pettinato, *MEE* I): TM.75.G.5342

*gu-ra-ra-ab*^ki^ cit. (Pettinato, *MEE* I): TM.75.G.1862, TM.75.G.5335

*gú-la-bal*^ki^ *ARET* IV 6 v. III:15 ($NP_1$-$NP_5$); *ARET* VIII 526 r. XI:8 (NP), VIII 538 v. VII:9' (*, NP)

*gú-la-la-bal*^ki^ *ARET* I 15 r. IX:6 ($NP_1$ *wa* $NP_2$ NE-di), I 16 r. X:14 (NP); *ARET* IV 4 r. VII:11 (NP), IV 7 v. I:10 ($NP_1$ lú $NP_2$)

*gú-ra-bal*^ki^ *ARET* III 103 v. III:6', III 464 v. III:8' (NP), III 498 v. I:8' (maškim NP), III 779 r. II:4', III 858 v. VIII:5; *ARET* IV 3 r. XI:9 ($NP_1$-$NP_2$), IV 9 r. VII:13 ($NP_1$ *wa* 1 dumu-nita-SÙ $NP_2$ *wa* 2 dumu-nita-SÙ $NP_3$ NE-di); *ARET* VII 152 r. III:4; *ARET* VIII 523 v. IX:25 (NP), VIII 524 r. V:4 (*, NP), VIII 533 r. IV:19 (*, $NP_1$ lú $NP_2$), VIII 534 v. IV:11 (*, $NP_1$-$NP_3$); TM.75.G.2396 r. I:6

cit. (Archi, *VO* 8/2, pp. 195, 198): TM.75.G.1326 v. I (NP NE-di), TM.75.G.1703 v. X ($NP_1$-$NP_3$ NE-di), TM.75.G.10187 r. VI ($NP_1$-$NP_3$ NE-di), TM.75.G.10196 v. III (NP *wa* 2 dumu-nita-SÙ NE-di), TM.75.G.10251 v. II (NP NE-di), TM.75.G.10272 r. VI ($NP_1$ $NP_2$ 1 dumu-nita NE-di)

*gú-ra-la-bal*$^{!}$(LA)$^{ki}$ *ARET* I 15 v. VIII:9 (*, NP)

*gú-ra-ra-ab*$^{ki}$ *ARET* III 322 r. I:5' (NE-di lú NP), III 506 r. IV:5 (guruš-maḫ, maškim-SÙ); *MEE* II 41 r. III:8; *MEE* X 26 r. I:4; TM.75.G.1444 r.IX:16

cit. (Archi, *MARI* 5, p. 40): TM.75.G.10146 (lugal, maškim-SÙ); cit. (Archi, *VO* 8/2, pp. 196-197): TM.75.G.2455 r. VI (NP NE-di), TM.75.G.2585 v. III (dam NP NE-di)

*gú-ra-ra-bal*$^{ki}$ *ARET* I 30 v. V:8; *ARET* III 23 r. I:4' (NP NE-di), III 232 r. IV:3' (en <Ebla>), III 937 v. IV:5; *ARET* IV 18 r. VI:13 ($NP_1$, $NP_2$ *wa* 3 dumu-nita-SÙ $NP_4$ 1 dumu-nita-SÙ NE-di); *ARET* VII 79 v. II:1; *MEE* II 36 v. IV:7; *MEE* X 2 r. VI:1 (*, $NP_1$ *wa* $NP_2$ $NP_3$ NE-di); TM.75.G.1986+ r. I:7

cit. (Archi, *MARI* 6, p. 35, n° 121): TM.75.G.2453 r. III

¶ Un importante centro siriano, ma verosimilmente non un regno (v. Bonechi, *AuOr* 8, pp. 165-166, *contra* Pettinato, *Ebla* 2, p. 284: nell'area gravitante attorno a → Imar; v. comunque anche Archi, *MARI* 6, p. 27). Per una /q/ iniziale, che darebbe una buona etimologia, è comunque necessaria la collazione delle tre grafie con *gu-*.

Le correzioni o integrazioni in *ARET* I 15 v. VIII:9 (v. già *ARET* I, p. 267), *ARET* VIII 533 r. IV:19 e *MEE* X 2 r. VI:1 sono certe, e sono determinate da motivazioni prosopografiche. Per le alternanze grafiche v. già Pettinato, *MEE* II, p. 31; anche von Soden, *Ebla 1975-*, p. 76; Krecher, *ARES* I, p. 178 e n. 24; Catagnoti, *MisEb* 2, p. 174, n. 124.

In *ARET* III 779 e in TM.75.G.2453 determina → Gidaš. In *ARET* VII 152 e in TM.75.G.1444 è fra i centri in relazione con Nabḫa-NI/il, figlio di Ibriʾum. In TM.75.G.1986+ e in TM.75.G.2396 è associata a → IrPEŠ. V. forse anche *ARET* III 944 v. I:3' (*gú-l*[*a*-(x)])?

## Gurrušdam

*gur-ru*$_{12}$*-uš-dam*$^{ki}$ *ARET* I 8 r. XIV:9

¶ V. Astour, *JAOS* 108, p. 552. La città anatolica di Kuruštama (v. *RGTC* 6, p. 229; Ünal, *RlA* 6, pp. 373-374) si trova troppo a nord per essere accostata a questa Gurrušdam.

## GuršaNEʾu

*gur-sa*-NE-*ù*$^{ki}$ *ARET* VII 15 r. III:4 (NP); TM.75.G.1669 r. III:7 (NP)

## GuršiNENILUM

*gur-si*-NE-NI-LUM$^{ki}$ *ARET* III 875 r. IV:1

KUru

KU-*ru*$_{12}$$^{ki}$ TM.75.G.1451 r. III:2 (ugula)

Gušebu v. Gud̠ebu

Qušuriʾum

*gu-su-rí-um*$^{ki}$ cit. (Pettinato, *MEE* I): TM.75.G.1344

Guwadiʾum

*gú-wa-ti-um*$^{ki}$ *ARET* I 4 v. III:10

Guwalu

*gú-wa-lu*$^{ki}$ *ARET* VIII 527 r. XVI:11 (NP); TM.76.G.188 r. III:4, v. II:11; TM.76.G.189 r. III:4; TM.76.G.198 r. II:6

¶ Cittadina menzionata in contesti relativi all'agricoltura. Nella regione di Ebla.

Gu...dadu

*gú*-x-*da-du*$^{ki}$ cit. (Archi, *VO* 8/2, p. 197): TM.75.G.10152 v. III (dam NE-di)

# Ḫ, Ġ

## Ḫabdu

*ḫáb-du*[ki] TM.75.G.1986+ r. V:1
¶ Cittadina a est di Ebla?

## Ḫabribadu

*ḫáb-rí-ba-du*[ki] TM.75.G.2238 v. III:16

## Ḫabšiʾum

*ḫa-ab-si-um*[ki] *ARET* I 4 v. IV:5
¶ Cittadina nella regione di Ebla.

## Ḫabu

*ḫa-bù*[ki] cit. (Pettinato, *MEE* I): TM.75.G.5169 II 5
¶ Cf. → Ḫubu.

## Ḫabušan, Ḫubuḏan

*ḫa-bù-sa-an*[ki] TM.75.G.1975 r. III:2;
cit. (Archi, *St. Özgüç*, p. 13): TM.75.G.1587 v. III
*ḫu-bù-ša-an*[ki] TM.75.G.2136 r. II:2;
cit. (Archi, *St. Özgüç*, p. 13): TM.75.G.1374 v. VII:8
¶ Una delle 52 "fortezze", bàd, della città di → Luʾadum in TM.75.G.1975; a nord di Ebla (v. Archi, *SEb* 4, p. 2 e n. 4, *St. Özgüç*, p. 13, anche per l'identificazione contestuale delle due grafie; v. anche Krecher, *ARES* I, p. 175). Per una possibile identificazione con Til Habeṣ / Tell Ḥabeš = Yananköy, a sud di Gaziantep, v. Astour, *WGE*, pp. 143, n. 29, e 154.

Ḫadanazaʾu

*ḫa-da-na-za-ù*ki *ARET* VIII 534 r. VI:3' (*)

Ḫadaburriʾum

*ḫa-ša-bur-rí-um*ki cit. (Pettinato, *MEE* I): TM.75.G.2165
¶ Da collazionare.

Ḫadalum

*ḫa-ša-lu-um*ki *ARET* VIII 531 r. VI:1

ḪaḫaNE

*ḫa-ḫa*-NEki *ARET* VIII 531 r. VI:20 (*)
¶ Edizione: *ḫa-ḫa-ne-si*ki. Verosimilmente a est di Ebla.

Ḫalab

*ḫa-lab*$_x$(LAM)ki *ARET* I 2+ v. V':5, I 5 v. XIII:17 (ND), I 15 v. IV:7; *ARET* II 5 r. II:15 (*); *ARET* III 73 r. I:1', III 154 r. I:8', III 323 v. V:14', III 417 r. III:12 (ND), III 445 r. I:8' (ND), III 459 r. VII:9, III 681 r. I:2', III 785 r. II:1', III 801 r. III:4', III 808 r. I:4' (NP pa$_4$:šeš ND), III 887 r. III:7'; *ARET* IV 2 v. VII:14 (NP), IV 13 r. IX:3; *ARET* VIII 522 r. VIII:3, VIII 524 r. XI:17 (NP), VIII 525 v. V:12, XI:9' (ND), VIII 526 v. VII:19 (NP), VIII 528 v. II:11, VIII 532 v. X:9 (ND), VIII 534 r. IX:12' (ND), v. X:19' (*), VIII 539 v. III:12' (ND); *ARET* IX 96 r. III:4, IX 99 r. I:3, v. I:3; TM.75.G.1451 v. V:6 (ugula); *MEE* II 1 v. VI:6, II 12 v. III:2, *MEE* II 39 r. XII 11, XII 22 (ND); *MEE* X 20 r. XX:13 (ND), v. XVI:19 (ND), *MEE* X 38 v. II:7' (NP lú NP), *MEE* X 46 v. III:2 (NP lú NP); TM.75.G.1764 r. II:1 (ND), IV:15 (ND), VII:5 (ND), v. XI:25 (ND); TM.75.G.2075 v. I:18'; TM.75.G.2238 r. VI:13 (ND), v.IX:7, 10, X:11 (ND); TM.75.G.11010+ v. IV:9, 12;

cit. (Archi, *MARI* 4, p. 76): TM.75.G.1923 r. XII (NP); cit. (Archi, *Mél. Kupper*, p. 205, n° 42): TM.75.G.2375 v. II:18; cit. (Archi, *RA* 84, p. 104): TM. 75.G.2508; cit. (Archi, *SEb* 4, p. 12): TM.75.G.1527 v. IV:11, TM.75.G.2070 v. III:5; cit. (Fronzaroli, *SEb* 1, p. 84): TM.75.G.2285 r. I:8, II:5; cit. (Mander, *MEE* X, p. 165): TM.75.G.1542; cit. (Pettinato, *MEE* I): TM.75.G.1324, TM. 75.G.1830, TM.75.G.2233, TM.75.G.5559 r. II:7, TM.75.G.10019 v. V; cit. (Pettinato, *WGE*, p. 310 [8b]): TM.75.G.2428 r. XVI:26 (ND); cit. (Waetzoldt, *OA* 29, p. 22, n. 122): TM.75.G.1696 (ND); TM.75.G.2429 (ND)

Ḫalabit

¶ È con ogni verosimiglianza la grafia eblaita di Ḫalab = Aleppo (37°9' öL/36°13' nBr = CA 3507; v. *RGTC* 3, p. 86; Klengel, *RlA* 4, pp. 50-53), all'epoca di Ebla protosiriana non sede di sovrani, ma già sede principale del culto di $^{d}$Adda; cf. von Soden, *Ebla 1975-*, p. 84 (e v. Astour, *WGE*, p. 147, n. 50), Lambert, *MARI* 6, pp. 641-643, Bonechi, *SEL* 7, pp. 31-34; Steinkeller, *NABU* 1993/10.
Per la formazione del nome v. Fronzaroli, *OrSu* 33-35, p. 142, (con bibliografia), in confronto con l'elemento teoforo eblaita *ḫa-lam*; v. però Durand, *ARMT* XXVI/1, p. 126, n. 35: *ḫalbum*, "altura, montagna", "foresta". V. anche il commento a → Ḫarazu.
Per *ARET* II 5 v. Krebernik, *Personennamen*, p. 193. In *ARET* III 890 v. I:5' (da collazionare) più verosimilmente un NP che un NG, secondo il contesto.
Il NG è probabilmente attestato come elemento (senza determinativo) anche in molti NP eblaiti (per i quali v. Krebernik, *Personennamen*, p. 193).

Ḫalabit

*ḫa-a-bí-du*$^{ki}$ *ARET* I 5 r. X:15 (NP)
cit. (Archi, *MARI* 4, p. 75): TM.75.G.1833 v. V'; cit. (Archi, *MARI* 7, p. 75): TM.75.G.2328 r. XIII:8 (ND)
*ḫa-la-bí-du*$^{ki}$ *ARET* IV 23+ v. V:11; *MEE* II 1 v. I:11
*ḫa-la-bí-id*$_{x}$(NI)$^{ki}$ cit. (Pettinato, *MEE* I): TM.75.G.1297

¶ Per la variante *ḫa-a-bí-du*$^{ki}$ v. Archi, *ARET* I, p. 267; per *ḫa-la-bí*-NI$^{ki}$ cf. Krecher, *ARES* I, p. 175, e sopra, l'introduzione, § 3.1.
Cf., nella regione di Mari in età paleobabilonese, Ḫalabīt, per la quale v. *RGTC* 3, p. 86, e Durand, *MARI* 5, pp. 160, 162, e *ARM* XXVI/1, p. 126 e n. 35: *ḫalab-īt-um*, con identificazione con la moderna Halabiyé, classica Zenobia (sull'Eufrate a metà strada fra la confluenza del Baliḫ e quella del Ḫabur, v. Hrouda, *RlA* 4, pp. 53-54), e con derivazione da *ḫalbum* "altura, montagna", cf. → Ḫalab = Aleppo. È molto verosimile che la Ḫalabīt di Ebla e quella di Mari siano la stessa città, cf. Astour, *WGE*, p. 146, n. 47; Catagnoti - Bonechi, *NABU* 1992/65: questa ipotesi è appoggiata anche dal fatto che la cittadina menzionata nei testi di Ebla è sede del culto di $^{d}$Ašdar.

Ḫalabu (?) v. Ḫarazu

Ḫalam v. Ḫalab

Ḫalazu v. Ḫarazu

Ḫalḏum, Ḫalšum

*ḫal-sum*ki *ARET* I 2+ v. VII':4' ($NP_1$-$NP_3$), I 8 v. IV:8' ($NP_1$-$NP_3$, *badalum*), I 11 r. X:13, I 13 r. IV:21 (NP); *ARET* III 53 r. I:5' (en, *badalum*), III 100 v. IV:6, III 199 v. I:3 (en), III 236 v. III:5', III 345 r. III:10 (en, *badalum*, NP), v. I:3 ($NP_1$-$NP_2$), III 377 r. III:5', IV:7', III 458 v. III:4, 10 (en, *badalum*, $NP_1$-$NP_3$), III 469 r. II:12 (*badalum*, maškim), III 868 r. II:6', III:6'; *ARET* IV 18 r. XIII:3 (NP); *MEE* II 33 v. I:8

cit. (Archi, *MARI* 4, p. 77): TM.75.G.2400 v. II; cit. (Davidović, *WGE*, p. 201, n. 22): TM.75.G.1688; cit. (Fronzaroli, *SEb* 1, p. 79): TM.75.G.1888 r. I:7; cit. (Pettinato, *MEE* I): TM.75.G.1344, TM.75.G.11117

*ḫal-šum*ki *MEE* II 41 r. VIII:3 (en, e-$gi_4$-maškim)

¶ Un regno siriano (cf. da ultimo Bonechi, *AuOr* 8, p. 161, con bibliografia), probabilmente a est dell'Eufrate (cf. Bonechi, *SEL* 7, pp. 76 e 79), nell'area delle città per le quali è attestato il termine *badalum*. È verosimile che nella regione di Ebla sia esistito anche un secondo centro, minore, di questo nome, attestato in *ARET* III 377. V. → Tiḏ(ḏ)um per un'altra probabile attestazione.

ḪalḪARʾašdanu

*ḫal*-ḪAR-*áš-da-nu*ki *ARET* III 5 v. II:2' (NP)

ḪalmaNIum

*ḫa-al*$_6$*-ma*-NI-*um*ki *ARET* I 4 v. IV:9

¶ Cittadina nella regione di Ebla; v. Bonechi, *SEL* 7, p. 33, n. 80.

Ḫalšum v. Ḫalḏum

Ḫalu (?)

*ḫa-lu*ki *ARET* III 531 r. III:6'

¶ Apparentemente una "fortezza", bàd, di → Ama; tuttavia, potrebbe anche essere un NP mal scritto.

Ḫamad

*ḫa-ma-da*ki *ARET* I 5 v. II:5 (maškim)

*ḫa-ma-du*ki *ARET* IV 18 v. III:9

¶ In *ARET* IV 18 associato a → Arḫa. L'identificazione delle due grafie come varianti, non provata, è verosimile.

## Ḫamašda

*ḫa-maš-da*[ki] *ARET* VIII 532 v.I:17

¶ Cittadina nella regione di Ebla. Cf. → Ḫimišda.

## Ḫamazim

*ḫa-ma-zi-im*[ki] TM.75.G.2342 r. V:2 (NP en), 5 (NP en)

¶ L'identificazione, tradizionale a partire da Pettinato, *RBI* 25, pp. 238 ss., è ormai concordemente con la città orientale di Ḫamazi (v. Pettinato, *Ebla* 2, p. 308; Astour, *Semites and Hurrians*, p. 8), situata da qualche parte a est del Tigri (cf. *RGTC* 1, pp. 69-70, e *RGTC* 2, pp. 72-73), senza che questa ipotesi possa essere provata.

## Ḫarazu, Ḫurazu

*ḫa-la-zu*[ki] TM.75.G.1444 r. VII:12 (é)

*ḫa-la-zú*[ki] *ARET* II 28 r. IV:5 ($NP_1$-$NP_4$ lú $NP_1$-$NP_4$)

*ḫa-ra-zu*[ki] TM.75.G.1669 v. VII:11 (NP)

cit. (Pettinato, *MEE* I): TM.75.G.2233 (*-zu*[!](SU)[ki])

*ḫu-ra-zu*[ki] *ARET* II 27a r. II:1; TM.75.G.1986+ r. V:6

¶ In TM.75.G.1444 qualifica una delle proprietà date a Ir-damu, figlio di Ibriʾum. In *ARET* II 28 in una lista di 28[!] NP (provenienti da 7 villaggi) classificati come ká Ḫabrar. In *ARET* II 27a qualifica campi, gána-ki, e in TM.75.G.1986+ sembra qualificare → $DU_6$[ki]: in entrambi i casi è in relazione alla regina di → Imar, Tiš-lim.

Per l'identificazione di Ḫurazu come variante grafica v. Archi, *MARI* 6, p. 27. Nel caso della seconda grafia, una lettura *ḫa-la-bu*$_x$(KA)[ki] (avanzata da Archi, *RA* 81, p. 186, con riferimento all'area di Ugarit), è possibile, e almeno a livello lessicale darebbe forse una attestazione della variante **ḫalbum* di → Ḫalab = Aleppo; essa tuttavia urta con il quadro unitario qui stabilito. V. anche Astour, *JAOS* 108, p. 551.

## ḪARbad(um)

ḪAR-*ba-ad*[ki] *ARET* III 243 r. I:2';

cit. (Pettinato, *MEE* I): TM.75.G.2233;

ḪAR-*ba-du*[ki] *ARET* II 27 r. I:4; *ARET* IV 8 r. VIII:10; TM.75.G.1669 v. I:1 (NP)

ḪAR-*ba-tum*[ki] *ARET* I 4 v. IX:16, I 15 v. I:4; *ARET* III 711 r. III:3' (en (?), maškim), III 719 r. V:7'; *ARET* VIII 534 v. XIII:23'; TM.75.G.427 r. XII:22', v. XV:13' (DIŠ mu níg-$kas_4$ Ḫ.)

¶ Un importante centro siriano menzionato in relazione ad attività agricole (v. *ARET* II 27, dove è riferito al fratello di Ibdulu); non risulta però evidente dai testi che si tratti di una sede di sovrani (diversamente da Bonechi, *AuOr* 8, p. 161 e n. 32; ad un regno, identificato con la più tarda Arpad = Tell Rifaʾat, a nord di Aleppo, pensa Pettinato, *MEE* I, p. XXXII, n. 128, e *Ebla* 2, p. 264): il passo frammentario di *ARET* III 711 può ben fare riferimento ad un: [dumu-nita] en (di Ebla, residente in) ḪARbad, ed a suoi maškim.

ḪARbaLUM

ḪAR-*ba*-LUM[ki] *ARET* I 8 r. XIV:16, I 11 r. V:3 (NP); *ARET* III 880 r. IV:5' (NP lú-kar); *ARET* IV 3 r. IV:3 (<ki>, NP), IV 19 r. III:11; *MEE* X 2 r. IX:6; cit. (Pettinato, *MEE* I): TM.75.G.1317

¶ Verosimilmente una cittadina nella regione di Ebla.

ḪARdagumLUM

ḪAR-*da-kum*-LUM[ki] *ARET* I 8 r. XIV:2

¶ Verosimilmente una cittadina nella regione di Ebla.

ḪARdi

ḪAR-*ti* [ki] *MEE* II 29 r. VI:12 (ugula); *MEE* X 21 r. XII:9 (NP)

¶ L'attestazione in *MEE* II 29 è stata collazionata da Fronzaroli; l'editore traslittera $ur_5$-*ti*[ki].

ḪARdiʾan

ḪAR-*ti-a-an*[ki] *ARET* IV 2 r. XI:7 (NP), v. VII:4 (NP)

ḪAR-*ti-a-nu*[ki] *ARET* III 460 v. III:3' (*, $NP_1$-$NP_4$?); TM.75.G.1724 v. I:3 (*)

¶ Probabilmente a est di Ebla. V. → ...diʾan per un'altra possibile attestazione.

ḪARga v. Arga

ḪAR.ḪAR (?)

ḪAR.ḪAR[ki] cit. (Pettinato, *MEE* I): TM.75.G.11072 r. V:5

¶ Pettinato, *MEE* I, p. 277, legge il NG $Karkar_x$[ki].

ḪARḫudu

ḪAR-*ḫu-du*[ki] *ARET* IV 18 r. XIV:1, v. III:11 (*mazalum*)

ḪARḫuziʾum

ḪARḫuziʾum

ḪAR-*ḫu-zi-um*ki *ARET* I 4 v. II:1, I 8 r. XI:14

ḪARmadu

ḪAR-*ma-du*ki TM.75.G.1669 v. V:2 (NP)

Ḫarran

*ḫa-ra-an*ki *ARET* I 1 r. IV:8 (ábba), I 3 r. VI:8 (*badalum*, ábba), I 4 r. VI:6 (*badalum*, ábba), I 5 r. VI:4 (*badalum*, ábba), I 6 r. VII:5 (*badalum*, ábba, *mazalum*), I 7 r. V:14 (*badalum*, ábba), I 8 r. VI:14 (*badalum*, ábba), I 12 r. IV:8; *ARET* II 13 v. VII:3, II 29 r. I:7, v. II:13; *ARET* III 63 r. III:12 (*badalum*, $NP_1$-$NP_2$ ábba, $NP_3$ *mazalum*), III 193 r. V:8, III 277 r. I:1', III 367 r. II:4' (*badalum*), III 467 r. V:16, III 471 r. IX:4, III 629 r. II:2', III 822 r. I:1' (maškim-maḫ), III 860 v. VII:7 ($NP_1$-$NP_4$ (?) NE-di), III 868 r. I:4' (dumu-nita *badalum*); *ARET* IV 1 v. XI:1 (*badalum*, ábba), IV 6 r. I:3 (*badalum*, NP, ábba), r. XII:3 (*badalum*, maškim), IV 12 r. XI:16, IV 19 v. V:12 (NP); *ARET* VIII 524 v. VII:3 (NP *badalum*), VIII 526 r. XII:22 ($NP_1$, $NP_2$-$NP_3$ maškim), VIII 527 r. XI:7 ($NP_1$-$NP_2$), 12, XIII:11 (en), v. III:9, VIII 531 r. III:17 (*badalum*); *MEE* II 1 r. X:5, v. V:12, VI:1, *MEE* II 41 r. V:4; TM.75.G.1547 r. IV:5; *MEE* X 20 r. XII:7 (NP *maliktum*), XII:25, XIII:20 (dam-dam), *MEE* X 24 r. X:6

cit. (Archi, *ARET* I, p. 221): TM.75.G.1862 v. III (en); TM.75.G.2358 v. V:3 (en, *wa badalum*-SÙ); cit. (Archi, *UF* 20, pp. 5-8): TM.75.G.1297 r. VIII:7, TM.75.G.1330 (NP *maliktum*), TM.75.G.1335 r. VII:10 (*badalum*), TM.75.G.1381 r. I:14 (NP *badalum*), II (NP *maliktum*), TM.75.G.1418 r. V:1 (*badalum*, maškim) TM.75.G.1436 v. VI:1 (*badalum*, ábba, maškim), TM.75. G.1442 r. X:2, TM.75.G.1462 v. II:10, TM.75.G.1527 v. II:3, TM.75.G.1556 r. X:10, v. VI:8, TM.75.G.1570, TM.75.G.1587 v. II:6, TM.75.G.1899 r. X:8 (*badalum*, maškim), TM.75.G.1979 v. X:11' (NP *maliktum*), TM.75.G.2017 r. IV:6, v. I:3, TM.75.G.2070 v. I:18, TM.75.G.2072 r. IX:17, v. X:13, TM.75.G. 2166, TM.75.G.2172 v. III:6, VII:6, TM.75.G.2233 r. VIII:9 (*badalum*, NP maškim), TM.75.G.2241 r. VIII:6 (NP *maliktum*), TM.75.G.2244, TM.75.G. 2273 v. II (*badalum*, ábba), TM.75.G.2280 v. II (<*badalum*>, ábba), TM.75. G.2289 r. XI, TM.75.G.2341 r. XIII:3, TM.75.G.2350 v. I:8?, TM.75.G.2351 r. VI:13, v. IV:3, TM.75.G.2360 v. III:1 TM.75.G.2365 v. X:7, (*badalum*),

TM.75.G.2375 v. XII:7 (*maliktum*), TM.75.G.2399 r. II:8 (dumu-nita *badalum*), TM.75.G.2428 r. VIII:36 (*badalum*), TM.75.G.2429 v. III (*maliktum*), TM.75.G.2450 r. IX:8 (NP *eb-la*[ki] maškim *badalum* Ḫ.), XIV:16 (NP ugula BÌR-BAR.AN), TM.75.G.2462 r. XIV:23 (*badalum*), v. II:27 (dam *badalum*), TM.75.G.2465 v. XIV:5 (*badalum*), XVIII:24 (dumu-nita *badalum*), TM.75.G.2509 r. IV:17, TM.75.G.3081 III:6, TM.75.G.4529 II:5, TM.75.G.5183 II:6, TM.75.G.10022 r. III, TM.75.G.10074 r. XXVIII:35 (NP *maliktum*), v. II:30 (*badalum*), TM.75.G.10079 r. XVII (*badalum*), TM.75.G. 10127 r. IV:12 (NP *maliktum*), TM.75.G.10143 r. XI:1 (*badalum*), TM.75.G. 10188 v. I:2 (NP), TM.75.G.10200 v. III:12, V:2, VI:10, TM.75.G.20474, TM. 76.G.257 VII:3, TM.76.G.288 VI, TM.77.G.730 v. XI:1; cit. (Archi, *Mél. Finet*, p. 17): TM.75.G.1249

*ḫa-ra-nu*[ki] cit. (Archi, *UF* 20, p. 1, n. 1): TM.75.G.2330 v. IV:3; TM.77.G.730 v. XI:1

*ḫar-ra-nu*[ki] TM.75.G.309 r. II:4

¶ Importante regno siriano, fra quelli che aprono i testi di tipo *ARET* I 1-9. Moderna Ḥarrān - Altınbasak (39°2' öL/36° 51' nBr = EA 0380, v. Postgate, *RlA* 4, pp. 122 s.). Per le attestazioni eblaite cf. in generale Archi, *UF* 20, pp. 1 ss.; v. anche Fronzaroli, *OrSu* 33-35, p. 142, con bibliografia, Archi, *SLE*, p. 237, Pettinato, *Ebla* 2, p. 283, e Bonechi, *SEL* 8, p. 64. In *MEE* II 41 Ḫarran qualifica tessuti (mí-túg).

## ḪARziza

ḪAR-*zi-za*[ki] TM.75.G.1451 r. III:4 (ugula)

¶ Nella regione di Ebla, in una registrazione di quantitativi di argento il cui totale parziale è definito sá-du$_{11}$-ga *ìr*-NI[ki], "provvisione di/per IrNI" (per il sumerogramma cf. Conti, *MisEb* 3, p. 103, con bibliografia).

## ḪARzu(m) v. Arzu(m)

## Ḫašašar

*ḫa-sa-sa-lu*[ki] *ARET* IV 3 r. III:12

*ḫa-sa-šar*[ki] *ARET* III 309 r. II:4, III 364 r. I:2' (ugula), III 467 r. II:8, v. II:2, III 470 r. IX:2 (ugula); *ARET* IV 11 r. XV:6 (NP ugula), v. VIII:12 (NP ugula); *ARET* VIII 540 v. VII:9 (*, NP)

¶ = Ḫazazar dei testi paleobabilonesi di Mari (v. Garelli, *Remarques*, § 2: vicino → Tunip, a nord di Hamath; Bonechi, *SEL* 7, p. 18, n. 6), e = Ḫašašar delle fonti ittite (v. Archi, *ARET* III, p. 323); forse sull'Oronte, sulla strada che per il Ğisr eš-Šughur porta a Ugarit (per questa localizzazione v., relativamente alle fonti di Mari, Villard, *UF* 18, p. 398). Meno verosimilmente, a sud-est di Ebla, v. Astour, *WGE*, p. 154: nell'area di → Tunip, vicino a → Amad e Qatna, v. anche Pettinato, *Ebla* 2, p. 239.

ḪazaNILUM

*ḫa-za*-NI-LUM[ki] *ARET* I 4 v. V:2

Ḫazanuma

*ḫa-za-nu-ma*[ki] *ARET* I 41 r. III:5

¶ Cf. Gelb, *LdE*, p. 45.

Ḫazarad

*ḫa-za-ra-ad*[ki] *ARET* IV 17 r. VI:12 (NP)

¶ Per una localizzazione (comunque non supportata da questa unica attestazione) a nord-ovest di → Ḫarran v. Astour, *WGE*, p. 154. Cf. → Ḫuzala, → Ḫuzariʾum?

Ḫazu

*ḫa-zu*[ki] *MEE* X 3 r. VIII:15 (NP)

Ḫazuwan(nu), Ḫašuwan

*ḫa-su-wa-an*[ki] *ARET* I 31 r. V:3 (en); *ARET* III 38 r. II:5' (dam NP), III 217 r. IV:1', III 789 r. I:2' (en); *ARET* IV 16 r. V:5 (NP), VIII:6 (NP); *ARET* VII 10 v. IV:4 (dumu-nita en), VII 16 v. III:4; *MEE* X 23 r. VII:3 (guruš-guruš); TM. 75.G.1353 v. I:9 (NP šeš NP);

cit. (Pettinato, *MEE* I): TM.75.G.20526 (e v. sotto anche le citazioni di *ḫa-zu-wa-an*[ki] in Archi, *SLE*)

*ḫa-zu-wa-an*[ki] *ARET* I 17 r. III:5 (NP dam en); *ARET* III 127 r. I:3' (lú-kar), III 284 r. III:1, III 369 r. III:1, III 398 r. II (NP lú-kar), III 404 r. V:5' (] nin-ni-SÙ dam:dingir 2 dumu-mí en *ḫa-zu-wa:an*[ki]), III 467 r. IV:19 (dumu-nita en), III 468 r. VII:11 (3 dumu-nita), III 506 r. III:7' (guruš), III 531 r. II:6' (lú-kar), III 610 r. II:3' (NP lú-kar), III 629 r. II:6' (NP lú-kar), III 938 v. II:3; *ARET* IV 17 r. XIII:10 ($NP_1$-$NP_2$ lú-kar), 18 (NP dar íb-iii-dar-túg), v. III:19 (NP), XI:15 ($NP_1$ (?), $NP_2$ dar íb-iii-dar); *MEE* II 12 v. V:5, *MEE* II 25 v. X:5 ($NP_1$-$NP_3$ lú-kar), *MEE* II 29 r. I:8 (guruš-guruš, maškim), XI:6 (NE-di), *MEE* II 32 r. II:15 (lú-kar), *MEE* II 33 r. XI:4 (NE-di-NE-di), v. VIII:3 (dam NP), *MEE* II 37 r. I:6, v. VII:7, *MEE* II 41 r. III:2 (NP), IV:16 (NP dumu-nita en NP), VII:3 (LÚ×GÁNA*tenû*), XIII:9 (NP), v. II:4 (maškim-maškim NP ... NP maškim-SÙ); *MEE* X 21 r. XII:4 (NP lú-kar), v. II:2 (NP), *MEE* X 24 r. III:17 (NP), IV:2 (NP), VII:4 (NP NE-di), 7 (lú-kar), v. I:2 (lú-kar), IV:4 (NP), *MEE* X 25 v. VI:6 (*maliktum*), *MEE* X 26 r. I:15, III:4, 13 (NP), IV:10, VI:9 (NP), XII:3 (NP), 14 (NP), v. II:2', VIII:5 (dumu-nita), IX:6; TM.75.G.1452 r. II:2 (ugula), TM.75.G.2367 r. IX:6, TM.75.G.2420 v. III:11

cit. (Archi, *AoF* 15, p. 29): TM.75.G.1938 v. VIII:7 (simug-simug); cit. (Archi, *MARI* 4, pp. 75, 83): TM.75.G.1418 r. VIII:11 (e-gi$_4$-maškim dumu-nita en), TM.75.G.1535 r. VII (6 guruš); cit. (Archi, *MARI* 5, p. 40): TM.75. G.1769 (en); cit. (Archi, *SLE*, pp. 246-247): TM.75.G.1243 (NP), TM.75.G. 1258 (NP), TM.75.G.1336 (NP$_1$-NP$_3$ lú-kar), TM.75.G.1340 (NP), TM.75.G. 1361 (NP), TM.75.G.1365 (NP, NP), TM.75.G.1386 (NP), TM.75.G.1399 (NP), TM.75.G.1413 (NP), TM.75.G.1434 (NP), TM.75.G.1438 (NP), TM. 75.G.1440 (NP, NP), TM.75.G.1468 (NP, NP), TM.75.G.1537 (NP), TM.75. G.1560 (NP), TM.75.G.1696 (NP), TM.75.G.1708 (NP, NP, NP), TM.75.G. 1779 (NP), TM.75.G.1862 (NP), TM.75.G.1935 (NP), TM.75.G.2333 (NP$_1$-NP$_3$ lú-kar), TM.75.G.2437 (NP), TM.75.G.2520 (NP), TM.75.G.10077 (NP); cit. (Archi, *VO* 8/2, p. 196): TM.75.G.1878 r. VII (NP NE-di); cit. (Fronzaroli, *SEb* 3, pp. 48-49): TM.75.G.1769 r. VII:6; cit. (Pettinato, *MEE* I): TM.75.G.1318, TM.75.G.1395, TM.75.G.1420, TM.75.G.1441, TM.75.G. 20923

*ḫa-zu-wa-an-nu*$^{ki}$ cit. (Fronzaroli, *SEb* 3, p. 48): TM.75.G.1920 r. VI:4

*ḫa-zu-wa-nu*$^{ki}$ TM.75.G.1452 r. II:2 (ugula)

¶ Città sede di sovrani, situata sicuramente a nord di Ebla, è stata confrontata con la Ḫašuʾanum dei testi sargonici (cf. *RGTC* 1, pp. 70-71; Foster, *Umma in the Sargonic Period*, p. 99; Michalowski, *ZA* 76, pp. 10-11: "possibly in the area east of the Tigris"), con la Ḫašuʾannum dei testi dell'età di Ur III (cf. *RGTC* 2, p. 75), ed è stata solitamente identificata con la Ḫašuwa / Ḫassuwa dei testi ittiti (cf. *RGTC* 6, pp. 97-99) e con Ḫaššum in età paleobabilonese (cf. *RGTC* 3, p. 94; v. anche G. Szabó e H. G. Güterbock, *RlA* 4, pp. 136-137).

Per l'ipotesi di identificazione di Ḫazuwan(nu) eblaita con la Ḫassuwa dei testi ittiti, e per una sua localizzazione a Tilmen Hüyük, a est di Islâhiye v. Astour, *WGE*, p. 153; analogamente, localizzabile a Tilmen Hüyük o nella piana di Zincirli per Archi, *PdP* 46, p. 197, n. 1; *id.*, *AoF* 19, p. 24: a ovest dell'Eufrate, all'altezza dell'Amano (precedentemente, v. *id.*, *MARI* 6, p. 22: in Commagene). Anche per problemi storici e cronologici v. Bonechi - Catagnoti, *NABU* 1990/29, e Bonechi, *SEL* 8, p. 64 (a ovest dell'area delle città per le quali è attestato un *badalum*, e dunque a ovest dell'Eufrate); precedentemente v. Archi, *SLE*, pp. 230, 236-237 e 246-247 (identificazione con Ḫaššum; scettico in tal senso Michalowski, *ZA* 76, p. 10, n. 15). Fronzaroli, *SEb* 3, pp. 48-49, e *OrSu* 33-35, p. 143, confrontando il nome con il NG ugaritico *ḫswn* "lattuga" (v. anche Astour, *JAOS* 108, p. 550; per il termine v. recentemente Farber, *ZA* 81, p. 238), ipotizza, sulla base di TM.75.G.1452, l'esistenza di due differenti città con questo nome. V. anche Pettinato, *Ebla* 2, p. 237 (che, pur identificandola con Ḫaššum, pensa all'area fra il Baliḫ e il Ḫabur); Davidović, *ASJ* 11, pp. 4, 9 e 26 (a nord di → Uršaʾum, e ad ovest dell'Eufrate). Da rifiutare il riferimento alla regione transtigrina di Tell Billa, proposto da Astour, *Semites and Hurrians*, pp. 11-12.

Ḫa...

Ḫa...

*ḫa*-[x$^{ki}$] *ARET* IX 96 r. II:8
*ḫa*-[x(-x)]$^{ki}$ TM.75.G.1964 r. II:1
*ḫ*[*a*$^?$-x]-⌜x⌝$^{ki}$ *ARET* III 734 v. I:9'

Ḫila

*ḫi-la*$^{ki}$ *ARET* III 143+457 r. IV:2'

ḪilaNIum

*ḫi-la*-NI-*um*$^{ki}$ *ARET* I 4 v. V:1

Ḫimišda

*ḫi-mi-iš-da*$^{ki}$ *ARET* III 939 r. IV:3'
¶ Cf. → Ḫamašda.

Ḫizabar

*ḫi-za-bar*$^{ki}$ *ARET* II 27 r. I:2
¶ Centro menzionato in relazione ad attività agricole (v. *ARET* II 27, dove è riferito al fratello di Ibdulu); nella regione di Ebla.

Ḫi... (?)

*ḫ*[*i*$^?$-x]$^{ki}$ *MEE* X 29 r. XV:16

ḪU

ḪU$^{ki}$ *ARET* IV 2 v. V:11 ($NP_1$-$NP_4$), VII:6 (NP); *ARET* VIII 538 v. VIII:17' (NP)
¶ V. → GIGIR per *ARET* VIII 526 v. VI:12.

Ḫuʾabba

*ḫu-ʾà-ba*$_4$$^{ki}$ *ARET* II 28 v. VII:4 ($NP_1$-$NP_6$)
*ḫu*-ÁBBA$^{ki}$ *ARET* II 27 r. III:4
¶ L'identificazione, non provata, è verosimile (cf. Krecher, *ARES* I, p. 184). Centro nella regione di Ebla; la prima grafia in una lista di 7 NP (provenienti da 2 villaggi) classificati come *na-se*$_{11}$ *ʾà-da-ra-tum*$^{ki}$ ká NP; la seconda grafia si riferisce ad un centro menzionato in relazione ad attività agricole, citato in relazione al fratello di Ibdulu. L'uso del segno ÁBBA è notevole.

Ḫubadu

*ḫu-ba-du*[ki] TM.75.G.2561 r. I:10, V:2

¶ Un villaggio del regno di → Adu secondo Pettinato, *Ebla* 2, p. 281.

Ḫubal

*ḫu-bal*[ki] cit. (Biga, *ARES* I, p. 304): TM.76.G.949 II':2' (NP)

¶ Citato come *ḫu-kul*[ki].

Ḫubu

*ḫu-bù*[ki] *ARET* III 349 r. II:3'; *ARET* VII 155 v. V:11

¶ Nella regione di Ebla; nel secondo testo fra i beni fondiari (ki é) di Irig-damu, figlio di Ibriʾum. Cf. → Ḫabu.

Ḫubušan v. Ḫabušan, Ḫubuḏan

Ḫudiʾum v. Ḫudīmu

ḪudiLUM

*ḫu-ti*-LUM[ki] cit. (Archi, *VO* 8/2, p. 197): TM.75.G.10135 v. VI:12 (dumu-nita-dumu-nita NE-di)

¶ Determinata da → EDIN; a sud di Ebla, nella regione di → Ibʾal.

Ḫudīmu, Ḫudimmu, Ḫudiʾum

*ḫu-ti-mu*[ki] *ARET* I 1 r. VI:10, I 3 r. VIII:1, I 4 r. VIII:7 (ábba), I 5 r. VII:4 (ábba), I 6 r. X:1 (ábba), I 7 r. VII:5 (ábba), I 8 r. IV:13 ($NP_1$-$NP_2$, maškim), I 9 r. V:10 (NP), I 12 r. VII:6 (NP lú-kar), I 14 r. IV:7 (NP lú-kar), v. II:1, III:12, IV:1 (lú-kar), I 32 r. IV:15; *ARET* III 2 r. VII:5' ($NP_1$-$NP_2$, maškim), III 54 r. III:1' (ugula, maškim), III 60 r. VI:6' ($NP_1$-$NP_2$), III 85 r. III:3' (NP ugula), III 322 r. IV:7', III 355 r. II:4', III 468 v. I:10' ($NP_1$-$NP_2$ ugula, maškim), III 471 r. III:3 (NP ugula, NP maškim-SÙ, guruš-guruš maškim-SÙ, III 588 r. IV:12, III 697 r. II:2', III 731 r. I:1', III 881 v. I:3'; *ARET* IV 1 v. III:4

Ḫudinu

(NP), IV 6 v. IX:8, IV 12 v. IV:16, IV 13 v. IV:2 ($NP_1$ [$NP_2$] maškim-SÙ), XII:20 (NP ugula, maškim), IV 18 r. IV:16; *ARET* VIII 521 v. VIII:5 (NP, ábba), VIII 523 r. IV:4 (ábba, guruš), X:4 ($NP_1$-$NP_2$ (?), $NP_1$-$NP_2$), 7, XI:13 ($NP_1$-$NP_2$), VIII 524 r. X:20 (NP), VIII 526 r. X:2 ($NP_1$-$NP_3$), VIII 527 r. XII:23 ($NP_1$-$NP_2$), VIII 528 r. VII:12, VIII 531 r. IV:8 (ábba), VIII 538 v. VIII:4' (NP), VIII 541 v. IX:15' ([NP] dumu-nita ugula), VIII 542 v. VI:22' (NP), VIII:24' (NP); *ARET* IX 13 r. V:1 (NP en), IX 14 r. IV:3; *MEE* II 1 r. X:11; *MEE* II 32 r. IV:10; *MEE* II 37 v. II:6 (NP, maškim); *MEE* II 39 r. IV:15 (maškim NP); TM.75.G.10052 v. VIII:9 (40 dam)

cit. (Archi, *ARET* I, p. 223): TM.75.G.2289; cit. (Biga, *WGE*, p. 170): TM.75.G.10052 v. VIII:9 (40 dam); cit. (Pettinato, *MEE* I): TM.75.G.1263, TM.75.G.1297, TM.75.G.1317, TM.75.G.1570, TM.75.G.1586 (ugula), TM. 75.G.5316 v. V:4

*ḫu-tim-mu*$^{ki}$ *ARET* VIII 533 r. X:15 (da collazionare)

*ḫu-ti-um*$^{ki}$ *ARET* III 51 r. III:2' (ugula), III 134 $v^?$. VII:7 (NP ugula)

¶ Una importante città siriana, quasi certamente sede di sovrani, e fra quelle che aprono i testi di tipo *ARET* I 1-9. Probabilmente situata a sud di Ebla (cf. Bonechi, *AuOr* 8, pp. 169 ss. e n. 104, e *SEL* 8, p. 71).

Per *ARET* IX 13 v. IV:10-V:1, la correzione KU-TU / en / *ḫu-ti-mu*$^{ki}$, suggerita da D'Agostino, *OA* 29, p. 45, consente di interpretare più soddisfacentemente il passo, facendo riferimento ad un NP, ma non è certa; se verificata su base prosopografica, essa implica che ad Ebla il segno TU può esser scritto (oltre che nel modo abituale descritto da Edzard, *ARET* II, p. 163) anche ŠE.KU.

Ḫudinu

*ḫu-ti-nu*$^{ki}$ cit. (Milano, *ARET* IX, p. 192): *ARET* X 107

Ḫuḏaʾum v. Ḫušaʾum

Ḫuḏar, Ḫušar

*ḫu-šar*$^{ki}$ cit. (Pettinato, *MEE* I): TM.75.G.2233

ḪuḫamaLUM

*ḫu-ḫa-ma*-LUM$^{ki}$ *ARET* IV 18 r. XIII:11

ḪuḪARdu

*ḫu*-ḪAR-*du*$^{ki}$ *ARET* III 895 r. I:5' ($NP_1$-$NP_2$); *ARET* VIII 527 v. VII:12; *MEE* X 2 v. V:6; TM.75.G.2222 r. IV:4

¶ Centro nella regione di Ebla. Mander, *MEE* X, p. 13, legge *ḫu-ur*$_5$*-du*$^{ki}$.

Ḫukul v. Ḫubal

Ḫumabu (?)

*ḫu-ma-b*[*ù*]$^{?ki}$ *ARET* VII 22 r. I:3 (en)

¶ Lettura incerta: Ḫumabu o Ḫumazu? (cf. *ARET* VII, p. 58: *ḫu-ma*-K[A]/*b*[*ù*]$^{ki}$). Sembra possa trattarsi di una città sede di sovrani.

Ḫumaḫu

*ḫu-ma-ḫu*$^{ki}$ *ARET* VIII 541 r. IX:7, v. II:7' (NP, maškim)

Ḫumazu (?) v. Ḫumabu (?)

ḪunadaNI

*ḫu-na-da*-⌜NI⌝$^{ki}$ TM.75.G.1975 r. IV:3

¶ Una delle 52 "fortezze", bàd di → Luʾadum; a nord di Ebla (v. Archi, *St. Özgüç*, p. 14).

Ḫurazu v. Ḫarazu

ḪuriLUM

*ḫu-rí*-LUM$^{ki}$ *ARET* I 5 r. IX:16

Ḫušaʾum, Ḫuḏaʾum

*ḫu-sa-um*$^{ki}$ *ARET* I r. XI:2; *ARET* III 316 r. I:5', III 459 r. VI:10, VII:7, VIII:6 (-⌜*sa*$^{?}$⌝-), III 470 r. VI:15, III 591 r. I:4', III 869 r. III:6', III 880 r. III:6', III 886 r. IV:2'

Ḫušar

cit. (Biga - Pomponio, *MARI* 7, § II): TM.75.G.2508 v. IX:9', XVII:35; (Pettinato, *MEE* I): TM.75.G.10013 r. I:5, 12

*ḫu-sá-um*ki TM.75.G.427 r. III:2

*ḫu-ša-um*ki *ARET* III 73 r. II:1; *ARET* IV 10 v. II:9; *MEE* II 25 r. VI:2, v. IV:14

¶ L'identificazione delle grafie con *-sa-* e *-ša-* è sicura (v. già Archi, *ARET* III, p. 323). Un importante centro, forse a nord di Ebla.

Ḫušar v. Ḫuḏar

Ḫušu

*ḫu-su*[ki] TM.75.G.2136 r. III:3

¶ Una cittadina a nord di Ebla (v. Archi, *St. Özgüç*, p. 14).

Ḫuwanaʾiʾum

*ḫu-wa-na-i-um*ki *ARET* III 115 v. III:2' (maškim)

Ḫuzala

*ḫu-za-la*ki *ARET* I 5 v. XII:7

¶ V. Astour, *JAOS* 108, p. 550. Cf. → Ḫazarad, Ḫuzariʾum?

Ḫuzan

*ḫu-za-an*ki *ARET* I 1 v. XI:8 (NP dam-dingir dumu-mí en); *ARET* III 182 r. I:3' (lú-kar), III 185 r. IX:6' (NP ugula), III 349 r. II:2' (lú-kar); *ARET* IV 5 r. VIII:3 (NP lú NP ugula), v. IX:2 (ugula); *ARET* VII 145 v. II:6 (675 <persone> TIL), VII 154 v. III:1, 6, 14, VII 155 r. IV:10; *ARET* VIII 534 v. III:5 (dumu-mí en); *ARET* IX 66 v. VI:7, IX 75 v. I:6 (šu-i guruš-guruš), IX 103 v. III:4 (ká); TM.75.G.2022 v. IV:5 (NP ugula), TM.75.G.2339 (dumu-mí en)

cit. (Archi, *AoF* 15, p. 28): TM.75.G.2247 v. VII ($NP_1$-$NP_9$ nagar-nagar); cit. (Archi, *MARI* 4, p. 77): TM.75.G.2426 r. XIII (NPF 2 dumu-mí en); cit. (Milano, *ARET* IX, pp. 193, 211): *ARET* X 102 (2 é-$duru_5$ki); *ARET* X 108 (6 é-$duru_5$ki); cit. (Pettinato, *MEE* I): TM.75.G.5637, TM.75.G.11330 (en);

*ḫu-za-nu*ki TM.75.G.521 v. IV:6

¶ In *ARET* VII 155 determina → Arradu; in *ARET* VII 154 è fra i centri riferiti ai figli di Giʾa-lim. Per altre attestazioni v. Milano, *ARET* IX, p. 211. Una città importante, ma non è sicuro che si tratti di sede di sovrani (cf. Bonechi, *AuOr* 8, p. 161 e n. 34, con bibliografia): in tal caso l'en citato sarebbe quello eblaita. In alternativa, un centro nella regione di Ebla, forse a nord di Tell Mardikh, data la connessione nei testi con → Ama.

Ḫuzariʾum

*ḫu-za-rí-um*[ki] *ARET* III 143+457 r. IV:4'

¶ Nella regione eblaita; per un riferimento all'area di Alalaḫ (con identificazione con il NG neo-assiro [uru]*ḫu-za-ar-ra*) v. Astour, *WGE*, p. 144, n. 34 (anche, *id.*, *JAOS* 108, p. 550). Cf. → Ḫazarad, Ḫuzala?

Ḫu...mu...

*ḫu*-[x]-*m*[*u*-x][ki] *ARET* III 737 r. VIII:18

# I

## IʾirNEdu (?)

*i-ir*-NE-*du*[ki] cit. (Biga, *ARES* I, p. 287): TM.74.G.133 (NP)

¶ Probabilmente errore di stampa per → IrʾiNEdu.

## Ibʾal

*ib-al*$_6$[ki] *ARET* I 1 r. VIII:4 (maškim-e-gi$_4$ lú edin), I 3 r. IX:4, I 4 v. V:6, VII:19, I 5 r. XI:8, 15, I 6 v. IX:8, I 7 v. X:7' (NP$_1$-NP$_3$ lú-kar edin lú Ibʾal), I 7 v. XII:1 (NP, 2 maškim-SÙ), I 8 r. X:11 (<11> ugula), I 12 r. I:5 (NP$_1$ *wa* NP$_2$ 2[!] ugula, maškim-maškim-SÙ), II:6 (NP en, dumu-nita-SÙ), III:1 (NP), I 14 r. VII:13, v. V:6 (NP[?]), I 17 r. VII:13 (NP$_1$ *wa* NP$_2$ *wa* NP$_3$ *wa* 1 dumu-nita NP$_4$, maškim-SÙ), VIII:17 (NP), v. IX:4; *ARET* III 9 r. I:1' (maškim-SÙ), III 14 v. I:2 (NP ugula), III 31 r. V:2' (NP, maškim-SÙ), III 44 r. I:1', III 60 r. VIII:1', III 207 r. II:3', III 243 r. III:4', III 273 r. II:1', III 322 r. II:2' (NP), III 335 r. IV:2, III 404 r. IV:3' (NP ugula), III 420 r. II:3' ([mu[?]]-DU), III 441 v. II:5' (... NP$_1$-NP$_4$), III 458 r. I:4' (ugula), III 459 v. II:19 (dumu-nita NP), III 469 r. IV:11 (NP ugula, maškim-SÙ), III 471 r. VII:2 (... NP ugula, maškim-SÙ), III 500 r. III:3', III 511 r. I:2' (?), III 562 r. VII:4 (NP$_1$ maškim NP$_2$ ugula), III 577 r. II:2' (..., maškim-SÙ), III 588 r. III:4 (NP, maškim-SÙ), III 630 r. II:6' (NP <en>), III 746 r. II:3' (NP, maškim-SÙ), III 805 r. I:3' (... maškim NP), III 830 r. I:3' (NP *wa* ugula-ugula), III 860 v. IV:3 (NP, maškim-SÙ), III 862 r. I:1', III 937 r. II:14' (dumu-nita NP$_1$ šu-i NP$_2$), III 952 r. II:2'; *ARET* IV 1 v. V:1 (ugula), v. V:3, IV 3 v. VI:7 (NP), IV 6 r. VI:12 (NP$_1$-NP$_{10}$ ugula-ugula), IV 9 r. VI:3, IV 12 r. II:5, IX:17 (maškim NP), v. I:9 (NP$_1$ maškim NP$_2$), IV 13 v. III:17 (maškim NP), IV 16 r. IV:20, IV 17 v. V:9, IV 24 r. VII:6 ([<ki>], *, NP$_1$-NP$_9$[!], a-tuku), X:7 (1 *na-se*$_{11}$ *wa* 2 dam azu$_x$(ZU$_5$.A)); *ARET* VII 130 v. I:1 (NP$_1$-NP$_2$); *ARET* VIII 521 v. IX:6 (*),

VIII 524 r. I:10, 15 ($NP_1$-$NP_3$), 18, X:12 (NP), XIII:20 (NP), VIII 527 r. X:23 ($NP_1^?$-$NP_2$), XII:31 ($NP_1$-$NP_2$), v. III:20, VIII:16 (NP), IX:1, VIII 531 r. VII:9, 27, VIII:3 (NP), 6 (NP), v. II:20, VIII 533 r. IX:11, VIII 534 r. IV:4', V:4', VIII 539 v. I:10' (NG lú Ibʾal, *, collazione Archi), VIII:16'; *ARET* IX 26 v. II:6, III:10, IX 67 v. I:5; *MEE* II 25 v. IV:10, VIII:2 ($NP_1$-$NP_3$); *MEE* II 29 v. III:8; *MEE* II 32 r. I:4 ($NP_1$-$NP_2$ ugula, maškim-SÙ), II:3; *MEE* II 33 r. I:5 ($NP_1$ *wa* $NP_2$ ugula, maškim-SÙ), 10, X:17 (ND, $pa_4$:šeš-$pa_4$:šeš-SÙ), XI:2, v. VII:3; *MEE* II 37 r. X:12, v. II:1; *MEE* II 39 r. VI:11; *MEE* II 40 r. X:1 ($NP_1$-$NP_6$), 13, v. III:1 (*, $NP_1$-$NP_8$ ugula), 6; *MEE* II 41 r. X:5; *MEE* X 3 r. XI:7 ($NP_1$, dumu-nita-SÙ, $NP_2$, $NP_3$, $NP_4$ dumu-nita-SÙ, $NP_5$, šeš-SÙ, $NP_6$ dumu-nita $NP_7$, $NP_8$, dumu-nita $NP_9$, dumu-nita $NP_{10}$ ugula-ugula); *MEE* X 24 v. IV:7; *MEE* X 25 v. I:2 (NP), III:6, IV:14 (maškim NP); *MEE* X 43 r. II:3; TM.75.G.309 r. II:2; TM.75.G.427 r. XIV:23, v. III:5, VI:6

cit. (Amadasi Guzzo, *WGE*, p. 122, n. 12): TM.75.G.2428 r. XXVIII:29; cit. (Archi, *ARES* I, p. 216): TM.75.G.2290 r. I:3 (dub *ù-su-rí* Ibʾal); cit. (Archi, *ARET* I, p. 268): TM.75.G.2369, TM.75.G.2370 (ugula); cit. (Archi, *Ebl.* I, p. 69, n. 24): TM.75.G.1325 r. III:1 (NP); cit. (Archi, *MARI* 5, p. 42): TM.75.G.1701 ($NP_1$-$NP_4$ 4 en Ibʾal, $NP_5$ en Ibʾal); TM.75.G.10077 (NPF *maliktum*, NP en, $NP_1$-$NP_4$ 4 en); cit. (Biga - Pomponio, *MARI* 7, § III): TM. 75.G.1442 r. III:4, TM.75.G.2508 r. IV:44; cit. (Mander, *MEE* X, p. 27-28): TM.75.G.1419 (NP); TM.75.G.1775 (ugula-ugula; NP); TM.75.G.2163 ($NP_1$-$NP_7$ <ugula>); cit. (Mander, *OA* 27, p. 50): TM.75.G.2508; cit. (Pettinato, *MEE* I): TM.75.G.1319, TM.75.G.1324, TM.75.G.1329, TM.75.G.1337, TM. 75.G.1395, TM.75.G.1570, TM.75.G.1585, TM.75.G.2165, TM.75.G.4428, TM.75.G.4470, TM.75.G.5304, TM.75.G.5320, 10029 (ugula), TM.76.G.79

¶ Importante regno siriano, in *MEE* II 33 sede del culto di $^d$Kamiš. Da cercarsi con tutta probabilità a sud di Ebla, da qualche parte non troppo lontano da Ḥoms (e forse anche a sud di questa città): v. Bonechi, *SEL* 8, pp. 71-73, con analisi preliminare dei problemi concernenti Ibʾal, in parziale accordo con Archi, *ARET* I, p. 221, che lo localizza a est di Qatna (tuttavia, in *MARI* 6, p. 22, Archi stesso lo situa a est di Ebla, e in *ARES* I, p. 217, in Siria nord-orientale; precedentemente, v. *id.*, *SEb* 4, p. 85, con un confronto ipotetico con *e-ba-al* $^{ki}$ e *a-wa-al* $^{ki}$ delle fonti mesopotamiche del III millennio, già abbandonato in *SEb* 1, p. 111, n. 12). In TM.75.G.2290 Ibʾal è menzionata in relazione, oltre che a → Manuwad, anche a → Mari: probabilmente sono in causa le rotte commerciali che nel II millennio univano la regione di Qatna con il medio Eufrate fra → Tuttul e → Terqa, via Palmira (per le quali v. Durand, *MARI* 5, pp. 159-167), rotte la cui esistenza nel III millennio è del tutto verosimile.

Il riferimento all'area palestinese, presso la moderna Nablus, avanzato da Pettinato in *Ebla* 2, pp. 253-256 non è comunque accettabile (v. Heimpel, *JAOS* 109, pp. 121-122), così come quello alla valle del Piccolo Zab, proposto da Astour, *Semites and Hurrians*, pp. 7-8. V. anche Mander, *MEE* X, pp. 27-28.

Archi, *MARI* 5, pp. 42-43, pensa che esistano almeno due Ibˀal ("Ibˀal della steppa" e "Ibˀal di → Rašan"; v. anche Milano, *ARET* IX, p. 215): l'ipotesi necessita un approfondimento. Il termine pa$_5^!$(PAP.A) determina Ibˀal in *ARET* I 5. Il NG → EDIN determina Ibˀal in *ARET* I 5, *ARET* IV 1 e 9, *ARET* VIII 527 e 531, ed è determinato da Ibˀal in *ARET* I 7 (v. anche *ARET* I 1). Si può comunque ritenere che i molti toponimi che sono menzionati in relazione a Ibˀal (e che spesso sono determinati da quest'ultimo NG) facciano parte della sua regione: v. → AˀagaKU, → Adaddu, → Amalim, → Amidu, → Arizu, → Aza, → Badanu, → Daˀu, → Did̲(d̲)um, → ḪudiLUM, → Idiˀu, → IGI.SAL, → Išdaˀu, → LuLUM (?), → Madaˀizan, → Mašanu, → NEˀaˀu, → Rašan, → Sidaˀu (v. → Šidalu), → Tisum, → Wazaru, → Zudu (è probabile che anche in *ARET* III 937 r. II:15' si menzioni un toponimo). Non è invece verosimile che la stretta contiguità di → Kiš a Ibˀal in *ARET* IX 26 indichi per il primo NG la stessa associazione territoriale con il secondo che caratterizza i piccoli centri ora menzionati.

Per *ARET* IV 23 r. VI:7', il join con *ARET* I 2 e il confronto con contesti analoghi rende certa l'integrazione [ká-*ba*]-*al*$_6^{ki}$ (v. Bonechi, in stampa). Per *ARET* IX 67 v. Milano, *ARET* IX, p. 215: Ibˀal probabile lapsus per → Ebla. La corretta lettura in *MEE* II 40 v. III:1 mi è stata cortesemente segnalata da G. Conti. V. anche Fronzaroli, *OrSu* 33-35, p. 143.

V. → Ibdur, → Ibra.

Ibˀan

*i-ba-a-an*$^{ki}$ TM.76.G.156 r. I:2, III:6
*ib-a-nu*$^{ki}$ TM.76.G.198 v. I:1
*ib-ˀà-an*$^{ki}$ TM.76.G.188 v. III:4

¶ Centro menzionato in relazione ad attività agricole; nella regione eblaita, in TM. 76.G.156 sembrerebbe determinato da → Aˀ.

Iba

*i-ba*$^{ki}$ *ARET* VII 71 v. II:2

¶ Sembra determinare → Bīr.

Ibaˀu

*i-ba-ù*$^{ki}$ *ARET* VII 156 v. IV:3

¶ Fra i centri riferiti ai figli di Irˀam-damu; nella regione di Ebla.

## Iba...

*i-ba*-[x][ki] cit. (Biga, *ARES* I, p. 303): TM.76.G.951+ (NP)

¶ Una variante *i-ba*-[$al_6$][ki] di → Ibʾal (che la prosopografia suggerirebbe) non sembra probabile.

## IbbaNEʾum (?)

*ib*[?]-*ba*-NE-*um*[ki] *ARET* I 8 r. XIV:11

## Ibbigu

*ib-bí-gú*[ki] cit. (Pettinato, *MEE* I): TM.75.G.257

## Ibbuʾib, Ibbūb

*i-bí-bu*[ki] cit. (Pettinato, *MEE* I): TM.75.G.1570 (?)

*i-bí-bu-*$bu_x$(NI)[ki] *ARET* IX 74 v. I:6, IX 78 r. II:1 (en), IX 81 r. II:1, IX 82 r. I:12

*i-bu-*$bu_x$(NI)[ki] *ARET* VIII 525 v. VIII:11 (en)

*i-bu-íb*[ki] *ARET* I 9 r. III:12 (en, ábba-SÙ), I 32 r. III:8 (en. ábba-SÙ); *ARET* III 940 r. I:7' (en); *ARET* IV 3 r. V:10 (ama-gal en); *ARET* VIII 523 r. III:12 (en, ábba-SÙ), VIII:20 (en), VIII 524 r. XIV:1 (en, *wa* ábba-SÙ), v. II:16 (en), v. V:22 (en), V.26 (šeš-mu en), VIII 526 r. XII:3 (en), XIII:1, v. IV:19 ($NP_1$, $NP_2$), VIII:15 (NP), X:9 (NP), VIII 529 v. VIII:14 (en, ábba-SÙ), VIII 532 r. VI:23 (en, ábba-SÙ), VIII 533 v. IV:21 (en), VIII 542 r. III:3 (NP), v. VIII:19' ($NP_1$-$NP_2$, $NP_3$-$NP_4$); *MEE* II 39 v. II:19 (en, ábba-ábba-SÙ)

*i-*$bu_x$(NI)*-bu*[ki] *ARET* I 1 r. XII:6 (en, ábba-SÙ), I 3 r. IV:10 (en, ábba-SÙ), I 4 r. IV:5 (en, ábba-SÙ, maškim-SÙ), I 5 r. V:12 (en, ábba-SÙ), I 7 r. III:10 (en, ábba-SÙ), I 8 r. III:9 (en, maškim-SÙ, *mazalum*-SÙ), I 11 v. III:1 ($NP_1$ *wa* $NP_2$), I 13 r. XI:10 (*mazalum*-SÙ), I 14 r. VI:3 (NP), 10 (en), I 17 r. X:7 (NP), I 30 v. V:4, X:6, I 31 v. I:5 (en); *ARET* II 18 v. II:5 (NP en); *ARET* III 2 r. IV:3' ([$NP_1$[?]] *wa* maškim-SÙ, $NP_2$ *mazalum*-SÙ), III 37 v. IV:1', III 44 r. III:4' (NP *wa* 2 maškim-SÙ), III 63 r. V:3 ([ki], *), III 78 v. I:2', III 247 r. I:6' (en), III 254 r. IV:3' (... maškim/-SÙ), III 332 r. III:4' (en), III 467 v. VII:7, III 584 r. II:4' (NP, *mazalum*-SÙ), III 612 r. II:2' (... maškim-SÙ), III 627 v. II:10' (NP), III 737 r. II:4 (NP[??]), VII:10, III 767 r. III:1' (maškim-SÙ), III 937 r. I:8' ($NP_1$-$NP_2$); *ARET* IV 1 r. III:3 (en, ábba-SÙ), IX:18 (en), IV 7

III:9 ($NP_1$, $NP_2$ maškim-SÙ, *mazalum*-SÙ), IV 11 v. I:12 (NP, *mazalum*-SÙ), IV 13 r. VI:3, IV 13 r. VII:9 (en), v. I:7 (NP *wa* maškim-SÙ), IV 15 v. VIII:4 (NP), IV 16 r. X:11, IV 17 r. VI:3 (en), IV 18 r. IX:16 ($NP_1$, $NP_2$ *mazalum*-SÙ), IV 18 v. VIII:19 (-*bu*[!](SUD), *, en), IV 25 r. V:11 (maškim-SÙ, *mazalum*-SÙ); *ARET* VII 19 r. III:5, VII 94 v. I:2; *ARET* VIII 521 r. VI:3 (*, NP), VIII 528 r. IX:6', VIII 531 r. III:12 (en, ábba-SÙ), v. X:15 (NP); *MEE* II 1 r. IX:9; *MEE* II 29 r. III:3 (šeš en); *MEE* II 33 v. II:10 (en); *MEE* X 26 r. XI:11 (en), XII:9 (NP); TM.75.G.1353 v. V:2

cit. (Archi, *MARI* 4, p. 75): TM.75.G.1535 r. VII (1 guruš); cit. (Archi, *MARI* 5, p. 37): TM.75.G.2241 v. VI:9 (*ma-lik* Ibbuʾib, *mazalum*-SÙ); cit. (Archi, *MARI* 6, p. 34): TM.75.G.2274 r. X:15 (en); TM.75.G.2369 v. II:13 (en); cit. (Archi, *Mél. Finet*, p. 18): TM.75.G.1414; cit. (Archi, *SEb* 1, p. 109): TM.75.G.2468 r. II:10 (ND); cit. (Pettinato, *MEE* I); TM.75.G.1297, TM.75. G.1318, TM.75.G.1324, TM.75.G.1326, TM.75.G.1335, TM.75.G.1379, TM. 75.G.1419 (en), TM.75.G.1420, TM.75.G.1586, TM.75.G.4403, TM.75.G. 5369, TM.75.G.11007, TM.75.G.11030

*i-bu*$_x$(NI)*-bu-ib*[ki] cit. (Archi, *ARET* I, p. 220, n. 3): TM.75.G.2244 r. IX:12

*i-bu*$_x$(NI)*-íb*[ki] *ARET* I 6 r. IV:6 (en, ábba-SÙ[?] *wa*[?] *mazalum*-SÙ), I 10 v. III:19 (en, ábba-SÙ, maškim-SÙ), VI:5 (NP NE-di), VII:17 (NP), I 16 v. I:11 (maškim-SÙ)

cit. (Biga - Pomponio, *MARI* 7, § III): TM.75.G.1442 v. II:27 (en), TM. 75.G.2508 r. V:35 (en)

*i-bu*$_x$(NI)*-bu-i-bu*$_x$(NI)*-bu*[ki] TM.75.G.1764 v. III:9

¶ Regno siriano, fra quelli che aprono i testi di tipo *ARET* I 1-9.

Sede del culto di [d]NIdabal in TM.75.G.2468.

Di incerta localizzazione: a ovest dell'Eufrate (Milano, *ARET* IX, p. 238), e forse verso la costa mediterranea, sul basso Oronte (Bonechi, *SEL* 8, p. 74). Non attendibili le identificazioni proposte in *MEE* II, p. 14.

Per la lettura delle varianti v. Archi, *ARET* I, p. 220, n. 3; Platt, *VO* 7, p. 375; Waetzoldt, *NABU* 1988/11; Bonechi, *NABU* 1990/28; Milano, *ARET* IX, p. 375 (diversamente, v. Krecher, *ARES* I, pp. 176-177). Per la forma reduplicata v. Gelb, *LdE*, p. 18, e Pomponio, *BaE*, p. 311. Per *ARET* IV 18 v. VIII:19 v. Bonechi, *NABU* 1990/28, n. 1. Per un'altra attestazione in TM.75.G.2289 v. Archi, *ARET* I, p. 223. In TM.75.G.1570 da integrare probabilmente in *i-bí-bu*<*-bu*$_x$(NI)>[ki].

Ibdami (?), IbdaNI (?)

*ib-da-mi*[ki], *id-ba*-NI[ki] cit. (Pettinato, *MEE* I): TM.75.G.1284

¶ Grafia da collazionare (citato discordemente in *MEE* I, pp. 44 e 277).

Ibdur (?)

*ib-dur* ki *ARET* III 185 r. VI:7', III 468 r. V:7 (NP lú-kar)

¶ In *ARET* III 185 sembra determinare → Durdu. Da notare che il segno DUR può facilmente essere scambiato per $AL_6$ (dunque = Ibʾal?).

Ibgaʾum

*ib-ga-um*ki cit. (Pettinato, *MEE* I): TM.75.G.6029

Ebig (??)

*e-bí-ig* ki cit. (Pettinato, *MEE* I): TM.75.G.1427

¶ Grafia non verosimile, e da collazionare.

Ebla, Ibla

*eb-la*ki *ARET* II 33 r. III:4; *ARET* III 192 v. II:1, III 215 v. II:10' ($NP_1$ *wa* $NP_2$), III 449 r. II:2', III 467 r. IV:15 (lú-kar), III 790 r. II:2'; *ARET* IV 3 v. VI:16, IV 8 v. III:5 (dumu-nita-dumu-nita), IV 15 r. V:10; *ARET* VII 156 v. VI:6; *ARET* VIII 525 r. XI:7, VIII 533 r. VIII:19; *ARET* IX 11 v. IV:1 (?), IX 68 r. VIII:3, v. II:9, X:5, IX 75 v. I:1; *ARET* XI 1 b.s. 4' (*maliktum*); *MEE* II 1 v. II:7; *MEE* II 39 r. XI:1; *MEE* II 45 v. I:2 (NP en); *MEE* II 48 r. II:12; *MEE* X 4 v. XI:2'; *MEE* X 23 v. III:3 (dingir Ebla); *MEE* X 38 v. V:4, IX:2 (170 *na-se*$_{11}$*-na-se*$_{11}$); TM.75.G.521 v. V:5; TM.75.G.1444 r. III:7; TM.75.G.1536 r. IV:7 (NP en); TM.75.G.1749 v. III:4; TM.75.G.1846 v. I:1; TM.75.G.2136 v. III:1 (en); TM.75.G.2342 r. IV:8 (en), VI:1 (en); TM.75.G.2367 r. I:7 (en), V:2 (*ga-nu-um*), IX:13; TM.75.G.2420 r. I:6 (en), 11 (en), 17 (en), II:4 (en), 4 (en), 12 (en), III:2 ([en]), 7 (en), 11 (en), 15 (en), 19 (en), IV:5 (en), 9 (en), 13 (en), 18 (en), V:2 (en), 6 (en), 10 (en), 14 (en), 19 (en), 22 (en), VI:14, VII:4, 10, 11, X:6 (en), XII:17, XIII:17, v. I:16 (*wa-tum* dar-dar), II:9 (en), III:7 (en), V:9, 13, VI:6, 12, 15, VII:10, 19, IX:12 ($ir_{11}$), 16, X:1, XI:6, 15, XII:12 (é), XIII:17 (ki-sur), XIV:9, b.d. 16 (en); TM.75.G.2561 r. VI:3 (en), 13, v. II:7, 14, IV:6, V:8, 9, VI:4

cit. (Arcari, *Ebla 1975-*, p. 124): TM.75.G.2428 r. XIII:13 (uruki-uruki); cit. (Archi, *ARES* I, pp. 209, 217, 247, 282): TM.75.G.2235 v. IV:4, TM.75.G.2290 r. VII:2, TM.75.G.2311 r. IV:4, TM.75.G.2417 v. VII:18 (NPF *maliktum*); cit. (Archi, *ARET* I, p. 222, n. 13): TM.75.G.2417 v. X:18 (ábba-ábba); cit. (Archi, *Ebl.* I, p. 138 [9-10]): TM.75.G.2277 v. VI:22 (Kiš lú Ibla), TM.75.G.2327 r. IX:6; cit. (Archi, *Ét. Garelli*, p. 222): TM.75.G.1923; cit. (Archi, *MARI* 4, p. 76): TM.75.G.1023 r. XII; cit. (Archi, *Mél. Finet*, p. 18): TM.75.G.1453; cit. (Archi, *SEb* 1, p. 105, n.2): TM.75.G.1464 v. XI:18 (AN-*da*-NE-*ir* / DINGIR Ibla); Archi, *SEb* 4, p. 81): TM.75.G.2268 r. I:5 (dam), 9; cit. (Archi, *SEb* 7, p. 35): TM.75.G.1735 v. II:7 (dumu-nita-dumu-nita); cit. (Archi, *WGE*, p. 138): TM.75.G.2634 (46240 é-é Ebla $sa_{10}$ $gu_4$-$gu_4$); cit. (Fronzaroli, *SEb* 1, p. 69): TM.75.G.1310 v. II:4; cit. (Garelli, *Remarques*, § 3): TM.75.G.1249 r. V, TM.75.G.1382 r. II:3; cit. (Pettinato, *MEE* I): TM.75.G.857, TM.75.G.1226 (lugal-lugal), TM.75.G.1237 (NP en), TM.75.G.1318, TM.75.G.1344, TM.75.G.1410, TM.75.G.1439, TM.75.G.1482, TM.75.G.1518, TM.75.G.1642, TM.75.G.1881, TM.75.G.2237, TM.75.G.2538, TM.75.G.10019; cit. (Zaccagnini, *SLE*, p. 200): TM.75.G.1399 v. IX:15

¶ La città scavata a Tell Mardikh (36°47' öL/35°48' nBr) dalla missione italiana diretta da P. Matthiae (del quale v. *RlA* 5, pp. 13-20, *Ebla* $1^1$, *Ebla* $1^2$ e *Ebla* 2; il contributo di Pettinato in *RlA* 5, pp. 9-13, è ormai largamente superato).

Per l'estensione della "regione di Ebla", anche in relazione all'estensione politico-territoriale dello stato eblaita, v. sopra l'introduzione, § 4.1. Per una descrizione del territorio eblaita v. Archi, *AAAS* 40, pp. 50 ss.

Basandosi sulle attestazioni del binomio → "Saza" *wa* Ebla, è stato proposto che Ebla indichi la parte non palatina di Tell Mardikh, ed il territorio extraurbano controllato da Ebla stessa: v. le considerazioni preliminari di Pettinato e Matthiae in *RSO* 50, pp. 1-30 (cf. anche Milano, *ZA* 80, p. 10, n. 8); di recente, Milano, *ARET* IX, pp. 332-333 ("il binomio ... è utilizzato non soltanto in funzione di una distinzione topografica (da una parte il palazzo e dall'altra il resto del territorio, sia urbano, sia extra-urbano, controllato da Ebla), ma soprattutto in funzione di una suddivisione amministrativa, essendo ciascuna delle due entità dotata di proprio personale lavorativo (é-$duru_5$) ed essendo, in particolare la seconda, suddivisa in «distretti» (ká) con a capo propri soprintendenti (ugula)"). V. comunque anche le considerazioni in Archi, *SEb* 5, pp. 201 ss., con descrizione delle varie componenti dell'organizzazione cittadina (particolarmente p. 212: "the name Ebla had to include the Palace and the suburban settlement"), e in *PdP* 46, pp. 218-219 (che valuta in 12000-18000 persone, che "gravitavano direttamente o indirettamente attorno al Palazzo", la popolazione che poteva risiedere a Ebla).

Da notare il fatto che nei testi editi solo quattro NP sono esplicitamente riferiti a Ebla: quelli dei sovrani Igriš-ḫalam (*MEE* II 45, TM.75.G.1237) e Irkab-damu (TM.75.G.1536), e quelli di certi Tira-il e Ibazinu in *ARET* III 215. Ancora, il NG è raramente citato in normali testi amministrativi (nei quali in qualche caso qualifica tessuti): su quasi cento attestazioni in testi editi, la grande maggioranza proviene infatti da testi non amministrativi.

Il passo citato da TM.75.G.1464 non è chiaro. V. anche TM.74.G.120 r. IV:5: *eb-la*, NP o NG?

Per l'interpretazione del nome della città con *ʿ*abl* "pietre bianche" v. Fronzaroli, *JSS* 22, pp. 153 ss., e *OrSu* 33-35, p. 143. V. anche Astour, *JAOS* 108, p. 551.
V. → Ibʾal, → Ibra.

Iblu...i... (?)

*ib-*⌜*lu*?⌝-[x]-⌜*i*?⌝-[x]⌜ki⌝ *ARET* I 44 v. IV:2 (280 guruš)

Ibra (?)

*ib-ra*ki *ARET* IX 104 r. III:3

¶ Grafia imbarazzante, interpretata comprensibilmente dall'editore (*ARET* IX, p. 303) come variante, problematica, di → Ebla. Che Ebla potesse essere scritta in questo modo mi sembra comunque escluso; potrebbe trattarsi allora, errore scribale per errore scribale, di *ib-al*$_6$!(RA)ki?

Ibridu

*íb-rí-du*ki *ARET* III 682 r. II:3

Ibšarig

*ib-sa-rí-ig* ki TM.75.G.2377 r. I:5; TM.75.G.2379 r. I:5

¶ Fra i centri del culto di dNIdabal; nella regione eblaita, verosimilmente verso l'Oronte. V. Il commento a → Bašarig.

Ibšu

*ib-su*ki *ARET* III 138 r. I:2', III 627 v. II:6'; *ARET* IV 12 r. IX:4; *ARET* VII 152 r. II:5; *ARET* VIII 538 v. VIII:6'; *ARET* IX 35 v. IV:6 (NP); *MEE* II 32 r. II:18 (NP); TM.75.G.1444 r. X:2; TM.75.G.1470 r. I:4; TM.75.G.2377 r. I:7; TM.75.G.2379 r. II:1

cit. (Archi, *Ebl.* 1, p. 139 [15]): TM.75.G.2359 (NP); cit. (D'Agostino, *SS NS* 7, p. 13): TM.75.G.1410 v. III; cit. (Pettinato, *MEE* I): TM.75.G.5366

¶ Fra i centri del culto di dNIdabal in TM.75.G.2377 // TM.75.G.2379; fra i centri riferiti a Nabḫa-NI/il, figlio di Ibriʾum, in *ARET* VII 152 e TM.75.G.1444; fra quelli riferiti a Giri, figlio di Ibriʾum in TM.75.G.1470; vi sono riferiti campi in TM.75.G.1410. Importante cittadina nella regione eblaita, possibilmente verso l'Oronte, forse a sud-ovest di Ebla. V. → Ibzu.

Ibzu (?)

Ibzu (?)

*ib-zu*$^{ki}$ *ARET* I 8 v. IX:18 ($NP_1$-$NP_4$)

¶ Benché non sia provabile su base prosopografica, si tratta forse di un'altra attestazione di → Ibšu (*-su*$^{!}$(ZU)).

Idaʾinu (?)

*i-da-i-nu*$^{ki}$ *ARET* I 9 v. I:9 (*), I 32 r. V:13

¶ In *ARET* I 32 potrebbe forse trattarsi di un NP mal scritto, cf. *ARET* VIII 522 r. V:16; tuttavia, se fosse valida la lettura proposta per *ARET* I 9 (edizione: *i-*⌜x⌝*-i-maš*$^{ki}$; la fotografia non aiuta, ma l'ipotesi è giustificata dal parellelismo dei contesti), potrebbe anche trattarsi di una variante del NG → Ladaʾin.

Idallu

*i-dal-lu*$^{ki}$ *ARET* IV 8 r. VII:10 (NP)

IdaNENI

*i-da*-NE-NI$^{ki}$ cit. (Zaccagnini, *SLE*, p. 200): TM.75.G.1399 v. X:7

Ida...

*i-da-*[x$^{ki}$] *ARET* III 939 v. I:7' (*, NP)

¶ Il contesto suggerisce un'interpretazione come NG piuttosto che come NP.

Idiʾaḏu (??)

*i-ti-ʾà-šu*$^{ki}$ cit. (Pettinato, *MEE* I): TM.76.G.258

¶ Da collazionare: = → Iti-Adda?

Idiʾu (?)

*i-ti-ù*$^{ki}$ *ARET* VIII 531 r. VII:23

¶ Cittadina nella regione di → Ibʾal. Il primo segno è comunque dubbio.

Idi-Adda

*i-ti-*$^{d}$*ʾà-da*$^{ki}$ *ARET* III 796 r. IV:3' ($NP_1$ lú $NP_2$); TM.76.G.188 r. III:2; TM.76.G.189 r. III:2

¶ Centro menzionato in relazione ad attività agricole; nella regione di Ebla. Cf. Krebernik, *Personennamen*, p. 208. V. → Idiʾašu.

IdiḏeLUM v. IdišeLUM

IdiNI

*i-ti*-NI$^{ki}$ cit. (Archi, *MARI* 5, p. 39): TM.75.G.1437 (NP lugal)
¶ Cittadina nella regione di Ebla.

Idišili

*i-ti-si-li* $^{ki}$ cit. (Archi, *MARI* 6, p. 34): TM.75.G.2332 r. V
¶ In TM.75.G.2332 sembra determinato da → Imar (v. Archi, *MARI* 6, p. 31). Cf. → IdišeLUM, IdiḏeLUM.

IdišeLUM, IdiḏeLUM

*i-ti-šè*-LUM$^{ki}$ *ARET* VII 151 v. I:2
¶ Poiché non sempre a Ebla *šè* sostituisce *ši* per /ḏi/, ma alterna anche con *si* (v. Fronzaroli, *SEb* 1, p. 74, n. 30; Archi, *VO* 6, p. 245), il confronto con → Idišili è possibile.

Idugum

*i-du-gú-um*$^{ki}$ *ARET* I 5 r. XI:1 (NP)

É.DURU$_5$$^{ki}$

¶ Il termine (scritto sia é-duru$_5$$^{ki}$ che é:duru$_5$$^{ki}$; in *MEE* X 27 é-duru$_5$) nei testi amministrativi qualifica sempre una squadra di 20 lavoratori (v. in ultimo luogo Milano, *ZA* 80, pp. 9-14); per le attestazioni nei rituali editi in *ARET* XI v. il commento ivi di Fronzaroli.

IḏaLUM

*i-ša*-LUM$^{ki}$ *ARET* IV 18 r. XI:9, XIII:6
¶ Cf. → IḏaNILUM?

IḏaNILUM

*i-ša*-NI-LUM$^{ki}$ *ARET* I 4 v. III:4
¶ Cf. → IḏaLUM?

Iḏbadum

*iš*$_{11}$*-ba-tum*$^{ki}$ *MEE* X 21 v. VIII:11 (NP)

Iḏlalu

*iš*$_{11}$*-la-lu*$^{ki}$ *ARET* VIII 526 r. XIV:14 (*, collazione Archi)

Iḏum (?)

*i*$^{?}$*-sum*$^{ki}$ *ARET* III 118 v. I:8 (NP NG šà *i*$^{?}$*-sum*$^{ki}$)

¶ Attestato in un contesto non chiaro (*i-* sicuro in *ARET* III, p. 324). *I*$^{?}$*-zàr*$^{ki}$ è anche possibile.

Igdar

*ig-dar*$^{ki}$ *ARET* II 28 v. VIII:3 (NP); TM.75.G.2377 v. I:2; TM.75.G.2379 v. III:1

¶ Fra i centri del culto di $^{d}$NIdabal in TM.75.G.2377 // TM.75.G.2379; nella regione di Ebla, probabilmente verso l'Oronte (in *ARET* II 28 in relazione con → Balban).

Igdudu (?) v. Igdulu

Igdulu

*ig-du-lu*$^{ki}$ *ARET* II 18 r. I:5 (*na-se*$_{11}$*-na-se*$_{11}$ 10 ugula-še-SÙ); *ARET* IV 23+ r. VI:6'; *ARET* IX 61 v. IV:2

cit. (Milano, *ARET* IX, pp. 193, 211): *ARET* X 102 (*-lu*$^{!}$(DU), 2 é-duru$_{5}$$^{ki}$); *ARET* X 106 (4 é-duru$_{5}$$^{ki}$); *ARET* 108 (15 é-duru$_{5}$$^{ki}$)

¶ Centro menzionato in relazione ad attività agricole; nella regione di Ebla. Cf. → Igdura, da cui sembra però distinto. La correzione per *ARET* X 102 è verosimile.

Igdura

*ig-du-ra*$^{ki}$ *ARET* I 6 v. X:3 (ugula); *ARET* III 111 r. III:2'; *ARET* VII 121 r. II:3; *MEE* X 38 r. V:4

cit. (Archi, *Ebl.* I, p. 79): TM.75.G.1226 r. II:6 (NP$_{1}$-NP$_{6}$ lugal-lugal); cit. (Pettinato, *MEE* I): TM.75.G.1586, TM.75.G.2233

¶ In *ARET* III 111 determina → Šadab; in *ARET* VII 121 ed in *MEE* X 38 determina → Maᵓ NE. Ad est di Ebla. Cf. → Igdulu, da cui sembra però distinto. Mander, *MEE* X, p. 189, suggerisce un confronto con → Gadur.

## IGI

IGI^ki *ARET* II 20 v. II:3; *ARET* IV 11 r. IV:6 (*); *ARET* VIII 523 r. VIII:7 (NP), v. III:18 (NP), IV:5 (NP); *MEE* II 35 v. V:1; TM.75.G.2420 r. V:21
cit. (Archi, *MARI* 4, p. 67): TM.75.G.2268

¶ Non è chiaro se la IGI di TM.75.G.2420, centro "nelle mani" del sovrano eblaita, e da localizzarsi a nord-est di Ebla, debba esser distinta dalla IGI di *ARET* II 20, che è un centro della regione eblaita menzionato in relazione ad attività agricole, e da quella menzionata nel "trattato" fra Ebla e Mari TM.75.G.2268. L'attestazione di IGI in *MEE* II 35 v. VI:3-6 (*áš-ti* / *ib-dur-*⌜*i-šar*⌝ / IGI / GÁ.KI.GÁ.KI) non è chiara. V. anche Astour, *JAOS* 108, p. 550.

## Igiʾamu

*i-ki-a-mu*^ki *ARET* VII 156 v. II:6

¶ Fra i centri riferiti ai figli di Irʾam-damu; nella regione di Ebla.

## Igiludum

*i-gi-lu-tum*^ki *ARET* IX 82 v. II:8

## IGI.SAL

IGI.SAL^ki *ARET* III 459 v. III:6 (dam-dam NP), 14; *ARET* IV 3 v. II:22, IV 4 v. VIII:7; *ARET* VIII 529 v. VI:10; TM.75.G.1764 v. X:31, XI:1
IGI.$SAL_4$^ki (?) *ARET* III 776 v. VI:6' ($NP_1$ maškim $NP_2$)

¶ V. già Pettinato, *MEE* I, p. 46, e cf. Waetzoldt, *BiOr* 43, p. 432, n. 4. In *ARET* IV 3 determinato da → *IGI.TÙM, "anteriore". Non provabile è l'identità delle due grafie (la seconda delle quali è da collazionare: = → "Abarsal"?). Un riferimento possibile alla regione di → Ibʾal dovrà essere verificato su eventuali attestazioni inedite. Non accettabile comunque una lettura *sal:lim*^ki, avanzata da Pettinato, *MEE* II, p. 46 ("con conseguente identificazione con la biblica Sallim").

## Igšarigadu (?)

*ig-sa-rí-ga-du*^[ki?] *ARET* VII 156 v. I:4

¶ NG?

## Iḫ... v. Aḫ...

Iḫiḏe

Iḫiḏe, Iḫiše

*i-ḫi-šè* [ki] TM.75.G.1451 r. V:9

Iḫiše v. Iḫiḏe

Ilʾad v. Irʾad

Ilaḫdu

*i-la-aḫ-du*[ki] *ARET* III 719 r. VI:2'
¶ Cf. → Alaḫdu.

IlaNE v. IlNE

Ilar v. NIrar

Ildu... (?)

*i*[*l*?]-*du*-[...[ki]] cit. (Archi, *MARI* 5, p. 40): TM.75.G.10146 (NP lugal)

Ilgi

*íl-gi*[ki] TM.75.G.2367 r. I:10
¶ L'ultimo segno potrebbe anche essere $GI_4$ (così D'Agostino, *SS NS* 7, p. 175, n. 96). Determinato da → kalam[tim]-kalam[tim] → BADlan; a est di Ebla, verso il medio Eufrate.

Illaga

*il-la-ga*[ki] *ARET* VIII 524 r. III:6, VIII 525 v. IX:17
cit. (Pettinato, *MEE* I): TM.75.G.10019
¶ V. il commento a → NIšig.

IllaNE

*il-la*-NE[ki] *ARET* IV 1 v. IX:14
¶ Distinto da → IlNE. Cf. → IllaNI?

IllaNI

*il-la*-NI[ki] TM.75.G.2561 r. I:6, v. III:8, IV:4, 9
¶ Cittadina a est di Ebla. Cf. → IllaNE?

Ilmaḏu

*íl-ma-šu*[ki] cit. (Pettinato, *MEE* I): TM.75.G.863, TM.75.G.1322, TM.75. G.1524 (é)

IlNE

*i-la*-NE[ki] *ARET* IV 1 v. XI:16
*i-li*-NE[ki] *ARET* III 159 r. VI:2" (ugula, *mazalum*-SÙ); *ARET* VIII 521 r. IV:7, VIII 523 v. III:6, VIII 526 r. XIV:9, VIII 529 r. VI:9 ($NP_1$-$NP_2$ lú-kar), v. I:13 ($NP_1$-$NP_2$ lú-kar), II:24, VIII 538 v. VII:7', VIII 540 r. VIII:12, v. III:6, VIII 541 r. XI:2
cit. (Pettinato, *MEE* I): TM.75.G.5369
¶ Centro commerciale, probabilmente siriano; per un'identificazione non documentata con la mesopotamica Ilip (v. *RGTC* 3, p. 71), v. Saporetti, *LdE*, p. 288, e cf. Waetzoldt, *NABU* 1988/11 ("*i-li-bí*[ki] kann man möglicherweise mit dem nordmesopotamischen *i-lib/ì-li-ib*[ki] gleichsetzen"). Cf. → LiliNE?

ILUM

*i*-LUM[ki] *ARET* I 9 v. III:9; *ARET* IV 3 r. VI:7; *ARET* VIII 524 r. XII:15
¶ Forse sulla rotta commerciale fra Ebla e → Armi. Cf. → NILUM?

Ilwiʾ iLUM

*íl-wi-i*-LUM[ki] cit. (Biga, *ARES* I, p. 298): TM.76.G.234
¶ Il contesto di questa lettera (*en-ma*) non è chiaro.

Ilwiʾu(m)

*íl-wi-ù*[ki] *ARET* VIII 527 r. IX:19
*íi-wi-*$u_9$[ki] cit. (Pettinato, *MEE* I): TM.75.G.1322
*íl-wi-um*[ki] *ARET* I 1 v. III:9 (lú-kar). VII:2, I 8 v. XII:9, I 10 v. IX:3 (NP), I 16 r. IX:2 (NP); *ARET* III 23 v. II:3' (NP); *ARET* IV 6 v. VII:18 (NP), IV 12 v. I:12, IV 22 v. IV:8 (NP), V:8 (NP), IV 24 v. II:4 ($NP_1$ lú $NP_2$), 10 ($NP_1$-$NP_4$); *MEE* II 40 r. VIII:14 (NP)
¶ Importante centro della Siria occidentale (cf. → IlwiNI?).

## IlwiNI

*íl-wi*-NI[ki] TM.75.G.2367 r. II:12

¶ Fra i centri del medio Eufrate connessi con le imprese militari di Saʾumu, re di Mari. Non è certo se, tramite la possibilità NI = *ʾu*$_x$, sia da identificare con → Ilwiʾu(m), ma questo, almeno a livello toponomastico, è probabile (v. Krecher, *ARES* I, p. 186).

## ImalaLUM v. Imaranu(m)

## Imar

*ì-ma-ar* [ki] *MEE* X 39 r. IV:5 (a-ur$_x$), V:6 (3 é-duru$_5$ *na-se*$_{11}$), v. IV:3 (a-ur$_x$); TM.75.G.2048 r. II:2 (NP en)

cit. (Archi, *SEb* 4, p. 11): TM.75.G.1570 r. I:3 (en); cit. (Pettinato, *MEE* I): TM.75.G.2233

*ì-mar* [ki] *ARET* I 1 r. I:9 (en, ábba-SÙ, NP), v. VI:4 (NPF *maliktum*), VII:18 (maškim-e-gi$_4$ NPF <*maliktum*>), X:20 (NP), I 2+ r. II:6 (en, 2 ábba-SÙ), I 3 r. II:9 (en, ábba-SÙ, NP), I 4 r. II:3 (en, ábba-SÙ), I 5 r. II:13 (en, ábba-SÙ), I 6 r. II:10 ([en]), III:3 (ábba-SÙ), I 7 r. II:9 (en, ábba-SÙ), I 8 r. VIII:3 (en, ábba-SÙ, nar-SÙ), v. I:13 (en), XVI:15 (NP), I 9 r. II:8 (en, ábba-SÙ), I 10 r. III:17 (en), VI:8 (NP), X:13, v. X:8, I 15 r. X:15 (NPF *maliktum*), I 16 v. II:3 (NP), I 32 r. II:7 (en); *ARET* II 15 v. II:5 (NP); *ARET* III 3 r. V:8', III 63r. I:11 (en, NP$_1$-NP$_2$ maškim-SÙ), III 74 r. I:1', III 107 v. IV:2', III 300 r. II:3' (NP ur$_x$), III 323 v. IV:10', III 326 r. II:5' (NPF *maliktum*), III 331 r. III:3' (NP šeš en), III 439 r. II:4 (en, ábba-SÙ, NP), III 440 v. VII:4, III 467 r. VI:14', v. III:9 (NP), III 469 r. III:12 (NP), III 471 r. II:4 (NP), III 522 r. II:1', III 584 r. VIII:13' (en), III 659 r. I:2' (NP), III 673 r. II:4' (dumu-nita en), III 730 v. II:9' (dumu-mí en), III 743 r. III:5' (NP, maškim-SÙ), III 797 r. II:1', III 861 r. III:5' (NP); *ARET* IV 3 r. III:7, IV 4 r. IV:8, IV 5 r. VIII:5, IV 6 r. XI:5 (en, NP maškim-SÙ), IV 7 r. VI:14 (NP, maškim-SÙ), VII:2 (NP en), IV 9 r. VI:11, IX:2, IV 18 v. IX:8 (NP), IV 19 r. X:13 (en), IV 20 r. IV:1, IV 23+ r. VII:9' (NP), v. VIII:2 (en), 8 (NP), IV 24 r. I:4 (NP en); *ARET* VIII 521 r. II:9 (NP), VIII 522 r. IX:17 (NP), VIII 524 r. VI:6 (NP), 9 (en), v. V:20 (en), VIII 525 v. V:15, VIII 529 r. XIII:7 (*, collazione Archi), v. VI:22 (en), VIII:19 (en, ábba-SÙ), VIII 533 v. III:4 (2 <persone>), VIII 540 v.II:11 (en, *wa* dumu-nita-SÙ, ábba-SÙ), 19 (*maliktum*, *wa* 2 dumu-mí), VIII:11 (NP dumu-nita en), VIII 541 r. III:5 (en, ábba-SÙ); *ARET* IX 74 r. II:4, IX 81 r.

II:3, IX 82 r. I:8; *MEE* II 12 r. V:11 (NP ugula); *MEE* II 25 r. II:7 (NP ugula); *MEE* II 40 r. X:9 (NPF *maliktum*); *MEE* X 2 r. IX:9 (NE-di); *MEE* X 20 r. VI:24 (en); *MEE* X 21 r. XII:12 (NE-di), v. VII:11 (NPF *maliktum*); *MEE* X 24 r. XI:5 (en, maškim-SÙ), v. II:3'; *MEE* X 29 r. XXII:28 (NPF *maliktum*); *MEE* X 38 v. VII:9 ($NP_1$-$NP_{32}$ 32 *na-se*$_{11}$ a-ur$_x$), IX:6; TM.75.G.1986+ r. III:2, 10; TM.75.G.2048 r. II:2 (NP en); TM.75.G.2075 r. IX:26 (en); TM.75. G.2367 r. IV:14, V:8, v. I:5; TM.75.G.2396 r. IV:1 (*na-se*$_{11}$-*na-se*$_{11}$), V:1

cit. (Archi, *MARI* 6, pp. 32-37): TM.75.G.425 v. III:5' (NPF *maliktum*); TM.75.G.1216 r. IX:1 (8 dumu-nita en) v. X:5' (NP); TM.75.G.1224 r. VII:9 (en); TM.75.G.1254 r. X:7 (NP); TM.75.G.1263 r. XI':13 (NP); TM.75.G. 1298 r. XII:10 (NP); TM.75.G.1317 r. XI (NP, NP ur$_4$); TM.75.G.1335 r. V:7 (NP); TM.75.G.1363 r. VIII:1 (NP); TM.75.G.1375 r. IX:12 (en); TM.75.G. 1381 r. VI:16 (NPF, $NP_1$-$NP_4$ ábba-SÙ); TM.75.G.1382 r. III:15 (NP); TM. 75.G.1393 r. VIII:1? (*maliktum*, dumu-nita-SÙ); TM.75.G.1418 v. V:9 (NP); TM.75.G.1419 v. III:8 (en, ábba-SÙ); TM.75.G.1438 r. II:9 (NP en); TM.75. G.1442 r. VIII:7 (en, ábba-SÙ); TM.75.G.1522 r. I:8 (NP); TM.75.G.1643 r. VII (NP dumu-nita en, maškim-SÙ), r. VIII (NP); TM.75.G.1675 r. VI; TM. 75.G.1688 r. V:5 (en); TM.75.G.1701 r. XI:8 (NP); TM.75.G.1706 r. X:10 (NP); TM.75.G.1707 r. XII:1$^?$ (en); TM.75.G.1730 v. VI:2$^?$ (NPF *maliktum*), v. XXII (en); TM.75.G.1731 r. VIII ($NP_1$ *wa* $NP_2$); TM.75.G.1741 v. II:12 (NP); TM.75.G.1742 v. III:5 (NP šu-i en); TM.75.G.1743 r. VIII:19 (NP); TM.75.G.1748 r. XI, XIV:2'; TM.75.G.1755 r. VIII:3 (NP), v. I:11 (en); TM. 75.G.1763 r. VI':1, 11 (en), v. II:13 (en); TM.75.G.1776 v. IV:12 ($NP_1$ dumu-nita $NP_2$ ur$_4$); TM.75.G.1781 r. I:3 (en), II:12 (maškim NPF *maliktum*), v. II:2 (NP); TM.75.G.1785 r. VIII:10 (NP lú é en); TM.75.G.1793 r. I:9 (NP), v. V:8 ($NP_1$-$NP_6$); TM.75.G.1795 r. VI:8 (NP), v. I:4' (ugula BÌR-BAR.AN en); TM.75.G.1797 r. IX:9 (NP); TM.75.G.1829 r. IV:8 (en), 13 ($NP_1$-$NP_2$), V:12 (NP dumu-nita en); TM.75.G.1830 r. II:2' (NP); TM.75.G.1833 v. V:18 (NP); TM.75.G.1840 v. I:5 (*maliktum*); TM.75.G.1867 r. IV (NP ur$_4$); TM.75. G.1869 v. III:3 (en); TM.75.G.1875 v. I:6; TM.75.G.1884 v. I:2 (NP); TM.75. G.1885 r. VII:18 (NP); TM.75.G.1896 v. III:7' (en, ábba-SÙ); TM.75.G.1898 v. III:7 (maškim NPF); TM.75.G.1900 v. II:6 (NP); TM.75.G.1903 r. IV:3 (NP); TM.75.G.1913 (!) v. VII:10 (NPF); TM.75.G.1916 v. V:3 (en); TM.75. G.1917 r. I':7' (NP); TM.75.G.1922 v. I:18 (NP); TM.75.G.1923 v. VII:7 (NPF); TM.75.G.1935 r. II:6 ($NP_1$ *wa* $NP_2$ ur$_4$); TM.75.G.1942 r. VIII:17, v. II:4; TM.75.G.1943 r. III:2 (NP maškim NPF); TM.75.G.1944 r. VII:14 (NPF *maliktum*); TM.75.G.1945 v. IV:6 (en); TM.75.G.1980 r. VI:7 (NPF *maliktum*); TM.75.G.1988 v. II:6$^?$ (NP); TM.75.G.2039 r. III:2 (en); TM.75. G.2070 v. VI:11 (en); TM.75.G.2233 r. VIII:3 (NP); TM.75.G.2242 r. IV:4

(en); TM.75.G.2245 r. VI:7 (NP); TM.75.G.2246 r. X:8 (maškim); TM.75.G. 2247 r. II:5' (en, ábba-ábba-SÙ); TM.75.G.2248 r. XI:7 (NP $ur_4$); TM.75.G. 2250 v. VI:5'; TM.75.G.2259 v. I:9 (dam NE-di NG lú é); TM.75.G.2267 v. I:12 (NP); TM.75.G.2272 v. III:7 (en); TM.75.G.2273 v. VIII:2; TM.75.G. 2274 r. X:7 (en); TM.75.G.2277 v. X:2 (en); TM.75.G.2279 r. II:8 (en), ábba-ábba-SÙ); TM.75.G.2280 r. XII (en, ábba-SÙ); TM.75.G.2281 r. VI:2 (en), VII:4 (NP); TM.75.G.2305 v. V:3 (NP); TM.75.G.2332 v. V:16; TM.75.G. 2334 r. X:16 (en); TM.75.G.2336 v. VI:9 (en); TM.75.G.2352 r. V:12 (NP dumu-nita en); TM.75.G.2364 r. VII'7 (en, $NP_1$ $NP_2$ maškim-SÙ); TM.75.G. 2365 r. I:14 (NP en); TM.75.G.2368 r. VI:8 (NP); TM.75.G.2369 v. II:7 (en); TM.75.G.2370 r. X:4 (NP), v. III:4 (en); TM.75.G.2375 v. VIII:20, XI:1 (en-en); TM.75.G.2401 r. V:21 (NP); TM.75.G.2409 v. II:11 (NP); TM.75.G.2417 v. V (NPF *maliktum*); TM.75.G.2418 r. VII (NPF *maliktum*), v. X:10 (en, maškim-SÙ); TM.75.G.2428 r. XVIII (NPF *maliktum*); TM.75.G.2429 r. I:16 (dumu-mí en), II (*maliktum*, dumu-mí-SÙ), XV:20 (NPF *maliktum*), XVIII:3 (NPF *maliktum*); TM.75.G.2432 v. IV:11 (en); TM.75.G.2434 r. III:7 (en); TM.75.G.2435 v. II':2 (*maliktum*); TM.75.G.2437 r. VI:11; TM.75.G.2441 v. IV:7 (en); TM.75.G.2447 r. V':5 (NP maškim en); TM.75.G.2450 r. XIV:4 (NP $ur_4$); TM.75.G.2453 r. III ($NP_1$ lú $NP_2$); TM.75.G.2454 v. I:2; TM.75.G. 2460 r. VIII:10 (NP); TM.75.G.2461 r. IV$^?$:13, r. XIV:16 (NPF *maliktum*); TM.75.G.2463 r. VI, v. VI:13 (NP en); TM.75.G.2465 r. II:23 (NPF *maliktum*); TM.75.G.2467 r. XI:14 (NP); TM.75.G.2474 r. II:4 (NP), VI:4 (NPF *maliktum*); TM.75.G.2428 r. III:3' ($NP_1$ lú $NP_2$); TM.75.G.2489 v. IV:11' ($NP_1$ *wa* $NP_2$ NE-di en); TM.75.G.2499 r. I:3 (en, NP šeš-SÙ); TM.75. G.2502 v. IX:17 (en); TM.75.G.2504 r. V:2 (NP); TM.75.G.2505 r. I:3 (NP); TM.75.G.2506 v. IV:16 (en); TM.75.G.2518 r. IV:2 (NP); TM.75.G.2524 r. X:3 (en), 9 (maškim en); TM.75.G.2526 r. VII':7 (NP en), v. V:3' (NP en); TM.75.G.2529 r. IV':11' (NPF *maliktum*); TM.75.G.2753 r. V':15 (en); TM. 75.G.2585 r. IV':7 (NPF *maliktum*); TM.75.G.2594 r. XI:18 (NPF *maliktum*), v. X:13 (en); TM.75.G.2608 r.VI:3 (en, maškim-SÙ), 14 (en), VII:14 (en); TM.75.G.2643 r. III:6; TM.75.G.2647 v. I:3 (NP), III:6 (en); TM.75.G.2653 r. V:10 (en, ábba-SÙ); TM.75.G.4148 II':4' (NPF *maliktum*); TM.75.G.4269 r. II':5'$^?$ (en, maškim-SÙ); TM.75.G.4403 I':10' (NP lú é en); TM.75.G.4840 I':4' (NP en); TM.75.G.4966 II':4'$^?$ (NP dumu-nita en); TM.75.G.5051 II':5'; TM.75.G.5442 v. I:3' (en); TM.75.G.5898 III:2 (en); TM.75.G.5993 I':2 (lú níg-sikil); TM.75.G.10029 r. V:5' (en); TM.75.G.10033 r. I:10 (NP); TM.75. G.10045 r. II:5' (en, ábba-SÙ); TM.75.G.10049 v. VI:7 (*maliktum*); TM.75. G.10069 v. II:3 (NP), VIII:19; TM.75.G.10072 r. VIII:5 (ugula BÌR-BAR.AN en); TM.75.G.10076 r.X:7 (en); TM.75.G.10079 r. III:3 (en, maškim-maškim-SÙ, NPF ama-gal-SÙ); TM.75.G.10083 v. III:22; TM.75.G.10121 r. X:10 (NP); TM.75.G.10124 r. VII:2 (en, maškim-SÙ); TM.75.G.10128 v. I:2; TM. 75.G.10129 (en, ábba-SÙ); TM.75.G.10130 v. I:5? (NP en); TM.75.G.10131 r. VI:3 (NP en); TM.75.G.10132 r. VI:8 (NP); TM.75.G.10137 v. VI:5 (en); TM.75.G.10139 v. V:2; TM.75.G.10140 v. IV:3' (en); TM.75.G.10143 r. XII:4 (NP $ur_4$), XVI:1 (NPF *maliktum*); TM.75.G.10150 r. IX:6 (NP); TM.75.G.10153 r. VI:7 (NP); TM.75.G.10159 r. VII:4; TM.75.G.10163 r. II:8 (NP); TM.75.G.10164 r. I (en), II:6 (NPF); TM.75.G.10182 r. XIII:12 (NPF *maliktum*); TM.75.G.10183 v. II:3 (en); TM.75.G.10184 v. IV:3; TM.75.G.10191 v. II:6; TM.75.G.10199 r. IV:6 (en); TM.75.G.10210 r. II:7 (NP), v. VII:6 (NP), VIII:14 (NPF *maliktum*); TM.75.G.10229 r. X:10 ($NP_1$-$NP_2$); TM.75.G.10252 r. V:9 (NPF *maliktum*); TM.75.G.11333 II':3' (NPF *maliktum*); TM.75.G.11502 v. III':6'(maškim en); TM.75.G.11656 II:3 (en); TM.75.G.11723 v. III:1 ($NPF_1$-$NPF_2$ dam en); TM.75.G.11724 II':3' (en); TM.75.G.11752 II':5'; TM.75.G.11805 II':3' (en); TM.75.G.12011 III:3' (NPF *maliktum*); TM.75.G.12105 III':7' (NP NE-di lú en); TM.75.G.12209 v. II:3' (en); TM.75.G.12408 II':8' (en); TM.75.G.12413 r. IV':5' (3 dumu-nita en); TM.75.G.12542 III':4 (1 dumu-nita en); TM.82.G.265 r. II:8 (en), v. IV:11 (en); cit. (Biga, *VO* 8/2, p. 8): TM.75.G.1730 v. IX:32 (NPF *maliktum*); cit. (Biga - Pomponio, *JCS* 42, p. 199, n. 42): TM.75.G.1863 v. VII:11 (NPF *maliktum*); TM.75.G.1918 r. XXII:2'; cit. (Biga - Pomponio, *MARI* 7, § III): TM.75.G.1442 r. VI:14 (NPF *maliktum*), TM.75.G.2508 v. XVIII:41 (NPF *maliktum*); cit. (Pettinato, *MEE* I): TM.75.G.1551, TM.75.G.4456, TM.75.G.4531, TM.75.G.6025, TM.75.G.6049, TM.75.G.10013, TM.76.G.208 (en)

¶ Uno dei più importanti regni siriani (a Ebla, il secondo dopo → Mari per quantità di attestazioni conosciute), fra quelli che aprono i testi di tipo *ARET* I 1-9.
Corrispondente alla Emar del II millennio, sita a Tell Meskene (v. *RGTC* 3, p. 109).
V. in generale l'ampia sintesi di Archi, *MARI* 6, pp. 21-38 (cf. anche *id.*, *SLE*, p. 231; Pettinato, *Ebla* 2, pp. 270-271). Per i sovrani di Imar v. Archi, *ARES* I, p. 207.
In *ARET* III 323 e TM.75.G.2454 determina → Maᵓ NE; in *ARET* IV 3 e TM.75.G. 10083 determina → Baᵓu; in TM.75.G.2332 sembra determinare → Itisili; in TM.75. G.2463, TM.75.G.10069 e TM.75.G.10159 determina → Šadab. In *ARET* III 440 è poco probabile che si faccia riferimento al tempio della divinità [d]KUra a Imar: si tratterà piuttosto del tempio eblaita. La citazione in *MARI* 6, p. 33, di TM.75.G.1913 è errata (questo testo è in realtà la "seconda lettera di Enna-Dagān").
Per l'interpretazione del nome a partire dal sem. occ. *ᶜ*mr* "vivere, abitare" v. Fronzaroli, *JSS* 22, pp. 151 ss., e *OrSu* 33-35, p. 143 (con bibliografia).

Imaranu(m)

Imaranu(m)

*i-ma-la-núm*$^{ki}$ cit. (Biga *ARES* I, p. 301, n. 5): TM.76.G.2046
*i-ma-ra-nu*$^{ki}$ *ARET* II 27 r. II:6
*i-ma-ra-núm*$^{ki}$ cit. (Archi, *Ét. Garelli*, p. 216): TM.76.G.985

¶ Centro menzionato in relazione ad attività agricole, prossimo a Ebla; riferito al fratello (šeš-mu) di Ibdulu in *ARET* II 27, e citato in relazione alla produzione di olio in TM.76.G.985 e TM.76.G.2046. Per la formazione del nome cf. → Imar.

Iminu

*i-mi-nu*$^{ki}$ *ARET* VII 151 v. I:3

¶ Cittadina nella regione di Ebla. Per una ardita identificazione con la città romana di Imena v. Astour, *WGE*, p. 142 e n. 27, che indica un sito a nord di Gaziantep.

INE

*i*-NE$^{ki}$ *ARET* III 111 v. III:1; *ARET* IV 2 v. VIII:15 (NP)

¶ Centro eblaita menzionato in relazione ad attività agricole (v. *ARET* III 111); non è impossibile che il NG sia attestato anche in *ARET* III 665 r. IV:3'.

INEbu v. Ibbu'ib

INEbu

*i*-NE-*bù*$^{ki}$ *ARET* IV 10 v. IX:7, 14

¶ La grafia con *bù* in ultima posizione sconsiglia un accostamento a → Ibbu'ib. Non determina né bàd$^{ki}$-bàd$^{ki}$ uru-bar né → "Saza": è infatti un uomo di INEbu che riceve la lana relativa all'operazione definita come DILMUN.$KU_5$ / še-$gur_{10}$, che è relativa alle "fortezze dei sobborghi" e a "Saza".

INEdu

*i*-NE-*du*$^{ki}$ cit. (Pettinato, *MEE* I): TM.75.G.1673

¶ Cf. → ININEdu?

Ingaga

*in-ga-ga*$^{ki}$ *ARET* VIII 526 v. IX:9

¶ V. Archi, *WGE*, p. 134; nella regione di Ebla.

INIbu v. Ibbu'ib

ININEdu

*i*-NI-NE-*du*[ki] cit. (Pettinato, *MEE* I): TM.75.G.5367
¶ Cf. → INEdu?

Ir'ad

*íl-ad*[ki] *ARET* XI 2 r. XI:9 (dumu-nita NP), [XV:16], [18] (ND), XVI:8
[*ì*]*r-ad*[ki] *ARET* XI 1 r. IX:9 (dumu-nita NP)
$ir_{11}$-*ad*[ki] *ARET* XI 1 r. XIII:7, 9 (ND), 17, 22
¶ Sede del culto di [d]Utu; cittadina nella regione di Ebla, tappa nei rituali di *ARET* XI.

Ir'idum

*ir-i-tum*[ki] *ARET* I 1 r. IV:6, I 3 r. VI:3 (en, ábba-SÙ), I 4 r. VI:1 (en, ábba-SÙ), I 5 r. V:4, XII:12, I 6 r. VII:2, I 7 r. V:9 (en, ábba-SÙ), I 8 r. VII:3 (*badalum*, ábba-SÙ), I 12 r. VII:10, I 14 r. VII:3 (en), I 32 r. VII:9 (dumu-nita en); *ARET* II 13 v. VI:9, II 14 r. V:3 (šeš *badalum*, maškim-SÙ), II 29 r. III:9; *ARET* III 60 r. V:7', III 191 r. I:2' (*badalum*), III 215 v. I:12' (NP), III 216 r. VIII:2', III 261 r. III:1' (..., NP maškim-SÙ), III 379 r. II:3' (šeš en), III 439 r. V:4, III 459 r. V:5' (maškim-SÙ), III 466 v. II:15 (NP), III 525 r. I:1', III 615 r. II:1' (..., NP maškim-SÙ), III 618 r. II:2', III 743 r. IV:4' (..., NP maškim-SÙ), III 763 r. IV:3', III 880 r. III:2', III 898 r. II:2' (*badalum*); *ARET* IV 1 v. X:17 (*badalum* , *ábba*-SÙ), IV 3 r. VI:5 (NP dumu-nita en), IV 6 r. XII:8 (2 <persone>, 2 maškim-SÙ), IV 10 r. XI:2 (NP), IV 12 r. XI:4 (NP), IV 13 r. VIII:1 (*badalum*, NP maškim-SÙ), IX:1 (NP), IV 16 r. III:8 (en), IV 16 r. III:11 (*badalum*), 14 (šeš *badalim*), IV:9, v. II:5, IV 17 r. I:12, IV 18 v. V:3 (maškim-SÙ), IV 25 r. VI:7 (NP); *ARET* VIII 523 r. X:19 (NP), v. I:11 (en, dumu-nita-SÙ), VIII 528 r. VII:6, v. II:6, VIII 531 r. III:7 (en, ábba-SÙ), VIII 532 v. IV:6 (NP), VIII 533 r. VII:5 (2 maškim 2 dumu-nita en), VIII 540 r. VIII:19 (en), VIII 540 v. VI:12 (en); *MEE* II 1 r. X:2, v. VII:14; *MEE* II 32 r. VII:1; *MEE* II 41 r. VIII:13; *MEE* X 2 r. X:4; *MEE* X 3 v. IV:2 (NP); *MEE* X 24 r. III:11, v. II:7'; *MEE* X 26 r. VI:6, XIII:12; TM.75.G.1547 r. II:2, IV:7 (-maḫ) cit. (Archi, *ARET* I, p. 223): TM.75.G.2289; cit. (Archi, *Ét. Garelli*, p. 216): TM.75.G.1244; cit. (Archi, *MARI* 5, p. 39, 40 n. 17): TM.75.G.1348 (en (?), lugal); TM.75.G.10132 (en, *badalum*-SÙ); cit. (Archi, *MARI* 6, p. 32, n° 29): TM.75.G.1707 r. XII:7 (en), 12 (*badalum*); cit. (Archi, *Mél. Finet*, pp. 17-18): TM.75.G.1249, TM.75.G.1867 (*maliktum*); cit. (Archi, *SEb* 4, p. 12): TM. 75.G.2070 v. III:3; cit. (Pettinato, *MEE* I): TM.75.G.1297, TM.75.G.1320, TM.75.G.1328, TM.75.G.1335, TM.75.G.1344, TM.75.G.1416, TM.75.G. 2233, TM.75.G.4403, TM.75.G.6049, TM.75.G.10026, TM.75.G.11134, TM. 75.G.21016, TM.76.G.119, TM.76.G.257, TM.76.G.288 (*badalum*); cit. (Zaccagnini, *SLE*, p. 200): TM.75.G.1399 v. IX:14

¶ Regno siriano, fra quelli che aprono i testi di tipo *ARET* I 1-9.

È localizzato generalmente a nord-est di Ebla, ed è di solito identificato con la più tarda Irrite, Irrita (per la quale v. *RGTC* 6; Hawkins, *RlA* 5, p. 171; Kessler, *RA* 74, pp. 64-66). Cf. Garelli, *Remarques*, § 2 (con confronto anche con il NG di Mari *ir-ri-id*, localizzato presso → Karkamiš, e est dell'Eufrate); Pettinato, *MEE* I, p. 14, e *Ebla* 2, pp. 280 (fig. 34) e 283: nella parte sud-occidentale del triangolo del Ḫabur; Matthiae, *Ebla* $1^2$, p. 260: a nord-est di Ebla; Archi, *ARET* III, p. 326, e *MARI* 6, p. 22: a nord di Ebla, *id.*, *ARET* I, p. 221: fra l'Eufrate e → Ḫarran, *id.*, *SEb* 2, p. 3 e *SLE*, p. 231 e n. 1: a est dell'Eufrate, presso l'attuale frontiera siro-turca, *id.*, *SEb* 5, p. 203: a est di → Ḫarran (v. anche per TM.75.G.1348), *id.*, *UF* 20, p. 1 e n. 2: probabilmente moderna Ordî, poco a nord della direttrice → Karkamiš - → Ḫarran; Astour, *WGE*, p. 154: fra → Karkamiš e → Ḫarran. V. anche Davidović, *ASJ* 11, p. 3. Comunque, anche se l'area deve essere quella proposta, degna di nota è la chiara sillabazione del NG eblaita, che non può esser trascritto *Irritum (*contra*, Fronzaroli, *OrSu* 33-35, p. 143, con rimando all'acc. *irritum*, "diga").

TM.75.G.1547 suggerisce la presenza in Siria di due Ir'idum (anche se il contesto citato in *MEE* I, p. 233, per TM.75.G.11134 non è sufficiente per un riferimento a → Tin, *contra* l'ipotesi di Hecker, *LdE*, p. 168 e n. 25); la seconda, qualificata con -maḫ, deve essere il regno.

V. → Ir...tum.

Ir'iNEdu

*ir-i*-NE-*du*[ki] *ARET* III 467 v. IV:4 (NP); *ARET* IV 3 r. V:16 (NP), IX:17 (NP), 20 (NP), IV 25 r. III:11 ($NP_1$-$NP_4$ NE-di-NE-di); *ARET* VIII 523 v. III:9 (NP), VIII:17 (NP), 25 (NP), X:7 ($NP_1$ maškim $NP_2$ $NP_3$), VIII 524 r. III:18 (NP), XIV:13 (NP), VIII 526 r. VIII:10 (NP), 13, VIII 527 r. V:11 ($NP_1$ lú $NP_2$ $NP_3$), VIII 538 v. VI:6' (NP); *MEE* II 40 v. I:6 ($NP_1$-$NP_3$ 4 dumu-nita $NP_4$)

cit. (Archi, *VO* 8/2, p. 197): TM.75.G.2490 v. V (NP NE-di)

*ir-ì*-NE-*du*[ki] *ARET* III 467 v. III:6 (NP)

¶ Centro della regione di Ebla (v. Catagnoti, *MisEb* 2, p. 174). La grafia in *ARET* III 467 va collazionata. Cf. → Iʾir‌NEdu, → Riʾi‌NEdu.

IraKU v. IrraKU

Irar v. NIrar

IrdaNEdu

*ìr-da*-NE-*du*[ki] *ARET* IV 3 v. VII:8; *ARET* VIII 523 r. X:27 (*)

Irdiʾadu

*ir-ti-a-du*[ki] cit. (Pettinato, *MEE* I): TM.75.G.2233
*ìr-ti-a-du*[ki] *ARET* II 28 v. II:7 (*, $NP_1$ lú $NP_2$)

Irdiʾum

*ìr-ti-um*[ki] *ARET* VII 156 r. I:4
¶ Fra i centri riferiti ai figli di Irʾam-damu; nella regione di Ebla. Da tenere distinto da → Uštiʾum.

IrduLUM

*ir-du*-LUM[ki] cit. (Pettinato, *MEE* I): TM.75.G.2233
*ìr-du*-LUM[ki] *ARET* III 74 r. IV:4' (NP, di-$ku_5$); *ARET* IV 2 v. VIII:9 ($NP_1$-$NP_3$), IX:11 ($NP_1$-$NP_2$); TM.75.G.1669 v. I:3 (*, NP)
¶ Edito come *uš-du*-LUM[ki] in *ARET* III 74 e in TM.75.G.1669. Le grafie di *ARET* III 74 e di TM.75.G.2233 devono esser verificate.

Irdum

*$ir_{11}$-tum*[ki] *MEE* X 2 r. XI:10 (šeš-SÙ)
¶ Per la lettura del NG v. Alberti, *VO* 8/2, p. 180. Cf. → Ušdu.

Ir...dum

Ir...dum

*ìr*?-[x(-x)]-*tum*⌈ki⌉ *ARET* III 710 r. III:1'

¶ Da collazionare: in *ARET* III, p. 192, si ha *ìr*-[*ì*]-*tum*⌈ki⌉, ma nell'indice, p. 326, l'attestazione del toponimo è confluita fra quelle di *ir-i-tum*ki.

Irga

*ir-ga*ki *ARET* III 429 r. I:2'

Irgalu

*ir-ga-lu*ki *MEE* II 32 r. VI:2

cit. (Pettinato, *MEE* I): TM.76.G.10

¶ Astour propone (*WGE*, p. 144, n. 34) una identificazione con Irgalli/Irgilli, più tardi una città dell'area di → Alalaḫ.

Irgamu (?) v. Ušgamu

Iribaʾ, Iribī, Iribū

*i-rí-bù*<ki> *ARET* IV 1 r. II:24 (NP)

*ì-rí-ba*ki *ARET* III 723 r. II:4 (ugula); *ARET* VIII 532 v. IX:9 (ugula, *wa* maškim-SÙ)

*ì-rí-ba-a*ki *ARET* III 311 r. III:1', III 467 r. VI:1' (NP ugula), III 595 r. IV:5'

cit. (Pettinato, *MEE* I): TM.75.G.4392, TM.75.G.4422

*ì-rí-bí*ki TM.75.G.2136 r. III:1

*ì-rí-bù*!?ki cit. (Milano, *SEb* 7, p. 217): TM.75.G.1389 r. VII:8

¶ Non tutte le grafie raccolte qui si riferiscono necessariamente alla stessa città (particolarmente, *ì-rí-bí*ki può esser separata dalle altre).

Cf. Biga, *ARET* IV, p. 16, per l'alternanza fra *i-rí-bu*<ki>, *ì-rí-ba*ki e *ì-rí-ba-a*ki; queste due ultime grafie sono assimilate a uru*i-ri-pa* delle fonti di Alalaḫ da Archi, *ARET* III, p. 325. *ì-rí-bí*ki (o NI-*rí*-NEki) è fra i centri "nelle mani" del sovrano eblaita in TM.75. G.2136; a nord, nord-est di Ebla: v. Davidović, *ASJ* 11, p. 23, n. 67: "The town of NI-*rí-bí*, if identified with *ì-rí-ba*ki mentioned in the administrative documentation, could correspond to the syrian town of Iripa located 36 km NNE from Hama (cf. *TAVO* B Nr. 7/6 p. 143 *sub voce*)". Milano, *SEb* 7, p. 217, confronta *ì-rí-bù*?ki (citata come NI-*rí-bu*ki) con *ʾà-rí*-KAki, che però va riferita a → Arizu.

IriNE v. Iribaʾ

IrKU, IrKUd v. IrraKU

IrKUTU (?)

ìr-KU-TU$^{ki}$ cit. (Pettinato, *MEE* I): TM.75.G.11072
¶ Da collazionare (= → IrraKU? Diversamente, v. Krecher, *WO* 18, p. 18, n. 48).

Irmugu

*ìr-mu-gú*$^{ki}$ *ARET* III 354 r. I:2'
¶ Cf. Edzard, *ARES* I, p. 30.

Irmud

*ìr-mu-ud*$^{ki}$ *ARET* II 22 r. III:5
¶ Vi è riferita una proprietà, é; comunque, da collazionare.

IrNENILUM

*ir*-NE-NI-LUM$^{ki}$ cit. (Pettinato, *Lacheman Volume*, p. 298 e n. 7): TM. 75.G.2428, TM.75.G.2429
¶ Identificata da Pettinato, *ibid.*, con l'antica e l'attuale Erbīl, a est del Tigri, seguito da Astour, *Semites and Hurrians*, p. 11; *contra* v. Bonechi, *WO* 22, p. 8.

IrNI

*ìr*-NI$^{ki}$ TM.75.G.1451 r. III:10

IrPEŠ

*ìr*-PÉŠ$^{ki}$ *ARET* I 30 v. VI:12; *ARET* III 225 v. II:8', III 326 v. II:6' (NP); *ARET* IV 3 v. III:17, VIV 16 r. I:2, II:5 (dumu-nita en <Ebla$^{?}$>, IV 17 r. II:3 (dumu-nita en <Ebla$^{?}$>, maškim-SÙ), v. VII:10 (dumu-nita en <Ebla$^{?}$>, [...]-SÙ); *ARET* VII 1 v. III:9 (NP $u_5$), VII 11 v. VII:3 ($u_5$), VII 16 r. II:7 (NP $u_5$), VII 94 r. III:4; *MEE* II 12 v. III:13; *MEE* II 29 r. VIII:3 (dumu-nita en <Ebla$^{?}$>, maškim-SÙ); *MEE* II 32 r. V:14, X:9, XI:11, v. III:15; *MEE* X 24 r. I:14, IV:4, VIII:9, XI:9, v. III:2, V:5 (en <Ebla$^{?}$>); *MEE* X 26 r. I:2, v. II:16 (šeš ⸢x⸣ [...], maškim-SÙ); TM.75.G.1559 r. II:6 (NP $u_5$); TM.75.G.1669 v. IV:5 (NP); TM.75.G.1986+ r. I:5; TM.75.G.2396 r. I:4

Irraku

cit. (Fronzaroli, *MARI* 5, p. 272): TM.75.G.2237 r. III:5, IV:17; cit. (Pettinato, *MEE* I): TM.75.G.1344, TM.75.G.1401 (šeš en), TM.75.G.11048

¶ Un'importante città siriana, a est, nord-est di Ebla, e non lontana probabilmente da → Imar, citata in TM.75.G.1986+ e TM.75.G.2396 in associazione con → Gurrab(al); in TM.75.G.2237 ne sono menzionate le "fortezze" (bàd$^{ki}$-bàd$^{ki}$); determina → Muru in *ARET* IV 3. Resta comunque non chiaro se i testi eblaiti fanno riferimento ad una sola città o (meno probabilmente) a due città omonime, così come non è evidente se si tratti o meno di un regno, almeno per una parte del lasso di tempo coperto dagli archivi eblaiti (v. Archi, *MARI* 6, p. 27; Bonechi, *AuOr* 8, p. 166; le attestazioni in *MEE* X non risolvono il problema).

Per l'identificazione del secondo segno (precedentemente letto ḪUŠ) come PÉŠ v. la bibliografia citata in Bonechi, *MisEb* 1, p. 177, n. 36.

Irraku, IrKU, IrKUd

*i-ra*-KU$^{ki}$ *ARET* VII 4 v. I:5, VII:7

cit. (Archi, *MARI* 5, p. 40): TM.75.G.1552 r. II:2

*ìr*-KU$^{ki}$ *MEE* II 33 r. X:13 (NP ugula); *MEE* X 29 v. I:6; *MEE* X 39 r. VI:1 (1 é-duru$_5$ 1 *na-se*$_{11}$)

*ìr*-KU-*u*$_4$$^{ki}$ *ARET* VII 3 v. V:7; TM.75.G.2529 v. II:2

*ìr-ra*-KU$^{ki}$ *ARET* VII 13 r. IV:6, VI:6, III:3 (ga:raš), V:3 (ga:raš); *MEE* II 49 r. V:8; TM.75.G.1299 (= *MEE* II 16) r. V:1, v. III:4, IV:2

¶ Per le grafie *i-ra*-KU$^{ki}$, *ìr*-KU-*u*$_4$$^{ki}$ e *ìr-ra*-KU$^{ki}$ come varianti v. Archi, *ARET* VII, p. 198. Non è provata invece l'alternanza con *ìr*-KU$^{ki}$. La lettura di questi toponimi resta incerta. V. anche → IrKUTU.

Il parallelismo di *ARET* VII 4 con TM.75.G.1552 assicura che il lugal ivi citato è in realtà quello di → Mari. Per *ARET* III 940 r. I:9' v. il commento a → NIrar.

IŠ

IŠ$^{ki}$ *ARET* VII 1 v. IV:8 (ábba u$_5$), VII 11 r. III:9 (NP$^?$ e<-gi$_4$>-maškim ábba u$_5$); *ARET* IX 68 r. II:7 (*, guruš-guruš); *MEE* II 35 r. IX:6 (e-gi$_4$-maškim ábba u$_5$), v. I:7 (e-gi$_4$-maškim ábba u$_5$); TM.75.G.1353 r. VII:4 (e-gi$_4$-maškim ábba u$_5$)

¶ Edito come saḫar$^{ki}$ in *ARET* VII. La proposta di lettura in *ARET* IX 68 deriva dall'analisi della fotografia, e va verificata. Da tenere distinto dal termine (preposizione?) *iš*$_{11}$-*ki* (*contra*, Pettinato, *MEE* II, p. 19; Edzard, *ARET* II, p. 116).

Išdaʾu

*iš-da-ù*$^{ki}$ *ARET* I 5 r. XI:11

¶ Cittadina nella regione di → Ibʾal.

Išdamugu, Išdumugu

*iš-da-mu-gú*[ki] TM.75.G.2377 r. III:1; TM.75.G.2379 r. III:2
cit. (Archi, *SEb* 2, p. 25): TM.75.G.1748 r. IV:12 (NP ugula)
*iš-du-mu-gú*[ki] cit. (Archi, *MARI* 5, p. 39): TM.75.G.1437 (NP lugal)
¶ Le due grafie sono verosimilmente varianti (v. Archi, *MARI* 5, p. 41). Fra i centri del culto di [d]NIdabal in TM.75.G.2377 // TM.75.G.2379; nella regione di Ebla, verosimilmente verso l'Oronte.

Išdumugu v. Išdamugu

Išdunu (?)

*iš*[?]*-du-nu*[ki] cit. (Pettinato, *MEE* I): TM.75.G.11142
¶ Da collazionare.

Išga...um

*iš*$_x$(LAM)*-ga-*[x[?]]*-um*[[ki]] TM.75.G.1558 v. I:6
¶ Citato in un conto di pecore riferite al sovrano eblaita; nella regione di Ebla.

Išla

*iš-la*[ki] cit. (Archi, *ARES* I, p. 216): TM.75.G.2290 r. II:8
¶ Menzionata in un contesto difficile, relativo a → persone di Ibʾal.

Išmadi (?) v. Lammadi (?)

Išmanu

*iš-ma-nu*[ki] *ARET* IV 16 r. I:8

Išmidugu

*iš-mi-du-gú*[ki] *ARET* VIII 532 r. VIII:21 (NP)

Išnaba

*iš-na-ba*[ki] *ARET* II 5 r. IX:8 (dumu-nita NP)

Išnan

*iš-na-an*$^{ki}$ *ARET* I 5 r. IX:15
*iš-na-nu*$^{ki}$ *ARET* VIII 531 r. VI:9

IšNEʾu

*iš*-NE-*ù*$^{ki}$ *ARET* IV 1 v. VII:12; TM.75.G.1547 r. V:2
¶ Centro menzionato in relazione ad attività agricole; nella regione di Ebla.

Izar (?) v. Iḏum (?)

Izaradu

*i-za-ra-du*$^{ki}$ TM.75.G.1452 r. II:8
¶ Fra i centri della regione eblaita connessi con alcuni figli di Ibriʾum. V. Fronzaroli, *SEb* 3, p. 49; Astour, *JAOS* 108, p. 551 (trascrive *ì*-).

IzariLUM v. Malik-ʾizariLUM

# L

Laʾa v. Ala

Labaʾum v. Abaʾu(m)

Labanan

*la-ba-na-an* TM.75.G.2367 r. II:8

¶ Il kur$^{ki}$ Labanan è citato in relazione alle imprese militari in Siria centro-occidentale del re di Mari Anubu. La sua identificazione con → Lumnan, proposta da Pettinato, *OA* 19, p. 236, e *Ebla* 2, p. 252, in relazione alla regione montagnosa del Libano, non è solidamente motivata (v. Weippert, *RlA* 6, p. 642; anche Astour, *JAOS* 108, p. 551; diversamente, ma in modo inaccettabile, è riferito all'area transtigrina dallo stesso Astour in *Semites and Hurrians*, p. 14).

Lada

*la-da*$^{ki}$ *ARET* I 5 r. X:3 (2 <persone>); *ARET* VIII 531 r. VI:21 (2 <persone>)

Ladaʾin

*a-da-i-nu*$^{ki}$ cit. (Pettinato, *MEE* I): TM.75.G.1881, TM.75.G.1906
*la-da-i-in*$^{ki}$ *ARET* III 232 r. III:8'; TM.75.G.1353 v. V:5
cit. (Pettinato, *MEE* I): TM.75.G.11027
*la-da-i-nu*$^{ki}$ TM.75.G.2420 r. III:12

¶ Fra i centri "nelle mani" del sovrano eblaita in TM.75.G.2420. A nord-est di Ebla. V. Archi, *Mél. Finet*, p. 16, per una possibile identificazione di *la-da-i-nu*$^{ki}$ con → LadaNENI. Cf. → Idaʾinu (?).

## Ladab

*la-dab*$_6$$^{ki}$ TM.75.G.1444 r. VII:10
*lá-da-ba*$^{ki}$ *MEE* X 24 r. X:8
*lá-da-ba*$_4$$^{ki}$ *ARET* VII 94 r. I:2

¶ Fra i centri riferiti a Ir-damu, figlio di Ibriʾum, in TM.75.G.1444: nella regione eblaita. L'identificazione della prima grafia come variante delle altre due non è provata. Archi, *ARET* VII, p. 199, confronta *lá-da-ba*$_4$$^{ki}$ con → Lidbaʾu. V. anche → Adab II.

## LadaNEd

*a-da*-NE-*du*$^{ki}$ *ARET* III 682 r. I:5; *ARET* VII 156 r. V:7
*la-da*-NE-*id*$_x$(NI)$^{ki}$ TM.75.G.1558 r. III:5

¶ La prima grafia si riferisce ad un centro menzionato in relazione ad attività agricole, riferito in *ARET* VII 156 ai figli di Irʾam-damu; la seconda è citata in un conto di pecore riferite al sovrano eblaita. Entrambe rimandano alla regione di Ebla.

Le due grafie sono state accostate da Krecher, *ARES* I, p. 185 (e v. sopra l'introduzione, § 3.1). Non sembrano dunque più accettabili le proposte di Archi (che in *ARET* III, p. 314, confronta la prima grafia con *a-da-na-at*$^{ki}$ dei testi di Alalaḫ, e in *Mél. Finet*, p. 16, propone per la seconda una possibile identificazione con → Ladaʾinu) e di Astour (che in *WGE*, p. 143, n. 29, identifica la seconda grafia con → Ludabaʾu e → Lidba in relazione alla più tarda *la-tà-pa-ti*$^{URBS}$, che localizza in "one of the towns in the vicinity of Ğakkah, a site 14 km southeast of Oylum", a sud di Gaziantep).

## LaduNE

*la-du*-NE$^{ki}$ TM.75.G.1353 v. IV:10
cit. (Archi, *MARI* 5, p. 39): TM.75.G.1374 (NP lugal)

## Laḏa

*la-ša*$^{ki}$ *ARET* III 197 r. III:3' (... dumu-nita NP ugula)

¶ Cf. → Aḏa, → Raš.

## Lagu

*la-gú*$^{ki}$ *ARET* VII 152 r. III:1; TM.75.G.1444 r.IX:12

¶ Fra i centri riferiti a Nabḫa-NI/il, figlio di Ibriʾum; nella regione eblaita.

## Lalamu

*la-la-mu*[ki] TM.75.G.1724 r. III:6

¶ Centro menzionato in relazione ad attività agricole; nella regione di Ebla. V. anche Astour, *JAOS* 108, p. 551. V. → Alama.

## LalaNIum

*la-la*-NI-*um*[ki] TM.75.G.2367 r. IV:16, V:11

¶ Fra i centri connessi con le imprese militari in Siria centro-occidentale di Išdub-šar, re di Mari. Nella regione del medio Eufrate, non lontano da → Imar. V. anche Astour, *JAOS* 108, p. 551.

## Lammati

*lam-ma-ti* [ki] *ARET* III 460 v. III:5 (NP)

¶ O *iš$_x$-ma-ti*[ki]?

## Lanamu

*la-na-mu*[ki] *ARET* IV 2 r. VIII:7 (NP)

¶ V. → Anan.

## Larma

*la-ar-ma*[ki] *MEE* II 32 r. VI:1

## Larugadu

*a-ru$_{12}$-ga-du*[ki] *ARET* I 1 v. XI:18 (dumu-nita en <Ebla>), XI:22, I 2+ v. IV':12', V':20 (ga-du$_8$ dumu-nita en <Ebla>), 22, I 5 v. VI:6, I 6 v. XI:4, I 7 v. XIII:19, XV:20, I 10 v. I:5 (ND$_1$), II:4, III:5, I 13 r. IX:8, v. X:7 (NPF$_1$-NPF$_2$ mí[!](PAP) <Ebla>), I 15 v. V:13; *ARET* III 3 r. III:10' (ND$_1$), III 60 v. IV:6', III 140 r. III:2, III 209 r. II:3', III 218 r. II:3' (ND$_1$), III 240 r. II:3' (NP), III 242 r. II:3' (ND$_1$), 8', III 242 r. III:5', III 441 v. I:2', III 466 v. I:2, V:12 (40 é-duru$_5$[ki] ká NP ugula), X:5' (2 <dam en Ebla>), III 467 r. VII:6 (NP$_1$-NP$_2$ lú-kar), III 527 v. I:7', V:11', III 584 r. VI:9', III 644 r. II:3' (lú-kar), III 717 r. I:2' (NP ugula), III 723 r. II:12, III 877 r. IX:1 (ugula), III 954 r. II:4' (NP); *ARET* IV 1 r. X:10, v. III:14, IV:15, IV 3 v. V:12 (NP), IV 4 v. VI:17, VIII:15,

IV 6 r. V:2, IV 7 v. VI:12 (NP ugula), IV 18 r. III:20 (ND$_1$), IV 19 v. II:8 (pa$_4$:šeš ND$_1$), IV 22 v. IV:4, IV 25 r. II:1 (dumu-nita en <Ebla>), VIII:1; *ARET* VII 54 v. I:3 (NP ugula), VII 154 r. III:4, VII 156 r. III:8; *ARET* VIII 521 v. VI:18 (NP$_1$-NP$_2$ 2 pa$_4$:šeš ND$_1$), v. VII:1, VIII 522 v. VII:12 (NP), VIII 523 r. IX:7 (1 dumu-mí en <Ebla>), XI:3 (NP), VIII 524 r. III:12 (NP), v. IX:2 (NP), VIII 526 v. X:11 (NP), VIII 527 r. VI:6 (NP$_1$-NP$_2$ 2 pa$_4$:šeš ND$_1$), XIV:10 (NP), VIII 528 v. VII:11, VIII 531 v. XII:2', VIII 532 v. VI:22, VIII 533 r. IV:14 (NP$_1$-NP$_2$), v. II:19, VIII 540 v. VIII:1, VIII:541 v. VIII:16' (ND$_1$), VIII 542 v. II:2; *ARET* IX 52 r. II:4 (2 dam NP <Ebla>); *MEE* II 39 r. XIII:12; *MEE* X 2 r. II:8, 11 (NP$_1$-NP$_7$ A. šu-ra 2 lugal <*in*> A.), IV:13 (2 ugula), V:7, VI:6, VIII:12; *MEE* X 29 v. III:21 (ND$_2$ ND$_1$), V:29 (ND$_1$); *MEE* X 39 r. IV:2 (5 é-duru$_5$); TM.75.G.1625 v. III:7; TM.75.G.1764 r. I:5 (ND$_1$), IV:3 (ND$_1$), v. VII:2 (ND$_1$), 8 (ND$_1$); TM.75.G.2238 r. II:1 (ND$_1$), III:25 (ND$_1$), XI:26 (ND$_1$ *in*); TM.75.G.11010+ r. I:10 (ND$_1$), IV:14 (ND$_1$), VI:21 (ND$_1$), VII:17 (ND$_1$), VIII:5 (ND$_1$), v. III:3' (ND$_1$), 16' (ND$_1$), IV:5, 12' (ND$_1$), V:2

cit. (Archi, *MARI* 5, pp. 40-41): TM.75.G.1787 (NP$_1$-NP$_7$, 2 lugal), TM.75.G.2402 (NP dumu-nita en <Ebla>); TM.75.G.2640 (NP dumu-nita en <Ebla>); cit. (Archi, *MARI* 6, p. 33): TM.75.G.1743 r. VIII:21; cit (Archi, *MARI* 7, p. 74): TM.75.G.2368 r. VII:14 (ND$_3$); cit. (Archi, *RA* 84, pp. 104-105): TM.75.G.2359, TM.75.G.2429, TM.75.G.2507, TM.75.G.2508, TM.75. G.10201; cit. (Archi, *VO* 8/2, p. 196): TM.75.G.2432; cit. (Biga, *PdP* 46, p. 296, n. 28): TM.75.G.1760; cit. (Mander, *MEE* X, p. 15): TM.75.G.1775 (ugula); TM.75.G.2429 (ugula); cit. (Pettinato, *MEE* I): TM.75.G.1381, TM. 75.G.1416, TM.75.G.1522, TM.75.G.1524, TM.75.G.1666, TM.75.G.1741, TM.75.G.1742, TM.75.G.1757, TM.75.G.1830, TM.75.G.1881, TM.75.G. 4392, TM.75.G.5372, TM.75.G.5771, TM.75.G.10015, TM.75.G.10019, TM. 75.G.11045 (ND$_1$), TM.75.G.11083, TM.75.G.11106+, TM.75.G.11109, TM. 75.G.11156, TM.75.G.20528, TM.76.G.257; cit. (Pettinato, *WGE*, p. 310 [5]: TM.75.G.1680 (ND$_1$)

*la-ru$_{12}$-ga-du*$^{ki}$ *ARET* I 11 r. VII:1; *ARET* III 412 r. III:1'; *ARET* IV 11 v. IX:9 (ND$_1$), IV 17 v. II:8 (ND$_1$); *MEE* II 32 r. III:11 (ND$_1$); *MEE* X 27 r. XIII':8 (ND$_1$)

cit. (Archi, *SEb* I, p. 110): TM.75.G.1340 r. XI:5 (ND$_1$), TM.75.G.1434 v. II:11 (ND$_1$), TM.75.G.1441 v. VI:6 (ND$_1$), TM.75.G.1705 v. XI:3 (ND$_1$), TM.75. G.4268 I:2 (ND$_1$)

Larugu (?)

¶ Una delle città principali del regno eblaita: è un importante centro commerciale e agricolo, ed è sede del culto di $^{d}$NIdabal (ND$_1$) della sua paredra $^{d}$BAD-mí (ND$_2$), e di Išḫara (ND$_3$); per l'alternanza delle grafie v. Archi, *SEb* 1, p. 110. Alcune donne dell'harem reale vi risiedono (v. Tonietti, *MisEb* 2, p. 86; Archi, *ARES* I, p. 249), certo in relazione a tali culti. Per la possibilità che in Larugadu vi fosse una residenza reale v. Biga, *PdP* 46, p. 296. Tuttavia, la maggioranza delle menzioni della pietà religiosa verso la divinità principale di Larugadu fanno in realtà riferimento ad un culto di questa ipostasi in Ebla stessa (per il caso inverso cf. per es. TM.75.G.2238: ND$_1$ *in* Larugadu).
Fra i centri menzionati in *ARET* VII 154 in relazione ai figli di Giᵓa-lim, in *ARET* VII 156 ai figli di Irᵓam-damu, in TM.75.G.1625 a Irti, figlio di Ibriᵓum; è sede di ugula (ma non necessariamente di lugal; in ogni caso i due termini non sembrano assimilabili, v. *contra* Mander, *MEE* X, p. 15), e non è un regno (v. Bonechi, *AuOr* 8, p. 167).
Identificabile con il NG *lrgth* dei testi ugaritici (v. Fales, *SEb* 7, pp. 83-85; Lambert, *OA* 23, pp. 43-44), e da cercare verso la piana di Antiochia (v. Archi, *Ebl.* I, p. 115); l'identificazione con Irqata in Libano (avanzata da Pettinato, *SF* 16, p. 108, e *Ebla* 2, pp. 245 e 251-252) è inaccettabile (v. Garelli, *Remarques*, § 5).
Per la cronologia relativa delle due varianti grafiche v. Tonietti, *MisEb* 2, pp. 114-115; per le motivazioni fonetiche v. Fales, *SEb* 7, p. 83, n. 1, e Tonietti, *Quaderni del Dipartimento di Linguistica* 3, pp. 120-122. Nessuna etimologia proposta sembra accettabile: v. il quadro della situazione in Fronzaroli, *OrSu* 33-35, p. 144; v. anche Astour, *JAOS* 108, p. 551 (ma cf. il commento a → Aruᵓag); il primo segno del NG è letto senza motivo *bur*$_x$- da Sollberger in *ARET* VIII.
V. → A...ga...

Larugu (?) v. Aruᵓag

Lašan v. Rašan

Lašu

*la-su*$^{ki}$ *ARET* III 35 r. VI:3'
¶ Cf. → Ašu, → Raš.

Lazaᵓu

*la-za-ù*$^{ki}$ *ARET* III 531 r. III:1'
¶ Cf. → Azaᵓu(m).

Lazu

Lazu

*la-zú*[ki] *ARET* III 565 r. I:2'
¶ Cf. → Azu (possibile variante grafica), → Raza.

Li'a

*li-a*[ki] cit. (Archi, *MARI* 6, p. 36, n° 147): TM.75.G.2647 v. III:8

Lidba

*li-da-ba*$_4$[ki] *ARET* III 743 r. II:7'
*li-ti-ba*$_4$[ki] *ARET* III 197 r. VI:2', III 261 r. III:6', III 861 r. II:9'
¶ Per il confronto delle grafie v. Archi, *ARET* III, p. 327; Krecher, *ARES* I, p. 183, le identifica con → Lidba'u e con → NItiba (ma l'analisi prosopografica non conferma). Cf. → Ridab; v. il commento a → LadaNENI.

Lidba'u

*li-da-ba-ú*[ki] *ARET* II 14 r. VI:2
¶ Cf. → Lidba. Il NG è confrontato da Krecher, *ARES* I, p. 184, n. 35, con → Ludaba'u

Lidiba v. Lidba

LidigiNE'um

*li-ti-gi*-NE-*um*[ki] *ARET* I 8 r. XIV:5
¶ Probabilmente sulla rotta commerciale fra Ebla e → Armi (v. Bonechi, *SEL* 7, p. 30, n. 56).

LiliNE

*li-li*-NE[ki] *ARET* IV 2 r. XI:9 (NP)
cit. (Pettinato, *MEE* I): TM.75.G.1422, TM.75.G.2233
¶ Cf. → IlNE?

Limadu

*li-ma-du*[ki] *ARET* I 44 v. V:7' (50 guruš); *ARET* III 467 r. IV:4

Limizadu

*li-mi-za-du*[ki] *ARET* III 215 v. II:13', VII:1'

Liribzu

*li-rí-ib-zu*[ki] *ARET* IV 1 v. VIII:14 (ábba-SÙ)

Li...

*l*[*i*-...[ki]] *ARET* III 939 r. IV:7' (*)
¶ L'integrazione del determinativo è suggerita dal contesto.

Luʾadum

*lu-a-tim*[ki] *MEE* II 32 r. VI:12; TM.75.G.1858 v. I:2; TM.75.G.1975 v. V:2; TM.75.G.2420 r. XIII:10
cit. (Pettinato, *MEE* I): TM.75.G.11058 ($u_5$)
*lu-a-tum*[ki] *ARET* I 10 v. V:5 (ábba-ábba), V:10 (ábba-ábba), VIII:8 (ábba-ábba); *ARET* VIII 521 v. I:8 (uru[ki]-uru[ki]), VIII 540 r.IX:11 (*, uru[ki]-uru[ki])
*lu*$_5$*-a-tim*[ki] cit. (Pettinato, *MEE* I): TM.75.G.1318
*lu*$_5$*-a-tum*[ki] *ARET* III 367 r. II:1', III 391 r. II:3'; *ARET* IV 19 r. III:5, IV:15, V:8; *ARET* VIII 522 r. V:19 (*); TM.75.G.2136 r. I:2
cit. (Archi, *St. Özgüç*, p. 13): TM.75.G.1587; cit. (Biga - Pomponio, *MARI* 7, § III): TM.75.G.1442 v. V:4 (ugula uru[ki]-uru[ki]), TM.75.G.2508 r. VI:23; cit. (Pettinato, *MEE* I): TM.75.G.1335, TM.76.G.257
¶ Fra i centri "nelle mani" del sovrano eblaita in TM.75.G.2136, in TM.75.G.1975 gli sono riferite 52 "fortezze", bàd. In TM.75.G.1442 // TM.75.G.2508 sembra determinare → Šamidugu. Sicuramente a nord (nord-est?) di Ebla.
V. in generale Archi, *St. Özgüç*, p. 13, anche per la localizzazione fra l'Eufrate e il Baliḫ, presso l'attuale frontiera siro-turca; per l'identificazione delle varianti v. Pettinato, *MEE* II, p. 127. V. anche Astour, *WGE*, p. 142: a sud di → Uršaʾum; Davidović, *ASJ* 11, p. 23, n. 70: "certainly to locate in the south-east area of Anatolia"; diversamente, nell'area del Ḫabur per Pettinato, *Ebla* 2, p. 239.
Per *ARET* VIII 521 v. Bonechi, *MARI* 6, p. 233.

Lub

*lu-ba*[ki] *ARET* VIII 525 r. IX:17
*lu-ba*$_4$[ki] *ARET* III 737 r. V:23
*lu-bù*[ki] TM.75.G.2238 v. III:21 (*)

Lubaʾu

*lu-bu*$_{x}$(NI)$^{ki}$ cit. (Pettinato, *MEE* I): TM.75.G.11080
*lu*$_{5}$*-bù*$^{ki}$ *ARET* VII 5 v. II:2 (ND)
*lu-ub*$^{ki}$ *ARET* I 4 v. VIII:12 (NPF$_1$-NPF$_2$ dam en <Ebla>), 15 (1 dumu-nita 1 dumu-mí en <Ebla>), I 10 v. VIII:2, X:15, I 13 v. X:13 (NPF$_1$-NPF$_2$ <dam en Ebla>), I 15 v. V:4; *ARET* III 144 r. II:10" (NPF$_1$-NPF$_2$ <dam en Ebla>), III 288 r. I:4', III 459 r. VIII:18, III 466 v. X:4' (2 <dam en Ebla>), III 527 v. I:9', III 684 r. IV:5'; *ARET* IV 7 v. V:5, IV 13 r. V:10, 15 (dam NP), VI:9, IV 25 v. II:4, 9 (ND); *ARET* VII 155 r. I:10 (ugula); *ARET* VIII 532 r. IV:6 (NP), VIII 534 r. X:6' (ND), VIII 542 v. II:13 (NPF$_1$-NPF$_2$ ... dam en <Ebla>); *ARET* IX 52 v. I:5 (NP), IX 91 r. V:6; *ARET* XI 1 r. XIII:1, 4, XI 2 r. XV:10, [13]; *MEE* II 39 v. I:12; *MEE* X 20 v. XV:19 (ND); *MEE* X 29 v. III:6 (ND); TM.75.G.2075 r. VII:9 (ND lú), v. I:15; TM.75.G.2238 v. IX:14; TM.75.G.11010+ v. IV:1'

cit. (Archi, *RA* 84, p. 104): TM.75.G.2507, TM.75.G.2508; cit. (Biga, *XXXIII RAI*, p. 43, i): TM.75.G.1894; cit. (Pettinato, *MEE* I): TM.75.G.1335, TM.75.G.1337, TM.75.G.1416; cit. (Waetzoldt, *OA* 29, p. 22, n. 122): TM.75.G.1696 (ND): TM.75.G.1730 (ND); TM.75.G.2428 (ND)

¶ Importante città del regno eblaita, (e non uno stato sovrano, v. Bonechi, *AuOr* 8, p. 167), fra le sedi del culto di $^{d}$Adda. Citata fra i centri connessi con i figli di Irig-damu in *ARET* VII 155. Per la possibilità che in Lub vi fosse una residenza reale eblaita v. Biga, *PdP* 46, p. 296. Per la formazione del nome cf. → Luban.

Per il confronto di *lu-ba*$_{4}$$^{ki}$ e *lu*$_{5}$*-bù*$^{kiki}$ con *lu-ub*$^{ki}$ v. Archi, *ARET* III, p. 327, e *ARET* VII, p. 199. Per TM.75.G.2238 la lettura proposta, *lu-bù*$^{ki}$ (al posto di quella fornita dall'editore, *lu-bù-gan*$^{ki}$), benché per ora isolata, è basata sull'esame della fotografia, dove sono visibili i due segni LU e BÙ scritti su uno o più segni erasi (diversamente, v. Astour, *JAOS* 108, p. 551).

Lubaʾu

*lu-ba-ù*$^{ki}$ *ARET* III 938 r. II:3' (NP)

Luban

*lu-ba-an*$^{ki}$ *ARET* I 2+ r. VI:2 (ND$_1$), I 3 v. III:19 (ND$_1$), I 3 v. XI:10 (ND$_1$), I 4 v. VII:1 (ND$_1$), X:10' (ND$_1$), I 11 r. V:15 (ND$_1$), I 12 v. I:1 (ND$_1$), IV:13 (ND$_1$), I 13 r. V:18 (dam *ga-bir*$_{5}$*-tum maliktum* <Ebla>), VI:13 (ND$_2$ ND$_1$); *ARET* II 8 r. III:1 (ND$_2$ ND$_1$); *ARET* III 3 r. IV:11' (ND$_1$), III 108 r. IV:4' (ND$_2$ ND$_1$), III 136 v. III:5' (ND$_1$), III 143 v. V:10 (ND$_1$), VI:9 (ND$_1$), III 161 v. I:5' (ND$_3$ ND$_1$), III 172 r. I:1, III 198 v. III:1', III 203 r. V:9' (ND$_1$), III 283 r. V:2 (ND$_1$), III 328 r. I:3 (ND$_1$), III 335 r. VI:10 (ND$_1$), III 463 v. II:10'

$(ND_1)$, III 466 v. IV:3, III 469 r. I:7 $(ND_1)$, III 488 r. II:1', III 734 v. II:9' $(ND_1)$, III 749 r. II:8' $(ND_1)$, III 755 v. II:2', III 778 r. IV:4', III 800 r. III:3', III 803 v. I:6' $(ND_1)$, III 856 v. II:8' $(ND_1)$, III 950 r. II:3' $(ND_1)$, III 968 v. III:2' $(ND_1)$; *ARET* IV 5 r. II:3 $(ND_1)$, VII:15 $(ND_1)$, v. II:1 $(ND_1)$, II:9 $(ND_1)$, IV 9 r. II:14 $(ND_1)$, X:5 $(ND_4$ $ND_1)$, v. II:10, IV:10 $(ND_1)$, V:14 $(ND_1)$, IV 11 v. III:7 $(ND_2$ lú), IX:4 $(ND_1)$, IV 14 r. IV:14 $(ND_1)$, VI:9 $(ND_1)$, v. II:9 $(ND_1)$, IV 17 v. II:3 $(ND_1)$, IV 22 r. IV':9 $(ND_1)$, IV 23+ v. I:17, IX:7; *ARET* VII 79 r. IV:1 $(ND_1)$; *ARET* VIII 521 r. V:16 $(ND_1)$, VIII 524 r. XIII:14 $(ND_1)$, VIII 525 r. XII:19 $(ND_1)$, v. XII:7' $(ND_1)$, VIII 526 v. X:14 (1 dam), VIII 527 r. XIV:12, VIII 532 r. IV:19, VII:17 $(ND_1)$, v. III:3 (NP nagar), IX:13, VIII 533 r. VI:28 $(ND_1)$, VIII 540 r. X:16 $(ND_1)$, v. II:4, VIII 541 r. II:1, VIII:4, VIII 542 r. VI:8 $(ND_1)$, v. IV:5 (NP $pa_4$:šeš $ND_1)$, IX:16'; *ARET* IX 96 v. III:5; *MEE* II 11 v. I:8 $(ND_1)$; *MEE* II 48 r. I:6 (é $ND_1)$, VIII:2 (NPF); *MEE* X 2 r. VII:13 (NP KÍD.SAG); *MEE* X 20 r. XVI:6 $(ND_1)$, v. IV:21; *MEE* X 27 r. X':9 $(ND_1)$, XII':6 $(ND_1)$; *MEE* X 29 r. XI:40 $(ND_1)$, XX:15 $(ND_1)$, v. VII:6 $(ND_1)$; TM.75.G.1353 v. VII:11 $(ND_2)$; TM.75.G.1764 r. II:14 $(ND_1)$, IV:26 $(ND_1)$, VI:13 $(ND_1)$, VII:15 $(ND_1)$, VIII:9 $(ND_1)$, X:15, v. IV:20; TM.75.G.2022 v. VI:8; TM.75.G.2131 v. I:1 $(ND_1)$; TM.75.G.2238 r. II:8 $(ND_1)$, III:3 $(ND_1)$, V:8 $(ND_1)$, VI:5 $(ND_1)$, v. I:23' $(ND_1)$; TM.75.G.2377 r. I:1; TM.75.G.2379 r. I:1; TM.75.G.11010+ r. I:5 $(ND_1)$, II:21 $(ND_1)$, II:35 $(ND_1)$, III:25 $(ND_1)$, IV:1 $(ND_1)$, 9 $(ND_1)$, 28 $(ND_1)$, V:9 $(ND_1)$, VI:11, 16 $(ND_1)$, VII:12 $(ND_1)$, VIII:1 $(ND_1)$, 28 $(ND_1)$

cit. (Archi, *ARET* VII, p. 205): TM.75.G.2429 v. XXIX:12 $(ND_1)$; cit. (Archi, *MARI* 6, p. 36, n° 160): TM.75.G.10033 r. II:1; cit. (Archi, *RA* 84, p. 104): TM.75.G.2507, TM.75.G.2508; cit. (Archi, *VO* 8/2, p. 196): TM.75.G. 2417 v. XIII (NPF NE-di); cit. (Biga - Pomponio, *MARI* 7, § IV e n. 24): TM. 76.G.288 r. IV:6, IX:8; cit. (Pettinato, *MEE* I): TM.75.G.1284, TM.75.G. 1298, TM.75.G.1317, TM.75.G.1324, TM.75.G.1337, TM.75.G.1389, TM.75. G.1428, TM.75.G.1830, TM.75.G.2233, TM.75.G.5302, TM.75.G.10013, TM. 75.G.10015, TM.75.G.10019, TM.75.G.10033; cit. (Pettinato, *WGE*, p. 309 [4a, 4d]): TM.75.G.1464 $(ND_1)$; *ibid*, p. 310 [5]: TM.75.G.1680 $(ND_1)$; cit. (Waetzoldt, *OA* 29, p. 22, n. 122): TM.75.G.1464 $(ND_5)$

*lu-ba-nu*$^{ki}$ *MEE* II 32 r. IV:13; *MEE* X 20 r. VII:25 $(ND_2)$, 30

cit. (Archi, *MARI* 6, p. 36): TM.75.G.2594 (*in* ud $ND_3$ $ND_1)$

¶ Non un regno (v. Bonechi, *AuOr* 8, p. 167), ma una delle più importanti città dello stato eblaita; centro menzionato in relazione ad attività agricole (v. *ARET* III 778), e soprattutto principale sede del culto di $^d$NIdabal $(ND_1)$, v. TM.75.G.2377 // TM.75. G.2379, cui molto frequentemente sono riferiti vari šeš-ii-ib; ugualmente, sede del culto della sua paredra $^d$BAD-mí $(ND_2)$, che sembra anche indicata con $^d$AMA-*ra*

($ND_3$) e con $^{d}$BARA$_{10}$-*iš* ($ND_4$). La menzione di $^{d}$Adda ($ND_5$) di Luban in TM.75. G.1464 dovrà essere verificata.
Per una sua localizzazione ad nord-ovest di Ebla v. Archi, *ARET* III, p. 327, e *SLE*, p. 230 (con identificazione con $^{uru}$*lu-ba-na/ni/nu* dei testi di Alalaḫ e Ugarit), e *Ebl.* I, p. 115 (nella piana di Antiochia); v. anche Garelli, *Remarques*, § 2, Matthiae, *Ebla* 1$^{2}$, p. 260, e Archi, *SEb* 2, p. 2.
Sembra da distinguere da → LubaNE (cui è confrontato in *ARET* III, p. 327). Per la formazione del nome cf. → Lub. Diversamente, Fronzaroli, *OrSu* 33-35, p. 144, lo deriva dal sem. **lbn* "bianco". Per il contesto di *MEE* X 2 v. Alberti, *VO* 8/2, p. 180.

LubaNE

*lu-ba*-NE$^{ki}$ *ARET* III 215 r. VII:6 (maškim)
¶ V. il commento a → Luban.

Ludabaʾu

*lu-da-ba-ù*$^{ki}$ TM.75.G.1975 r. III:3
¶ Una delle 52 "fortezze", bàd, della città di → Luʾadum; a nord di Ebla. V. il commento a → LadaNENI e a → Lidbaʾu.

Ludaʾu

*lu-da-u*$_{9}$$^{ki}$ *MEE* II 27 r. X:12
¶ Non indica il luogo di origine di ArruLUM (citato *ibid.*, X:11), ma il luogo relativo all'apporto (mu-DU) da parte sua.

Lude

*lu-te*$^{ki}$ TM.75.G.2377 v. I:3; TM.75.G.2379 v. III:2
¶ Fra i centri del culto di $^{d}$NIdabal; nella regione di Ebla, probabilmente verso l'Oronte.

Ludum

*lu-tum*$^{ki}$ *ARET* VIII 542 v. VIII:21' (*, collazione Archi)

Luḫadu

*lu-ḫa-du*$^{ki}$ *MEE* II 39 r. V:7
¶ Determinato da → Dugadu.

Luḫanu (?)

*lu-ḫa-nu*[ki] cit. (Archi, *VO* 8/2, p. 198): TM.75.G.10251 r. X
¶ NG?

Luḫunan

*lu-ḫu-na-an*[ki] TM.75.G.1558 r. VI:1; TM.75.G.2222 r. V:1
¶ Centro menzionato in relazione ad attività agricole, e citato in un conto di pecore riferite al sovrano eblaita (TM.75.G.1558); nella regione di Ebla (fra questa e Qatna per Astour, *WGE*, p. 154).

Luladi

*lu-la-ti*[ki] *ARET* VIII 540 r. IX:4 (*)
¶ Cf. → Luladu, → LulaNE.

Luladu

*lu-la-du*[ki] *ARET* III 467 v. VI:6
¶ Cf. → Luladi.

Lulan v. Luran

LulaNE

*lu-la*-NE[ki] *ARET* III 159 r. VII:5', III 938 v. V:1
¶ Cf. → Luladi.

Lulu

*lu-lu*[ki] *ARET* VIII 540 v. IX:18
¶ Cf. → LuLUM.

LuLUM

*lu*-LUM[ki] *ARET* I 4 r. XII:2; *ARET* VIII 528 r. VIII:6 (*, collazione Archi)
¶ Cittadina nella regione di → Ibʾal? Cf. → Lulu.

Luman

*lu-ma-an*[ki] *ARET* I 7 r. IX:19 (NP)

## Lumnan

*lu-mu-na-an*$^{ki}$ *ARET* III 207 r. I:1', III 339 v.$^?$ II:5' (dam NP, nagar), III 440 v. VII:5, III 552 r. II:2' (NP); *ARET* IV 16 r. III:3 (NP), XI:16, IV 17 r. I:5 ($NP_1$, $NP_2$); TM.75.G.2048 v. I:2 (NP en); *MEE* X 21 v. V:12 ($NP_1$ maškim $NP_2$); *MEE* X 24 r. VIII:15

cit. (Pettinato, *MEE* I): TM.75.G.1393, TM.75.G.1395, TM.75.G.1417

*lu-mu-na-nu*$^{ki}$ *MEE* X 39 r. V:3 (1 é:duru$_5$ 1 *na-se*$_{11}$)

cit. (Pettinato, *MEE* I): TM.75.G.1419 (en)

*lum-na-an*$^{ki}$ *ARET* I 1 r. III:2, I 2+ r. III:8 (en, ábba-SÙ), I 3 r. IV:5 (en, ábba-SÙ), I 4 r. III:10 (en, ábba-SÙ), I 5 r. III:14 (en, ábba-SÙ), I 6 r. IV:1 (en, ábba-SÙ), I 7 r. III:5 (en, ábba-SÙ), I 9 r. III:7 (en, ábba-SÙ), I 10 r. IV:14 (en), I 32 r. III:1 (en, ábba-SÙ); *ARET* III 8 r. III:5' (en), III 247 r. I:4' (en), III 322 r. XII:1, III 323 v. VI:12' (en), III 420 r. I:3' (NP), III 584 r. VII:9' (en), III 627 v. IV:8' (NPF *maliktum*), III 798 v. I:5' (dumu-mí$^?$ NPF *maliktum*), III 849 r. III:2' (NP); *ARET* IV 11 r. XIV:6 (NP ur$_4$), IV 13 r. IV:1 (en, NP maškim-SÙ), IV 15 v. V:6 (NP); *ARET* VIII 529 r. XIII:9, v. IX:5 (en, ábba-SÙ), VIII 531, VIII 533 v. III:5 (2 <persone>, maškim-SÙ); *MEE* II 25 r. II:4 (NP ugula); *MEE* X 26 r. XIII:10 (NP en)

cit. (Archi, *MARI* 6, pp. 32, 34-35, 37): TM.75.G.1707 r. XII:9 (en); TM. 75.G.2274 r. X:13 (en); TM.75.G.2369 v. II:9 (en); TM.75.G.2434 r. III:9 (en); TM.75.G.11752 II':6'; cit. (Biga, *PdP* 46, pp. 287-288, n. 7): TM.75.G. 1705 (NPF *maliktum*); TM.75.G.1730 (*maliktum*); cit. (Pettinato, *MEE* I): TM.75.G.1326, TM.75.G.1337 (*maliktum*), TM.75.G.1381, TM.75.G.2166

*lum-na-nu*$^{ki}$ *ARET* III 63 r. III:2 (NP, maškim-SÙ), III 466 v. II:8 (NP šeš en); *ARET* VII 141 v. III:3; *ARET* IX 74 v. I:4, IX 81 r. II:5, IX 82 r. I:10; *MEE* II 32 r. VIII:7; TM.75.G.1764 v. III:14 (en)

¶ Regno siriano, fra quelli che aprono i testi di tipo *ARET* I 1-9.

Probabilmente localizzabile non molto lontano da Ebla; v. Astour, *WGE*, p. 154, che lo riferisce dubitativamente all'Eufrate a nord di → Imar. L'identificazione di Lumnan con la "zona montagnosa del Libano" data da Pettinato, *SF* 16, pp. 108-109, e *Ebla* 2, pp. 245 e 252, e la sua identificazione con → Labanan sono improbabili; tuttavia, da un punto di vista onomastico, l'accostamento al più tardo nome della catena del Libano potrebbe essere mantenuto (/lumn-ān/, variante di /lubn-ān/, forse in relazione ad una variante **lmn* di **lbn* "esser bianco"?); diversamente, e più verosimilmente Fronzaroli, *OrSu* 33-35, p. 144, lo deriva da **lmn* "esser cattivo" (in tal caso il nome potrebbe fare riferimento ad un luogo di non facile accesso, v. per es. l'Idamaraṣ a Mari amorrea).

Per le varianti grafiche v. da ultimo Bonechi, *NABU* 1990/28. Per il nome della regina di Lumnan, *da-ti-*$^{d}$TU, attestato in *ARET* III 627 e 798 (joins?), e in TM.75.G. 1705, v. Biga, *PdP* 46, p. 288, n. 7.

LuNI v. Lub

Luran

*lu-la-an*$^{ki}$ TM.75.G.1451 r. V:11
*lu-ra-an*$^{ki}$ TM.75.G.1724 r. I:2
¶ Centro menzionato in relazione ad attività agricole nella regione di Ebla.

LuriLUM

*lu-rí-*LUM$^{ki}$ *ARET* I 5 r. IX:3 (en, ábba-SÙ); *ARET* IV 18 v. V:11; *ARET* VIII 531 r. V:14 (en, maškim-SÙ)
¶ Regno siriano minore.

# M

Maʾa

*ma-ʾà*[ki] *ARET* IV 2 v. IV:9 (NP)
¶ Cittadina nella regione di Ebla.

Maʾaʾad

*ma-a-ʾà-ad*[ki] *ARET* III 3 r. V:6'
¶ Cittadina nella regione di Ebla.

Maʾaʾi

*ma-a-i*[ki] *ARET* I 13 v. I:17 (NP)

MaʾalaNI

*ma-ʾà-la*-NI[ki] TM.75.G.2309 r. III:4
¶ Cittadina nella regione di Ebla.

Maʾbardu v. Maʾbarra, Maʾbarru

Maʾbarra, Maʾbarru

*má-bar-rá*[ki] *ARET* III 209 r. III:6', III 459 r. IV:5', III 776 v. III:5'; *ARET* IV 9 v. III:13, IV 19 r. VII:7; *ARET* VIII 542 v. II:15

cit. (Archi, *MARI* 4, p. 78 [121]): TM.75.G.2507 v. XIV; cit. (Archi, *MARI* 6, p. 33): TM.75.G.1916 v. V:5; cit. (Archi, *VO* 8/2, p. 196): TM.75.G. 2334 (NPF dam en $NP_1$-$NP_{16}$ NE-di)

*má-bar-ru*$_{12}$[ki] *ARET* I 10 v. VI:13

¶ Importante centro commerciale siriano, vi risiedeva una donna dell'harem (v. *ARET* VIII 542 e TM.75.G.2334). La lettura della prima grafia è controversa: letta *-rá*[ki] in *ARET* IV, altrimenti *-du*[ki]; l'identificazione della due grafie come varianti è comunque suggerita dal confronto dei contesti di *ARET* III 776 e *ARET* I 10.
Nella regione di Ebla, quasi certamente fra questa e l'Eufrate: v. Fronzaroli, *OrSu* 33-35, p. 144, che lo deriva dal sem. **ʿbr* "attraversare (acqua)". Diversamente, cf. Astour, *JAOS* 108, p. 550 (che legge *má*[!]*-bar-tù*[ki], accostandolo a → Mabarʾad). Cf. anche Archi, *SEb* 2, p. 6.

Maʾbu v. Maʾzu

Maʾ NE

*má*-NE[ki] *ARET* I 13 v. II:9 (NP); *ARET* II 27 r. II:4, II 27a v. II:2; *ARET* III 323 v. IV:9', v. VI:2' ($ND_1$), b.i. 3 ($ND_1$), III 371 r. II:5' ($ND_1$), III 460 v. I:6' ($NP_1$-$NP_7$, ?), III 666 r. II:7'; *ARET* IV 11 r. XIV: 8 ($ND_2$); *ARET* VII 121 r. II:2 (*), VII 156 r. IV:6, v. V:13; *ARET* VIII 534 v. IV:22 ($ND_1$); *ARET* IX 51 r. V:5, v. III:3; *MEE* II 48 r. IV:8 ($ND_2$); *MEE* X 20 v. VIII:23 ($ND_1$), XIX:22 ($ND_1$); *MEE* X 38 r. V:3 ($NP_1$-$NP_{10}$ 10 *na-se*$_{11}$), v. IV:4 (NP); *MEE* X 39 r. II:3 (3 é-duru$_5$ 4 *na-se*$_{11}$), v. III:8 (11 *na-se*$_{11}$); TM.75.G.1451 r. I:8 (ugula), V:5; TM.75.G.1669 r. VI:4, v. VIII:3 (NP); TM.75.G.1764 v. X:10; TM.75.G. 1767 r. V:3 (NP); TM.75.G.2075 r. VIII:6 ($ND_1$)
cit. (Archi, *Fs Alp*, p. 9): TM.75.G.2397 r. VI:34; TM.75.G.2403 r. V:8; cit. (Archi, *MARI* 6, pp. 34-35): TM.75.G.2259 v. I:6 (dam NE-di MaʾNE lú é *ì-mar*[ki]); TM.75.G.2267 v. I:10; TM.75.G.2454 r. V':9; cit. (Archi, *MARI* 7, p. 75): TM.75.G.2276 r. VI; cit. (Biga, *ARES* I, p. 303): TM.76.G.988 (NP); cit. (Biga, *WGE*, p. 162): TM.75.G.1743 v. VIII:11 (5 dumu-mí ú-a)

*má*:NE[ki] *ARET* VII 3 v. IV:3, 8, VII 6 r. IV:2, VI:3, 4, v. II:1, III:3, VII 7 r. II:4, V:1; TM.75.G.2367 v. I:2; TM.75.G.2592 r. V:4

*má*-NE-*má*-NE[ki] *ARET* III 230 r. II:10' (NP ugula)

*má*-NE⌈ki⌉-*má*-NE[ki] TM.75.G.2238 v. X:5 (*)

¶ Importante centro siriano, menzionato in relazione ad attività agricole (v. *ARET* II 27, dove è riferito al fratello di Ibdulu) e commerciali; determinato da → Gadur in *MEE* X 38, da → Igdura in *ARET* VII 121 e *MEE* X 38, da → Imar in TM.75.G. 2454. Sede principale del culto di Išḫara ($ND_1$, scritta $^d$BARA$_{10}$-*iš* e $^d$BARA$_{10}$-*ra*: v. Archi, *MARI* 7, pp. 72 ss., e *Fs Alp*, p. 9; in TM.75.G.2276 la dea sembra intesa tramite il termine dingir) e di $^d$BAD ($ND_2$), identificato da Pettinato, *Or* 54, p. 238 con Dagān.
A est di Ebla, in posizione importante per i traffici fra Ebla e → Mari: nelle vicinanze dell'Eufrate per Pettinato, *Ebla* 2, p. 237, presso → Imar per Archi, *MARI* 6,

Ma<sup></sup>ʾUR (??)

p. 27 (sull'Eufrate, *id.*, *MARI* 4, p. 65, oltre → Imar, verso Mari, *MARI* 7, p. 74, *Fs Alp*, p. 9); identificata con $^{uru}$*ma-né-e* della Chaldean Chronicle da Astour, *WGE*, p. 146, n. 47, con riferimento alla riva sinistra dell'Eufrate, a valle della confluenza col Baliḫ (v. anche *id.*, *JAOS* 108, p. 551). Per TM.75.G.1767 v. Foster, *BiOr* 54, p. 300. In TM.75.G.2238 (edizione: *má-ne-ga-x̣-ne*$^{ki}$) la lettura è proposta da collazione sulla fotografia (il secondo *má* è scritto su un segno cancellato).

MaʾUR (??)

*má*$^{?}$-⌜UR$^{?}$⌝<ki> *ARET* III 584 r. VIII:6'

¶ La lettura del toponimo è poco convincente, ma la fotografia non aiuta: da collazionare.

MabaKU (?)

*ma-ba*-KU$^{ki}$ cit. (Pettinato, *MEE* I): TM.75.G.1389

¶ Da collazionare (v. comunque Astour, *JAOS* 108, p. 550).

Mabarʾad (?)

*ma-ba-ar-ad*$^{?ki}$ *ARET* III 111 r. II:3'

¶ Se si tratta di un NG (e non di un NP mal scritto), è forse riferito a → NIzar, e può trovarsi nella regione di Ebla; *-ad* è comunque da collazionare: meglio *-ru*$_{12}$? (citato erroneamente come *ma-ba-ra-at*$^{ki}$ in *MEE* I, p. 201). V. il commento a → Maʾbarra.

Mabarra, Mabarru v. Maʾbarra

Mad(a)ʾaNEʾum

*ma-da-ʾà*-NE-*um*$^{ki}$ *ARET* I 3 v. II:1 (maškim-SÙ)

¶ Cittadina nella regione di Ebla.

Madaʾizan

*ma-da-i-za-an*$^{ki}$ *ARET* I 4 v. IV:12

¶ Cittadina nella regione di → Ibʾal.

Madalu

*ma-da-lu*$^{ki}$ TM.75.G.1444 r. VIII:3

¶ Centro citato in un elenco di proprietà fondiarie (é) in siti diversi, date (ì-na-sum) a Ir-damu, uno dei figli di Ibriʾum.

## Madanu

*ma-da-nu*[ki] *ARET* VIII 524 v. VII:10 (*, NP)

¶ Cittadina nella regione di Ebla; per la lettura (confermata dalla fotografia) cf. Pettinato, *MEE* I, p. 261.

## Madu(m)

*ma-du*[ki] *ARET* I 7 v. XIV:8; *ARET* III 118 v. III:1', III 140 r. III:6, III 459 v. II:14; *ARET* VIII 531 v. XI:32, VIII 541 v. VII:8', VIII 542 v. II:6; *ARET* IX 52 r. III:6; *MEE* II 39 r. I:13, III:5, v. V:17; *MEE* II 40 v. VI:17; *MEE* X 46 v. IV:3; TM.75.G.1444 r. VIII:5

cit. (Archi, *AoF* 19, p. 27): TM.75.G.12448; cit. (Archi, *ARES* I, p. 258): TM.75.G.1894 [v. VII:31]; cit. (Archi, *MARI* 4, p. 77, n° 89): TM.75.G.2327 (!); cit. (Pettinato, *MEE* I): TM.75.G.1381, TM.75.G.1830

*ma-tum*[ki] TM.75.G.1451 v. II:10

¶ Importante centro della regione di Ebla: in TM.75.G.12448 se ne citano le vigne; in *MEE* II 39 è menzionato in relazione al sovrano eblaita, in TM.75.G.1444 vi è riferita una proprietà fondiaria (é) data (ì-na-sum) a Ir-damu (uno dei figli di Ibriʾum), in *ARET* IX 52 sono citate 2 dam del principe Iẖsub-damu ivi residenti, e infine in vari testi vi sono riferite alcune donne dell'harem reale, dam en, v. Tonietti, *MisEb* 2, p. 86 (alla quale devo anche il suggerimento relativo all'attestazione, dato il contesto, di Madu al posto di Mari in TM.75.G.2327), e Archi, *ARES* I, p. 249. Cf. forse anche TM.75.G.1764 r. X:5-7: 2 udu / $^{d}$AMA-*ra* / $^{d}$BAD *ma-tum*; v. → Maladu.

## Maḏad, Mašad

*ma-sa-ad*[ki] *ARET* XI 1 r. VII:10; TM.75.G.1669 v. III:10 (*, NP)

*ma-ša-du*[ki] *ARET* III 788 r. III:4' (en <Ebla>, šeš-SÙ); *ARET* VIII 524 r. II:6 (*, ?), XII:26, VIII 526 v. V:2; *ARET* XI 2 r. VIII:24

¶ Centro della Siria nord-occidentale, verosimilmente a nord di Ebla (v. Fronzaroli, *QuSem* 18, p. 175), definito in *ARET* XI 1 e 2 dalla menzione di "acque", a(-a), e qualificato come "quello di" (*sa/ša-ti*) → NIrar; in *ARET* VIII 524 associato a → Birbirranu (non si tratta dunque di un regno, come indicano i testi di *ARET* XI, diversamente da Bonechi, *AuOr* 8, p. 162). Confrontato con → Mazaʾadu in *ARET* III, p. 328 (ma l'analisi prosopografica non conferma). Per TM.75.G.1669 v. il commento a → *Šamariʾa.

## Maḏalu

*ma-ša-lu*[ki] *ARET* VIII 526 v. X:6

Magaʾa (?)

*[m]a*$^{?}$*-ga-*⌜*ʾà*⌝$^{ki}$ TM.75.G.1975 v. III:1

¶ Una delle 52 "fortezze", bàd, della città di → Luʾadum; a nord di Ebla.

Magadu

*ma-ga-du*$^{ki}$ cit. (Biga, *ARES* I, p. 294): TM.76.G.140 (NP)

¶ Biga traslittera *ma-ga-*DU$^{ki}$; identificata senza fondamento da Pettinato, *Ebla* 2, p. 241, con Megiddo: cittadina nella regione di Ebla.

Magara v. Magadu

Maladu

*ma-la-du*$^{ki}$ *ARET* VII 154 r. III:2, VII 155 r. I:2

¶ Fra i centri relativi ai figli di Giʾa-lim in *ARET* VII 154, vi sono riferiti beni fondiari (ki, é). Cf. → Madu(m), → Malid.

Malagu

*ma-la-gú*$^{ki}$ cit. (Pettinato, *MEE* I): TM.75.G.1324

Malid

*ma-li-du*$^{ki}$ *MEE* X 3 v. VII:7

*ma-li-id*$_{x}$(NI)$^{ki}$ *ARET* III 600 r. III:2', III 615 r. I:3'

¶ Cf. → Maladu. Identificata senza motivo con Malatya da Pettinato, *Ebla* 2, pp. 306-307.

Malik-izariLUM (?)

*ma-lik-i-za-rí-*LUM$^{ki}$ *ARET* IV 24 r. VIII:3 (NP)

¶ Questa interpretazione è ipotetica: Archi, *MARI* 5, p. 37, considera più probabile vedere qui attestata la rara scrittura fonetica del termine eblaita per "signore", *mal-(i)kum*, usualmente scritto en, anche in relazione all'esempio più certo relativo a → Ibbuʾib (v. diversamente Pettinato, *Ebla* 2, pp. 237-239). Comunque, un regno di I-zariLUM non è sinora altrove attestato.

Maliktu

*ma-lik-du*$^{ki}$ cit. (Archi, *MARI* 5, p. 37, n. 1): TM.75.G.1410 r. IV:11
cit. (Pettinato, *MEE* I): TM.75.G.2233
¶ In TM.75.G.1410 è un centro menzionato in relazione ad attività agricole; nella regione di Ebla. Cf. → Miliktu.

Malu

*ma-lu*$^{ki}$ *ARET* IV 1 v. IX:18

MamaDU

*ma-ma*-DU$^{ki}$ TM.76.G.198 r. III:6
cit. (Pettinato, *MEE* I): TM.75.G.240
¶ V. il commento a → Mamar.

Mamar

*ma-mar*$^{ki}$ cit. (Pettinato, *MEE* I): TM.76.G.257
¶ Centro della regione di Ebla, forse da identificare con il NG scritto *ma-ma*-DU$^{ki}$ (v. → Mamadu), se per questo è accettabile una lettura *ma-ma-rá*$^{ki}$ (da notare che le due grafie provengono da testi dell'archivio L.2875). V. anche Astour, *JAOS* 108, p. 550. La grafia *ma-ma-rí-ki* di TM.75.G.10052 r. XI:12 (citata da Archi, *SLE*, p. 245) si riferisce ad una persona di → Dulu.

Man(a)na<sup></sup>ᵓad, Man(a)niᵓad, Manenaᵓad

*ma-na-na-a-ad*$^{ki}$ *ARET* II 14 r. VII:10 (*)
*ma-na-na-a-du*$^{ki}$ *ARET* VII 155 v. V:5
*ma-na-na-du*$^{ki}$ *ARET* IV 6 v. XI:11, IV 7 v. VI:15 (NP); *MEE* II 39 r. IV:20
*ma-na-ni-a-ad*$^{<ki>}$ *MEE* II 29 r. V:9 (dumu-nita ugula)
*ma-ne-na-ad*$^{ki}$ *ARET* IV 19 v. VIII:12 (NP lú NP)
¶ Centro nella regione di Ebla, di importanza agricola: *ARET* VII 155 vi riferisce beni fondiari (ki, é), mentre *ARET* II 14, *ARET* IV 6, 7, 19 e *MEE* II 39 lo collegano al commercio del vino. La quarta grafia potrebbe fare comunque riferimento ad un toponimo differente; per la terza v. Astour, *JAOS* 108, p. 550. Per *ARET* II 14 cf. *ibid.*, p. 116.

Manani<sup></sup>ᵓad v. Man(a)naᵓad

Manenaᵓad v. Man(a)naᵓad

Manudiʾum, Munudiʾum

*ma-nu-ti-um*[ki] *ARET* I 30 v. IV:3, X:10; *ARET* III 217 r. III:2' (dumu-nita en, maškim-SÙ), IV:3'; *MEE* X:24 r. II:5'
cit. (Pettinato, *MEE* I): TM.75.G.1441

*mu-nu-ti-um*[ki] *ARET* I 31 r. III:4 (en); *ARET* III 230 r. III:6', III 506 r. II:5'; *ARET* IV 16 r. X:18 (NP), v. IV:7 (NP), IV 17 r. VIII:20 (NP), XII:2, v. V:2, 19, IX:11; *MEE* II 29 r. X:3 (NP); *MEE* II 33 v. I:6 (NP, maškim-SÙ); *MEE* X 21 v. XI:11 (NP lú-kar); TM.75.G.1233 r. VII:4 (NP $u_5$)

MUNU$_4$-*ti-um*[ki] cit. (Pettinato, *MEE* I): TM.75.G.1340

¶ Regno della Siria nord-occidentale (v. da ultimo Bonechi, *AuOr* 8, p. 162), non appartenente al gruppo di regni siriani dei testi di tipo *ARET* I 1-9.
Per le tre varianti grafiche v. Pettinato, *MEE* II, p. 52. Cf. → Mawadiʾum.

Manuwad, Munuwad (?)

*ma-nu-wa-ad*[ki] *ARET* I 7 v. XII:30 (šeš-ii-ib), I 10 v. IX:16 (NP), I 11 r. VIII:10 (NP en), I 12 v. II:3, I 14 r. I:6 ($NP_1$ *wa* $NP_2$ lú-kar), IV:13, XI:14 (NP lú-kar); *ARET* II 14 r. VII:1, 6 (en), v. I:6, 16, VII:4; *ARET* III 3 r. V:15' ($NP_1$ *wa* $NP_2$), III 29 r. IV:2 (?), III 31 r. I:3' (en), III 72 r. IV:2' (NP), VI:1', III 74 r. II:3', III 87 r. II:2' (lú-kar), III 93 r. II:8' (NP dumu-nita en), III 128 r. IV:3' (NP lú-kar), III 134 v.? V:7' (NP), IX:2 ($NP_1$ $NP_2$ lú-kar), XI:3 (NP lú-kar), III 192 v. IV:9 (2 en), III 193 r. I:4 (en), 9, V:14 (en), III 197 r. IV:2, III 201 r. II:1' (?), III 202 r. I:3' (NP), III:4' (NP lú-kar), III 207 r. II:1', III 221 v. I:2', II:3' (NP), III 270 r. I:4' (NP lú-kar), III 271 r. III:3' (2 en), III 286 r. I:3' (NP), III 332 r. II:8' (NP), IV:1, III 329 r. IV:4' (dumu-nita en, maškim-SÙ), III 337 v. II:5' (NP lú-kar), III 338 r. I:6' (2 en), III 385 r. I:2' (lú-kar), III 402 r. IV:2' (NP), III 465 r. VI:4, III 467 r. IV:23 (dumu-nita en), III 468 r. IV:7 (NP lú-kar), V:3 (NP lú-kar), III 470 r. I:9 ($NP_1$ dam-SÙ $NP_2$ dam-SÙ lú-kar), II:5 (NP lú-kar), r. II:11 (NP dumu-nita en), III:12 ($NP_1$-$NP_8$ lú-kar), VI:3 (NP), III 512 r. II:3' (NP lú-kar), III 520 r. I:3' (NP lú-kar), III 527 v. IV:11' ($NP_1$ lú $NP_2$ $NP_3$ dumu-nita en), III 546 r. II:2' (en), III 562 r. IV:5' ($NP_1$ *wa* $NP_2$), III 564 r. I:2', III 591 r. II:7' (NP en), III 605 r. II:2' (en), III 612 r. I:5' (NP lú-kar), III 615 r. I:1', III 627 v. II:4' ([$NP_1$] dumu-nita-SÙ lú-kar), III 646 r. II:1', III 651 r. I:1', III 657 r. I:5' (NP en), II:6', III 732 r. III:6' ([$NP_1$] dumu-nita $NP_2$ dumu-nita en), III 735 r. II:3 ([$NP_1$] *wa* $NP_2$), VI:1, III 747 r. II:5' (NP), III 802 v. V:3', III 821 r. II:2' (lú-kar), III 831 r. I:1', III 842 r. II:1', III 890 ([...] $NP_1$-$NP_4$ maškim-SÙ lú-kar), III 934 r. II:4'; *ARET* IV 10

r. VII:11 (NP), IV 11 r. X:9 ($NP_1$ dumu-nita $NP_2$ lú-kar), IV 12 r. II:2 (NP), III:6 (NP lú-kar), IV:7 (NP lú-kar), V:3 ($NP_1$-$NP_6$ lú-kar), 13 ($NP_1$-$NP_3$ lú-kar), VI:12 ($NP_1$-$NP_6$ lú-kar), VII:6 ($NP_1$-$NP_5$ lú-kar), VIII:12 (NP lú-kar), IX:2 (NP *wa* 2 dumu-nita-SÙ lú-kar), 6, XII:12 ($NP_1$-$NP_2$ lú-kar), v. V:7 ($NP_1$ *wa* $NP_2$ lú-kar), 13 (NP lú-kar), VI:14 (NP lú-kar dam-dam-SÙ), IV 13 r.II:15 ($NP_1$-$NP_{12}$ lú-kar), III:10 ($NP_1$-$NP_6$ lú-kar), XIII:4' ($NP_1$ lú-kar $NP_2$ šeš-SÙ *wa* $NP_3$ maškim-SÙ), XIV:6' ([$NP_1$]-$NP_9$ lú-kar), v. V:2 ($NP_1$-$NP_5$ lú-kar), 7 (NP lú-kar), IV 15 r. VI:7 ($NP_1$ $NP_2$ 2 lú-kar), v. IV:12 (NP lú-kar); *ARET* VII 15 r. IV:8 (NP), VII 19 v. I:5; *ARET* VIII 522 r. I:7 (ábba 2 é-$duru_5^{ki}$), VIII 523 r. IX:17, v. II:21, IX:7, VIII 532 v. II:14 (NP lú-kar); *MEE* II 12 v. I:6 (NP en), V:8 (en), *MEE* II 25 r. VIII:4 (2 en), *MEE* II 32 r. III:13, VIII:13 (dumu-nita en maškim-SÙ), X:6, XI:13, v. IV:10, *MEE* II 37 v. I:7 (dumu-nita en), II:14 (2 en), *MEE* II 41 r. IV:18; *MEE* X 4 r. VII:5 (2 en), v. IV:10' (2 en), *MEE* X 25 v. II:7 (NP lú-kar), IV:5 ($NP_1$-$NP_3$ lú-kar), VI:3 (NP lú-kar), VII:4 (NP lú-kar), *MEE* X 27 v. V:2 (NP en)

cit. (Archi, *ARES* I, pp. 217 e 249): TM.75.G.2290, TM.75.G.2478 v. IV' (ama-gal-ama-gal dumu-nita-dumu-nita en Manuwad *wa* dam-SÙ); cit. (Archi, *SEb* 2, pp. 23-24): TM.75.G.1414 r. X:12 (en), TM.75.G.1783 r. VIII:10 ($NP_1$ *wa* $NP_2$ dumu-nita-SÙ lú-kar); cit. (Biga, *WGE*, p. 170): TM.75.G.10052 v. IX:1 (20 dam 1 $uru^{ki}$ $NP^?$ Manuwad); cit. (Pettinato, *MEE* I): TM.75.G.1262, TM.75.G.1263, TM.75.G.1298, TM.75.G.1317, TM.75.G.1318, TM.75.G.1320, TM.75.G.1322, TM.75.G.1324, TM.75.G.1329, TM.75.G.1379, TM.75.G.1396, TM.75.G.1417, TM.75.G.4412, TM.75.G.5342, TM.75.G.10019, TM.75.G.21046

*ma-nu-wa-*$du^{ki}$ *ARET* III 35 v. VI:5 (NP dumu-nita en), III 665 r. I:1'; *ARET* IV 3 r. III:22, IV 7 r. XI:10 ($NP_1$-$NP_9$ ábba-ábba)

$MUNU_4$-*wa-*$du^{ki}$ *ARET* IX 61 v. I:14 (NP); TM.75.G.427 r. XI:2 (NP)

cit. (Milano, *ARET* IX, p. 192): *ARET* X 107 (2 é-$duru_5^{ki}$)

¶ Grande regno della Siria occidentale, importante centro carovaniero e commerciale. Non citato fra i regni siriani dei testi di tipo *ARET* I 1-9, è da localizzarsi verosimilmente a sud di Ebla, v. Bonechi, *SEL* 8, pp. 70 e 73 (ma il riferimento all'area palestinese, avanzato da Pettinato, *Ebla* 2, pp. 256-257, in relazione alla più tarda Manhat, non mi pare accettabile). Diversamente, v. Archi, *ARES* I, p. 217 (in Siria di nord-est); Astour, *WGE*, p. 154 (dubitativamente nell'area fra Ebla e → Imar); Fronzaroli, *OrSu* 33-35, p. 144 (con derivazione dal sem. **mnw* "contare; assegnare"); *id.*, *SEb* 5, p. 114 (assimilato a Menua, cf. *RGTC* 1, s.v., nell'area dell'Eufrate). V. anche Astour, *JAOS* 108, p. 551.

MaraLUM

Per la caratteristica menzione dei 2 en v. Archi, *MARI* 5, p. 42, e Pettinato, *MEE* II, p. 182. L'identificazione della grafia con $MUNU_4$- come variante di quelle con *ma-nu-* (avanzata da Fronzaroli, *cit.*) è suggerita dal riferimento di queste allo stesso NP Enna-malik; la grafia con $MUNU_4$ è propria dell'archivio L.2712.

MaraLUM

*ma-ra*-LUM$^{ki}$ TM.75.G.1451 r. II:4 (ugula)

¶ Centro nella regione di Ebla. Cf. → Marnu (?)

Marbad

*mar-ba-ad* $^{ki}$ cit. (Zaccagnini, *SLE*, p. 200): TM.75.G.1399 v. X:20

*mar-bad* $^{ki}$ TM.75.G.1444 r. VIII:7

¶ In TM.75.G.1444 in una lista di beni fondiari relativi a Ir-damu, figlio di Ibriʾum, con menzione di un "giardino", giš-nu-$kiri_6$ (e cf. il giš-kaskal-sar citato da Zaccagnini, *ibid.*, v. X:19).

Mardu(m)

*mar-du*$^{ki}$ cit. (Archi, *SEb* 1, p. 110): TM.75.G.1238 r. II:6

*mar-tu*$^{ki}$ *ARET* I 15 r. XI:4 (en), IX:8; *ARET* VIII 521 r. VIII:1 (en), VIII 524 r. II:12, VI:10, XI:11, VIII:526 r. XV:6, v. III:10, VIII 527 r. XII:28, VIII 531 r. VI:26 (en), VIII:533 r. VI:21, v. IV:9; TM.75.G.309 v. I:2 (*, 20 *na-se*$_{11}$)

cit. (Archi, *MARI* 6, pp. 32, 37): TM.75.G.1317 r. XI; TM.75.G.11723 v. II:8; cit. (Archi, *Or* 54, pp. 11-13): TM.75.G.540 (NP); TM.75.G.1252 (en, ábba-SÙ); TM.75.G.1317; TM.75.G.1755 ($NP_1$-$NP_6$ ugula); TM.75.G.1895 (NP ugula); TM.75.G.2239; TM.75.G.2279 (en, ábba-SÙ); TM.75.G.2329 (NP); TM.75.G.2401; TM.75.G.2502 ($NP_1$-$NP_3$); TM.75.G.2542; TM.75.G. 4256 (en); TM.75.G.10079; TM.75.G.10251; TM.75.G.11138 (en); TM.75.G. 16380

*mar-tu-mar-tu* cit. (Pettinato, *MEE* I): TM.76.G.182-TM.76.G.184 (!)

*mar-tum*$^{ki}$ *ARET* III r. II:3' (NP); *ARET* IV 15 v. X:7; *ARET* VIII 523 r. VIII:14 (NP), VIII 524 r. VIII:23 (NP), VIII 527 r. XIII:22, VIII 527 r. VI:16 (NP), v. III:19; TM.75.G.2377 r. I:2; TM.75.G.2379 r. I:2

cit. (Archi, *Or* 54, pp. 12-13): TM.75.G.1769 (NP lugal); TM.75.G.2404; TM.75.G.2490

¶ Regno siriano, per il quale è inevitabile l'accostamento ai Martu = Amorrei delle più tarde fonti mesopotamiche (cf. *RGTC* 2, p. 126; Edzard, *RlA* 7, pp. 438-440; Durand, *MARI* 7, pp. 46 ss.).

V. in generale Archi, *Or* 54, pp. 7-13, con riferimento al Gebel Bišri; *id.*, *MARI* 6, p. 31, e *Ebl.* I, p. 12. Per la sua localizzazione probabile, comunque a sud della direttrice Ebla → Imar, v. anche Pettinato, *Ebla* 2, pp. 258 ss., e Bonechi, *SEL* 8, pp. 71-73 (con riferimento all'alto Oronte, e alla regione del più tardo regno di Amurru); più prudente Edzard, *cit.*, p. 439 ("Noch nicht geklärt sind Identität, Lokalisierung und Aussprache von MAR-DU/TU/TUM$^{ki}$ in Ebla"). Cf. inoltre Gelb, *Ebla 1975-*, pp. 59 ss. Per la seconda grafia v. anche Krecher, *WO* 18, p. 18, n. 49.
L'attestazione sorprendente nell'inedito TM.76.G.182+TM.76.G.184 deve essere verificata. In TM.76.G.102 (citato da Pettinato, *MEE* I, p. 252) si dovrebbe avere, dato l'argomento dei frammenti, il lemma mar-tu, corrente nei testi amministrativi dove qualifica "coltelli", gír (la grafia mar-tu GA non è chiara).

Marga

⸢*mar*⸣-*ga*$^{ki}$ *MEE* X 2 v. V:12 (NP NE-di)

Margabašu

*mar-ga-ba-su*$^{ki}$ *ARET* III r. II:8 ($NP_1$ *wa* $NP_2$ $lu_3$-kar), III 469 r. V:1; *MEE* X 3 r. III:17
¶ Cittadina a sud di Ebla?

MarḫiLUM

*mar-ḫi*-LUM$^{ki}$ *ARET* II 14 v. IV:4 (dumu-nita NP)

Mari

*ma-rí*$^{ki}$ *ARET* I 1 v. VIII:13, I 2+ v. IV':7' (NP), I 3 v. X:6, I 5 v. X:12 (nar-maḫ, nar-tur), I 5 v. XI:16 ($NP_1$-$NP_2$ lú-kar), XII:16 ($NP_1$-$NP_6$ lú-kar), XIII:9 ($NP_1$-$NP_{12}$ lú-kar), I 6 r. IX:4, I 7 v. VIII:4 ($NP_1$-$NP_{24}$ nar-tur), X:8', XI:3 ($NP_1$-$NP_2$), XI:18 ($NP_1$-$NP_4$ lú-kar), 22, XII:24 ($NP_1$-$NP_2$ lú-kar), XIII:24 (Np lú-kar), XIV:31, 34 (dumu-nita $NP_1$, $NP_2$ ábba-SÙ), I 8 r. I:4 (NP), v. XVII:23 (NP lú-kar), XIX:7, I 11 r. VI:6 (NP en), I 16 v. IV:1, I 26 r. II:3, IV:2, I 30 r. IX:10 (NP), I 34 v. I:4 (DIŠ m[u] TI[L]), I 44 r. I:6 (NPF); *ARET* II 4 r. VII:4 (NP), II 6 r. II:3, II 12 r. V:1 (NP), II 13 r. II:2, II 14 r. XI:12 (NP), v. II:11, III:4 (NP), II 15 r. I:6, V:5, II 29 r. I:5, v. I:6 ($ir_{11}$), II:4, III:10, IV:6, II 45 r. III:2 (NP), II 51 r. II:5 (NP), II 52 r. II:1 (NP); *ARET* III 3 r. IV:5', III 25 r. III:3', III 42 r. VII:5' (NP, maškim-SÙ), III 60 r. VII:8' (NP),

III 61 r. II:7', III 78 v. I:3', III 104 v. II:4, III 105 r. IV:8 ($NP_1$-$NP_5$ lú-kar), III 108 r. V:10', III 118 v. III:7, III 132 r. I:1', III 135 v. V:4', III 137 v. VI:3, III 164 v. I:3', III 167 r. I:4', III 185 r. V:2' ([...-*t*]*um*), III 188 v. III:2, III 193 r. VII:3, III 214 v.? III:13, III 226 r. III:5', III 236 v. V:3', 6' (NP lú-kar, dumu-nita-SÙ), III 243 r. IV:5', III 257 v. III:2', III 274 r. III:3 (... *wa* maškim-SÙ), III 278 r. II:4' (lugal, NP), III 294 v. II:2', III 306 r. I':1, III 329 r. III:7' (simug), III 345 v. I:5 (NP), III 368 r. I:1, III 378 r. IV:4', III 418 r. II:1', III 447 r. I:2, III 452 r. I:2', II:3', III 453 v.? II:3, III 468 r. V:11, III 469 r. I:1, v. V:1, III 488 r. II:5', III 526 r. IV:4', III 534 r. III:3', III 539 v. I:2', II:2', III 549 r. II:1', III 582 r. I:1', III 601 r. I:3', III 609 v. VI:12', III 616 v. II:3', III:1', 6', IV:1', III 625 r. I:1', III 627 v. IV:3', III 635 v. I:6' (NP ga:raš), 10' (NP), III 660 r. I:4', III 673 r. I:7' (maškim), III 730 r. III:2, III 738 r. IV:4', III 788 r. II:1', III 798 v. V:3' (<ki>), III 801 r. III:8', III 810 r. I:1', 3', III 815 v. IV:3, III 937 r. II:8', v. I:4' ($NP_1$ lú [$NP_2$]), III 938 r. IV:2' (NP), III 940 r. III:8' ($NP_1$ dar $NP_2$-$NP_3$ lú-kar); *ARET* IV 1 r. VI:5 (nar-maḫ, nar-ii-tur), VII:15 (lú-kar), X:15 (NP lú-kar), v. III:12 (NP), 18 (NP), IV:13 (NP), IV 2 r. V:10 (lú-kar), VI:2 (NP lú-kar), VII:16 (NP lú-kar), VIII:14 (NP lú-kar), 19 (NP lú-kar), X:7 (NP lú-kar), XI:12 (NP lú-kar), 19 (NP lú-kar), XII:17 ($NP_1$-$NP_2$ lú-kar), v. I:9 (NP lú-kar), 17 (NP lú-kar), III:4 ($NP_1$-$NP_2$ lú-kar), VI:6 (-i), VII:5 (-ii), IV 11 v. X:7, IV 12 r. II:13, IV 13 v. XIII:10, IV 14 r. II:6, V:18, v. VIII:18, IX:2, 5, IV 16 v. V:13, IV 17 r. IX:4 (NP, lú-kar), 15, X:14 (guruš), XIII:1, 3, IV 19 v. VI:12 (NPF dam), IV 21 r. IV:2 (NP), IV 22 r. IV':3, IV 23+ v. III:17 (lugal), V:4, IV 24 r. I:5, II:15 (dumu-nita NP sagi); *ARET* VII 1 v. II:3 (lugal), VII 3 r. IV:9 (lugal), v. I:3 (lugal), 8 (ábba-ábba), III:6 (lugal), VII 4 r. II:1, II:2, IV:2, VI:2, 6, VII:6, VIII:5, v. II:7, III:6, IV:4, V:4, VI:4, VII:2, VII 5 r. III:5, IV:4, V:3, VII 6 r. VI:2 (ábba-ábba), v. III:2 (lugal), VII 7 r. II:3 (lugal), VII 8 r. II:3, III:4, IV:2, v. I:1, III:1, 5, IV:2, V:5, VII 9 r. I:4, II:4, VI:5, VII:5, VIII:6, 8, IX: 5 (lugal), v. I:3, 8 (lugal), II:4, 8, III:5, IV:5, 12, V:8, VI:3, VII:1, 6, 8, VIII:6, IX:3 (lugal), VII 10 r. II:2, III:1, v. I:3, VII 11 r. II:9, v. IV:3 (NP), VII 12 v. II:4 (lugal), VII 13 r. II:4 (NP), V:8 (NP), v. IV:3, 11, VII 14 r. I:3 (lú-kar), VII 15 r. I:6 (NP lú-kar), III:2 (NP NG lú-kar Mari), 9 (NP lú-kar), V:1 (NP NG lú-kar Mari), VI:5 (?), v. VI:3 (lú-kar), VII 16 r. VI:1, v. III:7 (NP), VII 17 V:2 (lugal), VII 64 r. II:5 ($NP_1$ dumu-nita $NP_2$), VII 77 r. VII:2, v. II:7, VII 79 r. II:7, VII 109 r. II:3, VII 115 v. II:3 (*in* mu Mari àga-šè *áš-ti a-ti*-NI[ki]), VII 125 v.? II:6, VII 133 r. I:1, III:3; *ARET* VIII 521 r. VI:18 ($NP_1$-$NP_2$ maškim $NP_3$), VII:5 ($NP_1$-$NP_2$* lú-kar), VIII 522 v. V:6 (NP, ábba), v. V:18 ($NP_1$, $NP_2$, 1 dumu-nita), VII:9 (NP lú-kar), IX:1 (470 *na-se*$_{11}$ lú-kar), VIII 523 r. VI:12, VII:28 (*), X:15 (NP), v. I:8 (NP lú-kar), II:19 (NP), IV:16, VI:17 (2 nar-maḫ 21 nar-tur*), VIII:14 (e nar-maḫ 21 nar-tur*), VIII 524 r. VI:15 (lú-kar, dam-dam-SÙ), VIII:20 ($NP_1$-$NP_3$), VIII 525 r. VI:3, IX:22 (NP lú-kar). v. VIII:16 ($NP_1$? <lú?> $NP_2$? lú-kar), VIII 527 v. III:4 (NP lú-kar), VIII 528 v. III:6, IV:4, 10 (lugal), 13, V:8, VIII:1 (lugal), IX:1, VIII 529 r. VIIII:9 (NP *wa* 1 maškim-SÙ), v. V:9 ($NP_1$-$NP_6$ lú-kar), VI:14 (NP), VIII:4 ($NP_1$ maškim $NP_2$), IX:14, VIII 531 r. IX:4 ($NP_1$-$NP_5$ lú-kar), v. V:22 (nar-maḫ, nar-tur), VIII 532 r. III:17 (2 maškim NP lú-kar), VI:2 (NP), VII:20 (NP), VIII:18 ($NP_1$-$NP_4$ lú-kar), v. V:14 ($NP_1$-$NP_4$ lú-kar), X:3 (380 *na-se*$_{11}$ lú-kar), VIII 533 r. V:1, VIII:16 (NPF dam NP), 21, 25 (maškim NP), VIII 534 r. III:4', VII:7' (NP), 14', v. I:4 (NP), 15 (NP), VII:7, 23 (NP), X:5', 14' ($NP_1$ lú $NP_2$), XI:22' (NP), XIII:2', 13', VIII 539 III':2' (NP), v. II:16' (NP), IV:10', 19' (NP), 29, VII:22', VIII:23', X:6' (NP), XI:9', VIII 540 v. XI:3', VIII:541 r. III:15 (NP), VIII 542 r. VIII:14 ($NP_1$-$NP_4$ lú-kar), X:9 (lú-kar), v. IV:16 ($NP_1$, $NP_2$-$NP_4$ 3* dumu-nita-SÙ, guruš-SÙ lú-kar); *ARET* IX 20 v. IV:8, IX 41 v. I:8 (dam), IX 61 r. VII:1, IX 66 v. II:10, IX 68 r. IX:1", v. VII:10, IX 79 r. V:3, IX 80 r. II:7, III:5, 10, v. III:3, IX 82 r. VII:4, IX 84 v. V:12, IX 89 v. I:6, IX 93 r. II:1, IX 95 v. II:1; *MEE* II 1 v. I:9, II:4 (lugal), II:9, 18, VII:4; *MEE* II 12 r. VIII:6, v. I:11; *MEE* II 13 r. IV:5; *MEE* II 25 r. VI:6 (en); *MEE* II 27 v. VIII:10; *MEE* II 44 r. I:4, II 7, V:2, 3, v. II:4, 7, V:3; *MEE* X 2 v. XI:3; *MEE* X 20 r. II:24 (lugal, NP), III:15 (NP lú u$_5$), IV:4, VII:20 ($NP_1$-$NP_3$), XIII:24, XV:19 (NP), XVIII:2 (NP), XXIV:18, v. I:18 (NP), XV:25 (NP), XXIV:4; *MEE* X 21 v. I:11 (2 guruš); *MEE* X 23 v. IX:5' ($NP_1$-$NP_2$), X:2 (2 [guruš?]), 4; *MEE* X 24 r. VII:19 (ašgab NP ur$_4$), v. IV:2' (<ki>); *MEE* X 25 v. VII:5; *MEE* X 29 r. XV:35 (NP), XXIII:5 (NP), XXIV:2 (*gú-ba-tum* 2 lú), v. II:18, III:5 (NP), X:15 (NP sagi), XIV:21, XV:6, XVI:27, XVII:8, XIX:33 (NP); TM.75.G.427 v. VI:16, VII:26, VIII:34, XII:6; TM.75.G.1233 r. IV:6, V:6, VI:2, 6 (en), 12, VIII:8, IX:5, X:7, v. II:2, 8 (ábba-ábba), III:7, V:8, VIII:1, 5 (NP), 10, XII:7 (NP); TM.75.G.1353 r.VIII:4 (dam-gàr), v. VIII:6 (NP); TM.75.G.1402 r. IV:7, VI:1 (*me-ti-iš* ir$_{11}$); TM.75.G.1432 r. III:2; TM.75.G.1452 v. IV:3 (DIŠ mu TIL); TM.75.G.1559 r. II:2, VII:6 ($NP_1$, $NP_2$ maškim $NP_3$), IX:9, X:8, v. I:4 ($NP_1$, maškim $NP_2$), II:5 ($NP_1$ *ù* $NP_2$ simug), IV:11 (NP simug), VI:5 (NP), 8 (NP), X:3 (ábba-ábba); TM.75.G.1564 v. IV:3 (ábba-ábba); TM.75.G.1574 r. III:4 (DIŠ mu lugal Mari TIL); TM.75.G.1764 v. XI:15; TM.75.G.1866 r. I:3 (NP lugal); TM.75.G.1953 r. II:4 (NP lugal), III:3 (ábba-ábba), V:3 (NP lugal), v. I:5 (NP lugal), II:2 (ábba-ábba); TM.75.G.2224 r. III:3 (480 guruš-iii); TM.75.G.2225 r. II:2 (lugal, <ki>), IV:3 (ábba-ábba), v. I:2; TM.75.G.2367 r. I:4 (NP en), II:3 (NP en), III:2 (NP en), IV:4 (NP en), V:5 (NP lugal), VI:7 (NP en), VII:4 (NP en), VIII:11 (NP lugal), IX:10 (NP lugal), v. I:11 (NP lugal), III:1 (NP lugal), 13 (NP en), IV:14 (NP lugal); TM.75.G.2561 r. I:2 (NP), V:9 (NP), VI:10, v. I:13, III:16, V:3, VI:8; TM.75.G.2592 r. III:5 (ábba-ábba); TM.75.G. 11010+ v. VII:1 (660 ?)

cit. (Archi, *ARES* I, pp. 217, 283): TM.75.G.2236 v. X:18' (nar), TM.75. G.2290 r. III:3, VII:4; cit. (Archi, *ARET* I, p. 223): TM.75.G.2289; cit. (Archi, *Ebl.* I, p. 139 [16]): TM.75.G.2426 r. VIII:14; cit. (Archi, *MARI* 4, p. 64, n. 3): TM.75.G.1913 v. I:5 (lugal *ma-r*[*i*$^{ki}$]); cit. (Archi, *MARI* 4, p. 65, n. 7): TM.75. G.263; cit. (Archi, *MARI* 4, pp. 74-79): TM.75.G.324 r. II:3 (NP lú-kar); TM. 75.G.329 r. II:2 (NP lú-kar); TM.75.G.1221 r. VI:16; TM.75.G.1224 v. III':5 (NP lú-kar); TM.75.G.1249 r. III:16 (NP lú-kar), v. IV':6 (2 maškim NP); TM.75.G.1252 v. III:11 (NP lú-kar), IX:1, 8 ($NP_1$-$NP_2$ lú-kar); TM.75.G.1391 v. IV:7 ($NP_1$, maškim $NP_2$); TM.75.G.1379 r. IV:2, v. III:17, IV:3; TM.75.G. 1389 r. IV:18 (2 dam túg-nu-tag); TM.75.G.1390 r. III:2 (NP), 8 (NP), IV:4 (NP), VI:11 (maškim NP en), v. VIII:6 (NP); TM.75.G.1405 v. V:11, VII:4 (NP); TM.75.G.1414 r. XIII:13; TM.75.G.1417 r. IV:4 (NP); TM.75.G.1418 r. VIII:13 (e-gi$_4$-maškim dumu-nita en NG e$_{11}$); TM.75.G.1419 r. XI:4 (NP lú-kar); TM.75.G.1438 r. IX:6; TM.75.G.1440 r. I:12; TM.75.G.1453 r. X:6, v. IV:19; TM.75.G.1464 r. VII:15 (NP), VIII:1 (NP [lú-kar] maškim ga:raš NG), XVII:5 (NP), v. X:22 (NP); TM.75.G.1527 v. IV:4 (NP); TM.75.G.1535 r. VII:1 (3 guruš); TM.75.G.1537 v. XII:14; TM.75.G.1560 r. III:12, X:4 (NP); TM.75.G.1567 r. IV:19 (maškim NP ur$_4$), V:20 (NP); TM.75.G.1588 v. III:10 (NP); TM.75.G.1638 r. IV:13; TM.75.G.1680 r. III:2 ($NP_1$-$NP_8$ lú-kar), 17 ($NP_1$-$NP_2$ lú-kar); TM.75.G.1705 v. VI:1 ($NP_1$ *wa* $NP_2$), 7 (NP en), 9 (NP), VIII:4 (NP *wa* maškim-SÙ), X:15 ($NP_1$ lú $NP_2$), XII:3, 7 (NP), XIII:5 ($NP_1$ *wa* $NP_2$), 21 ($NP_1$-$NP_2$); TM.75.G.1708 r. I:2; TM.75.G.1727 v. II:8, VIII:6 (NP); TM.75.G.1729 r. VII:6 (NP lú-kar), v. II:6 (NP lú-kar); TM.75.G.1744 v. II:12 (NP); TM.75.G.1771 r. VI:14, VIII:2, IX:17, v. VIII:20 (NP), X:17 (NP), XIII:3 (NP), XIV:20 ($NP_1$-$NP_3$); TM.75.G.1821 r. IV:19' ($NP_1$-$NP_5$); TM.75.G.1833 r. III:4 (NP, 3 nar-maḫ, 23 nar-tur), v. V':12 (NP lú-kar); TM. 75.G.1838 r. III:4 (NP); TM.75.G.1860 r. II:24 (lugal), III:15 (níg-ba NP u$_5$), VII:20 ($NP_1$-$NP_3$), XV:19 (NP), XVIII:2 (NP), XXIV:17, v. XV:25 (NP), XXIV:4; TM.75.G.1865 r. V:9 ($NP_1$ lú $NP_2$ TIL); TM.75.G.1872 r. VIII:5; TM.75.G.1873 r. XII:11 (NP); TM.75.G.1875 r. IV':3 (nagar); TM.75.G.1889 v. I:3; TM.75.G.1896 r. VII:24 ($NP_1$ dumu-nita $NP_2$); TM.75.G.1904 r. I:12 (NP), III:4 ($NP_1$-$NP_4$), XII:2 (NP); TM.75.G.1923 r. XII:12 (ábba), 17 (NP), XIII:7, XVII:1 ($NP_1$-$NP_2$), v. VIII:6' ($NP_1$-$NP_5$), XI:14 (NP lú u$_5$); TM.75.G. 1934 r. VIII:12; TM.75.G.1943 r. IV:19 (nar-nar), IX:20; TM.75.G.1948 v. II:12; TM.75.G.2021 r. III:4, v. I:2; TM.75.G.2073 v. IV:11 (NP ... nar-nar); TM.75.G.2166 v. III:1 (NP maškim ga:raš Tuttul); TM.75.G.2240 r. IV:15

($NP_1$-$NP_2$ lú-kar), VI:7 ($NP_1$ dumu-nita $NP_2$); TM.75.G.2241 r. I:3 (NP lugal), III:17 ($NP_1$-$NP_{24}$ lú-kar), IV:6 ($NP_1$-$NP_2$), v. I:9 ($NP_1$ Mari maškim-e-$gi_4$ $NP_2$ Mari), VIII:12 (lú 2 <dam/dumu-mí> Mari túg-nu-tag); TM.75.G. 2242 r. VII:10 (NP); TM.75.G.2243 r. VII:7; TM.75.G.2246 r. IV:11 (NP); TM.75.G.2249 r. IV:14 (9 guruš bur-gul); TM.75.G.2250 r. V:11 (2 dumu-mí), XI:12 (lú-kar), v. III:10 (NP lú-kar), VI:4 ($NP_1$-$NP_4$), VIII:15, IX:11 ($NP_1$-$NP_2$ lú-kar); TM.75.G.2251 r. II:5 (2 *mi-at* 60 *na-se*$_{11}$ lú-kar-lú-kar), X:6 ($NP_1$-$NP_2$ 2 lú-kar), v. II:13 (NP lú-kar), VI:12 (NP lú-kar); TM.75.G. 2267 v. III:10 (NP $ur_4$); TM.75.G.2270 r. XI:5 ($NP_1$ dumu-nita $NP_2$ lugal), ($NP_1$ dumu-nita $NP_2$), v. VI:11 ($NP_1$-$NP_6$ lú-kar), VII:5 ($NP_1$-$NP_2$ lú-kar); TM.75.G.2274 r. IV:15 (níg-ba NP, níg-$mul_x$(AN.AN)-$mul_x$(AN.AN) *ʾà-du*$^{ki}$ Mari TIL); TM.75.G.2277 r. I:6, v. IX:18, XIV:5, 10; TM.75.G.2278 r. II:6, (NP dumu-nita lugal), III:10, V:6 ($NP_1$-$NP_9$), v. IX:8 ($NP_1$ dumu-nita $NP_2$), 16 (dumu-nita NP); TM.75.G.2279 v. VI:26 (nar-tur); TM.75.G.2281 v. I:17 (NP lú-kar); TM.75.G.2287 v. V:5 ($NP_1$-$NP_7$ lú-kar); TM.75.G.2289 r. XIV:2 ($NP_1$-$NP_2$), 12 (NP); TM.75.G.2327 r. X:3 (NP dumu-nita <lugal>); TM.75. G.2328 v. VII:10 ($NP_1$-$NP_4$ lú-kar); TM.75.G.2329 r. IX:6 ($NP_1$-$NP_3$), X:14 ($NP_1$-$NP_{10}$ lú-kar); TM.75.G.2330 r. VI:7 ($NP_1$-$NP_4$ lú-kar GIBIL), VII:2; TM.75.G.2333 r. VIII:7 (lana Mari *áš-da* NP Mari); TM.75.G.2334 r. VII:9 ($NP_1$ dumu-nita $NP_2$), v. VI:6 ($NP_1$-$NP_2$ lú-kar); TM.75.G.2335 r. II:5, VII:22 (lugal), X:18 (nar-maḫ, nar-tur), XI:7 ($NP_1$-$NP_7$ lú dam-gàr lú:tuš *in* Mari), XII:18, v. I:21, II:22, VI:18 (lugal); TM.75.G.2336 r. XI:14 ($NP_1$-$NP_3$ maškim-SÙ), v. IV:14 ($NP_1$-$NP_2$ 2 maškim $NP_3$), X:x+14 (nar "Saza" *wa* Mari); TM.75.G.2337 r. II:11; TM.75.G.2350 v. VI:16; TM.75.G.2353 r. V:4 (NP lú-kar), VI:15 ($NP_1$-$NP_2$ lú-kar), XI:14 ($NP_1$-$NP_2$), 18 (maškim-e-$gi_4$ NP lugal); TM.75.G.2359 r. VII:9 (NP), IX:17 (NP), v. II:15 (NP), V:16 (NP), VII:21 (NP); TM.75.G.2362 v. II:8 (NP), IV:4 (NP); TM.75.G.2365 v. X:11 (NP); TM.75.G.2370 r. IV:3 (nar-tur); TM.75.G.2372 v. II':13 ($NP_1$-$NP_4$ lú-kar), III':10 ($NP_1$-$NP_3$ lú-kar); TM.75.G.2373 v. VIII:4 (NP); TM.75.G.2374 v. IV:19; TM.75.G.2400 v. II:15; TM.75.G.2401 v. III:11, v. VI:5; TM.75.G. 2426 r. IV:7, XII:19, XIII:26'; TM.75.G.2429 r. II:26 (NP), 34, XX:12, XXIV:1 (NP níg-$mul_x$(AN.AN)-$mul_x$(AN.AN) Mari *ʾà-du*$^{ki}$ TIL), XXIX:15 (NP), v. VII:1, X:7, XII:21 (NP), XV:15, XX:1 (NP), 7, XXIII:16, 20, XXVIII:15 (NP); TM.75.G.2439 r. IV':9', VI':7 (NP dumu-nita lugal); TM. 75.G.2441 r. VI:16; TM.75.G.2442 (lú-kar); TM.75.G.2444 v. II:17; TM.75.G. 2460 r. V:15 (lugal); TM.75.G.2462 r. XIV:31 (lugal), XV:9 (NP) (p. 77); TM.75.G.2464 r. III:5 (maškim-SÙ), 8, (NP), X:12 (NP), XII:11 (NP), XIII:10, XV:12 (NP), 20 (NP), XVI:10, 16 ($NP_1$ *wa* $NP_2$); TM.75.G.2465 r. III:22 ($NP_1$ *wa* $NP_2$); TM.75.G.2506 r. III':6 (NP sagi), V':14; 2507 r. I:12

(NP), III:15, XI:32, XVI:12 (lugal), XIX:19 (NP), 23 (NP), XXI:5, v. VI:24 (NP), VII:12, IX:26 (lugal), 32, X:3 (NP), XIV:19 (NP), XV:35 (NP), 43, XVII:27 (NP), XVIII:13 (NP), 20; TM.75.G.2508 r. VIII:41 (nar), XVII:4 (nar), XXI:7, XXII:22 (NP), v. XV:12 (NP sagi), 18; TM.75.G.2606 r. II:4 (NP); TM.75.G.2640+2641 v. IV:4' ($NP_1$-$NP_2$), V:4 (NP lú-kar); TM.75.G. 2644 r. VIII:10 ($NP_1$-$NP_4$ lú-kar), XIII ($NP_1$-$NP_2$); 2649 r. X:16 ($NP_1$-$NP_{24}$ nar-nar); TM.75.G.10004 r. II:4; TM.75.G.10019 r. VII:11 (lú-kar); TM.75.G. 10074 r. VII:14, XVI:29; TM.75.G.10076 v. I:12; TM.75.G.10077 r. II:6 (2 *na-se*$_{11}$), IV:7 (NP), V:5 (dumu-nita NP), VI:5 (NP), v. X:15, XII:19 ($NP_1$ *wa* $NP_2$); TM.75.G.10080 v. X:9 (NP lú-kar); TM.75.G.10081 r. II':7 (dumu-nita NP), III:4 (2 dumu-mí NE-di); TM.75.G.10082 v. II:19 ($NP_1$-$NP_3$ lú-kar), IV:9' ($NP_1$-$NP_2$ lú-kar), V:5' ($NP_1$-$NP_3$); TM.75.G.10083 r.[?] I':6'; TM.75.G. 10127 v. III:14; TM.75.G.10143 r. IV:19 (sagi), V:2 ($NP_1$ *wa* $NP_2$), VI:21 ($NP_1$-$NP_4$), X:14 (Mari *iš*$_{11}$*-ki* Mari dam-gàr), XVI:18 ($NP_1$ *wa* $NP_2$), v. I:5 (NP sagi); TM.75.G.10144 r. VI:7, XIII:13 (NP), v. V:11 (NP Mari níg-mul$_x$ (AN.AN)-mul$_x$(AN.AN) Kiš TIL.TIL); TM.75.G.10182 v. XX:14' ($NP_1$ *wa* $NP_2$, XXIII:3 (NP); TM.75.G.10185 r. VII:15 (nar-tur-nar-tur); TM.75.G. 10201 r. III:18 ($NP_1$-$NP_2$); TM.75.G.10202 r. IX:9' (NP), v. IX:5', 13' ($NP_1$ *wa* $NP_2$), XIII:2' (NP); TM.75.G.10210 r.[?] VI':10 (NP); TM.75.G.10273 v. XV:4 (NP lú-kar); TM.75.G.10276 v. VII:11 ($NP_1$-$NP_2$); TM.75.G.10281 r. VIII:20 (NP), v. IV':13 (NP); cit. (Archi, *MARI* 5, p. 43, n. 21): TM.75.G. 2443 r. VI:16; cit. (Archi, *MARI* 6, p. 34, n° 98): TM.75.G.2332 v. V:19; cit. (Archi, *Mél. Kupper*, pp. 198, n. 7, 204-207): TM.75.G.1771 r. V:9; TM.75.G. 2070 v. III:19; TM.75.G.2166 v. III:1 (NP maškim ga:raš Tuttul); TM.75.G. 2236 r. X:6; TM.75.G.2325 r. VI:6; TM.75.G.2428 v. VII:1; TM.75.G.2462 v. VIII:23 ($NP_1$-$NP_2$), 27 (lugal), X:7 (NP), XVIII:10; TM.75.G.2502 v. XIII:11[?]; TM.75.G.10201 v. XVIII; cit. (Archi, *RA* 84, p. 105): TM.76.G.118; cit. (Archi, *SEb* 4, pp. 80, 81 [18], [21]): TM.75.G.1888 r. III:14, TM.75.G. 2268 r. I:3 (dub *ù-šu-rí*), 7, 16; cit. (Archi, *SEb* 5, p. 213): TM.75.G.307 (2 é-duru$_5$$^{ki}$), TM.75.G.408 (2 é-duru$_5$$^{ki}$); cit. (Biga, *ARES* I, p. 285): TM.74.G.101 v. II:4, TM.74.G.102 v. I:5; cit. (Biga, *XXXIII RAI*, p. 43 a): TM.75.G.1263 r. VI:8; cit. (Biga, *SEb* 4, p. 32): TM.75.G.1390 r. VII:6; cit. (Biga, *WGE*, p. 164, n. 10): TM.75.G.10129 (nar-tur); *ibid.*, p. 169: TM.75.G.2443 v. XI:14; cit. (Fronzaroli, *MARI* 5, p. 272): TM.75.G.2290 v. IV:16; cit. (Mander, *OA* 27, p. 59): TM.75.G.1436 r. VII; cit. (Milano, *ARET* IX, p. 193): *ARET* X 107 (13 é-duru$_5$$^{ki}$); cit. (Milano, *ARET* IX, p. 211): *ARET* X 102 (2 é-duru$_5$$^{ki}$); *ARET* X 103 (2 é-duru$_5$$^{ki}$); *ARET* X 105 (2 é-duru$_5$$^{ki}$); *ARET* X 106 (8 é-duru$_5$$^{ki}$); cit. (Pettinato, *MEE* I): TM.74.G.128, TM.75.G.1297, TM.75.G. 1326, TM.75.G.1337, TM.75.G.1340, TM.75.G.1380, TM.75.G.1554 (dam,

NP), TM.75.G.1608, TM.75.G.1906, TM.75.G.2030, TM.75.G.4469, TM.75.G.4529, TM.75.G.4294, TM.75.G.5180, TM.75.G.5303, TM.75.G.5563, TM.75.G.5564, TM.75.G.6028, TM.75.G.10021, TM.75.G.11083, TM.76.G.43, TM.76.G.216, TM.76.G.232, TM.75.G.265, TM.76.G.288

¶ Identificata unanimemente con la grande capitale scavata a Tell Hariri (cf. *RGTC* 3, p. 162; Kupper, *RlA* 7, pp. 382-390); in assoluto, il toponimo più attestato negli archivi di Ebla.

V. in generale le sintesi provvisorie di Archi, *SEb* 4, pp. 129-166, e *MARI* 4, pp. 47-51, 53-58, 63-83; v. anche Michalowski, *JAOS* 105, pp. 298-301, Gelb, *Mari in Retrospect*, pp. 125 ss., e Pettinato, *Ebla* 2, pp. 271-279. Per i sovrani di Mari v. da ultimo Archi, *ARES* I, pp. 206-207, Geller, *Ebl.* I, pp. 142 ss., e Alberti, *NABU* 1990/124. Per la prima lettera di Enna-Dagān v. la bibliografia citata in Conti *et alii*, *MQuSem* 1, p. 102 (aggiungi Pettinato, *Ebla 1975-*, pp. 16 ss.).

Per le integrazioni in *ARET* VIII 523 v. Tonietti, *MisEb* 1, pp. 83-84. V. anche il commento a → Madu.

Per *ma-rí-a-ti*(*m*) come probabile termine derivato dal NG Mari v. Fronzaroli, *ARET* XI, s.v.

Per l'importanza della scuola scribale di Mari v. anche i colofoni di due testi lessicali, *MEE* III 47 e *MEE* III 50 (*in* ud dumu-nita-dumu-nita dub-sar $e_{11}$ *áš-du* Mari).

Il toponimo è attestato anche come elemento nell'onomastica, cf. il NPF *za-ne/ni-ḫi-ma-rí*$^{ki}$ (per il quale v. Archi, *ARES* I, p. 240; in *ARET* II 4 r. VII:4 leggi meglio $u_9$-*li*-NI *ma-rí*$^{ki}$).

Marmagu

*mar-ma-gú*$^{ki}$ *ARET* VII 71 r. II:3

MarNEʾum

*mar*-NE-*um*$^{ki}$ cit. (Pettinato, *MEE* I): TM.75.G.1324

Marnu

*mar-nu*$^{ki}$ *ARET* IV 6 v. VIII:5 ($NP_1$-$NP_{15}$ ḪÚB.KI); *MEE* X 3 v. IV:9; TM.75.G.1547 r. II:8

cit. (Biga, *ARES* I, p. 296): TM.74.G.280 (NP ugula); cit. (Pettinato, *MEE* I): TM.75.G.1416, TM.76.G.173

¶ A volte letto **rad-nu*$^{ki}$, ma il segno è certamente MAR. Cf. → MaraLUM (?), → Mirnu.

Marrad

Marrad

*mar-ra-ad*[ki] TM.75.G.1558 r. V:2 (tur), VII:3 (maḫ)
*mar-ra-du*[ki] *ARET* VIII 527 v. VI:7

cit. (Archi, *MARI* 6, p. 36, n° 163): TM.75.G.10069 v. II:6'

¶ Nella regione di Ebla si distinguono due insediamenti di questo nome (il maggiore e il minore); entrambi sono centri agricoli, citati in un conto di pecore riferite al sovrano eblaita (TM.75.G.1558). Identificata in modo non convincente con Marrat in Palestina da Pettinato, *Ebla* 2, p. 241.

Mašʾa

*maš-a*[ki] *ARET* III 193 r. VI:2 ([$NP_1$] lú $NP_2$); *ARET* IV 15 v. VIII:15; *ARET* VIII 523 v. II:4' ($NP_1$-$NP_2$), 7'

cit. (Archi, *MARI* 4, p. 77): TM.75.G.2359 v. II;

cit. (Pettinato, *MEE* I): TM.75.G.2233; cit. (Zaccagnini, *SLE*, p. 201): TM.75.G.1399 v. XIII:14

¶ Centro nella regione di Ebla.

Mašad v. Maḏad

Mašagu

*ma-sa-gú*[ki] cit. (Archi, *VO* 8/2, p. 197): TM.75.G.10130 v. II (dam NE-di)

Mašanu

*ma-sa-nu*[ki] *ARET* VIII 524 r. I:7 (*, <ki>), VIII 531 r. VII:21 (*, collazione Archi); *MEE* X 43 r. II:2

¶ Cittadina nella regione di → Ibʾal (v. il commento a → Badanu).

Mašbardu

*maš-bar-du*[ki] *ARET* I 12 v. IV:3 (NP); *ARET* III 111 v. V:2 (NP), III 116 r. I:3' (NP), III 137 v. I:1, III 217 r. II:4', III 511 r. III:2' (NP), III 800 r. V:6' (*, NP), III 858 v. I:6 (NP); *ARET* IV 3 v. I:3 (NP); *ARET* VIII 521 r. V:19 (NP), VIII 529 v. IV:16 (NP), VIII 541 r. II:4 (NP); *MEE* II 25 v. VI:3 (NP)

cit. (Garelli, *Remarques*, § 3): TM.75.G.1216 r. VII:5 (-tur), v. I:3; cit. (Pettinato, *MEE* I): TM.75.G.10033, TM.76.G.13

¶ La Mašbardu maggiore è un importante centro nella regione di Ebla.

Mašdara

*maš-da-ra*[ki] *MEE* X 20 r. XVII:24; TM.75.G.1547 r. V:6, v. I:3
cit. (Pettinato, *MEE* I): TM.76.G.257

Mašgadu

*maš-ga-du*[ki] *ARET* III 673 r. II:6'; *ARET* VIII 529 v. VI:16
cit. (Archi, *MARI* 4, p. 76): TM.75.G.2251 v. II; cit. (Archi, *MARI* 6, pp. 33-34): TM.75.G.1833 v. V:20, TM.75.G.2273 v. VIII:4; cit. (Pettinato, *MEE* I): TM.75.G.1344, TM.75.G.10019
¶ Cittadina a est di Ebla? V. Astour, *JAOS* 108, p. 550. Cf. anche Hecker, *LdE*, p. 170.

Mašlalu

*maš-la-lu*[ki] *ARET* VIII 541 v. V:7'

Mawadiʾum (?)

*ma-wa-ti-um*[ki] cit. (Pettinato, *MEE* I): TM.75.G.11007
¶ Grafia da verificare (= *ma-nu-ti-um*[ki]?).

Mazaʾadu (?)

*ma-za-a-du*[{ki?}] *ARET* III 452 r. II:2'
¶ NG o, meglio, NPF mal scritto?

Mazu v. Maʾzu

Ma...

*ma*-[...[ki]] *MEE* X 4 v. IV:12'
*m*[*a*[?]]-⌜x⌝[[ki]] TM.75.G.1625 r. III:1
*ma*[?]-⌜x-x⌝[ki] TM.75.G.1896+ v. IV:2
¶ La seconda grafia è citata in un elenco di centri relativi a Irti, figlio di Ibriʾum; la terza grafia è data da Fronzaroli, *SEb* 7, p. 17, come MA-X-ME[?ki], e da Archi, *MARI* 6, p. 26, come *ma*-x-*ne*[?ki].

Medum

Medum, Midum

*me-tum*[ki] *ARET* III 941 r. IV:9' (NP)
*me-tùm*[ki] *ARET* II 17 r. II:5 (<ki>); *ARET* III 511 r. IV:5', III 770 r. IV:3' (*); *ARET* VII 152 r. I:2, VII 155 v. I:9
*mi-tùm*[ki] TM.75.G.1444 r. IX:6

¶ Non è certo che la prima grafia si riferisca allo stesso NG indicato dalle altre due. In *ARET* VII 152 e in TM.75.G.1444 il NG si trova in un elenco di centri riferiti a Nabḫa-NI, figlio di Ibriʾum; in *ARET* VII 155 vi sono riferiti beni fondiari (ki, é) in relazione a Irig-damu, figlio di Ibriʾum, e v. anche *ARET* II 17 r. II:5: é *me-tùm*<ki>. La lettura proposta per *ARET* III 770 (edizione: *me-ḫir*[ki]) deve essere verificata, ma sembra probabile. L'uso del segno TÙM è notevole. V. → Galdum.

Meḫir v. Medum

Mer

*me-er*[ki] cit. (Pettinato, *MEE* I): TM.75.G.2233

Midagu

*mi-da-gú*[ki] *MEE* X 38 v. III:12 ($NP_1$-$NP_2$)

¶ Cittadina nella regione di Ebla.

Midaḫi

*mi-da-ḫi*[ki] *ARET* III 468 v. III:4' (ugula, [...], guruš maškim-SÙ)
cit. (Pettinato, *MEE* I): TM.75.G.5363

¶ Centro nella regione di Ebla (per una localizzazione presso Ugarit v. Astour, *WGE*, p. 144, n. 37).

Midanu

*mi-da-nu*[ki] *ARET* IV 3 r. XI:5 ($NP_1$-$NP_3$)

¶ Cittadina a sud di Ebla?

Midiʾaba

*mi-ti-a-ba*[ki] *ARET* VIII 540 v. X:12 (NP)

Midir

*mi-ti-ir*$^{ki}$ *ARET* VII 151 r. II:4

Midum v. Medum

Miliktu

*mi-lik-du*$^{ki}$ *ARET* IV 2 v. VIII:4 (NP)
¶ Cf. → Maliktu.

Mira⁾i⁾um

*mi-ra-i-um*$^{ki}$ cit. (Pettinato, *MEE* I): TM.75.G.1379
¶ V. Astour, *JAOS* 108, p. 550.

Mirḫu

*mi-ir-ḫu*$^{ki}$ *ARET* VIII 527 r. IX:11 (NP)

Mirnu

*mi-ir-nu*$^{ki}$ *ARET* IV 1 v. IX:8
¶ Cf. → Marnu.

Mi...naba (?)

*mi*-[(x-)*n*]*a*$^{?}$-*ba*$_4$$^{ki}$ TM.75.G.1975 v. I:1
¶ Una delle 52 "fortezze", bàd, della città di → Lu⁾adum; a nord di Ebla.

Mi...

*m*[*i*-x]-⌜x⌝-[x$^{ki}$] *ARET* III 962 v. II:3'
¶ NG?

Mu⁾(u)lamu

*mu-ù-la-mu*$^{ki}$ *ARET* VII 153 r. IV:1
¶ Fra i centri della regione di Ebla riferiti a Nabḫa-il, figlio di Ibri⁾um.

Mubu

*mu-bu*$^{ki}$ *ARET* III 881 v. I:5' (NP)
¶ Centro nella regione di Ebla.

Mudaʾu

*mu-da-ù*$^{ki}$ TM.75.G.1975 r. III:4

¶ Una delle 52 "fortezze", bàd, della città di → Luʾadum; a nord di Ebla.

Mudaraʾum (??)

*mu-da-ra-um*$^{ki}$ ?

¶ Astour, *WGE*, p. 144, n. 34, cita questo NG come eblaita e lo confronta con la neo-assira Mudru relativamente all'area di Alalaḫ; deve forse trattarsi di un toponimo attestato in inediti, perché non ne ho trovato traccia in bibliografia.

Mudulu

*mu-du-lu*$^{ki}$ TM.75.G.1625 v. I:1 (ugula)

¶ Menzionato, in associazione a → Gididdab (v. → Gadiddab) e a → Udasa, fra i centri riferiti a Irti, figlio di Ibriʾum; nella regione di Ebla.

Muḏar, Mušar

*mu-šar*$^{ki}$ *ARET* III 937 r. II:3' (NP)

¶ Forse anche in *ARET* III 88 v. II:1', *ARET* III 100 v. II:3" e in *ARET* III 749 r. III:5' si ha questo NG (e non un NP), scritto senza determinativo (v. Archi, *ARET* III, p. 329).

Mugḫibaladu, Mugḫi-baladu (?)

*mug-ḫi*$^{?}$*-ba-la-du*$^{ki}$ *ARET* IV 12 v. II:14 (NP)

¶ Da notare la strana forma del segno edito come ḪI. NG non semitico, o meglio NG semitico composto da due elementi?

Mugrid

*mug-rí-du*$^{ki}$ *ARET* III 938 r. III:2' (NP); *ARET* VIII 541 v. V:5' (NP); TM.75. G.1724 v. II:5 (*)

cit. (Biga, *ARES* I, p. 303): TM.76.G.2045 (NP); cit. (Pettinato, *MEE* I): TM.75.G.10019

*mug-rí-id*$_{x}$(NI)$^{ki}$ *ARET* I 13 r. XII:11 (NP); *ARET* III 506 r. III:8', III 800 r. VI:30" (NP); *ARET* IV 5 v. I:2; *ARET* VII 153 v. II:3, VII 155 v. II:9; *ARET* VIII 527 r. X:10; *MEE* II 37 v. III:13

cit. (Pettinato, *MEE* I): TM.75.G.1320

¶ Fra i centri riferiti a Ingar in *ARET* VII 153; fra i centri riferiti ai figli di Irig-damu, figlio di Ibriʾum, in *ARET* VII 155. Cittadina importante, anche in relazione ad attività agricole (v. anche TM.75.G.1724); a est di Ebla? Per l'alternanza grafica v. Archi, *ARET* I, p. 315; anche Krecher, *ARES* I, p. 175, e, sopra, l'introduzione, § 3.1.

Mugurilu

*mu-gú-rí-lu*$^{ki}$ *ARET* IV 15 v. X:16 (NP)

Mulalu

*mu-la-lu*$^{ki}$ *ARET* VIII 525 r. IX:15 ($NP_1$ maškim $NP_2$)
¶ Cf. → Murar.

Mulu

*mu-lu*$^{ki}$ TM.75.G.1669 r. VII:8 (NP)
¶ Cf. → Muru.

Mulugu, Murugu (?)

*mu-lu-gú*$^{ki}$ *ARET* I 16 r. VIII:9 (NP); *ARET* III 160 r. I:1', III 892 r. II:3' (NP ugula)

*mu-ru*$_{12}$*-gú*$^{ki}$ *ARET* I 8 v. X:5 (*, $NP_1$-$NP_3$) (?)

¶ *Mu-lu-gú*$^{ki}$ è confrontato con il NG di Ugarit Mulukku / Mulukki da Pettinato, *MEE* II, p. 80, e da Archi, *ARET* I, p. 271, e *ARET* III, p. 329 (*contra*, Edzard, *ARES* I, p. 31). Archi, *ARET* I, p. 315, propone tuttavia anche un'alternanza con → Murig (che in ogni caso vanificherebbe il riferimento al NG di Ugarit sopra citato per il NG eblaita), ed in effetti i contesti di *ARET* I 8 v. X:2-5 (*bu*$_x$(KA)*-du* / ⸢*zi*⸣-[NI]-*šar* / KA-[x]-⸢x⸣ / *mu-rí-gú*$^{ki}$), di *ARET* I 16 r. VIII:8-9 (*bu*$_x$(KA)*-du* / *mu-lu-gú*$^{ki}$) e di *ARET* III 892 r. II:2-3 (*zi*-NI-*šar* / ugula *mu-lu-gú*$^{ki}$) suggeriscono questo raffronto. Tuttavia, un'alternativa si ha nella lettura *mu-ru*$_{12}$*-gú*$^{ki}$ per *ARET* I 8, facendo riferimento alla forma corsiva di EN attestata ad Ebla (v. Archi, *ARET* VII, p. 245), assai simile a URU.

MuNIadu

*mu*-NI-*a-du*$^{ki}$ *ARET* VIII 526 v. IX:11 (NP); TM.75.G.1964 r. II:10 (ugula)
¶ Associato in TM.75.G.1964 a → Naʾi, → ...raša, → Durasu e ad altri due NG perduti.

Munudiʾum v. Manudiʾum

MUNUwadu v. Manuwad

Mur

*mu-ur*ki cit. (Archi, *MARI* 4, p. 75, *Mél. Finet*, p. 18): TM.75.G.1453 v. IV
*mu-úr*ki *ARET* I 3 v. II:13; *ARET* III 737 r. VII:12, III 865 r. II:5, III 894 r. I:3'; *ARET* IV 10 r. I:5, II:13

¶ Centro nella regione di Ebla. La prima grafia può non essere certa; non provabile l'identificazione con → Muru; cf. anche → Mulu.

Murar

*mu-ra-ar*ki *ARET* IV 12 r. II:9
cit. (Pettinato, *MEE* I): TM.75.G.1417
*mu-ra-ru*$_{12}$ki *ARET* III 776 v. V:5'; *ARET* VII 19 r. IV:2; TM.75.G.1444 r. VI:15; TM.75.G.1964 r. III:5

¶ In TM.75.G.1444 in un elenco di beni fondiari (é) riferiti a Gir-damu, figlio di Ibriʾum; nella regione di Ebla. Cittadina identificata da Archi, *ARET* III, p. 329, con la città dallo stesso nome nota ad Alalaḫ VII (v. già Garelli, *Remarques*, § 2; anche Hecker, *LdE*, p. 169, con bibliografia); il nome è derivato da Fronzaroli, *OrSu* 33-35, p. 144, dal sem. **mrr* "esser amaro" (v. anche Astour, *JAOS* 108, p. 550). Cf. → Mulalu.

Murig

*mu-rí-gú*ki *ARET* I 8 v. X:5 ($NP_1$-$NP_3$, ?); *ARET* VII 152 r. I:1; *ARET* VIII 526 v. III:18 (NP)
cit. (Archi, *AoF* 19, p. 26): TM.75.G.2340
*mu-rí-ig*ki TM.75.G.1444 r. IX:4
cit. (Pettinato, *MEE* I): TM.75.G.2233

¶ In TM.75.G.1444 in un elenco di beni fondiari (é) riferiti a Nabḫa-il, figlio di Ibriʾum; in TM.75.G.2340 se ne citano i campi. Cittadina nella regione di Ebla (a sud di questa per Astour, *WGE*, p. 154). Cf. Edzard, *ARES* I, p. 31. V. il commento a → Mulugu.

Muru

*mu-ru*$_{12}$ki *ARET* III 942 r. II:6' (NP); *ARET* IV 3 v. III:16; *ARET* VII 152 r. IV:4, VII 153 r. I:8, III:8; *ARET* VIII 523 v. IV:1 (NP), VIII 527 v. I:22. X:1' (?), VIII 533 v. II:10
cit. (Archi, *Mél. Finet*, p. 18): TM.75.G.10156 (NP); cit. (Pettinato, *MEE* I): TM.75.G.5369

¶ Esistono in Siria nord-occidentale due località diverse con questo nome, come indicato da *ARET* VII 153, che riferisce la prima a Giri e la seconda a Nabḫa-il, entrambi figli di Ibriʾum; una di queste due località è determinata con il NG → IrPEŠ in *ARET* IV 3, e può trovarsi fra Ebla e → Imar (diversamente, per una localizzazione fra Aleppo e Gaziantep v. Astour, *WGE*, p. 154). Non è provabile invece l'identificazione con → Mur e → Muraru (avanzate da Archi in *ARET* III, p. 329), né quella con → ENmu; cf. anche → Mulu.
La ricostruzione [*mu*]-*ru*$_{12}$$^{ki}$ proposta dall'editore per *ARET* VIII 527 è dubbia. In TM.75.G.5369 sembra si abbia questo NG e non → ENmu, v. *MEE* I, p. 215.

Murugu (?) v. Mulugu

Mušada

*mu-sa-da*$^{ki}$ *ARET* I 4 v. II:5
¶ Cittadina a sud di Ebla?

Mušar v. Muḏar

Mušilu

*mu-si-lu*$^{ki}$ *ARET* IV 2 v. V:6 (NP), VIII:12 ($NP_1$-$NP_2$), IV:3 r. X:19; *ARET* VIII 523 r. VIII:12 (NP)
¶ Per *ARET* VIII 523 v. Archi, *Or* 54, p. 12 [26].

Muzadu

*mu-za-du*$^{ki}$ *ARET* VII 155 r. II:7 (ugula)
¶ Menzionato fra i beni fondiari (ki, é) relativi a Irig-damu, figlio di Ibriʾum; nella regione di Ebla.

Muzigu

*mu-zi-gú*$^{ki}$ *ARET* VIII 524 v. VIII:9
¶ V. Hecker, *LdE*, p. 169, n. 27. Cf. → Muz(u)gu.

## Muz(u)gu

*mu-zu-gú*[ki] *ARET* II 14 v. V:6 (ugula); *ARET* III 515 r. II:4'; *ARET* VIII 542 v. V:10

¶ Centro nella regione di Ebla; cf. → Muzigu. V. Edzard, *ARES* I, p. 31.

# N

Naʾanu

*na-a-nu*$^{ki}$ *ARET* VII 151 v. I:4
¶ Centro nella regione di Ebla. Cf. → Naʾunu.

Naʾar v. Nar

Naʾarradu v. Narradu

Naʾi

*na-i*$^{ki}$ *ARET* VII 155 r. II:1, VII 156 r. III:6; *ARET* VIII 523 v. VIII:19; TM. 75.G.1964 r. II:7
¶ Fra i centri riferiti ai figli di Irig-damu, figlio di Ibriʾum, in *ARET* VII 155; fra quelli riferiti ai figli di Irʾam-damu in *ARET* VII 156. Nella regione di Ebla.

Naʾunu

*na-ù-nu*$^{ki}$ *ARET* VIII 538 v. VII:2'
¶ Cf. → Naʾanu.

NabaKUTU (??)

*na-pa*-KU-TU$^{ki}$ TM.75.G.1452 r. III:12
¶ O ugula *na*-KU-TU$^{ki}$? Fra i centri della regione eblaita connessi con alcuni figli di Ibriʾum. V. anche Astour, *JAOS* 108, p. 550, e n. 40.

Nabarʾaḏum

*na-bar-a-⸢sum⸣*$^{ki}$ *ARET* VIII 528 r. VIII:8 (*)
*na-bar-ʾa*$_{x}$(NI)-*sum*$^{ki}$ *ARET* I 4 r. XIII:2; *ARET* VIII 531 r. VI:11 (2 <persone>)
cit. (Pettinato, *MEE* I): TM.75.G.2086
*na-bar-sum*$^{ki}$ *ARET* I 5 r. IX:7 (2 <persone>)
¶ Probabilmente in *ARET* I 5 da reintegrare -<*a*>- o -<*ʾa*$_{x}$>-. Cf. → Nabarʾize (?).

Nabarʾize (?)

*na-bar-i-zé*$^{ki}$ cit. (Pettinato, *MEE* I): TM.75.G.1830
¶ Certamente una variante di → Nabarʾaḏum; lettura dubbia, da verificare.

Nabarḏum v. Nabarʾaḏum

Nabraladu, Nabraradu

*nab-ra-la-du*$^{ki}$ *ARET* II 29 r. III:14
¶ V. D'Agostino, *OA* 29, p. 48.

Nabu

*na-bù*$^{ki}$ *ARET* I 1 r. X:10 (ugula-ugula, maškim-maškim-SÙ), I 3 v. I:4 (maškim-SÙ), I 4 v. III:12, I 7 v. IX:4' (dumu-nita en, maškim-SÙ); *ARET* III 107 r. II:4 (1 dumu-nita en), III 143 r. V:4' (en); *ARET* IV 18 r. I:14, II:18, X:11, XII:11, v. X:7; *ARET* VIII 521 r. VIII:14 (1 dumu-nita en); *MEE* II 39 r. X:4 (NP en); *MEE* II 40 r. II:1
cit. (Pettinato, *MEE* I): TM.75.G.1389
¶ Regno siriano minore, di ignota localizzazione (inaccettabile è il riferimento all'area palestinese che è stato proposto da Pettinato, *Ebla* 2, p. 253, basandosi sull'omonimia con il monte Nebo in Transgiordania, v. Heimpel, *JAOS* 109, p. 121). Non confermabile il confronto con → Nanab proposto in *ARET* III, p. 329.
Per *MEE* II 40 cf. Bonechi, *MisEb* 4.

Nadibu

*na-ti-bù*$^{ki}$ *ARET* VII 151 r. II:1
¶ Cittadina nella regione di Ebla.

## Nagar

*na-gàr*[ki] *ARET* I 6 v. VIII:21 (NP, maškim-SÙ ḪUB.KI), I 9 r. VI:3 (NP), I 13 r. VII:16 (NP ḪÚB), r. XI:8 ($NP_1$-$NP_9$, $NP_{10}$-$NP_{21}$ ḪÚB), I 44 r. II:3 (150 guruš-iii 150 dam-iii 80 dam-iii), 8 (140 guruš-iii 140 dam-iii 20 dam-iii), III:4 (340 guruš-iii 349 dam-iii 70 dam-iii), IV:16, VI:3, I 45 V':4 (en), VI':3 (en); *ARET* III 108 r. III:3', III 338 v. VI:3, III 673 r. I:3' (NP), III 691 v. V:4', III 718 r. I:1, III 959 v. II:1, 4; *ARET* IV 14 r. VII:11 ($NP_1$-$NP_5$, dumu-nita-dumu-nita maškim-maškim-SÙ ḪUB.KI); *ARET* VII 6 v. IV:4 (maškim), VII 16 r. VIII:11 (NP en), VIII 64 r. I:4 (NP), VII 75 v. I:2, VII 78 r. I:4, v. II:6, VII 80 v. II:5, VII 122 r. II:5; *ARET* VIII 523 v. VI:4 (NP), VIII 525 r. I:3 (NP), VIII 528 v. V:4 (NP), VIII 532 v. X:14, 17, VIII 533 v. XI:2', 12', XII:1', 5', 9', VIII 542 v. I:1; *ARET* IX 66 v. III:3, IV:11 (NP <Ebla?>), IX 79 r. V:7, IX 80 r. II:15, v. III:7, IX 82 r. VII:1, IX 83 v. I:6 (NP <Ebla>), IX 84 v. III:19, IX 93 v. I:2 (<ki>), IX 94 v. II:8, IX 95 v. II:9; *MEE* II 29 v. IV:1; *MEE* II 33 r. V:4; *MEE* II 39 r. VII:15 (NP ḪÚB.⌜KI⌝*); *MEE* X 29 v. I:10; TM.75.G.2133 v. I:4; TM.75.G.2238 v. VI:5; TM.75.G.10091 r. VII:5 (en)

cit. (Archi, *Ebl.* I, p. 138 [7]): TM.75.G.2250 r. II; cit. (Archi, *MARI* 4, pp. 77-78): TM.75.G.2337 r. II (en); TM.75.G.10077 r. II:3 (NP); cit. (Archi, *MARI* 5, p. 47): TM.75.G.2426 (NP); cit. (Archi, *Mél. Kupper*, pp. 205-206): TM.75.G.2233 v. III:12; TM.75.G.2465 r. VI:3 (en), VI:12 (NP); cit. (Archi, *SEb* 2, p. 21): TM.75.G.1250 r. I:7 (NP dumu-nita en); cit. (Archi, *SEb* 4, pp. 78 [6], 81 [22]): TM.75.G.1391 r. III:3 (en), TM.75.G.2401 r. IX:11 (2 <persone>); cit. (Archi, *SEb* 5, p. 209): TM.75.G.2335; cit. (Biga, *ARES* I, p. 299): TM.76.G.247, TM.76.G.283; cit. (Garelli, *Remarques*, § 3): TM.75.G. 1249 r. V; cit. (Mander, *MEE* X, p. 167): TM.75.G.2428, TM.75.G.2429, TM. 75.G.2508; cit. (Milano, *ARET* IX, p. 211): *ARET* X 102 (2 é-duru$_5$[ki]); *ARET* X 103 (2 é-duru$_5$[ki]); *ARET* X 105 (2 é-duru$_5$[ki]); *ARET* X 106 (4 é-duru$_5$[ki]); cit. (Pettinato, *MEE* I): TM.75.G.1322, TM.75.G.1344, TM.75.G.1379, TM. 75.G.1413 (en), TM.75.G.4529, TM.75.G.5180, TM.75.G.5188, TM.75.G. 5317, TM.75.G.5559, TM.75.G.10019, TM.75.G.11007, TM.75.G.11043 (NP en), TM.76.G.254 (en)

¶ Regno siriano, certamente da identificarsi con la capitale dello stesso nome nota dalle fonti mesopotamiche del III e II millennio (v. *RGTC* 1, p. 125; *RGTC* 3, p. 173), e localizzabile in uno dei grandi tell della Gezira centrale (v. Archi, *ARET* I, p. 212, e *SLE*, p. 231; Pettinato, *MEE* II, p. 70; Saporetti, *LdE*, p. 289; Michalowski, *JAOS* 105, p. 297; Fronzaroli, *OrSu* 33-35, p. 145; con riserva, Sollberger, *ARET*

VIII, p. 47). Per Nagar nelle fonti mesopotamiche v. il bilancio in Matthews - Eidem, *Iraq*, in stampa, con le conclusive argomentazioni circa l'identificazione con Tell Brak; per la documentazione eblaita disponibile v. da ultimo Catagnoti, *MisEb* 4. Cf. anche Charpin, *MARI* 5, p. 92, per l'attestazione recente di Nagar nei testi presargonici di Mari.
Qualifica lana in *ARET* III 108, 691, 718 e 959, e in *ARET* VIII 532 e 533. L'attestazione frammentaria di Nagar proposta dall'editore per *ARET* VIII 533 v. XIII:3' è molto dubbia. In *MEE* III 66 v. III:6 si ha → "Saza", v. Fronzaroli, *MisEb* 2, p. 19.

Naḫal

*na-ḫal*[ki] *ARET* III 549 r. VI:3' (NP); TM.75.G.2420 r. IV:10, v. I:13

¶ In TM.75.G.2420 è menzionato in relazione alle imprese militari in Siria centro-occidentale dei sovrani di → Mari Saʾum e Iblul-il, e assieme a → Nubad e → Šadab è riferito a kalam[tim]-kalam[tim] di → Gašur. Da cercarsi fra Ebla e Mari, verosimilmente verso il medio Eufrate, non lontano da → Imar: Pettinato, *OA* 19, p. 236, propone la "depressione del Jabbul prima di Imar" (diversamente, ma in modo inaccettabile, è riferito all'area transtigrina da Astour, *Semites and Hurrians*, p. 13). V. il commento a → Nar. V. anche Astour, *JAOS* 108, p. 550.

Naḫar v. Nar

Naḫarradu v. Narradu

Naḫbadu

*na-aḫ-ba-du*[ki] TM.75.G.2143 v. II:5

¶ Centro menzionato in relazione ad attività agricole; nella regione di Ebla.

Naḫiʾ(um)

*na-ḫi*[ki] *ARET* I 5 r. X:10 (2 <persone>); *ARET* IV 19 r. IV:6 (dumu-nita NP)

cit. (Archi, *Mél. Finet*, p. 17): TM.75.G.1249

*na-ḫt-um*[ki] *MEE* X 21 v. X:13 (maškim NP)

¶ Non è provato che le due grafie siano varianti.

Naḫur v. Nar

NaKUTU (?) v. NabaKUTU (?)

Nam... v. Bir...

NAM v. Bīr

Nanab

*na-na-ab*[ki] *MEE* II 14 v. VII:6 (NP lugal)
*na-na-bù*[ki] *ARET* III 800 r. IV:3' (dam NE-di), III 938 r. VI:8' (NP)

¶ Identificata da Garelli, *Remarques*, § 2, con *na-na-ab*[ki] dei testi di Alalaḫ VII (e cf. Archi, *MARI* 5, p. 41). V. anche Astour, *JAOS* 108, p. 551. Cf. Nanabiš. V. il commento a → Nabu.

Nanabiš

*na-na-bí-iš*[ki] TM.75.G.2377 r. III:6; TM.75.G.2379 r. IV:1
*na-na-bí-su*[ki] *ARET* III 948 r. II:1', 7' ($NP_1$-$NP_2$)

¶ Fra i centri del culto di [d]NIdabal in TM.75.G.2377 // TM.75.G.2379; nella regione di Ebla, verosimilmente verso l'Oronte. Per *ARET* III 948 v. il commento a → Zami-ʾu(m). V. anche Astour, *JAOS* 108, p. 551. Cf. → Nanab.

NanaNEš v. Nanabiš

Nar

*na-àr*[ki] *ARET* VII 154 r. I:8
*na-ru*$_{12}$[ki] *ARET* III 467 v. IV:6, III 736 r. V:3'; TM.75.G.1233 v. X:1 (*, <ki>, NP)

¶ *Na-àr*[ki] è fra i centri riferiti ai figli di Giʾa-lim in *ARET* VII 154; nella regione di Ebla. La lettura *-àr* è una possibilità (= Naʾar?) ; alternativamente, *na-ḫar*[ki] (cf. → Naḫal?), *na-ḫur*[ki]. Non provata resta l'identificazione delle due grafie come varianti; per la seconda, l'integrazione del determinativo geografico in TM.75.G.1233 è una ipotesi verosimile. *Na-ru*$_{12}$[ki] è confrontato con [uru]*na-ra-še* di Alalaḫ da Astour, *JAOS* 108, p. 550, n. 36.

Narradu

*na-àr-ra-du*$^{ki}$ *ARET* VII 156 v. V:5

¶ L'uso di *àr* potrebbe suggerire anche Naʾarradu, o, se *-ḫar-*, Naḫarradu. Fra i centri riferiti ai figli di Irʾam-damu; per un confronto con → NEʾaradu di TM.75.G. 1451 v. Archi, *ARET* VII, p. 200. Nella regione di Ebla.

Nazariʾan

*na-za-rí-a-an*$^{ki}$ *ARET* III 682 r. III:5 (NP), *ARET* VII 71 v. II:6

NE... v. anche Bi...

NEʾaʾu

NE-*a-ù*$^{ki}$ *ARET* I 16 r. IX:4; *ARET* III 45 r. II:1', III 183 r. II:6', III 271 r. III:5', III 468 r. V:10 (NP), III 533 r. III:3'; *ARET* IV 7 v. IV:15, IV 18 r. VIII:14, IV 22 v. IV:10; *ARET* VIII 521 v. V:19 ($^{[ki]}$, *, NP$_1$ lú NP$_2$); *ARET* VIII 524 r. XI:20, v. V:2, VIII 527 v. VIII:3 (NP); *MEE* II 40 v. III:10; *MEE* X 25 v. IV:10

cit. (Archi, *MARI* 4, p. 77): TM.75.G.2373 v. VIII:6

cit. (Pettinato, *MEE* I): TM.75.G.2233

¶ Importante centro della Siria occidentale, menzionato in relazione ad attività agricole (v. *ARET* III 183, che vi riferisce una proprietà, é). Numerosi indizi suggeriscono una localizzazione a sud di Ebla: v. in tal senso *ARET* III 271 (riferimento ai due sovrani (!) di → Manuwad), *ARET* III 533 e *ARET* IV 7 (riferimenti a persone di → Arḫadu), *MEE* II 40 (riferimento a spedizioni commerciali relative a → Ibʾal).
Per *ARET* VIII 521 alla correzione di Archi (⸢NE-*a*⸣-*ù*$^?$) può essere aggiunto il determinativo geografico in rottura, sulla base del numero dei tessuti assegnati. Da escludere l'accostamento a → Aʾaʾu proposto da Fales, *Ebla 1975-*, p. 421.

NEʾaradu

NE-*a-la-du*$^{ki}$ *ARET* IV 1 v. I:10 (NP)
NE-*a-ra-du*$^{ki}$ *ARET* I 16 v. II:15 (NP$_1$ lú NP$_2$ mùnsub)
cit. (Pettinato, *MEE* I): TM.75.G.5288
NE-*ʾà-ra-du*$^{ki}$ *ARET* VIII 522 v. I:10 (NP); TM.75.G.1451 v. III:10 (ugula)
NE-*ʾ*$a_x$(NI)-*ra-du*$^{ki}$ *ARET* VIII 526 r. XV:3 (NP), 15 (NP$_1$-NP$_2$)

¶ Cittadina della regione di Ebla, confrontata con → Narradu da Archi, *ARET* VII, p. 200. Una verosimile lettura *bí-ʾà-ra-du*$^{ki}$ è comunque suggerita da Astour, *JAOS* 108, p. 550. Le varianti grafiche qui raccolte escludono un accostamento a → Aʾad e NeNEdu, proposto da Fales, *Ebla 1975-*, p. 421 e n. 21.

NEʾaš...ša (?)

N[E$^{?}$]-*aš*$^{?}$-[(x-)]-*sá*$^{ki}$ TM.75.G.2136 r. I:3
¶ Fra 17 centri "nelle mani" del sovrano di Ebla; a nord di Ebla.

Nebarad, Nibarad

*ne-ba-ra-ad*$^{ki}$ *MEE* II 14 v. I:1 (*, NP lugal)
*ne-ba-ra-du*$^{ki}$ TM.75.G.1625 v. II:2 (ugula-SÙ)
*ni-ba-ra-ad*$^{ki}$ TM.75.G.1444 r. VII:14
¶ Fra i centri riferiti a Irti, figlio di Ibriʾum, in TM.75.G.1625; una proprietà (é) in Nebarad è citata in relazione a Ir-damu, figlio di Ibriʾum, in TM.75.G.1444; nella regione di Ebla (v. Archi, *MARI* 5, p. 41). V. Astour, *JAOS* 108, p. 550.
Per *MEE* II 14 v. Archi, *MARI* 5, p. 39 (non visibile sulla fotografia di *MEE* II).

NEdadar

NE-*da-da-ar*$^{ki}$ TM.75.G.2136 r. III:4
¶ Fra i centri "nelle mani" del sovrano eblaita; a nord, nord-est di Ebla. Cf. → ...da...ar?

NEdiga

NE-*ti-ga*$^{ki}$ *ARET* II 5 v. IV:9
¶ Cf. Edzard, *ARES* I, p. 31. V. → NEdina (?).

NEdina (?)

N[E]-*ti*-[*n*]*a*$^{?ki}$ *ARET* I 4 v. IV:3
¶ O N[E]-*ti*-[*g*]*a*$^{ki}$ (v. → NEdiga)?

NEdirad

NE-*ti-ra-ad*$^{ki}$ *MEE* II 32 r. V:8 (NP lú)

NEduNE

NE-*du*-NE$^{ki}$ TM.75.G.1669 v. II:6 (NP), IV:13 (NP)

NEḏedum

NEḏedum, NEšedum

NE-*šè-tum*[ki] *ARET* III 378 r. I:2'

¶ Centro menzionato in relazione ad attività agricole; nella regione di Ebla.

Negarum (??)

⌈NE??⌉-*ga-rúm*[ki] TM.75.G.2136 r. IV:2

¶ La copia (*Mél. Özgüç*, p. 11) non conferma NE-. Fra i centri "nelle mani" del sovrano eblaita; a nord, nord-est di Ebla. V. → NIgar.

NEla...

[N]E-*la*-⌈x⌉[ki] *ARET* VII 155 r. V:9

¶ Fra i centri agricoli (ki é) della regione di Ebla riferiti ai figli di Irig-damu, figlio di Ibriʾum. Paleografia in *ARET* VII, p. 244: una possibile integrazione sarebbe -[*a*]*d* [ki], in relazione forse a → NErad (non necessariamente lo stesso centro).

NElu(m)

NE-*lu*[ki] *ARET* I 13 r. XII:15 (NP)

NE-*lum*[ki] TM.75.G.1547 r. IV:1

¶ L'identificazione delle due grafie come varianti dello stesso toponimo non è provata (e di conseguenza per la seconda la lettura *-lum* è solo una ipotesi). NE-*lum*[ki] è fra i centri agricoli della regione eblaita. Cf. → Bīr (identità probabile).

NEnaš v. Binaš

NeNEdu, NiNEdu

*ne*-NE-*du*[ki] *ARET* I 13 r. XIII:16 ($NP_1$-$NP_3$); *ARET* II 18 r. III:3 (ugula še); *ARET* VII 15 r. II:8 (NP)

cit. (Pettinato, *MEE* I): TM.75.G.2233

*ni*-NE-*du*[ki] *ARET* III 106 r. VI:2 (... lú NP); *ARET* IV 2 v. VI:3 (NP); *ARET* VII 154 v. II:3; *ARET* VIII 542 v. IX:8' (NP); *MEE* X 3 r. VI:18 (NP lú-i-me)

cit. (Archi, *VO* 8/2, p. 197): TM.75.G.2520 r. XI (NP NE-di)

¶ Fra i centri riferiti ai figli di Giʾa-lim in *ARET* VII 154; nella regione di Ebla. Per il confronto delle due grafie v. Archi, *ARET* VII, p. 200 (da non accogliere invece quello proposto *ibid.* con → Nunudu). V. anche il commento a → NEʾaradu.

NEr v. Bīr

NErad

NE-*ra-ad* ki TM.75.G.1558 r. IV:1; TM.75.G.2367 r. IX:2
cit. (Pettinato, *MEE* I): TM.75.G.1379

¶ In TM.75.G.2367 è fra i centri siriani connessi con le imprese militari in Siria centro-occidentale di Iblul-il, re di Mari; in TM.75.G.1558 compare in un conto di pecore riferite al sovrano eblaita. Anche se è possibile, non è certo che si tratti dello stesso centro, poiché il primo deve trovarsi non troppo lontano dall'Eufrate superiore siriano (forse fra → Ḫazuwan(nu) e → Imar, dato il contesto), mentre il secondo sembra in prima istanza riferibile alla regione di Ebla (v. anche Pettinato, *Ebla* 2, p. 237). Non accettabile il riferimento all'area transtigrina proposto da Astour, *Semites and Hurrians*, p. 13. Per *MEE* II 14 v. I:1 v. → NEbarad; ugualmente, ci si chiede se in TM.75.G.1558 si deve intendere → NErad o → NEbarad. V. → NEla...

NEramu

NE-*ra-mu*ki *ARET* VIII 526 v. IX:14 (NP)

NEriʾum

NE-*rí-um*ki TM.75.G.1975 v. III:6

¶ Una delle 52 "fortezze", bàd, della città di → Luʾadum; a nord di Ebla.

NEša

NE-*sa*ki *ARET* III 78 v. IV:4

¶ Cf. → NIša.

NEšedum v. NEḏedum

NEzigid

NE-*zi-gi-du*ki *ARET* VII 15 r. V:8 (NP)
NE-*zi-gi-id*x(NI)ki cit. (Archi, *MARI* 5, p. 40): TM.75.G.1769 (NP lugal); cit. (Zaccagnini, *SLE*, p. 201): TM.75.G.1399 v. XIII:6 (NP ugula)

¶ L'alternanza grafica risolve, almeno per la desinenza, il problema prospettato da Krecher, *ARES* I, p. 175.

NE...wa

NE...wa

NE-[x]-*wa*[ki] *ARET* I 4 r. XIII:8

NI... v. anche A..., I..., Bu...

NIʾ(a)NEn

NI-*a*-NE-*in*[ki] *ARET* I 17 r. I:9 ($NP_1$ *wa* $NP_2$ ugula, maškim-SÙ, *mazalum*-SÙ)

NI-*a*-NE-*nu*[ki] *ARET* III 183 r. II:4'; *ARET* VIII 523 r. VII:27 (*), VIII 526 r. X:18 (NP)

NI-NE-*in*[ki] *ARET* VIII 542 v. V:25

NI-NE-*nu*[ki] *ARET* IV 3 r. VI:15 (NP)

¶ In *ARET* III 183 vi si riferisce una proprietà (é); nella regione di Ebla.

NIaʾaḫu v. Alalaḫ

NIab

NI-*ab*[ki] *ARET* I 5 v. XI:3 (NE-di-tur), I 10 v. X:2; *ARET* III 193 r. II:5, III 797 r. I:2'; *ARET* IV 18 v. XI:11, IV 19 r. V:10, VI:8; *ARET* VII 11 r. VII:11, VII 156 r. IV:11; *ARET* VIII 521 v. II:20, VIII 525 v. I:17, VIII 527 v. VI:13; *ARET* XI 1 r. XIV:14, XV:4, 7, 13, v. I:1, 8 (ND), XI 2 [r. XVII:2, 14, 17], r. XVIII:[1, 10], 19 (ND); *MEE* X 29 v. XVI:11; TM.75.G.1559 r. VIII:7; TM. 75.G.2075 v. IV:6, V:20, VII:3

cit. (Archi, *Ebl.* I, p. 137 [1]): TM.75.G.1249 r. V:12; cit. (Archi, *MARI* 6, pp. 33, 34, 37): TM.75.G.1945 v. IV:4, 10210 v. VII:8'; cit. (Biga, *ARES* I, p. 303): TM.76.G.967 (NP); cit. (Biga, *VO* 8/2, p. 8): TM.75.G.1730 v. X:1; cit. (Grégoire, *LdE*, p. 392, n. 54): TM.75.G.2508 r. XXIV:27; cit. (Mander, *OA* 27, p. 49): TM.75.G.2429 r. XVIII:22; cit. (Pettinato, *MEE* I): TM.75.G.1417

¶ Importante centro nella regione di Ebla (e non della Palestina, come per Pettinato, *MEE* II, p. 128, v. già Catagnoti, *MisEb* 2, p. 157; da non identificare comunque con Aleppo, come proposto da Krecher, *BaE*, p. 157, v. già Bonechi, *SEL* 7, pp. 33-34); probabilmente a nord di Ebla, v. Fronzaroli, *QuSem* 18, p. 176.

Il NG è connesso con la dinastia eblaita: v. *ARET* XI 1 e 2 (sede del culto di $^{d}$Utu), e cf. TM.75.G.1559; è citato anche in relazione all'*élite* della città: v. TM.75.G.2075, ed anche *ARET* VII 156, dove è fra i centri riferiti ai figli di Irʾam-damu. La menzione dei NE-di in relazione a NIab (v. Catagnoti, *ibid.*) può essere dovuta all'importanza religiosa della cittadina, confermata anche da inediti, che vi riferiscono un culto a $^{d}$Ašdar (v. Archi, *MARI* 7, p. 75). Cf. inoltre Krecher, *ARES* I, p. 185.

NIabudu v. Aᵓabudu

NIadari

NI-*a-da-rí*ki *ARET* III 467 r. I:8
cit. (Pettinato, *MEE* I): TM.75.G.20960
¶ V. Krecher, *ARES* I, p. 183, per un confronto con NIl(a)ladar (non provabile considerando i contesti, e poco probabile foneticamente).

NIalaNEgu v. NIaraNEgu

NIalu v. Aᵓalu

NIaNEdum

NI-*a*-NE-*tum*ki TM.75.G.1452 r. III:8
¶ Fra i centri della regione eblaita connessi con alcuni figli di Ibriᵓum. Per un possibile confronto con → NIabudu v. Fronzaroli, *SEb* 3, p. 49.

NIaNEg

NI-*a*-NE-*gú*ki *ARET* IV 2 v. IX:18 (NP), IV 3 v. VIII:3 (NP)
cit. (Pettinato, *MEE* I): TM.75.G.11072
NI-*a*-NE-*ig* ki *ARET* I 17 r. II:13 ($NP_1$ lú $NP_2$); *ARET* III 159 r. VI:2'; TM.75.G.2377 r. II:1; TM.75.G.2379 r. II:2
¶ Fra i centri del culto di dNIdabal in TM.75.G.2377 // TM.75.G.2379; nella regione di Ebla, verosimilmente verso l'Oronte (diversamente, Pettinato, *Ebla* 2, p. 241, vi vede una improbabile attestazione dell'"isola di Afek", con riferimento alla Palestina); il confronto con → Niᵓ raNEgu (proposto in *ARET* III, p. 324) non è probabile, né dal punto di vista fonetico né da quello prosopografico. V. anche Edzard, *ARES* I, p. 31, e Krecher, *ARES* I, p. 185.

NIaNEn v. NIᵓ(a)NEn

NIaraNEgu

NI-*a-la*-NE-*gú*ki *ARET* III 938 v. II:6 (NP)
NI-*a-ra*-NE-*gú*ki *ARET* II 28 v. IV:4 (*, $NP_1$ lú $NP_2$); *ARET* III 527 v. IV:14' (NP); *ARET* IV 3 v. IV:6 (NP)
¶ Con lettura *ì*-, Archi, *ARET* III, p. 324, la assimila al NG uru*ia-ra-bi-ik* dei testi di Alalaḫ. Cf. Edzard, *ARES* I, p. 31. V. → AraNEg, e cf. il commento a → NIaNEg.

NIbarad

NIbarad v. Nebarad

NIbirgu

NI-*bir*$_5$-*gú*$^{ki}$ *ARET* I 13 v. II:1 (NP); *ARET* IV 18 r. V:18 (NP)

NIbudu v. Abudu

NIdadu(m)

NI-*da-du*$^{ki}$ TM.75.G.1764 v. IX:4

NI-*da-tum*$^{ki}$ *ARET* I 1 r. XI:10, I 5 r. VIII:12, I 7 r. VIII:14, I 8 v. XVII:19, I 16 r. X:4 ($NP_1$-$NP_2$); *ARET* III 51 r. II:6' ($NP_1$ $NP_2$ šeš-SÙ-tur 4 dumu-nita $NP_3$), III 101 v. II:2 (NP), III 324 r. II:2' (NP), III 458 r. II:7 (NP *wa* šeš-SÙ), III 459 v. II:3 (NP ugula), III 473 r. I:6' ($NP_1$ 2 dumu-nita $NP_2$), III 692 r. I:1 (..., *wa* NP dumu-nita-SÙ), III 858 v. IX:5 (... *wa* NP); *ARET* IV 7 r. XIII:12 (NP), IV 22 v. IV:14 (NP); *ARET* VIII 521 v. VI:2 (NP), VIII 524 v. III:20 (*, ugula[!]), VIII 525 r. VI:21 (NP, $azu_x$ en <Ebla>), VIII 527 r. V:7 (NP), XIII:3 (NP ugula), VIII 531 r. V:10, v. XI:21 (NP), VIII 541 v. VII:14' ($NP_1$ lú $NP_2$ $NP_3$); *MEE* II 39 v. V:15 (NP); *MEE* X 24 v. II:1'; *MEE* X 26 v. III:13' ($NP_1$, dumu-nita-SÙ, ugula)

cit. (Milano, *SEb* 7, p. 216): TM.75.G.1348 r. X:13; cit. (Pettinato, *MEE* I): TM.75.G.1344, TM.75.G.1830, TM.76.G.114

¶ Importante centro nella regione di Ebla. Cf. → Adadu(m).

NIdašu

NI-*da-su*$^{ki}$ *ARET* IV 2 r. XII:10 ($NP_1$-$NP_2$)

¶ V. il commento a → Adaš.

NIdeḏu

NI-*te-šu*$^{ki}$ *ARET* III 107 v. VI:5' ($NP_1$-$NP_2$)

NIdiba

NI-*ti-ba*$^{ki}$ *ARET* III 87 r. III:3', III 796 r. I:1', III 938 v. III:3 (NP); *ARET* VIII 523 v. IX:21, VIII 524 r. V:13 (*, NP), VIII 533 r. XIII:16 (*)

¶ V. il commento a → Lidba.

NIdigu

NI-*ti-gú*[ki] cit. (Biga, *WGE*, p. 171, n. 31): TM.75.G.1729

NIdiNEdu

NI-*ti*-NE-*du*[ki] *ARET* III 106 v. II:3' (NP$_1$ lú NP$_2$); *ARET* VIII 536 r. IV:4' (*, NP); *ARET* IX 66 r. VIII:16
cit. (Milano, *ARET* IX, p. 211): *ARET* X 102 (1 é-duru$_5$[ki]); *ARET* X 103 (1 é-duru$_5$[ki]); *ARET* X 105; *ARET* X 106 (2 é-duru$_5$[ki])
¶ Cittadina nella regione di Ebla. Cf. → Adin.

NIdiriʾum

NI-*ti-rí-um*[ki] *MEE* II 33 v. V:8 (10 *ìr-a*-LUM NP ugula)

NIdur v. Adur

NIḏaLUM

NI-*ša*-LUM[ki] *MEE* II 39 r. X:7 (NP)
¶ Le osservazioni di Pettinato e Dahood in *MEE* II, p. 273, non sono adeguate né foneticamente né su base prosopografica (v. il commento a → *NIšanu). Cf. → Aḏalu.

NIḏaNIum

NI-*ša*-NI-*um*[ki] *ARET* I 3 v. I:2

NIḏaradu

NI-*ša-ra-du*[ki] *ARET* VII 156 v. V:12
¶ Fra i centri riferiti ai figli di Irʾam-damu; nella regione di Ebla.

NIgar

NI-*ga-ar*[ki] *ARET* III 159 r. VIII:7', IX:4'; *ARET* VIII 522 v. VI:10, VIII 526 v. V:23, VIII 536 r. V:7'
NI-*ga-lu*[ki] *ARET* VIII 525 v. VIII:24, VIII 527 r. VIII:10, VIII 538 v. IX:5', XII:6' (*, collazione Archi), VIII 541 r. II:17, v. IV:16' (*, collazione Archi)
cit. (Milano, *SEb* 7, p. 216): TM.75.G.1707 r. XI:1
NI-*ga-ru*$_{12}$[ki] TM.75.G.1451 v. IV:11 (ugula)

NIgaradu

¶ V. Archi, *St. Özgüç*, p. 13, per la proposta, possibile, di identificazione delle differenti grafie come varianti, compresa → NEgarum; la relazione allo stesso sito non appare invece certa: potrebbero esservi state due cittadine dal nome uguale o simile, una (Negarum?) a nord di Ebla, l'altra (Nigar), maggiormente attestata, nel territorio eblaita. Per un'assimilazione di NI-*ga-ar*$^{ki}$ con *i-ga-ar*$^{ki}$ dei testi di Alalaḫ v. Archi, *ARET* III, p. 324. Diversamente, Milano, *SEb* 7, p. 216, confronta con → Agalu(m) e → Agar. V. anche Astour, *JAOS* 108, p. 552. Cf. → NEgarum, → NIgaradu.

NIgaradu

NI-*ga-ra-du*$^{ki}$ *ARET* VII 128 r. I:2

¶ Cf. → NIgar.

NIgim, NIkim

NI-*gi-im*$^{ki}$ cit. (Archi, *MARI* 5, p. 40): TM.75.G.1928 ([] lugal)

NI-*gi-mu*$^{ki}$ *ARET* IV 2 r. XI:4 (NP); *ARET* VII 152 r. II:4; *MEE* II 47 v. IV:3 (NP lugal); TM.75.G.1724 r. III:4; TM.76.G.156 v. I:1; TM.76.G.189 r. III:6; TM.76.G.198 r. III:4; TM.76.G.274 v. I:2 (*, -<*mu*>)

cit. (Biga, *ARES* I, pp. 294 e 303): TM.76.G.163 (NP), TM.76.G.2043 (NP); cit. (Pettinato, *MEE* I): TM.75.G.1269 (lugal), TM.76.G.258

NI-*ki-im*$^{ki}$ *ARET* III 510 v. V:7'

NI-*ki-mu*$^{ki}$ *ARET* III 510 v. III:4 (1 gu NP); *ARET* VII 71 r. IV:5

¶ Cittadina menzionata in relazione ad attività agricole (v. *ARET* III 510, TM.75.G. 1724, TM.76.G.189, TM.76.G.198, TM.76.G.244, e cf. *ARET* VII 71 e TM.76.G. 156), in *ARET* VII 152 fra i centri riferiti a Nabḫa-NI, figlio di Ibriʾum. Da localizzarsi nella regione di Ebla (v. Archi, *MARI* 5, p. 42); identificata da Archi, *RA* 81, p. 186, con Agimu dei testi di Ugarit. Da notare le due grafie differenti in *ARET* III 510. V. → NIgimuʾib (?).

NIgimuʾib (?)

NI-*gi-mu-ib*$^{ki}$ *ARET* III 462 v. II:2'

¶ Grafia da collazionare (ed in ogni caso meglio NI-*gi-mu*{*-ib*}$^{ki}$?).

NIlaga

NI-*la-ga*$^{ki}$ *ARET* IV 3 r. VIII:1, 11, v. V:6

¶ Non è chiaro se la grafia NI-*la-gú*$^{ki}$ deve essere considerata qui o sotto → NIlaq. NI-*la-ga*$^{ki}$ è una cittadina determinata da → Raʾaq: a est di Ebla, verso la regione del medio Eufrate. V. il commento a → NIšig.

NIl(a)ladar

NI-*la-la-dar* ki *ARET* II 14 r. XI:3 (ugula-ugula)

¶ A meno di non considerare qui *-dar* errore per *-ḫu*, questo NG deve essere tenuto distinto da → Alalaḫ (v. Milano, *SEb* 7, p. 222, n. 20). V. il commento a → NIadari.

NIlalaḫu v. Alalaḫ

NIlalu

NI-*la-lu*ki TM.75.G.427 r. X:4" (NP ugula)

¶ Da distinguere da → NIrar. Cf. → Alalu.

NIlaq

NI-*la-gu*ki *ARET* IV 3 v. XI:10

NI-*la-gú*ki *ARET* VIII 533 r. IV:1, 4

¶ V. il commento a → Alaga, → NIlaga e → NIšig.

NIlar v. NIrar

NIlari

NI-*la-rí* ki *ARET* VIII 540 v. IX:5

¶ Da distinguere da → NIrar.

NIligaʾu

NI-*l*[*i-g*]*a-ù*ki *ARET* VII 155 r. III:9 (*)

cit. (Biga - Pomponio, *MARI* 7, § II): TM.75.G.2429 v. XXIX:21, XXX: 11, XXXI:30

¶ In *ARET* VII 155 (l'integrazione è molto verosimile) è fra i centri cui sono riferiti beni fondiari (ki é) relativi ai figli di Irig-damu, figlio di Ibriʾum: potrebbe dunque trovarsi nella regione di Ebla. V. il commento a → NIšig.

NIli...ʾu v. NIligaʾu

NILUM

NI-LUMki cit. (Biga, *WGE*, p. 170): TM.75.G.10052 v. VIII:18 (20 dam)

¶ Cf. → ILUM, → NIrum.

NINAMgu

NINAMgu v. NIbirgu

NInaraNEdu v. AnaraNEd

NInaraNENI v. AnaraNEd

NINEdu v. NeNEdu

NINEn v. NIʾ(a)NEn

NINEza

NI-NE-*za*[ki] cit. (Pettinato, *MEE* I): TM.75.G.4490

NINEzigu

NI-NE-*zi-gú*[ki] *ARET* VIII 527 r. XV:28

NIrar, Irar (?)

*i*[?]*-la-ar*[ki] *ARET* III 439 r. I:3 (en)
⌜*i*⌝*-ra-*[*ar*[?ki]] *ARET* III 940 r. I:9' (NP)
NI-*la-ar*[ki] *ARET* II 14 v. VII:10 (2 dumu-nita en, maškim-SÙ); *ARET* III 630 r. I:3' (en); *ARET* IV 6 r. V:9 (en); *ARET* VIII 526 r. XV:23 (*, collazione Archi), VIII 527 v. III:5 (NP), VI:17 (en), 20 (NP), 24 (NP šeš-mu en, 1 ábba-SÙ), VII:6 (ugula $za_x$(LAK-384) en), VIII 532 r. VIII:9 (NP), VIII 533 r. XI:2 (en); *ARET* IX 66 v. VI:4, IX 72 v. V:1, IX 75 r. II:1 (*-ar*[!](RI), NP, dumu-nita en), III:6 (dumu-nita en), v. III:2 (dumu-nita en), IX 76 r. I:6 (NP), II:3 (dumu-nita en), III:7, v. I:3 (dumu-nita en), II:8 (NP, dumu-nita en), IX 77 r. III:2 (dumu-nita en), V:3 (dumu-nita en), IX 81 r. III:3, v. I:1 (dumu-nita en), IX 82 r. IV:4 (NP), V:8 (NP), VI:11 (NP), v. I:13 (NP), IX 83 r. I:5 (NP); *MEE* II 39 r. XII:25 (NP)

cit. (Milano, *ARET* IX, pp. 193-194, 211): *ARET* X 102 (2 é-duru$_5$[ki]); *ARET* X 108 (16 é-duru$_5$[ki]); *ARET* X 116 (NP ugula); cit. (Pettinato, *MEE* I): TM.75.G.1318

NI-*ra-ar*[ki] *ARET* I r. I:2, I 2+ r. I:3 (en, 4 ábba-SÙ), I 3 r. I:3 (en, ábba-SÙ), I 5 r. I:10 (en, ábba-SÙ), v. V:2 (en), XIII:25, I 6 r. VI:8, I 7 r. I:3 (en, [ábba]-SÙ), v. XII:15, XIII:6 (NP$_1$-NP$_3$), 29, I 8 r. VII:10 (en, [ábba-SÙ]), v. XI:10, XII:6, I 11 r. IX:7 (NP), I 12 r. IV:12 (NP), V:4 (en), VI:8 (NP), VIII:5 (NP), v. III:7, I 17 r. X:12 (NP), I 30 v. II:4; *ARET* II 14 r. VI:13, II 15 r. III:7, II 32 v. II:2, *ARET* III 35 r. VIII:7' (NP), III 63 r. I:3 (en), NP$_1$-NP$_3$ maškim-SÙ), III 93 r. V:4' (en NI-[*ra-ar*[ki]]), III 107 v. I:2', III 134 v.[?] V:1', 4' (en), III 141 r. II:2', III 142 r. II:1', III 145 r. III:6', III 226 r. II:3' (NP), III 261 r. V:6' (NP ugula), III 332 r. II:3' (NP), III 398 r. III:7 (en), III 405 r. II:3 (NP), III 406 (NP ugula), III 412 r. VI:1', III 463 r. I:3 (en), II:6 (*maliktum*), III 465 r. III:3, III 501 r. III:1', III 506 r. II:2', III 510 v. IV:2', III 679 r. I:1', III 770 r. III:4' (NP$_1$ dumu-nita NP$_2$), III 788 r. II:2', III 800 r. II:3' (NP), III 815 v. I:3 (... dumu-mí en), III 838 r. II:3' (NP), III 887 r. I:3' (en), III 937 v. III:7' (NP); *ARET* IV 1 r. XI:1 (NP), 4 (NP), v. II:5 (NP), VI:8 (en, ábba-SÙ), IV 3 r. II:5 (NP lú-kar), IV 4 v. VI:13 (NP$_1$-NP$_2$), IV 6 r. V:6 (*maliktum*), IV 8 r. VI:6 (NP), IV 9 v. II:6 (NP), IV 10 v. XIII:4, IV 12 r. X:1 (en), v. I:3 (NP), IV 13 v. I:10 (NP), IV 16 r. VIII:15, XI:3, XII:10, v. III:9, IV 17 r. IX:1 (NP), XI:16, v. I:5, V:14, IX:3 (NP, maškim-SÙ), IV 18 v. VIII:6 (NP, ábba-SÙ, maškim-SÙ), IV 20 r. VI:3 (NP$_1$-[NP$_3$] 1 maškim-SÙ lú-kar), v. IV:7, IV 23+ v. I:20 (NP), VIII:1, IX:3 (NP); *ARET* VII 11 v. VI:6 (NP); *ARET* VIII 521 r. I:11, VIII:9 (NP), VIII 522 r. V:13 (NP$_1$-NP$_3$), VIII 524 v. I:25 (NP), III:18, VIII 525 r. VII:2 (NP), XII:3 (NP$_1$-NP$_2$, <NP$_3$>), VIII 529 r. VII:11 (NP), VIII:23 (NP), v. IV:20 (dumu-nita NP), VIII 531 r. I:3 (en, ábba-SÙ), v. III:3 (NP), XI:24, 30, VIII 532 r. IX:11 (NP), VIII 533 r. IX:7 (en, ábba-SÙ), VIII 541 r. IV:15 (NP), VIII 542 v. V:14 (NP$_1$-NP$_2$); *ARET* XI 1 r. VII:12 (a-a NG *sa-ti* NIrar), XI 2 [r. VIII:26] (a-a NG *ša-ti* [NIrar]); *MEE* II 1 v. IV:10 (en), VIII:9; *MEE* II 25 r. IX:3 (NP), 8 (NP), v. IV:16; *MEE* II 29 r. VIII:9 (NP); *MEE* II 32 v. II:12; *MEE* II 33 r. IX:4 (NP *ù* maškim-SÙ), v. I:1 (2 mí-túg ⌜x-x-x(-x)⌝ NIrar); *MEE* II 35 r. IX:10 (NP u$_5$); *MEE* II 37 r. IX:2 (en); *MEE* II 39 r. VI:17, VIII:21, v. VI:8 (NP$_1$ maškim en <NIrar> NP$_2$-NP$_3$); *MEE* X 3 r. VIII:20 (NP); *MEE* X 24 v. I:18 (dumu-nita en, maškim-SÙ); *MEE* X 26 v. II:10 (NP), III:15'; *MEE* X 29 r. XXIII:1 (*maliktum*); TM.75.G.521 v. III:6; TM.75.G.2420 v. III:12

NIrib

cit. (Archi, *AoF* 15, p. 28): TM.75.G.1792 v. V:14 (4 dumu-nita nagar); cit. (Archi, *Or* 54, p. 12): TM.75.G.10251 (NP ugula); cit. (Archi, *SEb* 2, pp. 24 e 26): TM.75.G.1745 r. X:8 (NP), TM.75.G.1949 r. III:4 (en); cit. (Archi, *VO* 8/2, p. 197): TM.75.G.2496 r. XI ($NP_1$ lú $NP_2$ *wa* $NP_3$ *wa* $NP_4$ NE-di), TM.75.G.10079 (... NE-di); cit. (Biga, *ARES* I, p. 294): TM.76.G.289 (NP, maškim-SÙ); cit. (Milano, *ARET* IX, p. 193): *ARET* X 106 (5 é-$duru_5^{ki}$); cit. (Pettinato, *MEE* I): TM.75.G.1317, TM.75.G.1318 TM.75.G.1320, TM.75.G. 1322, TM.75.G.1324 (en), TM.75.G.1344, TM.75.G.1570 (en), TM.75.G. 2233, TM.75.G.4470, TM.75.G.10019, TM.75.G.10022, TM.75.G.10029 (en), TM.75.G.11048, TM.75.G.11072, TM.75.G.11082, TM.75.G.11145 (en), TM. 76.G.288 (*badalum*)

¶ Importante regno siriano, fra quelli che aprono i testi di tipo *ARET* I 1-9.
Quasi certamente assai prossimo a Ebla: v. Bonechi, *SEL* 8, pp. 68-70 (a nord di Ebla, e forse ad ovest del Quweiq; v. già Garelli, *Remarques*, § 2, per una localizzazione occidentale). Diversamente, Pettinato la riferisce all'area del Tigri in *Ebla* 2, pp. 285 (fig. 35) e 290; Saporetti, *LdE*, p. 289, pensa ad una area ḫurrita in relazione con → Nagar; "au delà du Habur" per Archi, *MARI* 6, p. 22 (e v. anche *ARET* I, p. 220: "probabilmente ... nell'area del Habur"). Associato a → Kakmiʾum e → Ḫazuwan(nu) in TM.75.G.2420, in *ARET* XI 1 // XI 2 → Mašad / Maḏad è definito "quello di NIrar". Comunque, l'inedito TM.76.G.288, che sembrerebbe attestare un *badalum* di NIrar, va verificato. Astour, *Semites and Hurrians*, p. 12, riferisce di una comunicazione personale di D. Arnaud circa l'attestazione di NIrar nei testi del Bronzo tardo da Emar.
Le due ipotetiche varianti con *i-* (v. *ARET* III, p. 325) sono dubbie, e non sono controllabili; comunque, circa la seconda, si osserva che nessun Irig-damu è noto come persona di NIrar, e una lettura ⌜*i*⌝-*ra*-[$KU^{ki}$] è possibile. In *ARET* III 398 non sembra probabile che *si-ma* sia il nome del sovrano di NIrar. In *MEE* II 33 r. XI:17 la lettura dell'editore (2 mí-túg $níg^?$-$^{d}$*aš-dar*), non confermabile dall'esame della fotografia, è improbabile: da collazionare. Altre attestazioni in Milano, *ARET* IX, p. 211.

NIrib v. Ibiraʾ

NIribaʾ v. Iribaʾ

NIribzu

NI-*rí-íb-zu*$^{ki}$ TM.75.G.1547 r. III:3

cit. (Pettinato, *MEE* I): TM.76.G.257 (-*zu*$^!$(DU))

¶ In TM.75.G.1547 citato in relazione ad attività agricole; nella regione di Ebla.

NIriNE v. Iribaʾ

NIrum

NI-*rúm*$^{ki}$ *ARET* III 468 r. IX:7 (* NP); *ARET* IV 3 v. III:6 (NP), IV 7 v. III:16; *ARET* VIII 526 v. XI:21 (*, $NP_1$, $NP_2$), VIII 533 v. VIII:10 (dam NP); *MEE* II 39 v. I:17 (NP); *MEE* X 21 v. VII:15 (NP BAD.E); TM.75.G.2367 r. III:12

cit. (Archi, *MARI* 6, p. 33, n° 45): TM.75.G.1829 r. V:14; cit. (Pettinato, *MEE* I): TM.76.G.257

¶ In TM.75.G.2367 citata assieme a → kalam$^{tim}$-kalam$^{tim}$ di → Raʾaq, → AšALdu, → Ba... e → Naḫal in relazione alle imprese miltari in Siria centro-occidentale di Saʾumu, re di Mari. È possibile che questa attestazione si riferisca al centro citato negli altri testi, amministrativi; se così è, NIrum va cercato verso l'Eufrate siriano. V. → NILUM.

NIša

NI-*sa*$^{ki}$ *ARET* III 938 r. VI:2' (NP)

¶ Cf. → NEša.

NIšadu

NI-*sa-du*$^{ki}$ cit. (Milano, *SEb* 7, p. 217): TM.75.G.5188 v. III:15

¶ Milano, *ibid.*, confronta con il NG *a-sa-ti*$^{ki}$, attestato nella lista scolastica di nomi geografici TM.75.G.2231 (= *MEE* III 56).

NIšala v. Ašal

NIšig

NI-*si-ga*$^{ki}$ TM.75.G.427 r. IX:27

NI-*si-gú*$^{ki}$ *ARET* III 737 r. V:15, III 937 v. II:8 ($NP_1$ lú $NP_2$); *ARET* VIII 523 v. II:16 (*, $NP_1$-$NP_2$), VIII 538 v. VII:14' (NP)

¶ Biga e Pomponio, *MARI* 7, § II, propongono di vedere in NI-*si-ga*$^{ki}$ una possibile variante di NI-*li-ga-ù*$^{ki}$ (→ NIligaʾu), e poiché la loro argomentazione generale appare persuasiva, quest'alternanza può essere accettata come ipotesi di lavoro. Comunque, un'alternanza fra /ś/ e /l/ (qualunque ne sia la spiegazione: presenza di una /ś/?) appare curiosamente ipotizzabile anche per altri due NG simili a quelli, NI-*la-ga*$^{ki}$ e NI-*si-gú*$^{ki}$: mentre il primo è quasi certamente da tenere separato da NI-*la-gu*$^{ki}$ e da NI-*la-gú*$^{ki}$ (→ NIlaq), il secondo (che difficilmente può non essere variante di NI-*si-ga*$^{ki}$) potrebbe essere variante di NI-*la-ga*$^{ki}$ poiché entrambi sono attestati in relazione a → Armi. La questione è complicata (potrebbe coinvolgere anche → Illaga e forse → Alaga), e richiede ulteriori materiali e ricerche. Cf. anche Edzard, *ARES* I, p. 31.

NIwadu

NIwadu

NI-*wa-du*[ki] *ARET* IV 2 v. III:21 (NP), V:4 (NP)
cit. (Pettinato, *MEE* I): TM.75.G.4396

NIzaʾ(a)du

NI-*za-a-du*[ki] *ARET* VII 155 v. III:11, IV:5, 10, 15

NIzaba

NI-*za-ba*[ki] *ARET* III 159 r. VII:13'
¶ V. forse anche la grafia NI-*za-ba*$_4$ in *ARET* VII 142 r. III:3 (ma un NP NIzaba è noto in *ARET* III 322 r. X:6).

NIzamu

NI-*za-mu*[ki] *MEE* X 3 v. V:4
¶ Cf. → Azamu.

NIzar(iʾum), NIzarū

NI-*za-ar*[ki] *ARET* I 7 v. XIV:14, I 16 v. III:3 (NP$_1$ lú NP$_2$); *ARET* III 60v. I:4' (NP), III 111 r. II:2' (NP), III 245 r. III:2' (NP), III 309 r. I:1', III 368 r. III:7 (NP), III 461 r. I:4', 6', III 722 r. I:2', III 888 r. III:7' (NP); *ARET* IV 4 v. VII:16 (NP$_1$ lú NP$_2$ NP$_3$), IV 6 r. II:1 (NP), IV 14 v. I:12 (NP$_1$ NP$_2$ lú NP$_3$ NP$_4$), IV 18 r. V:10 (NP), IX:12, IV 21 r. VI:7 (NP), IV 22 v. V:10; *ARET* VII 78 v. II:4; *ARET* VIII 526 r. X:16 (NP), VIII 532 v. VII:14 (NP); *MEE* II 39 v. IV:9 (NP)
cit. (Mander, *MEE* X, p. 116): TM.75.G.1643 (?); cit. (Pettinato, *MEE* I): TM.75.G.10022
NI-*za-rí-um*[ki] *ARET* III 329 r. III:10' (NP), III 335 r. I:6 (NP); *ARET* IV 17 r. VI:9 (NP); *MEE* X 24 r. IV:20 (NP)
NI-*za-ru*$_{12}$[ki] *ARET* I 1 v. VI:12 (<ki>, NP ugula); *ARET* III 215 v. VII:8' (NP); *MEE* X 4 v. I:4' (<ki>, *, ... NP$_1$ lú NP$_2$ NP$_3$)
cit. (Archi, *Ét. Garelli*, p. 216): TM.75.G.10075
¶ Che le tre grafie si riferiscano allo stesso sito è reso certo da ragioni prosopografiche (v. in tal senso Mander, *MEE* X, p. 116: *i-* = NI-); tale tipo di alternanza grafica è d'altra parte ben attestata a Ebla per altri NG, dei quali → Armi è l'esempio più significativo.

Importante centro della regione di Ebla, probabilmente a settentrione di questa (diversamente, Pettinato propone una serie di inverosimili identificazioni con Ḫaṣor o con l'"isola di Tiro" in *SF* 16, p. 108, e *Ebla* 2, p. 239, e, in *MEE* II, p. 46, con la posteriore Izalla). In TM.75.G.10075 citato in relazione alla produzione di olio; menzionato in relazione ad attività agricole anche in *ARET* III 461 e in *ARET* VII 78.
In *ARET* III 111 sembra determinato da → Mabarʾad. Per *ARET* I 1 v. la traduzione del contesto in *ARET* I, p. 10. Forse da considerare qui sono anche le attestazioni di una grafia NI-*za-ru*$_{12}$ in *ARET* III 492 r. III:3', IV:1', e in *ARET* III 759 r. I:4'.

## NIzu

NI-*zu*$^{ki}$ *ARET* III 778 r. III:4'; TM.76.G.188 r. IV:5; TM.76.G.274 r. II:4
¶ Centro menzionato in relazione ad attività agricole; nella regione di Ebla. Cf. Astour, *JAOS* 108, p. 550. Cf. → Azu.

## Nubad

*nu-ba-ad*$^{ki}$ TM.75.G.2367 v. II:1
*nu-ba-du*$^{ki}$ *ARET* II 24 r. III:3
cit. (Archi, *MARI* 4, p. 76): TM.75.G.2250 v. III; cit. (Archi, *MARI* 6, p. 32): TM.75.G.1216 v. X:7' (NP)
¶ In TM.75.G.2367 è un centro citato in relazione alle imprese militari in Siria centro-occidentale di Iblul-il, re di Mari (assieme a → Naḫal e → Šadab con riferimento a → kalam$^{tim}$-kalam$^{tim}$ di → Gašur e a → GanaNE). Da qualche parte fra Ebla e → Mari, verosimilmente non lontano da → Imar (diversamente, ma in modo inaccettabile, riferito all'area transtigrina da Astour, *Semites and Hurrians*, p. 13). Che l'attestazione di *ARET* II 24 si riferisca allo stesso sito non è provato, e non è forse probabile. Cf. → Nubadiʾum.

## Nubadiʾum

*nu-ba-ti-um*$^{ki}$ *MEE* II 35 v. V:9 (NP), VII:9 (NP)
¶ Cf. → Nubad: forse si tratta dello stesso centro scritto altrove *nu-ba-ad/-du*$^{ki}$, con una alternanza grafica attestata per es. per → Armi (in tal senso Astour, *Semites and Hurrians*, p. 13).

## Nugamu

*nu-ga-mu*$^{ki}$ *ARET* I 16 v. X:21 (ugula); *ARET* II 18 r. II:3; *ARET* IV 23+ r. VI:5'; *ARET* VII 145 r. II:1 (<ki>, *); *ARET* IX 61 v. III:8, IX 68 v. VIII:8 (NP), IX 103 v. IV:6 (NP$_1$-NP$_2$ ká Nugamu)
cit. (Milano, *ARET* IX, pp. 193, 211): *ARET* X 102 (1 é-duru$_5$$^{ki}$); *ARET* X 106 (3 é-duru$_5$$^{ki}$); *ARET* X 108 (7 é-duru$_5$$^{ki}$)

Nunudu

¶ Cittadina nella regione di Ebla. L'integrazione del determinativo in *ARET* VII 145 è dovuta a passi parzialmente paralleli che citano il NG Nugamu (per ora, un eventuale NP Nugamu sarebbe attestato solo qui). Da collazionare è TM.75.G.11010+ v. VII:11', dove l'editore legge un NP *nu-ga-mu-ba* che potrebbe essere corretto in *nu-ga-mu*$^{ki}$.

Nunudu

*nu-nu-du*$^{ki}$ TM.75.G.1975 r. I:4

¶ Una delle 52 "fortezze", bàd, della città di → Luʾadum; a nord di Ebla. Da considerare la possibilità (non ostacolata dalla fotografia, e suggerita dal contesto) che anche in *ARET* III 939 r. IV:4'-5' sia da leggere: NP *nu-nu-d*[*u*$^{ki}$]. Cf. → NeNEdu.

Nuri

*nu-rí*$^{ki}$ *ARET* III 115 v. II:4'

¶ Confrontato con → Nuru da Archi, *ARET* III, p. 330.

Nuru

*nu-ru*$_{12}$$^{ki}$ *ARET* III 689 r. II:4'

¶ Confrontato con → Nuri da Archi, *ARET* III, p. 330.

# R

Ra... v. anche La...

Raʾanu

*ra-a-nu*[ki] *ARET* III 173 r. II:6' (... $NP_1$ lú $NP_2$ $NP_3$ lú $NP_4$)

Raʾaq

*ra-ʾà-ag*[ki] *ARET* I 1 r. I:4, I 2+ r. I:8 (en, ábba-SÙ), I 3 r. I:8 (en, ábba-SÙ), I 4 r. I:2', I 5 r. II:3 (en, ábba-SÙ), I 6 r. I:3 ([en?], 2 dumu-nita 2 ...), I 7 r. I:8 (en, ábba-SÙ), I 8 r. IX:5 (en, dumu-nita-SÙ, ábba-SÙ), I 9 r. I:3 (en, ábba-SÙ), I 10 r. III:13 (en), I 14 r. IX:15 (NP), I 30 v. III:1, I 32 r. I:4 (en, ábba-SÙ); *ARET* II 13 v. III:10 (en); *ARET* III 2 r. III:3' (NP), III 50 r. III:5' (NP), III 63 r. II:11 ($NP_1$ *wa* $NP_2$), III 139 r. I:3 (en), III 171 r. III:2', III 175 r. II:2, III 197 r. VII:3' (en), III 200 r. III:6 (NP en), III 213 r. I:3', III 215 v. III:6', III 219 r. II:3' (NPF *maliktum*), III 232 r. II:4' (2 šeš en), III 263 v. VI:5', III 322 r. XI:8 ($NP_1$, $NP_2$ maškim-SÙ), III 362 r. II:2', III 412 r. III:7' (NP), III 420 v. IV:2' (NP), III 440 v. VIII:7 (NP ... Raʾaq), III 459 r. V:3', v. III:17, III 464 r. VI:1, III 480 r. III:1, III 537 r. III:3' (2 dumu-mí en), IV:4' (*maliktum*), V:1', III 609 r. III:5' (en), III 703 r. III:2', III 730 r. II:3 (en), III 788 r. II:4', III 860 v. VI:17 (NP), III 882 r. III:2' (NP), III 885 r. I:3' (NP), III 915 r. II:3 (en), III 966 r. II:2' (en); *ARET* IV 1 v. XI:10, IV 3 r. VII:9 (NP, maškim-SÙ), VIII:12, IX:12 ($NP_1$ lú $NP_2$), XI:3, v. III:10, IV 5 r. X:11 (en, dumu-nita-SÙ), IV 13 r. VI:17 (en), IV 15 v. II:14 (NP), III:6 (íl KÍD.ALAN), IV 16 r. IV:7 (NP), IV 17 r. II:8 (šeš en), IV 19 r. II:2, IV 23+ v. II:18 (en), IV 25 v. VI:2; *ARET* VII 94 r. III:2; *ARET* VIII 525 v. IV:9, X:4' ($NP_1$-$NP_2$), VIII 526 v. X:25 ($NP_1$, $NP_2$), VIII 529 v. VI:24 (en), VIII:9 (en, ábba-SÙ), VIII 531 r. I:8

(en, ábba-SÙ), VIII 533 v. III:2 (1 <persona>), VIII 542 r. XI:8; *ARET* IX 74 r. II:2, IX 81 r. I:2, IX 82 r. I:2; *MEE* II 1 v. IV:3 (en); *MEE* II 12 v. III:9 (NP en); *MEE* II 25 r. II:1 (NP); *MEE* II 32 r. IV:12, v. IV:5 (NP); *MEE* II 37 v. IV:10 (en); *MEE* X 24 v. II:5'; *MEE* X 27 v. V:8 (dumu-nita en Raʾaq *ù* dumu-nita NP); *MEE* X 29 v. XII:28 (*maliktum*); TM.75.G.1353 v. V:9; TM. 75.G.1402 r. I:4 (NP en); TM.75.G.2367 r. III:10

cit. (Archi, *AoF* 15, p. 28): TM.75.G.1258 r. I:3 (nagar-nagar); cit. (Archi, *ARET* I, p. 223): TM.75.G.2289; cit. (Archi, *MARI* 6, pp. 32, 34, 36, 37): TM.75.G.1707 r. XI:14 (en); TM.75.G.2039 r. II:13 (en); TM.75.G.2250 v. VI:2' (2); TM.75.G.2274 r. X:3 (en); TM.75.G.2369 v. II:3 (en); TM.75.G. 4966 II':7' (-[*ag*$^{ki}$]); TM.75.G.11752 II':3'; cit. (Archi, *Mél. Finet*, p. 18): TM. 75.G.1867 (2 dumu-mí en); cit. (Biga - Pomponio, *JCS* 42, p. 196): TM.75.G. 1402 (NP en); TM.75.G.1413 (NP en); TM.75.G.1560 (NP en); cit. (Pettinato, *MEE* I): TM.75.G.1318, TM.75.G.1328 (o *-gú*$^{ki}$?), TM.75.G.1395, TM.75. G.1413 (en), TM.75.G.1427, TM.75.G.1551, TM.75.G.4369, TM.75.G.4470, TM.75.G.10026, TM.75.G.11112

*ra-ʾà-gu*$^{ki}$ *ARET* III 584 r. VII:1' (en), III 722 r. II:7'; *ARET* IV 6 r. XIII:11 (*); *MEE* X 2 r. IX:12 (en); TM.75.G.2075 v. VI:21, 29 (en)

cit. (Archi, *MARI* 6, p. 35): TM.75.G.2434 r. III:3 (en)

*ra-ʾà-gú*$^{ki}$ cit. (Pettinato, *MEE* I): TM.75.G.1570

¶ Importante regno siriano, fra quelli che aprono i testi di tipo *ARET* I 1-9.

In *ARET* IV 3 determina → NIlaga e → Šalbaʾu. In TM.75.G.2367 i → kalam$^{tim}$-kalam$^{tim}$ di Raʾaq, assieme a → NIrum, → AšALdu e → Ba..., sono citati in relazione alle imprese militari in Siria centro-occidentale del re di Mari Saʾumu.

Localizzabile a est di Ebla, verosimilmente sull'Eufrate, non lontano da → Imar (v. Astour, *WGE*, p. 154, che lo riferisce dubitativamente all'Eufrate a nord di → Imar; v. anche Bonechi, *SEL* 8, p. 79). Per la derivazione dal sem. **rḥq* v. Fronzaroli, *OrSu* 33-35, p. 145 (con differente localizzazione, nel Ḫabur o a est di questo).

In *ARET* IV 6 r. XIII:1 l'editore legge *-gú*; l'esame della fotografia sembra suggerire *-gu*: da collazionare (così come l'attestazione citata in TM.75.G.1570).

## Raš

*ra-áš*$^{ki}$ TM.75.G.2420 r. V:3

¶ Fra i centri "nelle mani" del sovrano eblaita; a nord-est di Ebla. V. Archi. *Mél. Finet*, p. 16, per una identificazione con → Raza. V. anche Astour, *JAOS* 108, p. 550. Cf. → Laḏa, → Lašu.

Rašan

*lá-sa-an*^ki *ARET* I 5 r. XII:3; *MEE* II 39 r. VI:14 (NP)
cit. (Mander, *MEE* X, p. 174): TM.75.G.1775

*lá-sa-nu*^ki *ARET* I 4 v. V:8; *ARET* III 373 r. II:2'; *ARET* IV 1 v. V:6, IV 24 r. IX:3 (NP); *ARET* VIII 531 r. VII:19 (*)
cit. (Archi, *ARET* I, p. 268): TM.75.G.2369, TM.75.G.2370

*ra-sa-nu*^ki cit. (Mander, *MEE* X, p. 174): TM.75.G.1442

¶ Importante cittadina nella regione di → Ib'al (v. il commento). Non è impossibile che il NG sia attestato anche in *ARET* III 612 r. II:6'; v. anche → ...šanu.

Raza

*la-za*^ki *ARET* I 8 r. XIV:14

*ra-za*^ki *ARET* III 429 r. II:34'

¶ L'identificazione delle due grafie come varianti del nome di uno stesso sito non è provata, ma è probabile; la prima grafia può riferirsi ad un centro sulla rotta fra Ebla e → Armi (v. Bonechi, *SEL* 7, p. 30, n. 56). V. Archi. *Mél. Finet*, p. 16, per una identificazione di *ra-za*^ki con → Raš. Cf. → Laza'u, → Lazu.

Ri... v. Li...

RiAN (?)

*rí*-AN^ki *ARET* III 92 r. I:7'

¶ Si tratta di un NG, di un NP, oppure è da confrontare con la grafia problematica URU-KI-AN (non un NP) di *ARET* IV 3 r. III:18 e *ARET* VIII 527 r. IX:17?

Ri'iNEdu

*rí-i*-NE-*du*^ki *ARET* VII 10 r. V:3

¶ Cf. → Ir'iNEdu.

Ridab

*rí-dab*$_6$^ki *MEE* X 38 v. III:4 (NP$_1$ lú NP$_2$ ... NP)

¶ Cf. → Lidba.

Ridu

*rí-du*[ki] *ARET* III 938 r. III:13' (NP), VII:7' (NP); *ARET* VII 121 r. III:3 (NP); *ARET* VIII 526 v. I:9 ($NP_1$-$NP_3$), v. VII:12
cit. (Pettinato, *MEE* I): TM.75.G.6025, TM.75.G.11072 (!)

Ru... v. EN...

# S

## SAG

SAG[ki] *ARET* VIII 522 r. II:16, VIII 523 v. IV:7, VIII 524 r. XIV:27, VIII 541 v. IV:7'; *MEE* II 44 v. II:1

¶ V. Astour, *JAOS* 108, p. 550. Con probabile lettura *sag*[ki] cf. → Zaga.

Saggar v. Zaggar

SAGšanu v. Zagšanu

SAḪAR v. IŠ

"Saza"

SA-$ZA_x$(LAK-384)[ki] *ARET* I 2+ r. VI:10 (... šeš-ii-ib kéš-da ká-ká), I 6 r. IX:12, I 9 v. V:10 ($NP_1$ lú $NP_2$), I 10 r. VI:15 ($NP_1$ *wa* $NP_2$ šeš-ii-ib kéš-da), VII:10 ($NP_1$-$NP_2$ šeš-ii-ib kéš-da), I 11 v. II:12, VII:2 ($NP_1$ lú $NP_2$ $NP_3$ lú $NP_4$ $NP_5$ lú $NP_6$ $NP_7$ ugula *ìr-a*-LUM $NP_8$ lú $NP_9$ $NP_{10}$ lú $NP_{11}$ $NP_{12}$ *wa* $NP_{13}$ 2 dumu-nita $NP_{14}$ $NP_{15}$ šeš $pa_4$:šeš $ND_5$ $NP_{16}$ lú $NP_{17}$ $NP_{18}$ lú $NP_{19}$ guruš-guruš "Saza"), 14 ($NP_1$ lú $NP_2$ $NP_3$ lú $NP_4$), IX:3 (NP), I 13 r. IV:14 ($NP_1$ lú $NP_2$ $NP_3$ lú $NP_4$), VII:6 (NP), VIII:2 ($NP_1$-$NP_5$ ḪÚB), XIV:5 ($NP_1$-$NP_3$ (anep.) $NP_4$), v. III:18 ($NP_1$ lú $NP_2$ $NP_3$ lú $NP_4$ šeš-ii-ib kéš-da), I 14 r. I:14 ($NP_1$ dumu-nita $NP_2$ $di-ku_5$), X:12 ($NP_1$ lú $NP_2$), XI:4 ($NP_1$ lú $NP_2$ *wa* $NP_3$ lú-kar šeš-ii-ib kéš-da), I 15 r. X:3 ($NP_1$ lú $NP_2$), v. II:12 ($NP_1$ lú $NP_2$), I 16 r. VIII:6 (NP šeš-ii-ib kéš-da), I 17 r. III:13 ($NP_1$ lú $NP_2$ lú $NP_3$[!?]), IX:6 ($NP_1$ lú $NP_2$), XII:14 ($NP_1$ *wa* $NP_2$ lú-kar šeš-ii-ib kéš-da), v. III:16 ($NP_1$ lú <$NP_2$>

*wa* $NP_3$), VI:12 ($NP_1$ lú $NP_2$), VII:2 ($NP_1$ lú $NP_2$), 7 ($NP_1$ lú $NP_2$), I 18 v. III:3, IV:7, I 44 r. IV:11 ($NP_1$ $NP_2$ lú MI? 4 maškim-SÙ); *ARET* II 2 5 r. VIII:3 (é), v. I:5, II 8 r. III:6 ($ND_1$), IV:1 ($ND_2$ NG lú "Saza", $ND_3$-SÙ), V:6 ($ND_4$), II 13 v. IV:9, II 14 v. I:5 (NP), IX:16 ($ND_5$), II 18 r. IV:5 (2 ugula še), II 20 r. I:2, v. III:2, II 26 r. II:3, II 32 v. IV:7; *ARET* III 3 r. II:6', III 5 v. I:4', III:2', III 7 r. II:4' ($NP_1$-$NP_3$), III 35 r. IV:1', III 41 r. I:3', III 42 r. VI:5', III 45 r. I:4', III 58 r. I:2' (NP), III 59 r. IV:2' (NP), III 74 r. III:4' ($NP_1$ lú $NP_2$), III 77 r. II:1', III 92 r. I:6', III 100 v. IV:2 (NE-di-NE-di), III 104 v. IV:4 (NP?), III 107 v. VI:9' ($NP_1$-$NP_2$), III 133 r. I:5' ($NP_1$ lú $NP_2$), III 134 v. II:6' ($NP_1$ lú $NP_2$), III 135 v. II:2' ([$NP_1$] lú $NP_2$), III 150 r. I:3' (nagar-nagar), III 154 r. III:7' ($NP_1$ lú $NP_2$), III 159 r. IX:8' ($NP_1$ lú $NP_2$), III 160 r. VI:2' ([$NP_1$] lú $NP_2$), III 183 r. I:4' (1 é), III 196 r. V:5', III 124 v. III:3 (... NP), III 222 v. I:4', III 285 r. II:2' (74 é a-$ur_x$), III 299 r. III:1, III 310 r. III:4', III 322 r. IV:5', III 334 r. III:3 ([$NP_1$] lú $NP_2$), III 371 r. I:2' ([... Ḫ]ÚB), III 395 r. I:4' (NP dumu-nita (anep.)), III 396 r. II:3' III 398 r. II:10 ($NP_1$ lú $NP_2$), III 401 v. II:2' ($124^{+?}$ é-$duru_5^{ki}$ 7 *na-se*$_{11}$), III 420 v. II:4' (NP), III 459 v. I:16 ($NP_1$ lú $NP_2$ $NP_3$ maškim $NP_4$ šeš-ii-ib kéš-da), III 459 v. II:9 (NP), III 461 r. I:2' (10 é), III 464 v. IV:13' ($NP_1$-$NP_4$), III 468 r. VI:4 ($NP_1$ lú $NP_2$), 11 (NP), VIII:2 (NP), III 470 r. IX:5 (NP), III 552 r. I:2', III 586 r. III:1', III 588 r. IV:10 ($NP_1$ lú $NP_2$), III 589 v. II:3' (NP), IV:2', III 591 r. II:3' (... NP guruš-guruš), III 592 v. III:2' (NP), III 593 r. II:4' (NP), III 632 r. III:2', III 636 v. I:1', III 644 r. III:3' ($NP_1$ lú $NP_2$), III 666 r. I:5' (NP $pa_4$:šeš $ND_6$), III 692 v. IV:5' (... $NP_1$-$NP_3$ ḪÚB.KI), III 726 r. II:2, III 735 r. VI:5, III 744 v. IV:5' ([$NP_1$] lú $NP_2$), III 813 r. II:1', III 860 v. II:8 ([$NP_1$] lú $NP_2$), V:11 (... maškim $NP_1$ *al*$_6$ *wa* $NP_2$ lú $NP_3$ lú $ir_{11}$ $NP_4$ lú $NP_5$ $NP_6$), III 868 r. II:3' ($NP_1$ lú $NP_2$), III 877 v. III:4' (maškim $NP_1$ $NP_2$ dumu-nita $NP_3$), III 881 v. II:5' (NP), III 892 r. III:4' ($NP_1$ lú $NP_2$), III 904 r. I:2, III 908 r. I:1' (?), III 942 r. III:4' ($NP_1$ lú $NP_2$), III 959 v. V:10 (NP *ba-rí-a-tum* TÚG.MU "Saza"); *ARET* IV 2 r. V:12, VII:10 (NP), VIII:4 ($NP_1$ lú $NP_2$ $NP_3$), X:13, 16, v. III:14, *ARET* IV 3 r. III:1, IX:5 ($NP_1$ <lú*> $NP_2$), X:9, IV 4 r. III:11 ($NP_1$ lú $NP_2$ $NP_3$ lú $NP_4$ šeš-ii-ib keš-da), v. IV:10 ($NP_1$ lú $NP_2$), IX:5, 12, IV 5 r. V:13 ($NP_1$-$NP_{10}$ šeš-ii-ib kéš-da), v. VI:18 (dumu-nita NP), IV 8 r. V:3 ($NP_1$ lú $NP_2$), v. IV:1 (NP), IV 9 v. III:2 ($NP_1$ lú $NP_2$), IV 10 r. IV:4 ($NP_1$ lú $NP_2$), V:4 ($NP_1$ lú $NP_2$), VIII:1 ($NP_1$ šeš $NP_2$), XIII:7 ($NP_1$ lú $NP_2$ *wa* $NP_3$ lú $NP_4$), v. I:9 ($NP_1$ lú $NP_2$ *wa* $NP_3$ lú $NP_4$ $NP_5$ lú $NP_6$ $NP_7$ lú $NP_8$ $NP_9$ lú $NP_{10}$), IV:1 ($NP_1$ lú $NP_2$), V:8 ($NP_1$ lú $NP_2$), IX:13, IV 11 r. II:11 ($NP_1$ dumu-nita $NP_2$), v. I:2 ($NP_1$ lú $NP_2$), IV 12 r. V:6, IV 13 v. II:16 ($NP_1$ lú $NP_2$ $NP_3$ lú $NP_4$ šeš-ii-ib kéš-da šu-$du_8$ dumu-nita-dumu-nita "Saza"), IV:8 (TÚG.MU am lú $ND_2$ NG "Saza"), XI:10 ($NP_1$ lú-kar $NP_2$ lú $NP_3$ $NP_4$ lú $NP_5$), IV 14 r. VIII:3, v. VII:12, IV 17 v. I:20 ($ND_5$), v.

II:15 ($ND_7$ $ND_6$), IV 18 r. IV:13 ($NP_1$ lú $NP_2$ $NP_3$ lú $NP_4$ [šeš-ii-ib] kéš-da), VII:1 ($NP_1$-$NP_2$ <šeš-ii-ib> kéš-da), IV 19 v. II:16 ($NP_1$ lú $NP_2$ $NP_3$ lú $NP_4$ šeš-ii-ib kéš-da), VII:18 ($NP_1$ lú $NP_2$ $NP_3$ lú $NP_4$ šeš-ii-ib kéš-da), IV 20 r. VII:1 ($NP_1$-$NP_4$ šeš-ii-ib kéš-da), 5 ($NP_1$-$NP_2$, maškim-e-gi), IX:10 ($NP_1$-$NP_2$), IV 22 v. VI:17 ($NP_1$ lú $NP_2$ $NP_3$ lú $NP_4$ šeš-ii-ib kéš-da), VII:5 ($NP_1$ lú $NP_2$ $NP_3$ lú $NP_4$ šeš-ii-ib kéš-da), IV 23+ r. VI:3' ($NP_1$ [$NP_2$-$NP_4$] $NP_5$ $NP_6$, ... šeš-ii-ib kéš-da ká-ká), VII:5', IV 24 r. II:7 (NP ḪÚB), III:8 ($NP_1$ lú $NP_2$ $NP_3$ lú $NP_4$ šeš-ii-ib kéš-da), X:1 ($NP_1$ lú $NP_2$ $NP_3$ lú $NP_4$ šeš-ii-ib kéš-da), IV 25 v. II:4 (NP ugula); *ARET* VII 11 r. VI:3, VII 24 r. IV:5, VII 79 r. IV:4 ($ND_5$), VII 121 v. I:1 ($NP_1$ lú $NP_2$ $NP_3$), v. II:6, VII 145 v. IV:6 (200 <persone> TIL), VII 148 r. II:4, VII 155 r. I:8 (še é), VII 156 r. III:12 (1 é-maḫ lú "Saza"), V:3, v. II:2 (40 ⸢é?⸣); *ARET* VIII 522 r. I:11, VIII 523 v. VI:25 (22 nar), VIII 524 r. IX:27 ($NP_1$ lú $NP_2$ $NP_3$ NG šeš-ii-ib kéš-da), v. III:15, VIII 525 v. I:1 (NP $pa_4$:šeš $ND_2$), VIII 526 r. VIII:24 (*, $NP_1$, $NP_2$ *mazalum*), v. II:4 (NP), III:16 (NP), V:3 (NP), VIII 527 r. XV:16 ($NP_1$-$NP_{22}$ nar), v. III:22 (NP), VIII 529 r. VIII:20, v. IV:14 (NP), VIII 533 r. V:30 (NP), v. II:17 ($NP_1$ lú $NP_2$), VIII 538 v. IV:10' (NP), X:11' (NP), VIII 540 r. XIV:13; *ARET* IX 8 v. V:14, IX 10 v. I:8 (50 é-$duru_5$$^{ki}$ ... "Saza"), II:6, IX 11 v. IV:3, IX 13 r. I:8 (50 é-$duru_5$$^{ki}$), III:9, IX 17 r. V:6 (15 é-$duru_5$$^{ki}$), IX 20 v. II:7, IX 25 v. II:3 (250 é-$duru_5$$^{ki}$ ... "Saza"), IX 27 r. III:7, v. VI:1, IX 28 r. III:4 (10? é-[$duru_5$?]$^{ki}$), IX 29 r. III:1, v. II:2 (50 é-$duru_5$$^{ki}$), IX 33 r. IV:3, V:3, v. II:8, IX 60 v. II:2, IX 61 r. III:7, v. II:11, IX 67 r. VI:6, v. I:3, IX 68 r. VIII:2, v. II:8, 13 (dumu-nita), X:3, IX 75 r. IV:3, 8, v. III:9, IV:12, IX 77 r. III:5, IX 79 r. II:9, IV:3, 9, v. I:5, IX 80 r. V:7, v. II:2, 8, 13, III:14, IX 82 v. V:5, VI:3, IX 84 v. VI:18, IX 95 r. II:3, v. I:3 (?, ⸢n⸣ dam), IX 104 r. II:3, v. IV:6; *ARET* XI 1 r. V:21, XI 2 v. XIII:17, [XVIII:20], XI 3 v. III:15, VI:11; *MEE* II 12 r. I:4' (... NP), v. I:1 (NP ugula); *MEE* II 25 v. II:8 (engar-kínda = NP?), III:1 (NP); *MEE* II 32 r. VIII:2 ($NP_1$ *ù* $NP_2$), v. I:11 (zàḫ kur$^{ki?}$); *MEE* II 39 r. II:19 ($NP_1$ lú $NP_2$ $NP_3$ lú $NP_4$ šeš-ii-ib kéš-da), V:16 ($NP_1$ lú $NP_2$ $NP_3$ lú $NP_4$ šeš-ii-ib kéš-da), VII:18 (NP ḪÚB.KI* NG dub-zu-zu dumu-nita ḪÚB "Saza"); *MEE* II 40 r. X:4; *MEE* II 42 r. III:6 (NP? lugal); *MEE* III 66 v. III:6; *MEE* X 2 v. I:13 (NP), III:11 (NP *mu-ša-bí-lum*)); *MEE* X 20 v. II:9; *MEE* X 23 r. XII:3 (?, $NP_1$ l[ú $NP_2$ "Saza"]), v. V:6', IX:2 ([NP?]); *MEE* X 25 v. III:13 ($NP_1$ lú $NP_2$ $NP_3$ lú <$NP_4$>), V:4 ($NP_1$ lú $NP_2$), VIII:2 (119 é-$duru_5$$^{ki}$); *MEE* X 29 v. XVI:19; *MEE* X 38 v. V:2, IX:4; *MEE* X 46 v. I:2 (12 *na-se*$_{11}$); TM.75.G.427 r. I:8, 21, II 30, III:14, 27, IV:22, V:18, VII:9, VIII:14, IX:14, 25, XI:2', XII:11', XIII:12, 3', XIV:9, 19, v. I:1, II:7, 15, III:2, 26, IV:31, V:8, 19, VI:3, 12, 25, VII:22, 34, VIII:11, 30 (si tratta verosimilmente di un errore scribale:

GURUŠ.GURUŠ!), IX:10, 25, XII:4, XIII:5; TM.75.G.521 v. V:1; TM.75.G. 1353 r. I:6; TM.75.G.1402 v. VI:8 (NP? lugal); TM.75.G.1470 r. I:1; TM.75.G. 1444 r. III:5 (*na-se*$_{11}$), VII:2 (é); TM.75.G.1451 r. III:6, v. II:4; TM.75.G.1655 v. I:3 (800 guruš-guruš NP$_1$, 600 guruš-guruš NP$_2$, 400 guruš-guruš NP$_3$, 600 guruš-guruš NP$_4$, 400 guruš-guruš NP, 400 guruš-guruš NP$_6$, 500 guruš-guruš NP$_7$, 600 guruš-guruš NP$_8$, 500 guruš-guruš NP$_9$, 600 guruš-guruš NP$_{10}$, 400 guruš-guruš NP$_{11}$, 500 guruš-guruš NP$_{12}$400 guruš-guruš NP$_{13}$, 300 guruš-guruš NP$_{14}$ 4700 guruš-guruš "Saza"); TM.75.G.1764 r. II:21 (ND$_5$), V:7 (ND$_5$), v. IV:28; TM.75.G.2075 r. III:26 (ND$_8$ *in* "Saza"), VII:26 (ND *in* "Saza"), XII:3, v. III:13, 18, 23, V:26; TM.75.G.2238 r. I:5 (ND$_5$), III:10 (ND$_5$), 16 (ND$_5$), IV:16 (ND$_2$), V:15 (ND$_5$), XII:14 (*a-ba-šum* ND$_2$), v. IX:3; TM.75.G.2377 r. II:4; TM.75.G.2379 r. II:5; TM.75.G.11010+ r. I:22 (ND$_5$), II:14 (ND$_2$), IV:18, VI:26 (ND$_5$), VI:33 (ND$_5$ *in* "Saza"), VII:22 (ND$_5$), 28 (ND$_5$), VIII:11 (ND$_5$)

cit. (Archi, *ARES* I, pp. 265, 281 e 283): TM.75.G.1894 (NP di-ku$_5$ šeš-ii-ib kéš-da), TM.75.G.1833 r. IV:18 (nar-nar-maḫ *wa* ... nar-nar-tur); TM.75. G.10281 v. III:5 (nar-tur); cit. (Archi, *Ebl.* I, p. 139 [16]): TM.75.G.2426 r. VIII:16; cit. (Archi, *Ehrman Volume*, p. 107): TM.75.G.2403; cit. (Archi, *MARI* 4, pp. 76-78): TM.75.G.2251 r. II, v. VI; TM.75.G.2336 v. X (nar "Saza". *wa* Mari); TM.75.G.2644 r. XIII; TM.75.G.10127 v. III); cit. (Archi, *MARI* 6, pp. 33, 36-37): TM.75.G.1706 r. X:13; TM.75.G.10033 r. II:3; TM. 75.G.10124 r. VII:9?; TM.75.G.10143 r. XVI:5; TM.75.G.10183 v. II:12; cit. (Archi, *MARI* 7, p. 75): TM.75.G.1417 v. III:19 (ND$_1$); cit. (Archi, *Mél. Finet*, p. 18): TM.75.G.1911 (guruš-guruš); cit. (Archi, *Mél. Kupper*, pp. 204-205): TM.75.G.1771 r. V:6; TM.75.G.2268 v. V:23 (NP); cit. (Archi, *VO* 8/2, p. 195): TM.75.G.1262 r. IV (dumu-mí-dumu-mí NE-di); cit. (Archi, *WGE*, p. 132, 134, 136-137): TM.75.G.2328 (6371 *ìr-a*-LUM); TM.75.G.1899 (5215 guruš-guruš "Saza" é en); TM.75.G.1743; TM.75.G.1655; cit. (Biga, *XXXIII RAI*, p. 43 l): TM.75.G.2527+ (NPF$_1$-NPF$_{20}$ dam-dam en lú "Saza"); cit. (Biga, *SEb* 4, p. 30 f): TM.75.G.1527 v. X:3; cit. (Biga, *VO* 8/2, p. 8): TM.75.G. 1730 v. X:3; cit. (Fronzaroli, *MARI* 5, p. 268): TM.76.G.247 r. II:6; cit. (Mander, *MEE* X, p. 93): TM.75.G.2508 (guruš-guruš); cit. (Milano, *ARET* IX, p. 194): *ARET* X 116 (NP ugula)

¶ "Saza" è sede del culto di:

• $^d$Agu(m) (ND$_6$) in *ARET* III 666, e di $^d$NIdara (ND$_7$) e $^d$Agu(m) (ND$_6$) in *ARET* IV 17; v. anche la forma reduplicata della prima divinità in TM.75.G.427 r. III:27-32, XIII:3'-5', v. II:15-17, V:19-21;

• $^d$Adamma (ND$_3$) in TM.75.G.2075 (e v. sotto $^d$Rašap);

• $^d$Ašdar (ND$_1$) in *ARET* II 8 e TM.75.G.1417 ed in altri testi inediti (v. Archi, *MARI* 7, p. 75);

• $^d$AšdaBIL (ND$_8$) in TM.75.G.2075;

• $^{d}$NIdabal ($ND_5$, la divinità più largamente menzionata in relazione a "Saza") in *ARET* II 14, *ARET* IV 17, *ARET* VII 79, TM.75.G.1764, TM.75.G.2238, TM.75.G. 11010+; fra i centri del culto di questa divinità in TM.75.G.2377 // TM.75.G.2379; v. anche *ARET* I 11 e TM.75.G.427 r. III:14-15, IX:14-16, XIII:12-14, v. II:7-9, V:8-10, VIII:11-13;
• $^{d}$NIdara, v. sopra, $^{d}$Agu;
• $^{d}$Rašap ($ND_2$) in *ARET* VIII 525, TM.75.G.2238 e TM.75.G.11010+; di $^{d}$Rašap ($ND_2$) e di $^{d}$Adamma ($ND_3$) di → AdaNI in *ARET* II 8; di $^{d}$Rašap → Gunu(m) ($ND_2$) in *ARET* IV 13;
• $^{d}$Utu ($ND_4$) in *ARET* II 8.

Fra i centri menzionati in relazione a Giri, figlio di Ibriʾum, in TM.75.G.1470. In *ARET* III 5 non è chiaro se l'apporto mu-DU proviene da "Saza", o se avviene in "Saza". Cf. Archi, *ARES* I, p. 266: "From the lists of allotments of wool, it is seen that the overseers <of onagers> employed by the Palace, SA.ZA$_x^{ki}$, numbered approximately 60".

Per l'integrazione in *ARET* IV 3 r. IX:5 cf. *ARET* VIII 521 v. IX:8-15. La correzione in *ARET* VIII 526 r. VIII:24 deriva dalla maggior probabilità di una integrazione Enna-NI *mazalum* [sa]-za$_x^{ki}$ rispetto a Enna-NI *mazalum* [ugula] za$_x^{ki}$. Per *ARET* I 2+ v. Bonechi, in stampa. In TM.75.G.2045 v. I:2 leggi regolarmente sa-za$_x^{ki}$ (v. Mander, *MEE* X, p. 206), *contra* Grégoire, *LdE*, p. 389, n. 43.

L'interpretazione delle frequentissime attestazioni del gruppo di segni SA-ZA$_x$-KI nei testi di Ebla è tuttora oggetto di un dibattito importante, che riguarda in ultima analisi l'intero funzionamento dell'amministrazione eblaita. In questo senso, si deve certo tener conto del fatto che l'esatta comprensione del significato di queste attestazioni non può ancora essere che preliminare (v. la lucida sintesi di Milano, *MARI* 5, p. 527, n. 20); comunque, si ricorderà che "Saza" è stato spesso inteso come indicazione di una entità topografica e politico-amministrativa interna alla città di Ebla, di grande importanza e localizzabile sull'acropoli; anche altre differenti localizzazioni sono comunque state avanzate circa questo "toponimo", una cui lettura semitica *sa-za*$_x^{ki}$, in studi iniziali ancora proposta, è stata evitata nei lavori più recenti, a favore di traslitterazioni come sa-za$_x^{ki}$, o SA.ZA$^{ki}$, o $^{sa}$ZA$_x^{ki}$.

Si vedano, fra gli altri:

Archi, *ARET* I, p. 301, e *ARET* VII, p. 232: "Palazzo", e cf. la discussione in *SEb* 5, pp. 209 ss. (precedentemente di diverso avviso in *Biblica* 60, p. 565: "probably the name of an administrative center near Ebla but separate from it", e in *SEb* 1, p. 112: "una località, probabilmente presso Ebla, ma comunque indipendente da essa"; cf. anche Fronzaroli, *SEb* 3, p. 52);

Pettinato, *RSO* 50, p. 13: "governatorato"; *id.* *MEE* II, p. 31 (con identificazione della lettura), seguito da Mander, *OA* 19, p. 263 ("governatorato, palazzo del capo dell'amministrazione") e da Grégoire, *LdE*, pp. 388-390;

Civil, *Or* 52, pp. 236 e 240 (discutendo in generale il segno LAK-384): "Treasure house, treasury", "tesoreria", con lettura $^{sa}$sag$_x^{ki}$, seguito da Pomponio, *AuOr* 2, p. 127 e da Fronzaroli, *MARI* 5, p. 268;

SIG$_4$.KI

Matthiae, *Ebla* 1[2], pp. 71 e 280-282: "nucleo centrale dell'amministrazione palatina ... designazione unitaria del complesso di fabbriche dove avevano sede le articolazioni dell'amministrazione centrale di Ebla sotto il diretto controllo regio", forse "la denominazione ... del Quartiere Amministrativo di Mardikh IIB1";
Milano *ARET* IV, p. 319: "un centro o settore della città di Ebla"; *id.*, *SLE*, p. 220: "il settore amministrativo della città di Ebla, cioè il nucleo urbano accentrato attorno al palazzo); *id.*, *ARET* IX, p. 332: "la residenza del sovrano, il complesso degli edifici che costituiscono il Palazzo di Ebla, è indicata nei testi con il termine Sa-za$_x$$^{ki}$, che designa al tempo stesso un luogo fisico ed una realtà di tipo burocratico-contabile"; *id.*, *Scienze dell'Antichità* 3-4, p. 164, n. 52: "designazione topografica di un complesso di uffici amministrativi localizzati all'interno della città, che costituiscono il «Palazzo» di Ebla"; v. anche *MARI* 5, p. 527, n. 20;
Biga, *PdP* 46, p. 285, n. 1: "il palazzo del re ... centro amministrativo della città di Ebla ... a volte sembra comprendere l'abitazione del sovrano";
Sollberger, *ARET* VIII, pp. 68-69: "certainly a good-exchange, probably within easy distance of Ebla, where incoming gods were stored for local use and for 're-exporting'. ... The best parallel for such an istitution is the Ur-III cattle-exchange in the vicinity of Nippur, Puzriš-Dagan";
Waetzoldt, *BaE*, p. 413: "Regierungspalast";
Arcari, *WGE*, pp. 125-127: "acropoli";
Gelb, *Origin of the Cities*, p. 161: "storehouse" (con lettura É$^!$-LAK 384).
Nonostante la quasi completa concordanza sulla identificazione di "Saza" con il cuore amministrativo e topografico di Ebla (concordanza che comunque nei termini attuali non spiega ancora del tutto alcuni aspetti della questione, come per es. il rapporto con i vari é e con le istituzioni cittadine), si avverte in ogni caso la necessità di un rinnovato studio circa "Saza", condotto sull'intera documentazione esistente (e che escluda anche completamente la possibilità di una alterità topografica rispetto alla città di Ebla); Archi in *SEb* 7, p. 37, ne ha in effetti annunciato la preparazione.
[Cf. anche Butz, *LdE*, p. 325 e n. 16].

SIG$_4$.KI

SIG$_4$.KI *ARET* I 1 v. IV:4 (KI$^!$(GAR)), I 4 v. X:18' (SIG$_4$$^!$(KASKAL.KASKAL)<.KI>), I 6 v. IV:4, I 8 v. XVI:3; *ARET* III 458 v. I:14, III 471 r. IX:9, III 490 r. II:1', III 690 v. II:5', III 722 v. I:4, III 865 r. II:4; *ARET* IV 1 r. IV:5 (!), IV 6 r. II:1; *ARET* VIII 523 r. X:11 (*), VIII 531 v. III:14 (*, collazione Archi)

cit. (Archi, *Mél. Kupper*, p. 207): TM.75.G.10151 r. V:3'

SIG$_4$.KI.SIG$_4$.KI *ARET* VII 93 r. II:4

¶ $SIG_4$.KI (di solito inteso come un NG dagli editori, ma v. i dubbi espressi nell'indice di *ARET* IV) è termine costantemente attestato come qualificazione dei gada-túg; sulla base di queste attestazioni, si preferisce considerarlo non un toponimo, ma un sumerogramma indicante un termine del lessico, con funzione di attributo (v. Bonechi, *MARI* 6, p. 233, n. 91).

Vi sono però due possibili eccezioni, entrambe in contesti problematici: *ARET* III 865: ... *a-da-mi* BA:KU *a-lu-nu* $SIG_4$.KI *mu-úr*$^{ki}$ lú *kak-mi-um*$^{ki}$, e *ARET* VII 93: (7 mine di argento) ugula bàd$^{ki}$-bàd$^{ki}$ $SIG_4$.KI.$SIG_4$.KI ì-na-sum. Soprattutto la seconda attestazione (che si contrappone a ugula bàd$^{ki}$-bàd$^{ki}$ *ʾà-ma-tim*$^{ki}$) potrebbe forse suggerire un'interpretazione come NG (con lettura murgu$^{ki}$, "dorso, spalle", o $sig_4{}^{ki}$, eventualmente "mattonaia", anche come termine topografico?).

# Š

## Šaʾad

*sa-a-du*$^{ki}$ *ARET* VIII 538 v. VI:15' (NP)
*sa-ad*$^{ki}$ *ARET* III 900 r. III:2'
*sa-du*$^{?ki}$ TM.75.G.1964 r. VI:1

¶ L'identificazione delle grafie come varianti non è provata; la seconda si riferisce ad un centro menzionato in relazione ad attività agricole della regione di Ebla; la terza (proposta da Mander, *MEE* X, p. 177; Archi, *SEb* 4, p. 9, ha ⸢*sa*?-x⸣$^{ki}$) va collazionata.

## Šaʾ(a)midu

*sa-ʾà-mi-du*$^{ki}$ TM.75.G.1451 r. V:3
cit. (Biga, *ARES* I, p. 295): TM.76.G.91 (NP)

¶ Cf. Krecher, *ARES* I, p. 185.

## Šaʾanu

*sá-a-nu*$^{ki}$ *ARET* II 27a v. II:4; *ARET* VII 156 v. V:1

¶ Fra i NG riferiti ai figli di Irʾam-damu in *ARET* VII 156; centro menzionato in relazione ad attività agricole in *ARET* II 27a. Nella regione di Ebla. Il presunto NG **za-a-nu*$^{ki}$, citato da Astour, *JAOS* 108, p. 548, n. 21, come variante di *sá-a-nu*$^{ki}$, è in realtà un NP (v. *ARET* VIII 521 r. I:15).

## Šaʾiraba

*sa-i-ra-ba*$_4^{ki}$ TM.75.G.1975 v. I:5

¶ Una delle 52 "fortezze", bàd, della città di → Luʾadum; a nord di Ebla.

Šabaʾad

*sa-ba-a-du*ki *ARET* III 878 r. II:3' (NP)
*sa-ba-ad* ki *ARET* IV v. VII:2 (NP)

¶ Non è certo che si tratti di varianti grafiche. Archi, *ARET* III, p. 330, confronta con → Šibadu. V. anche il commento a → Ḏabaʾdu, e cf → ...baʾadu.

Šabardin

*sa-bar-ti-in*ki *ARET* III 236 v. V:2'

Šabarginu

*sa-bar-gi-nu*ki *ARET* III 236 v. III:3'

Šabiš v. ŠaNEš

Šabu

*sá-bù*ki cit. (Archi, *MARI* 4, p. 77): TM.75.G.2400 v. II

Šaburšu

*sa-bur-su*ki *ARET* I 16 v. I:9 (NP); *MEE* II 39 r. IV:8 (NP)

Šad v. Šaʾad

Šad(a)lamu

*sa-da-la-mu*ki *ARET* VIII 541 v. II:1'

Šadu v. Šaʾad

Šaduma

*sa-du-ma*ki cit. (Archi, *Biblica* 60, p. 563, n. 21): TM.75.G.1992

¶ Cittadina menzionata in contesto agricolo; grafia da verificare, ma certamente da non identificare nella biblica Sodoma, v. Archi, *ibid.* Astour, *JAOS* 108, p. 548, n. 21, la accosta ad una inesistente *Ḏaduman di TM.75.G.1287 = *MEE* I 726 = *ga-du-ma-an*ki di *ARET* IV 10 r. VIII:7.

Šadur

Šadur, Ḏadur

*sa-du-úr* $^{ki}$ *ARET* I 13 r. XIII:9 ($NP_1$-$NP_2$), v. I:9 (NP), I 15 v. VIII:14; *ARET* II 12 r. VII:6; *ARET* III 16 r. I:1', III 288 r. II:4', III 415 r. IV:5', III 732 r. V:4', III 738 r. IV:2', III 755 v. V:5' (NP), III 808 r. I:7' (guruš), III 898 r. I:1'; *ARET* IV 6 v. VIII:7, IV 9 v. III:7; *ARET* VII 153 v. II:4, VII 154 r. II:11, v. V:2; *MEE* X 2 v. I:4; TM.75.G.1625 v. II:4

cit.(Archi, *MARI* 6, p. 33): TM.75.G.1763 v. II:15; cit. (Pettinato, *MEE* I): TM.75.G.5377; cit. (Pettinato, *Or* 53, p. 328 [27]): TM.75.G.1587 r. VI:12

*ša-du-ru* $_{12}$ $^{<ki>}$ *ARET* VII 156 v. IV:14

*ša-du-úr* $^{ki}$ *ARET* III 137 v. III:1, III 159 r. I:4', III 253 v. III:6', III 254 r. II:2', III 281 r. II:5', III 535 r. II:2, III 731 r. IV:2', III 749 r. II:1'; *ARET* IV 12 r. X:12, 18

cit. (Pettinato, *MEE* I): TM.75.G.1317, TM.75.G.1318

¶ Per la fondata ipotesi di alternanza fra la grafia con *sa-* e quelle con *ša-* v. Archi, *ARET* III, p. 330; Milano, *ARET* IV, p. 117; Astour, *JAOS* 108, p. 548, n. 21.

Šadur è un importante centro della regione di Ebla (v. Archi, *MARI* 6, p. 31), al quale è riferita una proprietà (é) del sovrano eblaita (v. *ARET* VII 154) e di Ibriʾum (v. *ARET* III 288 e *MEE* X 2), e cf. anche *ARET* III 254 e 749; alla famiglia di Ibriʾum si riferisce anche l'attestazione in *ARET* VII 153, così come quella in TM.75.G.1625, che cita il toponimo fra i centri riferiti a Irti, figlio di Ibriʾum. Il NG è inoltre citato fra i centri in relazione con i figli di Giʾa-lim in *ARET* VII 154, e con i figli di Irʾamdamu in *ARET* VII 156.

Per un'altra possibile menzione v. anche *ARET* III 560 v. I:2' ($^{<ki>}$, NP). V. il commento a → Šudur.

Šaḏe, Šaše

*sa-šè* $^{ki}$ *ARET* III 897 r. I:3' (NP ugula)

Šagazu

*sa-ga-zu* $^{ki}$ *ARET* III 627 v. III:3' (NP)

Šaggar v. Zaggar

Šagilu

*sa-gi-lu*ki *ARET* VII 155 v. V:7; TM.75.G.1669 r. IV:2 ([NP?]), 7 (NP); *MEE* X 38 v. II:4 (... $NP_1$ lú $NP_2$)

cit. (Pettinato, *MEE* I): TM.75.G.10021, TM.76.G.340

¶ Fra i NG citati in relazione ai figli di Irig-damu, figlio di Ibri᾿um, in *ARET* VII 155; centro menzionato in relazione ad attività agricole. Nella regione di Ebla (Astour, *WGE*, p. 144, n. 34, propone una identificazione, in relazione all'area di Alalaḫ, con la neo-assira Sagillu). Cf. → Šagulu.

Šagulu

*sa-gú-lu*ki *ARET* VIII 541 v. II:12' (dumu-nita NP)

¶ Cf. → Šagilu.

Šaḫaba᾿u

*sa-ḫa-ba-ù*ki TM.75.G.1975 r. II:5

¶ Una delle 52 "fortezze", bàd, della città di → Lu᾿adum; a nord di Ebla.

Šaḫari᾿a

*sa-ḫa-rí-a*ki *ARET* III 836 r. I:1'

Šaḫu v. Šarḫi(᾿um)

Šal(a)munu

*sa-la-mu-nu*ki cit. (Archi, *Mél. Finet*, p. 18): TM.75.G.10156

Šalba, Ḏalba, Zalba

*sal-ba*ki *ARET* III 404 r. III:3' (NP), III 861 r. I:2'; *ARET* VIII 524 r. IV:8 (NP), XI:36

cit. (D'Agostino, *OA* 29, p. 50): TM.75.G.1750

¶ Per il confronto con → Šalba᾿u v. Archi, *ARET* III, p. 331; D'Agostino, *OA* 29, pp. 49-50, propone invece un'identificazione di Šalba con → Šalbad. *Sal-ba*ki e *sal-ba-ù*ki sono identificate da Davidović, *ASJ* 11, p. 3, con la più tarda Zalpa.

Per una *sal-lim*ki (alternativa: *sal-ba*ki), citata da Pettinato, *Ebla* 2, p. 367 (negli inediti TM.75.G.331 e TM.75.G.1750), è certamente inaccettabile l'identificazione con Gerusalemme proposta dallo stesso, *Ebla* 2, p. 241. Cf. anche → IGI.SAL?

Šalbaʾu

Šalbaʾu, Ḏalbaʾu, Zalbaʾu

*sal-ba-ù*$^{ki}$ *ARET* I 13 r. XIII:10 (NP); *ARET* III 160 r. V:7' ($NP_1$-$NP_2$ $NP_3$ maškim-SÙ); *ARET* IV 3 v. III:9, IV 14 v. IV:8 (NP); TM.75.G.1451 v. IV:17

¶ Sul medio Baliḫ per Astour *WGE*, p. 154. Cf. → Šalba, → Šalbad.

Šalbad, Ḏalbad, Zalbad

*sal-ba-ad*$^{ki}$ *MEE* X 39 r. I:4 (3 é-duru$_5$ ... *na-se*$_{11}$), v. II:3 (9 *na-se*$_{11}$)

cit. (Pettinato, *MEE* I): TM.75.G.6025, TM.75.G.10019

*sal-ba-du*$^{ki}$ *ARET* II 29 v. I:7; *ARET* VIII 529 v. VII:20; *MEE* X 38 r. IX:3 ($NP_1$-$NP_7$ 7 *na-se*$_{11}$)

cit. (Pettinato, *MEE* I): TM.75.G.5317

¶ V. Milano, *ARET* IV, p. 139, per una identificazione di *sal-ba-du*$^{ki}$ con → Šalbaʾu. V. Krecher, *ARES* I, p. 181, per proposte di identificazione con → Šabaʾad e → Ḏabaʾdu (e cf. il commento a quest'ultima). V. Astour, *WGE*, p. 146, n. 47 per una proposta di identificazione con *ša-la-ba-tim*$^{ki}$ dei testi paleobabilonesi di Mari (con riferimento alla localizzazione "north of the district of Terqa" data in *ARM* XVI/1, p. 31). Cf. → Šalba.

Šamadugu, Ḏamadugu

*sa-ma-du-gú*$^{ki}$ *ARET* I 32 r. IV:18; *ARET* IV 1 v. XI:18; *ARET* VIII 538 v. V:3' (... $NP_1$-$NP_2$), VIII 542 r. XI:4 (NP)

*ša-ma-du-gú*$^{ki}$ *ARET* III 880 r. IV:8'

cit. (Pettinato, *MEE* I): TM.75.G.2036

¶ L'identità delle due grafie non è provabile, ma è probabile (cf. Edzard, *ARES* I, p. 31). V. → Šamidugu e → Ḏamanagu.

Šamidugu

*sa-mi-du-gú*$^{ki}$ cit. (Biga - Pomponio, *MARI* 7, § III): TM.75.G.1442 v. IV:14 (NP ugula), TM.75.G.2508 r. VI:22 (NP ugula)

¶ In entrambi i testi determinato da → Luʾadum. A nord di Ebla; non provabile è l'identificazione con → Šamadugu.

Šamudu

*sa-mu-du*$^{ki}$ *ARET* I 1 v. III:11 (NP ugula); *ARET* IV 1 v. I:11 ($NP_1$ lú); *ARET* IX 66 v. VI:6

cit. (Milano, *ARET* IX, p. 193): *ARET* X 102 (1 é-duru$_5$$^{ki}$)

¶ Centro nella regione di Ebla.

Šamuza (?)

*sa-mu-za*^ki!^ *ARET* II 29 v. IV:10
¶ Lettura proposta da D'Agostino, *OA* 29, pp. 42 e 54, e n. 51 (edizione: sa mu 6).

ŠanabLUM (??)

[*sa*]-*nab*-LUM^ki^ cit. (Pettinato, *MEE* I): TM.75.G.11155
¶ Lettura dubbia (= [*sa*/*ša*]-*nab*-[*zu*]-*gúm*^ki^?).

Šanaḏu

*sa-na-šu*^ki^ *ARET* II 14 r. X:2; *ARET* III 887 r. V:4'; *MEE* II 32 r. IV:8; *ARET* VIII 524 r. VII:8 (*, ?)
¶ Assimilato da Archi, *ARET* III, p. 330, a → Ḏanaḏu (v. il commento) e a → Ḏanazu. V. anche Astour, *JAOS* 108, p. 548, n. 21.

Šanarugu

*sa-na-ru*$_{12}$-*gú*^ki^ *ARET* IV 16 r. XII:14 (ugula); *ARET* VII 152 r. III:3 (*); TM. 75.G.1444 r. IX:14
cit. (Archi, *SLE*, p. 247): TM.75.G.1438 r. VII:4 (*, <ki>, ugula)
¶ Centro della regione eblaita; fra quelli riferiti a Nabḫa-NI/il, figlio di Ibriʾum, in *ARET* VII 152 e in TM.75.G.1444. Per TM.75.G.1438 v. Bonechi, *MARI* 6, p. 243. Cf. → Ḏanarugu (identità possibile, ma non provata dall'analisi prosopografica; v. Edzard, *ARES* I, p. 31).

Šanašugu (?)

⌜*sa*?⌝-*na*-⌜*su*⌝?-*gú*^ki^ *ARET* VII 10 v. I:1
¶ Cf. *ARET* VII, p. 27: o ⌜*ʾà*?⌝-*na*-⌜*su*?⌝-*gú*^ki^? La fotografia non permette di verificare se si ha invece un'altra attestazione di → Šan(n)abzugu(m) (SU sembra certo).

ŠaNEn

*sa*-NE-*in*^ki^ cit. (Pettinato, *MEE* I): TM.75.G.5341

ŠaNEš

ŠaNEš, ŠiNEš

*sa*-NE-*su*[ki] cit. (Waetzoldt, *OA* 29, p. 21): TM.75.G.2428[?] (ND)
*si*-NE-*su*[ki] cit. (Waetzoldt, *OA* 29, p. 21): TM.75.G.2429[?] (ND)
*si*-NE-*iš*[ki] cit. (Waetzoldt, *OA* 29, p. 21): TM.75.G.2508[?] (ND)

¶ Sede del culto di [d]BAD.

Šan(n)abzugu(m), Šan(n)abšugum, Ḏan(n)abšugum, Ḏan(n)abzugu(m)

*sa-nab-su-gúm*[ki] cit. (Pettinato, *MEE* I): TM.75.G.2233, TM.75.G.4448
*sa-nab-zu-gú*[ki] TM.75.G.1547 r. IV:3
cit. (Archi, *Mél. Kupper*, p. 207): TM.75.G.11864 r. IV:8; cit. (Edzard, *ARET* II, p. 117): TM.75.G.2350 X 5
*sa-nab-zu-gúm*[ki] *ARET* I 1 r. V:4 (ábba-SÙ), I 3 r. VI:13 (*badalum*, ábba-SÙ), I 4 r. VI:11 (*badalum*, ábba-SÙ), I 5 r. VI:9 (*badalum*, ábba-SÙ), I 6 r. VIII:2 (*badalum*, ábba-SÙ), I 7 r. VI:5, I 8 r. XII:4 (*badalum*, ábba-SÙ, *mazalum*-SÙ), I 15 r. VI:5 (-i); *ARET* II 13 v. VI:12; *ARET* III 46 r. III:2' (*badalum*), III 60 r. V:5' (... maškim-SÙ), III 64 r. III:6', III 72 r. I:1', III 458 r. II:10 (*badalum*, ábba-SÙ), III 468 r. IX:9, III 469 r. II:1, III 471 r. IX:2, III 748 r. I:3' (*badalum*), III 911 r. II:2, III 937 r. III:5' (NP *mazalum*); *ARET* IV 1 v. VII:2 (maškim-SÙ), XI:6 (*badalum*, ábba-SÙ), IV 18 v. IV:13 (*badalum*, ábba-SÙ, maškim-SÙ); *ARET* VIII 521 v. III:12 ($NP_1$, $NP_2$), VIII 528 r. VII:4, v. II:9; *MEE* II 1 v. V:8' (NP); *MEE* X 25 v. I:11
cit. (Archi, *ARET* I, p. 223): TM.75.G.2289; cit. (Archi, *MARI* 6, p. 32): TM.75.G.1707 r. XII:15 (*badalum*); cit. (Archi, *Mél. Finet*, p. 17): TM.75.G. 1249; cit. (Pettinato, *MEE* I): TM.76.G.97
*ša-na-nab*$_x$(MUL)-*su-gúm*[ki] *ARET* I 45 v. VIII':2 (*, maškim:e-gi$_4$)
*ša-nab-su-gúm*[ki] cit. (Pettinato, *MEE* I); TM.75.G.11042; cit. (Zaccagnini, *SLE*, p. 199): TM.75.G.1399 v. IX:12
*ša-nab-zu-gúm*[ki] *ARET* III 236 v. III:7', III 506 r. III:2', III 632 r. III:4'; *ARET* IV 12 r. X:15, IV 13 v. II:18, IV 17 r. X:1; *MEE* II 41 r. VIII:9 (en, e-gi$_4$-maškim-SÙ)
cit. (Archi, *SEb* 2, p. 29): TM.75.G.10079 v. III:14 (maškim); cit. (Archi, *SEb* 4, p. 11): TM.75.G.2233 r. VIII:16; cit. (Pettinato, *MEE* I): TM.75.G. 1407

¶ Regno siriano, fra quelli che aprono i testi di tipo *ARET* I 1-9.

Per le varianti grafiche v. Pettinato, *MEE* II, p. 17. Per *ARET* I 45 v. Archi, *NABU* 1988/44; Bonechi, *NABU* 1990/28; Krecher, *ARES* I, p. 181. Per la grafia dell'inedito TM.75.G.1407 v. *MEE* I, p. 67; quelle con *-su-* devono esser verificate. V. anche → ŠanabLUM e → Šanašugu.

Localizzabile nella regione settentrionale della Siria attorno a → Ḫarran: v. Archi, *ARET* I, p. 221, e *UF* 20, p. 1 e n. 5 (con proposta di identificazione con Šapanazum dei testi di Mari del II millennio, 90 km circa a est di Ḫarran, a est di Ras el-Ain, o a Tell Rasen o a Tell Hanazef); Pettinato, *Ebla* 2, p. 283: da qualche parte nella "regione del Balich e del Chabur"; Astour, *WGE*, p. 154: fra l'Eufrate e il Baliḫ. V. anche Bonechi, *NABU* 1990/28. Nonostante *ARET* I 15 (che reca -i) non si hanno elementi per ritenere attestati due centri di questo nome. Il toponimo può essere semitico (due nomi, in stato costrutto).

Šar... v. Ḏar...

Šarab

*sa-ra-ab*ki *MEE* II 27 r. IX:4 (NP lugal)
*sa-ra-bù*ki cit. (Pettinato, *MEE* I): TM.75.G.4456 (?)
*sa-ra-bu*$_x$(NI)ki *ARET* II 5 v. I:11

¶ Non è affatto certo che in *MEE* II 27 Išgi-damu sia lugal di Šarab; più verosimilmente si tratterà di un apporto da parte di Išgi-damu per il sovrano di Mari (cui altre volte nei testi eblaiti ci si riferisce con il solo sumerogramma, v. per es. i casi citati in *ARET* VII, p. 225), <*in*> Šarab. Per l'inedito TM.75.G.4456, Pettinato, *MEE* I, p. 207, ha *sa-za-bù*ki. Cf. anche la grafia *sa-ra-bù* in TM.75.G.2561 r. II:1 e 6 (interpretato come NG da Pettinato, *Ebla 1975-*, pp. 29-30). Inaccettabile la proposta di lettura *ra:sa:ap*ki di Pettinato in *MEE* II, p. 195.

Šaraba'u

*sa-ra-ba-ù*ki TM.75.G.1975 v. III:4

¶ Una delle 52 "fortezze", bàd, della città di → Lu'adum; a nord di Ebla.

Šar(a)munu

*sa-ra-mu-nu*ki TM.75.G.1975 v. I:4

¶ Una delle 52 "fortezze", bàd, della città di → Lu'adum; a nord di Ebla. Per un confronto con *ṯrmn* dei testi di Ugarit v. Archi, *SEb* 4, p. 2, e *RA* 81, p. 186.

ŠaraNEgu

*sa-ra*-NE-*gú*ki *MEE* X 48 v. IV:2

ŠaraNI v. Šarab

Šarḫi'(um)

Šarḫi'(um), Šarḫū, Ḏarḫi'(um), Ḏarḫū

*sa-ḫu*[ki] *ARET* VII 6 r. IV:5 (ábba, maškim-SÙ)
*šar-ḫí*[ki] *MEE* X 24 r. VIII:7
*šar-ḫí-um*[ki] *ARET* IV 16 r. II:2, VII:2 (maškim-SÙ)
*šar-ḫu*[ki] *ARET* I 1 r. VI:3, I 3 r. VII:7, I 4 r. VII:9 (ábba-SÙ),I 6 r. IX:2, I 7 r. IX:5 (ábba-SÙ), I 8 r. XII:13; *ARET* III 3 r. II:8', III 239 v. III:4', III 458 r. III:7, III 596 r. I:2; *ARET* IV 17 r. VIII:17, IX:18 (ugula), IV 18 v. V:7 (maškim-SÙ); *MEE* II 32 v. I:8

cit. (Archi, *ARET* I, p. 223): TM.75.G.2289; cit. (Pettinato, *MEE* I): TM. 75.G.1297, TM.76.G.257

¶ Un importante centro della Siria di nord-ovest; non ne è noto un sovrano, ma non può del tutto essere esclusa la possibilità che si tratti di un regno (cf. Bonechi, *AuOr* 8, p. 171). Il confronto delle grafie con *šar* con *ša-ḫu*[ki], avanzato ipoteticamente da Archi in *ARET* VII, p. 201, è verosimile, e motiva la preferenza per una trascrizione Šarḫi('um); se confermato, attesta un'altra omissione di *r* nella grafia. Per la seconda grafia v. Krecher, *ARES* I, p. 177; v. anche la grafia *šar*-GAN-*a-a* in *MEE* II 29 r. XI:8. Per un'altra probabile attestazione v. → Ḏardar.

Šariga

*sa-rí-ga*[ki] cit. (Archi, *SLE*, p. 229, n. 2): TM.75.G.1462 r. VI:11

¶ Fra le città (uru[ki]) di → Ama. Cf. → Ḏarigu?

Šarzu

*sa-ar-zu*[ki] *ARET* III 106 v. IV:6' (NP)
*sa-ar-zú*[ki] *ARET* II 28 v. III:1 ($NP_1$ lú $NP_2$); *MEE* II 37 v. VI:5 (NP); *MEE* X 38 r. X:13 (*, $NP_1$ lú $NP_2$)

cit. (Pettinato, *MEE* I): TM.75.G.2233

¶ Centro menzionato anche in relazione ad attività agricole; nella regione di Ebla. La correzione in *MEE* X 38, sicura, si basa sul confronto con *ARET* II 28.

Šaše v. Šaḏe

Šašulubu

*sa-su-lu-bù*[ki] *ARET* III 588 r. II:1, III 819 v. II:4'

Šazabu

*sa-za-bù*[ki] *ARET* III 467 v. VI:1, III 861 r. II:7'

¶ Sull'Eufrate a sud di → Karkamiš per Astour, *WGE*, p. 154. V. il commento a → Šarab.

Ša...du (?)

¶ Se in *ARET* III 461 v. I:2' (*sa*-⌜x⌝-*du*[(-x)]) si ha un NG (come è verosimile, cf. *ARET* III, p. 331) la documentazione disponibile offre le possibilità di → Šaʾad e → Šamudu.

Ša... (?) v. Šaʾad

Še... v. Ḏe...

Šiʾam, Ḏeʾam

*si-ʾà-am*[ki] *ARET* IV 17 v. I:17 ($ND_1$); *ARET* VII 13 v. VI:4; *MEE* X 27 r. XIII':4 ($ND_1$)

*si-ʾà-mu*[ki] *ARET* IV 16 v. I:3

*šè-ʾà-mu*[ki] *ARET* II 1 v. I:2 (*, NP); *ARET* III 401 v. III:4' (simug); TM.75.G. 2377 r. IV:3

*ši-a-mu*[ki] *ARET* III 941 r. V:4' ($NP_1$ lú $NP_2$); *MEE* X 29 v. XVI:15

*ši-ʾà-mu*[ki] TM.75.G.2379 r. IV:4

cit. (Biga (*ARES* I, p. 295): TM.76.G.192

¶ Sede del culto di ᵈRašap ($ND_1$), e, in TM.75.G.2377 // TM.75.G.2379, di ᵈNIdabal (e v. anche il contesto in *MEE* X 29). Se l'identificazione delle grafie con *si-* con quelle con *šè-* / *ši-* (per l'alternanza di queste ultime due v. Archi, *ARET* III, p. 332) sarà definitivamente provata (come è verosimile), si tratterà di un importante centro religioso nella regione di Ebla, probabilmente a sud di questa (v. Bonechi, *SEL* 8, p. 74, n. 94, dove si correggerà ᵈKamiš in ᵈRašap; da rifiutarsi comunque l'identificazione con Sichem proposta da Pettinato, *Ebla* 2, p. 241, v. già Fronzaroli, *SEb* 1, p. 70, n. 15). Astour, *JAOS* 108, p. 548, propone un'ulteriore variante in → Ziʾamu. V. anche Krecher, *ARES* I, p. 185. Cf. → ...amu?

Šiʾamunu

*si-a-mu-nu*[ki] *ARET* VIII 541 r. V:12

Šib v. Šidum

Šibadu

*si-ba-du*$^{ki}$ *ARET* III 940 r. II:8' (NP)

¶ Confrontato con → Šabaᵓad da Archi, *ARET* III, p. 331.

Šibir (?) v. Šinam

Šibiš v. ŠaNEš

Šidaᵓu v. Šidalu

Šidadu

*si-da-du*$^{ki}$ *ARET* I 7 r. IX:15 (NP)

Šidalu, Šidaᵓu

*si-da-lu*$^{ki}$ TM.75.G.427 r. IV:26, V:30

cit. (Pettinato, *MEE* I): TM.75.G.10032

*si-da-ù*$^{ki}$ *ARET* I 4 v. V:12; *ARET* III 373 r. II:3'; *ARET* IV 1 v. V:14; *ARET* VIII 531 r. VII:12

cit. (Biga - Pomponio, *MARI* 7, § II): TM.75.G.2429 r. IV:2, V:10, VI:5, 26

¶ Cittadina nel paese di → Ibᵓal. L'alternanza fra le due grafie è proposta in modo persuasivo da Biga e Pomponio, *MARI* 7, § II; da notare comunque che *ù* non è usato per /l/ nella lista bilingue eblaita (non appartenendo alla serie usata per /y/), cf. Krebernik, *ZA* 72, p. 219, e Conti, *MisEb* 3, pp. 58-59.

Šidamu

*si-da-mu*$^{ki}$ *ARET* VII 156 v. II:10; *ARET* VIII 524 v. I:19 (NP); TM.75.G. 2377 r. IV:8; TM.75.G.2379 v. I:5

cit. (Archi, *Mél. Kupper*, p. 204): TM.75.G.1251 v. VIII:2 (NP)

¶ Fra i centri del culto di $^{d}$NIdabal in TM.75.G.2377 //TM.75.G.2379; fra quelli riferiti ai figli di Irᵓam-damu in *ARET* VII 156; nella regione di Ebla, verosimilmente a sud di questa, verso l'Oronte (e cf. Archi, *SEb* 4, p. 11); certamente non la biblica Sodoma, come per Pettinato, *OA* 19, p. 67, v. già Garelli, *Remarques*, § 5; Archi, *SEb* 4, p. 11 ("in Northern Syria, maybe between Ebla and the coast"). Le osservazioni di Krecher, *ARES* I, p. 177 sono vanificate dalla lettura *šè-ᵓà-mu*$^{ki}$ di *ARET* II 1 v. I:2.

ŠidaNEr

*si-da*-NE-*ir*$^{ki}$ *ARET* VII 71 r. I:3

Šidanu

*si-da-nu*$^{ki}$ *ARET* IV 2 v. VII:24 (NP)

Šidarin

*si-da-rí-in*$^{ki}$ *ARET* I 11 v. III:4; *ARET* III 239 v. II:1', III:5', III 271 r. II:4', III 281 r. I:3', III 295 r. I:4, III 337 v. IV:2', III 398 r. IV:5 (šeš en), III 469 r. III:5, III 531 r. III:4' (en), III 827 r. II:2', III 852 r. I:1', III 924 r. II:2', III 933 r. I:1'; *MEE* II 29 v. II:2; *MEE* II 32 r. V:2 (maškim-SÙ); *MEE* X 3 r. I:14, VII:3, v. VIII:7

cit. (Pettinato, *MEE* I): TM.75.G.4397, TM.75.G.11048 (en)

¶ Un regno siriano minore (v. Bonechi, *AuOr* 8, p. 162), anche se qualche dubbio in proposito potrebbe ancora sussistere.

Šidiʾaba

*si-ti-a-ba*$_{4}^{ki}$ *ARET* IV 24 r. VII:12

Šidum

*si-tum*$^{ki}$ *ARET* II 27 v. I:2; *ARET* VIII 526 v. VIII:3 (NP)

¶ O *si-íb*$^{ki}$?

Šigʾam

*si-ig-am*$^{ki}$ cit. (Archi, *Ét. Garelli*, p. 216): TM.75.G.2183

¶ Centro citato in relazione alla produzione di olio; nella regione di Ebla.

Šigilu

*si-gi-lu*$^{ki}$ *ARET* IX 91 r. II:3, 8

Šiḫan

*si-ḫa-an*$^{ki}$ *ARET* III 160 r. VI:4'

*si-ḫa-nu*$^{ki}$ *MEE* II 25 v. II:10

¶ A sud di Ebla per Astour, *WGE*, p. 154.

Šilaḫa

Šilaḫa

*si-la-ḫa*ki *MEE* II 48 r. VII:4 (ND)

¶ Fra le sedi del culto di dKUra; nella regione di Ebla.

Šilan

*si-la-an*ki *ARET* IV 24 r. VII:10 (NP)

*si-la-nu*ki *ARET* I 7 v. XII:10 (NP)

Šimada (?)

*si-ma-da*ki *ARET* III 322 r. VII:4 (*si-ma-da*ki *wa* dumu-nita-SÙ NE-di)

¶ Dato il contesto, potrebbe anche essere un NP mal scritto.

Šina

*si-na*ki *ARET* III 757 r. III:2' (NP)

cit. (Pettinato, *MEE* I): TM.75.G.1586

¶ Per un confronto con → Ḏena, → Ḏenaʾum e → Šinam, e con il NG di Alalaḫ *ši-na-e*ki v. Archi, *ARET* III, p. 331.

Šinam

*si-nam*ki *ARET* I 15 v. I:5

*si-na-mu*ki *ARET* I 4 r. XII:8; *ARET* III 515 r. III:4' (dumu-nita NP ugula)

¶ L'identificazione delle due grafie come varianti di uno stesso toponimo non è provata (per la prima anche una lettura *si-bir*$_5$ki sarebbe possibile), ma è verosimile. Per un confronto con il NG di età paleo-babilonese Šinamum v. Archi, *ARET* III , p. 331; v. però anche il commento a → Šina.

Šinariʾu

*si-na-rí-ù*ki *ARET* III 159 r. VII:8'

¶ Per una proposta di identificazione con Sinaru dei testi di Ugarit v. Astour, *WGE*, p. 144, n. 37 (v. anche *id.*, *JAOS* 108, p. 548, n. 21).

ŠiNE (??)

*si*-NE[ki] cit. (Pettinato, *MEE* I): TM.75.G.1589

¶ Grafia da verificare (= → Maᵓ NE?).

Da notare: in *ARET* VII 121 r. II:2 leggi *má*-NE[ki]; in *ARET* VII 25 r. II:3 *si*-NE sembra termine del lessico riferito a bur-KAK, meno probabilmente un NG senza determinativo.

ŠiNEš v. ŠaNEš

Širad

*si-ra-ad* [ki] *ARET* III 792 r. III:6'; *ARET* IV 10 v. VIII:3 (NP)

Šišiᵓu

*si-si-ù*[ki] *ARET* VIII 522 r. III:15

Šišigu

*si-si-gú*[ki] *ARET* VIII 525 v. II:14

¶ Cf. → Šizigu.

Šišinu

*si-si-nu*[ki] *ARET* VIII 531 r. VI:16

Šizigu

*si-zi-gú*[ki] *ARET* VIII 524 r. XI:25

¶ ¶ Cf. → Šizigu, → Šizugu.

Šizu

*si-zu*[ki] *ARET* VIII 524 v. VIII:7; *ARET* IX 61 r. VII:3

cit. (Milano, *ARET* IX, p. 192): *ARET* X 107; cit. (Pettinato, *MEE* I): TM.75.G.1586

Šizugu

*si-zú*$^{ki}$ *ARET* I 14 v. I:9; *ARET* II 14 v. IV:12 (ugula, maškim-SÙ); *ARET* III v. VIII:9, III 193 r. II:8, III 509 r. III:1' (maškim-SÙ), III 776 v. IV:4', III 938 r. III:8' (NP); *ARET* VIII 522 r. II:1 (NP ugula, maškim-SÙ lú-kar), VIII 523 v. III:4 (NP), IX:10 (lú-kar), VIII 525 v. IV:12 (lú-kar), VIII 526 r. X:25 (*, NP$_1$-NP$_5$), XIII:14 (NP$_1$-NP$_2$), VIII 533 r. VII:17 (NP), 21, IX:4, v. I:8 (lú-kar, [*si*$^?$]-*zú*$^{ki}$, *, collazione Archi), VIII 536 r. III:3' (..., maškim-SÙ), VIII 542 r. X:14, v. VI:8'; *MEE* II 32 r. IV:4

¶ Importante centro commerciale in Siria di nord-ovest. La correzione in *ARET* VIII 526 r. X:25 (edizione: *má-zú*$^{ki}$) deriva dall'esame della fotografia, ed è confermata dall'analisi prosopografica. V. → KA (?).

Šizugu

*si-zú-gú*$^{ki}$ *ARET* VIII 523 r. X:23

¶ Cf. → Šizigu.

Šuʾagu

*su-a-gú*$^{ki}$ *ARET* IV 11 r. IV:10 (dam NE-di)

cit. (Archi, *VO* 8/2, p. 198): TM.75.G.10251 v. I (NPF NE-di)

Šubar

*su-bar*$^{ki}$ cit. (Archi, *ARES* I, p. 273): TM.75.G.10078 v. X:14 (nar)

Šudig v. Ḏudig

Šudunu (?)

*su-du-nu*$^{ki}$ *ARET* III 964 v. V:2' (20 <persone$^?$>)

¶ Il contesto non chiarisce del tutto se si tratti, come è verosimile, di un NG, oppure di un termine del lessico mal scritto. Comunque, Astour propone in *JAOS* 108, p. 551, un'alternanza con → Ḏudunu, possibile, ma non provata.

Šudur

*su-du-úr*$^{ki}$ cit. (Archi, *MARI* 6, p. 36): TM.75.G.2594 v. X:19

¶ Da verificare se non si tratti di errore di stampa per *sa-du-úr*$^{ki}$ (v. → Šadur).

## Šugadu

*su-ga-du*$^{ki}$ cit. (Pettinato, *MEE* I): TM.75.G.5660
¶ Con eventuale lettura *su-ga-rá*$^{ki}$ cf. → Šugar.

## Šugar

*su-gàr*$^{ki}$ cit. (Pettinato, *MEE* I): TM.75.G.4496
¶ V. il commento a → Šugadu.

## Šugurʾan

*su-gur-a-an*$^{ki}$ TM.75.G.1451 v. I:8

## Šuguru(m)

*su-gú-rúm*$^{ki}$ TM.75.G.2420 r. VII:14
*su-gú-ru*$_{12}^{ki}$ *ARET* VIII 531 v. II:3
¶ In *ARET* VIII 531 potrebbe determinare → Gadur; in TM.75.G.2420 determina → Burman, e sembra dunque riferibile all'area dell'Eufrate siriano, non molto distante da → Imar (non accettabile l'ardita ipotesi di confronto con Šuruppak e Sumer avanzata da Pettinato in *OA* 19, p. 236, n. 19). Per *ARET* IV 18 v. VII:5 cf. → Zugurrum (e il confronto è valido anche in generale).

## ŠuNEm

*su*-NE-*im*$^{ki}$ cit. (Archi, *Mél. Finet*, p. 18): TM.75.G.2031
¶ Da collazionare.

## ŠuNEn

*su*-NE-*in*$^{ki}$ *ARET* III 471 r. IV:4
*su*-NE-*nu*$^{ki}$ *ARET* III 468 v. II:13'; *ARET* VIII 532 r. VII:12; *MEE* II 32 r. V:5, 18 (*, ugula, collazione Fronzaroli); *MEE* II 37 r. VIII:6
¶ Cf. ŠuNEm?

## Šurʾub

*šur*$_x$(ḪI×MAŠ)-*ub*$^{ki}$ *MEE* X 38 r. VIII:9 (NP$_1$-NP$_{48}$ 48 *na-se*$_{11}$); *MEE* X 39 r. I:2 ([4$^?$] é-duru$_5$ 8 *na-se*$_{11}$), v. II:1 (3 é-duru$_5$)
*šur*$_x$(ḪI×PAP)-*ub*$^{ki}$ TM.75.G.1669 v. VII:5 (*, *ìr-a*-LUM)

Šurigu

Šurigu

*su-rí-gú*[ki] *ARET* II 28 v. V:7 ($NP_1$ lú $NP_2$)
cit. (Pettinato, *MEE* I): TM.75.G.1422

¶ Il dubbio dell'editore di *ARET* II circa l'ultimo segno sembra risolto dall'inedito citato in *MEE* I. Cf. Edzard, *ARES* I, p. 31.

Šuši

*su-si*[ki] cit. (Pettinato, *MEE* I): TM.75.G.1315

# U

UʾaNEn

*ù-a*-NE-*in*[ki] *MEE* II 32 r. III:17
*ù-a*-NE-*nu*[ki] *ARET* VIII 526 r. XIII:17
¶ Cf. UNEn (?).

Ubaʾu

$u_9$*-ba-ù*[ki] *ARET* VIII 531 v. X:28

Ubal

*ù-bal*[ki] *ARET* I 5 r. XV:10 (NP); *ARET* VIII 521 r. IV:10 (NP), VIII 534 v. V:8 (NP), VIII 541 r. I:3 (NP)
¶ Letto solitamente *ù-kul*[ki], ma v. Krecher, *ARES* I, p. 178. V. anche → Urabal per *ARET* VII 156 r. VI:5.

Ubazig

*ù-ba-zi-ig*[ki] *ARET* I 13 r. XII:13 (NP)
*ù-ba-zi-gú*[ki] *ARET* III 974 r. III:5'; *ARET* VII 156 r. I:2 (*); *MEE* II 4 r. IV:2 (en <Ebla>), v. I:3 (en <Ebla>)
¶ Fra i centri riferiti ai figli di Irʾam-damu in *ARET* VII 156; non un regno (v. in tal senso Bonechi, *AuOr* 8, p. 168), ma una cittadina nella regione di Ebla. Cf. Edzard, *ARES* I, p. 31.

Ubuḏanu

*ù-bù-ša-nu*[ki] *ARET* VII 153 r. II:7; TM.75.G.1625 v. II:1 (*)
¶ Fra i centri riferiti a Irti, figlio di Ibriʾum; nella regione di Ebla.

Udagilu

*ù-da-gi-lu*[ki] *ARET* III 471 r. V:2

Udibu (?)

*ù-ti*?*-bù*[ki] *ARET* III 874 r. I:1'

¶ Il segno TI è dato per certo in *ARET* III, p. 333.

Udiq, Udig

*ù-ti-gu*[ki] *ARET* III 459 r. IV:9' (en)

cit. (Biga, *ARES* I, p. 297): TM.76.G.173 (NP) (?)

*ù-ti-gú*[ki] *ARET* I 1 r. III:10 (en, ábba-SÙ), I 3 r. V:8 (en, ábba-SÙ), I 4 r. IV:12 (en, ábba-SÙ), I 6 r. V:10 (en, ábba-SÙ *wa mazalum*-SÙ), I 7 r. IV:6 (en, ábba-SÙ), I 8 v. XIV:2 (NP ḪÚB.KI); *ARET* IV 1 v. XI:20, IV 16 r. X:5; *ARET* VIII 522 r. IV:8, v. III:3, VIII 524 r. IX:4, VIII 525 r. V:22 (<ki>, *), VIII 526 r. XI:23, XII:15, VIII 527 r. XI:9, XIII:12, XVI:7, VIII 531 r. IV:12, VIII 533 r. VI:7, v. V:9, VIII 538 v. III:13', VIII 539 v. VII:13' (en), VIII 540 v. XI:14'; *MEE* II 1 r. IX:15; *MEE* II 12 v. VII:12 (ugula); *MEE* X 3 v. III:6 ($NP_1$, $NP_2$ maškim-SÙ, *mazalum*-SÙ); *MEE* X 4 v. V:12'; *MEE* X 29 r. VIII:25 (NP en)

cit. (Archi, *ARET* I, p. 223): TM.75.G.2289; cit. (Archi, *MARI* 6, p. 34) TM.75.G.2369 v. II:15 (*, en); cit. (Pettinato, *MEE* I): TM.75.G.1419 (en), TM.75.G.1586, TM.75.G.11121, TM.76.G.173, TM.76.G.208 (en), TM.76.G. 257

*ù-ti-ig*[ki] *ARET* I 2+ r. IV:3 (en, 2 ábba-SÙ), I 8 r. III:3 (en, maškim-SÙ, *mazalum*-SÙ?), I 13 r. VI:2; *ARET* III 2 r. IV:11' (NP, *mazalum*-SÙ), III 63 r. II:6 (en), III 300 r. III:4', III 340 r. V:1', III 341 r. II:6' (en), III 458 v. I:8 (NP en), III 471 r. VIII:5 (NP, maškim-SÙ), III 489 v. II:3' (en), III 613 r. III:3' (en), III 743 r. II:5' (NP, *mazalum*-SÙ), III 765 r. I:5', III 872 r. II:2' (*mazalum*-SÙ); *ARET* IV 16 r. I:12, IV 18 v. VI:2 (en); *ARET* VIII 528 r. VII:8; *MEE* II 1 v. IV:16 (en)

cit. (Archi, *ARES* I, p. 272): TM.75.G.2358 v. III:12 (nar ábba *wa* ... nar-nar maškim-SÙ); cit. (Biga, *ARES* I, p. 303): TM.76.G.988 (NP, -[*ig*[ki]]); cit. (Pettinato, *MEE* I): TM.75.G.1297, TM.75.G.1335 (en), TM.75.G.2479

¶ Regno siriano, fra quelli che aprono i testi di tipo *ARET* I 1-9.

Localizzabile fra l'Eufrate e le montagne lungo la costa mediterranea (v. Bonechi, *SEL* 8, pp. 68-71; un ardito e inaccettabile confronto con la toponomastica fenicia è proposto da Pettinato in *SF* 16, p. 108, e in *MEE* II, p. 14).

La trascrizione Udiq è suggerita dalla variante con *-gu*, comunque da verificare (per TM.76.G.173 v. la grafia *ù-ti-gú*[ki] citata da Pettinato in *MEE* I, p. 251); se fosse confermata, non sarebbe un NG non semitico (per tale possibilità cf. Edzard, *ARES* I, p. 31).

La correzione per TM.75.G.2369 è suggerita dal contesto.

Udu

*ù-du*[ki] *ARET* VII 152 r. IV:3

¶ Fra i centri riferiti a Nabḫa-NI, figlio di Ibriʾum; nella regione di Ebla. Cf. → Uru.

Uduban

*ù-du-ba-an*[ki] *ARET* IV 8 v. I:11; *MEE* X 38 v. IV:2 (NP); TM.75.G.1669 v. IV:1 ([NP])

¶ Gli editori di *ARET* IV leggono *ù-rá-ba-an*[ki], evidentemente con riferimento a → Uraban: tale lettura è possibile, ma per ora non è confortata dall'analisi prosopografica.

Uduḫudu

*ù-du-ḫu-du*[ki] *ARET* II 5 r. IV:14 (ugula); *ARET* VIII 526 v. IV:7; *ARET* XI 1 r. XIII:24, XIV:1 (ND), 12 (<*-du*>[ki]), XI 2 r. XVI:10, [12] (ND), XVI:24; TM.75.G.2075 v. II:13, III:25, VII:1

cit. (Archi, *Mél. Kupper*, p. 206): TM.75.G.2397 v. IV:24 (*ù*?-); cit. (Fronzaroli, *QuSem* 18, p. 176 e n. 51): TM.75.G.10167

¶ Sede del culto di [d]Utu in *ARET* XI 1 e 2; cittadina della regione di Ebla. V. anche Fronzaroli, *ibid.*; Astour, *JAOS* 108, p. 551.

Udulubaʾu

*ù-du-lu-ba-ù*[ki] cit. (Archi, *Ét. Garelli*, p. 216): TM.75.G.1244

¶ Centro connesso con la produzione dell'olio; nella regione di Ebla.

Udulum v. Udurum

Udurum

*ù-du-lum*[ki] *ARET* IV 2 v. IX:7 ($NP_1$-$NP_2$), 16 ($NP_1$-$NP_2$); TM.75.G.1470 r. I:5

*ù-du-rúm*[ki] *MEE* X 21 r. XII:15 ([ki], dam, *); TM.75.G.2377 r. IV:2; TM.75.G.2379 r. IV:3

Uduša

¶ Fra i centri riferiti a Giri, figlio di Ibriʾum, in TM.75.G.1470; sede del culto di $^{d}$NI-dabal in TM.75.G.2377 // TM.75.G.2379. Nella regione di Ebla, verosimilmente verso l'Oronte. V. il commento a → BardaLUM.

Uduša

*ù-du-sa*$^{ki}$ *ARET* VII 153 r. II:5; TM.75.G.1625 r. IV:3

¶ Fra i centri riferiti a Irti, figlio di Ibriʾum; nella regione di Ebla.

Uduzu

*ù-du-zu*$^{ki}$ *ARET* VII 152 r. II:3

¶ Fra i centri riferiti a Nabḫa-NI, figlio di Ibriʾum; nella regione di Ebla.

Ud̠egu, Ud̠igu

*ù-šè-gú*$^{ki}$ *ARET* I 32 r. V:16; *ARET* III 732 r. VI:5' (... *wa* NP, maškim-SÙ); *ARET* IV 3 r. I:17; *ARET* VIII 522 r. VII:7

*ù-ši-gú*$^{ki}$ *MEE* II 37 r. VI:5

¶ Confrontato con → Ušegu da Archi in *ARET* III, p. 333, anche se l'analisi prosopografica non sembra confermare. Per *ARET* VIII 526 r. XIV:21 v. → Uzigu. Cf. Edzard, *ARES* I, p. 31.

Ud̠emu (?) v. Ud̠umu

Ud̠umu

*ù-šu-mu*$^{ki}$ *ARET* II 29 r. IV:2

¶ D'Agostino, *OA* 29, pp. 41 e 48, legge *ù-šè-mu*$^{ki}$.

Ugaʾu

*u₉-ga-ù*$^{ki}$ *MEE* X 3 v. II:14 (dumu-nita-SÙ)

UgaLUM v. Uq(a)ru(m)

Ugamu

*ù-ga-mu*$^{ki}$ *ARET* IV 19 r. X:3 (NP)

¶ V. il commento a → Bargaʾu e a → UguʾaN.

Ugaran (?)     v. Uq(a)ran

Ugu'aḏ, Ugūḏu

*u₉-gú-a-áš*ki    *ARET* III 323 v. VI:10' (*, $ND_2$); *ARET* IV 17 v. II:12 (<ki>, $ND_1$); *MEE* X 20 v. VIII:25 ($ND_2$)
cit. (Archi, *MARI* 7, p. 75): TM.75.G.2276 r. VI; cit. (Biga, *PdP* 46, p. 287, n. 7): TM.75.G.1730
*u₉-gú-šu*ki    *ARET* VIII 534 v. IV:23 ($ND_3$)
¶ Sede del culto di dBAD ($ND_1$, Dagān per Pettinato, *Or* 54, p. 238), dBAD-mí ($ND_2$), e Išḫara (dBARA₁₀-*iš*, $ND_3$); in TM.75.G.2276 si ha menzione di dingir Ugu'aḏ. Che le due grafie siano varianti è molto verosimile, ma comunque non certo. In Siria centro-occidentale, e in territorio eblaita per Archi, *MARI* 7, p. 74 (la correzione per *ARET* III 323 vanifica la proposta di identificazione con Rhosus avanzata da Astour, *WGE*, p. 144, n. 36). V. il commento a → Ugu'an.

Ugu'aN

*ù-gú-a*-AN<ki>    *MEE* X 20 v. XIV:4
¶ Sembra da tenere distinto da → Ugu'aḏ, anche per l'uso del segno Ù invece di $U_9$ nella stessa tavoletta. Assimilato, senza evidenti motivi, a → Ugamu e a → Ugunam da Mander, *MEE* X, p. 91.

Ugudu

*ù-gú-du*ki    TM.75.G.11010+ v. VI:9, VII:6

Ugulzadu

*ù-gú-za-du*ki    *ARET* II 27 r. III:2
*ù-gul-za-du*ki    *ARET* III 239 v. I:3' (NP), III 467 v. VI:4, III 468 r. VI:16 (NP ugula), III 665 r. II:2', III 941 r. II:8' (NP); *ARET* IV 17 v. VII:2 (*, ugula), VIII:10; TM.75.G.1444 r. VI:9; TM.75.G.1767 v. I:1 (*); TM.75.G.1964 r. I:2
¶ Cittadina menzionata in contesti relativi ad attività agricole (v. *ARET* II 27, dove è fra i centri riferiti al fratello di Ibdulu, e TM.75.G.1767), vi è riferita una proprietà (é) di Gir-damu, figlio di Ibri'um, in TM.75.G.1444. Cf. → Ugulzudu.
Per un confronto molto verosimile con uruUkulzat (v. *RGTC* 6, pp. 451-452; localizzata da Klengel, *GS* II, p. 26, presso Nuḫašše), v. Archi, *ARET* III, p. 333; per un riferimento alla regione a sud-est di Ebla v. anche Astour, *WGE*, p. 154.
Per TM.75.G.1767 v. Foster, *BiOr* 40, p. 300 e n. 6.

Ugulzudu

*ù-gul-zu-du*$^{ki}$ *ARET* III 229 r. II:4

¶ Cf. → Ugulzadu.

Ugunam

*ù-gú-na-am*$_6$$^{ki}$ *ARET* III 215 v. IV:4' (ugula)

*ù-gú-na-mu*$^{ki}$ cit. (Archi, *Ét. Garelli*, p. 216): TM.75.G.1244

cit. (Mander, *MEE* X, p. 91): TM.75.G.1410

¶ Centro della regione di Ebla, connesso con la produzione dell'olio in TM.75.G. 1244.

Ugurat(um) v. Uq(u)rat(um)

Uguzadu v. Ugulzadu

UḫaLUM

*ù-ḫa*-LUM$^{ki}$ *ARET* IV 10 v. III:6

UḫuNIum

*ù-ḫu*-NI-*um*$^{ki}$ *ARET* I 4 v. III:6

Ul(a)laNIum

*ù-la-la*-NI-*um*$^{ki}$ TM.75.G.1975 r. III:1

¶ Una delle 52 "fortezze", bàd, della città di → Luʾadum; a nord di Ebla.

UlaLUM

*u*$_9$-*la*-LUM$^{ki}$ cit. (Pettinato, *MEE* I): TM.75.G.1666

Ullu v. Urlu(m)

Ul(u)luba

*ù-lu-lu-ba*$_4$$^{ki}$ *ARET* III 900 r. IV:2'
cit. (Pettinato, *MEE* I): TM.75.G.5369
¶ In *ARET* III 900 centro menzionato in relazione ad attività agricole; nella regione di Ebla. V. Krecher, *ARES* I, p. 183.

Ulumu

*ù-lu-mu*$^{ki}$ *ARET* VIII 526 r. IX:10

Umaligu

*ù-ma-li-gú*$^{ki}$ TM.75.G.2309 r. I:3
¶ Centro menzionato in relazione ad attività agricole; nella regione di Ebla.

Umig

*ù-mi-ig*$^{ki}$ cit. (Pettinato, *MEE* I): TM.75.G.1320$^{!}$
¶ V. Hecker, *LdE*, p. 169, n. 27.

Umilu

*u*$_9$*-mi-lu*$^{ki}$ *ARET* II 28 r. III:4 (NP)

Umizu

*ù-mi-zu*$^{ki}$ *ARET* III 938 v. II:1; *ARET* VIII 524 v. VII:15 (*, NP), VIII 527 v. I:16 (NP)

UmNI (?)

*um*-NI$^{ki}$ cit. (Pettinato, *MEE* I): TM.75.G.1324
¶ Grafia da verificare.

UmunuNENIum

*ù-mu-nu*-NE-NI-*um*$^{ki}$ TM.75.G.1975 v. II:2
¶ Una delle 52 "fortezze", bàd, della città di → Luʾadum; a nord di Ebla.

Unagu

*ù-na-gú*[ki] *ARET* VIII 532 v. VIII:13

*$u_9$-na-gú*[ki] *ARET* I 12 v. II:13; *ARET* III 885 r. III:8'; *ARET* VIII 523 v. V:1, VIII 524 r. IV:28, VII:11, IX:19

cit. (Pettinato, *MEE* I): TM.75.G.11107+

¶ Non è provato che si tratti di varianti grafiche. Per una proposta dubitativa di localizzazione nell'area di Alalaḫ v. Astour, *WGE*, p. 144, n. 34.

Per *ARET* VIII 522 v. VII:15 v. → ...na...

UNEn (?)

*ù*-NE-*in*[ki] *ARET* III 567 r. III:3'

¶ O *ù*-<*a*->NE-*in*[ki]?

Unub

*ù-nu-bù*[ki] *ARET* III 426 r. II:1', III 894 r. I:6'; TM.75.G.1451 r. III:7

cit. (Pettinato, *MEE* I): TM.75.G.2165, TM.75.G.5288, TM.75.G.11106+

*ù-nu-$bu_x$*(KA) *ARET* III 467 r. V:12 ($NP_1$-$NP_2$)

*ù-nu-$bu_x$*(NI)[ki] *ARET* III 948 r. I:4' (NP); 523 v. I:4

*ù-nu-ub*[ki] *ARET* VIII 523 r. VII:19 (NP), VIII 526 r. IX:14 (NP), 17, VIII 527 v. X:12'

¶ Per le varianti grafiche v. *ARET* III, p. 333. Identificata da Garelli, *Remarques*, § 2, con *un-nu-ba* dei testi di Alalaḫ. V. anche Astour, *JAOS* 108, p. 551. Per la formazione del nome cf. → Unubanu.

Unubanu

*ù-nu-ba-nu*[ki] *ARET* II 16 r. II:6 (zàḫ)

¶ Archi, *ARET* III, p. 333, confronta questo NG con → UnuNEʾanu. Per la formazione del nome cf. → Unub.

Unuḫalu (?)

*ù-nu-ḫa-lu*[ki] cit. (Pettinato, *MEE* I): TM.75.G.10019

¶ Grafia da verificare: v. → Unuzalu.

UnuNEʾanu

*ù-nu*-NE-*a-nu*^ki^ *ARET* III 964 v. IV:5' (10 <persone>)

¶ Archi, *ARET* III, p. 333, confronta questo NG con → Unabanu. V. anche Astour, *JAOS* 108, p. 551.

Unuzalu

*ù-nu-za-lu*^ki^ *ARET* VIII 538 v. I:14' (*, collazione Archi)

¶ Non determinato da → Kablul (secondo la collazione di Archi, in v. I:15' si ha il NP Kitir). V. → Unuḫalu.

Uq(a)ran, Ugaran

*ù-ga-ra-an*<ki> *ARET* VII 38 r. II:5

¶ Il contesto sembra suggerire un NG piuttosto che un NP. Cf. → Uq(a)ru(m).

Uq(a)ru(m), Ugaru(m)

*ù-ga-lum*^ki^ *ARET* IV 18 v. III:2

*ù-ga-ru*$_{12}$^ki^ *ARET* IV 9 r. V:5

¶ Un confronto possibile per il nome di questa cittadina dell'area eblaita è con l'acc. *ugārum*, "terra irrigabile" (v. Fronzaroli, *OrSu* 33-35, p. 145; anche Astour, *JAOS* 108, p. 552); tuttavia, un confronto alternativo è anche con → Uq(u)rad(um). V. → Uq(a)ran.

Uq(u)rad(um)

*ù-gu-ra-tum*<ki> *ARET* VIII 524 r. II:25 (*)

*ù-gú-ra-ad*^ki^ *ARET* VII 71 r. III:2

*ù-gú-ra-tum*^ki^ *ARET* III 939 r. III:4'

¶ Determina → Din in *ARET* III 939 e *ARET* VIII 524.

Da notare l'ipotesi di Archi, *RA* 81, p. 186 (seguito da Klengel, *Syria*, p. 30, n. 46), che identifica *ù-gú-ra-ad*^ki^ con Ugarit; se però, come sembra verosimile, tutte e le tre varianti sopra raccolte si riferiscono allo stesso centro o almeno allo stesso toponimo, a causa dell'uso del segno *gu* si impone una trascrizione unitaria con /q/ (che vanifica anche l'accostamento a Ugarit di *ù-gú-ra-tum*^ki^ avanzato in *ARET* III, p. 333), in relazione ad un centro della regione di Ebla.

Per *ARET* VIII 524 v. Bonechi, *MARI* 6, p. 222, n. 10. V. Astour, *WGE*, p. 145, n. 40 per una etimologia **wqr*, "esser prezioso". Cf. → Uq(a)ru (v. Archi, *RA* 81, p. 186).

## UR

ÚR$^{ki}$ *ARET* II 22 v. III:3

¶ Accettato come NG semitico *úr*$^{ki}$ da Krecher, *ARES* I, p. 182. Il testo necessita comunque di collazioni.

## Ura

*u$_9$-ra*$^{ki}$ *ARET* IV 11 v. II:7

¶ Da tenere distinto da → Uru (v. il commento).

## Uraʾu

*ù-ra-ú*$^{ki}$ TM.75.G.1558 r. VI:5

¶ Centro menzionato in un conto di pecore riferite al sovrano eblaita.

## Urabal

*ù-ra-bal*$^{ki}$ *ARET* I 12 v. II:1; *ARET* VII 156 r. VI:5 [*, -[*ra*]-)

¶ Se l'integrazione proposta per *ARET* VII 156 è corretta (ma alternativamente si potrebbe avere un'altra attestazione di → Ubal), si tratta di uno dei centri riferiti ai figli di Irʾam-damu; nella regione di Ebla. Per la lettura del NG v. Krecher, *ARES* I, p. 178.

## Uraban

*ù-ra-ba-an*$^{ki}$ *ARET* I 12 v. I:7; *ARET* IV 3 v. V:9 (NP)
*ù-ra-ba-nu*$^{ki}$ *ARET* III 310 r. II.3' (... a-ur$_x$-SÙ)

¶ V. il commento a → Uduban. Cf. → Urabu.

## UraBIL

*ù-ra*-BÍL$^{ki}$ *ARET* I 31 v. II:3 (NP)

¶ Confrontato con → Uranaʾa e → Waʾran da Fales in *MARI* 3, p. 269 (seguito da Archi, *RA* 81, p. 185), con una identificazione con il toponimo *wa-ra*-NE$^{ki}$ dell'iscrizione del re Ikun-Mari di Mari che in questo caso non sembra probabile, sia per ragioni fonetiche relative alla prima consonante, sia perché l'ultimo segno è chiaramente BÍL (v. *ARET* I, p. 189, che corregge *MEE* II, p. 51).

Urabu

*ù-ra-bù*[ki] *ARET* III 459 v. I:7 (NP)
¶ Cf. → Uraban e → U...bu. V. anche Krecher, *ARES* I, pp. 183 e 185.

Uragu

*u₉-ra-gú*[ki] cit. (Pettinato, *MEE* I): TM.75.G.5152

Uram

*ù-ra-am₆*[ki] TM.75.G.2377 r. V:6; TM.75.G.2379 v. II:6
*ù-ra-mu*[ki] *ARET* IV 23+ r. X:4; *ARET* VII 121 r. I:6 ($NP_1$-$NP_3$), VII 155 r. III:3
¶ Fra i centri del culto di ᵈNIdabal in TM.75.G.2377 // TM.75.G.2379, e fra quelli riferiti ai figli di Irig-damu, figlio di Ibriʾum, in *ARET* VII 155; nella regione di Ebla, verosimilmente verso l'Oronte. Cf. anche Astour, *JAOS* 108, p. 550 (con proposta improbabile di alternanza con → Uranaʾa(n)). V. → Urumu, → Waʾran.

Uran v. Uram

Uranaʾa(n)

*u₉-ra-na-a*[ki] *ARET* VII 16 r. X:9 ($u_5$); *MEE* II 35 v. IV:6 ($u_5$); TM.75.G.1353 r. VII:10 (e-gi₄-maškim $u_5$); TM.75.G.1559 r. VIII:2 (NP $u_5$)
*u₉-ra-na-an*[ki] *MEE* II 13 r. VI:1 (*, $u_5$)
¶ Per la lettura in TM.75.G.1293 = *MEE* II 13 v. Archi, *Ebl.* I, p. 70.
Per un confronto di *u₉-ra-na-a*[ki] con *wa-ra*-NE[ki] dell'iscrizione del re Ikun-Mari di Mari v. Fales, *MARI* 3, p. 269, seguito da Archi, *ARET* VII, p. 201; *id.*, *RA* 81, p. 185, con confronto con → UraNE e → Waʾran; *id.*, *MARI* 5, p. 42, per un confronto con → Uram e → Waʾran. Al di là delle varianti possibili, i contesti suggeriscono in effetti per *u₉-ra-na-a(n)*[ki] un riferimento all'area del medio Eufrate (cf. Archi, *RA* 81, p. 186). V. il commento a → Uram.

URḫubu

UR-*ḫu-bù*[ki] *ARET* VII 152 r. I:6, VII 153 r. III:10; *ARET* VIII 524 v. IV:15; TM.75.G.1964 r. II:4 (*, ugula)
¶ Fra i centri riferiti a Nabḫa-NI, figlio di Ibriʾum, in *ARET* VII 152 e 153; nella regione eblaita. La correzione per TM.75.G.1964 mi sembra migliore delle altre due letture proposte (*ḫa*-, per Archi, *SEb* 4, p. 8; *za*- per Mander, *MEE* X, p. 177, comunque da escludere).

Uriʾum

*ù-rí-um*$^{ki}$ TM.75.G.1975 r. I:5

¶ Una delle 52 "fortezze", bàd, della città di → Luʾadum; a nord di Ebla.

UriLUM

*ù-rí*-LUM$^{ki}$ cit. (Pettinato, *MEE* I): TM.76.G.258
*$u_9$-rí*-LUM$^{ki}$ *ARET* III 894 r. II:5' (NP lú-kar)

¶ Archi, *ARET* III, p. 334, confronta la seconda grafia con il NG di Alalaḫ Urilu.

Urimu

*ù-rí-mu*$^{ki}$ TM.75.G.1451 v. VI:2

¶ Per una ardita identificazione con la città romana di Urima v. Astour, *WGE*, p. 142 e n. 27, che indica due rilievi presso Rumkale, alla confluenza del Merzumen Su con l'Eufrate, a nord di → Karkamiš.

Urlu(m), Urru

*ul-lu*$^{ki}$ *ARET* II 17 r. I:2 (55 $ir_{11}$), II 19 v. III:5; *ARET* III 313 r. I:4'
*ur-lu*$^{ki}$ TM.75.G.1444 v. VIII:16
*ur-lum*$^{ki}$ TM.76.G.188 r. II:6, v. III:6
cit. (Pettinato, *MEE* I): TM.76.G.99
*úr-lu*$^{ki}$ *ARET* I 13 r. VII:11, v. III:3; *ARET* IV 3 v. VII:14 (*ur*$^{!}$-), IV 5 v. I:8, IV 14 v. VII:18; *ARET* VIII 524 r. II:9 (NP), XI:8 (NP); *MEE* X 29 r. XVI:6 (*), v. XII:30
*úr-lum*$^{ki}$ TM.76.G.189 r. II:8

¶ Sono raggruppate qui varie grafie, differenti, ma probabilmente riferentisi tutte ad una stessa cittadina (Milano, *ASJ* 9, p. 198, n. 29, ritiene comunque non dimostrata l'identificazione di *úr-lum*$^{ki}$ con *úr-lu*$^{ki}$). Si tratta di un centro menzionato in relazione ad attività agricole (v. *ARET* II 19, TM.76.G.188 e TM.76.G.189), verosimilmente nella regione di Ebla.
Per la corretta lettura in *MEE* X 29 r. XVI:6 v. Alberti, *VO* 8/2, p. 186. Per ulteriori attestazioni v. forse anche *ARET* III 606 r. II:3' e III 966 r. II:4' (in quest'ultimo caso si ha certamente un NG).

Urru v. Urlu(m)

## Urša'um

*ur-sá-um*ki *ARET* I 1 r. III:5 (en, ábba-SÙ), v. III:17 (NP dumu-nita [en Ursa-'um]), I 2+ r. III:13 ([en, ábba-SÙ]), I 3 r. V:3 (en, ábba-SÙ), I 5 r. IV:5 (en, ábba-SÙ), v. XIV:3 (NP), I 6 r. V:3 (en, ábba-SÙ, *mazalum*-SÙ), I 7 r. IV:1 (en, ábba-SÙ), v. VII:1, I 8 r. IV:3 (en, ábba-SÙ, maškim-SÙ), I 9 r. IV:5 (en, ábba-SÙ), V:3 (NP), I 10 v. IV:7 (NP *badalum*, maškim-SÙ, *mazalum*-SÙ), I 15 v. III:7 (NP dumu-nita en), I 32 r. III:15 (en, ábba-SÙ); *ARET* III 36 v. III:3' (en), III 115 v. IV:7' (*, $NP_1$-$NP_2$), III 191 r. III:1' (... *mazalum*-SÙ), III 247 r. II:3' (en, *wa badalum*-SÙ), III 360 r. IV:1, III 371 r. IV:3' (NP), III 439 r. IV:4 (en, ábba-SÙ), III 459 r. VI:7 (NP, maškim-SÙ, maškim-maškim, maškim-maškim-SÙ), III 470 r. VII:2, III 491 r. II:2' (NP), III 598 r. IV:1' (..., maškim-e-$gi_4$-SÙ), III 692 r. V:3 (NP), III 695 r. II:2, III 763 r. III:4', III 885 r. I:5', III 937 r. III:8', III 940 r. III:2'; *ARET* IV 1 r. VII:20, X:18 (en, ábba-SÙ), v. I:14, II:14, IV:10, IV:6 r. XIII:1 (maškim-SÙ, *mazalum*-SÙ), IV 7 r. VIII:14 ($NP_1$-$NP_2$, *mazalum*-SÙ), IV 8 r. III:2 (NP dumu-nita en), IV 17 v. VIII:15, IV 18 v. VI:9 (*badalum*, ábba-SÙ, maškim-SÙ), IX:2 (en), 5 (NP), IV 19 r. VI:6, IV 20 v. V:2 (šeš en); *ARET* VIII 521 v. VIII:13, VIII 522 r. VI:5, VII:12, r. IX:6 (en, ábba-SÙ), X:5 (NP), VIII 523 r. III:17 (en, ábba-SÙ), v. VI:20 (NP), VIII 524 r. V:24 (NP, maškim-SÙ), VIII:2, VIII 525 v. II:2 ($NP_1$-$NP_2$), v. II:21 ($NP_1$ dumu-nita $NP_2$*), VII:22 (maškim), VIII 526 r. XII:9 (NP), VIII 527 v. I:10 (NP), VIII 528 r. VIII:2, VIII 529 r. XII:10 (en), v. II:10 (NP), VI:5 ($NP_1$-$NP_3$), VIII 531 v. II:8 (en, ga-$du_8$ dumu-nita-SÙ), XI:18 (NP), XII:8' ($NP_1$ lú $NP_2$ lú:tuš *in* 1 uruki Ursa-'um), VIII 532 r. VII:5 (NP), v. II:18 (NP), VII:4 (en, ábba-SÙ, *mazalum*-SÙ), VIII 538 v. XI:5' (NP), VIII 540 r. IV:3' (..., [...]-SÙ), v. IX:24, VIII 541 r. III:10 (en, ábba-SÙ), VIII:2 (NP), IX:5 (2 <persone>), v. IV:10', V:2' (NP), VI:8' (NP, maškim-SÙ), VIII:19' (NP); *ARET* IX 70 r. IV:4', IX 71 r. II:4, IX 74 v. II:4 (en), IX 81 r. III:5, v. I:4 (NP), IX 82 r. I:14; *MEE* II 1 r. IX:12; *MEE* II 29 r. II:12; *MEE* X 2 v. VII:3 (maškim-SÙ, *mazalum*-SÙ): *MEE* X 20 r. XIV:21 (NP dumu-nita *badalum*); *MEE* X 24 r. X:4; TM.75.G. 1764 v. III:11 (*, en), XII:15; TM.75.G.2075 v. VII:6; TM.75.G.2238 v. IX:17 (*); TM.75.G.11010+ v. I:1', V:5 (en)

cit. (Archi, *ARET* I, pp. 222-223): TM.75.G.1252 (en, NP ugula uru-SÙ); TM.75.G.2289; cit. (Archi, *MARI* 6, p. 37): TM.75.G.12408 II':2' (NP); cit. (Biga - Pomponio, *MARI* 7, § III): TM.75.G.1442 v. III:14 (NP), TM.75.G. 2508 r. VI:5 (NP); cit. (D'Agostino, *OA* 29, p. 45): TM.75.G.1680 (!) (NP); cit. (Pettinato, *MEE* I): TM.75.G.1335, TM.75.G.1420, TM.75.G.1441, TM. 75.G.1704, TM.75.G.2649 (en), TM.75.G.5318, TM.75.G.6025, TM.75.G. 10019, TM.75.G.10026, TM.75.G.11058, TM.76.G.31

Urti

*úr-sá-um*[ki] *ARET* I 30 v. VI:4; *ARET* IV 16 r. IV:4, VI:12 (maškim-SÙ), 19 (en); *MEE* X 23 v. III:4

¶ Importante regno siriano, fra quelli che aprono i testi di tipo *ARET* I 1-9. Unanimemente identificato con la Uršum delle fonti mesopotamiche del III millennio, e con la Uršu del II millennio (v. Pettinato, *MEE* II, p. 14, con bibliografia, e *Ebla* 2, pp. 264-265; Archi, *ARET* III, p. 334; Saporetti, *LdE*, p. 288; Sollberger, *ARET* VIII, p. 49). Sicuramente a nord di Ebla, e molto probabilmente oltre la frontiera siro-turca. Verosimile è una sua localizzazione a Gaziantep, avanzata per il NG delle fonti più tarde da Archi - Pecorella - Salvini, *Gaziantep*, pp. 45-46, ribadita per il NG eblaita da Archi, *ARET* I, p. 221 (e cf. *id.*, *SLE*, pp. 230 e 235; precedentemente, *id.*, *SEb* 2, p. 3: a est dell'Eufrate; anche, *id.*, *UF* 20, p. 1: a nord di → Karkamiš e a ovest dell'Eufrate, e *MARI* 6, p. 22: a sud di → Ḫazuwan(nu), e non sull'Eufrate), ed accettata da Astour, *WGE*, p. 142 e n. 24 e da Bonechi, *SEL* 8, p. 75; v. anche Davidović, *ASJ* 11, p. 3 (fra Birecik e Gaziantep). Cf. ulteriormente Matthiae, *Ebla* $1^2$, p. 260, e Fronzaroli, *OrSu* 33-35, p. 145 (anche per una possibile interpretazione del toponimo, con bibliografia).

L'integrazione in *ARET* III 115 (da verificare) è suggerita dall'analisi prosopografica (cf. *ARET* VIII 529 v. V:21 - VI:5). V. anche il commento a → *Urša.

Urti v. ḪARti

Uru

*ù-ru*$_{12}$[ki] *ARET* VII 154 r. IV:4

*u*$_9$*-ru*$_{12}$[ki] *ARET* III 280 r. III:6', III 467 r. II:4 (29 *na-se*$_{11}$ lú), VI:7', III 469 r. V:20, III 914 r. II:3'; *ARET* IV 11 v. II:6; *ARET* VIII 524 r. III:21, IV:22, XIV:15, v. IV:8, VIII 527 r. XI:24, VIII 533 r. V:18, v. I:11, II:1 (*, collazione Archi); *MEE* X 3 r., II:17, III:11, v. I:10, VI:11

¶ Fra i centri riferiti ai figli di Giʾa-lim in *ARET* VII 154. L'identificazione delle due grafie non è certa; nella regione di Ebla (e certamente non in area transtigrina, come ipotizzato da Astour, *Semites and Hurrians*, p. 38, n. 267). Da tenere distinta da → Ura. V. il commento a → Barru.

URU

uru[ki] *ARET* II 26, II 33 r. II:1, v. I:5, II:4, II 34 r. I:5, v. I:7; *ARET* III 57 r. III:4' (... 2 dumu-nita $NP_1$ $NP_2$), III 719 r. III:6' (NP), III 827 r. II:1', III 889 v. III:1' (2 uru[ki!(DI)*]), III 964 v. IV:4' (26 dar* *ga-sa*[ki] 41 simug *ga-sa*[ki] *ʾà-ma*[ki] 20 uru[ki] 10 *ù-nu*-NE-*a-nu*[ki] ...); *ARET* IV 3 v. III:3 (2 uru[ki]); *ARET* VII 151 r. I:1, VII 152 r. IV:6, VII 156 v. V:2; *ARET* VIII 531 v. XII:7' (1 uru[ki]); *ARET*

IX 3 r. I:9, IX 27 r. VI:5 (?), IX:80 v. V:6, IX 104 r. III:5, v. I:1, II:5; *MEE* III 66 v. III:7; TM.75.G.1452 r. I:5 (3 uru$^{ki}$ kur$^{ki}$); TM.75.G.2320 r. I:5, v. I:2; TM.75.G.11010+ v. III:12'

cit. (Biga, *ARES* I, p. 298): TM.76.G.87 (NP ugula uru$^{<ki>}$); cit. (Biga, *WGE*, p. 170): TM.75.G.10052 v. VIII:21; cit. (Fronzaroli, *MARI* 5, p. 269): TM.75.G.2366 r. I:7 ($^{<ki>}$); cit. (Pettinato, *MEE* I): TM.75.G.6029

uru$^{ki}$-uru$^{ki}$ *ARET* III 430 r. II:2'; *ARET* VII 153 r. III:6, IV:3; *ARET* VIII 521 v. I:7, VIII 522 v. IV:13, VIII 540 r. IX:10, 16; *ARET* IX 104 r. III:2; TM.75. G.1547 v. IV:2, V:2; TM.75.G.1625 v. IV:2; TM.75.G.1986+ v. V:7; TM.75. G.2377 v. I:6; TM.75.G.2379 v. III:5; TM.75.G.2396 r. V:5, v. I:6

cit. (Arcari, *Ebla 1975-*, p. 124): TM.75.G.2428 r. XIII:12; cit. (Archi, *WGE*, p. 132): TM.75.G.2328 (ábba-ábba ME-SE$_{11}$); cit. (Archi, *MARI* 4, p. 75): TM.75.G.1464; cit. (Biga - Pomponio, *MARI* 7, § III): TM.75.G.1442 v. IV:3; cit. (Pettinato, *MEE* I): TM.75.G.1472

¶ "Città"; per l'equivalenza del sumerogramma con *ʿīr* v. Fronzaroli, *SEb* 1, p. 9. In alcuni casi si può ritenere che la forma scempia sia usata come riferimento ad Ebla stessa (v. Milano, *ARET* IX, p. 303), anche in contrapposizione a → "Saza" (v. Edzard, *ARET* II, p. 143); in altri casi indica centri, sia determinati che indeterminati, diversi da Ebla (è anche usato per indicare gli insediamenti rurali, v. Milano, *MARI* 5, p. 540, e gli indici di *ARET* VII e VIII, s.v.; è invece improbabile che il termine indichi "i *kārum* eblaiti" come per Arcari, *Ebla 1975-*, p. 124, sulla base di una non corretta interpretazione di → bàd).

In *ARET* III 430 determinato da → Agagališ, in *ARET* III 827 da → Sidarin, in *ARET* VII 156 determina → Saʾnu, ed è determinato da → EDIN, in *ARET* VIII 521 e 540 e in TM.75.G.1442 da → Luʾadum, in *ARET* VIII 522 da → Gud(a)danum, in *ARET* VIII 531 da → Ursaʾum, in *ARET* IX 540 da → EDIN, in *ARET* IX 104 da → Ibra, in TM.75.G.1452 da → kur$^{ki}$, in TM.75.G.1464 da → Kiš, in TM.75. G.2428 da → Ebla. In TM.75.G.2377 // TM.75.G.2379 identifica i NG in relazione al culto di $^{d}$NIdabal. In TM.75.G.10052 in relazione a → Manuwad.

In *ARET* VII 153 in relazione a Irti e Nabḫa-NI, figli di Ibriʾum; in *ARET* VII 152 in relazione allo stesso Nabḫa-NI, in TM.75.G.1625 in relazione allo stesso Irti; in TM. 75.G.1986+ // TM.75.G.2396 in relazione a Tiš-lim, regina di → Imar.

L'attestazione di ugula ur[u$^{?}$]$^{⌈ki?⌉}$ in *ARET* III 858 v. V:5 è dubbia. Per *ARET* III 889 v. Bonechi, *MARI* 6, p. 235. Per *ARET* IV 3 v. Biga, *ARET* IV, p. 37. In *ARET* VIII 531 v. I:4 la lettura data dall'editore ($^{d}$en-ki uru$^{ki}$, con ipotesi di riferimento a Eridu, *ibid.*, p. 10) è certamente non corretta (deve trattarsi di un NP), e va collazionata. Per *ARET* IX 27 v. la paleografia in Milano, *ARET* IX, p. 411. V. forse anche *ARET* IX 82 v. VIII:7.

Per le attestazioni di uru$^{ki}$ nell'onomastica v. Krebernik, *Personennamen*, p. 299.

## URU.BAR

uru-bar *ARET* II 18 r. IV:6, II 33 r. III:5; *ARET* III 140 r. V:4 (dar), III 214 v.?I:7 (dar*), III 682 r. III:7; *ARET* IV 5 r. VII:8, IV 10 v. IX:6 (bàd[ki]-bàd[ki]); *ARET* VII 78 r. II:2, VII 80 r. II:1, VII 101 v. I:3, VII 136 r. II:3 (NP ugula simug), VII 148 r. II:1; *ARET* VIII 529 v. VIII:4; *ARET* IX 4 r. II:5 (dingir-dingir-dingir), IX 5 r. IV:1 (dingir-dingir-dingir), IX 6 r. III:5 (dingir-dingir-dingir), IX 8 r. III:3 (dingir-dingir), VII:6 (dingir-dingir), IX 9 r. II:2, IX 11 v. III:3, IX 12 r. II:6 (dingir-dingir-dingir), IX 13 v. III:4 (dingir-dingir-dingir), IX 14 v. II:5 (dingir-dingir-dingir), IX 41 v. VI:4 (2 dam NE.RA), 7 (<dam> NE.RA), IX 42 v. III:8 (dam en), IX 47 v. V:3 (dam), 8 (dam), IX 51 v. III:6 (dam), IX 54 v. II:3 (260 dam), IX 55 r. III:2 (dam en), IX 59 v. II:7 (dam-dam en), IX 87 r. II:4 (dam en), IX 109 r. IV:1 (dam en tur), IX 113 r. III:3 (dam en), IX 114 r. II:1 ([dam en, ?]); TM.75.G.1444 r. III:1; TM.75.G.1700 v. I:2; TM.75.G.1764 v. VI:13 (dingir-dingir-dingir); TM.75.G.1766 v. I:5, II:4; TM.75.G.2420 v. XIII:4; TM.75.G.11010+ v. II:14 (dingir-dingir)

cit. (Fronzaroli, *SEb* 5, pp. 96, 97); TM.75.G.1766 v. I:5, TM.75.G.2171 v. III:5 (*-ma*)

¶ Unanimemente interpretato come termine topografico indicante i "sobborghi" di Ebla, equivalente nella lista lessicale bilingue eblaita a *ʿīrīyatum* (*VE* 1151, v. Fronzaroli, *SEb* 1, p. 9). Cf. → URU.

## Urumu

*ù-ru*$_{12}$*-mu*[ki] *ARET* I 8 r. XV:4; *ARET* VIII 532 v. VIII:10 (NP)

¶ A ovest di Aleppo per Astour, *WGE*, p. 154. Cf. → Uram.

## Urumugu

*ù-ru*$_{12}$*-mu-gú*[ki] *ARET* VIII 522 r. X:7

## Ur...

*úr*-[x[ki]] *ARET* III 966 r. II:4'

¶ V. il commento a → Urlu(m).

## Uša᾽(um)

*ù-sa-ù*[ki] TM.75.G.1547 r. II:6
$u_4$*-sa-um*[ki] *ARET* IV 1 v. VIII:6
$u_9$*-sa-um*[ki] *ARET* III 355 r. V:1' (..., ábba-SÙ)
$u_9$*-sa*[ki] *ARET* III 887 r. III:3' (en)

¶ Sono raggruppate qui quattro grafie differenti, alcune delle quali possono riferirsi ad uno stesso centro.

La prima grafia si riferisce ad una cittadina agricola nella regione di Ebla, e deve essere separata dall'ultima; questa sembra essere un regno siriano minore (v. Bonechi, *AuOr* 8, p. 163 e n. 53), probabilmente da considerare assieme almeno alla terza grafia (v. *ARET* III, p. 334).

## Ušaligu

*ù-sa-li-gú*[ki] *ARET* III 467 r. VII:9'; *MEE* II 33 r. II:3

¶ Cf. Edzard, *ARES* I, p. 31.

## Ušigu

*ù-si-gú*[ki] *ARET* II 13 v. III:1 (NP ugula), II 14 v. VII:14; *ARET* III 322 r. IX:9 ($NP_1$ *wa* $NP_2$), III 468 v. I:17' ($NP_1$ *wa* $NP_2$), III 529 r. II:6' (NP ugula); *ARET* IV 10 v. IV:4 (NP, maškim-SÙ); *MEE* X 21 r. XI:15

cit. (Archi, *Mél. Finet*, p. 18): TM.75.G.2031 (NP ugula); cit. (Pettinato, *MEE* I): TM.75.G.1317, TM.75.G.1320, TM.75.G.1586

¶ Centro della regione di Ebla (in *MEE* X 21 un maškim di Usigu è riferito a → A-ma). V. il commento a → Ud̠egu, e cf. → Uzigu. Cf. Edzard, *ARES* I, p. 31.

## Ušdi᾽um

*uš-ti-um*[ki] *ARET* I 13 r. XIII:22 (NP)

¶ Da tenere distinto da → Irdi᾽um.

## Ušdu (?)

*uš-du*[ki] *ARET* VII 151 v. I:1

¶ Centro nella regione di Ebla. Il primo segno è illeggibile sia in *ARET* VII, Tav. XLIII, che in *MEE* III, Tav. XXX; cf. → Irdum?

Ušdumu

*uš-du-mu*[ki] *ARET* III 485 r. I:5'
¶ Da collazionare.

Ušegu v. Uḏegu

Ušgamu (?)

*uš-ga-mu*[ki] *ARET* IV 19 r. X:6
¶ O *ìr-ga-mu*[ki]?

Ušḫulum v. Ušḫurum

Ušḫurum

*uš-ḫu-lum*[ki] *ARET* I 1 r. IX:2, I 4 r. XI:8, I 16 r. XI:9 (dumu-nita en, maškim-SÙ); *ARET* III 143+457 r. II:2' (*), III 345 r. II:5; *ARET* IV 9 r. VIII:11 (NP 1 dumu-nita en)
*uš-ḫu-rúm*[ki] *ARET* IV 9 r. VIII:5 ($NP_1$, $NP_2$)
¶ L'identificazione delle due grafie è possibile, ma non è certa. *Uš-ḫu-lum*[ki] sembra comunque essere un regno siriano minore (v. Bonechi, *AuOr* 8, p. 163, n. 54). Per *ARET* III 143+457 v. Bonechi, *ibid.* (da collazionare). Cf. → Uš(u)ḫaLUM.

Ušmadu (?)

*uš-ma-du*<ki> TM.75.G.1724 v. II:1
¶ Lettura dubbia, da collazionare. Cittadina agricola nella regione di Ebla.

Uš(u)ḫaLUM

*ù-su-ḫa*-LUM[ki] TM.75.G.1559 r. VI:9
¶ Cf. → Ušḫurum.

Ušulaba

*ù-su-la-ba₄*[ki] TM.75.G.1975 v. II:4
¶ Una delle 52 "fortezze", bàd, della città di → Luʾadum; a nord di Ebla.

Uzam, Uzam(im)

*ù-za-am*$_6$$^{ki}$ *MEE* X 24 r. IX:3 (en, maškim-SÙ)
*ù-za-mi-im*$^{ki}$ *ARET* IV 16 r. II:10 (en, maškim-SÙ)
*ù-za-mu*$^{ki}$ *ARET* I 9 r. V:8 ($NP_1$-$NP_3$), I 32 r. IV:10; *ARET* IV 1 v. VIII:4; TM.75.G.1547 r. III:7
cit. (Pettinato, *MEE* I): TM.75.G.1416, TM.76.G.257
¶ Regno siriano minore (cf. le osservazioni di Alberti, *VO* 8/2, p. 185, circa l'attestazione in *MEE* X 24, che risolvono le perplessità dello scrivente in *AuOr* 8, p. 168); cf. per l'identificazione delle grafie Bonechi, *AuOr* 8, p. 163 e n. 52, con bibliografia; anche Krecher, *ARES* I, p. 179. V. inoltre Astour, *JAOS* 108, p. 551.

UzamiLUM

*ù-za-mi-*LUM$^{ki}$ cit. (Pettinato, *MEE* I): TM.75.G.1416

Uzigu

*ù-zi-gú*$^{ki}$ *ARET* VIII 526 r. XIV:21 (*, collazione Archi), VIII 538 v. IX:10', VIII 540 v. VII:12
¶ V. Hecker, *LdE*, p. 169, n. 27. Cf. → Ušigu.

Uziladu

*ù-zi-la-du*$^{ki}$ TM.75.G.2420 r. I:13
¶ Assieme alle sue "fortezze" (bàd-bàd$^{ki}$), fra i NG "nelle mani" del sovrano di Ebla; a nord-est di Tell Mardikh.

Uzul(a)laʾu

*ù-zu-la-la-ù*$^{ki}$ TM.75.G.1975 r. IV:4
¶ Una delle 52 "fortezze", bàd, della città di → Luʾadum; a nord di Ebla.

Uzuzba

*ù-zú-za-ba*$^{ki}$ TM.75.G.1975 r. I:3
*ù-zu-zu-ba*$^{ki}$ *ARET* IV 2 v. V:2 (NP)
¶ Una delle 52 "fortezze", bàd, della città di → Luʾadum in TM.75.G.1975; a nord di Ebla. Cf. Krecher, *ARES* I, p. 183.

## U...bu (?)

## U...bu (?)

*ù*-⸢x⸣-*bù*$^{?ki}$ *ARET* VII 153 r. IV:9

¶ Fra i centri riferiti a Ingar; nella regione di Ebla. Una integrazione possibile sarebbe *ù*-⸢*ra*⸣-*bù*$^{ki}$.

## U...du (?)

⸢*ù*?⸣-⸢x⸣-*du*$^{ki}$ TM.75.G.1964 r. I:1

# W

Waʾaʾum

*wa-a-um*ki cit. (Pettinato, *MEE* I): TM.75.G.1524 (é)

Waʾaran v. Waʾran

Waʾašu

*wa-ʾà-su*ki *ARET* IV 18 v. III:4

Waʾran

*wa-a-ra-an*ki cit. (Pettinato, *MEE* I): TM.75.G.5224
*wa-la-nu*ki *ARET* VII 154 r. I:2 (ugula), v. I:6
*wa-ra-an*ki *MEE* X 4 v. III:10' (NP)
cit. (Archi, *MARI* 5, p. 39): TM.75.G.1769 (NP lugal)
*wa-ra-nu*ki *MEE* II 37 r. XI:13
cit. (Mander, *MEE* X, p. 35): TM.75.G.2236

¶ Se verificata, la prima grafia, formalmente assimilabile alle altre, consente la trascrizione Waʾran; la seconda concerne uno dei centri riferiti ai figli di Giʾa-lim; vi si menziona un tempio (é) degli dèi (dingir-dingir-dingir). Non provabile, ma probabile, è l'identificazione fra questa grafia e le altre. Nella regione di Ebla.
Archi, *MARI* 5, p. 42, propone dubitativamente un confronto con → Uram e → Uranaʾa (nel secondo caso almeno poco probabile). Fales, *MARI* 3, p. 269 (seguito da Archi, *RA* 81, p. 185, con lettura *wu-ra-nu*ki), propone un confronto di *wa-ra-nu*ki con il toponimo *wa-ra*-NEki dell'iscrizione del re Ikun-Mari di Mari, possibile solo a livello onomastico.

Wadaḫa

## Wadaḫa

*wa-da-ḫa*ki *ARET* III 887 r. V:6'

## Wadinu

*wa-ti-nu*ki *ARET* I 13 v. II:5 (NP)

¶ Probabilmente un NG, e non un NP mal scritto (nota comunque lo spazio anepigrafo in *ARET* I 13 r. XIV:3, che potrebbe sottintendere un NP).

## Wagimu

*wa-gi-mu*ki TM.75.G.1724 v. I:1

¶ Cittadina di importanza agricola nella regione di Ebla.

Waḫašu v. Wiḫšu

Waḫazu v. Wiḫšu

Waḫiša v. Wiḫšu

Waḫišu v. Wiḫšu

Walanu v. Waʾran

## WaNEdu

*wa*-NE-*du*ki *ARET* VII 152 v. III:5, VII 155 v. I:5

cit. (Archi, *NABU* 1988/77): TM.75.G.10143 r. VIII:22 (ND)

¶ Fra i centri riferiti a Nabḫa-il, figlio di Ibriʾum, in *ARET* VII 152, e fra quelli riferiti ai figli di Irig-damu, figlio di Ibriʾum, in *ARET* VII 155; una delle sedi del culto di dIšḫara (v. anche Archi, *MARI* 7, p. 74). Nella regione di Ebla.

## WaNINIum

*wa*-NI-NI-*um*ki *MEE* II 32 r. VI:6

Waran v. Waʾran

Warizu

*wa-rí-zú*^ki cit. (Biga, *ARES* I, p. 287): TM.76.G.128

Wašiʾam (??)

*wa-si-am*^ki *ARET* VIII 524 v. IV:19

¶ Lettura quasi certamente non corretta, ma non migliorabile dalla fotografia; da collazionare.

Wazaru

*wa-za-ru*$_{12}$^ki *ARET* I 4 v. V:10, I 5 r. XII:7; *ARET* VIII 534 r. V:3', VIII:7'; *MEE* II 39 r. VI:10 (NP$_1$-NP$_7$ ugula-ugula)

cit. (Mander, *MEE* X, p. 174): TM.75.G.1442

¶ Nella regione di → Ibʾal (v. in modo esplicito *ARET* VIII 534 e *MEE* II 39).

Wa...

*wa*-⌜x-x⌝^ki *ARET* VII 153 r. IV:7

¶ Fra i centri della regione eblaita riferiti a Ingar.

Wiḫšu, Wiḫša

*wi-ḫa-su*^ki *ARET* III 941 r. III:3' (*), III 942 r. III:6' (NP), III 943 r. III:4' (NP), III 963 v. II:3 (NP); *ARET* VIII 532 r. IX:16 (NP)

*wi-ḫi-su*^ki *ARET* VIII 533 v. VI:2 (NP$_1$-NP$_2$)

*wi-ḫi-sa*^ki cit. (Archi, *MARI* 6, p. 32): TM.75.G.1254 r. X:2 (NP)

¶ Per *ARET* III 941 e 963 l'editore dà *wa-ḫa-zu*^ki (in 963 l'ultimo segno è però perduto): *ARET* III 941 deve essere collazionato, ma l'unitarietà delle attestazioni può essere ragionevolmente ipotizzata. L'identità di PI-*ḫa-su*^ki con PI-*ḫi-su*^ki non è dimostrabile su base prosopografica, ma sembra anch'essa ragionevole; la trascrizione Wiḫšu tiene conto delle regole standard del sillabario eblaita, per le quali /Cv$_1$C/ può essere scritto (oltre che *Cv*$_1$-*v*$_1$*C*), tanto *Cv*$_1$-*Cv*$_1$ quanto *Cv*$_1$-*Ca*; la variante dell'inedito, se verificata, potrebbe comunque suggerire anche altre trascrizioni.

# Z

Zaʾ(a)baʾu

*za-ʾà-ba*[!]*-ù*[ki] *ARET* II 28 v. V:4 ($NP_1$ lú $NP_2$)
cit. (Pettinato, *MEE* I): TM.75.G.2233
¶ V. Astour, *JAOS* 108, p. 551, con bibliografia. Cf. → Zabaʾu.

Zaʾar, Ziʾar, Zuḫar(um)

*za-ʾà-ar*[ki] *ARET* I 14 r. VI:7; *ARET* III 293 r. I:2', III 537 r. II:3'; *ARET* IV 13 r. V:17 (maškim-SÙ), v. III:10 ($NP_1$-$NP_4$, $NP_5$); TM.75.G.2420 r. I:12
cit. (Archi, *St. Özgüç*, p. 13): TM.75.G.1587 (2 volte); cit. (Pettinato, *MEE* I): TM.75.G.1586
*zi-ʾà-ar*[ki] TM.75.G.1975 r. IV:1
*zi-ʾà-ru*$_{12}$[ki] *ARET* VII 94 r. IV:4
*zu-ḫa-lum*[ki] *MEE* II 39 r. X:18, XI:13
*zu-ḫa-ra*[ki] *ARET* III 736 r. V:7'; *ARET* VIII 541 v. III:10'
*zú-ḫar*[ki] TM.75.G.2136 v. II:1
¶ *Za-ʾà-ar*[ki] in TM.75.G.2420, assieme a → Uziladu e alle loro "fortezze" (bàd-bàd[ki]), è fra i centri "nelle mani" del sovrano di Ebla. A nord di Ebla (v. Bonechi, *SEL* 8, p. 74, n. 96), è determinata da → Luʾadum in TM.75.G.1587, alla cui regione deve dunque appartenere (v. già Archi, *St. Özgüç*, p. 13); diversamente, ma infondatamente, Pettinato vi vede un'attestazione di Tiro (v. *Ebla* 2, p. 239; *contra*, v. già Scandone Matthiae, *SEb* 4, p. 127, n. 38, anche per *za-ʾà-ru*$_{12}$[ki]). Cf. Archi, *Mél. Finet*, p. 16, per un'identificazione non probabile con → Zar. Per una verosimile etimologia v. Fronzaroli, *apud* Scandone Matthiae, *cit.*
*Zi-ʾà-ar*[ki] è una delle 52 "fortezze", bàd, della città di → Luʾadum in TM.75.G.1975; non è provabile, ma è possibile, che *zi-ʾà-ru*$_{12}$[ki] ne sia variante grafica in relazione allo stesso centro. In ogni caso è verosimile (con Archi, *St. Özgüç*, p. 14) che *za-ʾà-ar*[ki] e *zi-ʾà-ar*[ki] siano varianti del nome della stessa città.

*Zú-ḫar*[ki] può essere poi una variante ulteriore, dato il contesto (con Archi, *St. Özgüç*, p. 14), anche se questo rende molto complicata la ricostruzione del toponimo (non giustificato in ogni caso è il riferimento alla città fenicia di Ṣumur dato per *zú-ḫar*[ki] da Pettinato in *SF* 16, p. 109 e n. 8).
Ad un'orizzonte settentrionale, in relazione con → Armi, rimandano i contesti relativi a *zu-ḫa*-LUM[ki]; infine, l'appartenenza qui di *zu-ḫa-ra*[ki] è suggerita da Archi, *St. Özgüç*, p. 14; *id.*, in *ARET* III, p. 335, propone un accettabile confronto con il NG di Alalaḫ *s/zu-ḫa-ru-wa*.
Quello che in definitiva distingue i toponimi qui raccolti (sia che si debbano identificare due città: Zaʾar / Ziʾar da una parte e Zuḫar(um) dall'altra, sia che si tratti di varianti del nome di un unico centro) da → Zaʾaru e da → Zar è che non è proponibile per questi ultimi due NG quel riferimento alle regioni genericamente a nord, nord-est di Ebla (aree di → Luʾadum e → "Abarsal") che appare invece certo per gli altri.

## Zaʾaru

*za-a-ru*$_{12}$[ki] *ARET* III 234 r. I:3'; *ARET* IV 17 r. III:6, IV:12 (ugula, maškim-SÙ), v. IV:6
cit. (Pettinato, *MEE* I): TM.75.G.2165, TM.75.G.11224
¶ Una identificazione con → Zar, e con → Zaʾar e varianti, avanzata in *ARET* III, p. 334, non è documentabile (v. il commento a → Zaʾar).

## Zabaʾu

*za-ba-ù*[ki] *ARET* III 509 r. II:2', III 788 r. IV:2'; *ARET* VIII 533 v. II:13
cit. (Archi, *SEb* 2, p. 29): TM.75.G.1708 r. X:4
¶ V. → Zabu.

## Zabadu

*za-ba-du*[ki] TM.76.G.188 r. II:3, v. III:2; TM.76.G.189 r. II:6
¶ Cittadina della regione di Ebla, menzionata in contesti agricoli.

## Zabalu

*za-ba-lu*[ki] cit. (Biga, *ARES* I, p. 287): TM.74.G.113 (NP)

Zabu

Zabu

*za-bù*ki *ARET* I 4 v. II:3; *ARET* III 143 r. III:2' (ábba-SÙ); TM.75.G.427 r. I:12

cit. (Biga - Pomponio, *MARI* 7, § II): TM.75.G.2508 r. IV, IX:14, XVII: 28, XVIII:5, XIX:2

¶ Archi, *ARET* III, p. 334, lo confronta con → Zabaʾu e con il NG dei testi paleo-babilonesi Sabum; *id.*, in *ARET* I, p. 315, lo confronta con → ZaNEum. Cf. → Zazu.

ZabuLUM v. Zaburrum

Zaburru(m)

*za-bù-lum*ki cit. (Pettinato, *MEE* I): TM.75.G.1642

*za-bù-ru*$_{12}$ki cit. (Archi, *MARI* 4, p. 75): TM.75.G.1453 v. IV

*za-bur-rúm*ki *ARET* I 1 r. XI:6, I 4 r. X:5, I 6 v. VI:3 (NP dumu-nita en, 2 maškim-SÙ), I 8 r. XIII:2; *ARET* III 2 r. V:11' (maškim-SÙ), III 415 r. IV:3' (NP), III 458 r. III:9 (maškim-SÙ), III 692 r. IV:8 (dumu-nita en), III 937 v. III:1'; *ARET* IV 18 v. VI:4 (*mazalum*-SÙ); *ARET* VIII 528 r. VII:10 (*), VIII 534 r. VIII:14', VIII 542 r. III:8; *MEE* II 1 r. IX:2; *MEE* X 2 v. I:6; TM.75.G. 2136 r. III:2 (*-rú*[*m*?(NE.[RU?])ki)

cit. (Archi, *SEb* 2, p. 24): TM.75.G.1728 r. VII:6 (en); cit. (Archi, *St. Özgüç*, p. 13): TM.75.G.1297, TM.75.G.1556, TM.75.G.1587, TM.75.G.1864; cit. (Biga - Pomponio, *MARI* 7, § III): TM.75.G.1442 v. IV:10 (dumu-nita en), TM.75.G.2508 r. VI:14 (dumu-nita en); cit. (D'Agostino, *OA* 29, p. 45): TM.75.G.1680

¶ Circa la terza grafia, se la lettura proposta dall'editore per TM.75.G.2136 è corretta, è fra i centri "nelle mani" del sovrano eblaita. D'altra parte, vi sono fondati motivi per ritenere che le altre attestazioni si riferiscano ad un regno (v. Bonechi, *AuOr* 8, p. 163, n. 55), a nord di Ebla; Astour, *WGE*, p. 154, lo localizza a ovest di → Karkamiš (v. anche *id.*, *JAOS* 108, p. 550).

Zabzaguda

*za-ab-za-gú-da*ki TM.75.G.2309 r. III:7

¶ Cittadina di importanza agricola nella regione di Ebla.

Zaḏaginu

*za-ša-gi-nu*ki cit. (Pettinato, *MEE* I): TM.75.G.1297

Zaga

*za-ga*[ki] *ARET* I 17 r. XI:13 (NP ugula, maškim-SÙ); *ARET* III 2 r. VI:9' (ugula, maškim-SÙ), III 322 r. X:2 (ugula, maškim-SÙ), III 468 v. I:4' ([ki], *, maškim-SÙ), III 732 r. IV:9', III 737 r. X:1, III 804 r. II:2' (NP); *MEE* X 2 v. III:5 (2 ugula, 2 maškim-SÙ)

cit. (Archi, *SLE*, p. 229, n. 2): TM.75.G.1462 r. VI:11; cit. (Pettinato, *MEE* I): TM.75.G.1586, TM.75.G.21030

¶ Fra le città (uru[ki]) di → Ama in TM.75.G.1462. V. il commento a → Gaša. Cf. → Zaqu, → SAG?

Zaggar

*sag-gàr*[ki] cit. (Archi, *Mél. Kupper*, p. 205): 1923 r. II:6 (*, $NP_1$ *wa* $NP_2$)

¶ Citato come *sag-gar*[ki], ma la correzione è molto verosimile; per la possibilità che si tratti di un NG da riferire all'area del Ḫabur v. Catagnoti - Bonechi, *NABU* 1992/65, in relazione alla Saggaratum dei testi paleo-babilonesi di Mari e al Gebel Sinjar.

Zagšanu

*sag-sa-nu*[ki] *ARET* VIII 533 r. XI:16

Zaḫ

*za-aḫ*[ki] *ARET* VIII 541 r. IV:23

Zaḫiran

*za-ḫi-ra-an*[ki] TM.75.G.2367 r. VI:12

¶ Menzionato in relazione alle imprese belliche del sovrano di → Mari Iblul-il: è il luogo della Siria nord-occidentale dove questo re sconfisse → "Abarsal".

Zal... v. Šal...

Zal(a)gadum

*za-la-ga-tum*[ki] *ARET* VII 3 r. V:1, 6 (NPF <*maliktum* Mari>); TM.75.G.2592 r. II:2 (lugal <Mari>)

¶ Fra Ebla e → Mari, verosimilmente verso il medio Eufrate. V. Astour, *JAOS* 108, p. 552

Zalama

*za-la-ma*$^{ki}$ *ARET* I 13 r. XIII:12 ($NP_1$-$NP_2$); *ARET* VII 155 r. I:4

¶ In *ARET* VII 155 fra i centri agricoli (ki é) citati in relazione ai figli di Irig-damu; nella regione di Ebla.

Zal(a)nadu

*za-la-na-du*$^{ki}$ *ARET* IV 2 v. IX:3 (NP)

ZalaNIum

*za-la*-NI-*um*$^{ki}$ *MEE* X 24 r. II:13' (NP en)

¶ Probabilmente un regno siriano minore (v. dubitativamente, prima dell'edizione del testo, Bonechi, *AuOr* 8, p. 168 e n. 96).

Zalba v. Šalba

Zalbaʾu v. Šalbaʾu

Zalbad v. Šalbad

Zalulu

*za-lu-lu*$^{ki}$ TM.75.G.1444 r. VI:19

¶ Fra i centri riferiti a Gir-damu, figlio di Ibriʾum; nella regione di Ebla.

Zamarum

*za-ma-rúm*$^{ki}$ *MEE* X 27 v. IV:3 (en <Ebla>)

¶ Verosimilmente non un regno (cf. già Bonechi, *AuOr* 8, p. 169).

Zamba

*zam*$_x$(LAK-304)-*ba*$_4^{ki}$ *ARET* VIII 541 v. VI:5' (*), 12' (*)

¶ Collazioni Archi (edizione: ùḫ-ba$_4^{ki}$).

Zamiʾu(m)

*za-mi-*⌜*ù*⌝[ki] *ARET* III 948 r. II:4' (*, $NP_1$-$NP_2$) (?)
*za-mi-um*[ki] *ARET* I 30 v. VII:12; TM.75.G.1444 v. VIII:15; TM.75.G.1964 r. IV:10 (*wa* ugula-SÙ)

¶ Centro della regione di Ebla, in TM.75.G.1444 connesso con Giri, figlio di Ibriʾum. L'integrazione in *ARET* III 948 è motivata da una ricostruzione probabile della struttura della sezione che va da r. II:1' a II:8'.

Zamid(a)ba

*za-mi-da-ba*$_4$[ki] *ARET* III 529 r. VI:2'

¶ Cf. → Zimidba.

Zamidanu

*za-mi-da-nu*[ki] *ARET* IV 3 v. IV:3; *ARET* VIII 523 v. V:6; *MEE* II 37 r. VI:2

¶ Identificata con → Zimidan da Pettinato, *MEE* II, p. 33.

Zamizaba

*za-mi-za-ba*$_4$[ki] TM.75.G.1975 v. II:1

¶ Una delle 52 "fortezze", bàd, della città di → Luʾadum; a nord di Ebla. Cf. → Uzuzuba.

Zamridu

*zam*$_x$(LAK-304)*-rí-du*[ki] *ARET* VIII 522 v. VII:5 (*, $NP_1$ lú $NP_2$ $NP_3$)

¶ Edizione: ùḫ-rí-da[ki]. Archi, *NABU* 1988/44, propone una lettura *za*$_x$(ZAM$_x$)*-rí-du*[ki], e indica possibili varianti in → Ḏaradu, → Ḏaridu, → Ḏeradu e → Zarud (nessuna comunque per ora provata dall'analisi prosospografica).

ZaNEʾum

*za*-NE-*um*[ki] *ARET* I 1 r. XII:3 (*z*[*a*-NE]-*um*[ki]), I 3 r. X:8'

¶ V. il commento a → Zabu.

Zanedu, Zanidu

*za-ne-du*[ki] *ARET* IV 3 v. II:17 (NP); *ARET* VII 156 v. IV:7
*za-ni-du*[ki] *ARET* IV 2 r. VII.19 (NP)
cit. (Archi, *WGE*, p. 134): TM.75.G.1731, TM.75.G.1780

¶ In *ARET* VII 156 riferito ai figli di Irʾam-damu; nella regione di Ebla. Non è provato che le due grafie siano varianti.

Zanidu v. Zanedu

Zaqu

*za-gu*[ki] *ARET* IV 3 v. III:13 (NP)
¶ Cf. → Zaga?

Zar... v. Ḏar... (?)

Zar

*za-ar*[ki] *ARET* II 27 v. II:2; *ARET* III 59 r. VIII:5', III 104 r. V:2' (?), III 467 r. I:17; *ARET* VII 152 r. IV:2, VII 153 v. I:2'; *ARET* VIII 533 r. XIII:1
¶ Cittadina menzionata in contesti relativi a campi (v. *ARET* II 27, forse anche *ARET* III 104); verosimilmente nella regione di Ebla, è riferita a Nabḫa-NI, figlio di Ibriʾum, in *ARET* VII 152, ed è fra i centri citati in relazione a Ingar in *ARET* VII 153.
Sembra da tenere distinta da → Zaʾar (*contra* Archi, *Mél. Finet*, p. 16, che propone una identificazione di *za-ʾà-ar*[ki] con *za-ar*[ki] in relazione ad uno stesso centro), mentre non documentabile è un'identificazione con → Zaʾaru (per la quale v. *ARET* III, p. 334). Da rifiutare comunque l'identificazione con Tiro avanzata da Pettinato in *MEE* II, p. 46.

Zarʾad

*zàr-ad*[ki] *ARET* I 7 v. XIV:25; *ARET* IV 1 r. IX:6, IV 4 v. VII:18, 23 (dam NP); *ARET* VIII 529 r. X:10; *ARET* IX 63 v. V:5; *MEE* II 39 v. V:8; TM.75.G.2075 v. I:2
¶ Per la probabile lettura del NG v. Milano, *ARET* IX, p. 376, e *Scienze dell'Antichità* 3-4, p. 168, n. 61.

Zaraʾaḏu (?)

*za-ra-a*[?]*-šu*[ki] TM.75.G.1669 v. V:6 (NP)
¶ Pettinato, *MEE* I, p. 93, legge *za-ra-a-šu*[ki]; da collazionare (*za-ra-šu*[?ki], con ŠU[?] su segno eraso?).

Zaramid

*za-ra-mi-du*$^{ki}$ *ARET* III 467 v. VIII:9 (NP); *ARET* VIII 540 v. V:13, VIII 542 v. X:8' (NP)

*za-ra-mi-id*$_{x}$(NI)$^{ki}$ TM.75.G.2377 r. I:4; TM.75.G.2379 r. I:4

¶ In TM.75.G.2377 // TM.75.G.2379 fra i centri del culto di $^{d}$NIdabal; nella regione di Ebla. Per seconda grafia v. Krecher, *ARES* I, p. 175, e, sopra, l'introduzione, § 3.1.

Zaramiḏ

*za-ra-mi-iš*$^{ki}$ *MEE* II 47 r. IV:6 (NP lugal)

cit. (Archi, *MARI* 5, p. 40): TM.75.G.1769 (NP lugal)

*za-ra-mi-šu*$^{ki}$ *ARET* I 13 r. XIV:12 (NP)

cit. (Pettinato, *MEE* I): TM.75.G.1318, TM.75.G.1328

¶ Centro eblaita (v. Archi, *MARI* 5, p. 42).

Zarbad

*zàr-bad*$^{ki}$ *MEE* X 24 r. V:4 (NP$_1$-NP$_2$)

cit. (Archi, *MARI* 6, p. 36): TM.75.G.10139 v. V:6; cit. (Archi, *MARI* 7, p. 75): TM.75.G.10103 r. II:23 (ND), v. VI:28 (ND)

¶ Sede del culto di $^{d}$Ašdar; verosimilmente da identificarsi con la cittadina dall'omonimo nome menzionata nelle tavolette presargoniche di Mari (v. Charpin, *MARI* 5, p. 100), anche lì in relazione al culto di $^{d}$Inanna / $^{d}$Ašdar.

Probabilmente sull'Eufrate siriano, possibilmente a monte di Mari (*contra* Pettinato, *MEE* III, pp. 238 e 241: = Sarepta; Archi, *MARI* 7, p. 76: a est del Ḫabur); l'identificazione con *za-ra-ba-da*$^{ki}$ della "lista geografica" TM.75.G.2231 (= *MEE* III 56), ll. 263-264 (citate in Archi, *MARI* 7, p. 76, n. 30), a Abu Salabikh *zàr-bad*$^{ki}$, *za-ra-bàd*$^{ki}$, è possibile, ma non certa, perché il NG Ṣarbat doveva esser molto diffuso.

Zarud

*za-lu-ud*$^{<ki>}$ cit. (Archi, *MARI* 5, p. 40): TM.75.G.1769 (*)

*za-ru*$_{12}$*-du*$^{ki}$ *ARET* VIII 527 v. I:27; TM.75.G.1451 v. V:14

¶ L'integrazione in TM.75.G.1769 non è certa, ma appare verosimile; in tal caso, determina → Amad. V. il commento a→ Zamridu.

Zarzuʾad

*za-àr-zu-ad* $^{ki}$ *ARET* VII 4 r. V:2 (lugal <Mari$^{ki}$>), VII 9 r. IX:6 (ND)

¶ Citato in relazione al culto di $^{d}$Ašdar in *ARET* VII 9; in accordo, con l'editore, in *ARET* VII 4 si fa riferimento al sovrano di Mari. Si deve trattare di un centro siriano fra → Mari e Ebla, possibilmente sul medio Eufrate (diversamente, con lettura *za-ar-ba-ad* $^{ki}$ errata, Pettinato lo riferisce all'area palestinese, verso la costa mediterranea: v. *Ebla* 2, pp. 237 e 363, e *SF* 16, p. 109 e n. 8, con riferimento inverosimile alla più tarda Sarepta).

Zazidu

*za-zi-du*$^{ki}$ TM.75.G.11010+ v. VII:2

Zazu

*za-zú*$^{ki}$ TM.75.G.2377 r. IV:6; TM.75.G.2379 v. I:3

¶ Fra i centri del culto di $^{d}$NIdabal; nella regione di Ebla, probabilmente verso l'Oronte. Cf. → Zabu.

Za...za (?)

*za*$^{?}$-⸢x⸣-*za*$^{ki}$ *ARET* VII 153 v. II:9

¶ O, secondo l'editore, *a*$^{?}$-⸢x⸣-*za*$^{ki}$.

Ziʾaʾa (?) v. Ziʾaʾalugi

Ziʾaʾalugi

*zi-ʾà-a-lú-gi* $^{ki}$ TM.75.G.1975 r. V:2 (!?)

¶ Una delle 52 "fortezze", bàd, della città di → Luʾadum; a nord di Ebla. Mander, *MEE* X, p. 179, legge *zi-ʾà-a* lú-gi$^{ki}$, "Ziʾaja-of-the-reed (?)": l'uso di LÚ con valore fonetico sarebbe in effetti notevole e inatteso, ma la soluzione proposta da Mander necessita di altra documentazione di una eventuale *Ziʾaʾa sinora non attestata. Cf. comunque Edzard, *ARES* I, p. 31.

Ziʾaḫu (?)

*zi-a-ḫu*$^{ki}$ *ARET* III 567 r. III:2'

¶ NG o NP mal scritto (v. *zi-a-ḫu* in *ARET* I 9 v. II:8)?

Ziʾ aLUM v. Ziʾ anu(m)

Ziʾ amu

*zi-a-mu*ki cit. (Pettinato, *MEE* I): TM.76.G.257
¶ Variante di → Šiʾ am per Astour, *JAOS* 108, p. 548.

Ziʾ anu(m)

*zi-a-nu*ki *MEE* X 3 v. V:6
*zi-a-núm*ki *ARET* IV 18 r. XIV:3

Ziʾ ar v. Zaʾ ar

Zibalu

*zi-ba-"lu$_x$"* ki cit. (Archi, *MARI* 4, p. 77, n° 108): TM.75.G.2401 (NP)

Zibanaba

*zi-ba-na-ba$_4$*ki *ARET* VIII 529 r. VI:2
¶ Apparentemente, una cittadina determinata da → "Abarsal"; se così, a nord-est di Ebla. Indipendentemente, Saporetti, *LdE*, pp. 287-289 (dubitativamente), e Astour, *Semites and Hurrians*, p. 12 hanno proposto una non accettabile identificazione con Šibaniba/e = Tell Billa.

Zidaʾ ig

*zi-da-ig* ki TM.75.G.2377 r. I:3; TM.75.G.2379 r. I:3
¶ Fra i centri del culto di dNIdabal; nella regione di Ebla, verosimilmente verso l'Oronte. Cf. → Zidagu?

Zidagu

*zi-da-gú*ki *ARET* IV 2 v. IV:6 (NP); *MEE* II 14 v. VI:1 (NP)
¶ Cf. → Zidaʾ ig?

Zidala v. Zid(a)ra

Zid(a)ra

*zi-da-la*$^{ki}$ *ARET* IX 17 r. VI:8 (ND$_1$); *MEE* X 20 r. VI:11 (ND$_1$); *MEE* X 29 r. IV:22 (ND$_1$); TM.75.G.2238 r. VIII:8 (ND$_2$)
cit. (Archi, *RA* 84, p. 104): TM.75.G.2462

*zi-da-ra*$^{ki}$ *ARET* II 8 r. II:2 (ND$_1$); *MEE* X 20 v. XX:10 (ND$_1$); TM.75.G.2075 r. VI:21 (ND$_2$)
cit. (Archi, *SEb* 2, p. 24): TM.75.G.1757 r. III:3 (NP pa$_4$:šeš ND$_1$); cit. (Mander, *MEE* X, p. 88): TM.75.G.1464 (ND$_1$)

¶ A queste attestazioni aggiungi quelle citate in relazione a *zi-da-ra/la*$^{ki}$ da Archi, *Fs Alp*, p. 9: TM.75.G.1945 r V;6, VI:3, 14, VIII:27; TM.75.G.2397 r. VI:22; TM.75.G. 2398 r. II:24; TM.75.G.2403 r. IV:2; TM.75.G.2517 r. VIII:10; TM.75.G.2635 r. IV:9; TM.75.G.10168 r. IV:17; TM.75.G.10169+ r. VI:11.
Sede del culto di $^{d}$BARA$_{10}$-*iš* (ND$_1$) e $^{d}$AMA-*ra* (ND$_2$), verosimilmente da identificare. Importante centro in Siria di nord-ovest: in territorio eblaita per Archi, *MARI* 7, p. 74, che propone una identificazione con → Zit(i)lu, e, *Fs Alp*, p. 9, con $^{uru}$*zi-ta-ra-ḫe* di Alalaḫ (v. anche Astour, *JAOS* 108, p. 550, n. 36).

Zidilu v. Zid(i)ru

Zid(i)ru

*zi-ti-lu*$^{ki}$ *ARET* VIII 529 v. VII:18 (NP$_1$-NP$_2$)

*zi-ti-ru*$_{12}$$^{ki}$ *MEE* II 25 v. V:7 (dumu-nita en <Ebla?>)

¶ Non è certo che sia un regno siriano minore (v. già Bonechi, *AuOr* 8, p. 169). In Siria di nord-ovest, forse da identificare con → Zid(a)ra per Archi, *MARI* 7, p. 74.

Zig

*zi-gú*$^{ki}$ *ARET* III 219 r. III:4' (NP$_1$ šeš NP$_2$), III:9' (NP$_1$ šeš NP$_2$)
cit. (Pettinato, *WGE*, p. 310 [5]: TM.75.G.1680 (ND$_2$)

*zi-ig*$^{ki}$ *ARET* II 8 v. V:3; *ARET* III 798 v. III:9' (ND$_1$ lú *zi-ig*$^{ki}$); *ARET* IV 11 v. VIII:1; *ARET* VII 15 r. VI:2 (NP), VII 144 r. II:3 (NP$_1$ lú NP$_2$), VII 153 r. V: 1
cit. (Pettinato, *MEE* I): TM.75.G.10022

¶ Sede del culto di $^{d}$*á-la* (ND$_1$), var. $^{d}$*a-lu* (ND$_2$); in *ARET* VII 153 fra i centri riferiti a Ingar. Nella regione di Ebla.

Zig(a)gabu

*zi-ga-ga-bù*[ki] cit. (Fronzaroli, *SEb* 1, p. 82): TM.75.G.5183 r. II:4

¶ Per questa grafia come variante accadica di → GÍR*gunû* v. Fronzaroli, *ibid.*; anche Milano, *SEb* 3, p. 17, e Astour, *JAOS* 108, p. 548.

ZigiNEdu

*zi-gi*-NE-*du*[ki] *ARET* III 31 r. V:8'; *MEE* II 37 r. X:14

¶ Per un confronto con [uru]*ši-gi-bi-te*, [uru]*ši-ki-wa-te*[ki] dei testi di Alalaḫ v. Archi, *ARET* III, p. 334.

Zig(i)zu

*zi-gi-zu*[ki] *ARET* III 938 v. I:4, III 939 r. II:1'

*zi-gi-zú*[ki] *ARET* III 134 v. VII:4, III 300 r. IV:2', 5' (NE-di), III 471 r. VIII:2

Ziḫadiʾum (?)

*zi-ḫa-ti-um*[ki] *ARET* III 31 r. V:6'

¶ Grafia da verificare (cf. → Zildiʾum?).

Zilaba v. Zirba

Zildiʾum

*zi-la-ti-um*[ki] TM.75.G.1975 r. II:4

*zi-li-ti-um*[ki] *ARET* III 417 r. I:6

¶ Una delle 52 "fortezze", bàd, della città di → Luʾadum in TM.75.G.1975; a nord di Ebla, come è confermato da *ARET* III 417, che cita il NG in relazione ad una spedizione verso → Armi. Cf. → Ziḫatiʾum.

Zilide (??) v. Ziliʾur

Ziliʾur

*zi-l*[*i*]-*ur*$_x$[ki] *ARET* VII 153 v. I:1'; *ARET* VIII 540 r. IX:2 (?!)

¶ La lettura del NG in *ARET* VIII 540 è dubbia. L'editore legge *zi-li-dé*[ki] (seguito da Conti, *MisEb* 1, p. 47), ma SIMUG è escluso dalla fotografia; UR$_x$, una variante di UR$_4$, potrebbe esser possibile, se scritto su un segno parzialmente eraso (**zi-li-du*[ki] o **zi-li-tum*[ki], v. → Zilidu, mi sembrano esclusi); comunque, da collazionare. Fra i centri riferiti a Ingar in *ARET* VII 153: nella regione di Ebla.

Zilidu

*zi-li-du*$^{ki}$ *ARET* IV 3 r. IV:9 (NP)
¶ V. il commento a → Ziliʾur.

Zilu

*zi-lu*$^{ki}$ *ARET* III 447 r. I:5

Zimadu

*zi-ma-du*$^{ki}$ *ARET* III 881 v. III:7'
cit. (Pettinato, *MEE* I): TM.75.G.5564
¶ Se DU = *rá*, cf. → Zimar.

Zimar

*zi-mar*$^{ki}$ cit. (Pettinato, *MEE* I): TM.76.G.257
¶ V. il commento a Zimadu.

Zimidan

*zi-mi-da-an*$^{ki}$ *ARET* III 899 r. I:3' (NP)
*zi-mi-da-nu*$^{ki}$ *ARET* I 15 v. II:1 ($NP_1$-$NP_2$); *ARET* VIII 524 v. VII:19 (lú-kar), VIII 527 r. XIII:5 (3 <persone> ... KA.DIB)
¶ Identificata con → Zamidanu da Pettinato, *MEE* II, p. 33.

Zimidaba v. Zimidba

Zimidba

*zi-mi-da-ba*$_4^{ki}$ *ARET* III 398 r. IV:9
*zi-mi-ti-ba*$_4^{ki}$ *MEE* II 37 r. VI:17
¶ Cf. → Zamid(a)ba. V. anche il commento a → ZimidibarNI.

Zimidiba v. Zimidba

ZimidibarNI

*zi-mi-ti-bar*-NI$^{ki}$ TM.75.G.1975 v. II:3

¶ Una delle 52 "fortezze", bàd, della città di → Luʾadum. A nord di Ebla. Da collazionare, per esser certi che BAR esista e non sia un graffio (alternativamente, *zi-mi-ti-bu*$_x$(NI), v. → Zimidba). Krecher, *Ebla 1975-*, p. 184, accettando la lettura dell'editore, pensa ad una *nisbe* da → Zimidba.

Zimiḏaba (?) v. Zimiḏga

Zimiḏga

*zi-mi-iš*$_x$(LAM)-*ga*$^{ki}$ *ARET* IV 3 v. V:14
*zi-mi-ša-ga*$^{ki}$ *ARET* III 628 r. II:7' (NP ugula)
*zi-mi-ša-gá*$^{ki}$ *ARET* III 429 r. II:6'

¶ L'ultima grafia (da collazionare) potrebbe anche riferirsi ad una *Zimiḏaba, non essendovi prova certa dell'identificazione con le altre due grafie. Cf. → Zimišagu.

Zimiḏu, Zimi...ḏu

*zi-mi-*[(x-)]-*šu*$^{ki}$ cit. (Archi, *Mél. Finet*, p. 18): TM.75.G.10156

Zimišagu

*zi-mi-sa-gú*$^{ki}$ TM.75.G.1975 r. II:2

¶ Una delle 52 "fortezze", bàd, della città di → Luʾadum. A nord di Ebla. Cf. → Zimiḏga.

Zinadum

*zi-na-tum*$^{<ki>}$ *ARET* II 5 v. IV:2

¶ V. già Edzard, *ARET* II, p. 117.

ZiNEd

*zi*-NE-*da*$^{⌈ki⌉}$ *ARET* III 159 r. VIII:3' (ugula, maškim-SÙ)
*zi*-NE-*du*$^{ki}$ *ARET* III 183 r. II:2'

¶ Per *ARET* III 2 v. → ZiNEšu.

## ZiNEḏu

*zi*-NE-*šu*$^{ki}$ *ARET* III 2 r. VIII:7' (-[*šu*$^{ki}$], *, NP), III 261 r. II:6', III 270 r. II:2', III 322 r. X:7 (NP ugula, maškim-SÙ); *ARET* IV 13 r. VIII:6; *ARET* VIII 538 v. VI:18'; *MEE* II 25 r. IV:11

cit. (Pettinato, *MEE* I): TM.75.G.1320, TM.75.G.11106+

¶ La proposta di integrazione in *ARET* III 2 è consigliata da motivi prosopografici (il NP NI-*ša-ba*$_4$ in *ARET* III 2, e il nome dell'ugula in *ARET* III 322, NI-*za-ba*$_4$). L'ipotesi di relazione con il ND Sipiš, avanzata in *MEE* II, p. 181 da Pettinato (che in *Ebla* 1, p. 280 cita un $^{d}$BAD di ZiNEḏu, non ripreso però dallo stesso in *Or* 54, p. 238), e accolta da Hecker, *LdE*, p. 171, non sembra accettabile (v. già Gelb, *LdE*, p. 21).

## Zirba (Ziriba ?)

*zi-la-ba*$^{ki}$ cit. (Pettinato, *MEE* I): TM.75.G.2036

*zi-rí-ba*$^{ki}$ TM.75.G.1975 v. IV:3; TM.75.G.2136 r. II:1

*zi-rí-ba*$_4^{ki}$ cit. (Archi, *St. Özgüç*, p. 13): TM.75.G.1587

¶ Che la prima grafia sia variante delle altre non è certo; se così fosse (e formalmente è possibile), la trascrizione Zirba si impone.

Una delle 52 "fortezze", bàd, della città di → Luʾadum in TM.75.G.1975 (e cf. TM. 75.G.1587), e uno dei centri "nelle mani" del sovrano eblaita in TM.75.G.2136. A nord di Ebla, per Archi, *SEb* 4, p. 2, e *St. Özgüç*, p. 13, da identificarsi con $^{uru}$*zi-ri-pa*, "a border city of the region of Karkemiš during the Hittite age"; così anche Astour, *WGE*, p. 143 e n. 29 ("it might be equated with the important Bronze Age mound of Seylan"), e Davidović, *ASJ* 11, p. 23, n. 70.

## Ziriba v. Zirba

## Ziwidu

*zi-wi-du*$^{ki}$ *MEE* II 48 r. VI:7 (ND)

¶ Sede del culto di $^{d}$BAD; in Siria di nord-ovest.

## Zizan

*zi-za-an*$^{ki}$ *ARET* I 6 v. VIII:6

¶ Cf. → Zizinu.

Zizinu(m)

*zi-zi-nu*$^{ki}$ *ARET* IV 18 v. VII:2 (ugula); *ARET* VIII 532 r. IX:1 (*)
*zi-zi-núm*$^{ki}$ *ARET* I 3 v. I:8 (*-n[úm]*$^{ki}$, [maškim-SÙ]), I 4 v. II:9

¶ Per *ARET* VIII 532 la collazione di Archi dà *zi-z[i*$^{?}$*]-n[u]*, ed il contesto non impedisce di integrare anche il determinativo geografico. Cf. → Zizan.

Zi...

*z[i-*x]-⌜x⌝$^{ki}$ *ARET* VIII 532 r. V:3' (*, collazione Archi)
*zi-*[...$^{ki}$] *ARET* VII 13 r. VIII:5 (NG o altro?); *ARET* VIII 531 r. VI:14

Zuʾamu

*zu-a-mu*$^{ki}$ *ARET* IV 1 v. VIII:18; TM.75.G.1547 r. III:5

¶ Centro menzionato in relazione ad attività agricole (cf. TM.75.G.1547); nella regione di Ebla. Cf. → ...amu?

Zuʾu (??)

*zú-u*$_{9}$$^{ki}$ *ARET* VIII 521 v. X:18 (?)

¶ Illeggibile in fotografia: la lettura è, dato il contesto, poco verosimile, e dovrà essere verificata dopo pulitura della tavoletta.

Zudab

*zu-da-ba*$_{4}$$^{ki}$ TM.75.G.1451 v. IV:2
*zu-da-bu*$_{x}$(NI)$^{ki}$ *ARET* IV 2 v. VI:1 (NP)

ZudaNI v. Zudab

Zudiʾ(um)

*zu-ti*$^{ki}$ *ARET* I 9 r. VI:6 (NP); *ARET* III 776 v. IV:5'; *ARET* IV 3 r. I:11 (NP)
*zu-ti-um*$^{ki}$ *ARET* III 197 r. V:5' (dumu-nita NP, šeš-SÙ)
*zú-ti-um*$^{ki}$ *MEE* II 37 r. VI:12 (NP, 4 dumu-nita-SÙ)
cit. (Pettinato, *MEE* I): TM.75.G.2165

¶ L'identificazione delle grafie come varianti, non provata, è verosimile (per le prime due v. *ARET* III, p. 335), sul modello di → Armi // Armiʾum.

## Zudu

*zu-du*$^{ki}$ *ARET* VIII 527 v. III:29, VIII 536 r. III:6’
¶ Il NG è determinato da → Ibʾal in *ARET* VIII 527; a sud di Ebla.

## Zudumiʾum

*zú-du-mi-um*$^{ki}$ TM.75.G.1975 r. V:5
¶ Una delle 52 "fortezze", bàd, della città di → Luʾadum; a nord di Ebla.

## Zuḏagabu, Zuḏakibu, Zuzagabu

*zu-ša-ga-bù*$^{ki}$ *ARET* IV 3 r. XI:11 (NP); *ARET* VIII 521 v. VII:10 (NP$_1$ lú NP$_2$, šeš-SÙ), VIII 523 v. II:6 (NP$_1$ lú NP$_2$), 13 (NP), VIII 527 r. VIII:3 (NP), 7 (NP), IX:9 (NP), VIII 540 v. IX:7 (NP), XII:3’, VIII 541 r. II:15 (NP), IX:9 (NP$_1$-NP$_2$)
cit. (Pettinato, *MEE* I): TM.75.G.4495, TM.75.G.11072, TM.75.G.11118
*zú-ša-ga-bù*$^{ki}$ *ARET* III 87 r. II:4’, III 244 r. VII:4’ (... NP$_1$-NP$_2$), III 372 r. I:4’ (NP), II:2’ (NP)
*zú-ša-ki-bù*$^{ki}$ cit. (Pettinato, *MEE* I): TM.75.G.1335
¶ Importante centro in Siria di nord-ovest. Archi, *MARI* 7, p. 74, segnala in inediti una grafia *zú-za-ga-bù*$^{ki}$, cui riferisce una menzione della dea Išḫara (v. anche Saporetti, *LdE*, p. 287).

## ZuḏaUR

*zu-ša*-UR$^{ki}$ *ARET* VIII 541 v. IV:13’ (NP)

## Zugu v. Zugul

## Zuguḏaba

*zu-gú-ša-ba*$_4$$^{ki}$ TM.75.G.1451 v. IV:15 (ugula)

## Zugul

*zu-gú*$^{ki}$ *ARET* VIII 534 v. XIII:20’ (NP)
*zu-gú-lu*$^{ki}$ *ARET* I 4 v. IX:13 (NP); *ARET* III 871 r. I:3’, III 874 r. I:5’; TM.75.G.1964 r. VI:3
¶ L’identificazione delle due grafie è consigliata da ragioni prosopografiche (v. Catagnoti, *MisEb* 1, p. 201, n. 43). Nella regione di Ebla.

Zugurrum

*zu-gur-lum*[ki] *ARET* I 1 r. IX:7 (en, ábba-SÙ), I 3 r. IX:10 (ábba-SÙ); *ARET* III 345 r. II:8 (*); *ARET* IV 18 r. X:13, v. VII:5 (*zu*[!]-, *, ábba-SÙ, maškim-maškim-SÙ, *mazalum*-SÙ)

¶ Regno siriano minore. Per *ARET* III 345 (da collazionare) v. Bonechi, *AuOr* 8, p. 164, n. 56.

Zuḫaḏum

*zu-ḫa-sum*[ki] *ARET* IV 18 v. II:7 (ábba-SÙ, maškim-SÙ)

ZuḫaLUM v. Zaʾar

Zuḫar(a) v. Zaʾar

ZuḫudaNE

*zu-ḫu-da*-NE[ki] *ARET* III 459 r. VIII:3 (NP)

ZuLUM

*zú*-LUM[ki] cit. (Pettinato, *MEE* I): TM.75.G.1335

¶ Per *ARET* VIII 528 r. VIII:6 v. → LuLUM.

Zumnan, Zumnaniʾum

*zu*[!](SU)*-mu-na-ni-um*[ki] cit. (Pettinato, *MEE* I): TM.75.G.1393

*zu-mu-na-an*[ki] *ARET* I 5 r. X:9 (*-mu:na-*, 2 <persone>)

cit. (Archi, *Mél. Finet*, p. 17): TM.75.G.1249

*zú-mu-na-an*[ki] *ARET* III 215 v. V:9' (NP en); *ARET* VII 16 v. V:7 (NP$_1$ e-gi$_4$-maškim NP$_2$ u$_5$); TM.75.G.1559 v. V:10 (NP u$_5$)

¶ Sembrerebbe un regno siriano minore (cf. Bonechi, *AuOr* 8, p. 164, n. 57); comunque, Archi, *Mél. Kupper*, p. 202, ipotizza l'appartenenza alla regione di → Tuttul per l'attestazione in *ARET* I 5.

Circa le motivazioni della trascrizione, cf. i NP *zu-mu-na-an/nu* e *zú-ma-na-an* in Krebernik, *Personennamen*, p. 235 e 309, che suggeriscono una formazione del nome analoga a quella di → Burman e → Lumnan. Per la seconda grafia v. Archi, *ARET* VII, p. 202. SU nell'inedito TM.75.G.1393 va verificato.

Zuraʾ iNEʾum

Zuraʾ iNEʾum

*zú-ra-i-*NE*-um*$^{ki}$ cit. (Pettinato, *MEE* I): TM.75.G.2165

Zuram

*zu-ra-am*$_6$$^{ki}$ *ARET* III 415 r. I:3' ($ND_1$)

*zu-ra-mu*$^{ki}$ *ARET* I 13 r. XIV:14 (NP); *ARET* III 323 v. VI:5' ($ND_1$); *ARET* IV 3 v. VII:11 (NP); *ARET* VIII 534 v. IV:21 (*, $ND_1$); *MEE* X 20 v. VIII:27 ($ND_1$), XIX:25 ($ND_1$); TM.75.G.2238 r. X:9 ($ND_2$); TM.76.G.189 r. IV:1; TM.76.G.274 r. II:2

cit. (Archi, *MARI* 7, p. 75): TM.75.G.2276 r. VI ($ND_3$); cit. (Biga, *ARES* I, p. 303): TM.76.G.990 (NP)

¶ Centro menzionato in relazione ad attività agricole (v. TM.76.G.189, TM.76.G. 274). Nella regione eblaita, forse a est di Ebla; sede del culto di $^{d}$BARA$_{10}$-*iš* ($ND_1$) e $^{d}$AMA-*ra* ($ND_2$): nell'inedito citato da Archi in *MARI* 7, p. 75, Išḫara vi sarebbe intesa tramite il termine dingir ($ND_3$). Confrontata da Archi, *Fs* Alp, p. 9, con il NG Ziranum dei testi paleobabilonesi di Mari, in riferimento all'area di Karkamiš. Una variante *zú-ra-mu*$^{ki}$ è segnalata da Archi, *MARI* 7, p. 74; per *ARET* VIII 534 v. Archi, *ibid.*, p. 75, n. 20. Per un confronto con → Ḏuran v. Archi, *ARET* III, p. 335.

Zurgaba

*zú-ur-ga-ba*$_4$$^{ki}$ *ARET* VIII 529 v. III:15

Zuribu

*zu-rí-bù*$^{ki}$ cit. (Pettinato, *MEE* I): TM.75.G.5288

*zu-rí-bu*$_x$(NI)$^{ki}$ cit. (Pettinato, *MEE* I): TM.75.G.5188

Zurigi

*zu-rí-gi*$^{ki}$ *ARET* IV 13 r. I:8

¶ Nella regione di → "Abarsal" per Archi, *Mél. Finet*, p. 17. Cf. Edzard, *ARES* I, p. 31.

ZuriNI v. Zuribu

ZuriNEʾum

*zú-rí-*NE*-um*$^{ki}$ *ARET* IV 17 r. XI:11 (NP)

Zušidu(m)

*zu-si-du*$^{ki}$ *ARET* I 4 v. III:2
*zu-si-tum*$^{ki}$ *ARET* IV 18 r. XI:11

Zuwadiru

*zu-wa-ti-ru*$_{12}$$^{ki}$ *ARET* I 5 r. X:12 (2 <persone>)
¶ Archi, *Mél. Kupper*, p. 202, ipotizza l'appartenenza alla regione di → Tuttul.

Zuzagabu v. Zuḏagabu

Zuzuʾa

*zu-zu-a*$^{ki}$ *ARET* VIII 526 v. VIII:12

ZuzuLUM

*zú-zú*-LUM$^{ki}$ TM.75.G.1975 v. IV:4
¶ Una delle 52 "fortezze", bàd, della città di → Luʾadum; a nord di Ebla.

Zu...

*z*[*u*-...]$^{ki}$ *ARET* VIII 529 r. VI:22 (NP)

# NG ACEFALI

...a

[x-x]-⸢x⸣-*a*$^{ki}$ TM.75.G.1669 v. VII:3 (NP)

...aʾig

⸢x⸣-*ʾà-ig*$^{ki}$ *ARET* III 909 r. I:2'

...ab

[x-x(-x)]-⸢*ab*⸣$^{ki}$ TM.75.G.1669 r. III:2 (NP)

...adu

⸢x⸣-[x]-*a-du*$^{ki}$ *ARET* VII 152 r. II:1

¶ Fra i centri riferiti a Nabḫa-il, figlio di Ibriʾum; nella regione di Ebla.

...amadu

⸢x⸣-*a-ma-du*$^{ki}$ cit. (Pettinato, *MEE* I): TM.76.G.257

¶ Una integrazione possibile sarebbe ⸢*ʾà*⸣-*a-a-ma-du*$^{ki}$.

...amu

[x]-⸢*a*⸣-[*m*]*u*$^{ki}$ *ARET* VII 153 r. I:2

¶ Possibili integrazioni concernono → Duʾam, → Zuʾamu e soprattutto → Siʾam. Fra i centri riferiti a Giri, figlio di Ibriʾum; nella regione di Ebla.

...AN... (?)

⸢x⸣-AN-⸢x⸣$^{ki}$ *MEE* X 24 r. III:1 (NP)

¶ Da collazionare.

...ar...

⌜x⌝-*ar*-[x]$^{ki}$ *ARET* III 508 r. I:5' (NP$_1$ *wa* šeš-SÙ)

¶ La prosopografia incoraggerebbe a ricostruire un'altra attestazione di → Arʾam, ma la traslitterazione data dall'editore fa ostacolo; da collazionare.

...ašu

[x]-*a-su*$^{ki}$ *ARET* III 460 r. IV:2 (NP$_1$-[NP$_2$$^?$] ugula še)

¶ Una verosimile integrazione concerne → Aʾaš.

...a...man (?)

[x]-*ʾà*-[x-*m*]*a*$^?$-*an*$^{ki}$ *ARET* III 465 r. VIII:8

...baʾadu

⌜x⌝-*ba-a-du*$^{ki}$ TM.75.G.1724 r. II:2

¶ Centro menzionato in relazione a beni fondiari (800 gána-ki) nella regione di Ebla. Edizione: NE$^?$-*ba-a-du*$^{ki}$, ma l'esame della fotografia sembra escludere l'interpretazione proposta per quello che resta del primo segno. Le sue tracce meglio si adatterebbero a *sa-ba-a-du*$^{ki}$ (v. → Šabaʾad), mentre sembrano da escludere sia un riferimento a → Dabaʾadu che quello a → Ḏabaʾdu (quest'ultimo è comunque un centro menzionato in relazione ad attività agricole).

...baʾud (?)

[x]-⌜*ba*$^?$⌝-*ud*$^{ki}$ *ARET* III 217 r. II:7'

...bu...

[x-*b*]*ù*-⌜x⌝$^{ki}$ *ARET* III 338 r. II:2'

...dan (?)

⌜x-x$^?$⌝-*da*$^?$-*a*[*n*$^?$$^k$]$^i$ TM.75.G.1547 r. I:8

¶ Centro menzionato in relazione ad attività agricole; nella regione di Ebla.

...danaNILUM

[x]-*da-na*-NI-LUM$^{ki}$ *ARET* III 115 v. IV:3'

¶ Nel materiale disponibile non sembra vi sia alcun indizio per una integrazione del primo segno.

...da...

...da...

[x-*d*]*a*-[x]$^{ki}$ TM.75.G.1986+ v. II:9
[x]-*da*-[(-x)]$^{ki}$ *ARET* III 334 r. II:2

...da...ar

[x]-⌜*da*⌝-[x]-*ar*$^{ki}$ *ARET* IV 17 v. IX:8
¶ Una integrazione molto ipotetica concernerebbe → NEdadar.

...diʾan

[...]-*ti-a-an*$^{ki}$ cit. (Pettinato, *MEE* I): TM.76.G.37
¶ Un'integrazione verosimile concerne → ḪARtiʾan.

...diNEʾum

⌜x⌝-*ti*-NE-*um*$^{ki}$ *ARET* III 197 r. II:2'

...di...um

⌜x⌝-*ti*-[x]-*um*$^{ki}$ *ARET* III 163 r. I:4' (NP$^{?}$)

...duḏama (?)

[x]-*du*-[*š*]*a*$^{?}$-*ma*$^{ki}$ TM.76.G.188 v. III:10
¶ Centro menzionato in relazione ad attività agricole; nella regione di Ebla.

...du(m)

⌜x⌝-[x]-*du*$^{ki}$ *ARET* VIII 526 v. VI:22 (*)
[x]-⌜x⌝-*du*$^{ki}$ *ARET* I 8 v. X:12 (ábba-ábba); *ARET* III 447 r. I:11
[x-x]-⌜*du*$^{?}$⌝$^{ki}$ *ARET* VIII 540 v. VII:6'
[x]-*tum*$^{ki}$ *ARET* III 778 r. II:5' (NP)
⌜x-x⌝-*tum*$^{ki}$ *ARET* III 757 r. II:3' ($NP_1$-$NP_2$)
[x]-⌜x⌝-*tum*$^{ki}$ *ARET* IV 2 r. IV:7 (NP)
[x]-⌜x⌝-[*t*]*um*$^{ki}$ *ARET* VII 155 r. IV:5
¶ Per *ARET* VIII 526 (edizione: *n*[*a-ba*]-*du*$^{ki}$) collazione Archi; per *ARET* I 8 paleografia in *ARET* I, p. 318. V. anche → Ammaḏu.

...duNIgdu

⸢x⸣-*du*-NI-*ig*-*du*[ki] TM.75.G.2136
¶ Fra i centri "nelle mani" del sovrano eblaita; a nord, nord-est di Ebla.

...du...

[x]-*du*-[x][ki] *ARET* III 263 r. I:2'; *ARET* IV 3 r. IV:5

...ḏaramu (?)

[x?]-⸢x⸣-⸢*ša*?⸣-*ra*-*mu*[ki] *ARET* I 8 v. X:1 (NP)
¶ Paleografia in *ARET* I, p. 318. Dahood, *BaE*, p. 453, n. 47, propone un inverosimile ricostruzione *ba*-*ra*-*mu*[ki].

...gaʾum

⸢x⸣-*ga*-*um*[ki] TM.75.G.1558 r. I:6
¶ Centro menzionato in relazione ad attività agricole, citato in un conto di pecore riferite al sovrano eblaita.

...garum v. NEgarum (??)

...ga...iš

⸢x⸣-*ga*-⸢x⸣-*iš*[ki] *ARET* III 209 r. I:2'
¶ V. la paleografia in *ARET* III, p. 407, sulla base della quale una integrazione possibile concerne → Agagališ.

...ga...

[x]-*ga*-[(x-)]⸢x⸣[ki] *MEE* X 3 v. VI:12

...gibu

⸢x⸣-*ki*-*bù*[ki] *ARET* III 215 r. III:2' (..., maškim-SÙ)
¶ Paleografia in *ARET* III, p. 407.

...gu

⸢x⸣-[x]-*gú*$^{ki}$ *ARET* VIII 527 v. X:3’ (*, -[*s*]*a*$^{?}$-)
[x]-*gú*$^{ki}$ *ARET* VIII 542 v. V:3 (NP); TM.76.G.198 v. I:5

¶ In *ARET* VIII 527 edito come *da-sá-gú*$^{ki}$; integrazioni possibili concernono → Dadigu, → Dadugu e → Danugu. Per l’attestazione in *ARET* VIII 542 la collazione di Archi è: *en-na*-BAD [x]-*gú*$^{ki}$ lú [...]$^{ki?}$, il che sembra escludere un possibile riferimento all’Enna-BAD di → Ušegu di *ARET* IV 3 r. I:16-17. L’attestazione in TM.76.G.198 si riferisce ad un centro menzionato in relazione ad attività agricole nella regione di Ebla.

...ḫamu (?)

[x-*ḫ*]*a*-[*m*]*u*$^{?ki}$ *ARET* III 892 r. I:1’

...ḫuldiʾum (?)

⸢x⸣-⸢*ḫu*$^{?}$⸣-*ul-ti-um*$^{k[i]?}$ *ARET* I 4 v. IV:1

¶ Paleografia in *ARET* I, p. 317.

...la

⸢x-x⸣-*la*$^{ki}$ TM.75.G.1964 r. I:7

...lu

[x]-⸢x⸣-*lu*$^{ki}$ *ARET* VIII 540 v. IX:10
[x-x]-*lu*$^{ki}$ *ARET* III 72 r. III:1’

...lu...lu

[x(-x)]-*lu*-[x]-*lu*$^{ki}$ *ARET* VIII 540 v. XII:13’ (*)

...mar

⸢x-x⸣-*mar*$^{ki}$ TM.75.G.1547 r. I:2

¶ Centro menzionato in relazione ad attività agricole; nella regione di Ebla.

...midu

⸢x⸣-*mi-du*$^{ki}$ *MEE* X 20 v. XV:4

¶ Edito come AN$^{?}$-*mi-du*$^{ki}$; da collazionare.

...mu

⌜x-x⌝-*mu*[ki] TM.75.G.1986+ r. V:4
⌜x⌝-[x]-*mu*[(-x)[ki]] *ARET* I 3 r. XI:5' (ábba-SÙ)
¶ Il NG di TM.75.G.1986+ è forse fra Ebla e → Imar.

...nad

⌜x⌝-[x]-*na-ad* [k[i]] TM.75.G.1558 r. VII:1
¶ Centro menzionato in relazione ad attività agricole, citato in un conto di pecore riferite al sovrano eblaita.

...na...

⌜x⌝-*na*-⌜x⌝[ki] *ARET* VIII 522 v. VII:15 (*, NP)

...NE

⌜x-x⌝-NE[ki] *ARET* III 111 r. VI:3' (*)

...NEnu

⌜x⌝-NE-*nu*[ki] *ARET* III 794 v. III:2'
¶ Sembra determinare ká.

...nu

[x]-*nu*[ki] *ARET* III 381 r. I:3' (dar-dar)

...radum

⌜x⌝-*ra-tum*[ki] *ARET* III 862 r. II:2' (NP)

...raḏa

[x]-*ra*-[*š*]*a*[ki] TM.75.G.1964 r. II:9
¶ Cittadina nella regione di Ebla.

## ...rami...du

[x]-*ra-m*[*i*]-⸢x⸣-*du*$^{ki}$ *ARET* VII 155 r. III:5

¶ Fra i centri riferiti ai figli di Irʾam-damu; nella regione di Ebla. L'unica integrazione che il materiale disponibile consentirebbe concerne → Zaramid, ma la disposizione dei segni nella casella non la incoraggia.

## ...ra(...)

[x]-*ra*[(-x)]$^{ki}$ *ARET* III 939 r. II:4'

¶ Citata assieme a → Baḫuzum.

## ...riba

[...]-*rí-ba*$^{ki}$ cit. (Pettinato, *MEE* I): TM.78.G.119

## ...ri...guza

⸢x⸣-*rí*-⸢x⸣-*gú-za*$^{ki}$ *ARET* I 8 v. X:7 (NP)

¶ Paleografia in *ARET* I, p. 318.

## ...ru v. Muru

## ...šanu

⸢x⸣-*sa-nu*$^{ki}$ *ARET* VIII 534 r. VIII:1'

¶ Collazione Archi (edizione: *ʾà-sa-nu*$^{ki}$); l'esame della fotografia non consente un riferimento ad alcune delle possibili integrazioni, concernenti → Garšanu, → Mašanu e → Zagšanu; da verificare invece la possibilità ⸢*ra*⸣-*sa-nu*$^{ki}$ (→ Rašan).

## ...ša

⸢x⸣-x-[(x-)]-*sá*$^{ki}$ TM.75.G.2136 r. I:3

¶ Edizione: N[E$^{?}$]-*aš*$^{?}$-[(x-)]*sá*$^{ki}$; a nord di Ebla.

## ...ša...

⸢x⸣-*sa*-⸢x⸣$^{ki}$ TM.76.G.1724 r. I:4

¶ Centro menzionato in relazione ad attività agricole; nella regione di Ebla.

...u

⸢x⸣-*u*$_9$$^{ki}$ TM.75.G.1558 r. I:4

¶ Edizione: TAB-*u*$_9$$^{ki}$; da collazionare. Centro menzionato in relazione ad attività agricole, citato in un conto di pecore riferite al sovrano eblaita.

...um

[x-x]-*um*$^{ki}$ *ARET* III 939 v. III:8' (NP$_1$, NP$_2$)

...ušbu

⸢x⸣-*uš-bù*$^{ki}$ TM.75.G.1724 v. III:3

¶ Centro menzionato in relazione ad attività agricole; nella regione di Ebla.

...zu

[x]-*zú*$^{ki}$ *ARET* III 530 r. I:5'

...

⸢x⸣$^{ki}$ *ARET* III 215 v. VI:5'
⸢x⸣[(-x)]-⸢x⸣$^{ki}$ *ARET* III 377 r. I:10'
⸢x⸣-[...$^{ki}$] *ARET* III 143 v. IV:11; *ARET* VII 153 r. IV:8; TM.75.G.1547 r. VI:3, v. I:5
⸢x-x⸣$^{ki}$ *ARET* III 765 v. I:3; *MEE* II 40 r. I:2; TM.75.G.1669 v. V:11 (NP); TM. 75.G.1964 r. IV:13
⸢x-x⸣-[...$^{ki}$] *ARET* II 28 r. VIII:2 (NP$_1$ lú NP$_2$)
⸢x-x-x⸣$^{ki}$ *MEE* X 26 r. X:4; TM.75.G.1547 r. I:4
[x$^{ki}$] TM.75.G.1975 r. II:3; TM.75.G.1964 r. II:8
[x]-KI *ARET* III 628 r. I:1'
[x]-⸢x⸣$^{ki}$ *ARET* III 377 r. II:6', III 800 r. V:6' (... NP$_1$ lú NP$_2$ NP$_3$ LÚ NP$_4$ NP$_5$), III 937 r. I:3' (NP); *ARET* VIII 526 v. V:15 (*, NP)
[x]-⸢x⸣-[x]$^{ki}$ *ARET* III 892 r. I:5'; TM.75.G.1964 r. III:1
[x-x]$^{ki}$ *ARET* III 427 r. I:9, III 864 r. I:4'; *ARET* IV 2 r. V:1
[x-x]-⸢x⸣$^{ki}$ *ARET* IV 2 r. V:18 (NP$_1$-NP$_2$ lú-kar)
[x(-x)]-⸢x⸣-[...$^{ki}$] TM.75.G.1764 v. VI:15
[x-x-x]$^{ki}$ *ARET* III 940 r. II:10' (NP); TM.75.G.1451 r. V:7
[...]-⸢x⸣$^{ki}$ TM.75.G.2075 r. II:1 (ND)
[...]$^{ki}$ TM.75.G.521 v. III:12

# INDICE DELLE INTERPRETAZIONI NON CONFERMATE

# A

*AʾagaKU v. Aʾagaru

*Aʾamadu v. Amad

*Aʾaza v. Aza

*Aʾazu v. Aʾaš

*Aʾuru

¶ Archi in *ARET* VII 94 r. I:4 legge ⌜*ba*⌝-*u*$_9$-*ru*$_{12}$$^{ki}$ il NG citato da Pettinato, *MEE* I, p. 156, come *a*-*u*$_9$-*ru*$_{12}$$^{ki}$; questo vanifica quanto osservato da Astour, *JAOS* 108, p. 551.

*Abḏiʾaʾum v. Abbaʾaʾu

*Abšaʾum v. Abšarig

*Abuʾa

¶ In *ARET* VIII 532 v. V:11 si ha il NP *a*-*bù*-kur$^{ki}$ di Mari.

*AdaGIM v. Adur

*Adašin

¶ In *MEE* X 26 r. VIII:17 si ha il ben noto NP *a*-*da*-*si*-*in* (collazionato sulla foto).

*Aḏḏatiga

*Aḏḏatiga

¶ In *ARET* I 17 r. III:8-13 ($NP_1$ lú $NP_2$ lú *áš-ša-ti-ga*{ki} sa-za$_x$(LAK-384)[ki]) si ha verosimilmente un NP mal scritto (nonostante la comprensione del passo resti ugualmente non chiara; forse non nome proprio), cf. Archi, *VO* 6, p. 244.

*Agabiš    v. GagaNEš

*AgaḫaNEš    v. AgagaNEš

*Agirriʾu    v. Abrariʾu(m)

*Alada

¶ In *ARET* VIII 524 r. X:29 l'editore legge *a-la-da*[ki]. La fotografia è inutilizzabile, ma la lettura è certamente errata (si deve avere un NP).

*AluKIDIM

In *ARET* II 28 (per il quale cf. *ARET* II, p. 144, e Krebernik, *Personennamen*, p. 125) v. III:3 leggi *a-lu-úr*[ki] (→ Arur).

*Aluldan    v. APEŠdan

*Alutum    v. *AluKIDIM, Arur

*Amʾar

¶ Citato come *am-ar*[ki] da Pettinato, *MEE* I, p. 260; la lettura corretta NI-*ga-ar*[ki] (v. *ARET* VIII 522 r. VI:10) vanifica l'ipotesi etimologica di Astour, *JAOS* 108, p. 550.

*Amridu    v. Mugrid

*Ammada    v. Ammaḏu

*Anara    v. Šanaḏu

*Andardaḏaba

¶ Per *ARET* VIII 527 r. XIV:4 v. → Daḏaba.

*ANmada v. Ammad̲u

*ANmidu (?) v. ...midu

*Arad̲une v. Ara

*Aragu v. Arab

*Aralaša v. Araʾila

*Aralu

¶ In *ARET* III 869 r. V:2' è quasi certo il NP *a-ra-l[u]* (cf. *MEE* X 29 r. VI:11).

*Aranabšu

¶ In *MEE* II 32 r. VII:4-5 leggi *iš-má-zi-kir* / lú *a-ra-ḫ̮é-su* (collazionato sulla foto; edizione: *a-ra-nab-su*$^{ki}$), cf. Išmaʾ-zikir dumu-nita *a-ra-ḫ̮é-iš* in *MEE* II 29 r. VI:8-10.

*ArašuNE v. Ara

*Ardigu v. Udiq

*Arimanu

¶ In TM.75.G.1624 (= *ARET* II 26) v. II:2 si ha *a-rí-ma-mu*$^{ki}$ (→ Arimmu); correggi *MEE* I, p. 275 (v. p. 88), e Gelb, *LdE*, p. 16.

*Arraru v. Arʾarru

*Ašanu v. ...šanu

*Ašdaba

¶ Archi legge *lá-da-ba*$_4{}^{ki}$ in *ARET* VII 94 r. I:2 il NG che Pettinato, *MEE* I, p. 156, aveva citato come *aš-tá-ba*$_4{}^{ki}$. Questo vanifica quanto osservato da Astour, *JAOS* 108, p. 551, e da Krecher, *ARES* I, p. 185.

*Azakiʾu v. Azagir

# B

*Badul v. Ba...

*Bal'a (??)

¶ Le sequenze di segni KUL-A-KI e KUL-A-KI-MIN, attestate in TM.75.G.2420 (Trattato fra Ebla e "Abarsal", rispettivamente in r. II:6 e V:16), ed in entrambi i casi precedute da bàd-bad$^{ki}$, sono di difficile comprensione.
Sollberger, *SEb* 3, pp. 135-136, leggendo *kul-a* ki in entrambi i casi, sembra trascurarle nella traduzione; Pettinato, *Ebla* 2, pp. 389-390, leggendo *kul-a* KI e *kul-a* KI-mìn, traduce "i sudditi del sovrano di Ebla che si trovano in tutti i (suddetti) centri commerciali ((di questo) secondo (gruppo))" Lambert, *Ebla 1975-*, p. 358, legge in entrambi i casi NUMUN.a.ki, ma non traduce; Kienast, *WGE*, p. 231, n. 1, leggendo *kul-a* ki e *kul-a* ki.mìn, traduce: "(Betrifft) alle die(se) Niederlassungen"; Edzard, *QuSem* 18, p. 191, leggendo *kul-a* KI e *kul-a* KI.MIN, traduce "Die Festungen samt und sonders (zweitens ?)". Diversamente, von Soden, *Ebla 1975-*, p. 77, legge in entrambi i casi un NG *bal*$^{!}$-*a*$^{ki}$.

*Balbandar v. Balban

*Baramu v. Gurrabal

*Barga

¶ In TM.75.G.2236 (= *MEE* I 1674), citato in Mander, *MEE* X, p. 183, e in Davidović, *ASJ* 11, p. 20, n. 15, errore per *tir*$_5$-*ga*$^{ki}$ (v. → Terqa).

*Barkil'al v. Ib'al

*Bašal v. IGI.SAL

*Burdab v. Ḏadab

*Puribadu v. Ḫabribadu

*PUZUR v. Buḏa

# D

*TABʾu v. ...u

*Dabalu

¶ In *ARET* VIII 525 v. VII:9 si ha il NP *da-ba-lu*$^{\{ki\}}$ mal scritto (KI comunque sembra eraso).

*Dabdar

¶ In *ARET* IV 3 v. VII:5 si ha non NG, ma il NP *dab*$_6$*-da-ar* di → Ašu (collazionato sulla fotografia).

*Daganʾam

¶ In Pettinato, *Or* 54, p. 240, e n. 45, errore per → Daganam.

*Dagri

¶ In *ARET* VIII 523 v. XI:19 leggi il NP SUM-uru$^{ki}$ al posto di un NG *tag-rí$^{ki}$ letto dall'editore.

*Dalu v. Alu

*Daraʾu (??)

¶ Una grafia *da-ra-ù*$^{ki}$ è citata da Sollberger, *ARET* VIII, p. 42, ma non ne ho trovato traccia nella documentazione disponibile.

*Darbardu v. Darʾab

*Daridum v. Darib

*Dašagu v. Dašadu, ...gu

*DILMUN

¶ Nella documentazione amministrativa eblaita DILMUN qualifica gín, "siclo" (v. da ultimo Archi, *RA* 81, pp. 186-187); non vi è alcuna prova di una connessione con il toponimo delle fonti mesopotamiche: la lettura del segno a Ebla è infatti ignota.

*DIN.KASKAL

¶ Per *ARET* VIII 523 r. X:11, letto TIN.KASKAL$^{ki}$ da Pettinato, *Ebla* 1, p. 234, v. → $SIG_4$.KI.

*TUMridu v. Ibridu

*DuNEʾab v. Tunip

*Duradu v. Dušedu

*Turlu v. Urlu(m)

*Dudum v. Ludum

*Durri

¶ Per l'interpretazione unitaria delle attestazioni di *dur*-uru$^{ki}$ come NP e non come NG v. Bonechi, *MARI* 6, p. 229.

*Duzalu (?) v. Šezalu

# Ḏ

*Ḏa᾽ub v. Šur᾽ub

¶ La grafia in questione è **šà-ub*$^{ki}$ di TM.75.G.1669 v. VII:5.

*Ḏadardudi᾽um v. Ḏabirdi᾽um

*Ḏaduman v. Šaduma

*Ḏanaki v. Ḏanaḏu

*Ḏargan(᾽um) v. Ḏarḫi(᾽um)

*Ḏarimu

¶ In TM.76.G.173 r. II:2 leggi il NP *ša-rí-mu* di → Udiq (*contra* **ša-rí-mu*$^{ki}$ di Pettinato, *MEE* I, p. 251), v. Biga, *ARES* I, p. 297.

*ḎeDUBmu v. Ši᾽am

*Ḏura

¶ Un NG **šu-ra*$^{ki}$ non esiste: in *ARET* VIII 528 r. VIII:6 leggi: 3 NE-*lum* zabar (collazione Archi).

# E

*ʾEnʾarʾarmi, *ʾEnʾarʾarmu

¶ In TM.75.G.10022, citato in *MEE* I, p. 221, si ha un NP *en-àr-ar-mu*[ki] (da collazionare), così come in TM.75.G.11072, citato in *MEE* I, p. 288, si ha la più nota variante *en-àr-ar-mi*[ki] di tale antroponimo.

*Erbil v. IrNENILUM

## G

*GadaNI v. AdaNI

*GalaKU

¶ In *MEE* II 32 r. I:3 non un NG *ga-la*-KU$^{\{ki\}}$, ma un NP mal scritto (cf. già Mander, *MEE* X, p. 28).

*GÁRA.GUR$_8$

¶ In *ARET* II 5 v. II:10 leggi edin$^{ki}$.

*Gasur v. Gašur

*Gaza v. Gaša

*Keš...NENI v. Gal(a)laNEd

*KIB

¶ Per *ARET* VIII 523 r. X:11 v. → SIG$_4$.KI.

*KIB.KUR

¶ Per *ARET* VIII 531 v. III:14 v. → SIG$_4$.KI.

*Gidanaʾu v. GidaNEʾu

*Gideḏu v. Giliḏu

*GIŠʾiš v. GIŠlam

*Gulaḫu v. Gurrabal

*Gulalu v. Išlalu

*Gunugu v. Gunu

*Guraḫ v. Gurrabal

*Guralala v. Gurrabal

*Guramu v. Gurrabal

*Qušu (?)

¶ L'edizione del testo frammentario in *ARET* III 107 non conferma la lettura *gu-su*[ki] di Pettinato, *MEE* I, p. 276 per quel che riguarda r. II:5, avendosi [x]-*gu*[-.

# Ḫ

*Ḫabri

¶ In TM.75.G.2325 r. VII:1 (citato da Archi, *Mél. Kupper*, p. 205, n° 40), probabilmente un NP *ḫáb*-uru[ki] piuttosto che un NG.

*Ḫada v. Ḫadanazaʾu

*Ḫagalu v. NIgar

*ḪaḫaNEši v. ḪaḫaNE

*Ḫaḫubu v. URḫubu

*ḪARʾar

¶ Da collazione sulla foto, in *ARET* III 939 v. II:3 si ha il NP EN-*àr-ar-mi* [ki] (edizione: EN(-)ḪAR-*ar* [ki]).

*Ḫaradami

¶ In *ARET* III 136 r. II:3 non un NG (come sostenuto in *MEE* I, p. 201), ma un NP *ḫa-ra-da-mi-ki*, in accordo con gli editori.

*ḪARzala v. Ḫuzala

*Ḫazan

¶ In *ARET* III 940 r. II:3' più verosimilmente un NP *ḫa-za-an*{ki} mal scritto che un NG (cf. il NP Ḫazan in *ARET* IV 3 r. X:5 e *ARET* VIII 524 v. VI:3, e v. già Biga, *ARET* IV, p. 37; cf. anche Fronzaroli, *OrSu* 33-35, p. 142).

## *ḪÚB

¶ ḪÚB.KI è grafia variante del termine amministrativo ḪÚB, designante una categoria di personale, per il quale v. Catagnoti, *MisEb* 4.

## *Ḫuban

¶ *ḫu-ba-an*{ki}, citato in Archi, *ARES* I, p. 268 è grafia aberrante del NP Ḫuban, v. Archi, *ibid.*

## *ḪubarNI

¶ Da collazione sulla fotografia, il NG edito come *ḫu-bar*-NI^ki in *ARET* VIII 538 v. IX:2 è da leggere *dar-áb*^ki (letto *dar-bar-dù*^ki in *MEE* I, p. 262).

## *ḪuḫadaNAM

¶ In *ARET* IV 18 r. XIII:2 *ḫu-ḫa-da*-NAM{ki} è grafia aberrante di un NP, cf. Bonechi, *SEL* 8, p. 76.

## *ḪulaKAgur

¶ In *ARET* III 760 r. IV:2 *ḫu* ?-*la*-KA?-*gur* ki sicuramente da leggere *dal-la-zú-gur* ki.

# I

*Idiba v. NIdiba

*Iduʾu

¶ In TM.75.G.1731 (cit. Biga, *XXX RAI*, p. 43 d) si ha il NPF *i-du-ù-na* (v. Tonietti, *MisEb* 2, p. 104).

*Ì.GIŠ v. GIŠNI

*IGI.KEŠDA v. *IGI.TÙM

*IGI.TÙM

¶ In *ARET* IV 1 v. V:12 (*) e in *ARET* IV 3 v. II:23 (*) IGI.TÙM qualifica rispettivamente → Daʾu e → IGI.SAL (nella seconda attestazione è seguito da un KI cancellato dallo scriba). Non è un NG, ma un aggettivo: per il significato "anteriore" del sumerogramma e della sua glossa nella lista lessicale bilingue eblaita v. Steinkeller, *OA* 23, p. 36, e Conti, *MisEb* 3, p. 184, con bibliografia; v. anche *ARET* IX 2 v. VIII:24. In *MEE* X 29 v. XVI:23 l'attestazione di igi-tùm in relazione a *ʾà-da-um*-túg non è chiara (v. Mander, *MEE* X, p. 168).

*Irʾanmiʾan

¶ In *ARET* VIII 542 v. X:5' leggi ⌜x⌝-AN-MI-AN (non chiaro).

*Irdidu v. Irdiʾadu

*IrḫuLUM v. Ušḫurum

*Irmi

¶ In *ARET* VIII 528 v. I:3 sicuramente non un NG, ma il noto termine del lessico *ir-mi* (sia che il determinativo geografico sia presente o no: l'esame della fotografia non è conclusivo).

*IrNEnu v. NIaNEn

*IrNIbu v. Ibbuʾib

*Iršadu v. Dašadu

*Išigu v. NIšig

*I...imaš v. Idaʾinu

# L

*Lubugan v. Lub

*Luḏaradu

¶ Contrariamente a quanto sostenuto dall'editore (Mander, *MEE* X, p. 20), in *MEE* X 3 r. IX:1 non si ha un NG, ma un NP *lu-ša-ra-du*$^{\{ki\}}$ mal scritto (per il quale v. già Bonechi, *SEL* 7, p. 25 e n. 24).

*Lulaši v. Luladi

*Luldum v. Luʾadum

# M

*Maʾanu v. Mašanu

*Maʾnega...ne v. MaʾNE

*Maʾunu v. Mašanu

*Maʾzu v. Šizu

*Madagi v. Madanu

*MagaLUM (?)

¶ In TM.75.G.1767 v. I:3 l'editore intende un NG *ma-ga*-LUM, senza determinativo, piuttosto che un NP (v. Archi, *SEb* 2, p. 8); cf. comunque Bonechi, *MARI* 6, pp. 233 e 237 (*ga-ma*-LUM).

*Magiddu v. Maʾbarra

*Mašbar

¶ In *ARET* III 230 r. III:2 dovrebbe esser attestato il NP *maš-bar*.

*MašNIdadum v. NIdadum

*Muzagu

¶ In *ARET* VIII, p. 47, si cita un NG **mu-za-gú*$^{ki}$ del quale non ho trovato altra traccia nella documentazione.

# N

*Nabadu  v. Mašadu, ...du

*NEʾu  v. NEʾaʾu

*NEbaʾadu  v. ...baʾadu

*NEdiNEdu  v. NIdiNEdu

*NEmaʾ  v. MaʾNE

*NEmu

¶ In *ARET* VIII 534 v. VII:30 la lettura dell'editore (NE-*mu*$^{ki}$) è contraddetta dalla fotografia, che ha gibil (riferito a en <*eb-la*$^{ki}$> della casella precedente).

*NENI  v. Bīr

*NIabulu

¶ In *ARET* IV 24 r. IX:2 non si deve trattare di un NG (come per Mander, *MEE* X, p. 174), ma di un NP NI-*ʾà-bù-lu*$^{\{ki\}}$ (riferito a → Rašan) mal scritto: cf. in questo senso Alberti, *VO* 8/2, p. 187, che comunque corregge la lettura in *NI-*sa-bù-lu*$^{\{ki\}}$ senza necessità, v. la fotografia.

*NIgi  v. NIgimu

*Nigišbar  v. Imar

*NIlulu

¶ In *ARET* VIII 531 r. VIII:3' la fotografia conferma l'attestazione del NP NI-*lu-lu*, e non di un NG.

*NIrbar v. NIrar

*Nišabulu v. *NIabulu

*NIšanu

¶ In TM.75.G.1288 (= *ARET* IV 11 = *MEE* I 727) r. IX:4 si ha un NP NI-*sa-nu*; questo vanifica l'accostamento a → NIšaLUM proposto da Pettinato in *MEE* II, p. 273.

*NI..NEgu v. NIaraNEgu

# R

*Radnu v. Marnu

*Rimi

¶ *ARET* VIII 534 r. XII:10 dà un'altra attestazione di → Armi (e dunque vanifica la proposta di identificazione di Astour, *WGE*, p. 144, n. 37, di *Rimi con un centro dell'area di Ugarit).

*Riniri

¶ In *ARET* VIII 526 v. IV:12 e VI:14 si ha il NP *rí-ì*-uru[ki], già attestato in *ARET* III 941 r. II:7'.

# S

*SAGlaʾu v. Alaʾu

*$SA_6$-LU

¶ In *ARET* VIII 524 r. IV:6 leggi *á-lu*$^{ki}$ il NG letto $sa_6$-lu$^{ki}$ dall'editore.

*$SU_7$ v. $DU_6$

*SUM

¶ Nessun NG SUM$^{ki}$ è attestato a Ebla.
Pettinato in *MEE* I, p. 169 descrive TM.75.G.2347 = *MEE* I 1786, come un "testo amministrativo(-storico)", riguardante "il sindaco di SUM$^{ki}$", citandone tre parole: *ḫa-za-núm* SUM$^{ki}$ sum-sar, "il sindaco di S., ...". Certamente TM.75.G.2347 è in realtà un altro "Estratto di Vocabolario" (secondo la terminologia dello stesso Pettinato in *Testi lessicali bilingui della biblioteca L.2769* [= *MEE* IV], Napoli 1982), o in ogni caso un testo lessicale bilingue: v. infatti *ibid.*, pp. 317 (*VE* 1076-1077) e 372 (*EV* 0362-0363); SUM$^{ki}$ è da collazionare. V. anche → $DU_6$.

# Š

*Šaʾudulu

¶ In *ARET* VIII 527 r. X:18-19[!] leggi *sa-u*$_9$ / *du-lu*[ki] (edizione: *sa-u*$_9$*-du-lu*[ki]).

*Šallim

¶ V. il commento a → Šalba.

*Šamariʾa

¶ In *MEE* I, p. 278, Pettinato cita una grafia *sa-ma-ri*$_6$*-a*[ki] da TM.75.G.1669; per la confutazione di questa lettura (e di ogni possibile connessione con la città palestinese) v. Archi, *SEb* 2, pp. 6 e 11, e Krecher, *LdE*, p. 136; per la proposta di una lettura *ma-sa-ad*[ki] v. → Mašad.

*Šanaʾagum v. Šanarugu(m)

*ŠigiLUM

¶ In *ARET* II 34 v. II:8 non un NG (v. già Edzard, *ARET* II, p. 117), ma *si-gi-*LUM, un termine del lessico per il quale v. Fronzaroli, *MisEb* 2, p. 15.

*Šumunanium v. Zumnan

*Šuramu v. Zuram

# U

*Uban

¶ In *MEE* II, p. 360, *ù-ba-an* è erroneamente inserito fra i NG: si tratta in realtà di un NP (questo vanifica le osservazioni di Krecher in *ARES* I, p. 174, peraltro poco convincenti foneticamente).

*Uḫba v. Zamba

*Uḫrida v. Zamridu

*UL

¶ Il sintagma UL.KI non identifica un NG, ma appartiene al lessico dei testi amministrativi, dove è riferito di solito a Igna-damu (così verosimilmente anche in TM.75.G.1314, citato in *MEE* I, p. 279).

*Umišu v. Umizu

*Unulu v. Unuzalu

*Ununi v. Unub

*Upuzurnu v. Ubuḏanu

*Uraʾaš v. Uguʾaḏ

*UraNE v. UraBIL

*Urazadu

*Urazadu v. Ugulzadu

*Urša

¶ In TM.75.G.1368 (= *ARET* VII 16 = *MEE* II 43) v. IV:1 non si ha un NG **ur-sa*[ki] come per *MEE* II, p. 299, v. la lettura ur-é-gal (NP) di *ARET* VII, p. 44 (non è quindi variante di → Urša'um come per *MEE* II, p. 302): sebbene GAL non sia evidente dalla fotografia, v. il NP ur-é-gal in TM.75.G.1559 r. III:9 (stessa persona); cf. comunque anche i NP ur-sa-da, ur-sag-da in Krebernik, *Personennamen*, p. 299.

*UšduLUM v. IrduLUM

*U...kul v. Urabal

*U...zadu v. Ugulzadu

# Z

*Zaḫubu v. URḫubu

*Zar v. $DU_6$

*Zaraʾadu v. Araʾad

*Zaru

¶ Un NG *za-ru*$_{12}$$^{ki}$ è citato in *ARET* VIII, p. 50 ("za-en$^{ki}$") con riferimento errato; non ne ho trovato altra traccia nella documentazione.

*Zidariri

¶ In *ARET* VIII 536 r. VI:2 correggi il NG **zi-da-rí-rí* $^{[ki]}$ letto dall'editore nel NP *zi-kir-rí* (collazione Archi).

*Zikirrar

¶ In TM.76.G.119 r. II la grafia *zi-kir-ra-ar* $^{ki}$, citata in *ARET* I, p. 312, identifica un NP e non un NG, v. Biga, *ARES* I, p. 297.

*Zilide v. Ziliʾur

*Ziziʾan v. Zizinu(m)

*Zudig v. Ḏudig

*Zunamuʾan v. Zumnan

*ZuNEnu

*ZuNEnu v. ŠuNEn

*ZušLUM v. Zugurrum

# INDICI

# INDICE DELLE GRAFIE

*a-ba-zu*$^{ki}$ → Abazu
*a-ba-zu-nu*$^{ki}$ → Abazunu
*a-ba*$_4$*-ga*$^{ki}$ → Abaga
*a-ba*$_4$*-lu*$^{ki}$ → Abal
*a-bal*$^{ki}$ → Abal
*a-bar*$^{ki}$ → Abar
*a-bar-la-ba*$_4^{ki}$ → Abarlaba
*a-bar-mi-zu*$^{ki}$ → Abarmizu
*a-bar-ru*$_{12}^{ki}$ → Abarru
*a*-BAR-SAL$_4^{ki}$ → "Abarsal"
*a-bù-du*$^{ki}$ → Abudu
*a-bù-li-um*$^{ki}$ → Abuliʾum
*a-bù-la-du*$^{ki}$ → Abullatu
*a-bù-ru*$_{12}^{ki}$ → Aburu
*a-da-ad-du*$^{ki}$ → Adaddu
*a-da-áš*$^{ki}$ → Adaš
*a-da-ba*$_4^{ki}$ → Adab II
*a-da-bí-gú*$^{ki}$ → Adabig
*a-da-bí-ig*$^{ki}$ → Adabig
*a-da-bù*$^{ki}$ → Adab II
*a-da-gàr*$^{ki}$ → Adagar
*a-da-i-nu*$^{ki}$ → Ladaʾin
*a-da-iš*$^{ki}$ → Adaʾiš
*a-da-na-ad*$^{ki}$ → Adanad
*a-da*-NE-*du*$^{ki}$ → LadaNEd
*a-da-ra*$^{ki}$ → Adara
*a-da-rí*$^{<ki?>}$ → Adari
*a-da-su*$^{ki}$ → Adaš
*a-da-ti-gú*$^{ki}$ → Adadig
*a-da-ti-ig*$^{ki}$ → Adadig
*a-da-u*$_9$-LUM$^{ki}$ → Adaʾ uLUM
*a-da-*[x]*-du*$^{ki}$ → Ada...du

*a-dab*$_6^{ki}$ → Adab II
*a-dar-a-nu*$^{ki}$ → Adarʾanu
*a-dar-du*$^{ki}$ → Adardu
*a-dar-gi-zu*$^{ki}$ → Adargizu
*a-dar-ki-zu*$^{ki}$ → Adargizu
*a-dar-ki-zú*$^{ki}$ → Adargizu
*a-du*$^{ki}$ → Adu(m)
*a-du-bù*$^{ki}$ → Adubu(m)
*a-du-bù-um*$^{ki}$ → Adubu(m)
*a-du-i-gú*$^{ki}$ → Aduʾigu(m)
*a-du-i-gúm*$^{ki}$ → Aduʾigu(m)
*a-du-lu*$^{ki}$ → Adur
*a-du-ur*$^{ki}$ → Adur
*a-du-úr*$^{ki}$ → Adur
*a-ga-ag*$^{ki}$ → Agag
*a-ga-ar*$^{ki}$ → Agar
*a-ga-ga-li-iš*$^{ki}$ → Ag(a)gališ
*a-ga-ga*-NE-*iš*$^{ki}$ → Ag(a)gaNEš
*a-ga-lu*$^{ki}$ → Agalu(m)
*a-ga-lum*$^{ki}$ → Agalu(m)
*a-gi-bù*$^{ki}$ → Agibu
*a-ḫa-da-mu*$^{ki}$ → Aḫdamu
*a-ḫa-na*-LUM$^{ki}$ → Aḫ(a)naLUM
*a-ḫa-sum*$^{ki}$ → Aḫaḏum
*a-ḫa-za-ne-ig*$^{ki}$ → Aḫzaneg
*a-ḫa-za-ni-gú*$^{ki}$ → Aḫzaneg
*a-ḫu-na-a*$^{[ki]}$ → Aḫunaʾ(a)
*a-i-du*$^{ki}$ → Aʾidu
*a-i-ti-um*$^{ki}$ → Aʾidiʾum
*a-kar-na-ad*$^{ki}$ → Agarnad
*a-la*$^{ki}$ → Ala
*a-la-ab*$^{ki}$ → Arab

| | |
|---|---|
| *a-la-ag-du*$^{ki}$ | → Alagdu |
| *a-la-ga*$^{ki}$ | → Alaga |
| *a-la-ḫa-du*$^{ki}$ | → Alaḫdu |
| *a-la-la-ḫu*$^{ki}$ | → Alalaḫ |
| *a-la-lu*$^{ki}$ | → Alalu |
| *a-la-ma*$^{ki}$ | → Alama |
| *a-la-mi-gú*$^{ki}$ | → Alamigu |
| *a-la-u*$_9$$^{ki}$ | → Alaʾu |
| *a-la-zu*$^{ki}$ | → Alazu |
| *a-li*-NI$^{ki}$ | → AliNI |
| *a-lu*$^{ki}$ | → Aʾlu |
| *a-lu-lu*$^{ki}$ | → Arur |
| *a-lu-ru*$_{12}$$^{ki}$ | → Arur |
| *a-lu-úr*$^{ki}$ | → Arur |
| *a-ma-lu*$^{ki}$ | → Amalu |
| *a-ma-rí*-LUM$^{ki}$ | → AmariLUM |
| *a-ma-rí-im*$^{ki}$ | → Amarum |
| *a-ma-rúm*$^{ki}$ | → Amarum |
| *a-ma-su*$^{ki}$ | → Amašu |
| *a-ma-šu*$^{ki}$ | → Ammadu |
| *a-ma-za-rí-um*$^{ki}$ | → Amazariʾum |
| *a-mar*$^{ki}$ | → Amar |
| *a-me-zu*$^{ki}$ | → Amezu |
| *a-mi-du*$^{ki}$ | → Amidu |
| *a-mi-sa*$^{ki}$ | → Amiš |
| *a-mi-sa-du*$^{ki}$ | → Amišadu |
| *a-mi-su*$^{ki}$ | → Amiš |
| *a-mi-ša-ga*$^{ki}$ | → Amidaga |
| *a-mu*$^{ki}$ | → Amu |
| *a-mu-ma-lu*$^{ki}$ | → Amumar |
| *a-mu-mar*$^{ki}$ | → Amumar |
| *a-mu-nu*$^{ki}$ | → Amunu |
| *a-mu-rí*$^{ki}$ | → Amuri |
| *a-na-a*$^{ki}$ | → Anaʾa |
| *a-na-an*$^{ki}$ | → Anan |
| *a-na-áš*$^{ki}$ | → An(n)aš |
| *a-na-áš-du*$^{ki}$ | → Annašdu |
| *a-na-bar-zu*$^{ki}$ | → Anabarzu |
| *a-na-bar-zú*$^{ki}$ | → Anabarzu |
| *a-na-ga-rí*$^{ki}$ | → Anagari |
| *a-na-na-a-du*$^{ki}$ | → An(a)naʾadu |
| *a-na-ra*-NE-*du*$^{ki}$ | → AnaraNEd |
| *a-na-sa-ši-ù*$^{ki}$ | → Anašadiʾu |
| *a-na-ša-ba*$_4$$^{ki}$ | → Anadaba |
| *a*-NE-*ḫa-du*$^{ki}$ | → ANEḫadu |
| *a*-NE-*la-du*$^{ki}$ | → ANEradu |
| *a*-NE-*ra-du*$^{ki}$ | → ANEradu |
| *a-nu*$^{ki}$ | → Anu |
| *a-nu*-AN$^{ki}$ | → AnuʾAN |
| *a-nu-ki-um*$^{ki}$ | → Anugiʾum |
| *a*-PÈŠ-*da-an*$^{ki}$ | → APEŠdan |
| *a*-PÈŠ-*da-nu*$^{ki}$ | → APEŠdan |
| *a-ra*$^{ki}$ | → Ara |
| *a-ra-ʾà-ad*$^{ki}$ | → Araʾad |
| *a-ra-ʾà-du*$^{ki}$ | → Araʾad |
| *a-ra-ab*$^{ki}$ | → Arab |
| *a-ra-ḫi*$^{ki}$ | → Araḫi (?) |
| *a-ra-i-im*$^{ki}$ | → Araʾim |
| *a-ra-ù*$^{ki}$ | → Araʾu |
| *a-ra*-[x$^{ki}$] | → Ara... |
| *a-rí-a-lu*$^{ki}$ | → Ariʾalu (?) |
| *a-rí-gu*$^{ki}$ | → Ariqu |
| *a-rí-gú*$^{ki}$ | → Ariqu |
| *a-rí-ma*$^{ki}$ | → Arima |

*a-rí-ma-mu*$^{ki}$ → Arimmu
*a-rí-me*$^{ki}$ → Arimmu
*a-rí-mi*$^{ki}$ → Arimmu
*a-rí-mu*$^{ki}$ → Arimmu
*a-rí-mu-a-rí-mu*$^{ki}$ → Arimmu
*a-rí-mu*$^{ki}$*-a-rí-mu*$^{ki}$ → Arimmu
*a-rí-sum*$^{ki}$ → Ariḏum
*a-rí-ša-ba*$_{4}^{ki}$ → Ariḏaba
*a-r*[*í*?-(x-)]⸢x⸣-AN$^{ki}$ → Ari...AN
*a-r*[*í*-(x-)]*m*[*a*$^{ki}$] → Ari...ma
*a-ru*$_{12}$*-ag*$^{ki}$ → Aruʾag
*a-ru*$_{12}$*-da*-NE*-um*$^{ki}$ → ArudaNEʾum
*a-ru*$_{12}$*-ga-du*$^{ki}$ → Larugadu
*a-ru*$_{12}$*-gú*$^{ki}$ → Aruʾag
*a-ru*$_{12}$*-lu*$^{ki}$ → Arur
*a-ru*$_{12}$*-zàr-du*$^{ki}$ → Aruzardu
*a-sa-al*$_{6}^{ki}$ → Ašal
*a-sa-lu*$^{ki}$ → Ašal
*a-sa-ra*$^{ki}$ → Ašara
*a-sa-ra-du*$^{ki}$ → Ašaradu
*a-sa-ra*-NE$^{ki}$ → AšaraNE
*a-sa-sa-ba*$_{4}^{ki}$ → Aš(a)šaba
*a-sa-su*$^{ki}$ → Ašaš
*a*-SAL$_{4}$?-LÚ?⸢ki⸣ → ASALLU (??)
*a-si-ir*$^{ki}$ → Ašir
*a-su*$^{ki}$ → Ašu
*a-su-úr*$^{ki}$ → Ašur
*a-ša*$^{ki}$ → Aḏa
*a-ša-lu*$^{ki}$ → Aḏalu
*a-ša-lu-gú*$^{ki}$ → Aḏarugu
*a-šu*$^{ki}$ → Aḏu
*a-šu*-NI$^{ki}$ → AḏuNI
*a-šu-nu*$^{ki}$ → Aḏunu
*a-te-na-ad*$^{ki}$ → Adenad
*a-te-na-du*$^{ki}$ → Adenad
*a-ti-in*$^{ki}$ → Adin
*a-ti-ni*$^{ki}$ → Adin
*a-ti-nu*$^{ki}$ → Adin
*a-tin*$^{ki}$ → Adin
*a-wa-šum*$^{ki}$ → Awašum
*a-za-um*$^{ki}$ → Azaʾu(m)
*a-za-du*$^{ki}$ → Azadu
*a-za-gi-ir*$^{ki}$ → Azagir
*a-za-ki-ir*$^{ki}$ → Azagir
*a-za-mu*$^{ki}$ → Azamu
*a-za*-NI*-rúm*$^{ki}$ → AzaNIrum
*a*?*-zàr-ba*$^{ki}$ → Azarba (?)
*a-zi-um*$^{ki}$ → Aziʾum
*a-zi-du*$^{ki}$ → Azidu
*a-zi-gú*$^{ki}$ → Azigu(m)
*a-zi-lu*$^{ki}$ → Azilu
*a-zi*-LUM$^{ki}$ → AziLUM
*a-zu*$^{ki}$ → Azu
*a-zú*$^{ki}$ → Azu
*a-zú-du*$^{ki}$ → Azudu
*a*-⸢x⸣-*lu*$^{ki}$ → A...lu
⸢*a*?-x⸣-*za*$^{ki}$ → A...za
*a*-x-*zi*$^{ki}$ → A...zi
*a*-⸢x-x⸣[(-x)$^{ki}$] → A...
*a*-⸢x⸣-[x]$^{ki}$ → A...
*a*?-⸢x-x⸣$^{ki}$ → A...

*á*$^{ki}$ → Aʾ
*á-a*$^{ki}$ → Aʾ
*á-i-du*$^{ki}$ → Aʾidu
*á-la*$^{ki}$ → Ala
*á-li*-NI$^{ki}$ → AliNI
*á-lu*$^{ki}$ → Alu
*á*-$u_9$$^{ki}$ → Alu
*ʾà-ba-ad*$^{ki}$ → Abad
*ʾà-da-bar*$^{ki}$ → Adabar
*ʾà-ba-bù*$^{ki}$ → Abab
*ʾà-ba-lu*$^{ki}$ → Abal
*ʾà-ba-ra-rí-ù*$^{ki}$ → Abrariʾu
*ʾà-ba-rí-um*$^{ki}$ → Abariʾum
*ʾà-ba-sa*$^{ki}$ → Abaš
*ʾà-da*$^{ki}$ → Ada
*ʾà-[da]-áš*$^{[ki]}$ → Adaš
*ʾà-da-du*$^{ki}$ → Adadu(m)
*ʾà-da-la-tim*$^{ki}$ → Adar(a)dum
*ʾà-da*-NI$^{ki}$ → AdaNI
*ʾà-da*-NI-*du*$^{ki}$ → AdaNIdu
*ʾà-da-ra-tum*$^{ki}$ → Adar(a)dum
*ʾà-da-tum*$^{ki}$ → Adadu(m)
*ʾà-du*$^{ki}$ → Adu(m)
*ʾà-du-ma*$^{ki}$ → Aduma
*ʾà-ga*-$ba_4$-*ù*$^{ki}$ → Agabaʾu
*ʾà-ga*-"$lu_x$"$^{ki}$ → Agalu(m)
*ʾà-ga-lu-nu*$^{ki}$ → Agarunu
*ʾà-ga-rí-um*$^{ki}$ → Agariʾum
*ʾà-ga*-$ru_{12}$-*nu*$^{ki}$ → Agarunu
[*ʾà-g*]*i-la*$^{ki}$ → Agil
*ʾà-gi-lu*$^{ki}$ → Agil
*ʾà-la-bar*$^{ki}$ → Arabar
*ʾà-la-ḫu*$^{ki}$ → Alaḫu
*ʾà-la-šu*-NE$^{ki}$ → AlaḏuNE
*ʾà-la-ù*$^{ki}$ → Alaʾu
*ʾà-ma*$^{ki}$ → Ama
*ʾà-ma-ad*$^{ki}$ → Amad
*ʾà-ma-an*$^{ki}$ → Aman
*ʾà-ma-du*$^{ki}$ → Amad
*ʾà-ma-tim*$^{ki}$ → Amad
*ʾà-má-du*$^{ki}$ → Amaʾdu
*ʾà-ma-ga*-$ba_4$$^{?ki}$ → Amagaba
*ʾà-ma-li-im*$^{ki}$ → Amalim
*ʾà-mi-zu*$^{ki}$ → Amezu
*ʾà-na-ab*$^{ki}$ → Anab
*ʾà-na-ga-ne*$^{ki}$ → Anagane
*ʾà-na-ga-nu*$^{ki}$ → Anagane
⌜*ʾà*$^{?}$⌝-*na*-⌜*su*⌝$^{?}$-*gú*$^{ki}$ → Anašugu (?)
*ʾà*-NE-*gú*$^{ki}$ → ANEg
*ʾà*-NE-*ig*$^{ki}$ → ANEg
*ʾà-nu-ga-ad*$^{ki}$ → Anugad
*ʾà-nu-ga-du*$^{ki}$ → Anugad
*ʾà-nu-ga-lu*$^{ki}$ → Anugalu
*ʾà-ra-ba*-$ru_{12}$$^{ki}$ → Arabar
*ʾà-ra-bar*$^{ki}$ → Arabar
*ʾà-ra-i-la*$^{ki}$ → Ar(a)ʾila
*ʾà-ra-ma-du*$^{ki}$ → Aramadu
*ʾà-ra*-NE-*ig*$^{ki}$ → AraNEg
*ʾà-rí-zu*$^{ki}$ → Arizu
*ʾà-rí-zú*$^{ki}$ → Arizu
*ʾà*-$ru_{12}$-*gú*$^{ki}$ → Aruʾag
*ʾà-sa-áš*$^{ki}$ → Ašaš
*ʾà-si-am*$^{ki}$ → Ašiʾam
*ʾà-su*$^{ki}$ → Ašu

*ʾà-su-ba*$_4$[ki] → Ašuba
*ʾà-ša-rí-gú*[ki] → Aḏarigu
*ʾà-šu*[ki] → Aḏu
*ʾà-šu-mu*[ki] → Aḏumu
*ʾà-ti-du*[ki] → Adidu
*ʾà-ti-ni*[ki] → Adin
*ʾà*-TU-*du*[ki] → Adudu
*ʾà-tum*[ki] → Adu(m)
*ʾà-za*⌜ki⌝ → Aza
*ʾà-za-an*[ki] → Azan
*ʾà-za-du*[ki] → Azadu
*ʾà-za-mi*[ki] → Azami
*ʾà-za-nu*[ki] → Azan
*ʾà-za*-NI[ki] → AzaNI
*ʾà-za-ù*[ki] → Azaʾu(m)
*ʾà-zi-gú*[ki] → Azigu(m)
*ʾà-zi-gúm*[ki] → Azigu(m)
*ʾa*$_x$(NI)*-a-a-ḫu*[ki] → Alalaḫ
*ʾa*$_x$(NI)*-a-bù-du*[ki] → Aʾabudu
*ʾa*$_x$(NI)*-a-bu*$_x$(KA)*-du*[ki] → Aʾabudu
*ʾa*$_x$(NI)*-ʾà-lu*[ki] → Aʾalu
*ʾa*$_x$(NI)*-bù-du*[ki] → Abudu
*ʾa*$_x$(NI)*-du-úr*[ki] → Adur
*ʾa*$_x$(NI)*-na-ra*-NE*-du*[ki] → AnaraNEd
*ʾa*$_x$(NI)*-na-ra*-NE*-id*$_x$(NI)[ki] → AnaraNEd
*ʾa*$_x$(NI)*-sa-la*[ki] → Ašal
*ab-a-li-ig*[ki] → Abʾalig
*ab-ba*[ki] → Abba
*ab-ba-a-ù*[ki] → Abbaʾaʾu
*ab-ba-i*[ki] → Abbaʾi
*ab-ba-da-an*[ki] → Abbadan
*ab-da*-LUM[ki] → AbdaLUM
*ab-la-du*[ki] → Abladu
*ab-la-rí-ù*[ki] → Abrariʾu
*ab-ra-rí-ù*[ki] → Abrariʾu
*ab-rúm*[ki] → Abrum
*ab-šè-tum*[ki] → Abḏedum
*ab-šu*[ki] → Abḏu
*ab-ti-mu*[ki] → Abdimu
*áb-rúm*-UM[ki] → Abrumʾum (?)
*áb-sa-rí-ig*[ki] → Abšarig
*áb-su*[ki] → Abšu
*áb-šu*[ki] → Abḏu
*áb-zu*[ki] → Abzu
*áb-zú*[ki] → Abzu
*ad-da-li*-NI[ki] → AddaliNI
*ad-da-ma-du*[ki] → Addamadu
*ad-da-na-má*[ki] → Addanamaʾ
*ag-a-gú*[ki] → Agʾagu
*ag-da-lu*[ki] → Agdar
*ag-da-ra*[ki] → Agdar
*ag-da-ru*$_{12}$[ki] → Agdar
*ag-sa-gú*[ki] → Agšagu
*aḫ-bù-lu*[ki] → Aḫbulu
*aḫ-da-mu*[!ki] → Aḫdamu
*aḫ-du*[ki] → Aḫdu
*aḫ-za-mi-na*[ki] → Aḫzamina
*aḫ-za-ne-gú*[ki] → Aḫzaneg
*al*$_6$*-da-ga*[ki] → Aldaga
*al*$_6$*-du-bù*[ki] → Aldubu

*al$_6$-du*-NE$^{ki}$ → AlduNE
*al$_6$-la-zú*$^{ki}$ → Allazu
*al$_6$-li-zu*$^{ki}$ → Allizu
*al$_6$-sum*$^{ki}$ → Alḏum
*al$_6$-wa-du*$^{ki}$ → Alwadu
*am$_6$-ma*$^{ki}$ → Amma
*am$_6$-ma-šu*$^{ki}$ → Ammaḏu
AN-*ʾà-rúm*$^{ki}$ → ANʾarum
AN-*ba-nu*$^{ki}$ → ANbanu(m)
AN-*ba-núm*$^{ki}$ → ANbanu(m)
AN-*b*[*a*$^?$(-x)]$^{k[i]}$ → ANba(...)
*an-na-a*$^{ki}$ → Annaʾa
*an-na-aš-du*$^{ki}$ → Annašdu
*an-na-áš-du*$^{ki}$ → Annašdu
AN-NE-*lu*$^{ki}$ → ANNElu
*ar-a-lu*$^{ki}$ → Arʾalu
*ar-ar-ru*$_{12}$$^{ki}$ → Arʾarru
*ar-ʾà-am*$_6$$^{ki}$ → Arʾam
*ar-ʾà-mi-gú*$^{ki}$ → Arʾamig
*ar-ʾà-mi-ig*$^{ki}$ → Arʾamig
*ar-ʾà-mi-um*$^{ki}$ → Arʾamiʾum
*ar-ʾà-mu*$^{ki}$ → Arʾam
*ar-ʾà*-NI-*ig*$^{ki}$ → ArʾaNIg
*ar-ga*$^{ki}$ → Arga
*ar-ḫa*$^{ki}$ → Arḫa
*ar-ḫa-um*$^{ki}$ → Arḫaʾum
*ar-ḫa-ba-ù*$^{ki}$ → Arḫabaʾu
*ar-ḫa-du*$^{ki}$ → Arḫadu
*ar-ḫ*[*a*$^?$]*-ru*$_{12}$$^{ki}$ → Arḫaru (?)
*ar-ma-lu*$^{ki}$ → Armalu
*ar-mi*$^{ki}$ → Armi
*ar-mi*$^{ki}$*-ar-mi*$^{ki}$ → Armi
*ar-mi-um*$^{ki}$ → Armi
*ar-na*$^{ki}$ → Arna
*ar*-NI-LUM$^{ki}$ → ArNILUM
*ar-ra*$^{ki}$ → Arra
*ar-ra-du*$^{ki}$ → Arradu
*ar-ra-mu*$^{ki}$ → Arramu
*ar-ra-tim*$^{ki}$ → Arradim
*ar-rí*$^{ki}$ → Arri
*ar-sa*-NE-*ig*$^{ki}$ → AršaNEg
*ar-si-du*$^{ki}$ → Aršidu
*ar-u*$_9$*-gú*$^{ki}$ → Arʾugu
*ar-wa-nu*$^{ki}$ → Arwanu
*ar-za*$^{ki}$ → Arza
*ar-za-da*$^{ki}$ → Arzad
*ar-za-du*$^{ki}$ → Arzad
*ar-zi-ga-mu*$^{ki}$ → Arzigamu
*ar-zi-ga-nu*$^{ki}$ → Arziganu
*ar-zu*$^{ki}$ → Arzu(m)
*ar-zú*$^{ki}$ → Arzu(m)
*àr-ga*$^{ki}$ → Arga
*àr-zú*$^{ki}$ → Arzu(m)
*àr-zu-um*$^{ki}$ → Arzu(m)
*aš*-AL$_6$*-du*$^{ki}$ → AšALdu
*aš-dar*$^{ki}$ → Ašdar
*aš-dar-lum*$^{ki}$ → Ašdarrum
*aš-du*-LUM$^{ki}$ → AšduLUM
*áš-da-du*$^{ki}$ → Ašdadu
*áš-da*-LUM$^{ki}$ → AšdaLUM
*áš-dar-rúm*$^{ki}$ → Ašdarrum
adab$^{ki}$ → Adab I
ambar → AMBAR
ambar$^{ki}$ → AMBAR

ambar-ambar$^{ki}$ → AMBAR
ásal$^{?ki}$ → Asal (??)
*ba-a-du*$^{<ki>}$ → Baʾadu
*ba-ʾà-ma-an*$^{ki}$ → Baʾaman
*ba-ʾà-mu*$^{ki}$ → Baʾamu
*ba-ba*$^{ki}$ → Baba
*ba-ba-su*$^{ki}$ → Babašu
*ba-da-a*$^{<ki>}$ → Badaʾa (??)
*ba-da-da*-LUM$^{ki}$ → Bad(a)daLUM
*ba-da-nu*$^{ki}$ → Badanu
*ba-ga-ma*$^{ki}$ → Bagama
*ba-ga-ra*$^{ki}$ → Bagara
*ba-ga-sa-du*$^{ki}$ → Bagašadu
*ba-gi-na-ad*$^{ki}$ → Baginad
*ba-ḫa-gú*$^{<ki>}$ → Baḫagu
*ba-ḫa-na-tum*$^{ki}$ → Baḫanadum
*ba-ḫa-ne*-LUM$^{ki}$ → BaḫaneLUM
*ba-ḫa-ne-um*$^{ki}$ → Baḫaneʾum
*ba-ḫa-ni*-LUM$^{ki}$ → BaḫaneLUM
*ba-ḫa-ni-um*$^{ki}$ → Baḫaneʾum
*ba-ḫa-nu*$^{ki}$ → Baḫanu
*ba-ḫa-ti-gú*$^{ki}$ → Baḫadigu
*ba-ḫu-na-tum*$^{ki}$ → Baḫunadum
*ba-ḫu*-NE-*um*$^{ki}$ → BaḫuNEʾum
*ba-ḫu-nu*$^{ki}$ → Baḫunu
*ba-ḫu-ru*$^{ki}$ → Baḫuru
[*b*]*a-ḫu-zu-um*$^{ki}$ → Baḫuzum
*ba-li*$^{ki}$ → Bali
*ba-lu-du*$^{ki}$ → Baludu
*ba-na-i-um*$^{ki}$ → Banaʾiʾum
*ba-na-na-a-du*$^{ki}$ → Ban(a)naʾ(a)du
*ba*-NE-NI$^{ki}$ → BaNENI
*ba*-NE-*si-um*$^{ki}$ → BaNEšiʾum
*ba*-NI-*gú*$^{ki}$ → BaNIgu
*ba*-NI-*um*$^{ki}$ → BaNIum
*ba*-NI-*zú*$^{ki}$ → BaNIzu
*ba-nu*$^{ki}$ → Banu
*ba-ra-a-ma*$^{ki}$ → Baraʾ(a)ma
*ba-ra-ad*$^{ki}$ → Barad
*ba-ra-gú*$^{ki}$ → Baragu(m)
*ba-ra-gúm*$^{ki}$ → Baragu(m)
*ba-ru*$_{12}^{ki}$ → Barru
*ba-sa-gú*$^{ki}$ → Bašagu
*ba-sa-rí-gú*$^{ki}$ → Bašarigu
*ba-ša*-NE-*gú*$^{ki}$ → Baḏ̱aNEgu
*ba-ša-u*$_9$*-nu*$^{ki}$ → Baḏ̱ʾunu
*ba-šè*$^{ki}$ → Baḏ̱e
*ba-šè-ir*$^{ki}$ → Baḏ̱er
*ba-šu-u*$_9$*-nu*$^{ki}$ → Baḏ̱ʾunu
*ba-ti-in*$^{ki}$ → Badin
*ba-ti*-NE$^{<ki>}$ → BadiNE
*ba-ti-nu*$^{ki}$ → Badin
*ba-ù*$^{ki}$ → Baʾu
*ba-ù-lu*$^{ki}$ → Baʾuru
*ba-u*$_9^{ki}$ → Baʾu
*ba-u*$_9$*-ra-ad*$^{ki}$ → Baʾurad
*ba-u*$_9$*-ra-du*$^{ki}$ → Baʾurad
*ba-u*$_9$*-ra-su*$^{ki}$ → Baʾurašu
*ba-u*$_9$*-ru*$_{12}^{ki}$ → Baʾuru
*ba-za-sá-du*$^{ki}$ → Bazašadu
*ba-zi-mi*-LUM$^{ki}$ → BazimiLUM
*ba-zi-mu*$^{ki}$ → Bazimu
*ba-zi-ra-du*$^{ki}$ → Baziradu

*ba-zi-ru*$_{12}^{ki}$ → Baziru
*ba-zu-ḫa-wa*$^{ki}$ → Bazuḫawa
*ba-*⸢x⸣$^{ki}$ → Ba...
*ba*$_4$*-du*$^{⸢ki⸣?}$ → Badu (??)
BAD-*da-a-ù*$^{ki}$ → BADdaʾaʾu
BAD-*la-an*$^{ki}$ → BADlan
bàd → BÀD
bàd$^{ki}$ → BÀD
bàd-bàd$^{ki}$ → BÀD
bàd$^{ki}$-bàd$^{ki}$ → BÀD
BÀD$^?$-UR$^{ki}$ → BÀD-UR (??)
*bal-ba-an*$^{ki}$ → Balban
*bar-da*-LUM$^{ki}$ → BardaLUM
*bar-da-um*$^{ki}$ → Bardaʾum
*bar-ga-u*$_9^{ki}$ → Bargaʾu
*bar*-ḪAR$^{ki}$ → BarḪAR
*bar-la-ba-ù*$^{ki}$ → Barrabaʾu
*bar-ru*$_{12}^{ki}$ → Barru
*bar-šu*$^{ki}$ → Barḏu
*bí-ir*$^{ki}$ → Bir
*bí-na-áš*$^{ki}$ → Binaš
*bí-na-su*$^{ki}$ → Binaš
*bir*$_5^{ki}$ → Bir
*bir*$_5$*-bí-ra-nu*$^{ki}$ → Birbirranu
*bir*$_5$*-ra-ru*$_{12}^{ki}$ → Birraru
*bir*$_5$*-um*$^{ki}$ → Birʾum
*bù-bù-ru*$_{12}^{ki}$ → Bub(u)ru
*bù-da-ba-ù*$^{ki}$ → Budabaʾu
*bù-da*-LUM$^{ki}$ → BudaLUM
*bù-dar*-NE-*um*$^{ki}$ → BudarNEʾum
*bù-ga*$^{ki}$ → Buga
*bù-gal-lu*$^{ki}$ → Bugallu
*bù-gi*$^{ki}$ → Bugi
*bù-gu*$^{ki}$ → Buqu
*bu-gú*$^{ki}$ → Buqu
*bù-gú-a-du*$^{ki}$ → Buguʾadu
*bu-gú-zú*$^{ki}$ → Buguzu
*bù-la-nu*$^{ki}$ → Buran
*bù-la-*⸢*ša*$^?$⸣*-du*$^{ki}$ → Bur(a)ḏadu
*bù-ra-an*$^{ki}$ → Buran
*bù-ra-ša-du*$^{ki}$ → Bur(a)ḏadu
*bù-ša*$^{ki}$ → Buḏa
*bù-ur-din*$^{ki}$ → Burdin (?)
*bù-ur-ḫi*$^{ki}$ → Birḫi
*bù-ru*$_{12}$*-ḫu*$^?$*-um*$^{ki}$ → Buruḫum (?)
*bù-sa*$^{ki}$ → Buša
*bù-za*$^{ki}$ → Buza
*bù-za-ga*$^{ki}$ → Buzga
*bù-zi-a-du*$^{ki}$ → Buziʾadu
*bù-zu-ga*$^{ki}$ → Buzga
*bur*$^?$*-a-an*$^{ki}$ → Burʾan (??)
*bur-ma-an*$^{ki}$ → Burman
*bur*-NE-*ir*$^{ki}$ → BurNEr
*da-a-da*$^{ki}$ → Daʾada
*da-a-zú*$^{ki}$ → Daʾazu
*da-ʾà-su*$^{ki}$ → Daʾašu (?)
*da-ʾà-wa*$^{ki}$ → Daʾawa
*da-ʾà-zu*$^{ki}$ → Daʾazu
*da-ʾà-zú*$^{ki}$ → Daʾazu
*da-ar-si-ba-ù*$^{ki}$ → Daršibaʾu
*da-ba-a-du*$^{ki}$ → Dabaʾ(a)du
*da-ba-al*$_6$*-du-zi*$^{ki}$ → Dabalduzi
*da-ba-tum*$^{ki}$ → Dabadum
*da-bí-na-ad*$^{ki}$ → Dabinad

*da-bí-na-du*$^{ki}$ → Dabinad

*da-bí-nu*$^{ki}$ → Dabinu

*da-bù-lu*$^{ki}$ → Dabur

*da-bù-ur*$^{ki}$ → Dabur

*da-da*$^{ki}$ → Dad

*da-da-nu*$^{ki}$ → Dad(a)nu

*da-du*$^{ki}$ → Dad

*da-du-gú*$^{ki}$ → Dadugu

*da-du-ti*$^{ki}$ → Dadudi

*da-ga-ba-zi-in*$^{ki}$ → Dagabazin

*da-ga-na-am*$^{ki}$ → Daganam

*da-gàr-za-ab*$^{ki}$ → Dagarzab

*da-gu*$_4$$^{ki}$ → Dagu

*da-ḫal-wa*$^{ki}$ → Daḫalwa

*da-ḫi-na-ad*$^{ki}$ → Daḫinad (??)

*da-i-šar*$^{ki}$ → Daʾišar

*da-la-šum*$^{ki}$ → Darašu(m)

*da-la-um*$^{ki}$ → Daraʾum

*da-lu-ba*$_4$$^{ki}$ → Daluba

*da*-LUM$^{ki}$ → DaLUM

*da-lu-rí*$^{ki}$ → Daluri

*da-ma-da*$^{ki}$ → Damad

*da-ma-du*$^{ki}$ → Damad

*da-ma-za*$^{ki}$ → Damaza

*da-mi*$^{ki}$ → Dami

*da-mi-lu*$^{ki}$ → Damilu

*da-mi-gu*$^{ki}$ → Dam(m)iqu

*da-na-áš*$^{ki}$ → Danaḏ

*da-na-da*$^{ki}$ → Danada

*da-na-gàr*$^{ki}$ → Danagar (??)

*da-na*-NE$^{ki}$ → DanaNE

*da-na-šu*$^{ki}$ → Danaḏ

*da-nu-gú*$^{ki}$ → Danugu(m)

*da-nu-gúm*$^{ki}$ → Danugu(m)

[*d*]*a*$^?$*-ra-du*<ki> → Daradu (?)

*da-ra-ḫa-du*$^{ki}$ → Darḫadūm

*da-ra-ḫa-ti*$^{ki}$ → Darḫadūm

*da-ra-su*$^{ki}$ → Darašu(m)

*da-ra-šum*$^{ki}$ → Darašu(m)

*da-ra-um*$^{ki}$ → Daraʾum

*da-rí-bù*$^{ki}$ → Darib

*da-rí-íb*$^{ki}$ → Darib

*da-rí-in*$^{ki}$ → Darin

*da-rí-nu*$^{ki}$ → Darin

*da-rí-pa-nu*$^{ki}$ → Daribanu (??)

*da-rí-ša-ba*$_4$$^{ki}$ → Dariḏaba

*da-rí-*<*ša-*>*-ba*$_4$*-ù*$^{ki}$ → Dari(ḏa)baʾu (?)

*da-rí-*⌜x⌝[... $^{ki}$] → Dari...

*da-ru*$_{12}$$^{ki}$ → Daru

*da-sa-ar*$^{ki}$ → Dašar

*da-sa-du*$^{ki}$ → Dašadu

*da-ša-ba*$_4$$^{ki}$ → Daḏaba

*da-šè-im*$^{ki}$ → Daḏem

*da-ti-gú*$^{ki}$ → Dadigu

*da-ti-um*$^{ki}$ → Dadiʾum

*da-ù*$^{ki}$ → Daʾu

*da-ul*$^{ki}$ → Daʾul (?)

*da-za-ba*$^{ki}$ → Dazaba

*da-za-ba*$_4$$^{ki}$ → Dazaba

*da-zi-ma-ad*$^{ki}$ → Dazimad

*da-zú-nu-gú*$^{ki}$ → Dazunugu

*da*$_5$*-rí-bù*$^{ki}$ → Darib

*dab-nu*$^{ki}$ → Dabnu

*dab*$_{6}$*-nu-gú*$^{ki}$ → Dabnugu
*dab*$_{6}$*-rí-a*$^{ki}$ → Dabril
*dab*$_{6}$*-rí-lu*$^{ki}$ → Dabril
*dab*$_{6}$*-ru*$_{12}^{ki}$ → Dabru
*dag-ba-al*$_{6}^{ki}$ → Dagbal
*dal-ḫa-ti*$^{ki}$ → Darḫadūm
*dal-la-zu-gur*$^{ki}$ → Dallazugur
*dal-la-zú-gur*$^{ki}$ → Dallazugur
*dal-*[x]*-ba*$_{4}$[(-x)$^{(ki)}$]
→ Dal...ba(...) (?)
*dam-mi-*LUM$^{ki}$ → DammiLUM
*dam-mi-um*$^{ki}$ → Dammiʾum
*dar-ʾà-ba*$_{4}^{ki}$ → Darʾab
*dar-áb*$^{ki}$ → Darʾab
*dar-bal*$^{ki}$ → Darbal
*dar-da-ù*$^{ki}$ → Dardaʾu
*dar-du*$^{ki}$ → Dardu
*dar-gú*$^{ki}$ → Dargu
*dar-ḫa-du*$^{ki}$ → Darḫadūm
*dar-ḫa-ti*$^{ki}$ → Darḫadūm
*dar-ḫa-tum*$^{ki}$ → Darḫadūm
*dar-su*$^{ki}$ → Daršu
*dar-ša-um*$^{ki}$ → Darḏaʾum
*dar-wa*$^{ki}$ → Darwa
*dar-wa-ša-ḫa*$^{ki}$ → Darwašaḫ
*dar-wa-ša-ḫu*$^{ki}$ → Darwašaḫ
*du*$^{ki}$ → Du
*du-a*$^{ki}$ → Duʾa
*du-a-am*$_{6}^{ki}$ → Duʾam
*du-a-mu*$^{ki}$ → Duʾam
*du-a-*NE*-ir*$^{ki}$ → DuʾaNEr
*du-a-zú*$^{ki}$ → Duʾazu
*du-a-ù*$^{ki}$ → Duʾaʾu
*du-ʾà-ba-ù*$^{ki}$ → Duʾabaʾu
*du-al*$_{6}$*-ra-ag*$^{ki}$ → Duʾalrag
*du-am*$_{6}^{ki}$ → Duʾam
*du-ba-an*$^{ki}$ → Duban
*du-bù*$^{ki}$ → Dubu
*du-da*$^{ki}$ → Duda
*du-da-rí*$^{ki}$ → Dudari
*du-du-a*$^{ki}$ → Tuttul
*du-du-la*$^{ki}$ → Tuttul
*du-du-la-a*$^{ki}$ → Tuttul
*du-du-la-lu*$^{ki}$ → Tuttul
*du-du-li*$^{ki}$ → Tuttul
*du-du-lu*$^{ki}$ → Tuttul
*du-du-lum*$^{ki}$ → Tuttul
*du-ga-du*$^{ki}$ → Dugadu
*du-*GAN$^{ki}$ → DuGAN
*du-gú-ra-su*$^{ki}$ → Dug(u)rašu
*du-ḫi*$^{ki}$ → Duḫi
*du-ḫi-tum*$^{ki}$ → Duḫidum
*du-ḫu-la-*NI*-um*$^{ki}$ → DuḫulaNIum
*du-la-lu*$^{ki}$ → Duralu
*du-lu*$^{ki}$ → Dulu
*du-*LUM$^{ki}$ → DuLUM
*du-ma-na*$^{ki}$ → Dumana
*du-ma-šu*$^{ki}$ → Dumaḏu
*du-mu-u*$_{9}^{ki}$ → Dumuʾu
*du-na-na-ab*$^{ki}$ → Dunanab
*du-na-na-an*$^{ki}$ → Dun(a)nan
*du-na-na-bù*$^{ki}$ → Dunanab
*du-na-nab*$^{ki}$ → Dunanab
*du-na-um*$^{ki}$ → Dunaʾum

*du-ne-íb*$^{ki}$ → Tunip
*du*-NE-*um*$^{ki}$ → DuNEʾum
*du-nu*$^{ki}$ → Dunu
*du-ra-ab*$^{?ki}$ → Durab (?)
*du-ra-ḫa-zi*$^{ki}$ → Duraḫazi
*du-ra-gú*$^{ki}$ → Duragu
*du-ra-lu*$^{ki}$ → Duralu
*du-ra-su*$^{ki}$ → Durašu
*du-ra-*$u_9$$^{ki}$ → Duraʾu
*du-rí-ù*$^{ki}$ → Duriʾu
[*d*]*u-r*[*í*-(x-)]*i*[*n*$^{ki}$] → Durin
*du-*$ru_{12}$$^{ki}$ → Dur
*du-*$ru_{12}$*-ba*$^{ki}$ → Duruba
*du-sa-tum*$^{ki}$ → Dušadum
*du-si-du*$^{ki}$ → Dušedu
*du-si-gú*$^{ki}$ → Dušig
*du-si-ig*$^{ki}$ → Dušig
*du-sum*$^{ki}$ → Duḏum
*du-šè-du*$^{ki}$ → Dušedu
*du-šè-rí*$^{ki}$ → Duḏeri
*du-ši-du*$^{ki}$ → Dušedu
*du-*$u_9$$^{ki}$ → Duʾu
*du-*$u_9$*-bù*$^{ki}$ → Duʾ(u)bu
*du-ub*$^{ki}$ → Ṭūb
*du-ur*$^{ki}$ → Dur
*du-úr*$^{ki}$ → Dur
*du-uš-ti-um*$^{ki}$ → Dušdiʾum
*du-zi*$^{ki}$ → Duzi
*du-zu-mu-nu*$^{ki}$ → Duz(u)munu
$DU_6$$^{ki}$ → $DU_6$
*dur-ʾà-*$ba_4$$^{ki}$ → Durʾaba
*dur-du*$^{ki}$ → Durdu
*dur*-NE-*du*$^{ki}$ → DurNEdu
*dur-*$u_9$*-*$ba_4$$^{ki}$ → Durʾuba
*e-bí-ig*$^{ki}$ → Ebig (??)
*eb-la*$^{ki}$ → Ebla
edin → EDIN
edin$^{ki}$ → EDIN
EN-*bù*$^{ki}$ → ENbu
EN-*mu*$^{ki}$ → ENmu
EN-NE$^{ki}$ → ENNE (?)
EN-*šar*$^{ki}$ → ENḏar
EN-*šu*$^{ki}$ → ENḏu
EN-*šu-lu*$^{ki}$ → ENḏulu
*ga-ba-du*$^{ki}$ → Gabadu
*ga-ba-ga*-NE-*du*$^{ki}$ → Gab(a)gaNEdu
[*g*]*a*$^{?}$*-ba-ù*$^{ki}$ → Gabaʾu (?)
*ga-da-mu*$^{ki}$ → Gadamu
*ga-da*-NE-*šu*$^{ki}$ → GadaNEḏu
*ga-da-nu*$^{ki}$ → Gadanu
*ga-da-šu*-NI$^{ki}$ → GadaḏuNI
*ga-daš*$^{ki}$ → Gadaš
*ga-du*$^{ki}$ → Gadu (?)
*ga-du-ḫu*$^{ki}$ → Gaduḫu
*ga-du-la*$^{?ki}$ → Gadula (?)
*ga-du-ma-an*$^{ki}$ → Gaduman(um)
*ga-du-*$ru_{12}$$^{ki}$ → Gadur
*ga-du-úr*(GIM$^{!}$)$^{ki}$ → Gadur
*ga-ga-ba-an*$^{ki}$ → Kakkaban
*ga-ga-du*$^{ki}$ → Gagadu
*ga-ga*-NE-*iš*$^{ki}$ → GagaNEš
*ga-kab*$^{ki}$ → Kakkab
*ga-*$kam_4$$^{ki}$ → Gagam

*ga-i-su*$^{ki}$ → Gaʾišu
*ga-la-la*-NE-*du*$^{ki}$ → Gal(a)laNEd
*ga-la-la*-NE-*id*$_{x}$(NI)$^{ki}$
→ Gal(a)laNEd
*ga-la-mu*$^{ki}$ → Galamu
*ga-la*-NE-*šu*$^{ki}$ → GalaNEḏu
*ga-la-za*$^{ki}$ → Galaza
*ga-ma*$^{ki}$ → Gam
*ga-mu*$^{ki}$ → Gam
*ga-mu-du*$^{ki}$ → Gamudu
*ga-na-ad*$^{ki}$ → Ganad
*ga-na-du*$^{ki}$ → Ganad
*ga-na-mu*$^{ki}$ → Ganamu
*ga-na-na* → Gan(a)na
*ga-na-na-im* → Gan(a)na
*ga-na-na-um* → Gan(a)na
*ga-na-na-um*$^{ki}$ → Gan(a)na
*ga-na*-NE$^{ki}$ → GanaNE
*ga-ne-iš*$^{ki}$ → Ganeḏ
*ga*-NE-LUM$^{\langle ki\rangle}$
→ GaNELUM (?)
*ga-ne-su*$^{ki}$ → Ganeḏ
*ga-ni-šu*$^{ki}$ → Ganeḏ
*ga-ra-ba-du*$^{ki}$ → Garabadu
*ga-ra-gú-ra-i*$^{ki}$ → Gar(a)guraʾi
*ga-ra-gú-rí-um*$^{ki}$ → Gar(a)guraʾi
*ga-ra-ma-an*$^{ki}$ → Karman
*ga-ra-ma-nu*$^{ki}$ → Karman
*ga-ra-mu*$^{ki}$ → Karramu
*ga-rí-i-um*$^{ki}$ → Gariʾiʾum
*ga-rí-ša-ba*$^{ki}$ → Gariḏaba
*ga-rí-u*$_{9}$$^{ki}$ → Gariʾu

*ga-sa*$^{ki}$ → Gaša
*ga-su-lu*$^{ki}$ → Gašur
*ga-su-ru*$_{12}$$^{ki}$ → Gašur
*ga-su-wa*$^{ki}$ → Gašuwa
*ga-šur*$_{x}$(ḪI×MAŠ)$^{ki}$
→ Gašur
*ga-ti-dab*$_{6}$$^{ki}$ → Gadidab
*ga-ti-du*$^{ki}$ → Gadidu
*ga-ti-nu*$^{ki}$ → Gadinu
*g*[*a*$^{?}$]-UR-*u*$_{9}$$^{ki}$ → GaURʾu (?)
*ga-wa-du*$^{ki}$ → Gawadu
*ga-zi-da-nu*$^{ki}$ → Gazidanu
*gal-la-tum*$^{ki}$ → Galladum
*gal-tum*$^{ki}$ → Galdum
*gàr-da*-NE-*du*$^{ki}$ → GardaNEdu
*gàr-ga-me-su*$^{!}$(ZU)$^{ki}$
→ Karkamiš
*gàr-ga-mi-iš*$^{ki}$ → Karkamiš
*gàr-ga-mi-su*$^{ki}$ → Karkamiš
*gàr-gàr-mi-iš*$^{ki}$ → Karkamiš
*gàr-ma*-LUM$^{ki}$ → GarmaLUM
*gàr-maš-da*-NI-*um*$^{ki}$
→ GarmašdaNIum
*gàr-me-um*$^{ki}$ → Karmu
*gàr-mi-um*$^{ki}$ → Karmu
*gàr-mu*$^{ki}$ → Karmu
*gàr-ra*$^{ki}$ → Garra
*gàr-ra-mu*$^{ki}$ → Karramu
*gàr-ru*$_{12}$$^{ki}$ → Garru
*gàr-sa-nu*$^{ki}$ → Garšanu
*gàr-tum*$^{ki}$ → Gardum
*gi-da-du*$^{ki}$ → Gidadu

*gi-da*-NE$^{ki}$ → GidNE(ʾu)
*gi-da*-NE-*ù*$^{ki}$ → GidNE(ʾu)
*gi-da-su*$^{ki}$ → Gidaš
*gi-daš*$^{ki}$ → Gidaš
*gi-du*$^{ki}$ → Gidu
*gi-ga-ma-ga-ù*$^{ki}$ → Gigamagaʾu
*gi-ḫa-na*$^{[ki]}$ → Giḫana
*gi-li-šu*$^{ki}$ → Giliḏu
*gi-lu*$^{ki}$ → Gilu
*gi*-NE$^{ki}$ → GiNE
*gi*-NE-*ra-mu*$^{ki}$ → GiNEramu
*gi*-NE-*ù*$^{ki}$ → GiNEʾu
*gi-ti-da-dab*$^{ki}$ → Gididadab
*gi-ti*-NE$^{ki}$ → GidNE(ʾu)
*gi-za-an*$^{ki}$ → Gizan
*gi-za-nu*$^{ki}$ → Gizan
GI$_4$$^{ki}$ → GI$_4$
GIGIR → GIGIR
GIGIR$^{ki}$ → GIGIR
GÍR*gunû*$^{ki}$ → GÍR*gunû*
GÍR-*ra-da-a*$^{ki}$ → GIRradaʾa
GIŠ$^{ki}$ → GIŠ
GIŠ-*bar-du*$^{ki}$ → GIŠbardu
GIŠ-*lam*$^{ki}$ → GIŠlam
GIŠ-NI$^{ki}$ → GIŠNI
*gu-du*$^{ki}$ → Qudu
*gu-ḫa-ti-um*$^{ki}$ → Guḫadiʾ(um)
*gu-na-ù*$^{ki}$ → Qunaʾu
*gu*-NE-*um*$^{ki}$ → QuNEʾum
*gu-ra-bal*$^{ki}$ → Gurrab(al)
*gu-ra-ra-ab*$^{ki}$ → Gurrab(al)
*gu-ra-u*$_9$$^{ki}$ → Quraʾu
*gu-rí-iš*$^{ki}$ → Quriš
*gu-rí*-NI$^{ki}$ → QuriNI
*gu-rí-su*$^{ki}$ → Quriš
*gu-su-rí-um*$^{ki}$ → Qušuriʾum
*gú*$^{ki}$ → Gu
*gú-a-lu*$^{ki}$ → Guʾalu
*gú-ba*-NI-*um*$^{ki}$ → GubaNIum
*gú-ba-si*$^{ki}$ → Gubaši
*gú-ba-zu*$^{ki}$ → Gubazu
*gú-ba-zú*$^{ki}$ → Gubazu
*gú-da-da*$^{ki}$ → Gudada (??)
*g*[*ú-d*]*a-da*-⸢*ba*⸣-*ù*$^{ki}$ → Gud(a)dabaʾu
*gú-da-da-núm*$^{ki}$ → Gud(a)danum
*gú-da-im*$^{ki}$ → Gudaʾim
*gú-du-ma-an*$^{ki}$ → Gaduman(um)
*gú-du-ma-nu*$^{ki}$ → Gaduman(um)
*gú-du-ma-núm*$^{ki}$ → Gaduman(um)
*gú-du-ra-šu*$^{ki}$ → Guduraḏu
*gú-ḫa-ti*$^{ki}$ → Guḫadiʾ(um)
*gú-ḫa-ti-um*$^{ki}$ → Guḫadiʾ(um)
*gú*-[*ḫa*]-*tum*$^{[ki]}$ → Guḫadiʾ(um)
*gú-la*-AN$^{ki}$ → GulaN
*gú-la-bal*$^{ki}$ → Gurrab(al)
*gú-la-la-bal*$^{ki}$ → Gurrab(al)
*gú-mi-iš-da*$^{ki}$ → Gumišda
*gú-mi-zú*$^{ki}$ → Gumizu
*gú*-NE-*sum*$^{ki}$ → GuNEḏum
*gú*-NE-*zu*$^{ki}$ → GuNEzu
*gú-nu* → Gunu(m)
*gú-nu*$^{ki}$ → Gunu(m)
*gú-nu-gú-nu*$^{ki}$ → Gunu(m)

*gú-núm* → Gunu(m)
*gú-núm*$^{ki}$ → Gunu(m)
*gú-ra-bal*$^{ki}$ → Gurrab(al)
*gú-ra-la-bal*$^{!}$(LA)$^{ki}$ → Gurrab(al)
*gú-ra-ra-ab*$^{ki}$ → Gurrab(al)
*gú-ra-ra-bal*$^{ki}$ → Gurrab(al)
*gú-rí-ʾà*$^{?ki}$ → Guriʾa (?)
*gú-rí-gú*$^{ki}$ → Gurigu
*gú-rí-iš*$^{ki}$ → Quriš
*gú-rí-su*$^{ki}$ → Quriš
*gú-šè-bù*$^{ki}$ → Guḏebu
*gú-šè-bu*$_{x}$(NI)$^{ki}$ → Guḏebu
*gú-wa-lu*$^{ki}$ → Guwalu
*gú-wa-ti-um*$^{ki}$ → Guwadiʾum
*gú-x-da-du*$^{ki}$ → Gu...dadu
*gu*$_{4}$*-ba-rí-um*$^{ki}$ → Gubariʾum
*gur-ad*$^{ki}$ → Gurʾad
*gur-da-*NE*-du*$^{ki}$ → GurdaNEdu
*gur-mi-du*$^{ki}$ → Gurmidu
*gur-ru*$_{12}$*-uš-dam*$^{ki}$ → Gurrušdam
*gur-sa-*NE*-ù*$^{ki}$ → GuršaNEʾu
*gur-si-*NE-NI-LUM$^{ki}$ → GuršiNENILUM
*ḫa-a-bí-du*$^{ki}$ → Ḫalabit
*ḫa-ab-si-um*$^{ki}$ → Ḫabšiʾum
*ḫa-al*$_{6}$*-ma-*NI*-um*$^{ki}$ → ḪalmaNIum
*ḫa-bù*$^{ki}$ → Ḫabu
*ḫa-bù-sa-an*$^{ki}$ → Ḫabušan
*ḫu-bù-ša-an*$^{ki}$ → Ḫabušan
*ḫa-da-na-za-ù*$^{ki}$ → Ḫadanazaʾu
*ḫa-ḫa-*NE$^{ki}$ → ḪaḫaNE
*ḫa-la-bí-du*$^{ki}$ → Ḫalabit
*ḫa-la-bí-id*$_{x}$(NI)$^{ki}$ → Ḫalabit
*ḫa-la-zu*$^{ki}$ → Ḫarazu
*ḫa-la-zú*$^{ki}$ → Ḫarazu
*ḫa-lab*$_{x}$(LAM)$^{ki}$ → Ḫalab
*ḫa-lu*$^{ki}$ → Ḫalu (?)
*ḫa-ma-da*$^{ki}$ → Ḫamad
*ḫa-ma-du*$^{ki}$ → Ḫamad
*ḫa-ma-zi-im*$^{ki}$ → Ḫamazim
*ḫa-maš-da*$^{ki}$ → Ḫamašda
*ḫa-ra-an*$^{ki}$ → Ḫarran
*ḫa-ra-nu*$^{ki}$ → Ḫarran
*ḫa-ra-zu*$^{ki}$ → Ḫarazu
*ḫa-sa-sa-lu*$^{ki}$ → Ḫašašar
*ḫa-sa-šar*$^{ki}$ → Ḫašašar
*ḫa-su-wa-an*$^{ki}$ → Ḫazuwan(nu)
*ḫa-ša-bur-rí-um*$^{ki}$ → Ḫaḏaburriʾum
*ḫa-ša-lu-um*$^{ki}$ → Ḫaḏalum
*ḫa-za-*NI-LUM$^{ki}$ → ḪazaNILUM
*ḫa-za-nu-ma*$^{ki}$ → Ḫazanuma
*ḫa-za-ra-ad*$^{ki}$ → Ḫazarad
*ḫa-zu*$^{ki}$ → Ḫazu
*ḫa-zu-wa-an*$^{ki}$ → Ḫazuwan(nu)
*ḫa-zu-wa-an-nu*$^{ki}$ → Ḫazuwan(nu)
*ḫa-zu-wa-nu*$^{ki}$ → Ḫazuwan(nu)
*ḫa-*[x$^{ki}$] → Ḫa...
*ḫa-*[x(-x)]$^{ki}$ → Ḫa...
*ḫ*[*a*$^{?}$-x]-⌜x⌝$^{ki}$ → Ḫa...
*ḫáb-du*$^{ki}$ → Ḫabdu
*ḫáb-rí-ba-du*$^{ki}$ → Ḫabridadu

*ḫal*-ḪAR-*áš-da-nu*$^{ki}$ → ḪalḪARʾašdanu

*ḫal-sum*$^{ki}$ → Ḫalḏum

*ḫal-šum*$^{ki}$ → Ḫalḏum

ḪAR-*ba-ad*$^{ki}$ → ḪARbad(um)

ḪAR-*ba-du*$^{ki}$ → ḪARbad(um)

ḪAR-*ba*-LUM$^{ki}$ → ḪARbaLUM

ḪAR-*ba-tum*$^{ki}$ → ḪARbad(um)

ḪAR-*da-kum*-LUM$^{ki}$ → ḪARdagumLUM

ḪAR.ḪAR$^{ki}$ → ḪAR.ḪAR (?)

ḪAR-*ḫu-du*$^{ki}$ → ḪARḫudu

ḪAR-*ḫu-zi-um*$^{ki}$ → ḪARḫuziʾum

ḪAR-*ma-du*$^{ki}$ → ḪARmadu

*ḫar-ra-nu*$^{ki}$ → Ḫarran

ḪAR-*ti*$^{ki}$ → ḪARdi

ḪAR-*ti-a-an*$^{ki}$ → ḪARdiʾan

ḪAR-*ti-a-nu*$^{ki}$ → ḪARdiʾan

ḪAR-*zi-za*$^{ki}$ → ḪARziza

*ḫi-la*$^{ki}$ → Ḫila

*ḫi-la*-NI-*um*$^{ki}$ → ḪilaNIum

*ḫi-mi-iš-da*$^{ki}$ → Ḫimišda

*ḫi-za-bar*$^{ki}$ → Ḫizabar

*ḫ*[*i*?-x]$^{ki}$ → Ḫi...

ḪU$^{ki}$ → ḪU

*ḫu-ʾà-ba*$_4$$^{ki}$ → Ḫuʾabba

*ḫu*-ÁBBA$^{ki}$ → Ḫuʾabba

*ḫu-ba-du*$^{ki}$ → Ḫubadu

*ḫu-bal*$^{ki}$ → Ḫubal

*ḫu-bù*$^{ki}$ → Ḫubu

*ḫu-ḫa-ma*-LUM$^{ki}$ → ḪuḫamaLUM

*ḫu*-ḪAR-*du*$^{ki}$ → ḪuḪARdu

*ḫu-ma-b*[*ù*]$^{?ki}$ → Ḫumabu (?)

*ḫu-ma-ḫu*$^{ki}$ → Ḫumaḫu

*ḫu-na-da*-⌜NI⌝$^{ki}$ → ḪunadaNI

*ḫu-ra-zu*$^{ki}$ → Ḫarazu

*ḫu-rí*-LUM$^{ki}$ → ḪuriLUM

*ḫu-sa-um*$^{ki}$ → Ḫušaʾum

*ḫu-sá-um*$^{ki}$ → Ḫušaʾum

*ḫu-ša-um*$^{ki}$ → Ḫušaʾum

*ḫu-šar*$^{ki}$ → Ḫuḏar

*ḫu-su*$^{[ki]}$ → Ḫušu

*ḫu-ti*-LUM$^{ki}$ → ḪudiLUM

*ḫu-ti-mu*$^{ki}$ → Ḫudīmu

*ḫu-ti-nu*$^{ki}$ → Ḫudinu

*ḫu-ti-um*$^{ki}$ → Ḫudīmu

*ḫu-tim-mu*$^{ki}$ → Ḫudīmu

*ḫu-wa-na-i-um*$^{ki}$ → Ḫuwanaʾiʾum

*ḫu-za-an*$^{ki}$ → Ḫuzan

*ḫu-za-la*$^{ki}$ → Ḫuzala

*ḫu-za-nu*$^{ki}$ → Ḫuzan

*ḫu-za-rí-um*$^{ki}$ → Ḫuzariʾum

*ḫu*-[x]-*m*[*u*-x]$^{ki}$ → Ḫu...mu...

*i-ba*$^{ki}$ → Iba

*i-ba-a-an*$^{ki}$ → Ibʾan

*i-ba-ù*$^{ki}$ → Ibaʾu

*i-ba*-[x]$^{ki}$ → Iba...

*i-bí-bu*$^{ki}$ → Ibbuʾib

*i-bí-bu-bu*$_x$(NI)$^{ki}$ → Ibbuʾib

*i-bu-bu*$_x$(NI)$^{ki}$ → Ibbuʾib

*i-bu-íb*$^{ki}$ → Ibbuʾib

*i-bu*$_x$(NI)-*bu*$^{ki}$ → Ibbuʾib

*i-bu*$_x$(NI)-*bu-ib*$^{ki}$ → Ibbuʾib

*i-bu*$_{x}$(NI)-*íb*$^{ki}$ → Ibbuʾib

*i-bu*$_{x}$(NI)-*bu-i-bu*$_{x}$(NI)-*bu*$^{ki}$ → Ibbuʾib

*i-da-i-nu*$^{ki}$ → Idaʾinu (?)

*i-da*-NE-NI$^{ki}$ → IdaNENI

*i-da*-[x$^{ki}$] → Ida...

*i-dal-lu*$^{ki}$ → Idallu

*i-du-gú-um*$^{ki}$ → Idugum

*i-gi-lu-tum*$^{ki}$ → Igiludum

*i-ḫi-šè*$^{ki}$ → Iḫiḏe

*i-ir*-NE-*du*$^{ki}$ → IʾirNEdu (?)

*i-ki-a-mu*$^{ki}$ → Igiʾamu

*i*$^{?}$-*la-ar*$^{ki}$ → NIrar

*i-la-aḫ-du*$^{ki}$ → Ilaḫdu

*i-la*-NE$^{ki}$ → IlNE

*i-li*-NE$^{ki}$ → IlNE

*i-lum*$^{ki}$ → Ilum

*i-ma-la-núm*$^{ki}$ → Imaranu(m)

*i-ma-ra-nu*$^{ki}$ → Imaranu(m)

*i-ma-ra-núm*$^{ki}$ → Imaranu(m)

*i-mi-nu*$^{ki}$ → Iminu

*i*-NE$^{ki}$ → INE

*i*-NE-*bù*$^{ki}$ → INEbu

*i*-NE-*du*$^{ki}$ → INEdu

*i*-NI-NE-*du*$^{ki}$ → ININEdu

⌈*i*⌉-*ra*-[*ar*$^{?ki}$] → NIrar

*i-ra*-KU$^{ki}$ → IrraKU

*i-rí-bù*$^{<ki>}$ → Iribaʾ

*i*$^{?}$-*sum*$^{ki}$ → Iḏum (?)

*i-ša*-LUM$^{ki}$ → IḏaLUM

*i-ša*-NI-LUM$^{ki}$ → IḏaNILUM

*i-ti*-$^{d}$*ʾà-da*$^{ki}$ → Idi-Adda

*i-ti-ʾà-šu*$^{ki}$ → Idiʾadu (??)

*i-ti*-NI$^{ki}$ → IdiNI

*i-ti-si-li*$^{ki}$ → Idišili

*i-ti-šè*-LUM$^{ki}$ → IdišeLUM

*i-ti-ù*$^{ki}$ → Idiʾu (?)

*ì-ma-ar*$^{ki}$ → Imar

*ì-mar*$^{ki}$ → Imar

*ì-rí-ba*$^{ki}$ → Iribaʾ

*ì-rí-ba-a*$^{ki}$ → Iribaʾ

*ì-rí-bí*$^{ki}$ → Iribaʾ

*ì-rí-bù*$^{!?ki}$ → Iribaʾ

*i-za-ra-du*$^{ki}$ → Izaradu

*i-za-rí*-LUM$^{ki}$ → Malik-izariLUM (?)

*ib-a-nu*$^{ki}$ → Ibʾan

*ib-ʾà-an*$^{ki}$ → Ibʾan

*ib-al*$_{6}^{ki}$ → Ibʾal

*ib*$^{?}$-*ba*-NE-*um*$^{ki}$ → IbbaNEʾum (?)

*ib-bí-gú*$^{ki}$ → Ibbigu

*ib-da-mi*$^{ki}$ → Ibdami (?)

*ib-da*-NI$^{ki}$ → IbdaNI (?)

*ib-dur*$^{ki}$ → Ibdur (?)

*ib-ga-um*$^{ki}$ → Ibgaʾum

*ib*-⌈*lu*$^{?}$⌉-[x]-⌈*i*$^{?}$⌉-[x]⌈$^{ki}$⌉ → Iblu...i... (?)

*ib-ra*$^{ki}$ → Ibra (?)

*ib-sa-rí-ig*$^{ki}$ → Ibšarig

*ib-su*$^{ki}$ → Ibšu

*ib-zu*$^{ki}$ → Ibzu (?)

*íb-rí-du*$^{ki}$ → Ibtidu

*ig-dar*$^{ki}$ → Igdar

*ig-du-lu*$^{ki}$ → Igdulu
*ig-du-ra*$^{ki}$ → Igdura
*ig-sa-rí-ga-du*$^{[ki?]}$ → Igšarigadu (?)
IGI$^{ki}$ → IGI
IGI.SAL$^{ki}$ → IGI.SAL
IGI.SAL$_4{}^{ki}$ → IGI.SAL
*i*[*l*$^?$]-*du*-[...$^{ki}$] → Ildu... (?)
*il-la-ga*$^{ki}$ → Illaga
*il-la*-NE$^{ki}$ → IllaNE
*il-la*-NI$^{ki}$ → IllaNI
*íl-ad*$^{ki}$ → Irʾad
*íl-gi*$^{ki}$ → Ilgi
*íl-ma-šu*$^{ki}$ → Ilmaḏu
*íl-wi-i*-LUM$^{ki}$ → IlwiʾiLUM
*íl-wi*-NI$^{ki}$ → IlwiNI
*íl-wi-ù*$^{ki}$ → Ilwiʾu(m)
*íl-wi-u*$_9{}^{ki}$ → Ilwiʾu(m)
*íl-wi-um*$^{ki}$ → Ilwiʾu(m)
*in-ga-ga*$^{ki}$ → Ingaga
*ir-ga*$^{ki}$ → Irga
*ir-ga-lu*$^{ki}$ → Irgalu
*ir-i*-NE-*du*$^{ki}$ → IrʾiNEdu
*ir-i-tum*$^{ki}$ → Irʾidum
*ir-ì*-NE-*du*$^{ki}$ → IrʾiNEdu
*ir*-NE-NI-LUM$^{ki}$ → INENILUM
*ir-ti-a-du*$^{ki}$ → Irdiʾadu
[*ì*]*r-ad*$^{ki}$ → Irʾad
*ìr-da*-NE-*du*$^{ki}$ → IrdaNEdu
*ir-du*-LUM$^{ki}$ → IrduLUM
*ìr-du*-LUM$^{ki}$ → IrduLUM
*ìr*-KU$^{ki}$ → IrraKU
*ìr*-KU-TU$^{ki}$ → IrKUTU (?)
*ìr*-KU-*u*$_4{}^{ki}$ → IrraKU
*ìr-mu-gú*$^{ki}$ → Irmugu
*ìr-mu-ud*$^{ki}$ → Irmud
*ìr*-NI$^{ki}$ → IrNI
*ìr*-PÉŠ$^{ki}$ → IrPEŠ
*ìr-ra*-KU$^{ki}$ → IrraKU
*ìr-ti-a-du*$^{ki}$ → Irdiʾadu
*ìr-ti-um*$^{ki}$ → Irdiʾum
*ìr*$^?$-[x(-x)]-*tum*⌜ki⌝ → Ir...dum
*ir*$_{11}$-*ad*$^{ki}$ → Irʾad
*ir*$_{11}$-*tum*$^{ki}$ → Irdum
IŠ$^{ki}$ → IŠ
*iš-da-mu-gú*$^{ki}$ → Išdamugu
*iš-da-ù*$^{ki}$ → Išdaʾu
*iš-du-mu-gú*$^{ki}$ → Išdamugu
*iš*$^?$-*du-nu*$^{ki}$ → Išdunu (?)
*iš-la*$^{ki}$ → Išla
*iš-ma-nu*$^{ki}$ → Išmanu
*iš-mi-du-gú*$^{ki}$ → Išmidugu
*iš-na-an*$^{ki}$ → Išnan
*iš-na-ba*$^{ki}$ → Išnaba
*iš-na-nu*$^{ki}$ → Išnan
*iš*-NE-*ù*$^{ki}$ → IšNEʾu
*iš*$_{11}$-*ba-tum*$^{ki}$ → Iḏbadum
*iš*$_{11}$-*la-lu*$^{ki}$ → Iḏlalu
*iš*$_x$(LAM)-*ga*-[x$^?$]-*um*$^{[ki]}$ → Išga...um
KA$^{ki}$ → KA (?)
⌜*kab*⌝-*lu*$^{?[ki]}$ → Gablu (?)
*kab-lu-ul*$^{ki}$ → Gablul
*kab-lu*$_5$-*ul*$^{ki}$ → Gablul
*kak-me-um*$^{ki}$ → Kakmiʾum

*kak-mi*$^{ki}$ → Kakmiʾum
*kak-mi-um*$^{ki}$ → Kakmiʾum
*kap-pa-lu*$^{ki}$ → Gabbalu (??)
kalam$^{tim}$ → KALAM
kalam$^{tim}$-kalam$^{tim}$
→ KALAM
kalam$^{ki}$-kalam$^{ki}$ → KALAM
kalam$^{tim\ ki}$-kalam$^{tim\ ki}$
→ KALAM
*kéš-bù*$^{ki}$ → Gešbu
*ki-li*$^{[ki?]}$ → Gili (?)
*ki*-NE-*ù*$^{ki}$ → GiNEʾu
*ki-ra-ù*$^{ki}$ → Giraʾu
*kir-maš-nu*$^{ki}$ → Girmašnu (?)
*kir-mi-nu*$^{ki}$ → Girminu
*kir-mu-su*$^{ki}$ → Girmišu
kiš$^{ki}$ → Kiš
KU-*li-du*$^{ki}$ → KUlidu (?)
KU-*ru*$_{12}$$^{ki}$ → KUru
kur → KUR
kur$^{ki}$ → KUR
kur-kur$^{ki}$ → KUR
*la-ar-ma*$^{ki}$ → Larma
*la-ba-na-an* → Labanan
*la-da*$^{ki}$ → Lada
*la-da-i-in*$^{ki}$ → Ladaʾin
*la-da-i-nu*$^{ki}$ → Ladaʾin
*la-dab*$_{6}$$^{ki}$ → Ladab
*la-du*-NE$^{ki}$ → LaduNE
*la-gú*$^{ki}$ → Lagu
*la-la-mu*$^{ki}$ → Lalamu
*la-la*-NI-*um*$^{ki}$ → LalaNIum
*la-na-mu*$^{ki}$ → Lanamu
*la-ru*$_{12}$*-ga-du*$^{ki}$ → Larugadu
*la-su*$^{ki}$ → Lašu
*la-ša*$^{ki}$ → Laḏa
*la-za*$^{ki}$ → Raza
*la-za-ù*$^{ki}$ → Lazaʾu
*la-zú*$^{ki}$ → Lazu
*lá-da-ba*$^{ki}$ → Ladab
*lá-da-ba*$_{4}$$^{ki}$ → Ladab
*lá-sa-an*$^{ki}$ → Rašan
*lá-sa-nu*$^{ki}$ → Rašan
*lam-ma-ti*$^{ki}$ → Lammati
*li-a*$^{ki}$ → Liʾa
*li-da-ba*$_{4}$$^{ki}$ → Lidba
*li-da-ba-ú*$^{ki}$ → Lidbaʾu
*li-li*-NE$^{ki}$ → LiliNE
*li-ma-du*$^{ki}$ → Limadu
*li-mi-za-du*$^{ki}$ → Limizadu
*li-rí-ib-zu*$^{ki}$ → Liribzu
*li-ti-ba*$_{4}$$^{ki}$ → Lidba
*li-ti-gi*-NE-*um*$^{ki}$ → LidigiNEʾum
*l*[*i-*...$^{ki}$] → Li...
*lu-a-tim*$^{ki}$ → Luʾadum
*lu-a-tum*$^{ki}$ → Luʾadum
*lu-ba*$^{ki}$ → Lub
*lu-ba*$_{4}$$^{ki}$ → Lub
*lu-ba-an*$^{ki}$ → Luban
*lu-ba*-NE$^{ki}$ → LubaNE
*lu-ba-nu*$^{ki}$ → Luban
*lu-ba-ù*$^{ki}$ → Lubaʾu
*lu-bù*$^{ki}$ → Lub
*lu-bu*$_{x}$(NI)$^{ki}$ → Lub

*lu-da-ba-ù*$^{ki}$ → Ludabaʾu
*lu-da-u*$_9$$^{ki}$ → Ludaʾu
*lu-ḫa-du*$^{ki}$ → Luḫadu
*lu-ḫa-nu*$^{ki}$ → Luḫanu (?)
*lu-ḫu-na-an*$^{ki}$ → Luḫunan
*lu-la-an*$^{ki}$ → Luran
*lu-la-du*$^{ki}$ → Luladu
*lu-la*-NE$^{ki}$ → LulaNE
*lu-la-ti*$^{ki}$ → Luladi
*lu-lu*$^{ki}$ → Lulu
*lu*-LUM$^{ki}$ → LuLUM
*lu-ma-an*$^{ki}$ → Luman
*lu-mu-na-an*$^{ki}$ → Lumnan
*lu-mu-na-nu*$^{ki}$ → Lumnan
*lu-ra-an*$^{ki}$ → Luran
*lu-rí*-LUM$^{ki}$ → LuriLUM
*lu-te*$^{ki}$ → Lude
*lu-tum*$^{ki}$ → Ludum
*lu-ub*$^{ki}$ → Lub
*lu*$_5$*-a-tim*$^{ki}$ → Luʾadum
*lu*$_5$*-a-tum*$^{ki}$ → Luʾadum
*lu*$_5$*-bù*$^{ki}$ → Lub
*lum-na-an*$^{ki}$ → Lumnan
*lum-na-nu*$^{ki}$ → Lumnan
*ma-a-ʾà-ad*$^{ki}$ → Maʾaʾa
*ma-a-i*$^{ki}$ → Maʾaʾi
*ma-ʾà*$^{ki}$ → Maʾa
*ma-ʾà-la*-NI$^{ki}$ → MaʾalaNI
*ma-ba-ar-ad*$^{?ki}$ → Mabarʾad (?)
*ma-ba*-KU$^{ki}$ → MabaKU (?)
*ma-da-ʾà*-NE*-um*$^{ki}$
→ Mad(a)ʾaNEʾum

*ma-da-i-za-an*$^{ki}$ → Madaʾizan
*ma-da-lu*$^{ki}$ → Madalu
*ma-da-nu*$^{ki}$ → Madanu
*ma-du*$^{ki}$ → Madu(m)
*[m]a*$^?$*-ga-*⌜*ʾà*⌝$^{ki}$ → Magaʾa (?)
*ma-ga-du*$^{ki}$ → Magadu
*ma-la-du*$^{ki}$ → Maladu
*ma-la-gú*$^{ki}$ → Malagu
*ma-li-du*$^{ki}$ → Malid
*ma-li-id*$_x$(NI)$^{ki}$ → Malid
*ma-lik-i-za-rí*-LUM$^{ki}$
→ Malik-izariLUM (?)
*ma-lik-du*$^{ki}$ → Maliktu
*ma-lu*$^{ki}$ → Malu
*ma-ma*-DU$^{ki}$ → MamaDU
*ma-mar*$^{ki}$ → Mamar
*ma-na-na-a-ad*$^{ki}$ → Man(a)naʾad
*ma-na-na-a-du*$^{ki}$ → Man(a)naʾad
*ma-na-na-du*$^{ki}$ → Man(a)naʾad
*ma-na-ni-a-ad*<ki>
→ Man(a)naʾad
*ma-ne-na-ad*$^{ki}$ → Man(a)naʾad
*ma-nu-ti-um*$^{ki}$ → Manudiʾum
*ma-nu-wa-ad*$^{ki}$ → Manuwad
*ma-nu-wa-du*$^{ki}$ → Manuwad
*ma-ra*-LUM$^{ki}$ → Maralum
*ma-rí*$^{ki}$ → Mari
*ma-sa-ad*$^{ki}$ → Maḏad
*ma-sa-gú*$^{ki}$ → Mašagu
*ma-sa-nu*$^{ki}$ → Mašanu
*ma-ša-ad*$^{ki}$ → Maḏad
*ma-ša-lu*$^{ki}$ → Maḏalu

*ma-tum*$^{ki}$ → Madu(m)
*ma-wa-ti-um*$^{ki}$ → Mawadiʾum (?)
*ma-za-a-du*$^{\{ki?\}}$ → Mazaʾadu (?)
*ma*-[...$^{ki}$] → Ma...
*m*[*a*$^{?}$]-⸢x⸣$^{[ki]}$ → Ma...
*ma*$^{?}$-⸢x-x⸣$^{ki}$ → Ma...
*má-bar-rá*$^{ki}$ → Maʾbarra
*má-bar-ru*$_{12}$$^{ki}$ → Maʾbarra
*má*-NE$^{ki}$ → MaʾNE
*má*:NE$^{ki}$ → MaʾNE
*má*-NE-*má*-NE$^{ki}$ → MaʾNE
*má*-NE$^{⸢ki⸣}$-*má*-NE$^{ki}$ → MaʾNE
*má*$^{?}$-⸢UR$^{?}$⸣<ki> → MaʾUR (??)
*mar-ba-ad*$^{ki}$ → Marbad
*mar-bad*$^{ki}$ → Marbad
*mar-du*$^{ki}$ → Mardu(m)
⸢*mar*⸣-*ga*$^{ki}$ → Marga
*mar-ga-ba-su*$^{ki}$ → Margabašu
*mar-ḫi*-LUM$^{ki}$ → MarḫiLUM
*mar-ma-gú*$^{ki}$ → Marmagu
*mar*-NE-*um*$^{ki}$ → MarNEʾum
*mar-nu*$^{ki}$ → Marnu
*mar-ra-ad*$^{ki}$ → Marrad
*mar-ra-du*$^{ki}$ → Marrad
*mar-tu*$^{ki}$ → Mardu(m)
*mar-tu-mar-tu* (!) → Mardu(m)
*mar-tum*$^{ki}$ → Mardu(m)
*maš-a*$^{ki}$ → Mašʾa
*maš-bar-du*$^{ki}$ → Mašbardu
*maš-da-ra*$^{ki}$ → Mašdara
*maš-ga-du*$^{ki}$ → Mašgadu
*maš-la-lu*$^{ki}$ → Mašlalu
*me-ir*$^{ki}$ → Mer
*me-tum*$^{ki}$ → Medum
*me-tùm*$^{ki}$ → Medum
*mi-da-gú*$^{ki}$ → Midagu
*mi-da-ḫi*$^{ki}$ → Midaḫi
*mi-da-nu*$^{ki}$ → Midanu
*mi-ir-ḫu*$^{ki}$ → Mirḫu
*mi-ir-nu*$^{ki}$ → Mirnu
*mi-lik-du*$^{ki}$ → Miliktu
*mi-ra-i-um*$^{ki}$ → Miraʾiʾum
*mi-ti-a-ba*$_{4}$$^{ki}$ → Midiʾaba
*mi-ti-ir*$^{ki}$ → Midir
*mi-tùm*$^{ki}$ → Medum
*mi*-[(x-)*n*]*a*$^{?}$-*ba*$_{4}$$^{ki}$ → Mi...naba (?)
*m*[*i*-x]-⸢x⸣-[x$^{ki}$] → Mi...
*mu-bu*$^{ki}$ → Mubu
*mu-da-ra-um*$^{ki}$ → Mudaraʾum (??)
*mu-da-ù*$^{ki}$ → Mudaʾu
*mu-du-lu*$^{ki}$ → Mudulu
*mu-gú-rí-lu*$^{ki}$ → Mugurilu
*mu-la-lu*$^{ki}$ → Mulalu
*mu-lu*$^{ki}$ → Mulu
*mu-lu-gú*$^{ki}$ → Mulugu
*mu*-NI-*a-du*$^{ki}$ → MuNIadu
*mu-nu-ti-um*$^{ki}$ → Manudiʾum
*mu-ru*$_{12}$-*gú*$^{ki}$ (?) → Mulugu
*mu-ra-ar*$^{ki}$ → Murar
*mu-ra-ru*$_{12}$$^{ki}$ → Murar
*mu-rí-gú*$^{ki}$ → Murig

| | |
|---|---|
| *mu-rí-ig*$^{ki}$ | → Murig |
| *mu-ru*$_{12}$$^{ki}$ | → Muru |
| *mu-sa-da*$^{ki}$ | → Mušada |
| *mu-si-lu*$^{ki}$ | → Mušilu |
| *mu-šar*$^{ki}$ | → Muḏar |
| *mu-ù-la-mu*$^{ki}$ | → Muʾ(u)lamu |
| *mu-ur*$^{ki}$ | → Mur |
| *mu-úr*$^{ki}$ | → Mur |
| *mu-za-du*$^{ki}$ | → Muzadu |
| *mu-zi-gú*$^{ki}$ | → Muzigu |
| *mu-zu-gú*$^{ki}$ | → Muz(u)gu |
| *mug-ḫi*$^{?}$*-ba-la-du*$^{ki}$ | → Mugḫibaladu (?) |
| *mug-rí-du*$^{ki}$ | → Mugrid |
| *mug-rí-id*$_{x}$(NI)$^{ki}$ | → Mugrid |
| MUNU$_4$*-ti-um*$^{ki}$ | → Manudiʾum |
| MUNU$_4$*-wa-du*$^{ki}$ | → Manuwad |
| *na-a-nu*$^{ki}$ | → Naʾanu |
| *na-aḫ-ba-du*$^{ki}$ | → Naḫbadu |
| *na-àr*$^{ki}$ | → Nar |
| *na-àr-ra-du*$^{ki}$ | → Narradu |
| *na-bar-a-*⌜*sum*⌝$^{ki}$ | → Nabarʾaḏum |
| *na-bar-ʾa*$_{x}$(NI)*-sum*$^{ki}$ | → Nabarʾaḏum |
| *na-bar-i-zé*$^{ki}$ | → Nabarʾize (?) |
| *na-bar-sum*$^{ki}$ | → Nabarʾaḏum |
| *na-bù*$^{ki}$ | → Nabu |
| *na-gàr*$^{ki}$ | → Nagar |
| *na-ḫal*$^{ki}$ | → Naḫal |
| *na-ḫi*$^{ki}$ | → Naḫiʾ(um) |
| *na-ḫí-um*$^{ki}$ | → Naḫiʾ(um) |
| *na-i*$^{ki}$ | → Naʾi |
| *na-na-ab*$^{ki}$ | → Nanab |
| *na-na-bí-iš*$^{ki}$ | → Nanabiš |
| *na-na-bí-su*$^{ki}$ | → Nanabiš |
| *na-na-bù*$^{ki}$ | → Nanab |
| *na-pa*-KU-TU$^{ki}$ | → NabaKUTU (??) |
| *na-ru*$_{12}$$^{ki}$ | → Nar |
| *na-ti-bù*$^{ki}$ | → Nadibu |
| *na-ù-nu*$^{ki}$ | → Naʾunu |
| *na-za-rí-a-an*$^{ki}$ | → Nazariʾan |
| *nab-ra-la-du*$^{ki}$ | → Nabraladu |
| NE*-a-la-du*$^{ki}$ | → NEʾaradu |
| NE*-a-ra-du*$^{ki}$ | → NEʾaradu |
| NE*-a-ù*$^{ki}$ | → NEʾaʾu |
| NE*-ʾà-ra-du*$^{ki}$ | → NEʾaradu |
| NE*-ʾa*$_{x}$(NI)*-ra-du*$^{ki}$ | → NEʾaradu |
| N[E$^{?}$]*-aš*$^{?}$-[(x-)]*-sá*$^{ki}$ | → NEʾaš...ša |
| *ne-ba-ra-ad*$^{ki}$ | → Nebarad |
| *ne-ba-ra-du*$^{ki}$ | → Nebarad |
| NE*-da-da-ar*$^{ki}$ | → NEdadar |
| NE*-du*-NE$^{ki}$ | → NEduNE |
| ⌜NE$^{??}$⌝*-ga-rúm*$^{ki}$ | → NEgarum (??) |
| [N]E*-la-*⌜x⌝$^{ki}$ | → NEla... |
| NE*-lu*$^{ki}$ | → NElu(m) |
| NE*-lum*$^{ki}$ | → NElu(m) |
| *ne*-NE*-du*$^{ki}$ | → NeNEdu |
| NE*-ra-ad*$^{ki}$ | → NErad |
| NE*-ra-mu*$^{ki}$ | → NEramu |
| NE*-rí-um*$^{ki}$ | → NEriʾum |
| NE*-sa*$^{ki}$ | → NEša |

NE-*šè-tum*$^{ki}$ → NEḏedum
NE-*ti-ga*$^{ki}$ → NEdiga
N[E]-*ti*-[*n*]*a*$^{?ki}$ → NEdina (?)
NE-*ti-ra-ad*$^{ki}$ → NEdirad
NE-*zi-gi-du*$^{ki}$ → NEzigid
NE-*zi-gi-id*$_{x}$(NI)$^{ki}$ → NEzigid
NE-[x]-*wa*$^{ki}$ → NE...wa
NI-*a-da-rí*$^{ki}$ → NIadari
NI-*a-la*-NE-*gú*$^{ki}$ → NIaraNEgu
NI-*a*-NE-*tum*$^{ki}$ → NIaNEdum
NI-*a*-NE-*gú*$^{ki}$ → NIaNEg
NI-*a*-NE-*ig*$^{ki}$ → NIaNEg
NI-*a*-NE-*in*$^{ki}$ → NIʾ(a)NEn
NI-*a*-NE-*nu*$^{ki}$ → NIʾ(a)NEn
NI-*a-ra*-NE-*gú*$^{ki}$ → NIaraNEgu
NI-*ab*$^{ki}$ → NIab
*ni-ba-ra-ad*$^{ki}$ → Nebarad
NI-*bir*$_{5}$-*gú*$^{ki}$ → NIbirgu
NI-*da-du*$^{ki}$ → NIdadu(m)
NI-*da-su*$^{ki}$ → NIdašu
NI-*da-tum*$^{ki}$ → NIdadu(m)
NI-*ga-ar*$^{ki}$ → NIgar
NI-*ga-lu*$^{ki}$ → NIgar
NI-*ga-ra-du*$^{ki}$ → NIgaradu
NI-*ga-ru*$_{12}$$^{ki}$ → NIgar
NI-*gi-im*$^{ki}$ → NIgim
NI-*gi-mu*$^{ki}$ → NIgim
NI-*gi-mu-ib*$^{ki}$ → NIgimuʾib (?)
NI-*ki-im*$^{ki}$ → NIgim
NI-*ki-mu*$^{ki}$ → NIgim
NI-*la-ar*$^{ki}$ → NIrar
NI-*la-ga*$^{ki}$ → NIlaga
NI-*la-gu*$^{ki}$ → NIlaq
NI-*la-gú*$^{ki}$ → NIlaq
NI-*la-la-dar*$^{ki}$ → NIl(a)ladar
NI-*la-lu*$^{ki}$ → NIlalu
NI-*la-rí*$^{ki}$ → NIlari
NI-*l*[*i-g*]*a-ù*$^{ki}$ → NIligaʾu
NI-LUM$^{ki}$ → NILUM
*ni*-NE-*du*$^{ki}$ → NeNEdu
NI-NE-*in*$^{ki}$ → NIʾ(a)NEn
NI-NE-*nu*$^{ki}$ → NIʾ(a)NEn
NI-NE-*za*$^{ki}$ → NINEza
NI-NE-*zi-gú*$^{ki}$ → NINEzigu
NI-*ra-ar*$^{ki}$ → NIrar
NI-*rí-íb-zu*$^{ki}$ → NIribzu
NI-*rúm*$^{ki}$ → NIrum
NI-*sa*$^{ki}$ → NIša
NI-*sa-du*$^{ki}$ → NIšadu
NI-*si-ga*$^{ki}$ → NIšig
NI-*si-gú*$^{ki}$ → NIšig
NI-*ša*-LUM$^{ki}$ → NIḏaLUM
NI-*ša*-NI-*um*$^{ki}$ → NIḏaNIum
NI-*ša-ra-du*$^{ki}$ → NIḏaradu
NI-*te-šu*$^{ki}$ → NIdeḏu
NI-*ti-ba*$^{ki}$ → NIdiba
NI-*ti-gú*$^{ki}$ → NIdigu
NI-*ti*-NE-*du*$^{ki}$ → NIdiNEdu
NI-*ti-rí-um*$^{ki}$ → NIdiriʾum
NI-*wa-du*$^{ki}$ → NIwadu
NI-*za-a-du*$^{ki}$ → NIzaʾ(a)du
NI-*za-ar*$^{ki}$ → NIzar(iʾum)
NI-*za-ba*$^{ki}$ → NIzaba

NI-*za-mu*$^{ki}$ → NIzamu
NI-*za-rí-um*$^{ki}$ → NIzar(iʾum)
NI-*za-ru*$_{12}$$^{ki}$ → NIzar(iʾum)
NI-*zu*$^{ki}$ → NIzu
*nu-ba-ad*$^{ki}$ → Nubad
*nu-ba-du*$^{ki}$ → Nubad
*nu-ba-ti-um*$^{ki}$ → Nubadiʾum
*nu-ga-mu*$^{ki}$ → Nugamu
*nu-nu-du*$^{ki}$ → Nunudu
*nu-rí*$^{ki}$ → Nuri
*nu-ru*$_{12}$$^{ki}$ → Nuru
PÈŠ-*ša*-LUM$^{ki}$ → PEŠḏaLUM
*ra-a-nu*$^{ki}$ → Raʾanu
*ra-ʾà-ag*$^{ki}$ → Raʾaq
*ra-ʾà-gu*$^{ki}$ → Raʾaq
*ra-ʾà-gú*$^{ki}$ → Raʾaq
*ra-áš*$^{ki}$ → Raš
*ra-sa-nu*$^{ki}$ → Rašan
*ra-za*$^{ki}$ → Raza
*rí*-AN$^{ki}$ → RiAN (?)
*rí-dab*$_{6}$$^{ki}$ → Ridab
*rí-du*$^{ki}$ → Ridu
*rí-i*-NE-*du*$^{ki}$ → RiʾiNEdu
*sa-a-du*$^{ki}$ → Šaʾad
*sa-ʾà-mi-du*$^{ki}$ → Šaʾ(a)midu
*sa-ad*$^{ki}$ → Šaʾad
*sa-ar-zu*$^{ki}$ → Šarzu
*sa-ar-zú*$^{ki}$ → Šarzu
*sa-ba-a-du*$^{ki}$ → Šabaʾad
*sa-ba-ad*$^{ki}$ → Šabaʾad
*sa-bar-gi-nu*$^{ki}$ → Šabarginu
*sa-bar-ti-in*$^{ki}$ → Šabardin
*sa-bur-su*$^{ki}$ → Šaburšu
*sa-da-la-mu*$^{ki}$ → Šad(a)lamu
*sa-du*$^{?ki}$ → Šaʾad
*sa-du-ma*$^{ki}$ → Šaduma
*sa-du-úr*$^{ki}$ → Šadur
*sa-ga-zu*$^{ki}$ → Šagazu
*sa-gi-lu*$^{ki}$ → Šagilu
*sa-gú-lu*$^{ki}$ → Šagulu
*sa-ḫa-ba-ù*$^{ki}$ → Šaḫabaʾu
*sa-ḫa-rí-a*$^{ki}$ → Šaḫariʾa
*sa-ḫu*$^{ki}$ → Šarḫiʾ(um)
*sa-i-ra-ba*$_{4}$$^{ki}$ → Šaʾiraba
*sa-la-mu-nu*$^{ki}$ → Šal(a)munu
*sa-ma-du-gú*$^{ki}$ → Šamadugu
*sa-mi-du-gú*$^{ki}$ → Šamidugu
*sa-mu-du*$^{ki}$ → Šamudu
*sa-mu-za*$^{ki!}$ → Šamuza (?)
*sa-na-ru*$_{12}$-*gú*$^{ki}$ → Šanarugu
˹*sa*?˺-*na*-˹*su*˺?-*gú*$^{ki}$ → Šanašugu (?)
*sa-na-šu*$^{ki}$ → Šanaḏu
[*sa*]-*nab*-LUM$^{ki}$ → ŠanabLUM (??)
*sa-nab-su-gúm*$^{ki}$ → Šan(n)abzugu(m)
*sa-nab-zu-gú*$^{ki}$ → Šan(n)abzugu(m)
*sa-nab-zu-gúm*$^{ki}$ → Šan(n)abzugu(m)
*sa*-NE-*su*$^{ki}$ → ŠaNEš
*sa*-NE-*in*$^{ki}$ → ŠaNEn
*sa-ra-ab*$^{ki}$ → Šarab
*sa-ra-bù*$^{ki}$ → Šarab

*sa-ra-bu*$_x$(NI)[ki] → Šarab
*sa-ra-ba-ù*[ki] → Šarabaʾu
*sa-ra-mu-nu*[ki] → Šar(a)munu
*sa-ra*-NE-*gú*[ki] → ŠaraNEgu
*sa-rí-ga*[ki] → Šariga
*sa-su-lu-bù*[ki] → Šašulubu
*sa-šè*[ki] → Šaḏe
SA-ZA$_x$(LAK-384)[ki]
→ "Saza"
*sa-za-bù*[ki] → Šazabu
*sá-a-nu*[ki] → Šaʾanu
*sá-bù*[ki] → Šabu
SAG[ki] → SAG
*sag-gàr*[ki] → Zaggar
*sag-sa-nu*[ki] → Zagšanu
*sal-ba*[ki] → Šalba
*sal-ba-ad*[ki] → Šalbad
*sal-ba-du*[ki] → Šalbad
*sal-ba-ù*[ki] → Šalbaʾu
*si-a-mu-nu*[ki] → Šiʾamunu
*si-ʾà-am*[ki] → Šiʾam
*si-ʾà-mu*[ki] → Šiʾam
*si-ba-du*[ki] → Šibadu
*si-da-du*[ki] → Šidadu
*si-da-lu*[ki] → Šidalu
*si-da-mu*[ki] → Šidamu
*si-da*-NE-*ir*[ki] → ŠidaNEr
*si-da-nu*[ki] → Šidanu
*si-da-rí-in*[ki] → Šidarin
*si-da-ù*[ki] → Šidalu
*si-gi-lu*[ki] → Šigilu
*si-ḫa-an*[ki] → Šiḫan
*si-ḫa-nu*[ki] → Šiḫan
*si-ig-am*[ki] → Šigʾam
*si-la-an*[ki] → Šilan
*si-la-ḫa*[ki] → Šilaḫa
*si-la-nu*[ki] → Šilan
*si-ma-da*[ki] → Šimada (?)
*si-na*[ki] → Šina
*si-na-mu*[ki] → Šinam
*si-na-rí-ù*[ki] → Šinariʾu
*si-nam*[ki] → Šinam
*si*-NE[ki] → ŠiNE (??)
*si*-NE-*iš*[ki] → ŠaNEš
*si*-NE-*su*[ki] → ŠaNEš
*si-ra-ad*[ki] → Širad
*si-si-gú*[ki] → Šišigu
*si-si-nu*[ki] → Šišinu
*si-si-ù*[ki] → Šišiʾu
*si-ti-a-ba*$_4$[ki] → Šidiʾaba
*si-tum*[ki] → Šidum
*si-zi-gú*[ki] → Šizigu
*si-zu*[ki] → Šizu
*si-zú*[ki] → Šizu
*si-zú-gú*[ki] → Šizugu
SIG$_4$.KI → SIG$_4$.KI
*su-a-gú*[ki] → Šuʾagu
*su-bar*[ki] → Šubar
*su-du-nu*[ki] → Šudunu
*su-du-úr*[ki] → Šudur
*su-ga-du*[ki] → Šugadu
*su-gàr*[ki] → Šugar
*su-gú-ru*$_{12}$[ki] → Šuguru(m)
*su-gú-rúm*[ki] → Šuguru(m)

| | |
|---|---|
| *su-gur-a-an*$^{ki}$ | → Šugurʾan |
| *su*-NE-*im*$^{ki}$ | → ŠuNEm |
| *su*-NE-*in*$^{ki}$ | → ŠuNEn |
| *su*-NE-*nu*$^{ki}$ | → ŠuNEn |
| *su-rí-gú*$^{ki}$ | → Šurigu |
| *su-si*$^{ki}$ | → Šuši |
| *ša-ba-a-du*$^{ki}$ | → Ḏabaʾdu |
| *ša-ba-du*$^{ki}$ | → Ḏabaʾdu |
| *ša-ba-ḫa*$^{ki}$ | → Ḏabaḫa |
| *ša-bar-tum*$^{ki}$ | → Ḏabardum |
| *ša-bir*$_5$*-ti-tum*$^{ki}$ | → Ḏabirdidum |
| *ša-bir*$_5$*-ti-um*$^{ki}$ | → Ḏabirdūm |
| *ša-bir*$_5$*-tum*$^{ki}$ | → Ḏabirdūm |
| *ša-da-du*$^{ki}$ | → Ḏadadu |
| *ša-da-gu*-LUM$^{ki}$ | → ḎadaquLUM |
| *ša-da-ḫu*-LUM$^{ki}$ | → ḎadaḫLUM |
| *ša-da-rí*$^{ki}$ | → Ḏadari |
| *ša-da-šu*$^{ki}$ | → Ḏadaḏu (?) |
| *ša-dab*$_6$$^{ki}$ | → Ḏadab |
| *ša-du-gu*-LUM$^{ki}$ | → ḎadaquLUM |
| *ša-du-ḫa*-LUM$^{ki}$ | → ḎadaḫLUM |
| *ša-du-ḫu*-LUM$^{ki}$ | → ḎadaḫLUM |
| *ša-du-ru*$_{12}^{<ki>}$ | → Šadur |
| *ša-du-úr*$^{ki}$ | → Šadur |
| *ša-ga-mu*$^{ki}$ | → Ḏagamu |
| *ša-gi*-LUM$^{ki}$ | → ḎagiLUM |
| *ša-gú*$^{ki}$ | → Ḏagu |
| *ša-ḫa-a*$^{ki}$ | → Ḏaḫaʾa |
| *ša-ḫa-lu*$^{ki}$ | → Ḏaḫar |
| *ša-ḫa-ru*$_{12}$$^{ki}$ | → Ḏaḫar |
| *ša-ḫu*$^{ki}$ | → Ḏaḫu |
| *ša-kam*$_4$$^{ki}$ | → Ḏakam |
| *ša-ma-an*$^{ki}$ | → Ḏaman (?) |
| *ša-ma-du-gú*$^{ki}$ | → Šamadugu |
| *ša-ma-*⌜*na*?⌝*-gú*$^{ki}$ | → Ḏamanagu (?) |
| *ša-me-zu*$^{ki}$ | → Ḏamezu |
| *ša-mi-du*$^{ki}$ | → Ḏamidu |
| *ša-mu-ra-nu*$^{ki}$ | → Ḏamuranu |
| *ša-na-ab*$^{ki}$ | → Ḏanab |
| *ša-na-lu-gú*$^{ki}$ | → Ḏanarugu |
| *ša-na-nab*$_x$(MUL)*-su-gúm*$^{ki}$ | → Šan(n)abzugu(m) |
| *ša-na*-NE-*du*$^{ki}$ | → ḎanaNEdu |
| *ša-na-ru*$_{12}$*-gú*$^{ki}$ | → Ḏanarugu |
| *ša-na-šu*$^{ki}$ | → Ḏanaḏu |
| *ša-na-zú*$^{ki}$ | → Ḏanazu |
| *ša-nab*$^{ki}$ | → Ḏanab |
| *ša-nab-su-gúm*$^{ki}$ | → Šan(n)abzugu(m) |
| *ša-nab-zu-gúm*$^{ki}$ | → Šan(n)abzugu(m) |
| *ša*-NE-*a-du*$^{ki}$ | → ḎaNEʾadu |
| *ša-nu-gú*$^{ki}$ | → Ḏanugu |
| *ša-ra-ab*$^{ki}$ | → Ḏarrab |
| *ša-ra-an*$^{ki}$ | → Ḏaran |
| *ša-ra-du*$^{ki}$ | → Ḏaradu |
| *ša-ra-mu*$^{ki}$ | → Ḏaramu |
| *ša-ra*-NE$^{ki}$ | → ḎaraNE |
| *ša-ra*-NE-*gú*$^{ki}$ | → ḎaraNEg |
| *ša-ra*-NE-*ig*$^{ki}$ | → ḎaraNEg |
| *ša-ra-nu*$^{ki}$ | → Ḏaran |
| *ša-ra*-[x$^{ki}$] | → Ḏara... |
| *ša-rí*$^{ki}$ | → Ḏari |
| *ša-rí-du*$^{ki}$ | → Ḏaridu |

*ša-rí-gú*$^{ki}$ → Ḏarigu
*ša-rí-ša-ba*$^{ki}$ → Ḏariḏaba
*ša-rí-za-ba*$_{4}$$^{ki}$ → Ḏariḏaba
*ša-ša-ra-nu*$^{ki}$ → Ḏaḏaranu
*ša-ti-um*$^{ki}$ → Ḏadiʾum
*ša-ti*-LUM$^{ki}$ → ḎadiLUM
[*š*]*a-tum*$^{ki!(DI)}$ → Ḏadum
*ša-za*-NE-*ig*$^{ki}$ → ḎazaNEg
*ša*-⌜x⌝-[...$^{ki}$] → Ḏa...
*š*[*a*$^{?}$-x]-*tum*$^{ki}$ → Ḏa..dum
*šar-bù*$^{ki}$ → Ḏarbu
*šar-dar*$^{ki}$ → Ḏardar (??)
*šar-ga*$^{ki}$ → Ḏarga
*šar-ḫí*$^{ki}$ → Šarḫiʾ(um)
*šar-ḫí-um*$^{ki}$ → Šarḫiʾ(um)
*šar-ḫu*$^{ki}$ → Šarḫiʾ(um)
*šar-me-sa-du*$^{ki}$ → Ḏarmešadu
*šar-mi-sa-du*$^{ki}$ → Ḏarmešadu
*šar-ra-bù*$^{ki}$ → Ḏarrab
*šè-ʾà-mu*$^{ki}$ → Šiʾam
*šè-bir*$_{5}$*-tum*$^{ki}$ → Ḏebirdum
*šè-da-du*$^{ki}$ → Ḏedadu
*šè-ḫu-ba-da*$^{ki}$ → Ḏeḫubada
*šè-la-du*$^{ki}$ → Ḏeradu
*šè-na*$^{ki}$ → Ḏena
*šè-na-um*$^{ki}$ → Ḏenaʾum
*šè-ra-du*$^{ki}$ → Ḏeradu
*šè-ti*-LUM$^{ki}$ → ḎediLUM
*šè-za-lu*$^{ki}$ → Ḏezalu
*ši-a-la*$^{ki}$ → Ḏiʾala (?)
*ši-a-mu*$^{ki}$ → Šiʾam
*ši-a*-NE-*du*$^{ki}$ → ḎiʾaNEdu (?)

*ši-ʾà-mu*$^{ki}$ → Šiʾam
⌜*ši*⌝-*ba*-[...$^{ki}$?] → Ḏiba... (?)
*ši-na*$^{ki}$ → Ḏena
*šu-a*$^{ki}$ → Ḏuʾ
*šu-a-gú*$^{ki}$ → Ḏuʾagu
*šu-ʾà-zu*$^{ki}$ → Ḏuʾazu
*šu-ba-nu*$^{ki}$ → Ḏubanu
*šu-bù-du*$^{ki}$ → Ḏubudu
*šu-bù-gú*$^{ki}$ → Ḏubugu
*šu-b*[*ù*]*-rí*-[x$^{ki}$] → Ḏuburi...
*šu-bù-ru*$_{12}$$^{ki}$ → Ḏuburu
*šu-du-lu-lá*$^{ki}$ → Ḏudulula
*šu-du-nu*$^{ki}$ → Ḏudunu
*šu-mu-lu*$^{ki}$ → Ḏumuru
*šu-mu-ru*$_{12}$$^{ki}$ → Ḏumuru
*šu-na-gú-na*$^{ki}$ → Ḏunaguna
*šu-na-u*$_{9}$$^{ki}$ → Ḏunaʾu
*šu*-NE-*gú*$^{ki}$ → ḎuNEgu
*šu*-NE-*nu*$^{ki}$ → ḎuNEnu
*šu-ra-an*$^{ki}$ → Ḏuran
*su-ti-gú*$^{ki}$ → Ḏudig
*su-ti-ig*$^{ki}$ → Ḏudig
*šu-ti-gú*$^{ki}$ → Ḏudig
*šu-ù*$^{ki}$ → Ḏuʾ
*šur*$_{x}$(ḪI×MAŠ)*-ub*$^{ki}$ → Šurʾub
*šur*$_{x}$(ḪI×PAP)*-ub*$^{ki}$ → Šurʾub
*ti-a-bù*$^{ki}$ → Diʾabu
*ti-a-ma-tum*$^{ki}$ → Diʾam(a)dum
*ti-ba-du*$^{ki}$ → Dibadu
*ti-ba-la-ad*$^{ki}$ → Dibalad

*ti-ba-ù*$^{ki}$ → Dibaʾu
*ti-ga-mi*$^{ki}$ → Digami
*ti-ga-mu*$^{ki}$ → Digamu
[*t*]*i*$^{?}$-*ga*-[x$^{ki?}$] → Diga...
*ti-gi-ba-al*$_{6}$$^{ki}$ → Dagbal
*ti-gi-na-ù*$^{ki}$ → Diginaʾu
*ti-gi*-NI$^{ki}$ → DigiNI
*ti*-ḪAR-NI-LUM$^{ki}$
→ DiḪARNILUM
*ti-in*$^{ki}$ → Din
*ti-in-nu*$^{ki}$ → Dinnu
*ti-la*$^{ki}$ → Dila
*ti-ma-du*$^{ki}$ → Dimadu(m)
*ti-ma-tum*$^{ki}$ → Dimadu(m)
*ti-mi-za-ù*$^{ki}$ → Dinmazaʾu
*ti-na*$^{ki}$ → Dina
*ti-na-ag*$^{ki}$ → Dinag
*ti-na-du*$^{ki}$ → Dinadu
*ti-na-gú*$^{ki}$ → Dinag
*ti-na-ma-zu*$^{ki}$ → Dinmazaʾu
*ti*-NI-*du*$^{ki}$ → DiNIdu
*ti*-NI-*zu*$^{ki}$ → DiNIzu
*ti-rí-ga*$^{ki}$ → Dirga, Terqa
*ti-si-na-an*$^{ki}$ → Diš(i)nan
*ti-si-na-nu*$^{ki}$ → Diš(i)nan
*ti-sum*$^{ki}$ → Diḏ(ḏ)um
*ti-ša*-LUM$^{ki}$ → DiḏaLUM
*ti-šum*$^{ki}$ → Diḏ(ḏ)um
*ti-ti*-NI$^{ki}$ → DidiNI
*ti-ù*$^{ki}$ → Diʾu
*ti-za-lu*$^{ki}$ → Dizalu
*ti-za-ù*$^{ki}$ → Dizaʾu

*tin-ma-za-ù*$^{ki}$ → Dinmazaʾu
*tin-mi-za-ù*$^{ki}$ → Dinmazaʾu
*tin-sum*$^{ki}$ → Diḏ(ḏ)um
*tir*$_{5}$-*ga*$^{ki}$ → Dirga, Terqa
*tir*$_{5}$-*ḫa-ti-um*$^{ki}$ → Darḫadūm
*tir*$_{5}$-*ḫa-tum*$^{ki}$ → Darḫadūm
*tir*$_{5}$-*ru*$_{12}$-*la-ba*$^{ki}$ → Dirrulaba
*ù-a*-NE-*in*$^{ki}$ → UʾaNEn
*ù-a*-NE-*nu*$^{ki}$ → UʾaNEn
*ù-ba-zi-gú*$^{ki}$ → Ubazig
*ù-ba-zi-ig*$^{ki}$ → Ubazig
*ù-bal*$^{ki}$ → Ubal
*ù-bù-ša-nu*$^{ki}$ → Ubuḏanu
*ù-da-gi-lu*$^{ki}$ → Udagilu
*ù-du*$^{ki}$ → Udu
*ù-du-ba-an*$^{ki}$ → Uduban
*ù-du-ḫu-du*$^{ki}$ → Uduḫudu
*ù-du-lu-ba-ù*$^{ki}$ → Udulubaʾu
*ù-du-lum*$^{ki}$ → Udurum
*ù-du-rúm*$^{ki}$ → Udurum
*ù-du-sa*$^{ki}$ → Uduša
*ù-du-zu*$^{ki}$ → Uduzu
*ù-ga-lum*$^{ki}$ → Uq(a)ru(m)
*ù-ga-mu*$^{ki}$ → Ugamu
*ù-ga-ra-an*$^{<ki>}$ → Uq(a)ran
*ù-ga-ru*$_{12}$$^{ki}$ → Uq(a)ru(m)
*ù-gu-ra-tum*$^{<ki>}$ → Uq(u)rad(um)
*ù-gú-a*-AN$^{<ki>}$ → UguʾaN
*ù-gú-du*$^{ki}$ → Ugudu
*ù-gú-na-am*$_{6}$$^{ki}$ → Ugunam
*ù-gú-na-mu*$^{ki}$ → Ugunam
*ù-gú-ra-ad*$^{ki}$ → Uq(u)rad(um)

*ù-gú-ra-tum*$^{ki}$ → Uq(u)rad(um)
*ù-gú-za-du*$^{ki}$ → Ugulzadu
*ù-gul-za-du*$^{ki}$ → Ugulzadu
*ù-gul-zu-du*$^{ki}$ → Ugulzudu
*ù-ḫa*-LUM$^{ki}$ → UḫaLUM
*ù-ḫu*-NI-*um*$^{ki}$ → UḫuNIum
*ù-la-la*-NI-*um*$^{ki}$ → Ul(a)laNIum
*ù-lu-lu-ba*$_4$$^{ki}$ → Ul(u)luba
*ù-lu-mu*$^{ki}$ → Ulumu
*ù-ma-li-gú*$^{ki}$ → Umaligu
*ù-mi-ig*$^{ki}$ → Umig
*ù-mi-zu*$^{ki}$ → Umizu
*ù-mu-nu*-NE-NI-*um*$^{ki}$
→ UmunuNENIum
*ù-na-gú*$^{ki}$ → Unagu
*ù*-NE-*in*$^{ki}$ → UNEn (?)
*ù-nu-ba-nu*$^{ki}$ → Unubanu
*ù-nu-bù*$^{ki}$ → Unub
*ù-nu-bu*$_x$(KA) → Unub
*ù-nu-bu*$_x$(NI)$^{ki}$ → Unub
*ù-nu-ḫa-lu*$^{ki}$ → Unuḫalu (?)
*ù-nu*-NE-*a-nu*$^{ki}$ → UnuNEʾanu
*ù-nu-ub*$^{ki}$ → Unub
*ù-nu-za-lu*$^{ki}$ → Unuzalu
*ù-ra-am*$_6$$^{ki}$ → Uram
*ù-ra-ba-an*$^{ki}$ → Uraban
*ù-ra-ba-nu*$^{ki}$ → Uraban
*ù-ra-bal*$^{ki}$ → Urabal
*ù-ra*-BÍL$^{ki}$ → UraBIL
*ù-ra-bù*$^{ki}$ → Urabu
*ù-ra-mu*$^{ki}$ → Uram
*ù-ra-ú*$^{ki}$ → Uraʾu
*ù-rí*-LUM$^{ki}$ → UriLUM
*ù-rí-mu*$^{ki}$ → Urimu
*ù-rí-um*$^{ki}$ → Uriʾum
*ù-ru*$_{12}$$^{ki}$ → Uru
*ù-ru*$_{12}$*-mu*$^{ki}$ → Urumu
*ù-ru*$_{12}$*-mu-gú*$^{ki}$ → Urumugu
*ù-sa-li-gú*$^{ki}$ → Ušaligu
*ù-sa-ù*$^{ki}$ → Ušaʾu(m)
*ù-si-gú*$^{ki}$ → Ušigu
*ù-su-ḫa*-LUM$^{ki}$ → Uš(u)ḫaLUM
*ù-su-la-ba*$_4$$^{ki}$ → Ušulaba
*ù-šè-gú*$^{ki}$ → Uḏegu
*ù-ši-gú*$^{ki}$ → Uḏegu
*ù-šu-mu*$^{ki}$ → Uḏumu
*ù-ti*$^?$*-bù*$^{ki}$ → Udibu (?)
*ù-ti-gu*$^{ki}$ → Udiq
*ù-ti-gú*$^{ki}$ → Udiq
*ù-ti-ig*$^{ki}$ → Udiq
*ù-za-am*$_6$$^{ki}$ → Uzam
*ù-za-mi-im*$^{ki}$ → Uzam
*ù-za-mi*-LUM$^{ki}$ → UzamiLUM
*ù-za-mu*$^{ki}$ → Uzam
*ù-zi-gú*$^{ki}$ → Uzigu
*ù-zi-la-du*$^{ki}$ → Uziladu
*ù-zu-la-la-ù*$^{ki}$ → Uzul(a)laʾu
*ù-zu-zu-ba*$^{ki}$ → Uzuzba
*ù-zú-za-ba*$^{ki}$ → Uzuzba
*ù*-⸢x⸣-*bù*$^{?ki}$ → U...bu (?)
⸢*ù*$^?$⸣-⸢x⸣-*du*$^{ki}$ → U...du (?)
*u*$_4$*-sa-um*$^{ki}$ → Ušaʾu(m)
*u*$_9$*-ba-ù*$^{ki}$ → Ubaʾu
*u*$_9$*-ga-ù*$^{ki}$ → Ugaʾu

$u_9$-*gú-a-áš*$^{ki}$ → Uguʾaḏ
$u_9$-*gú-šu*$^{ki}$ → Uguʾaḏ
$u_9$-*la*-LUM$^{ki}$ → UlaLUM
$u_9$-*mi-lu*$^{ki}$ → Umilu
$u_9$-*na-gú*$^{ki}$ → Unagu
$u_9$-*ra*$^{ki}$ → Ura
$u_9$-*ra-gú*$^{ki}$ → Uragu
$u_9$-*ra-na-a*$^{ki}$ → Uranaʾa(n)
$u_9$-*ra-na-an*$^{ki}$ → Uranaʾa(n)
$u_9$-*rí*-LUM$^{ki}$ → UriLUM
$u_9$-*ru*$_{12}$$^{ki}$ → Uru
$u_9$-*sa*$^{ki}$ → Ušaʾu(m)
$u_9$-*sa-um*$^{ki}$ → Ušaʾu(m)
*ul-lu*$^{ki}$ → Urlu(m)
*um*-NI$^{ki}$ → UmNI (?)
UR-*ḫu-bù*$^{ki}$ → URḫubu
*ur-lu*$^{ki}$ → Urlu(m)
*ur-lum*$^{ki}$ → Urlu(m)
*ur-sá-um*$^{ki}$ → Uršaʾum
ÚR$^{ki}$ → UR
*úr-lu*$^{ki}$ → Urlu(m)
*úr-lum*$^{ki}$ → Urlu(m)
*úr-sá-um*$^{ki}$ → Uršaʾum
*úr*-[x$^{ki}$] → Ur...
uru$^{ki}$ → URU
uru$^{ki}$-uru$^{ki}$ → URU
uru-bar → URU.BAR
*uš-du*$^{ki}$ → Ušdu (?)
*uš-du-mu*$^{ki}$ → Ušdumu
*uš-ga-mu*$^{ki}$ → Ušgamu (?)
*uš-ḫu-lum*$^{ki}$ → Ušḫurum
*uš-ḫu-rúm*$^{ki}$ → Ušḫurum
*uš-ma-du*$^{<ki>}$ → Ušmadu (?)
*uš-ti-um*$^{ki}$ → Ušdiʾum
*wa-a-ra-an*$^{ki}$ → Waʾran
*wa-a-um*$^{ki}$ → Waʾaʾum
*wa-ʾà-su*$^{ki}$ → Waʾašu
*wa-da-ḫa*$^{ki}$ → Wadaḫa
*wa-gi-mu*$^{ki}$ → Wagimu
*wa-la-nu*$^{ki}$ → Waʾran
*wa*-NE-*du*$^{ki}$ → WaNEdu
*wa*-NI-NI-*um*$^{ki}$ → WaNINIum
*wa-ra-an*$^{ki}$ → Waʾran
*wa-ra-nu*$^{ki}$ → Waʾran
*wa-rí-zú*$^{ki}$ → Warizu
*wa-si-am*$^{ki}$ → Wašiʾam (??)
*wa-ti-nu*$^{ki}$ → Wadinu
*wa-za-ru*$_{12}$$^{ki}$ → Wazaru
*wa*-⌜x-x⌝$^{ki}$ → Wa...
*wi-ḫa-su*$^{ki}$ → Wiḫšu
*wi-ḫi-su*$^{ki}$ → Wiḫšu
*wi-ḫi-sa*$^{ki}$ → Wiḫšu
*za-a-ru*$_{12}$$^{ki}$ → Zaʾaru
*za-ʾà-ar*$^{ki}$ → Zaʾar
*za-ʾà-ba*$^{!}$*-ù*$^{ki}$ → Zaʾ(a)baʾu
*za-ab-za-gú-da*$^{ki}$ → Zabzaguda
*za-aḫ*$^{ki}$ → Zaḫ
*za-ar*$^{ki}$ → Zar
*za-àr-zu-ad*$^{ki}$ → Zarzuʾad
*za-ba-du*$^{ki}$ → Zabadu
*za-ba-lu*$^{ki}$ → Zabalu
*za-ba-ù*$^{ki}$ → Zabaʾu
*za-bù*$^{ki}$ → Zabu
*za-bù-lum*$^{ki}$ → Zaburru(m)

*za-bù-ru*$_{12}^{ki}$ → Zaburru(m)
*za-bur-rúm*$^{ki}$ → Zaburru(m)
*za-ga*$^{ki}$ → Zaga
*za-gu*$^{ki}$ → Zaqu
*za-ḫi-ra-an*$^{ki}$ → Zaḫiran
*za-la-ga-tum*$^{ki}$ → Zal(a)gadum
*za-la-ma*$^{ki}$ → Zalama
*za-la-na-du*$^{ki}$ → Zal(a)nadu
*za-la*-NI-*um*$^{ki}$ → ZalaNIum
*za-lu-ud*$^{<ki>}$ → Zarud
*za-lu-lu*$^{ki}$ → Zalulu
*za-ma-rúm*$^{ki}$ → Zamarum
*za-mi-da-ba*$_4^{ki}$ → Zamid(a)ba
*za-mi-da-nu*$^{ki}$ → Zamidanu
*za-mi-*⸢*ù*⸣$^{[ki]}$ → Zamiʾu(m)
*za-mi-um*$^{ki}$ → Zamiʾu(m)
*za-mi-za-ba*$_4^{ki}$ → Zamizaba
*za-ne-du*$^{ki}$ → Zanedu
*za*-NE-*um*$^{ki}$ → ZaNEʾum
*za-ni-du*$^{ki}$ → Zanedu
*za-ra-a*$^?$*-šu*$^{ki}$ → Zaraʾaḏu (?)
*za-ra-mi-du*$^{ki}$ → Zaramid
*za-ra-mi-id*$_x$(NI)$^{ki}$
→ Zaramid
*za-ra-mi-iš*$^{ki}$ → Zaramiḏ
*za-ra-mi-šu*$^{ki}$ → Zaramiḏ
*za-ru*$_{12}$*-du*$^{ki}$ → Zarud
*za-ša-gi-nu*$^{ki}$ → Zaḏaginu
*za-zi-du*$^{ki}$ → Zazidu
*za-zú*$^{ki}$ → Zazu
*za*$^?$-⸢x⸣-*za*$^{ki}$ → Za...za (?)

*zam*$_x$(LAK-304)*-ba*$_4^{ki}$
→ Zamba
*zam*$_x$(LAK-304)*-rí-du*$^{ki}$
→ Zamridu
*zàr-ad*$^{ki}$ → Zarʾad
*zàr-bad*$^{ki}$ → Zarbad
*zi-a-ḫu*$^{ki}$ → Ziʾaḫu (?)
*zi-a-mu*$^{ki}$ → Ziʾamu
*zi-a-nu*$^{ki}$ → Ziʾanu(m)
*zi-a-núm*$^{ki}$ → Ziʾanu(m)
*zi-ʾà-a-lú-gi*$^{ki}$ → Ziʾaʾalugi
*zi-ʾà-ar*$^{ki}$ → Zaʾar
*zi-ʾà-ru*$_{12}^{ki}$ → Zaʾar
*zi-ba-*"*lu*$_x$"$^{ki}$ → Zibalu
*zi-ba-na-ba*$_4^{ki}$ → Zibanaba
*zi-da-ig*$^{ki}$ → Zidaʾig
*zi-da-gú*$^{ki}$ → Zidagu
*zi-da-la*$^{ki}$ → Zid(a)ra
*zi-da-ra*$^{ki}$ → Zid(a)ra
*zi-ga-ga-bù*$^{ki}$ → Zig(a)gabu
*zi-gi*-NE-*du*$^{ki}$ → ZigiNEdu
*zi-gi-zu*$^{ki}$ → Zig(i)zu
*zi-gi-zú*$^{ki}$ → Zig(i)zu
*zi-gú*$^{ki}$ → Zig
*zi-ḫa-ti-um*$^{ki}$ → Ziḫadiʾum (?)
*zi-ig*$^{ki}$ → Zig
*zi-la-ba*$^{ki}$ → Zirba
*zi-la-ti-um*$^{ki}$ → Zildiʾum
*zi-li-du*$^{ki}$ → Zilidu
*zi-li-ti-um*$^{ki}$ → Zildiʾum
*zi-l*[*i*]*-ur*$_x^{ki}$ → Ziliʾur
*zi-lu*$^{ki}$ → Zilu

*zi-ma-du*$^{ki}$ → Zimadu
*zi-mar*$^{ki}$ → Zimar
*zi-mi-da-an*$^{ki}$ → Zimidan
*zi-mi-da-nu*$^{ki}$ → Zimidan
*zi-mi-da-ba*$_4^{ki}$ → Zimidba
*zi-mi-iš*$_x$(LAM)*-ga*$^{ki}$ → Zimiḏga
*zi-mi-sa-gú*$^{ki}$ → Zimišagu
*zi-mi-ša-ga*$^{ki}$ → Zimiḏga
*zi-mi-ša-gá*$^{ki}$ → Zimiḏga
*zi-mi-ti-ba*$_4^{ki}$ → Zimidba
*zi-mi-ti-bar*-NI$^{ki}$ → ZimidibarNI
*zi-mi-*[(x-)]*-šu*$^{ki}$ → Zimiḏu
*zi-na-tum*$^{<ki>}$ → Zinadum
*zi*-NE-*da*$^{⌜ki⌝}$ → ZiNEd
*zi*-NE-*du*$^{ki}$ → ZiNEd
*zi*-NE-*šu*$^{ki}$ → ZiNEḏu
*zi-rí-ba*$^{ki}$ → Zirba
*zi-rí-ba*$_4^{ki}$ → Zirba
*zi-ti-lu*$^{ki}$ → Zid(i)ru
*zi-ti-ru*$_{12}^{ki}$ → Zid(i)ru
*zi-wi-du*$^{ki}$ → Ziwidu
*zi-za-an*$^{ki}$ → Zizan
*zi-zi-nu*$^{ki}$ → Zizinu(m)
*zi-zi-núm*$^{ki}$ → Zizinu(m)
*z*[*i*-x]-⌜x⌝$^{ki}$ → Zi...
*zi*-[...$^{ki}$] → Zi...
*zu-a-mu*$^{ki}$ → Zuʾamu
*zu-da-ba*$_4^{ki}$ → Zudab
*zu-da-bu*$_x$(NI)$^{ki}$ → Zudab
*zu-du*$^{ki}$ → Zudu
*zu-gú*$^{ki}$ → Zugul
*zu-gú-lu*$^{ki}$ → Zugul
*zu-gú-ša-ba*$_4^{ki}$ → Zuguḏaba
*zu-gur-lum*$^{ki}$ → Zugurrum
*zu-ḫa-lum*$^{ki}$ → Zaʾar
*zu-ḫa-ra*$^{ki}$ → Zaʾar
*zu-ḫa-sum*$^{ki}$ → Zuḫaḏum
*zu-ḫu-da*-NE$^{ki}$ → ZuḫudaNE
*zu-mu-na-an*$^{ki}$ → Zumnan
*zu*$^!$(SU)*-mu-na-ni-um*$^{ki}$ → Zumnan
*zu-ra-am*$_6^{ki}$ → Zuram
*zu-ra-mu*$^{ki}$ → Zuram
*zu-rí-bù*$^{ki}$ → Zuribu
*zu-rí-bu*$_x$(NI)$^{ki}$ → Zuribu
*zu-rí-gi*$^{!ki}$ → Zurigi
*zu-si-du*$^{ki}$ → Zušidu(m)
*zu-si-tum*$^{ki}$ → Zušidu(m)
*zu-ša-ga-bù*$^{ki}$ → Zuḏagabu
*zu-ša*-UR$^{ki}$ → ZuḏaUR
*zu-ti*$^{!ki}$ → Zudiʾum
*zu-ti-um*$^{ki}$ → Zudiʾum
*zu-wa-ti-ru*$_{12}^{ki}$ → Zuwadiru
*zu-zu-a*$^{ki}$ → Zuzuʾa
*z*[*u*-...]$^{ki}$ → Zu...
*zú-du-mi-um*$^{ki}$ → Zudumiʾum
*zú-ḫar*$^{ki}$ → Zaʾar
*zú*-LUM$^{ki}$ → ZuLUM
*zú-mu-na-an*$^{ki}$ → Zumnan
*zú-rí*-NE-*um*$^{ki}$ → ZuriNEʾum
*zú-ra-i*-NE-*um*$^{ki}$ → ZuraʾiNEʾum
*zú-ša-ga-bù*$^{ki}$ → Zuḏagabu
*zú-ša-ki-bù*$^{ki}$ → Zuḏagabu

*zú-ti-um*$^{ki}$ → Zudiʾum

*zú-u*$_{9}$$^{ki}$ → Zuʾu (??)

*zú-ur-ga-ba*$_{4}$$^{ki}$ → Zurgaba

*zú-za-ga-bù*$^{ki}$ → Zuḏagabu

*zú-zú*-LUM$^{ki}$ → ZuzuLUM

[x-x]-⸢x⸣-*a*$^{ki}$ → ...a

⸢x⸣-[x]-*a-du*$^{ki}$ → ...adu

⸢x⸣-*a-ma-du*$^{ki}$ → ...amadu

[x]-⸢*a*⸣-[*m*]*u*$^{ki}$ → ...amu

[x]-*a-su*$^{ki}$ → ...ašu

⸢x⸣-*ʾà-ig*$^{ki}$ → ...aʾig

[x]-*ʾà*-[*x-m*]*a*$^{?}$-*an*$^{ki}$ → ...a...man (?)

[x-x(-x)]-⸢*ab*⸣$^{ki}$ → ...ab

⸢x⸣-AN-⸢x⸣$^{ki}$ → ...AN... (?)

⸢x⸣-*ar*-[x]$^{ki}$ → ...ar...

⸢x⸣-*ba-a-du*$^{ki}$ → ...baʾadu

[x]-⸢*ba*$^{?}$⸣-*ud*$^{ki}$ → ...baʾud (?)

[*x-b*]*ù*-⸢x⸣$^{ki}$ → ...bu...

⸢x-x$^{?}$⸣-*da*$^{?}$-*a*[*n*$^{k}$]$^{i}$ → ...dan (?)

[x]-⸢*da*⸣-[x]-*ar*$^{ki}$ → ...da...ar

[x]-*da-na*-NI-LUM$^{ki}$ → ...danaNILUM

[*x-d*]*a*-[x]$^{ki}$ → ...da...

[x]-*da*-[(-x)]$^{ki}$ → ...da...

⸢x⸣-*du*-NI-*ig-du*$^{ki}$ → ...duNIgdu

[x]-*du*-[*š*]*a*$^{?}$-*ma*$^{ki}$ → ...duḏama

⸢x⸣-[x]-*du*$^{ki}$ → ...du(m)

[x]-⸢x⸣-*du*$^{ki}$ → ...du(m)

[x-x]-⸢*du*$^{?}$⸣$^{ki}$ → ...du(m)

[x]-*du*-[x]$^{ki}$ → ...du...

⸢x⸣-*ga*-⸢x⸣-*iš*$^{ki}$ → ...ga...iš

⸢x⸣-*ga-um*$^{ki}$ → ...gaʾum

[x]-*ga*-[(x-)]⸢x⸣$^{ki}$ → ...ga...

⸢x⸣-[x]-*gú*$^{ki}$ → ...gu

[x]-*gú*$^{ki}$ → ...gu

[*x-ḫ*]*a*-[*m*]*u*$^{?ki}$ → ...ḫamu (?)

⸢x⸣-⸢*ḫu*$^{?}$⸣-*ul-ti-um*$^{k[i]?}$ → ...ḫuldiʾum (?)

⸢x⸣-*ki-bù*$^{ki}$ → ...gibu

⸢x-x⸣-*la*$^{ki}$ → ...la

[x(-x)]-*lu*-[x]-*lu*$^{ki}$ → ...lu...lu

[x]-⸢x⸣-*lu*$^{ki}$ → ...lu

[x-x]-*lu*$^{ki}$ → ...lu

⸢x-x⸣-*mar*$^{ki}$ → ...mar

⸢x⸣-*mi-du*$^{ki}$ → ...midu

⸢x-x⸣-*mu*$^{ki}$ → ...mu

⸢x⸣-[x]-*mu*[(-x)$^{ki}$] → ...mu

⸢x⸣-[x]-*na-ad*$^{k[i]}$ → ...nad

⸢x⸣-*na*-⸢x⸣$^{ki}$ → ...na...

⸢x⸣-NE-*nu*$^{ki}$ → ...NEnu

⸢x-x⸣-NE$^{ki}$ → ...NE

[x]-*nu*$^{ki}$ → ...nu

[x]-*ra-m*[*i*]-⸢x⸣-*du*$^{ki}$ → ...rami...du

[x]-*ra*-[*š*]*a*$^{ki}$ → ...raḏa

⸢x⸣-*ra-tum*$^{ki}$ → ...radum

[x]-*ra*[(-x)]$^{ki}$ → ...ra(...)

[...]-*rí-ba*$^{ki}$ → ...riba

⸢x⸣-*rí*-⸢x⸣-*gú-za*$^{ki}$ → ...ri...guza

⸢x⸣-*sa-nu*$^{ki}$ → ...šanu

⸢x⸣-*sa*-⸢x⸣$^{ki}$ → ...ša...

⸢x⸣-x-[(x-)]-*sá*$^{ki}$ → ...ša

[x$^{?}$]-⸢x⸣-⸢*ša*$^{?}$⸣-*ra-mu*$^{ki}$ → ...ḏaramu (?)
[...]-*ti-a-an*$^{ki}$ → ...diʾan
⸢x⸣-*ti*-NE-*um*$^{ki}$ → ...diNEʾum
⸢x⸣-*ti*-[x]-*um*$^{ki}$ → ...di...um
[x]-*tum*$^{ki}$ → ...du(m)
⸢x-x⸣-*tum*$^{ki}$ → ...du(m)
[x]-⸢x⸣-*tum*$^{ki}$ → ...du(m)
[x]-⸢x⸣-[*t*]*um*$^{ki}$ → ...du(m)
⸢x⸣-*u*$_{9}$$^{ki}$ → ...u
[x-x]-*um*$^{ki}$ → ...um
⸢x⸣-*uš-bù*$^{ki}$ → ...ušbu
[x]-*zú*$^{ki}$ → ...zu
⸢x⸣$^{ki}$ → ...
⸢x⸣[(-x)]-⸢x⸣$^{ki}$ → ...
⸢x⸣-[...$^{ki}$] → ...
⸢x-x⸣$^{ki}$ → ...
⸢x-x⸣-[...$^{ki}$] → ...
⸢x-x-x⸣$^{ki}$ → ...
[x$^{ki}$] → ...
[x]-KI → ...
[x]-⸢x⸣$^{ki}$ → ...
[x]-⸢x⸣-[x]$^{ki}$ → ...
[x-x]$^{ki}$ → ...
[x-x]-⸢x⸣$^{ki}$ → ...
[x(-x)]-⸢x⸣-[...$^{ki}$] → ...
[x-x-x]$^{ki}$ → ...
[...]-⸢x⸣$^{ki}$ → ...
[...]$^{ki}$ → ...

## INDICE DEI NOMI GEOGRAFICI NON EBLAITI CITATI

$^{uru}$*an-la-ma-*[*a*] → Alama
Antiochia → Adabig, Gadula, Larugadu, Luban
Apišal → "Abarsal"
*apsny* → Abḏu
$^{uru}$*ap-su-na-a* → Abḏu
Araḫtu → Alaḫdu
Armalah → Armala
Armānum → Armi
Arpad → ḪARbad(um)
Arramu → Arramu
Arulis → Arur
Ašal → Ašal
Ašala → "Abarsal"
Aššur → "Abarsal"
*a-šu-ni*$^{ki}$ → AduNI, Adunu
*a-tá-na-at*$^{ki}$ → Adanad, Adenad, LadaNEd
Atanni → AdaNI
$^{uru}$Atara → Adara
Atareb → Darᵓab, Darib
$^{uru}$*a-tar-ḫé* → Adara
*a-wa-al*$^{ki}$ → Ibᵓal
Azalla → "Abarsal"
$^{uru}$*a-za-zu-wa* → Ašaš
Baliḫ → Burman, Dulu, Tuttul, Gablul, Ganeḏ, Karmu, Ḫalabit, Ḫazuwan(nu), Luᵓadum, MaᵓNE, Šalbaᵓu, Šan(n)abzugu(m)
Barga → Bargaᵓu
Beirut → Baᵓurad
Beqāᶜ → Abaᵓu(m)
Biblo → Dulu
Binaš → Binaš
Birecik → Uršaᵓum
Bit Arḫa → Arḫadu
Canaan → Gan(a)na, GanaNE
Cilicia → Armi
Dabigu → Adabig
Dābiq → Adabig
Damedīyum → Damad
Dêr → Abuliᵓum
Diyala → ḎadiLUM
Dunanapa → Dun(a)nab

Egitto → Du
Emesa → Arḫadu
Erbīl → IrNENILUM
Eufrate → Abad, Abadum, "Abarsal", Adu(m), Arimmu, Arur, Ibʾal, Ibbuʾib, Ilgi, Ilwini, Irʾidum, Udiq, Uranaʾa, Urimu, Uršaʾum, Burman, Terqa, Ḏadab, Gablul, Kakkaban, Kakmiʾum, Gan(a)na, Ganeḏ, Karmu, Karramu, Ḫalabit, Ḫalḏum, Ḫazuwan(nu), LalaNIum, Luʾadum, Lumnan, Maʾbarra, MaʾNE, Manuwad, Naḫal, NErad, NIlaga, NIrum, Raʾaq, Šan(n)abzugu(m), Šazabu, Šuguru(m), Zal(a)gadum, Zarbad, Zarzuʾad
*e-ba-al*$^{ki}$ → Ibʾal
Ǧakkah → LadaNEd
Galabatha → Gal(a)laNEd
Gasur → Gašur
Gaza → Azadu, Gaša
Gaziantep → "Abarsal", Iminu, Uršaʾum, Bašarigu, Dinmazaʾu, Ḫabušan, LadaNEd, Muru
Gebel Bišri → Mardu(m)
Gebel Sinjar → Zaggar
Gerusalemme → Šalba
Ghab → AMBAR
Giabbul → Alaga, Ṭub, Naḫal
Ǧisr es-Šughur → Ḫašašar
*gn* → Gunu(m)
Ḫabur → Abadum, "Abarsal", Aburu, Adu(m), Irʾidum, BADlan, Kakkaban, Kakmiʾum, Karmu, Kiš, Gud(a)danum, Ḫalabit, Ḫazuwan(nu), Luʾadum, NIrar, Raʾaq, Šan(n)abzugu(m), Zaggar, Zarbad
Ḫalabīt → Ḫalabit
Ḫalabiyé → Ḫalabit
Hamath, Ḥamā → Abaʾu(m), Amad, Iribaʾ, Tunip, Ḫašašar
Ḫamazi → Ḫamazi(m)
Ḫarran, Ḥarran → Ḫarran, Ḫazarad
Ḫašašar → Ḫašašar
Ḫašuʾan(n)um → Ḫazuwan(nu)
Ḫaššum → Ḫazuwan(nu)
Ḫaššuwa, Ḫassuwa → Ḫazuwan(nu)
Ḫaṣor → NIzar(iʾum)
Ḫazazar → Ḫašašar
Ḫazazu → Ašaš

Hisarkösk → Arur
Ḫīt → Adu(m)
Ḥoms → Abḏu, Arḫadu, Ibʾal
$^{uru}$*ḫu-za-ar-ra* → Ḫuzariʾum
$^{uru}$*ia-ra-bi-ik* → NIaraNEgu
Ida → Adu(m)
Ida-maraṣ → Lumnan
Igakališ → Ag(a)gališ
*i-ga-ar*$^{ki}$ → NIgar
Ilip → IlNE
Imar → Imar, NIrar
Imena → Iminu
Irgalli, Irgilli → Irgalu
*i-ri-id*$^{ki}$ → Irʾidum
$^{uru}$*i-ri-pa* → Iribaʾ
Irqata → Larugadu
Irrita, Irrite → Irʾidum
Izalla → "Abarsal", NIzar(iʾum)
Kakmum → Kakmiʾum
Karkemiš → Karkamiš
*ka-tu-la*$^{ki}$ → Gadula
Kawkab → Kakkaban
Kinza → Abḏu
Kiš → Kiš
Kulmandara → Balban
Kuruštama → Gurrušdam
Jarāblus → Karkamiš
Labaʾum → Abaʾu(m)
*la-tà-pa-ti*$^{URBS}$ → LadaNEd
Lebwe → Abaʾu(m)
Libano → Arḫadu, Baʾurad, Labanan, Larugadu, Lumnan
*lrgth* → Larugadu
$^{uru}$*lu-ba-na/ni/nu* → Luban
Madkh → AMBAR
Malatya → Malid
$^{uru}$*ma-né-e* → MaʾNE
Manhat → Manuwad
Mari → Mari
Marrat → Marrad
Megiddo → Magadu
Menua → Manuwad

| | |
|---|---|
| Merzumen Su | → Urimu |
| Meskene | → Abadum |
| Mudru | → Mudaraʾum |
| Mulukku, Mulukki | → Mulugu |
| Murar | → Murar |
| Nablus | → Ibʾal |
| Nagar | → Nagar |
| *na-na-ab*$^{ki}$ | → Nanab |
| $^{uru}$*na-ra-še* | → Nar |
| Nebo (monte) | → Nabu |
| Niya | → Alaḫdu |
| Nuḫašše | → Ugulzadu |
| Nuzi | → Gašur |
| Ordî | → Irʾidum |
| Oronte | → Abaʾu(m), Adadig, AdaNI, Adubu, Amad, Arʾugu, Arga, Arigu, Arziganu, Arzu(m), Ibbuʾib, Ibšarig, Ibšu, Igdar, Išdamugu, Udurum, Uram, Bargaʾu, Buran, Darin, Duʾ(u)bu, Dušedu, Ḏadadu, Ganad, Karman, Gubazu, Ḫašašar, Lude, Mardu(m), Nanabiš, NIabudu, NIaNEg, Šidamu, Zazu, Zidaʾig, |
| Palestina | → Agarunu, Araʾad, Arzad, Azadu, Ibʾal, Gagam, Manuwad, Marrad, Nabu, NIab, NIaNEg, Šamariʾa, Zarzuʾad |
| Palmira | → Ibʾal |
| Oylum Hüyük | → Dinmazaʾu, LadaNEd |
| Qatna | → Abḏu, Alaḫdu, Ibʾal, BardaLUM, Tunip, Gadanu, Gud(a)danum, Ḫašašar, Luḫunan |
| Qatni, Qatnu | → Gud(a)danum |
| Qattunan | → Gud(a)danum |
| Qatun | → Gud(a)danum |
| Quweyq | → Adabig, Amad, Arur, NIrar |
| Raqqah | → Gal(a)laNEd |
| Ras el-Ain | → Šan(n)abzugu(m) |
| Rhosus | → Uguʾaḏ |
| Rumkale | → Urimu |
| Saggartum | → Zaggar |
| Sagillu | → Šagilu |
| Sallim | → IGI.SAL |
| Samaria | → *Šamariʾa |
| Sarepta | → Zarbad |
| Seylan | → Zirba |

Sichem → Šiaʾam
Sinaru → Šinariʾu
Sodoma → Šaduma, Šidamu
$^{\text{uru}}$*su-ḫa-ru-wa* → Zaʾar
Sumer → Šuguru(m)
*ša-an-iš* → Ḏanaḏu
*ša-la-ba-tim*$^{\text{ki}}$ → Šalbad
Šapanazum → Šan(n)abzugu(m)
*ša-ti-lu* → ḎadiLUM
Šibaniba/e → Zibanaba
$^{\text{uru}}$*ši-na-e* → Ḏena
$^{\text{uru}}$*ši-gi-bi-te* → ZigiNEdu
$^{\text{uru}}$*ši-ki-wa-te*$^{\text{ki}}$ → ZigiNEdu
Šinamum → Šinam
*šmngy* → Ḏamanagu
Šuruppak → Šuguru(m)
Ṣumur → Zaʾar
*tá-ra-b* → Darʾab, Darib
$^{\text{uru}}$*ta-ri-bu* → Darʾab, Darib
Tell Abu Rasen → Šan(n)abzugu(m)
Tell Afis → Abḏu
Tell Aḥmar → "Abarsal"
Tell Ašara → Terqa
Tell Atshana → Alalaḫ
Tell Bi$^{c}$a → Tuttul
Tell Billa → Ḫazuwan(nu), Zibanaba
Tell Bāšir → Bašarigu
Tell Brak → Nagar
Tell Ḥabeš → Ḫabušan
Tell Hanazef → Šan(n)abzugu(m)
Tell Hariri → Mari
Tell Hizan → Gizan
Tell Inġarra → Kiš
Tell Khuera → "Abarsal"
Tell Mardikh → Ebla, "Saza"
Tell Rifaʾat → ḪARbad(um)
Tell Tuqan → DuGAN
Tell Uḥaimir → Kiš
Tell Umm el-Marra → Ṭub

Tigri → "Abarsal", Adu(m), IrNENILUM, Uru, GanaNE, Ḫamazi(m), Ḫašuwan, Labanan, Naḫal, NErad, NIrar, Nubad,
Til Barsip → "Abarsal"
Til Bašerê → Bašarigu
Til Habeṣ → Ḫabušan
Tilbesar → Bašarigu
Tilmen Hüyük → Ḫazuwan(nu)
Tiro → NIzar(iʾum), Zaʾar, Zar
Transgiordania → Nabu
$^{\text{uru}}$*tu-ḫul* → DuḫulaNIum
*tu-ḫu-ul*$^{\text{ki}}$ → DuḫulaNIum
Tukriš → Dug(u)rašu
Tuma → Dumuʾu
Turchia → Arur, Ašaš, Irʾidum, Uršaʾum, Dulu, Kakmiʾum, Ganeḏ, Luʾadum
Ṭūbā → Ṭub
*ṯrmn* → Šaramunu
Ugarit → Abḏu, Armalu, Uq(u)rad(um), Darʾab, Darib, Ḏamanagu, Ḫarazu, Ḫašašar, Larugadu, Luban, Midaḫi, Mulugu, NIgim, *Rimi, Šaramunu, Šinariʾu
Ukulzat → Ugulzadu
$^{\text{uru}}$*un-nu-ba* → Unub
Urfa → "Abarsal"
Urima → Urimu
Uršu(m) → Uršaʾum
*wa-ra*-NE$^{\text{ki}}$ → UraBIL, Uranaʾa, Waʾran
Yananköy → Ḫabušan
Yorgan Tepe → Gašur
*yrml* → Armalu
Zab → Ibʾal, ḎadiLUM
Zalmaqqum → Abuliʾum
Zalpa → Šalba
*za-ra-ba-ad*$^{\text{ki}}$ → Zarbad
*zàr-bad*$^{\text{ki}}$ → Zarbad
Zenobia → Ḫalabit
Zincirli → Ḫazuwan(nu)
Ziranum → Zuram
$^{\text{uru}}$*zi-ri-pa* → Zirba
$^{\text{uru}}$*zi-ta-ra-ḫe* → Zid(a)ra
$^{\text{uru}}$*zu-ḫa-ru-wa* → Zaʾar